中国科技工业企业发展史丛书
第一辑

马祖圣 （1911－2007）广东人，教授，微量化学家和有机化学家。1924年考入上海南洋大学（交通大学前身）附属中学高中部，1927年进入清华普通科学习，后来入清华大学化学系学习，1931年留校读研究生，1934年毕业时成绩优秀，被选送到美国芝加哥大学继续深造，1938年获芝加哥大学哲学博士学位，被留在该校主持微量化学实验室的管理并从事研究工作。1946年携带大量重要的资料和仪器回国，从事教学科研工作。1951年受聘于美国纽约大学，1954年受聘于纽约市立大学。研究领域为微量化学、有机化学、药用植物和天然产物等领域，并将微量技术用于有机合成、分离和提纯等。1958年晋升为教授。此后，完成了有机官能团微量分析法的系统研究，取得许多成就，先后发表了150余篇研究论文和学术报告，出版多部重要著作。其中1976年出版的《化学中微量操作》被世界上许多分析化学家认为是"从事微量化学技术工作案头必备的百科全书，该书比该领域内任何一位专家所能提供的材料和信息都多……"1961年马祖圣当选为纽约州科学院院士，1964年被选为国际纯粹与应用化学联合会分析试剂及反应委员会委员；1976年获本尼德蒂－皮乞勒(Benedetti-Pichler)微量化学奖。

中国科技工业企业发展史丛书 第一辑

〔美〕马祖圣 / 编著

A Comprehensive Survey of Scientific and Technical Personnel
Studying Abroad and Back to China 1840–1949

历年出国/回国科技人员总览

(1840~1949)

社会科学文献出版社
SOCIAL SCIENCES ACADEMIC PRESS (CHINA)

图书在版编目（CIP）数据

历年出国/回国科技人员总览（1840～1949）/马祖圣编
著．－北京：社会科学文献出版社，2007.12
（中国科技工业企业发展史丛书·第一辑）
ISBN 978-7-80230-907-4

Ⅰ.历… Ⅱ.马… Ⅲ.科学工作者-简介-中国-
1840～1949 Ⅳ. K826.1

中国版本图书馆 CIP 数据核字（2007）第 176562 号

前　言

　　笔者的青年时代正值中国面临生死存亡的危急关头。1915年，日本提出了旨在把整个中国变成其殖民地的"二十一条"，竟被袁世凯政府所接受，对这一"国耻"，举国上下群情激愤。中国的知识分子把"德先生"（Democracy）与"赛先生"（Science）介绍到中国来，认为只有这两位先生可以引领中华民族自求解放，踏上富国之路。1919年发生"五四运动"，在巴黎和会上取消"二十一条"，但未能阻挡日本图谋中国的野心。

　　1931年9月18日，日军侵占东三省，全国震惊，同时不得不承认，日本的强横，赖其工业体系的发达，中国惟有急起直追，才能免于亡国的厄运。正是在这种共识的驱使下，多数出国留学人员，选择专攻科技，以图尽快为国家开展科学研究和工业建设。笔者同样是抱有这样的想法出国和归国的。

　　笔者生于广东，长在上海。自小学起便受中英双语教育，耳濡目染之间，对西方先进的科学技术有了一个初步的了解，那精妙的机器，发达的交通，便捷的通信，令人深感叹服。1924年考入上海南洋公学（交通大学前身）中院（高中部），时常有机会与上院（大学部）学生一起参加各类课外活动，聆听中外人士讲演，眼界更开阔了不少。1927年进入清华大学，入化学系学习，再后是做研究生。7年时间，系统地学习了自然科学知识，还有计划地开展了研究工作，而且一有机会便扎到工厂企业里去，观察、探寻发展之路。

　　1934年从清华公费留美，进入芝加哥大学（University of

Chicago），住在国际公寓（International House）。抵美之前，特意先在日本停留几周时间，分别在大阪、京都、东京等地参观那里的大学与工厂。

笔者出国目的之一便是考察美国、欧洲的科技研究院，以期日后清华可以仿效开办。当时美国比较著名的、完备的理工科大学集中在美国东北部，如纽约市、马萨诸塞州、康涅狄格州等地，芝加哥所在的伊利诺伊州附近几州也有一些。近些的大学，我用几天时间便可前往。芝加哥大学每年分四个学期，夏季有三个多月的假期，我利用这段时间，访问了美国东北部的多所大学。就这样，在一年时间内，我遍访美国主要大学。加之我的博士导师是在德国读博士的，于是对德国的研究院制度也有所了解。

住在国际公寓的便利之处在于，这里是来自各国的研究生聚会之地。作为美国中部与东部的交通枢纽，许多外国学者与学生大多在国际公寓停留几天，顺便参观一下附近当时全球只此一处的、有自动实验表演的科学与工业展览馆（Museum of Science and Industry）。因此，国际公寓可以说是一个小的"联合国"，彼此的交流多多，也受益无穷。

1945 年以前，由中国去美国，都是坐船渡过太平洋，在三藩市或西雅图登岸。科技人员大多数还要坐几天的长途火车才到他们的学校或其他机构。美国铁路是私营，没有一条是从西岸直到东岸，必须在芝加哥换车，知道 International House 的都来短住。笔者在芝加哥 12 年，有许多机会招待或认识他们。

笔者出国前，已经直接或间接地结识许多第一代留学生（1927 年前回国的），在美期间，又接触许多第二代留学生（1928～1945 年回国的），当时便有一个想法，那就是把这两代乃至其后的科技留学生的事迹，把这一段留学的历史都记录下来。因为第一代留学生即已为科技和实业奠基，第二代留学生理应更有所作为，把中国的工业企业发展起来，科研体系建立起来。到第三代（1945 年后出国的）必会有一个飞跃，以期追赶上美欧和日本，至少是缩短与它们的差距。

　　然而，当时料想不到的是，第二代留学生大多不能如期返国，回去的也做不了什么事（参看《中国科技工业企业发展史丛书》第二辑《150 年来中国科技、工业、企业发展探微》）。第三代才开始一展身手，便又遭受打击。直到 21 世纪，第四代（1978 年后出国的）才真正出头（参看《中国科技工业企业发展史丛书》第三辑《21 世纪中国科技、工业、企业发展报告》）。不过笔者的初衷未改，仍希望将这一段历史还原出来，给前人以纪念，给后人以借鉴。

　　本书的目标是记录所有能找到的早期出国/回国的科技人员，笔者先请庞云，接着找到李茸、黄琼、李梅、张玉秀、丁雀英、郑明、米春晖、魏丹，由杨宗霖指导，收集有关留学生尤其是科技留学生的图书、刊物和其他资料。连同笔者在国内、国外遇到的，交杨宗霖整理，建立一个归国科技人员资料数据库，整理出本书中各时期的归国科技人员表。笔者要特别感谢清华同学朱树恭，他是 1945 年资源委员会派去美国实习，做接收工厂准备的。承蒙他供给第一批 500 人的名单（参看表 8.4）。在本书编撰过程中，接受作者之邀，杨宗霖、庞云在本书资料收集、整理和文字编辑方面所作的大量工作，这里一并致谢。

　　本书参与者虽然用了几年的时间，调查历年的出国/回国科技人员，力求人员数目、年代与经历准确翔实。但遗漏实在是不可避免的。举一个例子来说，20 世纪 30 年代，各省也派出过留学生，现在尚无法找到具体名单。另外，本书中各表格上的记录，也许会有错误，恳请读者指正，并及时通知《中国科技、工业、企业发展史丛书》编辑委员会，以便设法增补与更正，在此先表感谢。

马祖圣于美国

2007 年 4 月 5 日

目　录

表 目 录

第一章 绪 论

　　1840 年鸦片战争爆发，1842 年签订的中英《南京条约》，是鸦片战争失败的直接结果。中国不得不以一种被动和屈辱的方式打开了它的大门。此后，一系列割地赔款的不平等条约串联起中国 19 世纪到 20 世纪初的近代历史。

　　统治者虽然为军事、外交的惨败而震惊和警醒，继而承认中国大大落后于西方，但是他们却顽固地认为，祖上传下来的国体是世界上最先进的，儒家传统是最正统的，中国之所以贫穷落后，原因只是武器装备和科学技术不如西方。"洋务运动"正是在这种指导思想下进行的，所以最终的失败也就不足为奇。因为如果不变"中体"，"西用"则无以为用，西方的科学技术之花难以在中国封建的土壤中结出好果子来。

　　中国固然有悠久的历史和文化传统，但对于自然的观念与西方有很大不同。在中国，只是观察自然，记录自然现象，而没有更进一步地去理解自然，解释自然现象，只知其然而不知其所以然。所以，中国很早就有详细的天文记录，以及很多实用的技术发明，比如指南针、火药、造纸术、印刷术等。然而，技术与科学是有区别的。技术强调可操作性，而科学则是对技术的概括，以可检验的假说为基础，注意逻辑的严密性（特征之一就是数学化），同时要与严谨的实验检验相结合，强调可重复性。

　　正如中国发明的指南针传到欧洲以后，促进了探险和航海的大发展，哥伦布发现了新大陆，改变了人类的世界观和科学观；而郑和七下西洋，满载而归之后，整个船队却被烧掉，以免对农耕传统和社会结构造成冲击一样，近代科学终究没有也不可能在中国兴起。

　　为什么伽利略、牛顿这样一些伟大的科学家都是欧洲人，而不是中国人？为什么近代科学和工业革命产生于欧洲？为什么直到中世纪中国还比欧洲先进，后来却大大落后了呢？对于这个科技史上著名的"李约瑟难题"，几十年来无数人致力求解，提出的观点也有很多，本书无意做详细讨论。但有人提出，中国科技落后的原因可归结为一个"封"字，还是有一定道理的。官僚封建的制度、闭关锁国的政策、固步自封的传统不仅不能产生出近代科学和工业革命，而且即使能把它们照搬过来，也不能使之进步和发展。因为生产方式不是固定的，技术是不断改进的，科学是需要创新的，这也是为什么日本引进西方机器技术比中国迟，但产品无论是数量还是质量都超过中国的原因。（参看《中国科技、工业、企业发展史丛书》第六辑《中日科技工业企业发展比较》）

如果把牛顿定律的出现（1687年，清康熙二十六年）看成为现代科学的起点，以瓦特发明蒸汽机（1765）算作产业革命的开始。对照来看当时的中国，从康熙皇帝到绝大多数上层知识分子不仅没有去虚心学习，反而抛出了个"西学中源"说来应对。直到19世纪后40年才开展洋务运动，仿效西方国家建立矿业、电信、铁路与机器制造，这时距西方工业革命已过去整整100年。洋务运动最终以失败告终，可以说，中国在19世纪没有引进西欧的工业建设，知识分子应负大部分责任。（参看《中国科技、工业、企业发展史丛书》第二辑《150年来中国科技、工业、企业发展探微》）进入20世纪，满清王朝统治虽然结束，却又出现军阀割据的局面，加上西方列强加予中国的不平等条约，此时中国仍不能有发展科技、工业、企业的机会。国民政府成立后，虽有过一段建设的时期，可惜又被日军侵华战争所破坏。总之，中国科技与实业的发展可谓历经磨难，令一代接一代怀有救国之心、建国之志的知识分子难了心愿，难酬壮志。一直到21世纪，情形才有变化。（参看《中国科技、工业、企业发展史丛书》第三辑《21世纪中国科技工业企业发展报告》）

中国第一批官费留学生的派遣始自1872年。其间，围绕要不要派、派多少、怎么派又有多方争议，直到这一批留学生真正发挥举足轻重的作用，已是30年后的事了。此后，中国留学生的派遣同样历经曲折，人数起伏跌宕，但潮流一经兴起，就无可阻挡的、一代又一代的青年学子纷纷走出国门，到欧美、日本等国学习、实习、考察和交流。

中国现代科学技术知识大多是从西方引进，最早由传教士介绍到中国，后来派遣留学生主动去学习。在中国现代化的进程中，有识之士逐渐将科学技术置于重要的位置。从鸦片战争之后魏源提出"师夷之长技以制夷"，洋务运动中的"求强求富"，到严复等人提出的"西学格致救国"

论和 20 世纪初叶的"科学救国"思潮，每一过程中都活跃着留学生的身影。正是他们将西方科学的各个门类，系统、完整地移植到中国来。

1941 年太平洋战争开始，中美正式成为同盟国。两年之后，一百年的不平等条约全部取消，全国鼓舞。由大城市移到内地服务的科技人员，与 1937 年后直接去内地服务，已经过了几年艰苦生活的科技人员，认为此后中国可以大发展，政府的各部门，如资源委员会，也拟出计划设立大型工业企业，预备恢复与扩大研究所，原已有成绩的理工大学预备迁回原地扩充等。

1945 年 8 月在太平洋战事高潮中，美国政府突然宣布日本必须无条件投降，3 天内日本接受，太平洋战争立刻结束。美国停止战时增设的工厂，预备把多余的转送中国，对美国是减少开销，对中国是有利的。此时已回国的科技人员，其心情的兴奋可想而知。一方面因为日本的突然投降，在中国的工厂没有破坏，回国的科技人员以为可以接收，继续生产。另一方面是去美国迁移工厂，省了中国自建的资金。

可惜的是：回国科技人员的这两个期望都不能实现。

美国为本身利益，试图调解国共之间的冲突，但是双方都没有妥协的诚意，蒋介石早已决定必须以武力消灭共产党，和议终于失败。美国停止转移工厂到中国的计划。

同时，美国原拟帮助中国的交通工具数量也减少，大部分限于军用，以致以为短期内能回国的科技人员不能回家。

关于接收日军占领地带的工厂，因为接收的官员贪污自私，反而使许多工厂受到损失，甚至遭到破坏。

在理工大学的回国科技人员，都不能短期内回学校，加上日军故意破坏校园，原已有成绩的理工科仪器全部损失，回校后的科技人员，须耗大量时间，在恢复原状中求进展。

出国/回国科技人员的历史至此告一段落，建设中国，发展工业企业在半个世纪后才得以实现。

本书的目标是记录历年出国/回国的科技人员，分为几个时期，比较各时期的人数，与理、工、农、医比例的变迁，并刊登每个人的工作地点。表 1-1 所列为本书所收集到的 1879～1949 年历年从各国归国的科技留学人员数目及比例。

表 1-1　历年从各国归国科技人员数目

	美	英	日	德	法	加	比	苏	瑞士	奥	其他	合计	%
1879～1911	109	62	41	19	37	0	7	0	0	0	1	276	7.15
1912～1928	815	59	129	43	38	3	9	4	3	5	12	1120	29.02
1929～1937	424	72	80	104	58	2	6	4	9	8	26	793	20.54
1938～1945	227	85	31	64	13	7	7	6	2	5	25	472	12.23
1946～1949	978	113	4	18	9	22	3	3	7	1	41	1199	31.06
合　计	2553	391	285	248	155	34	32	17	21	19	105	3860	
%	66.14	10.13	7.38	6.42	4.02	0.88	0.83	0.44	0.54	0.49	2.72		

说明：　美—美国　　加—加拿大　　德—德国　　　奥—奥地利

英—英国　　比—比利时　　法—法国

日—日本　　苏—苏联

第二章　科技留学生的开始

2.1　早期科技留学生

从茫茫史海中寻找最早的留学生及其准确数字是极其困难的。因为在很长的历史时期内，中国一直处于世界的先进行列，至少是自认为的世界的"中心"，一向只有外国人来中国学习的，根本没有派遣过留学生。明末清初，一些欧洲传教士踏上中国的土地，在传播基督教教义的同时，也带来了当时西方一些先进的科学知识。他们当中有被称为"西学东渐第一人"的利马窦，有沟通中西天文学的汤若望，有做过康熙皇帝老师的南怀仁，有引进西方数学的伟烈亚力等一批人。

与后来西方用炮舰打开中国大门的野蛮做法相比，早期天主教传教士们的活动是以一种相对平和的方式进行的。一些长期与西方传教士接触，并掌握了西方近代科学技术的士大夫，如徐光启、王徵等人，对西方科技心悦诚服，进而致力传播和推广西学。清朝的康熙皇帝更是拜多位西洋教士为师，学习天文、历法、几何、地理、气象、医学等知识。令人遗憾的是，当时的统治者并没有指示王公大臣到西方科技的发源地去实地考察，更不用说组织普通文人出去学习了。这些"中体西用"的最早实践最终未被贯彻下去。在此之后，当朝为阻遏非正统思想的传播，切断教会势力的影响，实行闭关锁国政策，这对中国的近代化造成了严重的后果。从明末清初第一次的"西学东渐"，到后来所谓的"洋务运动"，其间经历了漫长的两百多年，可以说中国的近代化也相应地耽误了两百多年。

据有关史料记载，从清朝初年到鸦片战争爆发前，赴欧留学的有一百多人，但他们多数充当传教士，对促成中西科技交流无其影响。鸦片战争后，中国的门户被迫打开，东南沿海出现了传教士开办的新式学堂，一些穷苦儿童也能够入学就读，传教士在归国时有时会带一些青年留学海外。

另外，教会也会资助和引荐一些青年出国。加之在澳门的葡萄牙船只，在台湾的西班牙船只，在香港和广州的英国船只，都可能会带一些中国青年到西欧，学习西方科技，虽然他们人数不多，大多未见记载，但他们中的一些人没有甘当传教士，而是较系统地学习西方科技，并试图通过对西方科技的引进来改造中国，所以他们可以被认为是早期的科技留学生。容闳就是他们中的典型代表（参看本书第三章）。

1847 年 1 月，香港马礼逊学校校长布朗因病回美国，携带容闳、黄胜、黄宽三人赴美留学。这次偶然的机遇，无意间拉开了近代中国人留学西方的先河。三人进入了马萨诸塞州的孟松学校，这是一所大学的预备学校。后来黄胜因病提前回国；黄宽毕业后赴英国苏格兰爱丁堡大学学医，回国后成为一代名医；容闳毕业于美国耶鲁大学，成为中国系统接受美国高等教育的第一人。他学成归国后，一直为争取清政府派遣中国学生留学美国而奔走呼号，促成清政府批准在 1872～1875 年每年由国家派遣 30 名，四批共计 120 名幼童赴美留学（详细介绍见本书第三章）。

留美的幼童学成回国尚遥遥无期，出于洋务运动的需要，尤其是海军建设的人才需求，李鸿章、沈葆桢等提议，从福州船政学堂选派有前途的学生送到欧洲学习。1875 年，刘步蟾、陈兆翱、魏瀚、林泰曾等五人跟随法国人日意格前往欧洲，参观学习，这实际是派遣留欧生的先导。1877 年 4 月，经过多方考察选派出来的留欧生一行 30 余人正式启程前往英国、法国，学习驾驶、制造、矿务等专业，学习期限 3 年；1881 年 12 月，李鸿章从天津北洋水师学堂和福州船政学堂选派 10 人赴法国、英国、德国，学习驾驶、制造、枪炮鱼雷、营造等科目；1886 年 3 月，李鸿章又从福州船政学堂和北洋水师学堂选派 33 名学生赴英国、法国学习。这些前往欧洲的留学生，大部分学习科技（参看表 2 - 1，表 2 - 2）。但这些举动不是学西洋科技，更不是想到发展工业企业。

与幼童留美相比，留欧生有一些新的特点。首先是目的明确，目的是建设北洋海军。留学生全出自福州船政学堂和北洋水师学堂，回国后大多数也服务于海军、兵工厂、船政局一类的部门，学习课程的安排上也比较有针对性。第二是基础扎实。留欧生出国时已是掌握了一定的基础科学知识以及基本专业技能的 20 岁左右的青年，独立生活和学习能力强。第三是收效快。留学欧洲的期限一般是 3 年，最长的不过 6 年，比留美幼童预定的 15 年期限要短得多。所以留学欧洲虽然成行时间晚于留学美国，但留学生回国服务时间早于留美生。

从 1872 年清政府官派第一批留美学生开始，到 1886 年福州船政局派出的第三批留欧生止，在甲午战争前结业回国的，共有 200 名左右。1881 年 6 月，清政府作出了将留美幼童全部撤回的决定。留欧生也因资金缺乏时断时续地派出三届后断了线，清政府的留学事业陷入了低谷。

2.2 "洋务运动"并非提倡科技

1840 年鸦片战争，西方列强凭借其先进的军事科技强行打开了中国的大门。一部分人开始觉醒，看到了中西之间存在着的巨大差距。如果说这时的清政府还放不下天朝大国的架子，曾国藩等人视西方的科学技术为"奇技淫巧"，是"西学中源"，那么 20 年后西方列强又卷土重来，则连清政府也不得不承认西方的先进性。更多的人意识到，只有引进西方近代军事、科技和思想文化，才能挽救面临严峻民族危机的中国。不同出身、不同地位的人物在此共识下聚集起来，形成了一股强大的政治势力——洋务派。他们中有以奕䜣、桂良、文祥为代表的王公大臣，以左宗棠、李鸿章、张之洞等为代表的地方实力派，以冯桂芬、郭嵩焘、薛福成、王韬、马建忠、容闳为代表的一批知识分子以及一些民间工商人士……一场长达 30 年的洋务运动由此展开。

但是，洋务运动并非首先提倡西方科技，洋务运动时期留学生的派遣也没有明确以科技人才为培养目标。曾国藩反对修建铁路，可见一斑。

洋务运动开始的目标是巩固国防以"求强"，具体表现在开办近代军事工业，创建新式军队，购买国外新式武器。随着对外交往的扩大，洋务派最先感到的是缺乏通晓外语的外交人才。1861 年 1 月，奕䜣等首先提出培养外语翻译人才，这个建议很快被批准，于 1862 年 6 月开办了中国第一所近代学校——京师同文馆，起初仅设英、法、俄文三个外语班，1867 年开始开设天文、算学馆，使自然科学知识正式列为学校教育内容，但并不重视。京师同文馆为中国造就了第一批外语和外交人才。此外，还陆续开办了上海同文馆、广州同文馆、新疆俄文馆等 7 所外国语学堂，均在于培养外语和外交人才，对于科学技术则不过问。

洋务派认为，中国欲自强，就要"学习外国利器"，欲学习外国利器，就要"觅制器之器"。"船坚炮利，外国之长技在此，其挟制我中国亦在此"。在洋务派的主持下，从 1865 年开始，江南制造局、金陵制造局、福州船政局、天津机器局等一批军事工业相继成立（参看表 2-3），具备了铸铁、炼钢以及机器生产各种军工产品的能力，产品包括大炮、枪械、弹药、水雷和蒸气轮船等新式武器。此外，李鸿章 1872 年在上海开办轮船招商局，以"求富"促"求强"。在此后的十余年间，煤矿、铁厂、电报局、织布局、铁路、电厂相继建设，奠定了中国近代工业的基础。但是他们治理无方，不知科技要研究，工业要发展，结果一切都失败。

洋务派还开办了几所科技学堂（参看表 2-4），其中以军事学堂为主，还包括一些培养电报、矿务、医学等专门技术人才的科技学堂。相对于外国语学堂来说，其在课程设置方面更加专业化。创办于 1866 年的福州船政学堂是我国第一所以学习自然科学知识为主的新式学校，也是培养近代中国海军人才和兵器制造人才的摇篮。这些新式学堂的兴办直接推动了中国近代早期留学生的派遣。

洋务运动时期派遣的留学生也是按照这样一个过程，即从学习语言，到军事，不注意工业实业。比如，幼童赴美之初，并未明确所习科目，只是在熟读"四书五经"的同时，学习外国语言，完成基础教育。待"学识明道"之后，"量才拨入军政船政两院肄习"。留欧生的派遣更是军事意图明显，为了学习"练兵制胜之理"与"水陆军械技艺"。

按照留学生派遣的始作俑者曾国藩、李鸿章等人的想法，留学的目的及留学生的使用，理应"使西人擅长之技，中国皆能谙悉"。至于西人有哪些"技"，中国需要哪些"技"，则是他们无法道明的。李鸿章在欧美，并不视察科技和工业企业。洋务派制定的留学政策缺乏明确目标和长远规划，将留学生的学习内容只限于与军事直接相关的领域，是"军事留学"而非"科技留学"。因为他们没有深刻地认识到西方各国先进之处不仅在于军事，而是整个工业体系与科学教育体系，更有政治制度和文明传承。

其实，驻英国公使郭嵩焘已经注意到了这种弊端。他对比日本留学生在英国"习兵法甚少"的情况，建议"出洋之官学生改习煤铁及冶炼诸法，及兴修铁路及电学，以求实用"。但是这些宝贵的建议一开始未能得到当局采纳，只是到了近代矿业、电报业等兴起之后，分别遇到人才缺口时，才要求留学生尽快学习。即使这样的计划也未能顺利实行，只有少数几人遵照指令学习了采矿技术。电报技术还没有来得及学习和考察，留美幼童便被召回国了。

诚然，从洋务派所处地位及当时中国所面临的危机来看，把满足军事需求作为留学的重点无可厚非。早期走出国门的留学生把重点放在学习西方语言，接触当地文化也是应该的。但是，留学生不能由重在学习西方语言转变为学习西方近代科学技术，不能由单纯培养外交、军事人才进而明确培养工业实业人才，这是洋务运动政策上的大缺点，也可以说洋务派对于建立完整的科技人才体系无丝毫意识。

从回国留学生的角度看，他们大多进入了洋务事业各部门，有的成为技术骨干，有的成为管理者，有的做了商人，有的做官参政，他们对中国近代化的贡献不容忽视。令人遗憾的是，由于留学生的选派和任用政策，他们之中进入学术思想界和教育界的为数甚少，而这两个领域恰恰才是把西方科学真正向中国引荐和传播的重点。像严复那样，从一名海军留学生成为一名传播西方科学文化的理论家的人，少之又少。

2.3　兴办实业与初期科技留学生的关系

由于当权者不懂科学，轻视技术与实业建设，中国早期的留学生并没有一个科技与实业人才的培养目标。直到 1877 年，当局才把实业人才的培养提到议事日程上。

首先明确的是矿务人才的培养。洋务派向清政府提出"开采煤铁，以济军需"的要求，并获准在湖北、台湾等地试办煤矿。但是，所请的外国专家，高下不等，所引进的机器，真伪难辨，因此，1877 年初，李鸿章在给容闳的信中，要求其尽快从留美学生中，挑选"有颖异可造之材送入矿务学堂"，并考察美国的采矿业，待他们"融会贯通"之后，立即令其归国，分配到各省矿务局。即便是船政学堂选派留欧生，也特别提出，选派的学生中如有"愿学矿务、化学"者，留学监督应给予鼓励。这些留学生中的几位就成为中国近代首批矿业工程师。学习矿业的第一批留美学生邝荣光，回国后成为著名的矿业工程师，对中国近代最大的、机械开采的开平煤矿贡献卓著。他还参与许多煤矿的勘测，曾发现湘潭煤矿。

接着明确的是电报人才的培养。1879 年，天津成立了电报总局，下设上海、苏州等七个分局（1884 年电报总局迁往上海）。随着津沪电报线于1881 年投入使用，亟需大批技术人员。头批回国的 21 名留学生，全部被送到新设的电报局。当第二条电报干线苏浙闽粤线兴建时，又有 8 名留学生参加了该线的全部勘测工作。他们对中国电政标准化的推广，电报机的更新以及管理体制的建立，贡献颇多。上海、江苏、湖北等电报局的局长均由留学生担任。

留学生推动了中国铁路建设的发展。据统计，到民国初年，国有已建成铁路有京汉、京奉、京张、津浦、沪宁、正太、吉长、株萍、道清、广九、广三、汴洛、江宁等13条，除正太、江宁两条铁路无留学生担负主要施工职务外，其他11条，留学生都担负过总工程师、监督、督办等重要职务。其中最突出的是詹天佑，他的不朽功绩是设计修建了京张铁路。这是中国第一条自主修建的铁路。

从实业人才的培养上同样可以看出，洋务派重军事轻民用，重实践经验轻理论创造的一贯做法。船舶与兵器制造自不必说，除此之外，留学生的实业活动仅局限于矿业、电报和铁路等部门，西方先进的纺织业就从未涉足。留学生实业人才中，除詹天佑一人发明过车辆自动挂钩外，再无一人在科技发明上有所建树。新兴实业、新型技术不派人员学习和研究改进方法，失掉了中国发展完整工业体系的机会。

·　前面提到，出于洋务运动的需要，创建了一些新式制造局和科技学堂，由此推动了留学生的派遣。而留学生回国后，许多人又直接效力于这些机构，还有一些人参与创建和管理一些新的大型企业。但究竟有多少科技留学生参与其中，希望随着资料的逐步补充发现，表2-3、2-4、2-5中的空白变得越来越少。

表2-1　清末洋务运动派出的科技留学生与专业

出国年份	造船航海	枪炮鱼雷	机械制造	自然科学	矿务	土木工程	科技学生数目	全体学生总数
1875		刘步蟾	陈兆翱 魏瀚				4	5
1876							0	7
1877	蒋超英 叶祖珪 黄建勋 方伯谦 林颖启 严　复 汪懋祉 何心川 林永升 林泰曾 萨镇冰		郑清濂 李寿田 林怡游 梁炳年 陈林璋 刘茂勋 杨廉臣 裴国安 吴德章 郭瑞珪	罗丰禄	林庆升 林日章 张金生 池贞铨 罗臻禄		26	27

出国年份	造船航海	枪炮鱼雷	机械制造	自然科学	矿务	土木工程	科技学生数目	全体学生总数
1878		陈可会 叶殿铄 张启正			王桂芳 吴学铿 任 照		6	6
1881	陈兆艺 李鼎新	陈才瑞 李芳荣 陈伯璋	魏 暹 王庆瑞		王福昌	黄 庭 王回澜	10	10
1886	陈恩焘 周献琛 贾凝喜	刘冠雄 郑汝成 黄鸣球 陈林衡 邱志范 沈寿堃 王学廉 郑文英	王 桐 李大受 伍光鉴 陈长龄 陈鹤潭 卢守孟 曹廉箴 郑守箴 陈燕年 林振峰 陈庆平			林志荣 杨济成	24	33

表 2 - 2　清末洋务运动派出的科技留学生所到各国人数 *

年 份	英	德	法	比
1875	2		2	
1877	16	5	14	6
1878			6	
1881	2	2	6	
1886	16		8	

* 有些学生在两处或三处学习，所以总数多于 70

表 2 - 3　清末派科技留学生前创办的新式制造局

年 份	地 点	名 称	机件来源	主管人	出国购买，实习人员
1865	上 海	江南制造总局	英（？）		
1865		金陵机器局			
1866	福 州	福州船政局			
1867	天 津	天津机器局			

表 2-4　清末洋务运动建立的科技学校

年　份	地　点	学校名称	主管人	外国教师来源	归国科技教师
1874	上　海	枪炮学堂		德（？）	
1876	福　州	福州电器学堂		英（？）日（？）	
1880	天　津	天津电报学堂			
1880	广　州	广州实学馆			
1880	天　津	天津水师学堂			
1882	上　海	上海电报学堂			
1885	天　津	天津武备学堂			
1886	广　州	黄埔鱼雷学堂			
1887	台　北	台湾西学馆			
1888	北　京	昆明湖水师学堂			
1888		北洋海军枪炮学堂			
1889	广　州	黄埔海军学校			
1890	威海卫	刘公岛水师学堂			
1890	旅　顺	旅顺水师学堂			
1890	南　京	江南水师学堂			
1892	武　昌	湖北矿务工程学堂			
1893	天　津	天津医学院			
1893	武　昌	湖北自强学堂			
1894	烟　台	烟台鸿军学堂			
1895	南　京	江南陆师学堂			

表 2-5　清末派科技留学生后设立的大型企业

年　份	地　点	企业名称	主管人*	归国科技人员	出国实习人员
	天　津	天津电报局			
	开　滦	开平煤矿		林日章　邝荣光	
	上　海	招商局轮船公司		黄开甲	
		汉阳铁厂			
		纺织官局			
		芦汉铁路			
		津浦铁路	黄仲良*	罗国瑞	
		沪宁铁路	钟文耀*		
		北京电报局	吴应科*		
	唐　山	唐山机械公司		唐国安	
		上海纺织厂		温秉忠　黄耀昌　潘斯炽	
		京绥铁路		詹天佑	

*　科技留学生

第三章　容闳推动的幼童官费留美

3.1　容闳及其留美教育计划

讲留学生的文章，不能不首先提到容闳。早在70年前即已写成《近代中国留学史》的舒新城便在书中这样评价容闳："（清朝）于1872年末派第一批学生30人去美，中国政府派遣留学生以此为始，而政府之所以有此举则完全归于容闳一人之力。故近代中国留学实以容闳为创始者。"

1847年容闳赴美，那时他19岁，26岁学成回国。立即开始推行他的"留美教育计划"，目标是让中国的下一代能够享受像他所享受到的教育成果，他认为"西学可以使中国复兴、开明、强盛"，而留美教育"为中国复兴希望之所系"。

容闳回国后近十年间，不停地为他的"留美教育计划"而奔波，但四处碰壁。直到1863年，曾国藩邀请容闳帮助江南制造总局赴美采买机器。容闳完成了任务，由此博得了曾国藩的信任。机器买回后，曾国藩与李鸿章在上海办起了江南机器制造总局。随着大型兵工厂的设立，面临着技术人才短缺的局面。容闳不失时机地提出在江南制造局附近设立兵工学校，并获同意，这对容闳所怀教育计划来说，可谓"小试其锋"。

1868年，容闳通过江苏巡抚丁日昌，向清政府提上他的教育计划，其中心内容是派遣留学生："政府宜选颖秀青年，送之出洋留学，以为国家储蓄人才。派遣之法，初次可先定一百二十名学额以试行之。此一百二十人中又分为四批，按年递派，每年派送三十人。留学期限，定为十五年，学生年龄，须以十二岁至十四岁为度。视第一第二批学生出洋留学，著有成就，则以后即用定为例，每年派出此数。"

容闳的建议切实可行，但由于一些人事上的原因，此计划被耽误了两年，不过容闳并没有灰心。1870年，曾国藩、李鸿章往天津处理"天津教案"，容闳作为翻译同行，这使得他又有机会向曾、李二人提出选派幼童留学的计划。曾、李答应立即联名上奏。

1871 年 8 月，曾国藩与李鸿章再次联合上奏，提出"拟选聪颖幼童送赴泰西各国书院，学习军政、船政、步算、制造诸学，约计十余年，业成而归，使西人擅长之计，中国皆能谙悉，然后可以渐图自强。"他们还制定了 12 条具体章程，主要包括：与美国政府联系，允许中国派幼童入美国学校学习，经费由清廷支付；在上海设局，办理幼童出洋事宜；幼童选派以每年 30 名为准，4 年计 120 名，学习期限 15 年；留学生学习专业由政府决定，归国后也由政府具情录用；幼童出洋后听从中国方面约束，在学习洋文同时兼学中文，不准在外入籍滞留；拨出留学经费白银 120 万两。

朝廷准奏后，曾、李开始具体实施，并任命了有关负责人，由陈兰彬任出洋局委员。容闳为副委员，先期赴美安排一切。

1872 年 8 月 11 日，第一批经过考试合格的 30 名幼童由陈兰彬率领从上海起航，经日本横滨到达美国三藩市，而后乘火车抵达东海岸的哈特福特（Hartford），由此正式拉开了中国近代官费留学活动的帷幕。

1873 年 6 月 12 日，第二批 30 名幼童由黄胜率领赴美。

1874 年 9 月 19 日，第三批 30 名幼童由祁兆熙率领赴美。

1875 年 10 月 14 日，第四批 30 名幼童由邝其昭率领赴美。

起初学生们寄居在市民家里，1874 年李鸿章专门拨款在美国哈德福城特建造了一所出洋肄业局大楼，作为办理中国留学事务和留学生学习的场所。1875 年，清政府又任命陈兰彬、容闳为正副大使。

3.2　幼童留美并非出于科技之需

1868 年 2 月，被清政府聘为"办理各国中外交涉事务大臣"的卸任美国驻华公使蒲安臣率使团前往美国。在美期间，蒲安臣以"钦差大臣"名义签订了《中美续增条约》（又称《蒲安臣条约》）。条约第七条规定："嗣后中国人欲入美国大小官学，学习各等文艺，需照相待最优国之人民一体优待。"这一规定是当时留学美国的大气候，再加上容闳本身学成于美国，所以把美国作为官派留学生的首选之地便在情理之中。

但是，美国当时还是农业国，科技及工业远不及欧洲发达，与容闳同时去美国进中学的黄宽，因要学医，便得转到英国。留学美国对中国科技和工业的促进作用来得要缓慢。假使这一百多名学生被送到欧洲学习先进科技，回国后对于中国科技、工业企业的发展所起的作用也许会全然不同。

不过，官派留学生显然并非出于科技之需。对于容闳本人，他在耶鲁大学学习的是文科，他所主张的西学也并非指西方科技。对主政者来说，他们就更不可能意识到科技以及科技人才对中国的发展进步意味着什么。一个幼年生的教育费一万两白银，实在惊人。

关于工业企业的发展，以中国历史上第一条铁路的命运为例，1876年，中国土地上出现了第一条铁路——英商修建的吴淞铁路。而清政府居然以修铁路要开山凿洞，会伤了"风水"，隆隆作响的火车会震伤"龙脉"为由大加反对。进而在第二年花钱赎回了这条铁路，并将其全部拆除。即使是洋务派的领袖，在这一问题上也相当顽固。他们惧于洋人的坚船利炮，便去购买与制造同样的坚船利炮，这种头痛医头，脚痛医脚的做法只是庸医，而不是一个高明医生的所作所为。

对于幼童派出去学什么这个重要的问题，大概也只能是走一步看一步，没有明确的方向，只有一个模糊概念，那就是"学识明道"。为了"学识明道"，他们除了学习英文及基础课外，还要被"课以孝经、小学、五经及国朝律例等书"，被召集"宣讲圣谕广训"。在美国读《孝经》、《圣谕》这种可笑之举，注定没有收效。随着幼童受西化影响出现的剪辫、改穿西装、做礼拜、不行跪拜等改俗行为，引起守旧势力的强烈不满。先后负责留美学生管理的陈兰彬、吴子登对此攻击有加，甚至上书朝廷撤回幼童。从1881年9月开始，中辍学业的留美幼童分三批陆续回国。他们当中除詹天佑、欧阳赓两人自耶鲁大学毕业外，其余90多人尚在大学和高中就读。回国的留学生们被集中送到一处，加以考试和甄别，然后被强行分配。头批学生21名全部被分到津沪电报线学传电报，二、三批由福州船政局、江南机器制造局留用23名，剩下的50名分别送到天津水师、机器、鱼雷、电报、医馆等处当差。（参看表3-1）

历史上第一批官费留学教育就这样夭折了，直到中日甲午战争后，清政府才又开始恢复派遣留美学生。回国的留学生不禁质问："这就是东西双方影响下，中国政府的'进步政策'吗？"洋务派曾经异想天开地希望留美幼童既不受西方文化的侵蚀，又学来西方的技术，这种自相矛盾的出发点决定了留美幼童的悲剧结果，也是容闳留学教育计划壮志难酬的原因所在。

随着时间的推移，这批留美生逐步成为政界、军界、商业界的知名人物，或成为工厂、铁路、矿山、建筑等部门的技术骨干。据初步统计，这批留美生从事工矿、铁路、电报者30人，其中工矿负责人9人，工程师6人，铁路局长3人；从事教育事业者5人，其中大学校长2人；从事外交、行政者24人，其中领事、代办以上者12人，外交次长、公使2人，外交总长1人，内阁总理1人；从事商业者7人；加入海军者20人，其中有多人回国不到三年时间便牺牲于战场中，这大概是容闳等没有预料到的。

3.3 首批留美生的来源

在四批共计120名留美幼童中，96%来自文化经济相对开放和发达的沿海地区。其中广东籍84人，这当中又以毗邻香港、澳门的香山县居多，有40人。江苏21人，浙江8人，安徽4人，福建2人，山东1人，广大北方地区没有一人入选。（参看表3－2）

当时的上层社会，知识分子都认为出国学习不是一件体面的事，熟读"四书五经"，考中举人进士，才是光宗耀祖的事。知识分子尚且如此，平民百姓的无知便不足为奇了。那时的流言甚至说，野蛮的西方人会把出国的幼童活活地剥皮，再把狗皮接种到他们身上，当怪物展览赚钱。

即使在沿海地区，幼童的选拔也并不顺畅。在由政府负责留学生一切费用的前提下，人们也不愿意把自己的孩子送出国，由于计划名额迟迟不能招足，容闳不得不亲自回到家乡做宣传。最后成行的幼童和他们的父母们也不是有什么先知预见，而是或多或少地直接和间接接触过外国人，见过一些世面，还有就是家境贫穷，不得已把出国作为一条出路。比如，邝荣光的父亲是在澳门的金矿上当工人；唐国安的父亲年少时和容闳在香港同过学；李富恩自幼丧父，家境不好，他那与外国人打过交道的堂兄便动员他守寡的母亲让他出国；詹天佑的父亲经商破产，一位在香港做工的邻居极力开导詹父，并以其女许配给詹天佑作保证，最终使得詹父在出国"具结"上签了字。

从留美幼童招收的困难及所招生源的特点可以看出，当时留学缺乏广泛的社会基础，参与者也处于社会的弱势群体，无论是影响力还是话语权都很微弱。一旦来自上层的支持与推动撤去，留学运动便告中途夭折了。

表 3 - 1 容闳推动的留美学生从事科技的人员与专业 *

去美年份	海军船政	枪械制造	铁路建筑	电 讯	矿 务	纺 织	医 院
1872	邓士聪 陈巨镛 容尚谦 黄开甲	黄仲良 程大器	罗国瑞 钟文耀 曾笃恭 詹天佑 蔡锦章	牛尚周 梁敦彦 蔡绍基	邝荣光 陈荣贵 吴仰曾		何廷梁
1873	丁崇吉 邝咏钟 苏锐钊 宋文翙 梁普时 蔡廷干			方伯梁 吴应科 卓仁志 唐元湛 梁金荣	唐国安 梁普照 曾溥	温秉忠	
1874	卢祖华 杨兆南 杨昌龄 吴敬荣 徐之煊 徐振鹏 容耀垣 黄季良 曹家祥 薛有福	沈家树	林沛泉 周长龄 唐致尧 梁如浩 郑廷襄	朱宝奎 孙广明 周万鹏 袁长坤 程大业	邝贤俦 邝景扬		曹茂祥
1875	邝国光 邝炳光 沈寿昌 吴其藻 陈金揆 黄祖莲		周传谏	冯炳忠 吴焕荣 陆德章 林联盛 陶廷赓 盛文扬		黄耀昌 潘斯炽	李汝金 林联辉 金大廷

* 有两种专业的，名字只记录在他最先服务的专业一格内。

表 3 - 2 容闳推动的留美学生来源与从事科技人数

去美年份	广 东	江 苏	浙 江	福 建	山 东 *	安 徽	科技人数	学生总数
1872	16	1				1	18	30
1873	13		1				14	28
1874	16	4	2	1		2	25	30
1875	11	6				1	18	30

* 1872 年留美学生中有一名来自山东，不幸早逝。

第四章　废除科举前后的(1896~1911)科技留学生

4.1　中日两国派遣留学生的比较

　　1894~1895 年间，中日两国爆发甲午战争，终以北洋海军的全军覆没而结束，清政府被迫签订丧权辱国的《马关条约》。堂堂大清帝国竟败在小国日本手下，中国朝野为之震惊，不得不承认军力、国力都远逊于日本，而且认识到，日本以一小小岛国在数十年间一跃而跻身列强地位，全赖明治维新之功。

　　在西方入侵的情况下，中国和日本都认识到了西方先进的科学技术和生产力是其强大的根源。几乎从同一时期开始，中国开展了洋务运动，日本进行了明治维新运动，在近代化的过程中，中日两国都采取了学习西方的捷径——派遣留学生出洋学习。张之洞这样总结日本振兴的经验："日本小国耳，何兴之暴也。伊藤、山县、复本、陆奥诸人，皆二十年前出洋学生也。愤其为西洋所胁，率其徒百余人，分诣法、德、英诸国，或学政治工商，或学水陆兵法，学成而归，用为将相，政事一变，雄视东方。"洋务运动与明治维新运动一成一败，原因当然很多，但不能否认的是，与中国相比，日本在留学生派遣的立法、选拔、管理上更显成效，留学生发挥的作用也更大。

　　首先，日本有计划地派遣留学生的时间早于中国，人数多于中国，并制定了健全的留学制度。明治政府成立之前已经有留学现象出现。1868 年明治维新，政府重视留学生的派遣，《海外留学规则》这一法令的出台，标志着近代日本留学生制度的建立，使留学生的派遣步入正轨。到甲午战前日本共派遣留学生近 900 人，是中国的 4 倍多。

　　其次，中国"中体西用"的留学方针，导致留学目标褊狭，管理僵化，也不能使留学生回国后发挥作用，唯恐"中体"会受到威胁。而日本的"和魂洋才"则强调兼收并蓄，对西方先进文明成果的吸收较为全面。

再次，日本留学生生源质量较高。中国派出的留美幼童，年龄小，起点低，基础薄，这一状况虽然在随后的留欧生身上有所转变，但和同时期日本到欧美的留学生比起来，生源质量不能算高。日本留学生多是在高等学校选拔出来的优秀学生，对西方先进科学技术学习的主动性和自觉性很强，无论是学习能力，还是学习效果，都比中国留学生好。

另外，相比出身于清寒之家的中国幼童，日本留学生普遍出身背景好，官宦后代甚至是皇族成员都有，有的本身就是以政府官员的身份完成留学任务。有这样背景的留学生回国后，活跃在各界舞台上，利用自己的职权，结合在国外学习到的先进知识，进行大刀阔斧的改革，对日本的近代化起到了中流砥柱的作用。相比之下，中国留学生回国后没有受到足够的重视，即使被任用也只是承担具体事务。甲午战前中国留学生中没有一人担任决定国家方针政策的要职，至于学到的先进技术也只能在局部范围内发挥作用。例如，留欧学生学习到的造船技术只能用于中国海军的建设发展，没有能把西方先进技术在中国进一步推行开来。

4.2　海外华侨非留学生

中国自明朝起禁止私人出国，1840年后五口通商，禁令不能执行。中国人出海的渐多，称为海外华侨。1880年后，出国的人数，每年有几千人，都是沿海各省出去的，山东、浙江人去欧洲，福建、广东人去南洋、南北美洲和澳洲。但差不多都是乡村出来的穷困工农去国外谋生，即使赚了钱，也不进学校。

1840年以后，中国才有留学生的名词，但是海外华侨不是留学生。华侨子弟成为科技人员的极少，南洋华侨名医伍连德、生理学专家林可胜回到北京服务，是例外。

4.3　停科举促成留日潮，但少人有专攻科技

青年知识分子开始出国，可分为两派，一派是不满清政府参加革命的，去日本；一派是教会学校上学的，去欧洲或美国。

在日本经过明治维新后一跃成为强国，战胜了"天朝"这一不争事实面前，清王朝决定仿效日本，维新变法。中国的对外留学也出现了新的转向，兴起了一股东渡留日潮。从甲午战争后到辛亥革命爆发，先后有2万多人赴日留学，是近代历史上出国留学人数最多的一个时期。

官费留学日本始于1896年，清政府派唐宝锷等13人赴日，进入东京高等师范学校学习，由此揭开了留学日本的序幕。1898年3月起，杨荫杭、雷奋、杨廷栋、富士英等来自湖北、浙江等地的官派生共61人赴日留学。

1901年1月，清统治者发布变法诏令，大臣督抚们纷纷上奏献计献策，其中以刘坤一、张之洞联合提出的《江楚会奏变法三折》影响最大。奏折中在教育方面的改革建议主要是"设学堂、停科举、奖游学"三项内容。1901年后，清政府通过各种途径，多次号召青年出国留学，而且允诺留学归来后分别授予举人、进士出身以及各种官职。各省督抚、大臣以及京师大学堂相继派遣学生赴日留学。据1903年《清国留学生会馆第二次报告》的题名录统计，当时的中国留学生总数为642人。

4.4　官费与自费生

留学生开始出国，便有"官费"与"自费"的分别。

中国政府各部门，各省、县选派到外国学习的称为"官费生"，费用由国家供给。1930年后，改称为"公费生"。

所有其他的留学生，统称为"自费生"。这个名称不限于费用是学生自己或其家庭筹备，由外国学校、教会、工厂、企业帮助的都在内。

4.5　清末时期"公费"、"自费"的变动

由于清政府国库空虚，完全由官费派遣学生难以承担，于是就从政策上鼓励自费留学，对自费留学的学生人数几乎没有任何限制。1902年清政府制定的出洋游学章程，将留学生分为三类，即贵胄学生、官费生和自费生，并有相关规定，对民间自费出洋者予以方便。后来又规定，能考入日本大学者可由自费转为官费培养。

早期的留学生主要是以官费为主，这一状况直到奖游学、停科举之后赴日留学潮兴起才转变过来。在留学生派遣初期，即便是由政府出资的官

费生招募都十分困难，更不用说自己筹钱出国留学了。那时，不仅中国上层社会的子弟，就连平民百姓，都把通过科举考试进入仕途作为一条梦寐以求的出路，同时也是一件光宗耀祖的事，对于出国读"洋书"则不屑一顾。就连到欧洲留过学，时任北洋水师学堂校长的严复，还多次去考进士。另外，留学生还要被授予科举出身，导致出现诸如"牙科翰林"这等不伦不类的称谓。

可见，科举制度一天不废，新式教育就大兴无望，人们或是贪图功名不肯入学堂学习，或是心存侥幸无心学习。在张之洞等人的吁请下，渐停科举的政策相继出台。1905 年 9 月 2 日，清政府颁布诏书，持续了 1300 多年的科举制度终于被完全废除了。学子们通过科举考试做官的路被彻底堵死了。科举制的废除使得留学成为学子们求取功名的主要途径之一，对留日热潮的产生起到了极大的促进作用，使得留日学生在 1905 年、1906 年达到高峰。从 1896 年第一批留日学生起，到辛亥革命爆发，中国赴日的留学生累计达 3 万人。

这一时期的留日学生，90% 以上是自费生。开始以进入大学前的预备学校学生为多，他们的学习能力受到限制，且学习时间很短。1906 年，清朝驻日公使杨枢在提交给清政府的一份报告中统计，在日本的近万名中国学生中，60% 是短期课程，30% 是初等教育，5%～6% 中途退学，3%～4% 进入高级中学和技术学校，只有 1% 进入大学。1906 年后，大多数中国学生专注于大学专业的学习，但是因为进入日本大学十分困难，留学生总数急剧减少，每年只有 165 名学生进入 5 所公立学校学习。他们普遍选择军事、法律、政治、经济和商业等，选习理工的只占极少数（明治时期的工科学生只有 30 人）。

在 1906 年清政府进行的一次归国留学生考试中，参加考试的 100 人中，留日生占 80% 以上，但考中的全是留美生。因此，从整体来说，留日生所受教育水平普遍不高，能够从正规日本高等院校毕业的人很少，从事科技研究的人更少，大部分人致力于通过改革或革命而不是科学教育来拯救中国。

4.6　赴其他国家的留学生

这一时期绝大多数留学生集中在日本，也有少数官费或地方资助赴英、德、比、法、奥、俄等欧洲国家学习的，以学习军事者为多。比如 1901 年上谕各省选派学生出洋，此后的一两年内，由京师大学堂速成科中选送了留学生赴西洋，地方大员张之洞曾向英、法各派 8 名留学生，鄂督端方则在湖北各学堂中选送 8 人赴德、10 人赴美、4 人赴俄、24 人赴比利时。

从 1909 年起，因美国向中国退还部分"庚子赔款"，专门作为派遣留美学生的费用，于是在中断了将近 30 年后，清政府重新恢复向美国派遣官费生。1909～1911 年，在清政府垮台前的 3 年时间内，共派出"庚款"留美学生 180 人（详细介绍见本书第六章）。

总之，这个时期的留学生选派方式趋于灵活，除自费生大大增加外，中央各部、地方各省均可以根据自己部门的需要而选送。而且随着留学人员人数迅速增加，还采取了一些措施保证留学生的质量。针对赴日留学的速成生过滥的问题，1906 年学部通令各省停止选派速成科留学生。1908 年，清政府更下令，以后凡官费留学生一律学习理工科。

值得一提的是晚清后期洋务派代表人物张之洞。与康有为、梁启超等维新人物相比，张之洞的观点趋于保守，是"中学为体，西学为用"观念的代表人物。但他们在主张留学教育上是一致的。张之洞在 1898 年送交光绪皇帝的《劝学篇》一文，对留学特别是留日运动产生了非常重要的影响。他把"游学"列于"设学"之前，认为出洋一年，胜于读西书五年，入外国学堂一年胜中国学堂三年。张之洞尤其强调留学日本的重要性，并拟定了《奖励游学毕业生章程》。

张之洞也是清政府封疆大吏中对留学教育最能身体力行的人。早在 1892 年，他派 10 名工匠到比利时学习冶铁；1896 年，选派学生 40 名分赴美、法、德三国学习，同年又派出一名公费留日学生，是清朝首批 13 名官派留日学生之一。1898 年，时任湖广总督的张之洞从湖北、湖南各选 100 名、50 名聪颖子弟前往日本学习武备、格致、农、商、工艺，兼通各种专门术业。根据 1904 年的一个统计，全国各省留日学生共计 5400 多名，湖北所派学生即有 1360 余名，所以湖北当时有"留学先进省"之称，任湖广总督长达 15 年的张之洞功不可没。

4.7　康有为的"科学"观

1898 年的百日维新虽然以失败告终，但这场维新运动对顽固守旧的思想造成了冲击，用近代科学思想启蒙了国人。与洋务派只局限于船坚炮利、练兵自强不同，维新派将目光移向西方何以富强的深层原因，并首先认识到科技水平同国家富强的关系。按康有为的理解，"泰西之强，不在军兵炮械之末，而在其士人之学"。这个"学"，就是指西方的近代科学，既包括自然科学，也包括社会科学。

康有为是近代中国第一位使用现代意义"科学"一词的人。中国古代虽然在传统科技方面取得过一些成就，但并没有"科学"一词。当利玛窦等西方传教士开始向中国输入西方科技知识，中国人用"格致"、"质测"等词来表示这方面的学问。近代以来，特别是洋务运动时期，"格致学"被普遍用来指称声光化电等自然科学。这种称谓多少带有中国传统文化的痕迹，说明西方近代科学技术在中国还没有获得彻底的理解。在康有为于1897年编辑过的一本《日本书目志》中，第一次将西方的 science 转译为"科学"，人们从此开始在完整意义上理解科学，从科学的表象归纳出科学方法，升华出科学精神。

康有为还用"物质学"一词来指称实用科学，认为"炮舰农商之本，皆由工艺之精奇而生；而工艺之精奇，皆由实用科学及专门业学为之"。这些实用科技不但关乎世人生计的好坏，而且关乎国家的兴亡和社会的进步。科学不但可以"以小为大，缩远作近，照暗为明，省日增寿，速行开智，培植人口，开辟地利，增产滋富"，而且可以变动整个社会。可见，康有为是典型的"科学救国论"和"物质救国论"者。他分析造成中国科技落后的原因，"中国数千年之文明，实冠大地，然偏重于道德、哲学，而于物质最缺"。也就是说，中国的病根主要在于长期不重视科学，导致了物质技术的落后，被动挨打。中国如果还不注重发展科技，其后果将不堪设想，所以"科学实为救国之第一事，宁百事不办，此必不可缺者也"。

但是，在当时腐败没落的封建体制下，无论是科学救国还是政治变法都无法挽救将倾的大厦，况且康有为的一切政治活动"皆以维持现状为职志"（梁启超语）。尤其是在戊戌变法后的十几年里，康有为更沦为保皇派，除千方百计营救其圣主光绪之外，在学术方面几乎没有什么建树，科学救国更无从谈起。倒是康有为的学生、助手和战友梁启超，在戊戌变法后，他的学术研究视野，较康有为更为开阔，研究范围更为广泛，成为名副其实的西学通人。

康有为和梁启超不仅是维新派的代表人物，也是那时中国知识分子的领袖。康有为、梁启超在日本多年，与留学生常有接触，有大量的追随者，可能这也是留日学生趋向文、法而避理、工的原因之一。按照维新派的观点，以自然科学为核心的近代学术是决定世界发展的最重要力量，而自然科学又对社会科学影响巨大——法律学、经济学、政治学、宗教学、历史学等社会科学无一不受自然科学的影响。但可惜的是，由于种种原因，在这一时期的赴日留学生身上，这一观点并没有得以充分体现。梁启超晚年在清华，只讲国学，不讲科学，更不谈工业企业的发展。

表 4-1　1879～1911 年回国科技人员总表

序号	姓　名	姓名全拼	国内学校	出国年份	留学国	国外学校或其他机构	学科	专　业	归国年份	国内工作地点
1	蔡锦章	Cai Jinzhang		1872	美		工		1881	京沪铁路
2	蔡绍基	Cai Shaoji		1872	美	中学	工		1881	上海大北电报公司，天津外事局，北洋大学，天津海关
3	蔡廷干	Cai Tinggan		1873	美	New Britain 中学，麻省 Lowell 机器厂	工		1881	大沽炮台鱼雷队，北京海关，北洋海军，税务学校，燕京大学
4	蔡元培	Cai Yuanpei		1907	德	Berlin，莱比锡大学	理	心理	1911	南京临时政府教育长，北京大学
5	曹家祥	Cao Jiaxiang		1874	美	中学	工		1881	天津水师学堂，天津警察局
6	曹廉箴	Cao Lianzhen		1886	英	格林学院	工	机械	1889	
7	曹茂祥	Cao Maoxiang		1874	美	中学	医		1881	天津医学堂，海军医院
8	陈伯璋	Chen Bozhang		1881	德		工	军器	1884	
9	陈才瑞	Chen Cairui		1881	德		工	军器	1884	在福州船政局建立鱼雷车间
10	陈长龄	Chen Changling		1886	法	工部制造书院	工	制造	1892	
11	陈恩焘	Chen Entao		1886	英，法	海军	工	军器	1889	

续表 4 - 1

序号	姓名	姓名全拼	国内学校	出国年份	留学国	国外学校或其他机构	学科	专业	归国年份	国内工作地点
12	陈鹤潭	Chen Hetan		1886	英	格林书院	工	机械制造		
13	陈金揆	Chen Jinkui		1875	美	中学	工		1881	天津水师学堂，北洋海军
14	陈巨镛	Chen Juyong		1872	美	中学	工		1881	福州船政学堂，海军
15	陈可会	Chen Kehui		1878	法	船厂	工	制造	1880	
16	陈林衡	Chen Linheng		1886	英	格林学院	工	军器	1889	
17	陈林璋	Chen Linzhang		1877	法，英，比	船厂	工	制造	1880	
18	陈庆平	Chen Qingping		1886	法	工部制造书院	工	制造	1892	
19	陈荣贵	Chen Ronggui		1872	美	中学	工	机械	1881	机械采矿公司
20	陈廷纪	Chen Tingji		1907	英	伯明翰大学	工	冶金	1911?	
21	陈燕年	Chen Yannian		1886	英	格林学院	工	机械	1889	
22	陈兆翱	Chen Zhaoao		1875	法，比	工厂	工	制造	1879	福州船政局
23	陈兆基	Chen Zhaoji		1904	英	爱丁堡大学	理	化学	1911?	
24	陈兆艺	Chen Zhaoyi		1881	英		工	军器	1884	
25	陈 篆	Chen Zhuan	马尾船政学堂	1903	德，法		理	矿物	1908	出国后转行作外交官
26	程大器	Cheng Daqi		1872	美	中学	工		1881	江南制造总局
27	程大业	Cheng Daye		1874	美	中学	工		1881	满洲里电报局
28	程家柽	Cheng Jiacheng	湖北武昌两湖书院	1899	日	东京帝国大学	农	农学	1906	京师大学堂，陆军学校
29	池贞铨	Chi Zhenquan		1877	法，德	矿山	工	矿务	1880	福州船政局，福州穆远铁矿
30	邓家彦	Deng Jiayan	四川高等学堂	1902	日		工		1906#	成都小学

续表 4 –1

序号	姓名	姓名全拼	国内学校	出国年份	留学国	国外学校或其他机构	学科	专业	归国年份	国内工作地点
31	邓士聪	Deng Shicong		1872	美	中学	工		1881	福州船政学堂，北洋海军
32	丁崇吉	Ding Chongji		1873	美		工		1881	大沽炮台鱼雷队，上海信使晚报，上海海关
33	丁文江	Ding Wenjiang		1902	英	格拉斯哥工业学院，格拉斯哥大学	理	地质	1911	北洋政府工商部，地质研究所，热河省北票煤矿公司，北京大学，中央研究院
34	范旭东	Fan Xudong		1900	日	京都帝国大学，日本工业专科学校	工	化工	1911	北京铸币厂，久大盐业公司，永利公司，黄海化学工业研究社
35	方伯谦	Fang Boqian	福州船政学堂	1877	英	格林尼茨海军学校	工	船航	1880	北洋水师
36	方伯梁	Fang Boliang		1873	美	中学	工		1881	粤汉铁路电报局
37	方次石	Fang Cishi		1905	日	东京警监学校	工	军器	1911	
38	方声洞	Fang Shengdong		1906	日	千叶医学校	医	医	1911	"黄花岗七十二烈士"之一
39	冯炳忠	Feng Bingzhong		1875	美	中学	工		1881	电报局
40	冯如	Feng Ru		1895	美	纽约工厂	工	航空工程	1911	广东飞行器公司
41	傅式悦	Fu Shiyue	中山学堂	1905	日	东京帝国大学	工		1911	通易矿务公司，汉冶萍煤矿公司，鄩乐公司，大夏大学
42	高恩洪	Gao Enhong	上海电气测量学堂	1899	英	伦敦皇家学院	工	电信工程	1902?	电报局，邮传部，川汉铁路局，交通部，青岛大学

序号	姓名	姓名全拼	国内学校	出国年份	留学国	国外学校或其他机构	学科	专业	归国年份	国内工作地点
43	高鲁	Gao Lu	福州船政学堂	1905	比	布鲁塞尔大学	理	天文学	1911	中央观象台，北京女子高等师范学校，北京大学，中央研究院
44	辜鸿铭	Gu Hongming		1866	英，德	爱丁堡大学，莱比锡大学	工	土木工程	1885年前	北京大学，山东大学，上海南洋公学
45	郭公接	Guo Gongjie		1905	日	理化专科学校	理	理化	1906	惠州中学
46	郭瑞珪	Guo Ruigui		1877	法	工厂	工	机械	1880	
47	韩凤楼	Han Fenglou		1907	日	陆军士官学校工兵科	工	军器	1908	云南讲武堂
48	何金英	He Jinying		1884	美	俄亥俄州 Weslyan Univ. 费城女子医科大学	医	医学	1896	福州妇孺医院
49	何启	He Qi	香港中央书院	1872	英	阿伯丁大学	医	医学	1882	在港创办雅丽氏医院
50	何廷梁	He Tingliang		1872	美	中学	医		1881	天津医学堂，海军医院
51	何燮侯	He Xiehou	杭州求是书院	1898	日	东京帝国大学	工	工科	1905	工商部矿物司
52	何心川	He Xinchuan		1877	英	格林尼茨海军学校	工	军器	1879	
53	何育杰	He Yujie	京师大学堂	1904	英	维多利亚大学，曼彻斯特大学	理	物理	1909	北京大学，东北大学，国民政府交通部
54	胡敦复	Hu Dunfu	复旦大学	1907	美	Cornell	理	数学	1909	大同大学，东南大学，北京女子师范大学，上海交通大学
55	胡继曾	Hu Jizeng		1905	英	伦敦工业学校	工		1911?	

序号	姓名	姓名全拼	国内学校	出国年份	留学国	国外学校或其他机构	学科	专业	归国年份	国内工作地点
56	胡仁源	Hu Renyuan	京师大学堂	1905	日,英	仙台高等学校,待尔模大学	工	工程	1910?	京师大学堂,北京大学,北京交通大学,浙江大学
57	黄 郛	Huang Fu	浙江武备学堂	1905	日	陆军测量学校	工	测量	1910	清政府军谘府测量部,外交部,北京大学
58	黄复生	Huang Fusheng	泸州川南经纬学堂	1904	日	东京物理学校	理	物理	1909#	
59	黄建勋	Huang Jianxun	福州船政学堂	1877	英	格林尼茨海军学校	工	军器	1880	福州船政学堂,大沽水雷营
60	黄季良	Huang Jiliang		1874	美	中学	工		1881	福州船政学堂学习,海军
61	黄开甲	Huang Kaijia		1872	美	中学	工		1881	轮船招商局
62	黄 宽	Huang Kuan		1847	美,英	麻省孟松学校,爱丁堡大学	医	解剖学	1857	广州惠爱医院,香港国家医院
63	黄鸣球	Huang Mingqiu		1886	英	海军	工	军器	1889	海军
64	黄慕松	Huang Musong	北京陆军学校	1907	日	陆军士官学校工兵科	工	测量	1908	陆地测量总局
65	黄 庭	Huang Ting		1881	法		工	土木营造	1884	
66	黄耀昌	Huang Yaochang		1875	美	中学	工		1881	上海棉纺织厂,沪宁铁路,京汉铁路
67	黄仲良	Huang Zhongliang		1872	美	中学	工		1881	天津兵工厂,奥汉铁路,津浦铁路
68	黄祖莲	Huang Zulian	上海方言馆	1875	美	海军学校	工	航海驾驶	1881	天津水师学堂,北洋海军

续表 4 -1

序号	姓名	姓名全拼	国内学校	出国年份	留学国	国外学校或其他机构	学科	专业	归国年份	国内工作地点
69	贾凝喜	Jia Ningxi		1886	英	海军	工	军器	1889	
70	蒋超英	Jiang Chaoying		1877	英		工	军器	1880	
71	金大廷	Jin Dating		1875	美	中学	医		1881	北洋医学堂
72	金雅妹	Jin Yamei		1881	美	纽约大学医学院附属女子医科大学	医	医学	1888	厦门,成都等地行医,1907年在天津设立医科学校
73	经亨颐	Jing Hengyi		1900	日	东京高等师范	理	教育心理	1905	北平大学
74	康爱德	Kang Aide		1892	美	Michigan	医	医学	1896	在九江行医,并在南昌开办医院
75	孔祥熙	Kong Xiangxi	河北通州潞河书院	1901	美	奥柏林大学,Yale	工	矿物学	1908	山西太谷铭贤学校,祥记公司,裕华银行,国民政府财政部
76	邝炳光	Kuang Bingguang		1875	美	中学	工		1881	汉阳铁厂,京沈铁路
77	邝国光	Kuang Guoguang		1875	美	中学	工		1881	天津水师学堂,北洋舰队,上海江南船厂
78	邝景扬	Kuang Jingyang		1874	美	中学	工		1881	唐山采矿工程公司,京沈铁路,粤汉铁路,京张铁路
79	邝荣光	Kuang Rongguang		1872	美	中学	工		1881	唐山开平煤矿,临清煤矿
80	邝贤俦	Kuang Xianchou		1874	美	中学	工		1881	唐山采矿工程公司
81	邝咏钟	Kuang Yongzhong		1873	美	中学	工		1881	福州船政学堂,海军

序号	姓名	姓名全拼	国内学校	出国年份	留学国	国外学校或其他机构	学科	专业	归国年份	国内工作地点
82	蓝天蔚	Lan Tianwei	湖北武备学堂	1902	日	陆军士官学校工兵科	工	军器	1904	湖北将弁高等师范学堂
83	雷炳林	Lei Binglin		1899	美	宾州费城纺织学校	工	纺织	1910	广东东莞工艺局，南通纺织专门学校，上海永安纱厂
84	李大受	Li Dashou		1886	法	工部制造书院	工	制造	1892	
85	李鼎新	Li Dingxin		1881	英		工	军器	1884	
86	李芳荣	Li Fangrong		1881	法		工	军器	1886	
87	李汝金	Li Rujin		1875	美	中学	医		1881	北洋医学堂
88	厉汝燕	Li Ruyan		1909年前	英	纳生布敦工业学校，布里斯托尔飞行学校	工	航空	1911	北京南苑航校
89	李寿田	Li Shoutian		1877	法，英，比	船厂	工	制造	1880	
90	李树芬	Li Shufen	香港西医书院	1899	美，英	波士顿昆西学校，爱丁堡大学	医	医学	1901#	东三省南满防疫总医官，香港胸科医院，香港大学
91	李四光	Li Siguang		1904	日	东京宏文学院，大阪高等工业学校	理	造船机械	1907#	湖北军政府理财部，实业司，同盟会，北京大学
92	李煜瀛	Li Yuying		1902	法	蒙达顿莪农学院	农	农业	1911	北京大学
93	梁炳年	Liang Bingnian		1877	法	工厂实习	工	机械制造		
94	梁敦彦	Liang Dunyan		1872	美	中学	工		1881	天津电报学堂，汉阳和天津海关
95	梁金荣	Liang Jinrong		1873	美	中学	工		1881	江西电报局

序号	姓名	姓名全拼	国内学校	出国年份	留学国	国外学校或其他机构	学科	专业	归国年份	国内工作地点
96	梁赉奎	Liang Laikui	北洋大学	1903	美	华盛顿大学	农	农学	1910	北京农业科学试验场
97	梁丕旭	Liang Pixu		1875	美	中学	工	铁路	1881	粤汉铁路
98	梁普时	Liang Pushi		1873	美	中学	工		1881	海军，京沈铁路
99	梁普照	Liang Puzhao		1873	美	中学	工		1881	唐山采矿公司
100	梁如浩	Liang Ruhao		1874	美	麻省春田城小学，康州哈德福中学，史蒂文工学院	工		1881	海关，京沈铁路，天津机器制造局，北宁铁路局
101	梁上栋	Liang Shangdong	山西大学堂	1906	英	伯明翰大学	工	工程	1911	交通部
102	梁钟汉	Liang Zhonghan		1906	日	东京路矿学堂	工	矿山工程	1906	河北省文史馆
103	林葆怿	Lin Baoyi	福州船政学堂	1883?	英	格林尼茨海军学校	工	造船	1889?	1910年任驻英造舰监督，海军任职
104	林联辉	Lin Lianhui		1875	美	中学	工		1881	北洋医院
105	林联盛	Lin Liansheng		1875	美	中学	工		1881	电报局，京沈铁路
106	林履中	Lin lvzhong	福州船政学堂	1882	德，英	德国接收，英国入学	工	军器	1885	接收"定远"舰鱼雷炮械装备
107	林沛泉	Lin Peiquan		1874	美	中学	工		1881	京沈铁路
108	林庆升	Lin Qingsheng		1877	法，德	矿山	工	矿务	1880	福州船政局，福州穆远铁矿
109	林日章	Lin Rizhang		1877	法，德	矿山	工	矿务	1880	福州船政局，福州穆远铁矿，开平煤矿
110	林泰曾	Lin Taizeng	福州船政学堂	1877	英	格林尼茨海军学校	工	驾驶	1879	北洋海军
111	林文庆	Lin Wenqing		1887	英	爱丁堡大学	医	医学	1893?	

序号	姓名	姓名全拼	国内学校	出国年份	留学国	国外学校或其他机构	学科	专业	归国年份	国内工作地点
112	林颖启	Lin Yingqi	福州船政学堂	1877	英	格林尼茨皇家海军学校	工	军器	1880	北洋海军，福建海关，海军军港
113	林尹民	Lin Yinmin		1906	日	成城学校，第一高等学校	医	医学	1911	
114	林怡游	Lin Yiyou		1877	法，英，比	船厂实习	工	机械制造		
115	林永升	Lin Yongsheng	福州船政学堂	1877	英	英国格林尼茨海军学校，英国海军"马那杜"铁甲舰	工	航海，军器	1880	北洋水师"经远"舰
116	林振峰	Lin Zhenfeng		1886	法	娜蛮学院	工	制造	1892	
117	林志荣	Lin Zhirong		1886	法	巴黎营造学堂	工	土木工程		
118	刘步蟾	Liu Buchan	福州船政学堂	1875	英	格林尼茨抱士穆德学校	工	军器	1879	北洋海军，"定远"舰
119	刘冠雄	Liu Guanxiong	福州船政学堂	1886	英	格林尼茨海军学校	工	军器	1889	北洋海军
120	刘国珍	Liu Guozhen		1904	英	爱丁堡大学	工	工程	1911?	
121	刘基炎	Liu Jiyan	开封大学堂	1904	日	陆军测绘学校	工	测量	1907	创办中国公学
122	刘茂勋	Liu Maoxun		1877	法	工厂	工	机械	1880	
123	刘玉麟	Liu Yulin	上海出洋局	1875	美		工		1881	天津电报学堂，天津医学堂
124	刘曾撰	Liu Zengzhuan		1905	英	格拉斯哥大学	工	船舶	1911?	
125	龙荣轩	Long Rongxuan	广东高等学堂	1905	日	海军水雷学校	工	军器	1911	海军
126	陆德章	Lu Dezhang		1875	美	中学	工		1881	上海电报局
127	卢守孟	Lu Shoumeng		1886	法	工部制造书院	工	制造	1892	

序号	姓名	姓名全拼	国内学校	出国年份	留学国	国外学校或其他机构	学科	专业	归国年份	国内工作地点
128	陆锡贵	Lu Xigui		1873	美	中学	工	采矿	1881	唐山采矿公司，京沈铁路
129	陆永泉	Lu Yongquan		1872	美	中学	工	船舶	1881	福州船政学堂
130	卢祖华	Lu Zuhua		1874	美		工		1881	唐山采矿公司，京沈铁路
131	罗丰禄	Luo Fenglu		1877	英（？）		理	理科	1880	
132	罗国瑞	Luo Guorui		1872	美	中学	工		1881	上海水利局，津浦铁路
133	罗臻禄	Luo Zhenlu		1877	法，德	矿山	工	矿务	1880	
134	罗忠忱	Luo Zhongchen	北洋大学	1906	美	Cornell	工	土木工程	1911	交通大学唐山工程学院，交通大学贵州分校，唐山铁道学院
135	马君武	Ma Junwu	广西体用学堂，广西法文教会学堂	1901	日，德	京都大学，Berlin	工	化学	1906#	
136	牛尚周	Niu Shangzhou		1872	美	中学	工		1881	电报局，江南兵工厂
137	欧阳赓	Ouyang Geng		1872	美	中学	工	船舶	1881	福州船政学堂
138	潘承孝	Pan Chengxiao	唐山工业专门学校	1903	日		工	蚕桑科	1908#	直隶公立工业专门大学，东北大学，北平大学工学院，北洋大学，天津工学院
139	潘铭钟	Pan Mingzhong		1872	美	Rensaelear Polytechnic College	工		1881	

序号	姓名	姓名全拼	国内学校	出国年份	留学国	国外学校或其他机构	学科	专业	归国年份	国内工作地点
140	潘斯炽	Pan Sichi		1875	美	中学	工		1881	上海棉纺织厂，南京造币厂
141	乔义生	Qiao Yisheng		清末	英	爱丁堡大学	医	医学	1906	山西都督府外交司，国民政府财政部荆河关，镇江关，厦门关
142	秦　汾	Qin Fen	北洋大学	清末	美，英，德	Harvard	理	理科	1910	南京江南高等学堂，上海南洋公学，北京大学，北京政府教育部
143	裘国安	Qiu Guoan		1877	法	工厂	工	机械	1880	
144	邱绍尹	Qiu Shaoyin		1905	日	日本大学	工	工业	1910	元和织绸厂
145	邱志范	Qiu Zhifan		1886	英	海军	工	军器	1889	
146	任鸿隽	Ren Hongjun	垫江书院	1909	日	东京高等工业学校	理	化学	1911#	总统府秘书
147	任　照	Ren Zhao		1878	法	钢铁厂	工	矿务	1880	福州船政局
148	容尚谦	Rong Shangqian		1872	美	中学	工		1881	福州船政学堂，北洋海军
149	容耀垣	Rong Yaoyuan		1874	美	中学	工		1881	天津水师学堂，海军
150	萨福均	Sa Fujun		清末	美	Purdue	工	铁路工程	1911	粤汉铁路，川汉铁路，云南个碧铁路，中央人民政府铁道部
151	萨镇冰	Sa Zhenbing	福州船政学堂	1877	英	格林尼茨海军学校	工	航海	1880	北洋水师"澄庆"炮舰
152	商德全	Shang Dequan	北洋武备学堂	1888	德	军事学校炮科	工	军器	1890	炮兵学堂
153	沈家树	Shen Jiashu		1874	美	中学	工		1881	江南制造局，京沈铁路

序号	姓名	姓名全拼	国内学校	出国年份	留学国	国外学校或其他机构	学科	专业	归国年份	国内工作地点
154	沈寿昌	Shen Shouchang		1875	美	挪威大学	理	理化	1881	天津水师学堂，海军
155	沈寿堃	Shen Shoukun		1886	英	格林学院	工	军器	1889	
156	盛文扬	Sheng Wenyang		1875	美	中学	工		1881	电报局
157	石美玉	Shi Meiyu		1892	美	Michigan	医	医学	1896	在九江行医，1900年在九江建立仁德医院，1920年在上海设立医院、药房和护士学校
158	石青阳	Shi Qingyang		清末	日	长町蚕桑专门学校	农	养蚕	1907	浮屠关蚕桑传习所，滇康垦殖局
159	石 瑛	Shi Ying		1903	英	伯明翰大学	工	海军	1911#	北京大学，湖北省建设厅，武汉大学
160	石志泉	Shi Zhiquan	武昌农务学堂	1902	日	仙台第二高等学校	农	农林	1911	朝阳大学法学院，北平大学
161	宋霭龄	Song Ailing	上海中西女学	1904	美	威斯理安女子学院	理		1910	
162	宋文翔	Song Wenxiang		1873	美	中学	工		1881	福州船政学堂，海军
163	苏锐钊	Su Ruizhao		1873	美	麻省春田高中，纽约州瑞沙里尔工学院	工		1881	福州船政学堂，广东黄埔水师学堂
164	孙多钰	Sun Duoyu		1899	美	Cornell	工	土木工程	1909	吉长铁路工程局，沪宁沪杭铁路工程局，湘宁铁路工程局，株钦和湘鄂铁路局
165	孙广明	Sun Guangming		1874	美		工		1881	电报局

序号	姓名	姓名全拼	国内学校	出国年份	留学国	国外学校或其他机构	学科	专业	归国年份	国内工作地点
166	孙中山	Sun Zhongshan		1878	美	檀香山意奥兰尼书院（Iolani College）和阿湖书院（Oahu College）	医		1883	
167	汤尔和	Tang Erhe		1902	日，德	东京成城学校，金泽医专，Berlin	医	医学	1910	国立北京医学专门学校，杭州热带病研究所，北京大学
168	唐国安	Tang Guoan		1873	美	中学	工		1881	唐山机械采矿公司，京沈铁路，清华学校
169	唐元湛	Tang Yuanzhan		1873	美		工		1881	上海电报局
170	唐致尧	Tang Zhiyao		1874	美		工		1881	京沈铁路，天津税务局
171	陶廷赓	Tao Tinggeng		1875	美		工		1881	湖北电报局
172	王宠佑	Wang Chongyou	北洋大学	1901	美	UC Berkeley，Columbia	工	采矿	1904	大冶铁矿，汉口炼锑公司，汉冶萍铁厂，六和沟煤矿,云南钢铁厂
173	王福昌	Wang Fuchang		1881	法		工	化学工程	1885	
174	王桂芳	Wang Guifang		1878	法	钢铁厂	工	矿务	1880	福州船政局
175	王国维	Wang Guowei		1901	日	东京物理学校	理	物理	1902	北京大学，清华大学
176	王回澜	Wang Huilan		1881	法		工	土木营造	1886	
177	王金发	Wang Jinfa	大通学堂	1905	日	大森体育学校	理	体育科学	1906	绍兴大通学堂
178	王景春	Wang Jingchun		1904	美	Yale，Illinois	工	铁路运输	1911	京汉铁路局

续表 4 – 1

序号	姓名	姓名全拼	国内学校	出国年份	留学国	国外学校或其他机构	学科	专业	归国年份	国内工作地点
179	王季同	Wang Jitong	北京同文馆	1900年后	英，德	西门子电机厂	工	电机	1902?	中央研究院
180	王良登	Wang Liangdeng		1873	美	中学	工	铁路	1882	京沈铁路
181	汪懋祉	Wang Maozhi		1877	英	格林尼茨海军学校	工	军器	1880	
182	王麒	Wang Qi		1901	日	陆军士官学校	工	兵工	1902	福建新军
183	王庆瑞	Wang Qingrui		1881			工	机械制造		
184	王桐	Wang Tong		1886	英	格林学院	工	机械	1889	
185	王湘	Wang Xiang		清末	日	日本医科大学	医	医学	1910?	四川军医局，云南陆军学校
186	王学廉	Wang Xuelian		1886	英	格林学院	工	军器	1889	
187	王永泉	Wang Yongquan		1902	日	陆军士官学校	工	兵工	1908	清军第八镇兵工营
188	魏瀚	Wei Han		1875	法，比	工厂	工	制造	1879	福州船政局
189	魏暹	Wei Xian		1881	法		工	制造	1885	
190	温秉忠	Wen Bingzhong		1873	美	中学	工		1881	上海纺织厂
191	文斐	Wen Fei	湖南师范	1905	日	东京铁路学校	工	铁路	1906	湖南铁路学校
192	温寿泉	Wen Shouquan	山西武备学堂	1904	日	士官学校炮兵科	工	军器	1909	山西大学
193	温应星	Wen Yingxing	南洋大学	1906?	美	西点军校	工	军器	1910	广州讲武堂，清华学校
194	吴德章	Wu Dezhang		1877	法，英，比	船厂	工	制造	1880	
195	伍光鉴	Wu Guangjian		1886	英	格林学院	工	机械	1889	
196	吴焕荣	Wu Huanrong		1875	美	中学	工		1881	江西电报局，汉冶萍铁厂

序号	姓名	姓名全拼	国内学校	出国年份	留学国	国外学校或其他机构	学科	专业	归国年份	国内工作地点
197	吴健	Wu Jian		1902	英，	雪菲尔德大学	工	冶金	1908	汉阳铁厂，大冶铁厂，汉冶萍公司，汉口商品检验局，扬子机器公司
198	吴敬荣	Wu Jingrong		1874	美		工		1881	北洋海军，天津水师学堂，广甲战舰舰长
199	伍连德	Wu Liande		1896	英，德，法	剑桥大学意曼纽学院，圣玛丽医院，利物浦热带病学院，哈勒大学卫生学院，巴斯德研究所	医		1907#	天津陆军军医学堂，东三省防疫事务总管理处及附属医院，京汉、京张、京奉、津浦四条铁路总医官，北京中央医院
200	吴其藻	Wu Qizao		1875	美	中学	工		1881	福州船政学堂，海军
201	吴学铿	Wu Xuekeng		1878	法	钢铁厂	工	矿务	1880	福州船政局
202	吴仰曾	Wu Yangzeng		1872	美	采矿学校	工		1881	开滦煤矿
203	吴应科	Wu Yingke		1873	美	中学	工		1881	福州船政学堂，北京电报局，江南修造厂
204	谢刚哲	Xie Gangzhe	福州武备学堂	1906	日	东京商船学校	工	海轮	1909	海军部军机处
205	熊继贞	Xiong Jizhen		1904	日	路矿学堂	工	路矿	1907	川汉铁路
206	熊克武	Xiong Kewu		1903	日	东京大成中学，东斌学校	工	军器	1906	办吴淞中国公学
207	徐鸿遇	Xu Hongyu		1906	英	里兹大学	工	建筑工程	1911？	

序号	姓名	姓名全拼	国内学校	出国年份	留学国	国外学校或其他机构	学科	专业	归国年份	国内工作地点
208	徐建寅	Xu Jianyin		1879	英，德，法	工厂和技术部门，造船厂	工	机械	1879	安庆军械所，江南制造总局，天津机械局，金陵机器制造局，福建船政局
209	许先甲	Xu Xianjia	四川高等学堂	1906	日，美	Illinois	工		1910#	南京河海专门学校，南京下关电灯厂，潘乐煤矿，国立高等师范学校，中山大学
210	徐一冰	Xu Yibing		1905	日	大森体育学校	理	体育生理	1907	创办上海体操学校
211	徐振鹏	Xu Zhenpeng		1874	美	中学	工		1881	福州船政学堂，北洋海军
212	徐之煊	Xu Zhixuan		1874	美		工		1881	海军
213	薛有福	Xue Youfu		1874	美	中学	工		1881	福州船政学堂，海军
214	严复	Yan Fu	福州船政学堂	1877	英	英国抱士穆德大学院，格林尼茨海军学校	工	海军	1879	北洋水师学堂，京师大学堂，编译局，复旦大学
215	颜福庆	Yan Fuqing	圣约翰大学医学院	1906	美，英	Yale 医学院，利物浦热带病学院	医	热带病	1910#	长沙雅礼医院
216	杨豹灵	Yang Baoling	东吴大学	1908	美	Cornell，Purdue	工	土木工程	1911	湖南高等工业学校，全国水利局
217	杨昌龄	Yang Changling		1874	美	中学	工		1881	南京武备学堂，京沈铁路，京张铁路
218	杨飞霞	Yang Feixia	云南师范学校	1908	日	陆军士官学校	工	铁路	1911	1911 年参加广州黄花岗起义

续表 4－1

序号	姓名	姓名全拼	国内学校	出国年份	留学国	国外学校或其他机构	学科	专业	归国年份	国内工作地点
219	杨华一	Yang Huayi			美，欧	Illinois，西拉求斯大学，伦敦大学，剑桥大学，巴黎大学，Berlin	理	数理	1911？	湖南公立工业专科学校，湖南大学，湖南工科大学，明宪女子中学
220	杨济成	Yang Jicheng		1886			工	土木工程		
221	杨廉臣	Yang Lianchen		1877	法，英，比	船厂	工	制造	1880	
222	杨莘耜	Yang Shensi		1903	日	早稻田大学	理	生物	1907	杭州浙江两级师范学院，浙江第三中学，北京高等师范学校，上海圣约翰大学
223	杨兆南	Yang Zhaonan		1874	美	中学	工		1881	福州船政学堂，海军
224	杨振鸿	Yang Zhenhong		1903	日	陆军测量学校	工	测量	1906	
225	叶殿铄	Ye Dianshuo		1878	法	船厂	工	制造	1880	
226	叶祖珪	Ye Zugui	福州船政学堂	1877	英	格林尼茨海军学校	工	军器	1880	北洋水师"镇边"战舰，广东水师
227	俞同奎	Yu Tongkui	京师大学堂	1904	英	利物浦大学	理	化学	1910	北京大学，北京工业大学
228	虞锡麟	Yu Xilin		1904	英	爱丁堡大学	理	化学	1911？	
229	虞愚	Yu Yu		1902年后	日	岩仓铁道学校，熊本高等工业学校	工	土木工程	1909	吉长铁路局，南浔铁路局，四郑铁路局，四洮铁路局，宏业公司
230	庾泽普	Yu Zepu	普洱中华学校	1902	日	陆军士官学校炮科	工	军器	1910	讲武堂

序号	姓 名	姓名全拼	国内学校	出国年份	留学国	国外学校或其他机构	学科	专 业	归国年份	国内工作地点
231	禹之谟	Yu Zhimo		1900	日	大阪千代田工厂	理	化学	1902	
232	袁长坤	Yuan Changkun		1874	美	中学	工		1881	电报局
233	曾笃恭	Zeng Dugong		1872	美	中学	工		1881	津浦铁路
234	曾 溥	Zeng Pu		1873	美，德	Yale，Freiberg	工		1881	采矿工程师
235	詹天佑	Zhan Tianyou		1872	美	黑文希尔豪斯中学，Yale	工	铁路工程	1881	福州船政局，黄埔广东实学馆，博学馆，京张铁路，粤汉铁路
236	张伯苓	Zhang Boling		1904	日	考察教育	理	教育心理	1905#	创办敬业学堂，南开大学
237	章鸿钊	Zhang Hongzhao	交通大学	1905～	日	京都第三高等学校，东京帝国大学	理	地质学	1911	实业部矿物司，北京大学，农矿部，中央研究院，地质工作计划指导委员会
238	张金生	Zhang Jinsheng		1877	法，德	矿山	工	矿务	1880	
239	张 鋆	Zhang Yun		1906	日	东京慈惠医科大学	医	医学	1911#	江西医学专门学校，上海医学院，东南医学院，协和医学院，中国医学科学院
240	张启正	Zhang Qizheng		1878	法	船厂	工	制造	1880	
241	赵燏黄	Zhao Yuhuang	上海理化传习所	1905	日	东京药学专门学校，帝国大学	医	药学	1911	浙江省立医药专门学校，北京大学，中央卫生研究院，北京医学院，北平研究院，中医研究院

序号	姓名	姓名全拼	国内学校	出国年份	留学国	国外学校或其他机构	学科	专业	归国年份	国内工作地点
242	郑辟疆	Zheng Pijiang	杭州蚕学馆	1903	日	爱知，群马，长野，静冈等主要蚕区	农	蚕学	1905	山东青州蚕丝学堂，江苏省立好蚕业学校，江苏省立制丝专科学校，苏州丝绸工业专科学校，苏州丝绸工业学院
243	郑清濂	Zheng Qinglian		1877	法，英，比	船厂实习	工	机械制造		
244	郑汝成	Zheng Rucheng		1886	英	格林学院	工	军器	1889	
245	郑守箴	Zheng Shouzhen		1886	法	娜蛮学院	工	制造	1892	
246	郑廷襄	Zheng Tingxiang		1874	美	中学	工		1881	海军，铁路
247	郑文英	Zheng Wenying		1886	英	格林学院	工	军器	1889	
248	郑之蕃	Zheng Zhifan	清华大学	1907	美	Cornell，Harvard	理	数学	1911	福建马尾海军学校，安庆安徽高等学校，上海南洋公学，清华大学，上海震旦女子文理学院
249	钟文耀	Zhong Wenyao		1872	美	中学	工		1881	上海水利管理局，铁道部
250	周树人（鲁迅）	Zhou Shuren（Lu Xun）	南京水师学堂，江南陆军学堂	1902	日	弘文书院，仙台医学专科学校	医	医学	1909	杭州两级师范学堂，绍兴府中学堂，北京大学，北京女子师范大学，厦门大学，中山大学
251	周长龄	Zhou Changling		1874	美	中学	工		1881	京沈铁路

续表 4 – 1

序号	姓名	姓名全拼	国内学校	出国年份	留学国	国外学校或其他机构	学科	专 业	归国年份	国内工作地点
252	周传谏	Zhou Chuanjian		1875	美	中学	工		1881	京沈铁路，山西矿山
253	周万鹏	Zhou Wanpeng		1874	美	中学	工		1881	上海电报局
254	周献琛	Zhou Xianchen		1886	英，法	海军	工	军器	1889	
255	周诒春	Zhou Yichun	圣约翰大学	1907	美	Yale，Wisconsin	理	心理	1910	复旦公学，清华学校
256	朱宝奎	Zhu Baokui		1874	美	中学	工		1881	上海电报局，交通局
257	朱建璋	Zhu Jianzhang	保定北洋马医学堂	1908	日	东京振武学校，帝大兽医科，兽疫调查所	农	兽医	1911#	保定陆军兽医学校,北平陆军兽医学校,总后勤部卫生部兽医处,军马卫生科学研究所
258	诸文绮	Zhu Wenqi	上海龙门师范学堂	1906	日	名古屋高等工业学校	工	化学	1910	江苏省立工业学校，启明丝光染厂，永元机器染织厂，大中染料厂，文绮染织专科学校
259	朱文鑫	Zhu Wenxin	江苏高等学堂	1905	美	Wisconsin	理	天文	1910	上海南洋大学，复旦大学，南洋路矿学校，江苏建设厅，江苏省政府，江苏土地局
260	朱文熊	Zhu Wenxiong	苏州中西学堂秀才	1904	日	东京高等师范	理	理化	1910	北京高等师范
261	朱锡绶	Zhu Xishou		1874	美	中学	工		1881	电报局
262	卓仁志	Zhuo Renzhi		1873	美	中学	工		1881	上海电报局

说明：① 归国年份加注#的为多次出国人员，详见附表。

② 按姓名的汉语拼音顺序排列。

表 4 – 2　1879～1911 年回国科技人员附表

姓　名	姓名全拼	国内学校	出国年份	留学国	国外学校或其他机构	学科	专　业	归国年份	国内工作地点
邓家彦	Deng Jiayan	四川高等学堂	1902	日		工		1906#	成都小学
			1908	美	Illinois	工	铁路工程	1911	
			1914	美	Columbia	工		1916	
			1922	德		工		1924	
黄复生	Huang Fusheng	泸州川南经纬学堂	1904	日	东京物理学校	理	物理	1909#	
			1913	法	学校炸弹制造	工	军器	1916	四川总督府
李树芬	Li Shufen	香港西医书院	1899	美，英	波士顿昆西学校，爱丁堡大学	医	医学	1901#	东三省南满防疫总医官，香港胸科医院，香港大学
			1908	英	Edinburgh	医	内外科	1911	广州行医
			1922	英	Edinburgh	医	外科	1923	
李四光	Li Siguang		1904	日	东京宏文学院，大阪高等工业学校	理	造船机械	1907#	湖北军政府理财部，实业司，同盟会，北京大学
			1913	英	伯明翰大学	理	地质学	1920	北京大学，中央研究院，中科院
马君武	Ma Junwu	广西体用学堂，广西法文教会学堂	1901	日，德	京都大学，Berlin	工	化学	1906#	
			1907	德	柏林工业大学	工	冶金学	1911	上海大夏大学，北京工业大学，广西大学，上海中国公学
			1913	德	柏林农科大学，波鸿化学工场	工	化工	1916	

姓　名	姓名全拼	国内学校	出国年份	留学国	国外学校或其他机构	学科	专业	归国年份	国内工作地点
潘承孝	Pan Chengxiao	唐山工业专门学校	1903	日		工	蚕桑科	1908#	直隶公立工业专门大学，东北大学，北平大学工学院，北洋大学，天津工学院
			1921	美	Cornell, Wisconsin	工	机械	1927	
任鸿隽	Ren Hongjun	垫江书院	1909	日	东京高等工业学校	理	化学	1911#	总统府秘书
		重庆中学堂，中国公学	1913	美	Cornell, Columbia	理	化学	1918	四川钢铁厂，北京大学，商务印书馆，东南大学，文化基金会
石　瑛	Shi Ying		1903	英	伯明翰大学	工	海军	1911#	北京大学，湖北省建设厅，武汉大学
			1913	英	伯明翰大学	工	冶金	1922	
伍连德	Wu Liande		1896	英，德，法	剑桥大学意曼纽学院，圣玛丽医院，利物浦热带病学院，哈勒大学卫生学院，巴斯德研究所	医		1907#	天津陆军军医学堂，东三省防疫事务总管理处及附属医院，京汉、京张、京奉、津浦四条铁路总医官，北京中央医院
			1920	美	Johns Hopkins 访问	医	公共卫生	1922	东北陆军医院
			1923	美，日，苏	Johns Hopkins，东京帝国大学，科学院，微生物学会访问	医	公共卫生	1926	哈尔滨医学专门学校，上海海港检疫所，卫生署，协和医学院
许先甲	Xu Xianjia	四川高等学堂	1906	日，美	Illinois	工		1910#	南京河海专门学校，南京下关电灯厂，潘乐煤矿，国立高等师范学校，中山大学

姓　名	姓名全拼	国内学校	出国年份	留学国	国外学校或其他机构	学科	专　业	归国年份	国内工作地点
许先甲	Xu Xianjia	四川高等学堂	1910	美	Wisconsin, Harvard	工	电机	1915	
颜福庆	Yan Fuqing	圣约翰大学医学院	1906	美, 英	耶鲁大学医学院, 利物浦热带病学院	医	热带病	1910#	长沙雅礼医院
			1914	美	Harvard 公共卫生学院	医	公共卫生	1915	长沙湘雅医学专门学校, 北京协和医学院, 国民政府卫生署, 上海医学院
张伯苓	Zhang Boling		1904	日	考察教育	理	教育心理	1905#	创办敬业学堂, 南开大学
			1917	美	Columbia	理	教育心理	1918	创办南开大学
张　鋆	Zhang Yun		1906	日	东京慈惠医科大学	医	医学	1911#	江西医学专门学校, 上海医学院, 东南医学院, 协和医学院, 中国医学科学院
			1921	美	Harvard, 纽约大学, 卡内基学院	医	医学	1922	协和医学院
			1933	美	访问	医	医学	1934	协和医学院, 中国医学科学院
郑之蕃	Zheng Zhifan	清华大学	1907	美	Cornell, Harvard	理	数学	1911#	福建马尾海军学校, 安庆安徽高等学校, 上海南洋公学, 清华大学, 上海震旦女子文理学院
			1935		访问	理	数学	1936	清华大学

续表 4－2

姓　名	姓名全拼	国内学校	出国年份	留学国	国外学校或其他机构	学科	专　业	归国年份	国内工作地点
朱建璋	Zhu Jianzhang	保定北洋马医学堂	1908	日	东京振武学校，帝大兽医科，兽疫调查所	农	兽医	1911#	保定陆军兽医学校，北平陆军兽医学校，总后勤部卫生部兽医处，军马卫生科学研究所
			1919	日	东京陆军兽医学校，帝大传染病研究所	农		1921	

表 4－3　1879～1911 年回国科技人员专业分类表

回国年份	理	工				农	医
1879		刘步蟾　何心川　魏　瀚　严　复　陈兆翱　林泰曾　徐建寅					
1880	罗丰禄	陈可会　李寿田　裘国安　杨廉臣　陈林璋　林庆升　任　照　叶殿铄　池贞铨　林日章　萨镇冰　叶祖珪　方伯谦　林颖启　汪懋祉　张金生　郭瑞珪　林永升　王桂芳　张启正　黄建勋　刘茂勋　吴德章　蒋超英　罗臻禄　吴学锵					
1881	沈寿昌	蔡锦章　邝景扬　欧阳赓　吴应科　蔡绍基　邝荣光　潘铭钟　徐振鹏　蔡廷干　邝贤俦　潘斯炽　徐之煊　曹家祥　邝咏钟　容尚谦　薛有福　陈金揆　梁敦彦　容耀垣　杨昌龄　陈巨镛　梁金荣　沈家树　杨兆南　陈荣贵　梁丕旭　盛文扬　袁长坤　程大器　梁普时　宋文翙　曾笃恭					曹茂祥　何廷梁　金大廷　李汝金

回国年份	理	工				农	医
1881		程大业	梁普照	苏锐钊	曾　溥		
		邓士聪	梁如浩	孙广明	詹天佑		
		丁崇吉	林联辉	唐国安	郑廷襄		
		方伯梁	林联盛	唐元湛	钟文耀		
		冯炳忠	林沛泉	唐致尧	周长龄		
		黄季良	刘玉麟	陶廷赓	周传谏		
		黄开甲	卢祖华	王良登	周万鹏		
		黄耀昌	陆德章	温秉忠	朱宝奎		
		黄仲良	陆锡贵	吴焕荣	朱锡绶		
		黄祖莲	陆永泉	吴敬荣	卓仁志		
		邝炳光	罗国瑞	吴其藻			
		邝国光	牛尚周	吴仰曾			
1882							何　启
1883							孙中山
1884		陈伯璋	陈兆艺	黄　庭	李鼎新		
		陈才瑞					
1885		林履中	王福昌	魏　暹			
1885?		辜鸿铭					
1886		李芳荣	王回澜				
1888							金雅妹
1888?		林葆怿					
1889		曹廉箴	黄鸣球	沈寿堃	郑汝成		
		陈恩焘	贾凝喜	王　桐	郑文英		
		陈林衡	刘冠雄	王学廉	周献琛		
		陈燕年	邱志范	伍光鉴			
1890		商德全					
1892		陈长龄	李大受	卢守孟			
		陈庆平	林振峰	郑守箴			

回国年份	理	工	农	医
1893?				林文庆
1896				何金英 康爱德 石美玉
1901				李树芬
1902	王国维　禹之谟	王麒		
1902?		高恩洪　王季同		
1904		蓝天蔚　王宠佑		
1905	张伯苓　经亨颐	何燮侯	郑辟疆	
1906	郭公接　王金发	梁钟汉　邓家彦　杨振鸿 文斐　熊克武　马君武	程家柽	乔义生
1907	李四光　徐一冰 杨莘耜	刘基炎　熊继贞	石青阳	伍连德
1908	陈篯	潘承孝　黄慕松　王永泉 韩凤楼　孔祥熙　吴健		
1909	何育杰　黄复生 胡敦复	孙多钰　温寿泉　谢刚哲　虞愚		周树人
1910	秦汾　周诒春 宋霭龄　朱文鑫 俞同奎　朱文熊	许先甲　邱绍尹 黄郛　庚泽普 雷炳林　诸文绮	梁赍奎	颜福庆 汤尔和
1910?		胡仁源　温应星		王湘
1911	丁文江　任鸿隽 章鸿钊　郑之蕃 高鲁　蔡元培	石瑛　傅式悦　罗忠忱　杨飞霞 范旭东　厉汝燕　萨福均 方次石　梁上栋　王景春 冯如　龙荣轩　杨豹灵	朱建璋 李煜瀛 石志泉	张鋆 方声洞 林尹民 赵燏黄
1911?	陈兆基　虞锡麟 杨华一	陈廷纪　刘国珍　徐鸿遇 胡继曾　刘曾撰		

表4－4　废除科举后（1905）至清末（1910）回国科技留学生专业分类

回国年份	理	工	农	医
1896				何金英
1901				李树芬
1902	王国维	高恩洪（？）　王季同（？）		
1905			郑辟疆	
1906		邓家彦　　马君武	程家柽	乔义生
1907	杨莘耜　李四光		石青阳	伍连德
1908		孔祥熙		
1909	何育杰　黄复生	孙多钰　　虞愚		周树人（鲁迅）
1910	朱文鑫　　秦汾　俞同奎	胡仁源（？）	梁赉奎	王湘(？)　汤尔和　颜福庆

（？）表示年份可能不确切。

第五章　军阀时期的（1912～1928）科技留学生

5.1　北洋政府时期的留学特点

1911 年，辛亥革命成功，1912 年 1 月 1 日在南京建立中华民国临时政府，选举孙中山为临时大总统。袁世凯在北京掌握军政大权后，与孙中山达成和议。一方面清帝退位，清朝结束；一方面袁世凯接任中华民国大总统。袁世凯要做皇帝，在国民党反袁军队逼近北京时突然死去。从此，到 1928 年止，北洋政府成为军阀政治权力的核心，中国陷入了军阀混战的局面。但是，这一时期的留学情况，显示了一些新的特点，那就是北洋政府官派留学减少，省派留学增多，并出现了勤工俭学等较大规模的自费留学。留学生中，学习科技的人数增加，庚款留学生尤其如此。

还有，民国建立后，知识界的新思想日趋活跃。知识分子不遗余力地抨击中国旧的封建礼教，传播西方的道德文化，在社会上掀起了一股趋同西方文化的旋风。其中风头强劲的便是"德、赛"两位"先生"，因为这两位"先生"能引领中国实现富强与进步，重新屹立于世界文明之林。而"欲输世界文明于国内，必以留学泰西为要图"，到民主与科学的发源地去取经，就成了那时有志青年的目标。而且留学潮流迅速向社会各阶层扩展，越来越多的人渴望出国留学，去吸收新思想、新学术、新技能，他们也有条件和能力实现这一目标。

在 1912～1928 年间，北洋政府历任国务总理和内阁阁员中，有国外留学出身者分别占 42% 和 51%，有留学经历的他们制定的政策，倾向于鼓励留学。民国初年，北洋政府公布了《教育部官制》，教育部设置了"留学科"这样一个专管留学的机构，各省的教育厅也有负责留学的专科，这为后来留学教育的发展提供了组织保证，可惜未能实行。

1912 年 10 月，为奖励有功于革命的青年，民国政府稽勋局选拔出 25 人，由教育部派往欧、美、日留学（留美 11 人，留日 9 人，留英、留法各 2 人，留德 1 人），其中包括入美国康奈尔大学专攻化学的任鸿隽。财政部专门拨付 2.2 万元作为行资费及治装费。随后又派出两期，总共有超过 100 名有功于民国的青年经由特别官费出国留学，但是成为科技专家的很少。

当时的教育部其他主要派遣还有，1918 年，从各大学和各高等专门学校中选拔优秀教员赴欧美各国留学进修，并计划以后每年都要照此进行。当年选派了 24 人，其中有北大教授朱家骅赴瑞士研究地质学，北京高等工业学校的梁引年赴美研究电器机械学等。这次派遣，开我国近代派遣高级知识分子成批赴国外进修、研究之先河。可惜的是，其后北洋政府并未将这项工作继续下去。朱家骅走入政界。

除此之外，交通部也有特送生出国。交通部前身为清邮传部，以邮、屯、路、航四政并举，但以铁路为主。民国成立后，除继续对未毕业者给费外，每年还有增派。增派之人一般已在国内高等专门学校毕业，出洋主要以实习为目的。1908～1925 年，共派学生 600 余人，其中赴美者最多。

受到特别官派留学政策资助的还有海军留学生。但总体上这一时期政府官派留学人数并不多。

5.2　各省派出科技留学生

由于北洋政府未能对全国实施有效管理，反而促成了相对宽松的留学生派遣环境。各省可以根据当地需要，比如云南省采铜矿，山西省采煤，河南、山东水利治河等，各自有目的地派出官费留学生。

1914 年，北洋政府改订留学生选送办法，即由中央对各省规定每年派遣官费留学生的具体名额（分为派往欧美与派往日本），各省每年划拨出留学经费，并根据名额进行选拔。选拔目的应兼顾国家与地方需求，一般情况下不允许超额，如有缺额，由教育部招考补选，不合格者不予派遣，但缺额可以保留。当年，中央给各省分配的留学名额为：直隶 50 人（其中欧美 12 人/日本 38 人），山东 77 人（15/62），山西 48 人（12/36），河南 35 人（21/14），陕西 68 人（8/60），甘肃 7 人（1/6），江苏 85 人（25/60），浙江 140 人（20/120），江西 114 人（21/93），湖北 93 人（22/

71），湖南 121 人（25/96），福建 70 人（10/60），安徽 31 人（12/19），广东 111 人（30/81），广西 18 人（3/15），四川 104 人（17/87），云南 44 人（17/27），贵州 22 人（0/22），奉天 110 人（38/72），吉林 44 人（9/35），黑龙江 1 人（0/1）。但是教育部只能控制留学生的质量，不能保证各省的留学经费，以致有些公费生，中途款断，文法方面的比较容易应付，理工的课程紧，费用大，只有少部分人完成了理工农医的最高学位，回国也不受重用。

根据在各省派遣留学生及教育部选补各省留学生缺额过程中所积累的经验，教育部于 1916 年 10 月制订了《选派留学外国学生规程》，对留学资格的确认、留学考试的方法、留学名额的确定、留学经费的落实、留学生的管理均作了相应规定。规定国内外大专院校本科毕业以上的人才有留学资格，而且国内各大专院校的教授也可以留学，使得留学质量得以保证。后来，中央对各省派遣留学生的干预进一步放松，将留学生派遣权授予各省。这一做法被其后的南京政府所继承，公费留学继续以省公费为重心。但公费常有停顿的危险，使费用较高的理工学生担心。

许多省份纷纷制定自己的留学政策，派遣留学生，其中以湖北、广西、河南、江苏等省起步较早。比如湖北省在 1913 年初即有了以省费派遣百名留学生出洋的计划；河南省早在 1912 年就成立了留学欧美的预备学校，设英、法、德文班，首批学生毕业后，从中择 20 人赴美国留学；连一些边远省份，特别是蒙、藏、回等少数民族聚居地区也根据自己制定的留学办法向国外派遣了数量不等的官费留学生，但派的科技人员寥寥无几。

从上面的人数统计可以看出，此时留日学生在整个派遣人数中仍占据多数。留日学生多的原因仍和清末一样，与路途近，费用省，文字习俗相近等因素有关。但是，留学生的文化程度明显提高，表现在就读于日本各地帝国大学的人数增多，工科、医科成为留日学生的主要选择，一改清末法政、师范速成科畸形发展的局面。

但是，以庚款留学为代表，进入美国正式大学留学的人数逐渐超过赴日的。中国留学生经过长期深入比较，认为美国西欧的科技实力比日本雄厚，于是促成了因幼童留美计划夭折而停滞一段时间的留美教育重新兴起。尤其是 1915 年，日本支持袁世凯复辟，并提出无理的"二十一条"后，留日学生纷纷回国，而同时期美国的形象在中国人的心目中明显得到提高，从而形成留学史上的第一次留美高潮。

5.3   自费科技留学生

民国时期的留学教育分为官费（后改称公费）和自费留学。前者包括由中央政府和各部门派遣的官费生、各省派遣的官费生、庚款基金留学生以及国际组织和国外大学提供奖学金的留学生四种类型；后者包括由个人自备留学费用或由私立机构（如教会）资助的留学生。

1912～1928 年，留学生人数（包括官费和自费）基本呈上升态势。美国逐渐取代日本，占主导地位，去西欧的占第三位。增加人数尤以自费留学生为多。这一方面与国家政策有关，政府规定自费生回国后的待遇与公费生一样，自费生在国外成绩优异者可转为公费生或酌给津贴，无形中促进了自费留学。另一方面，随着民族资本主义经济的发展，对人才的需求日益紧迫，青年一旦留学归来往往就有较称心的工作和优厚的待遇，吸引力无疑是很大的。特别是"五四"运动前后，国内青年求知欲增强，而官费生人数毕竟有限，于是纷纷走上了自费出国留学的道路，但学理工的不多。

为了鼓励自费留学，克服留日潮中生源良莠不齐的问题，教育部先后于 1915 年、1916 年和 1918 年发布《管理留欧事物规程》、《管理留美学生事物规程》和《留日官自费学生奖励章程》等规章，对自费留学生的派遣也作了规定。在此基础上，1924 年教育部又专门颁布了《管理自费留学生规程》。但是，对准备自费出国留学的学生进行考试是国民政府后期才开始实行的。

这一时期的留学生，无论是公费还是自费，大部分出国前在国内均接受过较为完整的基础教育，并有一定的英语基础。他们中有的已在国内大学毕业，有的毕业于教会学校。

据 1924 年《留美学生录》统计，该年留学美国的人数为 1637 名，其中自费生为 1075 名，占总数的 65% 以上。北洋政府教育部查考自费生赴美留学原因是，"缘入美国学校甚易，且可以国内学生资格跟班听讲。不及二三年而取得毕业资格归国者甚多，所以自费生趋之若鹜"。尤其是自庚款留美停止后，公、自费比例更加悬殊。

能够自费者，主要是有钱人家的子女，有些家境并不太富裕的学生，主要靠家中积蓄和亲友的帮助，凑足出国旅费，然后通过半工半读完成学业。勤工俭学是这一时期富有特色的留学活动。1915 年，中国知识界的李石曾（留法）、蔡元培（留德）、吴稚晖（留日）等人发起成立留法勤工俭学会，倡导青年学生自费赴法勤工俭学，学习西方实用科技与文化知识。学费廉，求学易，加之贷款的方式，使得普通学生也能成行。自 1919年 3 月开始至 1921 年初，先后有 20 批近 2000 名学生赴法，但其中只有1% 的人进入大学，所以对于造就科技人才少有影响。

5.4　教会学校送出科技人员

外国教会的任务和目的是宣传基督教，但教会大学在中国近代高等教育中扮演着重要角色。从 19 世纪末开始，教会学校普遍向高等教育过渡、转型，一些教会书院被合并、扩展成大学，一些新大学也建立起来。如1901 年上海、苏州的中西书院合并改建成东吴大学，1902 年建立长沙雅礼大学，1903 年在上海成立震旦大学，1904 年将广州格致书院改建成广东岭南大学，1905 年将上海圣约翰书院改建为圣约翰大学，同年建立燕京女子大学，1906 年建立北京协和医学院和湖南湘雅医科大学，1908 年建立沪江大学、华南女子文理学院，1909 年建立武昌文华大学，1910 年创立华西协和大学，并将南京汇文书院改建为金陵大学，杭州育英书院发展为之江大学等。1913 年开办了金陵女子大学，1915 年建立福建协和大学，1917 年山东广文书院发展为齐鲁大学，1919 年北京汇文书院和潞河书院合并为燕京大学，1926 年又创办了辅仁大学。同期，我国的国立大学寥寥无几，还不到教会大学的一半。教会大学的学生人数占全国高等学校学生总数的80% 以上。教会大学出来的学生大多数有留学经历。教会大学比较注重理、工、农、医学系的建立。

军阀统治时期，由于政局动荡，财政困难，官派及省派留学捉襟见肘，这时教会大学便显示出优势。由于师资力量强，课程难度高，更重视英语，而且拥有国外大学的特许证，所以教会大学学生不仅能在官费留学考试中名列前茅，即便是自费，也更容易出国留学。教会大学靠着充足的经费，还常常资送学生和教师出国留学。教会大学另一条出国渠道是作为交换教师和交换学生，这是教会大学首倡的，并且还成立了一些相关机构，比如"普林斯顿—燕京基金会"、"哈佛—燕京学社"等，许多教师和学生就是在这样的机构资助下前往美国学习的，不过偏重文史，理工较少。

教会大学有时也直接招收留学生。比如美国在华教会大学联合会就于

1947 年，从那些没有过留学经历的教会大学教师中招考留美学生，应考人员条件是未曾出国留学的教会大学的教授。

5.5　科技留学生的贡献

这一时期回国的科技留学生，很多人成为中国近代科学技术的奠基人。他们将西方科学整体性地移植到中国来，使其在中国生根发芽。

地质学是较早移入中国的学科，这门学科的奠基人是章鸿钊（留日，1911 年回国）、丁文江（留英，1911 年回国）、翁文灏（留比，1912 年回国）、李四光（留英，1920 年回国）。1912 年 1 月，由章鸿钊在民国临时政府实业部矿务司下设地质科并任科长。1913 年，丁文江创办中国第一个科学研究所——中国地质研究所并任所长，翁文灏受邀任教，培养了一大批地质学人才，他们许多人后来成为中国地质科学各分支领域的开拓者。1918 年，北京大学在高校中首设地质系，何杰（留美，1914 年回国）任第一任系主任，李四光先后任教授、主任。1922 年 1 月，中国最早的自然科学学术团体——中国地质学会在北京成立，选举章鸿钊为会长，翁文灏、李四光为副会长。另外，1920 年，竺可桢（留美，1918 年回国）在南京高等师范学校创办了中国第一个地学系，与北大地质系同为培养地学人才的摇篮。

在中国系统而深入地研究近现代数学的也是留学生。留学生中最早学习数学的当推冯祖荀（留日，1912 年前回国）、郑之蕃（留美，1911 年回国）、胡明复（留美，1917 年回国）、姜立夫（留美，1919 年回国）等人。胡明复、姜立夫是我国数学科学的第一、二个博士，前者回国后在上海大同学院、南京高等师范学校（东南大学前身）、南洋大学等校创设数学系，后者于 1920 年在南开大学创建数学系，江泽涵、陈省身等数学名家都由他培养起来。郑之蕃是成立于 1927 年的清华数学系的第一任系主任，继任者是熊庆来（留法，1921 年回国），许宝騄、华罗庚等皆从此走出。

将物理学由最早的"格致学"发展成一门独立的学科，留学生们功不可没。李耀邦（留美，1915 年回国）是我国近代物理学史上最早出国学习物理学并获得博士学位者之一。1917 年，何育杰（留英，1909 年回国）任北京大学物理系主任，在他的努力下，北京大学第一个创建物理系，颜任光（留美，1919 年回国）、李书华（留法，1922 年回国）先后加盟。胡刚复（留美，1918 年回国）1918 年创办南京高师物理系，还有另外 12 所大学的物理系、所及学院也是由他创建或主持的。饶毓泰（留美，1922 年回国）于 1922 年创办南开大学物理系。叶企孙（留美，1924 年回国）于 1926 年创建了清华大学物理系，吴有训（留美，1926 年回国）在此首开"近代物理"课程，后接任系主任。

与数学和物理学相比，中国人对化学的接受要早一些，洋务运动时期的新学堂就开设了化学课。1917 年，任南京高师理化部教授的张子高（留美，1916 年回国），开创了中国人讲授现代化学的先河。1918 年，丁绪贤（留英，1916 年回国）创立了北京大学化学系。杨石先（留美，1923 年回国）是南开大学化学系的主要创建人之一，也是中国有机化学的奠基人。任鸿隽（留美，1918 年回国）早在美国学习期间就参与创建中国科学社，并任首任社长，其出版的中国第一份自然科学专门刊物《科学》，仅 1915～1924 年间，就刊载了介绍最新理论科学、技术科学和科学方法的文章 1000 多篇，对西方科学在中国的创立与传播作出卓越贡献。

现代天文学的奠基人有高鲁（留比，1911 年回国）、余青松（留美，1926 年回国）、张钰哲（留美，1929 年回国）；生物学的奠基人有秉志（留美，1918 年回国）、胡先骕（留美，1916 年回国）、钱崇澍（留美，1916 年回国）等人；农学是由邹秉文（留美，1916 年回国）、陈嵘（留日／美，1913/1925 年回国）等建立的。

尽管留学生对社会做出了不少贡献，但也存在一些问题。从留学生的使用方面看，表 5－3 可明显看出此时大多回国人员是学工程的，参看表 5－1，5－2 便知他们很少被使用在工厂或企业。虽然也有化工方面的侯德榜（留美，1921 年回国），桥梁方面的茅以升（留美，1921 年回国）成就突出，但是，相比于学习自然科学的人员，学习工程技术的人员作出大成就者比例要低，所以没能促成 20 世纪上半叶中国工业企业的发展。至于详细解释，请参看《中国科技、工业、企业发展史丛书》第二辑《150 年来中国科技、工业、企业发展探微》。

从留学生自身来讲，不少学生视留学为出国镀金，对于出国要学什么以及学成回国后做什么未加详考，更没有深思如何把留学所学与中国国情结合起来。比如，中国是农业国家，农业对国家的发展和实力的增长关系重大，而美国又是农业发达国家，但赴美专攻农科的并不多，连大名鼎鼎的胡适当初还曾为学习农学而苦恼不已。

表 5－1　1911～1928 年回国科技人员总表

序号	姓名	姓名全拼	国内学校	出国年份	留学国	国外学校或其他机构	学科	专业	归国年份	国内工作地点
1	艾　伟	Ai Wei	圣约翰大学	1921	美	Columbia，华盛顿大学	理	心理	1925	东南大学，中央大学，教育心理研究所，北平师范大学，中山大学
2	爱新觉罗·溥儒	Aixinjueluo Puru	北京政法学堂	1914	德	Berlin	理	天文学	1922#	北京师范大学，北京国立艺术专科学校，台湾师范大学
3	白　薇	Bai Wei	长沙女子师范学校	1920?	日	东京女子高等师范	理	心理	1926	武昌中山大学
4	鲍国宝	Bao Guobao	清华学校	1918	美	Cornell	工	机械工程	1923	浙江大学，上海交通大学，南京首都电厂，广州电厂，华北电力总局
5	毕华德	Bi Huade	协和医学院	1924	奥	维也纳大学	医	眼科	1925	北京协和医学院
6	卞　彭	Bian Peng	清华学校	1922	美	Brown，MIT	理	物理	1924#	东北大学，华中大学，华中师范学院
7	宾尔昌	Bin Erchang	清华学校	1922	美	Stanford	理	动物	1927	
8	秉　志	Bing Zhi	河南大学堂，京师大学堂	1909	美	Cornell，韦斯特解剖学与生物学研究所		生物	1918	南京高等师范，厦门大学，中央大学，复旦大学，中科院
9	蔡邦华	Cai Banghua	浙江大学	1920	日	鹿儿岛国立高等农林学校	农	动植物科	1924#	国立北京农业大学，浙江大学，南京中央农业实验所，浙江省昆虫局，科学院动物所
10	蔡　堡	Cai Bao		1925	美	Yale，Columbia	理	生物	1927	浙江大学

续表 5-1

序号	姓名	姓名全拼	国内学校	出国年份	留学国	国外学校或其他机构	学科	专业	归国年份	国内工作地点
11	蔡翘	Cai Qiao		1919	美	UC Berkeley, Indiana, Columbia, Chicago	医	心理学	1925#	复旦大学，中央大学
12	蔡声白	Cai Shengbai	清华学校	1915	美	MIT	理	地质学	1919	上海美亚织绸厂，利亚实业公司，美恒纺织公司，铸亚铁工厂，上海市电机丝织厂业同业公会
13	蔡叔厚	Cai Shuhou		1921	日		工		1924	创办上海绍敦电机公司
14	蔡无忌	Cai Wuji		1913	法	翁特农业学校，格里农学院，阿尔福兽医学校	农	兽医	1919	中央大学，农矿部上海商品检验局，上海兽医专科学校，农林部中央畜牧实验所，中国进出口商品检验总局
15	蔡翔	Cai Xiang		1911	美	Colorado School of Mines, Columbia	工	矿业工程	1915	
16	蔡雄	Cai Xiong		1911	美	Lehigh	工	采矿	1919	铸亚铁工厂
17	蔡秀珠	Cai Xiuzhu		1916	美	Vassar, Columbia	理	化学	1922	南开大学
18	蔡珍治	Cai Zhenzhi		1914	美	Ohio Northern	医	小儿科	1916	协和医院
19	曹理卿	Cao Liqing	清华学校	1918	美	Purdue, Cornell	理	胶体化学	1923	山东建设厅
20	曹珽	Cao Ting	清华学校	1917	美	Louisiana	工	制糖	1920	浙赣铁路
21	曹亚伯	Cao Yabo	武昌两湖书院	1906	英	牛津大学	工	矿冶	1912	
22	柴志明	Chai Zhiming			美		工	电机	1925	电机工程师

序号	姓名	姓名全拼	国内学校	出国年份	留学国	国外学校或其他机构	学科	专业	归国年份	国内工作地点
23	常叙	Chang Xu	清华学校	1920	美	Colorado	工	采矿	1925	全国经济委员会
24	陈承栻	Chen Chengshi		1911	美	Cornell	工	土木工程	1917	京沪，沪杭甬铁路
25	陈崇法	Chen Chongfa	清华学校	1918	美	Lehigh, Columbia	工	采矿	1924	
26	陈崇桂	Chen Chonggui	汉口博学书院	1921	美，瑞典	Fordham	理	心理学	1923	弘道学院，重庆神学院
27	陈崇武	Chen Chongwu	清华学校	1922	美	MIT, Norwich, Wisconsin	工	水利	1927	
28	陈翠贞	Chen Cuizhen		1916	美	Johns Hopkins	医	医学	1926	北京协和医学院，南京中央大学，成都华西医科大学，国立上海医学院
29	陈大齐	Chen Daqi			日	东京帝国大学	医	心理	1915	北京大学，台湾大学，台湾政治大学
30	陈德芬	Chen Defen		1911	美	Michigan	工	土木工程	1918	津浦铁路
31	陈蕃	Chen Fan	清华学校	1912	美	Colorado	工	采矿	1918	
32	陈飞鹏	Chen Feipeng	清华学校	1919	美	Michigan	理	心理	1923	武昌中华大学
33	陈凤书	Chen Fengshu	清华学校	1913	美	Cornell	工	土木	1919	武汉大学
34	陈福习	Chen Fuxi	福建高等师范	1910	美	Cornell	工	机械工程	1914	

序号	姓名	姓名全拼	国内学校	出国年份	留学国	国外学校或其他机构	学科	专业	归国年份	国内工作地点
35	陈翰笙	Chen Hansheng	长沙明德中学	1915	美,德	马萨诸塞州赫门工读学校,洛杉矶珀玛拿大学,Chicago,Harvard,Berlin	农	农学	1924#	北京大学,商务印书馆编译所,中央研究院社会科学研究所,纽约太平洋国际学会,中国科学院
36	陈鹤琴	Chen Heqin	清华学校	1914	美	Johns Hopkins,Columbia	理	心理	1919	上海租界华人教育处
37	陈煜	Chen Huang		1909	美	Illinois, MIT	工	化工	1915	中山大学,理工学院
38	陈焕镛	Chen Huanyong	广肇中学	1909	美	Harvard	理	林学	1919	金陵大学,东南大学,中山大学,广西大学,中科院
39	陈建功	Chen Jiangong	杭州高级师范	1914	日	东京高等工业学校,东京物理学校	理	数学	1919#	武昌大学,浙江大学,复旦大学,中科院数理化学部,杭州大学
40	陈荩民	Chen Jinmin	北京师范大学	1921	法	里昂中法大学,第戎大学	理	数学	1925	北京师范大学,北京大学,浙江英士大学,北洋大学,北京工业学院
41	陈继善	Chen Jishan	清华学校	1919	美	MIT,Michigan State	工	汽车	1924	
42	陈隽人	Chen Junren		1919	美	Cornell,Maryland	农	作物育种	1921#	
43	陈克恢	Chen Kehui	清华学校	1918	美	Wisconsin,Johns Hopkins	医	药学	1923	北京协和医学院
44	陈可忠	Chen Kezhong	清华学校	1920	美	Yale, Chicago	理	化学	1926	国立编译馆,中山大学

序号	姓名	姓名全拼	国内学校	出国年份	留学国	国外学校或其他机构	学科	专业	归国年份	国内工作地点
45	谌克终	Chen Kezhong			日	京都帝国大学	农	作物学	1920?	北京大学，河北省保定农学院，西北农学院
46	陈 礼	Chen Li	清华学校	1918	美	Worcester	工	电机	1924	天津仁立纺织厂
47	陈烈勋	Chen Liexun	清华学校	1917	美	Ohio, Maine	工	制纸	1920	
48	陈立夫	Chen Lifu	北洋大学	1923	美	匹兹堡大学	工	采矿学	1925	国民革命军，国民政府，内政部
49	陈立廷	Chen Liting	清华学校	1913	美	Yale, MIT	理	化学	1920	金城银行
50	陈茂康	Chen Maokang	重庆广益中学	1910	美	Cornell	工	机械工程	1915	京沪，沪杭甬铁路
51	陈明寿	Chen Mingshou		1911	美	MIT, Columbia	工	机械工程物理	1916	京沪，沪杭甬铁路
52	陈彭年	Chen Pengnian	交通大学	1919	法	葛朗拿布大学	工	造纸	1924	上海江南造纸厂，成都建国造纸厂，大中华造纸厂，轻工业部造纸局
53	陈丕扬	Chen Piyang		1923	美	MIT, Maine	工	化工	1925	广东西林士敏土厂
54	陈 器	Chen Qi	清华学校	1916	美	Louisiana, Stanford	工	制糖	1921	上海航务局
55	陈庆尧	Chen Qingyao		1909	美	Illinois, MIT, Columbia	理	化学	1915	首批庚款留美生。京沪铁路局
56	陈 嵘	Chen Rong	平阳县高等学堂	1906	日	东京弘文书院，日本北海道帝国大学	农	林学	1913#	浙江省甲种农业学校，江苏省第一农业学校

序号	姓名	姓名全拼	国内学校	出国年份	留学国	国外学校或其他机构	学科	专业	归国年份	国内工作地点
57	陈荣鼎	Chen Rongding	清华学校	1914	美	Illinois	农	畜牧	1919	上海野兽疫防治所
58	陈三才	Chen Sancai	清华学校	1920	美	Worcester	工	电机	1925	上海北极电冰箱公司
59	陈绍舜	Chen Shaoshun	清华学校	1915	美	Illinois, Mississippi	农	农	1921	福建教育厅
60	陈师经	Chen Shijing	清华学校	1918	美	Lowell Institute	理	塑料化学	1923	天津海京毛织厂
61	陈仕庆	Chen Shiqing	清华学校	1924	美	MIT	工	化工	1928	
62	陈世桢	Chen Shizhen	清华学校	1918	美	Iowa State College	理	化学	1923	汉口邮政储金局
63	陈天骥	Chen Tianji	圣约翰大学	1910	美	Michigan, Lehigh, Columbia	工	土木工程	1915	
64	陈体诚	Chen Ticheng	上海交通部工业专门学校	1917	美	加基钢铁学院	工	桥涵工程	1919	闽江工程局，浙江省公路局，福建省政府，甘肃省政府，交通部
65	陈廷锡	Chen Tingxi	清华学校	1914	美	Pittsburgh	工	煤油	1919	
66	陈同白	Chen Tongbai	清华学校	1920	美	Washington	农	水产	1926	浙江水产试验场
67	陈文沛	Chen Wenpei	清华学校	1920	美	Cornell, North Carolina State	理	染化	1926	南通学院
68	陈希庆	Chen Xiqing	清华学校	1919	美	Tufts, Cornell	工	造纸	1924	福建制纸公司

序号	姓名	姓名全拼	国内学校	出国年份	留学国	国外学校或其他机构	学科	专业	归国年份	国内工作地点
69	陈洋瓒	Chen Yangzan			美		工	采矿	1926	采矿工程师
70	陈延寿	Chen Yanshou	长沙雅礼大学	1910	美	Columbia, MIT	工	化工	1916	
71	陈 毅	Chen Yi	成都甲种工业学校	1919	法	Lyon	工		1921	转文学，参加革命
72	陈永傑	Chen Yongjie	清华学校	1919	美	MIT	工	化工	1923	
73	陈雨苍	Chen Yucang	湖北陆军军医学堂	1911年后	日，德	东京帝国大学，柏林医科大学	医	医学	1920	陆军医院，湖北医科专门学校，湖北省立医院，汉口医院，同济大学
74	陈裕光	Chen Yuguang	南京江文书院，金陵大学	1916	美	Columbia	理	化学	1923	北京师范大学，金陵大学，上海轻工业研究所
75	陈宰均	Chen Zaijun	清华学校	1918	美，德	Illinois, Cornell, Berlin	农	畜牧	1924	山东省青岛农林事务所，保定河北大学，京师大学，国立水产大学
76	陈 章	Chen Zhang	交通大学	1924	美	Purdue, 通用电气公司	工	电机工程	1926	国民政府军事交通技术学校，浙江大学，交通大学，中央大学，南京工学院
77	谌湛溪	Chen Zhanxi		1910	美	Columbia	工	采矿	1916	贵州建设厅
78	陈兆贞	Chen Zhaozhen		1909	美	MIT	工	土木工程	1915	交通大学
79	陈 桢	Chen Zhen	中国公学，金陵大学	1919	美	Cornell, Columbia	理	动物学	1922#	东南大学，北京师范大学，清华大学，北京大学，中科院

序号	姓名	姓名全拼	国内学校	出国年份	留学国	国外学校或其他机构	学科	专业	归国年份	国内工作地点
80	陈植	Chen Zhi	江苏省立第一农业学校	1918	日	东亚高等预备学校，东京帝国大学	农	林学	1922	金陵大学，河南大学，云南大学，中山大学，南京林学院
81	陈之长	Chen Zhichang	清华学校	1922	美，日	Iowa State，Cornell，考察日本的畜牧兽医事业	农	兽医	1927	广西省农林局，国立中央大学，四川大学，四川农学院
82	陈宗南	Chen Zongnan		1920	美		理	化学	1924	中山大学
83	陈遵妫	Chen Zungui	北京师范大学	1921	日	东京高等师范学校	理	数学	1926	北京女子高等师范学校，南京紫金山天文台，昆明凤凰天文台，上海徐家汇观象台，北京天文馆
84	成仿吾	Cheng Fangwu		1910	日	东京帝国大学	工	军事工程	1921	黄埔军校
85	成功一	Cheng Gongyi	东吴大学	1910	美	Michigan	工	化工	1916	武昌中华大学
86	程强	Cheng Qiang	清华学校	1923	美	Wisconsin，Columbia	理	化学	1928	浙江省审计处
87	程其保	Cheng Qibao	清华学校	1918	美	Chicago，Columbia	理	教育心理	1923	东南大学
88	程孝刚	Cheng Xiaogang	南昌江西高等学堂	1913	美	Purdue	工	机械工程	1918	津浦铁路济南机厂，个碧铁路，交通大学，北宁铁路局，浙江大学
89	程锡庚	Cheng Xigeng		1913	英，法，美	伦敦，巴黎，Columbia	理	科学	1920	北京政府外交部

续表 5－1

序号	姓名	姓名全拼	国内学校	出国年份	留学国	国外学校或其他机构	学科	专业	归国年份	国内工作地点
90	程延庆	Cheng Yanqing	圣约翰大学	1910	美	Cornell, Columbia	理	化学	1915	
91	程耀椿	Cheng Yaochun	清华学校	1919	美	Rensellaer, Columbia	工	化工	1927	浙江大学
92	程义法	Cheng Yifa		1909	美	Colorado School of Mines	工	采矿	1914	萍乡煤矿，农业部矿业司，中央钢铁厂
93	程瀛章	Cheng Yingzhang	清华学校	1913	美	Purdue, Chicago	理	化学	1920	中央造币厂化验室
94	程义藻	Cheng Yizao		1909	美	Cornell	工	机械工程	1914	汉阳铁厂机械工程师，上海 B&W 锅炉公司
95	程宗阳	Cheng Zongyang	清华学校	1913	美	MIT, Columbia	工	冶金	1919	资源委员会
96	褚民谊	Chu Minyi		1912	比，法	布鲁塞尔自由大学，斯特拉斯堡大学	医	医学	1924	军医
97	崔步瀛	Cui Buying	陆军马医学堂	1919	日	东京帝国大学农学部	农	兽医	1921	陆军兽医学校，北京农业大学，京师大学，西北兽医学院
98	崔学韩	Cui Xuehan	清华学校	1919	美	Worcester	工	电机	1924	
99	崔学攸	Cui Xueyou	清华学校	1919	美	MIT	工	土木	1925	
100	崔有濂	Cui Youlian		1911	美	Colorado School of Mines, MIT	工	矿业工程	1916	

续表 5 - 1

序号	姓名	姓名全拼	国内学校	出国年份	留学国	国外学校或其他机构	学科	专业	归国年份	国内工作地点
101	笪远纶	Da Yuanlun	清华学校	1919	美	MIT	工	纺织	1925	河北工学院
102	戴芳澜	Dai Fanglan	清华学校	1914	美	Wisconsin, Cornell, Columbia	农	植物病理,真菌	1920#	广东省农业专门学校,东南大学,金陵大学,清华大学,科学院真菌植病室
103	戴　弘	Dai Hong		1918	日	东京第一高等学校,东京帝国大学	农	土壤	1927	杭州第二中山大学,浙江省交涉厅,上海劳动大学,南京中央大学,中央农业试验所
104	戴　济	Dai Ji		1909	美	MIT, 缅因大学, Chicago	工	化工	1915	上海油漆厂
105	戴修鞠	Dai Xiuju		1909	美	MIT	工	机械	1916	造船厂,台湾师范大学
106	戴运轨	Dai Yungui	宁波第四中学	1917	日	京都帝国大学	理	物理学	1927	北平师范大学,中央大学,金陵大学,台湾大学,新竹清华大学
107	邓邦逖	Deng Bangti	宜昌华美书院	1905	英	曼彻斯特大学,里兹大学	工	纺织	1912	江苏省立第二工业学校,第四中山大学,苏州职业学校,诚孚纺织专门学校,苏南工业专科学校
108	邓鸿仪	Deng Hongyi			美	Michigan	工	化工	1925	广州永业砖窑
109	邓鸿宜	Deng Hongyi	岭南大学	1910	美	Michigan	工	化工	1914	广东砖厂
110	邓士章	Deng Shizhang	同济大学	1921	德	Berlin	工		1923	广东兵工厂,中央修械厂,兵工局,上海中央航空学院

序号	姓名	姓名全拼	国内学校	出国年份	留学国	国外学校或其他机构	学科	专业	归国年份	国内工作地点
111	邓叔群	Deng Shuqun	清华学校	1923	美	Cornell	农	森林学，植物病理学	1928	岭南大学，中央大学，甘肃水利林牧公司，沈阳农学院，科学院微生物所
112	邓植仪	Deng Zhiyi		1909	美	UC Berkeley, Wisconsin	农	土壤	1914	长沙高等工业学校，中央农事试验场，广东农林试验场，中央大学，华南农业科学研究所
113	刁庆湘	Diao Qingxiang	圣约翰大学	1912	美	宾夕法尼亚大学	医	医学	1914	上海同仁医院，圣约翰大学
114	丁懋英	Ding Maoying		1916	美	Michigan	医	医	1921	天津市医院？
115	丁人鲲	Ding Renkun		1919	美	Cornell, Wisconsin, Columbia	工	水利	1924	武汉大学
116	丁嗣贤	Ding Sixian	清华学校	1920	美	Wisconsin, MIT	工	化工	1925	交通大学
117	丁素筠	Ding Suyun		1918	美	Mount Holyoke, Columbia	理	动物	1924	河南省财政厅
118	丁西林	Ding Xilin	交通大学	1914	英	伯明翰大学	理	物理学	1919	北京大学，中央研究院
119	丁绪宝	Ding Xubao	北京大学	1918	美	Chicago, 克拉克大学, Harvard	理	物理学	1925#	北京大学，东北大学，南京中央大学，广西大学，北京天文馆
120	丁绪贤	Ding Xuxian	江南高等学校	1909	英	伦顿大学	理	化学	1917	北京师范，东北大学，安徽大学，广西大学，中山大学

序号	姓名	姓名全拼	国内学校	出国年份	留学国	国外学校或其他机构	学科	专业	归国年份	国内工作地点
121	丁 颖	Ding Ying	广东高等师范学校	1912	日	东京第一高等学校	农	农学	1914#	广东省高州县中学，高州农校
122	丁佐成	Ding Zuocheng	金陵大学	1921	美	Chicago，西屋电气公司	工	电器工程	1925	大华科学仪器厂股份有限公司，大华仪表厂，金陵大学
123	董承琅	Dong Chenglang	沪江大学	1920	美	Michigan	医	医学	1924#	北京协和医院，国立上海医学院，上海市第六人民医院
124	董大酉	Dong Daxi	清华学校	1922	美	明尼苏达大学，Columbia，莫菲建筑师事务所	工	土木工程	1928	上海市中心区域建设委员会，南京市都市计划委员会，北京公用建筑设计院，城市建筑部民用建筑设计院，浙江省工业建筑设计院
125	董任坚	Dong Renjian	清华学校	1918	美	Clark，Cornell	理	心理	1923	大夏大学
126	董时进	Dong Shijin		1921	美	Cornell	农	农林	1925	江西农业学院
127	董守义	Dong Shouyi		1924	美	Springfield College	理	体育生理	1926	北京青年会，师范大学
128	杜重远	Du Chongyuan		1917	日	东京高等学校	工	材料科学	1923	肇兴窑业公司
129	杜聪明	Du Congming	台北医专	1916?	日	东京帝国大学医学院	医	医学	1921	台北医专，台北帝国大学，台湾大学，高雄医学院
130	杜光祖	Du Guangzu	清华学校	1918	美	MIT	工	机械	1923	交通大学

序号	姓名	姓名全拼	国内学校	出国年份	留学国	国外学校或其他机构	学科	专业	归国年份	国内工作地点
131	段 雄	Duan Xiong	云南大学	1907	日	岩仓铁道学院，大森体育学校	工	铁道	1912	南京临时政府司令部
132	樊清江	Fan Qingjiang	山西大学	1917年后	日		医	医学	1923	察哈尔民众抗日同盟军军医处，山西医学院
133	范永增	Fan Yongzeng		1909	美	MIT，Columbia	医	卫生工程	1915	上海土地局
134	方连珍	Fang Lianzhen		1916	美	Michigan	医	牙科	1922	行医
135	房师亮	Fang Shiliang		1922	德，苏		医	医学	1926#	北伐军工兵团，昆明昆华医院，同济大学，川南医士学校
136	方叔洪	Fang Shuhong	山东省立一中	1925	日，法，德	学习航空和炮兵技术	工	航空	1928	
137	方维夏	Fang Weixia		1918	日	东京农业大学	农	农业	1920	
138	方颐樸	Fang Yipu	清华学校	1919	美	Cornell	工	土木	1924	北洋工学院
139	费达生	Fei Dasheng	江苏省立女子蚕业学校	1920	日	东京高等蚕丝学校	工	制丝	1923	江苏省立女子蚕业学校，四川丝业公司，苏州第一丝厂，中国蚕丝公司，苏州丝绸工学院
140	费鸿年	Fei Hongnian		1916	日	东京帝国大学	理	动物	1923#	北京农业大学，广东大学，武昌大学
141	费培傑	Fei Peijie	清华学校	1922	美	Oberlin，Columbia	理	心理	1927	
142	费宗藩	Fei Zongfan		1911	美	Michigan	工	化工	1917	

序号	姓名	姓名全拼	国内学校	出国年份	留学国	国外学校或其他机构	学科	专业	归国年份	国内工作地点
143	冯焕文	Feng Huanwen	苏州荡口镇华氏私立实用农业学校	1919	美	Wisconsin, UC Berkeley, 密苏里养鸡专门学校, 俄亥俄州麦地那养蜂实习	农	畜牧家禽学	1926	荡口华氏养蜂养鸡场, 中华养蜂场, 上海川沙县农村养兔场, 致用大学南通学院, 苏北农学院
144	冯简	Feng Jian	南洋大学	1919	美	Cornell	工	电机工程	1924	北平大学, 重庆大学, 台湾大学, 电波研究所
145	冯景兰	Feng Jinglan	北京大学	1918	美	Colorado School of Mines, Columbia	理	地质, 矿床学	1923	中州大学, 两广地质调查所, 北洋大学, 清华大学, 北京地质学院
146	冯锐	Feng Rui		1921	美	Cornell	农	农林	1925	
147	冯树铭	Feng Shuming			美		工	机械	1928	机械工程师
148	冯伟	Feng Wei	香港皇仁书院, 路矿学校	1913	美	Worcester, Syracuse, Westinghouse	工	电机	1920	美兴公司, 广州市公用局, 国民政府交通部上海电科局
149	冯肇传	Feng Zhaochuan	清华学校	1918	美	Georgia, Cornell	农	棉, 畜牧	1923	湖北棉业改良委员会
150	冯祖荀	Feng Zhuxun	京师大学	1904	日	京都第一高等学校, 京都帝国大学	理	数学	1912	北京大学, 北京高等师范学校, 东北大学
151	符宗朝	Feng Zongchao	两淮中学	1910	美	Michigan	工	机械工程	1916	
152	傅葆琛	Fu Baochen	清华学校	1916	美	Oregon, Cornell	农	森林	1924	

序号	姓名	姓名全拼	国内学校	出国年份	留学国	国外学校或其他机构	学科	专业	归国年份	国内工作地点
153	傅道伸	Fu Daoshen	南通纺织专门学校	1918	法、英、美	巴黎美兰学校，曼彻斯特城纺织机械厂，北卡罗米纳州农工大学，纽约坎百公司	工	纺织	1923	上海恒丰纺织厂及其专门学校，湖南第一纺织厂，咸阳纺织厂，西北工学院，陕西棉纺织公司
154	傅尔攽	Fu Erban		1912	美	Harvard	理	数学	1920	永利化学工业公司
155	傅焕光	Fu Huanguang	交通大学	1915	菲	菲律宾大学	农	森林	1918#	江苏省第一造林场分场，南京东南大学，重庆四川教育学院，农林部天水水土保持实验区
156	傅骥	Fu Ji		1910	美	Colorado	工	采矿	1915	重庆工务段
157	傅骕	Fu Su	复旦大学	1910	美	Colorado School of Mines	工	矿业工程	1914	重庆工务处
158	傅天彝	Fu Tianyi	清华学校	1916	英	Sheffield	工	冶金	1922	山西矿务局
159	富文寿	Fu Wenshou	清华学校	1920	美	Harvard	医	医	1926	行医
160	傅学文	Fu Xuewen		1925	苏	莫斯科中山大学	理	教育心理	1927	幼儿教育，陕西助产学校
161	高长庚	Gao Chang	清华学校	1921	美	Lowell Institute, MIT	工	织染	1926	南开大学
162	高崇德	Gao Congde	山东广文学堂	1910	美	Colorado School of Mines, Harvard	工	冶金	1916	
163	高崇熙	Gao Congxi	清华学校	1922	美	Wisconsin	理	化学	1926	清华大学

续表 5－1

序号	姓名	姓名全拼	国内学校	出国年份	留学国	国外学校或其他机构	学科	专业	归国年份	国内工作地点
164	高大纲	Gao Dagang		1911	美	Wisconsin, MIT	工	机械工程	1918	上海美商金山铁厂
165	高鸿缙	Gao Hongjin	武昌高等师范	1923	美	Columbia	理	教育心理	1926	武昌大学
166	高华	Gao Hua	清华学校	1918	美	MIT	工		1923	
167	高镜莹	Gao Jingying	清华学校	1922	美	Michigan	工	土木工程	1926	北洋大学，东北大学，华北水利工程总局，水利部勘测设计局，水电部
168	高惜冰	Gao Xibing	清华学校	1920	美	Lowell Institute	工	纺织	1924	
169	葛炳林	Ge Binglin	清华学校	1923	美	Purdue, Illinois	工	铁路	1928	津河铁路西沽机厂
170	葛敬中	Ge Jingzhong	北京大学	1913	法	都鲁斯大学	农	园艺学，养蚕学	1916	北京农业专门学校，镇江蚕种场，浙江肖嘉兴分场蚕科场，云南蚕业新村公司，中国蚕丝公司
171	葛文宗	Ge Wenzong	安徽第一工业学校	1924	日	东京高等工业学校	工	工业	1926	
172	葛益炽	Ge Yizhi	清华学校	1923	美	Purdue, MIT	工	机械	1928	上海怡和机器公司
173	葛祖良	Ge Zuliang	清华学校	1916	美	Maryland, Temple	工	制药	1921	河北工业学院
174	龚学遂	Gong Xuesui		1915	日	东京帝国大学	工	铁路	1920	南浔铁路
175	顾縠成	Gu Gucheng	清华学校	1919	美	MIT	工	机械	1923	铁道部建设委员会

续表 5－1

序号	姓名	姓名全拼	国内学校	出国年份	留学国	国外学校或其他机构	学科	专业	归国年份	国内工作地点
176	顾翼东	Gu Jidong	东吴大学	1923	美	Chicago	理	化学	1925#	东吴大学，交通大学，震旦女子文理学院，复旦大学
177	谷镜汧	Gu Jingjian	同济大学	1922	德	海德堡大学，Berlin	医	医学	1925#	北京协和医学院，中央大学医学院，中正医学院，广西医学院，上海医学院
178	顾康乐	Gu Kangle	交通大学	1923	美	Cornell 研究生院	工	土木工程	1925	上海复旦大学，交通大学，上海市城市建设局，北京给水排水设计院，国家城市建设总局
179	顾青虹	Gu Qinghog		1916	日	东京农业大学	农	蚕业	1921	中央大学，浙江大学，贵州遵义中国蚕桑研究所，江苏省蚕丝专科学校，中国农业科学院
180	顾维精	Gu Weijing	上海南洋专门学校	1911	美	MIT	工	电机工程	1916	南京河海工程专门学校，上海南洋大学，北京交通大学
181	顾诩群	Gu Xuqun	北京大学	1921	美	俄亥俄与纽约州立大学	工	工商管理	1924	中华教育文化基金会
182	顾宜孙	Gu Yisun	交通大学	1918	美	Cornell	工	铁道	1922	唐山工学院，唐山铁道学院
183	顾诒燕	Gu Yiyan		1910	英	格拉斯哥大学	工	电机	1915?	
184	顾毓泉	Gu Yuquan	交通大学	1926	美		工	电机	1928	
185	顾　振	Gu Zhen	清华学校	1913	美	Cornell	工	机械	1919	开滦矿务局

续表 5－1

序号	姓名	姓名全拼	国内学校	出国年份	留学国	国外学校或其他机构	学科	专业	归国年份	国内工作地点
186	顾子毅	Gu Ziyi	清华学校	1913	美	Purdue	工	土木	1919	
187	顾宗林	Gu Zonglin		1911	美	Illinois	工	矿业管理	1915	上海华东煤矿公司
188	关颂坚	Guan Songjian		1925	美	Western Reserve	工	建筑	1927	天津基泰工程公司
189	关颂声	Guan Songsheng	清华学校	1913	美	MIT	工	建筑	1918	建筑公司
190	关颂韬	Guan Songtao	清华学校	1918	美	Chicago	医	医	1924	协和医学院
191	关祖光	Guan Zuguang	清华学校	1921	美	Ransselaer	工	机械	1925	津浦铁路济南机厂
192	桂铭敬	Gui Mingjing	交通大学	1921	美	Cornell	工	土木工程	1924	广东大学，岭南大学，华南工学院，中南土木建筑学院，长沙铁道学院
193	桂质廷	Gui Zhiting	清华学校	1914	美	Yale, Chicago, Cornell	理	物理	1920#	雅礼大学，东北大学，沪江大学，华中大学，武汉大学
194	郭承志	Guo Chengzhi	清华学校	1913	美	Cornell	工	机械	1919	
195	郭殿邦	Guo Dianbang	清华学校	1921	美	MIT, Harvard	工	建筑	1927	
196	郭棣活	Guo Dihuo	岭南大学	1924	美	麻省纽必弗纺织学院	工	纺织科学	1927	上海永安纺织公司
197	郭立茂	Guo Limao	清华学校	1923	美	Lowell Institute	工	纺织	1927	南京军需署
198	郭沫若	Guo Moruo	嘉定中学	1913	日	东京第一高等学校，冈山第六高等学校，九州帝国大学	医	医学	1923	中国科学院，中国科技大学

序号	姓　名	姓名全拼	国内学校	出国年份	留学国	国外学校或其他机构	学科	专业	归国年份	国内工作地点
199	郭任远	Guo Renyuan	复旦大学	1918	美	UC Berkeley	理	心理学	1923#	复旦大学，浙江大学
200	郭尚贤	Guo Shangxian		1914	美	California, Chicago	医	医	1919	行医
201	郭守纯	Guo Shouchun	圣约翰大学	1910	美	Cornell, Wisconsin	农	畜牧	1916	
202	过探先	Guo Tanxian	上海中等商业学校，南洋大学	1910	美	Wisconsin, Cornell	农	农学	1915	江苏省立第一农业学校，华商纱厂，东南大学，金陵大学
203	郭兴燕	Guo Xingyan					理		1925	
204	郭熙棠	Guo Xitang	清华学校	1917	美	Purdue, Cornell	农	畜牧	1922	广州南武中学
205	过养默	Guo Yangmo		1917	美	Cornell	工	土木	1920	建筑公司
206	郭一岑	Guo Yichengen	北京文汇大学	1916	德	Berlin，图宾根大学	理	心理学	1928	南京中央大学，上海暨南大学，广州中山大学，北京师范大学，广东师范学院
207	郭宗汾	Guo Zongfen	清华学校	1919	美	Purdue	农	畜牧	1923	山西省采运处
208	韩　安	Han An	南京汇文书院	1907	美	Cornell, Michigan, Wisconsin	农	林学	1912	吉林林业局，北京国立农业大学，察哈尔特别区实业厅，平汉铁路局，中央林业实验所
209	韩美英	Han Meiying		1914	美	Mount Holyoke	理	家政	1918	南京财政部会计司

序号	姓名	姓名全拼	国内学校	出国年份	留学国	国外学校或其他机构	学科	专业	归国年份	国内工作地点
210	韩云阶	Han Yunjie		1912	日	名古屋高等工业学校	工	工业	1917	裕华电力公司，亚洲磷粉公司
211	郝更生	Hao Gengsheng		1919	美	Columbia，春田大学	工	土木，体育生理	1923	东吴大学，清华大学
212	何杰	He Jie	清华学校	1909	美	Colorado School of Mines，Lehigh	工	冶金工程	1914	北京大学，天津北洋大学，交通大学唐山工学院，广西大学，北京矿业学院
213	贺闿	He Kai	清华学校	1924	美	Michigan	工	化工	1928	汉口商品检验局
214	何鲁	He Lu	成都机器学堂，南洋大学	1912	法	里昂大学	理	数学	1919	东南大学，大同大学，安徽大学，四川大学，中国科学院
215	贺懋庆	He Maoqing		1909	美	MIT	工	造船工程	1915	杭州市政府
216	何墨林	He Molin	清华学校	1915	美	Case Institute	工	电机	1920	沪杭铁路
217	何乃民	He Naimin	唐山工业专门学校	1925	法	里昂中央工业学院，法国汽车工厂	工	机械	1928	辎重兵学校，兰州汽车修配厂，上海高级机械学校，哈尔滨军事工程学院，交通部科学研究院
218	何清儒	He Qingru	清华学校	1922	美	Antioch，Columbia	理	心理	1927	中华职业教育社
219	何守瑗	He Shouai		1925	美	Boston	医	医	1927	武昌同仁医院
220	何瑶	He Yao	云南大学	1912	德		工	机械工程	1914#	云南东陆大学，云南全省模范工厂，云南大学

续表 5－1

序号	姓名	姓名全拼	国内学校	出国年份	留学国	国外学校或其他机构	学科	专业	归国年份	国内工作地点
221	贺耀祖	He Yaozu		1914	日	士官学校辎重科	工	运输	1916	交通部
222	何运煌	He Yunhuang	清华学校	1913	美	Cornell	工	土木	1918	
223	何运喧	He Yunxuan	清华学校	1922	美	Chicago	理	心理	1928	
224	洪绍论	Hong Shaolun	清华学校	1915	美	MIT，Columbia	工	化工	1920	中国化学工业社
225	洪绅	Hong Shen	清华学校	1920	美	Rensselaer Poly	工	土木	1925	铁道部新路委员会
226	洪深	Hong Shen	清华学校	1916	美	Ohio State	工	陶器	1922	山东大学
227	洪式间	Hong Shilv	北京医学专门学校	1920	德，美	柏林市立医院	医	病理学，寄生虫学	1923	北京医学专科学校，江苏医学院，中央卫生研究院，浙江医学院
228	侯德榜	Hou Debang	清华学校	1913	美	MIT，普拉特专科学院Columbia	工	化工	1921	永利制碱公司，南京铔厂，永利川厂，公私合营永利化学工业公司，中国科学院技术科学部
229	侯家源	Hou Jiayuan	唐山交通大学	1918	美	Cornell	工	土木工程	1922	唐山工学院，杭江铁路，浙赣铁路局，湘黔铁路工程局
230	侯祥川	Hou Xiangchuan		1927	美，加	访问	医	医学	1928#	北京协和医学院，上海雷士德医学研究所，南京中央卫生实验院
231	侯延宾	Hou Yanbin		1909	英	里兹大学	理		1912?	
232	胡博渊	Hu Boyuan		1911	美	MIT，匹兹堡大学	工	矿业工程	1919	第三批庚款留美生。实业部

续表 5 - 1

序号	姓　名	姓名全拼	国内学校	出国年份	留学国	国外学校或其他机构	学科	专业	归国年份	国内工作地点
233	胡昌炽	Hu Changzhi	苏州农业学校	1916	日	东京大学	农	园艺	1920#	苏州农业学校
234	胡锋同	Hu Fengtong	清华学校	1922	美	Colorado, Missouri, Columbia	工	采矿	1927	四川彭县铜矿局
235	胡刚复	Hu Gangfu	震旦大学	1909	美	Harvard	理	物理学	1918	东南大学，交通大学，厦门大学，中央研究院，南开大学
236	胡光澄	Hu Guangcheng	清华学校	1922	美	Illinois, Columbia	工	化工	1927	
237	胡光黁	Hu Guanglu	清华学校	1911	美	Exeter, MIT	工	电机	1917	中国无线电公司
238	胡浩川	Hu Haocuan	安庆第一中学	1921	日	静冈县农厂	农	茶叶技术	1924	复旦大学，祁门茶叶改良厂，中国茶叶公司
239	胡焕庸	Hu Huanyong	东南大学	1926	法	巴黎大学，法兰西学院	理	地学	1928	江苏省立第八中学，中央大学，治淮委员会，华东师范大学
240	胡家义	Hu Jiayi	清华学校	1922	法	Lyon	工		1925	
241	胡经甫	Hu Jingfu	东吴大学	1920	美	Cornell	理	生物	1922#	圣约翰大学，东南大学，燕京大学
242	胡明复	Hu Mingfu	南京高等商业学院	1910	美	Cornell, Harvard	理	数学	1917	大同大学，东南大学，南洋大学
243	胡士熙	Hu Shixi		1909	英	格拉斯哥大学	工		1914？	
244	胡嗣鸿	Hu Sihong	清华学校	1912	美	Colorado, Columbia	工	冶金	1918	中央研究院

序号	姓名	姓名全拼	国内学校	出国年份	留学国	国外学校或其他机构	学科	专业	归国年份	国内工作地点
245	胡宪生	Hu Xiansheng		1910	美	Cornell	农	林学	1916	
246	胡先骕	Hu Xiansu	洪都中学堂，京师大学堂	1912 1923	美	UC Berkeley, Harvard	理	植物	1917	东南大学，北京大学，中正大学，静生生物调查所，中科院
247	胡宣明	Hu Xuanming	圣约翰大学	1910	美	Johns Hopkins, Harvard, MIT	医	医学	1917	立法院
248	胡正祥	Hu Zhengxiang		1917	美	Harvard，波士顿麻省综合医院	医	病理学	1924	北平协和医学院，北京大学，中国协和医学院，中国医学科学院
249	华凤翔	Hua Fengxiang	清华学校	1920	美	MIT, Michigan	工	航空	1925	广州工业专门学校，杭州中央笕桥飞机制造厂，航空公司，太原飞机修理厂，民航科学研究所
250	黄博文	Huang Bowen	清华学校	1921	美	Ohio State	工	化工	1926	
251	黄昌谷	Huang Changgu	北洋大学	1912	美	Columbia，哈克炼钢公司	工	矿冶工程	1920	石井兵工厂，中山大学
252	黄慈祥	Huang Cixiang	清华学校	1919	美	Colorado	工	采矿	1924	开滦矿务局
253	黄大恒	Huang Daheng	清华学校	1920	美，英	Minnesota, London	工	矿冶	1926	开滦矿务局
254	黄鼎臣	Huang Dingchen		1921	日	日本医科大学，东京帝国大学医学院	医	医学	1928	中央卫生部，中华医学会
255	黄垌华	Huang Donghua	清华学校	1915	美	Northwestern	理	化学	1920	

序号	姓名	姓名全拼	国内学校	出国年份	留学国	国外学校或其他机构	学科	专业	归国年份	国内工作地点
256	黄桂葆	Huang Guibao		1916	美	Chicago	医	营养	1922	协和医学院
257	黄国璋	Huang Guozhang	长沙雅礼大学	1926	美	Yale, Chicago	理	地学	1928	中央大学，北京师范大学，西安临大，西北联合大学，西安师范学院，陕西师范大学
258	黄汉和	Huang Hanhe	清华学校	1913	美	MIT, Harvard	工	采矿	1918	
259	黄华表	Huang Huabiao	复旦大学	1922	美	华盛顿, Stanford	理	教育心理	1925	南宁师范学院，浙江大学
260	黄家骅	Huang Jiahua	清华学校	1924	美	MIT	工	建筑	1928	重庆大学
261	黄家齐	Huang Jiaqi		1917	美	Cornell	工	土木	1920	潮汕铁路
262	黄季严	Huang Jiyan		1911	美	MIT, Harvard	工	土木	1917	上海建华营造厂
263	黄鸣龙	Huang Minglong	浙江医药专科学校	1920	瑞士、德	苏黎世大学, Berlin	理	化学	1924#	浙江省卫生试验所，浙江省立医药专科学校，中央研究院化学研究所，西南联合大学
264	黄骚	Huang Sao			美	圣劳伦斯大学, Harvard, 毕图钢铁公司	理	化学	1919	广东造币厂，广东兵工厂
265	黄寿恒	Huang Shouheng		1916	美	MIT	工	航空	1919	唐山工学院
266	黄叔培	Huang Shupei	清华学校	1915	美	Case, Rensellaer	工	机械	1921	交通大学
267	黄天启	Huang Tianqi	华西大学	1926?	加	多伦多大学	医	牙医	1927	华西大学，成都仁济牙症医院，中央大学，齐鲁联合大学，四川省人民医院

续表 5 – 1

序号	姓名	姓名全拼	国内学校	出国年份	留学国	国外学校或其他机构	学科	专业	归国年份	国内工作地点
268	黄通	Huang Tong		1920	日	盛冈高等农林学院	农	农业	1928	浙江大学农学院
269	黄孝真	Huang Xiaozhen		1921	美	Radcliff	理	数学	1926	
270	黄新彦	Huang Xinyan			美		医	医	1924	北京协和医院
271	黄异生	Huang Yisheng	清华学校	1923	美	Purdue	农	畜牧	1927	南昌农业院兽医部
272	黄垣	Huang Yuan		1912	法，比		工	电机工程	1920	广东电话局，广州电话局
273	黄元照	Huang Yuanzhao	清华学校	1924	美	Washington, Chicago	理	生物	1928	永利化学工业公司
274	黄芸苏	Huang Yunsu	两广游学预备学馆	1909	美	华盛顿，Columbia	理	教育心理	1921	广东省教育厅
275	黄钰生	Huang Yusheng	清华学校	1919	美	Chicago	理	教育心理	1926	南开大学
276	黄育贤	Huang Yuxian	清华学校	1924	美	CIT, Cornell	工	水利	1928	资源委员会
277	黄子卿	Huang Ziqing	清华学校	1922	美	Wisconsin, Cornell, MIT	理	化学	1928#	协和医学院，清华大学
278	霍宝树	Huo Baoshu	圣约翰大学	1923	美	伊利诺，宾夕法尼亚大学	工	工业管理	1927	浙江省建设厅，中国银行，铁路，电厂，汽车等单位的董事
279	霍炎昌	Huo Yanchang	岭南大学	1910	美	Michigan, MIT, Columbia	工	化工	1917	广州市立第三中学
280	纪长庚	Ji Changgeng		1922	美	Syracuse, Northwestern	医	外科	1924	上海医学专门学校，中山医院

序号	姓名	姓名全拼	国内学校	出国年份	留学国	国外学校或其他机构	学科	专业	归国年份	国内工作地点
281	计大维	Ji Dawei	上海高等实业	1910	美	Cornell	工	土木	1916	
282	纪育沣	Ji Yufeng	沪江大学	1921	美	Chicago, Yale	理	化学	1923#	武昌师范大学
283	贾成章	Jia Chengzhang		1923	德	明兴大学	农	林学	1927	北京京师大学, 沈阳私立东北农林专科学校, 陕西西北农学院, 河南大学, 林业科学研究院
284	蹇先达	Jian Xianda	清华学校	1923	美	Iowa State	农	农具	1928	南昌农业院
285	蒋丙然	Jiang Bingran			比	双卜罗大学	理	气象	1927	青岛观象台
286	江超西	Jiang Chaoxi	清华学校	1915	美	Lehigh, MIT, Michigan	工	机械	1920	四川大学
287	姜立夫	Jiang Lifu		1911	美	UC Berkeley, Harvard	理	数学	1919#	南开大学, 中央研究院数学研究所, 岭南大学, 中山大学, 中科院广州分院
288	江履成	Jiang Lvcheng	清华学校	1914	美	Colorado	工	采矿	1919	
289	蒋梦麟	Jiang Menglin		1911	美	Columbia	理	教育心理	1916	北京大学
290	姜琦	Jiang Qi		1909	日	东京高等师范	理	教育心理	1917#	浙江第一师范, 南京高等师范
291	江清	Jiang Qing			美		理	化学	1925?	齐鲁大学
292	江山寿	Jiang Shanshou		1911	美	Lehigh	工	矿业工程	1915	

序号	姓 名	姓名全拼	国内学校	出国年份	留学国	国外学校或其他机构	学科	专业	归国年份	国内工作地点
293	江元仁	Jiang Yuanren	清华学校	1923	美	Cornell	工	土木	1927	上海启华公司
294	金邦正	Jin Bangzheng		1909	美	Cornell	农	林学	1914	首批庚款留美生。安徽及北平农业学校，清华学校，上海商业储蓄银行
295	金宝善	Jin Baoshan	杭州医科专门学校	1911	日	千叶医科专科学校，东京帝国大学	医	内科	1919#	北京中央防疫所，卫生部，北京医学院
296	金 瀚	Jin Han	北京大学		美	缅因州大学	工	造纸工程	1927	广西省建设厅及实业部，温溪造纸公司，宜宾中国纸厂，福建省南平造纸厂，福建省轻工业厅
297	金龙章	Jin Longzhang	清华学校	1924	美	MIT	工	电机	1928	上海万泰公司机器部
298	金士宣	Jin Shixuan	交通大学	1923	美	宾夕法尼亚大学	工	铁路	1927	沪宁铁路局，平绥铁路局，津浦铁路局，粤汉铁路局，北方交通大学
299	金 涛	Jin Tao		1909	美	Cornell	工	土木工程	1912	京沈铁路工务处
300	金问淇	Jin Wenqi	同济大学	1921	德	弗赖堡大学	医	妇科	1926	同济医学院，武汉医学院
301	居励今	Ju Lijin		1920	法	里昂大学	农	农业化学	1924	中山大学农学院
302	柯成懋	Ke Chengmao	交通大学	1910	美	Columbia	工	化工	1915	交通大学
303	孔繁祁	Kong Fanqi	清华学校	1923	美	Iowa State	农	果树	1927	
304	孔令烜	Kong Lingxuan	清华学校	1920	美	Wisconsin, Ohio State	理	化学	1924	山东省建设厅

续表 5－1

序号	姓 名	姓名全拼	国内学校	出国年份	留学国	国外学校或其他机构	学科	专业	归国年份	国内工作地点
305	邝寿堃	Kuang Shoukun	清华学校	1919	美	Minnesota	工	矿冶	1924	门头沟中英煤矿公司
306	邝翌昆	Kuang Yikun		1910	美	Minnesota	工	采矿	1917	协兴煤矿
307	邝翼堃	Kuang Yikun	圣约翰大学	1910	美	Chicago, Columbia, 明尼苏达大学	理	地质学	1918	协兴煤矿
308	邝兆祁	Kuang Zhaoqi	清华学校	1918	美	Cornell	工	机械	1923	全国经济委员会
309	赖景湖	Lai Jinghu		1919	美，加，美	Illinois, 底特律福特汽车公司, 爱迪生电力公司, 多伦多大学, Cornell	工	机械工程, 汽车制造	1926	上海高昌庙兵工厂, 中央大学, 西北联大
310	蓝春池	Lan Chunchi		1923	美	Columbia	工	化工	1925	上海大夏大学
311	劳君展	Lao Junzhan	东南大学	1920	法	里昂大学, 巴黎大学	理	物理学	1927	武汉大学, 广州中山大学, 北平女子文理学院, 重庆国立女子师范学院, 人民大学
312	劳启祥	Lao Qixiang	清华学校	1916	美	Yale	理	数学	1920	长沙雅礼中学
313	雷通群	Lei Tongqun		1915?	美	Stanford	理	教育心理	1920?	中山大学等教育部门
314	李 彬	Li Bin		1910	美	Colorado	工	采矿	1915	大同利和煤矿
315	李承干	Li Chenggan		1913	日		工	化工	1925	黄海碱厂
316	李澄澜	Li Chenglan		1920	美	Columbia	理	化学	1922	广州华昌牛胶厂
317	李充国	Li Chongguo	清华学校	1922	美	North Carolina State, Clemson	工	纺织	1927	重庆大学

序号	姓名	姓名全拼	国内学校	出国年份	留学国	国外学校或其他机构	学科	专业	归国年份	国内工作地点
318	李春荣	Li Chunrong	清华学校	1919	美	South Carolina	农	兽医	1926	广州商品检验局
319	李春亭	Li Chunting	厦门大学	1925	日	长崎帝国医科大学	医	医学	1926	
320	李达	Li Da	京师优级师范	1913	日	东京第一师范	理	数理	1920	革命组织
321	李迪华	Li Dihua	圣约翰大学	1916	美	Wisconsin	农	农产	1919	上海大同大学
322	李方城	Li Fangcheng		1909	英	纽卡斯尔大学	工	矿业	1914？	
323	李方琮	Li Fangcong		1909	英	里兹大学	农	农学	1914？	
324	李范一	Li Fanyi	两湖书院	1912	美	Columbia	工	无线电	1924	中国无线电上海国际电台，南洋大学，交通部，汉口第一纺织公司，燃料工业部
325	李赋都	Li Fudu		1925	德	汉诺威工业高等学校	工	水利工程	1928#	哈尔滨东北水道局，江苏淮阴导淮委员会，天津华北水利局委员会，都江堰治理设计室，西北农学院
326	李岗	Li Gang	清华学校	1914	美	Washington	医	医	1920	上海医学院
327	李广勋	Li Guangxun	清华学校	1914	美	Pennsylvania	医	医	1920	自设诊疗所
328	李国均	Li Guojun	清华学校	1914	美	Purdue, Harvard	工	铁路	1920	粤汉铁路
329	李国钦	Li Guoqin	长沙湖南高等工业学校	1912	英	伦敦皇家矿业学校	工	矿冶	1915	湖南矿务局，江华锡矿及长宁水口山矿，华昌贸易公司

序号	姓名	姓名全拼	国内学校	出国年份	留学国	国外学校或其他机构	学科	专业	归国年份	国内工作地点
330	李国珍	Li Guozhen	粤军军官讲习所	1921	日	庆应大学，东京第一高等学校	医	医学	1924	
331	李郭舟	Li Guozhou		1911	美	MIT	工	机械	1921	津浦铁路
332	李汉俊	Li Hanjun		1902	日	东京帝国大学	工	工科	1918	
333	李济	Li Ji	清华学校	1918	美	麻省克拉克大学，Harvard	理	人类学	1923	南开大学，清华大学，中央研究院，台湾大学
334	李家琛	Li Jiachen	清华学校	1922	美	Cornell，Virginia Poly	工	电机	1928	湖南大学
335	李继侗	Li Jidong	圣约翰大学	1921	美	Yale	理	林学	1925#	金陵大学，南开大学，清华大学，北京大学，内蒙古大学
336	李进耰	Li Jinglong		1909	美	Columbia	工	冶金	1916	广西大学
337	李驹	Li Ju		1912	法	巴黎和兰斯（Laons）预备学校，农业学校，高等园艺学校，诺尚（Nagent-Sul-Marne）国立高等热带植物学院	农	园艺	1923	上海市法工部局公园管理处，河南大学，浙江省建设厅农业改良总场，四川大学农学院，北京林学院
338	李鏗	Li Keng	南洋大学	1916	美	Cornell	工	土木	1919	上海大兴建筑公司
339	李懋	Li Mao			美		工	机械	1925	机械工程师
340	李鸣和	Li Minhe		1909	美	Wisconsin	工	化工	1914	汉阳铁厂炼钢工程师，实业部矿业司

序号	姓名	姓名全拼	国内学校	出国年份	留学国	国外学校或其他机构	学科	专业	归国年份	国内工作地点
341	李平	Li Ping	江苏高等	1910	美	Colorado School of Mines	工	矿业工程	1914	山西大同煤矿
342	李清廉	Li Qinglian		1916	美	Michigan	医	医	1921	行医
343	李青崖	Li Qingya	复旦大学	1907	比利时	列日大学理工学院	工	理工	1912	京汉铁路局
344	李权亨	Li Quanheng	清华学校	1914	美	Colorado, Cornell	工	土木	1918	岭南大学
345	李瑞圭	Li Ruigui	清华学校	1919	美	New Bedford	工	纺织	1924	北宁铁路采购课
346	李汝祺	Li Ruqi	清华学校	1918	美	Purdue, Columbia	农	农学, 动物	1926#	复旦大学, 燕京大学, 中国大学, 北京大学
347	李绍惠	Li Shaohui	清华学校	1924	美	Purdue, Michigan	工	土木	1928	浙赣铁路
348	李寿恒	Li Shouheng	金陵大学	1920	美	Michigan, Illinois	工	化工	1925	东南大学, 金陵大学, 浙江大学, 浙江化工研究所, 浙江化工学院
349	李书华	Li Shuhua		1913	法	图卢兹大学, 巴黎大学	理	物理	1922	北京大学, 中法大学, 北平大学, 北平研究院, 中央研究院
350	李顺卿	Li Shunqing		1919	美	Yale, Chicago	农	森林	1924	安徽大学
351	李书田	Li Shutian	北洋大学	1923	美	Cornell	工	铁道	1926	北洋大学, 清华大学
352	李祥享	Li Xiangxiang	清华学校	1918	美	Stevens	工	机械	1923	中央大学
353	李熙谋	Li Ximou	上海工业专门学校	1916	美	MIT, Harvard	理	物理学, 电机学	1923	浙江大学, 上海暨南大学, 交通大学, 台湾交通大学, 台湾东吴大学

续表 5 -1

序号	姓名	姓名全拼	国内学校	出国年份	留学国	国外学校或其他机构	学科	专业	归国年份	国内工作地点
354	李锡之	Li Xizhi	安徽高等	1910	美	MIT	工	机械工程	1915	第二批庚款留美生。京沪铁路
355	李学清	Li Xueqing	地质研究所	1922	美	Michigan	工	地质	1924	中山大学，南京大学
356	李耀邦	Li Yaobang		1903	美	Chicago	理	物理	1915	南京高等师范学院
357	李耀煌	Li Yaohuang	清华学校	1918	美	MIT	工	机械	1923	中央信托公司
358	李寅恭	Li Yingong		1914	英	阿伯丁大学，剑桥大学	农	农林	1919	安徽省第一农业学校，中央大学，江苏省教育林场，南京大学
359	李吟秋	Li Yinqiu	清华学校	1922	美	Illinois，Purdue	工	土木	1927	天津市政府
360	李仪祉	Li Yizhi	京师大学堂		德	丹泽工业大学	工	水利工程	1915	南京海河工程专门学校，陕西省水利局，西北大学，清华大学
361	李永庆	Li Yongqing	清华学校	1912	美	MIT	工	机械	1919	上海市公用局
362	李运华	Li Yunhua	清华学校	1921	美	Wisconsin，Columbia	工	化工	1927	清华大学，广西大学
363	黎照寰	Li Zhaohan		1907	美	New York，Harvard，Columbia 等大学	理	理科	1919	中国公学，广九铁路，交通大学
364	李志仁	Li Zhiren	清华学校	1917	美	Michigan，Pennsylvania	工	采矿	1922	河南建设厅
365	李衷	Li Zhong		1918	美	MIT	理	生物化学	1923	汕头万福公司

序号	姓名	姓名全拼	国内学校	出国年份	留学国	国外学校或其他机构	学科	专业	归国年份	国内工作地点
366	李钟美	Li Zhongmei	清华学校	1923	美	Oregon	工	土木	1927	湘黔铁路
367	李 珠	Li Zhu	清华学校	1917	美	Columbia, Michigan	工	采矿	1922	天源煤矿
368	李烛尘	Li Zhuchen	常德湘西优级师范学校	1912	日	东京高等工业学校	工	电化学	1918	大精盐公司，永顺致敬公司，迁川工厂
369	李宗侗	Li Zongdong		1913	法	巴黎大学	工	理工	1923	北京大学，国立工业专门学校
370	李宗恩	Li Zongen			英	格拉斯哥大学	医	医学	1923	北京协和医学院
371	李祖范	Li Zufan	清华学校	1915	美	MIT, Harvard, Columbia	工	工业管理	1920	中国化学工业社
372	李祖贤	Li Zuxian	清华学校	1914	美	Rensellaer Poly	工	土木	1920	上海六合公司
373	连 彝	Lian Yi		1915	美	Pittsburgh	工	采矿	1917	
374	梁伯强	Liang Boqiang	同济大学	1923	德	慕尼黑大学	医	病理学	1925	同济大学，中山大学，中山医学院
375	梁承厦	Liang Chengxia	清华学校	1917	美	Ohio State	工	化工	1922?	广东西村士敏土厂
376	梁杜衡	Liang Duheng	清华学校	1911	美	Illinois	农	农林	1917	
377	梁思成	Liang Sicheng	清华学校	1924	美	宾夕法尼亚大学，Harvard	工	建筑学	1928#	东北大学，中央研究院，清华大学，北京市都市计划委员会，中国科学院

序号	姓名	姓名全拼	国内学校	出国年份	留学国	国外学校或其他机构	学科	专业	归国年份	国内工作地点
378	梁　希	Liang Xi	浙杭武备学堂	1906	日	日本士官学校	农	林学	1912#	浙江湖属军政分局
379	梁治华	Liang Zhihua	清华学校	1923	美	Colorado, Columbia	理	化学	1927	北京大学
380	廖世承	Liao Shicheng	清华学校	1915	美	Brown, Columbia	理	教育心理	1919	南京高等师范
381	林桂生	Lin Guisheng			美		工	土木	1928	天津华启工程公司
382	林国镐	Lin Guogao	清华学校	1918	美	Brown, Harvard	理	化学	1924	上海医学院
383	林惠祥	Lin Huixiang	厦门大学	1926	菲律宾	菲律宾大学	理	人类学	1928	厦门大学
384	林徽因	Lin Huiyin		1920	美	宾州大学, Yale	工	土木建筑	1928	沈阳东北大学, 清华大学
385	林继诚	Lin Jicheng		1915	美	Virginia	工	建筑	1917	建筑工程师
386	林继庸	Lin Jiyong		1922	美	Ransselaer	工	化工	1924	广东科学研究会
387	林可玑	Lin Keji	海军制造学校	1919	法	南锡大学, 巴黎高等电机学校	工	电机工程	1926	
388	林可胜	Lin Kesheng			英, 美	爱丁堡大学, Chicago	医	医学	1924#	北平协和医学院, 中央研究院
389	林礼铨	Lin Liquan		1922	美	Iowa State College	农	农林	1923	福州高级农业学校
390	林平卿	Lin Pingqing		1931	美	Wellesley	理	心理	1923	
391	林汝耀	Lin Ruyao		1905	英	爱丁堡大学	工	邮政	1912?	
392	林世熙	Lin Shixi	清华学校	1919	美	Johns Hopkins	医	医	1925	行医
393	林澍民	Lin Shumin	清华学校	1916	美	Minnesota	工	建筑	1920	

续表 5-1

序号	姓名	姓名全拼	国内学校	出国年份	留学国	国外学校或其他机构	学科	专业	归国年份	国内工作地点
394	林同曜	Lin Tongyao		1921	美	Radcliffe	理	生物	1925	
395	林文秉	Lin Wenbing	上海中华哈佛医学校	1916	美	Harvard	医	眼科	1920#	北京协和医学院，南京中央医院，上海医学院，上海第二军医大学
396	林汶民	Lin Wenmin		1920	美	Iowa State College	农	森林	1922	悟州广西大学
397	林 庄	Lin Zhuang		1910	英	格拉斯哥大学	工	船舶	1914？	
398	林宗扬	Lin Zongyang			英	利物浦大学	医	公共卫生学	1922	协和医学院
399	凌道扬	Ling Daoyang		1921	美	Michigan, Yale	农	化学	1923	实业部中央模范林区管理局
400	凌鸿勋	Ling Hongxun	上海高等实业学堂，上海工业专门学校	1915	美	桥梁公司，Columbia	工	铁路工程	1918	京汉铁路，南洋大学，陇海铁路工程局，粤汉铁路管理局，天水—成都铁路工程局
401	凌其峻	Ling Qijun	清华学校	1916	美	Ohio State	工	化学	1921	中国陶瓷公司，仁立公司
402	凌霞新	Ling Xiaxin		1920	日	东京帝国大学，东京学士院	工	化学	1924	矿业开采和管理工作
403	刘安恭	Liu Angong		1918	德	Berlin	工	电机	1924	
404	刘宝琛	Liu Baochen	清华学校	1919	美	MIT, Maine	工	化学	1924	广东士敏土厂
405	刘承芳	Liu Chengfang	清华学校	1915	美	Cornell	工	机械	1921	九龙旗昌洋行

序号	姓名	姓名全拼	国内学校	出国年份	留学国	国外学校或其他机构	学科	专业	归国年份	国内工作地点
406	刘承霖	Liu Chenglin	清华学校	1914	美	Cornell	农	农	1920	交通大学
407	刘崇动	Liu Chongdong		1911	美	Michigan	医	医	1919	福州医院
408	刘崇汉	Liu Chonghan	清华学校	1922	美	Columbia, MIT, Colorado	工	电机	1927	浙江大学
409	刘崇乐	Liu Chongle	清华学校	1920	美	Cornell	理	昆虫学	1926#	清华大学，东北大学，北平师范大学，中国农业大学，昆明动物研究所
410	刘崇勤	Liu Chongqin		1911	美	Michigan	医	医学	1918	福州医院
411	刘德珍	Liu Dezhen		1925	美	Columbia	理	动物	1927	岭南大学
412	刘敦桢	Liu Dunzhen	楚怡学校	1913	日	东京高等工业学校	工	土木工程	1922	华海建筑师事务所，苏州工业专门学校，湖南大学，南京中央大学，南京工学院
413	刘和	Liu He	清华学校	1920	美	Iowa State, Maryland	农	土壤	1926	浙江大学农学院
414	刘寰伟	Liu Huanwei	岭南大学	1910	美	Cornell	工	土木工程	1916	京沪，沪杭甬铁路
415	刘敬宜	Liu Jingyi	清华学校	1918	美	Michigan	工	航空工程	1922	东北大学，北京航空署，北平工业大学，中苏合办的新疆飞机制造厂，中国航空公司
416	刘基磐	Liu Jipan		1919	美	Columbia	工	矿冶	1922	湖南地质调查所
417	刘冀章	Liu Mizhang	清华学校	1923	美	Washington, Columbia	理	化学	1927	重庆海关

序号	姓名	姓名全拼	国内学校	出国年份	留学国	国外学校或其他机构	学科	专业	归国年份	国内工作地点
418	刘 樸	Liu Pu	清华学校	1916	美	Cornell	农	林	1920	湖南大学
419	刘瑞恒	Liu Ruiheng	天津新学书院，北洋书院	1909	美	Harvard	医	医学	1915	上海红十字会总医院，北京协和医院，中央医院，行政院卫生署
420	刘润华	Liu Runhua		1924	美	Purdue	工	机械	1926	开滦矿务局
421	刘汝强	Liu Ruqiang	清华学校	1917	美	Philadelphia, Wisconsin	医	制药	1924	协和医学院
422	刘绍禹	Liu Shaoyu	清华学校	1922	美	俄亥俄州格乃尔学院, Chicago	理	教育心理	1927#	成都大学
423	刘树杞	Liu Shuqi		1913	美	Illinois, Michigan, Columbia	工	化工	1921	北京大学
424	刘树墉	Liu Shuyong	清华学校	1918	美	Ohio State	工	陶业	1922	天津安利洋行
425	刘廷芳	Liu Tingfang	圣约翰大学	1914	美	Columbia	理	心理	1918	燕京大学
426	刘王立明	Liu Wangliming		1916	美	西北大学	理	生物	1920	创办女子职业学校
427	刘孝勰	Liu Xiaoqin	清华学校	1920	美	MIT	工	电机	1926	上海怡和机器公司
428	刘锡煆	Liu Xigu	清华学校	1923	美	Purdue	工	土木	1927	开滦矿务局
429	刘锡晋	Liu Xijin	清华学校	1922	美	Illinois	工	机械	1926	上海中学
430	刘行骥	Liu Xingji	清华学校	1922	美	Wisconsin, Cornell	农	农林	1927	实业部
431	刘学荣	Liu Xuerong	清华学校	1920	美	MIT	工	土木	1925	平绥铁路

序号	姓名	姓名全拼	国内学校	出国年份	留学国	国外学校或其他机构	学科	专业	归国年份	国内工作地点
432	刘永纯	Liu Yongchun	震旦大学医科	1922	法	巴斯德研究院，市堡医科大学，法国眼耳鼻喉神经协会	医	医学	1928#	上海法租界公董局设立的卫生试验所，震旦大学，军医学科学院
433	刘 云	Liu Yun		1920	法	法尔曼飞机工厂	工	航空	1923	航空局飞机学校
434	龙 夷	Long Yi		1911	美	Colorado School of Mines, 匹兹堡大学	工	矿业工程	1916	
435	娄昌后	Lou Changhou		1923	美	Colorado	工	电机	1925	招商局天津机务科
436	娄既庭	Lou Jiting		1923	美	Illinois	工	机械	1925	
437	鲁邦瞻	Lu Bangzhan		1913			工		1915	
438	陆宝淦	Lu Baogan		1909	美	Illinois, Columbia	农	农学化学	1914	上海从事化验工作
439	陆鸿棠	Lu Hongtang		1911	美	Michigan	工	建筑	1915	上海大陆商场
440	卢景贵	Lu Jinggui	北京高等工业学堂，天津工专	1915	美	Illinois	工	机械工程	1919	中日合办本溪湘煤铁公司，津浦铁路济南机车厂，四洮铁路工程局，洮昂铁路工程局
441	卢景泰	Lu Jingtai		1909	美	Columbia	工	道路工程	1915	京张铁路
442	陆锦文	Lu Jinwen	清华学校	1913	美	Jefferson Med.	医	医	1918	华安保险公司医务室
443	路敏行	Lu Minxing	复旦大学	1910	美	Wisconsin, Lehigh, Columbia	工	化工	1915	中国科学社

序号	姓名	姓名全拼	国内学校	出国年份	留学国	国外学校或其他机构	学科	专业	归国年份	国内工作地点
444	陆绍云	Lu Shaoyun	上海龙门师范学校	1915	日	东京高等工业学校	工	纺织	1920	上海宝成纱厂，济南鲁丰纱厂，汉口震寰纺织厂，重庆维昌纺织厂，中纺公司
445	陆慎仪	Lu Shenyi	金陵女子文理学院	1921	美	Wellesley, Cornell	理	数学	1925	金陵女子文理学院，湖南大学
446	卢守耕	Lu Shougeng	北京农专	1918年后	美	Cornell	农	农学	1925?	全国稻麦改进所，浙江农专，劳动大学农学院，浙江大学，云南大学
447	卢统之	Lu Tongzhi		1920	日	东京高等工业学校，东京制呢厂，长崎棉纺厂	工	纺织	1928	上海日华纱厂，无锡振新纱厂，济南仁丰纱厂，中纺公司，纺织科学研究院
448	陆燮钧	Lu Xiejun	清华学校	1919	美	Wisconsin	农	畜牧	1924	江西省农业院
449	陆元昌	Lu Yuanchang	上海高等实业	1910	美	Cornell	工	土木工程	1914	
450	卢正持	Lu Zhengchi	清华学校	1914	美	Lehigh	工	电机	1918	香港商业洋行
451	卢致德	Lu Zhide	天津新学书院，协和医学院	1925?	美	纽约大学	医	医学	1928	北平协和医学院，军政部军医署，国防医学院
452	陆志韦	Lu Zhiwei	清华学校	1915	美	范德比尔特大学，Chicago	理	心理学	1920#	南京高等师范，东南大学，燕京大学，中国科学院

序号	姓名	姓名全拼	国内学校	出国年份	留学国	国外学校或其他机构	学科	专业	归国年份	国内工作地点
453	罗邦杰	Luo Bangjie		1911	美	密执安矿业学院，MIT，Harvard	工	建筑	1918	上海罗邦杰建筑事务所
454	骆德武	Luo Dewu	清华学校	1915	美	Pennsylvania	医	医	1920	
455	罗惠桥	Luo Huiqiao		1909	美	MIT	工	船舶工程	1915	中央航空委员会，塘沽建港工程
456	罗景崇	Luo Jingchong	清华学校	1915	美	Illinois	工	铁路管理	1920	开滦矿务局
457	罗庆蕃	Luo Qingfan	清华学校	1919	美	MIT	工	机械	1925	
458	罗清生	Luo Qingsheng	清华学校	1919	美	堪萨斯州立大学	农	兽医学	1923	东南大学，金陵大学，农林部兰州兽医防治处，南京农学院
459	罗荣安	Luo Rongan	清华学校	1917	美	MIT	工	航空	1922	中央大学
460	罗孝章	Luo Xiaozhang	清华学校	1924	美	Purdue，Worcester	工	电机	1928	上海电话公司
461	吕彦直	Lv Yanzhi	清华学校	1913	美	Cornell	工	土木工程	1921	上海东南建筑公司，彦记建筑事务所，孙中山陵墓建筑师
462	马辅	Ma Fu		1918	日	东京工业大学	工	化工	1927	上海竟成造纸公司，浙江英士大学，湖南高级工业职业学校，浙江温州百好炼乳厂
463	马名海	Ma Minghai		1910	美	Wisconsin，Columbia	理	数学	1916	南宁气象所
464	马善宝	Ma Shanbao	清华学校	1914	美	Worcester	工	电机	1920	

序号	姓名	姓名全拼	国内学校	出国年份	留学国	国外学校或其他机构	学科	专业	归国年份	国内工作地点
465	马文昭	Ma Wenzhao	协和医学院	1920	美	Chicago, 华盛顿大学	医	解剖学	1921	北京大学，北京医学院，科学院
466	马仙峤	Ma Xianqiao	保定高等	1910	美	Wisconsin, Columbia	理	数学物理	1916	南宁气象所
467	马约翰	Ma Yuehan	圣约翰大学	1920	美	Springfield College	理	体育生理	1922	清华大学
468	马育骐	Ma Yuqi	清华学校	1915	美	Cornell	工	土木	1919	南京工务局
469	毛升三	Mao Shengsan		1909	英	里兹大学	农	农学	1913?	
470	毛文钟	Mao Wenzhong	直隶高等工业	1910	美	Michigan	工	土木工程铁路运输	1916	
471	茅以升	Mao Yisheng	思益学堂，唐山交通大学	1916	美	Cornell, 卡利基里工学院	工	土木工程	1920	河海工科大学，唐山大学，北洋大学，钱塘桥工程处，铁道科学研究院
472	茅以新	Mao Yixin	交通大学	1923	美	Purdue, 国家铁路机车工厂	工	铁道	1928#	南京新记机工厂，浙赣铁路机务课，粤汉铁路局，铁道部机务总局，铁道部车辆局
473	梅旸春	Mei Yangchun	清华学校	1923	美	Purdue, 费城桥梁公司	工	机械	1928	南昌工业专门学校，杭州钱塘江大桥工程处，重庆缆车公司，中国桥梁公司，武汉长江大桥，铁道部基建总局
474	梅贻琳	Mei Yilin	清华学校	1920	美，英	Chicago, Johns Hopkins, London	医	医	1928	军政部军医署
475	梅贻琦	Mei Yiqi	保定高等学堂	1910	美	沃斯特工科大学	工	电机工程	1914	清华大学

续表 5-1

序号	姓名	姓名全拼	国内学校	出国年份	留学国	国外学校或其他机构	学科	专业	归国年份	国内工作地点
476	梅卓生	Mei Zhuosheng		1920	美		医	内科	1924	
477	孟继懋	Meng Jimao	清华学校	1920	美	芝加哥拉什医学院	医	骨科	1925#	北京协和医学院，天津南开大学
478	孟目的	Meng Mude	协和医学院	1920	英	伦敦	医	医学	1925	北京协和医学院，国立药学专科学校，香港协和药品公司制药厂，重庆协和制药厂，华东人民制药公司
479	孟宪承	Meng Xiancheng	圣约翰大学	1918	美，英	华盛顿大学，伦敦大学	理	教育心理	1921	东南大学
480	孟宪民	Meng Xianmin	清华学校	1922	美	Colorado School of Mines，马萨诸塞茨州理工学院	理	矿床学	1927	中央研究院，个旧锡矿探矿队工程处，清华大学，地质部，中科院
481	缪恩钊	Miao Enzhao	清华学校	1914	美	MIT, Harvard	工	土木	1920	武汉大学
482	缪云台	Miao Yuntai		1912	美	Minnesota	工	探矿	1919	云南锡矿
483	莫定森	Mo Dingsen	成都留法勤工俭学预备学校，震旦大学	1920	法	克莱梭铁工厂，巴黎一印刷厂，蒙伯里高等农业专门学校，里昂大学	农	农学	1927	广西实业研究院，南京国立中央大学，浙江省稻麦改良场，东北农学院
484	穆藕初	Mu Ouchu		1909	美	Illinois	农	农学	1914	穆氏植棉试验场，德大纱厂，上海厚生纱厂，郑州豫丰纱厂，中华劝工银行
485	倪葆春	Ni Baochun	清华学校	1919	美	Chicago, Johns Hopkins	医	医	1925	圣约翰大学医学院

序号	姓名	姓名全拼	国内学校	出国年份	留学国	国外学校或其他机构	学科	专业	归国年份	国内工作地点
486	聂鸿达	Nie Hongda	清华学校	1921	美	Lowell Institute	工	纺织	1926	
487	聂荣臻	Nie Rongzhen	江津县立中学	1919	法,比,苏	蒙塔尔红中学，德洛中学，湖乃尔中学，沙洛瓦劳动大学，莫斯科东方大学	工	化工，军事学	1925	黄埔陆军军官学校
488	牛惠霖	Niu Huilin		1910	美	Harvard	医	骨科	1915	骨科医院
489	牛惠生	Niu Huisheng		1910	美	Harvard	医	骨科	1915	骨科医院
490	区其伟	Ou Qiwei	岭南大学	1910	美	Michigan, Columbia	工	化工	1917	广州乐山沙地工业试验所
491	潘承圻	Pan Chengqi	清华学校	1915	美	MIT, Maine	工	造纸	1921	浙江大学
492	潘光旦	Pan Guangdan	清华学校	1922	美	达茂大学，Columbia	理	动物学，古生物学，遗传学	1926	吴淞政治大学，光华大学，吴淞中国公学，清华大学，中央民族学院
493	潘履洁	Pan Lvjie	东吴大学	1921	美	Columbia	理	化学	1924	中央研究院化学研究所
494	潘善闻	Pan Shanwen		1909	英	格拉斯哥大学	工	工程	1914?	
495	潘士华	Pan Shihua	中山大学		日	九州帝国大学	医	医学	1927	广州中山大学，广西省立医学院，广西医学院
496	潘世甯	Pan Shining	南洋大学	1925	美	实习	工	电机	1928	
497	潘菽	Pan Shu	北京大学	1920	美	UC Berkeley, Chicago	理	心理学	1927	第四中山大学，中央大学，南京大学，中科院

续表 5 - 1

序号	姓名	姓名全拼	国内学校	出国年份	留学国	国外学校或其他机构	学科	专业	归国年份	国内工作地点
498	潘文炳	Pan Wenbing	清华学校	1913	美	Minnesota	工	化工	1918	
499	潘文焕	Pan Wenhuan			美		工	电机	1925	上海电话公司
500	潘钟文	Pan Zhongwen	清华学校	1919	美	Lehigh, Michigan, Columbia	工	采矿	1924	天津市政府
501	裴冠西	Pei Guanxi	清华学校	1917	美	Michigan	工	道路	1922	津浦铁路
502	裴庆邦	Pei Qingbang		1921	美	Illinois	工	铁路	1924	
503	彭家元	Peng Jiayuan	北京农业专门学校	1920	美	Wisconsin, Illinois, 伊阿华州立大学, 俄勒冈大学	农	土壤	1924	北京农业大学, 厦门集美农林学校, 武汉大学, 四川省稻麦改进所, 四川农学院
504	彭开熙	Peng Kaixi	清华学校	1922	美	MIT	工	电机	1927	上海龙华水泥厂
505	齐长庆	Qi Changqing	陆军兽医学校	1924	日	东京帝国大学传染病研究所	医	医学	1925	北京政府中央防疫处, 香港协和生物药品公司血清厂, 卫生部生物药品实验处, 兰州生物药品实验厂, 卫生部生物制品研究所
506	齐守愚	Qi Shouyu	燕京大学	1923	美		工	制革	1925	天祥制革厂
507	钱宝琮	Qian Baocong	江苏省铁路学堂	1908	英	伯明翰大学, 曼彻斯特大学	工	土木工程	1912	上海南洋公学, 江苏省立苏州工业专门学校, 中科院自然科学史研究所

续表 5-1

序号	姓名	姓名全拼	国内学校	出国年份	留学国	国外学校或其他机构	学科	专业	归国年份	国内工作地点
508	钱昌祚	Qian Changzuo	清华学校	1919	美	MIT	工	航空工程	1924	浙江工业专门学校，清华大学，航空机械学校，空军总部技术厅
509	钱 潮	Qian Chao	浙江医药专门学校	1918	日	九州帝国大学	医	儿科，寄生虫病学	1924#	浙江医药专门学校
510	钱崇澍	Qian Congshou	清华学校	1910	美	Illinois, Chicago, Harvard	理	植物学	1916	金陵大学，清华大学，北京农业大学，四川大学，中科院
511	钱天鹤	Qian Tianhe	清华学校	1913	美	Cornell	农	农学	1919	南京金陵大学，浙江公立农业专门学校，中央农业实验所
512	钱子超	Qian Zichao		1919	日	东京东亚预备学校，东京高等工业学校，日本印染工厂	工	纺织	1926	上海达丰染织厂，中国纺织建设公司，国营上海印染厂，纺织工业部
513	钱宗堡	Qian Zongbao	清华学校	1922	美	Chicago	理	数学	1927	
514	秦明博	Qin Mingbo		1905	英	里兹大学	工	机械	1912?	
515	秦文蔼	Qin Wenai	清华学校	1920	美	Chicago, Wisconsin	理	化学	1927	山西省采运处
516	裘昌运	Qiu Changyun		1909	美	Wisconsin, Purdue, Columbia	农	农学	1914	全国煤油矿督办公署
517	邱 陵	Qiu Ling		1919	法比	维城纺织学院	工	毛纺织	1927	上海章华毛纺织厂，重庆中国毛纺织厂，上海第四毛纺织厂，纺织工业部，北京市毛纺织科学院研究所

续表 5-1

序号	姓名	姓名全拼	国内学校	出国年份	留学国	国外学校或其他机构	学科	专业	归国年份	国内工作地点
518	裘名与	Qiu Mingyu	清华学校	1923	美	Ohio State	工	陶器	1927	天津久兴颜料公司
519	丘念台	Qiu Niantai		1919	日	东京帝国大学	工	矿山开采	1923?	广东大学，中山大学，沈阳兵工厂，西安煤矿公司，广东省工业专科学校
520	邱培涵	Qiu Peihan		1909	美	Cornell, Wisconsin, Chicago	农	农学	1916	永明人寿保险公司
521	裘维莹	Qiu Weiying		1911	美	Cornell	工	机械工程	1918	
522	裘维裕	Qiu Weiyu	上海工业专门学校	1916	美	MIT，爱迪生电厂	工	电机学	1923	南洋大学
523	裘燮钧	Qiu Xiejun		1917	美	Cornell	工	土木	1920	上海市工务局
524	邱宗岳	Qiu Zongyue	清华学校	1911	美	加利福尼亚大学，Chicago,MIT,Columbia,克拉克大学	理	化学	1920	南开大学，厦门大学，西南联大
525	全绍清	Quan Shaoqing			美		医		1925	清华学校医药室
526	饶毓泰	Rao Yutai	交通大学	1913	美	Chicago, Princeton	理	物理学	1922#	南开大学，北平研究所，北京大学，中央研究院，中科院
527	任理卿	Ren Liqing	南通纺织专门学校	1919	美	罗威尔纺织学院，北卡罗林州立大学	工	纺织	1923	上海统益纱厂，沈阳东北大学，西北工学院，上海恒丰纱厂，纺织科学研究院

序号	姓名	姓名全拼	国内学校	出国年份	留学国	国外学校或其他机构	学科	专业	归国年份	国内工作地点
528	任尚武	Ren Shangwu		1919	美	North Carolina State, Lowell	工	纺织	1924	全国经济委员会棉业统制会
529	容启雄	Rong Qixiong	清华学校	1921	美	Tufts, Pennsylvania, Virginia	理	化学	1925	
530	容启兆	Rong Qizhao	清华学校	1919	美	Tufts, Virginia	理	化学	1924	光华大学
531	阮宝江	Ruan Baojiang	清华学校	1913	美	Colorado, Columbia	工	冶金	1919	福建建设厂
532	萨本栋	Sa Bendong	清华学校	1922	美	Stanford, 麻省伍斯特工学院, 西屋电机制造公司	理	物理	1928#	清华大学, 国立厦门大学, 中央研究院
533	萨本铁	Sa Bentie	清华学校	1920	美	Wisconsin	理	化学	1927#	清华大学
534	邵家麟	Shao Jialin	清华学校	1920	美	Wisconsin, Cornell	理	化学	1927	大夏大学
535	邵均	Shao Jun	上海大同大学	1922	日	东京亚预备学校, 北海道帝国大学	农	林学	1927	农业大学, 浙江大学, 保定河北省立农学院, 中央大学, 东北林学院
536	沈艾	Shen Ai		1910	美	Cornell	工	机械工程	1914	第二批庚款留美生
537	沈彬贞	Shen Binzhen		1917	美	Syracuse, Chicago	理	化学	1919	苏州江苏女子职业中学
538	沈昌	Shen Chang		1922	美		工	铁路	1925	京绥铁路
539	沈慈辉	Shen Cihui		1919	美	Cornell, 阿格米漆厂, 福特汽车公司	理	化学	1925	永固造漆公司, 上海交通大学, 复兴木业公司

续表 5 - 1

序号	姓 名	姓名全拼	国内学校	出国年份	留学国	国外学校或其他机构	学科	专业	归国年份	国内工作地点
540	沈 诰	Shen Gao	清华学校	1918	美	Ohio State	工	化工	1923	上海市卫生局
541	沈光蕊	Shen Guangbi		1917	美	Carnegie	工	冶金	1922	太原西北炼钢厂
542	沈觐鼎	Shen Jinding		1920?	日	东京帝国大学	农	农学	1925	
543	沈隽淇	Shen Junqi	清华学校	1916	美	Western Reserva	医	医	1920	协和医学院
544	沈克非	Shen Kefei	清华大学	1919	美	俄亥俄州克里夫兰西余大学医学院	医	外科	1924	北京协和医学院，安徽芜湖弋矶山医院，南京中央医院，贵阳医学院，上海第一医学院
545	沈良骅	Shen Lianghua		1917	美	Cornell	工	电机	1920	上海 GE 电器公司
546	沈 履	Shen Lv	清华学校	1918	美	Chicago, Wisconsin, Columbia	理	心理	1923	清华大学
547	沈培民	Shen Peimin	清华学校	1923	美	Purdue	工	机械	1927	上海天祥洋行
548	沈鹏飞	Shen Pengfei	清华学校	1917	美	俄勒冈农业大学，Yale	农	林学	1921	广东农业专门学校，北京农业大学，中山大学，广西大学，华南农学院
549	沈溯明	Shen Shuoming	浙江两级师范	1910	美	Michigan, Cornell	理	化学	1915	
550	沈熊庆	Shen Xiongqing	清华学校	1920	美	Wisconsin	工	化工	1925	上海沪江大学，上海医学院，复旦大学
551	沈 怡	Shen Yi	同济大学	1921	德	德雷斯顿工业大学	工	水利工程	1926	汉口市工务局，黄河水利委员会，甘肃水利林牧公司

序号	姓名	姓名全拼	国内学校	出国年份	留学国	国外学校或其他机构	学科	专业	归国年份	国内工作地点
552	沈有乾	Shen Youqian	清华学校	1922	美	Stanford, California, Columbia, Harvard	理	心理	1927	浙江大学
553	沈元鼎	Shen Yuanding	复旦大学	1915	美	UC Berkeley, Columbia	工	工商管理	1919？	浙江兴业银行，大陆银行，上海商科大学
554	沈增筠	Shen Zengjun	清华学校	1920	美	Michigan	工	采矿	1925	
555	沈镇南	Shen Zhennan	清华学校	1922	美，德	Ohio State, Berlin	工	制糖	1927	四川省建设厅
556	沈宗瀚	Shen Zonghan	诚意中学，杭州省立甲种农校，北京农业专门学校	1923	美	乔其亚农业大学，Cornell	农	农学	1927	常德棉场，金陵大学，中央农业实验所，农村复兴委员会
557	沈祖伟	Shen Zuwei	圣约翰大学	1910	美	Michigan	工	土木工程	1914	
558	施伯安	Shi Boan	交通大学	1902	日	大阪高等工业专科学校	理	化学	1912	昆明中央第二机器厂，新通公司，重力研究所，汽车锅炉研究所
559	石凤翔	Shi Fengxiang		1907	日	日本京都高等工艺学校	工	纺织	1917	裕华纺织公司，大兴纺织厂，西安大华纺织股份有限公司，大华纺织训练所，江汉纺织专科学校

续表 5-1

序号	姓名	姓名全拼	国内学校	出国年份	留学国	国外学校或其他机构	学科	专业	归国年份	国内工作地点
560	施嘉干	Shi Jiagan	唐山路矿学校	1921	美	MIT	工	土木工程	1924	上海交通大学，纺织工业部，建筑科学研究院
561	施嘉炀	Shi Jiayang	清华学校	1923	美	MIT, Cornell	工	土木工程	1928#	清华大学
562	施青	Shi Qing	清华学校	1914	美	Rensellaer Poly	工	电机	1921	
563	史宣	Shi Xuan		1911	美	Purdue, MIT, Harvard	工	机械工程	1918	
564	施鋈	Shi Ying	上海高等实业	1910	美	MIT, Columbia	工	机械工程	1917	沪杭甬铁路
565	施赞元	Shi Zanyuan	圣约翰大学	1910	美	华盛顿大学	医	医学	1916	
566	时昭涵	Shi Zhaohan	清华学校	1922	美	MIT	工	化工	1928	交通大学
567	时昭泽	Shi Zhaoze	清华学校	1922	美	Purdue	工	机械	1928	
568	石志仁	Shi Zhiren	香港大学	1922	美	MIT	工	机械	1926	北洋大学，北宁铁路局，全国铁路总机厂，湘桂铁路
569	寿颂万	Shou Songwan	清华学校	1914	美	Case Institute	理	化学	1919	
570	寿振黄	Shou Zhenhuang	东南大学	1925	美	UC Berkeley, 霍普金斯海滨生物研究所		甲壳动物学	1928	清华大学，静生生物调查所，北京大学，中央水产实验所，中科院
571	舒传贤	Shu Chuanxian	安庆第一工业学校	1922	日	东京高等工业学校	工	工业	1926	中华全国总工会
572	舒鸿	Shu Hong	圣约翰大学	1919	美	克拉克大学	理	体育生理	1925	大夏大学，杭州体育专科学校

序号	姓名	姓名全拼	国内学校	出国年份	留学国	国外学校或其他机构	学科	专业	归国年份	国内工作地点
573	税西恒	Shui Xiheng	青岛高等学堂	1912	德	Berlin，西门子电力公司	工	机械工程	1919	成都工专，重庆自来水公司，重庆大学，重庆中国公学
574	宋国祥	Song Guoxiang	清华学校	1920	美	Minnesota	工	矿冶	1925	上海电话公司
575	宋建勋	Song Jianxun		1911	美	Michigan，MIT	工	造船工程	1917	
576	宋希尚	Song Xishang	南京河海工程专门学校	1919	美	MIT，Brown	工	水利工程	1924	浙江省水道局，江南水利局，南京中央大学，国立技术专门学校
577	苏乐真	Su Lezhen	清华学校	1917	美	Louisiana，Cornell	工	制糖	1921	建设委员会
578	苏体仁	Su Tiren	山西省师范学校	1914?	日	东京高等工业学校	理	化学	1916	山西省第一中学，山西大学
579	孙本忠	Sun Benzhong	南京高师	1924	法	蒙贝里农业专科学校，里昂大学	农	蚕科	1928	江苏省立蚕桑试验场，中央大学，浙江大学，中央农业实验所，华东蚕业研究所
580	孙承谟	Sun Chengmo	清华学校	1922	美	Ohio State，Maine	工	造纸	1927	胶济铁路材料试验室
581	孙多营	Sun Duoying	清华学校	1915	美	Lehigh	工	采矿	1919	
582	孙恩麐	Sun Enlin	复旦大学，清华学校	1914	美	Illinois，路易斯安娜大学	农	农学，棉花	1918	中央大学，南通农学院，中央棉产改进所
583	孙国华	Sun Guohua	清华学校	1923	美	Chicago，Ohio State	理	心理学	1928#	北京大学，清华大学，北京师大，中科院

序号	姓名	姓名全拼	国内学校	出国年份	留学国	国外学校或其他机构	学科	专业	归国年份	国内工作地点
584	孙洪芬	Sun Hongfen	武昌文华书院	1915	美	Colorado School of Mines, Chicago,宾州大学	工	化工	1919	中央大学，华中大学
585	孙家声	Sun Jiasheng		1905	英	伦敦工业学校	工	电机	1912?	邮传部官费
586	孙家瓘	Sun Jiaxi	清华学校	1919	美	Purdue, MIT	工	化工	1924	河北工业学院
587	孙继丁	Sun Jiding		1911	美	Purdue, MIT	工	电机工程	1916	陇海铁路
588	孙克基	Sun Keji	清华学校	1916	美,英,法	Johns Hopkins	医	医学	1926	湘雅医学院，同仁医院，闾门妇女医院，上海医学院，上海产妇医院
589	孙立人	Sun Liren	清华学校	1923	美	Purdue, Virginia, Military Institue	工	土木	1928	财政部税警团
590	孙清波	Sun Qingbo	清华学校	1923	美	Minnesota	农	农业工程	1927	全国稻麦改进所
591	孙企孙	Sun Qisun	清华学校	1918	美	Chicago, Harvard	理	物理	1923	清华大学
592	孙鏜	Sun Tang	南京高师	1922	美	Chicago	理	数学	1925#	中央大学
593	孙廷中	Sun Tingzhong	清华学校	1920	美	Colorado	工	矿冶	1924	河南焦作工学院
594	孙学悟	Sun Xuewu	清华学校	1911	美	Harvard	工	化工	1919	天津南开大学，开滦煤矿，塘沽久大盐公司，黄海化学工业研究社，中国科学院工业化学研究所

续表 5－1

序号	姓名	姓名全拼	国内学校	出国年份	留学国	国外学校或其他机构	学科	专业	归国年份	国内工作地点
595	孙耀翔	Sun Yaoxiang	清华学校	1915	美	Columbia	理	心理	1920	暨南大学
596	孙云霄	Sun Yunxiao	清华学校	1917	美	MIT, Cornell	工	机械	1921	武汉大学
597	孙云铸	Sun Yunzhu	北京大学	1926	德	哈勒大学	理	地质学	1927	北京大学，中山大学，地质工作计划指导委员会，地质部，中科院
598	孙增庆	Sun Zengqing	清华学校	1922	美	Michigan, Ohio State	理	化学	1927	
599	孙宗尧	Sun Zongyao	奉天南满医学堂	1919	日	东京医科大学	医	医学	1923	希天医院，毓文中学，吉林第一师范，女子师范
600	谭伯羽	Tan Boyu	同济大学	1920	德	德勒登大学	工	电机工程	1924	上海兵工厂，同济大学
601	谭　根	Tan Gen			美	希敦飞机学校	工	航空	1915	广东航空学校
602	谭世藩	Tan Shifan	清华学校	1916	美	Cornell	工	化工	1924	广西大学
603	谭颂瀛	Tan Songying	交通大学	1910	美	Michigan, Columbia	工	化工	1915	
604	谭遂淮	Tan Suihuai	清华学校	1924	美	Johns Hopkins	医	医	1928	行医
605	谈锡畴	Tan Xichou		1926	美	Wisconsin, Johns Hopkins	理	地质学	1928	地质调查所，湖南资兴煤矿，易门铁矿局，云南大学，矿产地质勘探局
606	谭锡畴	Tan Xichou		1916年后	美	Wisconsin, Johns Hopkins	理	地理学	1925?	北平研究院，北洋工学院，西南联大

序号	姓名	姓名全拼	国内学校	出国年份	留学国	国外学校或其他机构	学科	专业	归国年份	国内工作地点
607	谭真	Tan Zhen	唐山工业专门学校	1917	美	MIT	工	土木工程	1919	天津运河工程局，天津允元实业公司，北洋大学，天津海河工程局
608	唐炳源	Tang Bingyuan	清华学校	1920	美	Lowell, MIT	工	纺织	1924	庆丰纺织漂染公司
609	汤承佑	Tang Chengyou	清华学校	1918	美	Purdue	农		1922	
610	唐铎	Tang Duo		1920	法	勤工俭学	工	航空工程	1920?#	哈尔滨军事工程学院，辽宁大学
611	唐官赏	Tang Guanshang	清华学校	1916	美	Bowdoin	工	铁路管理	1920	上海市审计处
612	汤惠荪	Tang Huisun	南京农业学校	1917	日	鹿儿岛高等农业学校	农	畜牧	1921#	浙江第一农业学校
613	唐嘉装	Tang Jiazhuang		1923	美	Michigan	理	化学	1925	天津嘉装油墨工厂
614	汤爵芝	Tang Juezhi	清华学校	1924	美	Harvard	医	医	1928	
615	唐荣祚	Tang Rongzuo			美		工		1915	
616	汤武傑	Tang Wujie	清华学校	1919	美	Carnegie	工	机械	1924	
617	唐仰虞	Tang Yangyu	清华学校	1918	美		理		1922	
618	唐钺	Tang Yue	清华学校	1914	美	Cornell, Harvard	理	心理学	1921	北京大学，清华大学，中央研究院
619	唐悦良	Tang Yueliang		1909	美	Yale, Princeton	医	心理	1915	首批庚款留美生。外交部
620	汤子珍	Tang Zizhen	清华学校	1922	美	Colorado, Michigan	工	矿冶	1927	河南焦作中福联合办事处

序号	姓名	姓名全拼	国内学校	出国年份	留学国	国外学校或其他机构	学科	专业	归国年份	国内工作地点
621	陶行知	Tao Xingzhi	金陵大学	1914	美	Illinois, Columbia	理	教育心理	1917	南京高等师范学校，南京晓庄师范，生活教育社，育才学校
622	铁明	Tie Ming		1924	美	Washington	农	农业	1926	杭州建设厂
623	童润夫	Tong Runfu	苏州省立第二工业学校	1915	日	早稻田大学，日本国立桐省高等工业专科学校	工	纺织	1922	上海日商大康纱厂，上海鸿章纱厂，公私合营诚孚纺织公司，上海市棉纺织工业公司
624	屠坤华	Tu Kunhua		1918	美	Philadelphia C. Pharmacy, Temple	医	药学	1920	上海太平洋药房
625	涂绍宇	Tu Shaoyu		1919	美	New Bedford	工	纺织	1924	重庆市工业试验所
626	涂羽卿	Tu Yuqing			美	MIT	工		1925?	南京东南大学，上海沪江大学，上海圣约翰大学，上海师范学院
627	万听	Wan Ting		1925	美	Iowa State, Purdue	农	农业	1927	南京卫生实验处
628	王白雷	Wang Bailei		1910	美	Michigan	工	化工	1914	南京实业部
629	王长龄	Wang Changling	清华学校	1921	美	MIT	工	造船	1925	香港蓝燕烟通轮船公司
630	王长平	Wang Changping		1909	美	Michigan	理	教育心理	1915	归国后在平津任教。
631	王成志	Wang Chengzhi		1916	美	MIT	工	机械	1921	
632	王崇植	Wang Chongzhi	上海工业专门学校	1921	美	MIT，奇异电气公司	工	电机工程	1923	浙江公立工业专门学校，南洋大学，青岛公务局，南京市社会局，天津开滦矿务局

序号	姓名	姓名全拼	国内学校	出国年份	留学国	国外学校或其他机构	学科	专业	归国年份	国内工作地点
633	王德郅	Wang Dezhi	清华学校	1921	美	MIT	工	化工	1926	四川华西有限公司
634	汪奠基	Wang Dianji	北京大学	1920	法	巴黎大学	理	数学	1925	北京师范大学
635	王奉瑞	Wang Fengrui		1920	日，美	东京商大，宾州大学	工	铁路管理	1928	铁道部京奉铁路
636	汪孚礼	Wang Fuli	湖南省立第二师范学堂	1912	日	日本高等工业学校，福田明治纺绩会	工	纺织	1918	上海恒丰纺织新局，大中华纱厂，无锡申新第三纺织厂，上海新友铁工厂，鸿新染织厂
637	王抚洲	Wang Fuzhou	北京法政学校	1921	美	Ohio State	工	工商管理	1924	河北大学
638	王赓	Wang Geng	清华学校	1911	美	Princeton, Columbia, 西点军校	工	军事工程	1918	北京政府交通部，哈尔滨警厅
639	王贵循	Wang Guixun	清华学校	1918	美	Rensellaer Poly	工	土木	1923	
640	王国树	Wang Guoshu	清华学校	1919	美	Cornell	工	土木	1924	四川省建设厅
641	王鸿卓	Wang Hongzhuo		1910	美	Lehigh, Columbia,	理	物理	1916	第二批庚款留美生。北平电灯公司
642	汪汇章	Wang Huizhang		1916	美	Illinois, Cornell	农	畜牧	1918	中央大学农学院
643	汪胡桢	Wang Huzheng	河海工程专门学校	1920	美	Cornell, 佐治亚州亚特兰大市铁路电力公司	工	土木工程	1924	南京河海工科大学，太湖流域水利工程处，浙江省钱塘江海塘工程局，淮河水利工程局，黄河三门峡工程局
644	王健	Wang Jian		1909	美	Wisconsin, Columbia	理	化学	1916	首批庚款留美生。天津化学工厂

续表 5－1

序号	姓名	姓名全拼	国内学校	出国年份	留学国	国外学校或其他机构	学科	专业	归国年份	国内工作地点
645	王节尧	Wang Jieyao	唐山交通大学	1918	美	Cornell，Columbia	工	土木	1921	浙赣铁路
646	王琎	Wang Jin	京师译学馆	1909	美	宾夕法尼亚学院，Lehigh	工	化学工程	1915#	湖南工专，南京高师，浙江高工，化学研究所，四川大学
647	汪敬熙	Wang Jingxi	北京大学	1923	美	Johns Hopkins	理	心理学	1924	中州大学，中山大学，北京大学，中央研究院
648	王景贤	Wang Jingxian	清华学校	1913	美	Lehigh，Cornell	工	水利	1920	实业部标准委员会
649	汪厥明	Wang Jueming	金华浙江省立第七中学	1914	日	熊本高等学校，东京帝国大学	农	农学	1924#	北京农大，中央大学，西北联大，中山大学，云南大学
650	王良	Wang Liang		1913	越	河内医学院	医	医	1913#	成都任平安桥医院，重庆仁爱堂医院
651	王烈	Wang Lie	京师大学堂	1911	德		理	地质学	1913	北京高等师范，农商部地质研究所，北京大学地质系，中国地质学会，国立临时大学，昆明西南联大
652	汪浏	Wang Liu		1924年前	德	波恩大学	理	化学	1927	北京大学，同济大学，天津市工业局，天津师范学院
653	王谟	Wang Mo		1911	美	Lehigh	工	矿业工程	1915	第三批庚款留美生。北平师范大学
654	汪攀桂	Wang Pangui	清华学校	1919	美	Harvard	医	医	1924	行医
655	王耆亚	Wang Qiya	清华学校	1917	美	Tufts，Harvard	工	化工	1922	上海华安颜料厂

序号	姓名	姓名全拼	国内学校	出国年份	留学国	国外学校或其他机构	学科	专业	归国年份	国内工作地点
656	王仁辅	Wang Renfu		1909	美	Harvard	理	数学	1913	北平师范大学
657	王荣吉	Wang Rongji	清华学校	1918	美	Lowell Institute	工	纺织	1923	上海普益经纬公司
658	王善佺	Wang Shanquan	清华学校	1916	美	Georgia	农	棉	1920	南通农学院
659	王绍礽	Wang Shaoreng	唐山交通大学	1910	美	Colorado School of Mines	工	矿业工程	1913	
660	王绍瀛	Wang Shaoying		1910	美	Colorado	工	机械	1914	广东地质调查所
661	王绳善	Wang Shengshan		1910	英	格拉斯哥大学	工	船舶	1915?	
662	王士杰	Wang Shijie		1909	美	Harvard	工	铁路	1912	津浦铁路
663	王世圻	Wang Shiqi	清华大学	1920	美	Michigan	工	机械工程	1926	福建省技术厅，西南公路运输管理局，全国运输总局
664	王淑贞	Wang Shuzhen	苏州女校	1919	美	Chicago, Johns Hopkins	医	医学	1926	上海西门妇孺医院，上海第一医学院，卫生部
665	王松海	Wang Songhai	圣约翰大学	1910	美	Michigan	工	机械工程	1914	
666	王素贞	Wang Suzhen					医	医	1925	上海沪江大学校医
667	汪泰基	Wang Taiji	清华学校	1918	美	Maine	工	造纸	1921	安徽大学
668	汪泰经	Wang Taijing	清华学校	1921	美	Brooklyn Poly, MIT	工	化工	1926	上海永华油漆公司
669	王通全	Wang Tongquan	清华学校	1920	美	Lowell Institute	工	纺织	1925	

序号	姓 名	姓名全拼	国内学校	出国年份	留学国	国外学校或其他机构	学科	专业	归国年份	国内工作地点
670	王锡昌	Wang Xichang	清华学校	1913	美	MIT, Columbia	工	冶金	1918	青岛港务局
671	汪禧成	Wang Xicheng	上海工业专门学校	1918	美	通用号志公司，孔勃伦油管公司，联合号志公司，雷定铁路，Cornell	工	铁道信号	1922	京汉铁路，滇缅铁路，唐山工学院，哈尔滨铁道学院，北京铁道学院
672	王锡藩	Wang Xifan		1916	美	Columbia	工	采矿	1920	浙江长兴煤矿
673	王星拱	Wang Xinggong		1910?	英	伦敦理工大学	理	化学	1915?	南京中央大学，北京大学，武汉大学，安徽大学
674	王馨逸	Wang Xinyi	清华学校	1923	美	MIT	理	化学	1926	北宁铁路材料处
675	王秀玉	Wang Xiuyu		1916	美	Mt. Holyoke, Illinois	理	植物	1918#	苏州振华女校
676	汪 煦	Wang Xu	清华学校	1919	美	Stevens Institute	工	机械	1924	山东大学
677	王 颖	Wang Ying		1908	日	东京千叶医学专门学校	医	医学	1912	北京慈惠产科学校，首善医院，声洞产科纪念医院
678	王 预	Wang Yu	江南高等	1910	美	Cornell, Columbia	工	机械工程	1916	
679	王裕震	Wang Yuzhen		1910	美	Michigan	工	化工	1916	
680	王兆麒	Wang Zhaoqi	清华学校	1917	美	Iowa State Col.	农	兽医	1922	上海市卫生局
681	王 箴	Wang Zhen	清华学校	1920	美	罗宛尔纺织工学院，Michigan，Cornell	工	化学工业	1926	中央工业试验所，厦门大学，交通大学，沪江大学，上海纺织工业局

续表 5－1

序号	姓名	姓名全拼	国内学校	出国年份	留学国	国外学校或其他机构	学科	专业	归国年份	国内工作地点
682	王正黼	Wang Zhengfu	北洋大学	1911	美	Columbia	工	矿冶工程	1915	本溪煤铁公司，门头沟煤矿公司，河南六河沟煤矿公司，西康采金局
683	王枕心	Wang Zhenxin	江西农专，金陵大学	1918	日	东京农业大学	农	园艺学	1922	江西省农专，西宁农林职业学校，江西省农林局，新中国农业部
684	王沘川	Wang Zhichuan		1913	日	东京帝国大学	农	兽医	1920	淮阴农校，上海华德牛乳公司，商部青岛商品检验局，江西生活上农业院，江西省兽医专科学校，农林部西北兽疫防治处，江西农业科学研究所，南昌大学
685	王之翰	Wang Zhihan	清华学校	1920	美	Rensellaer Poly	工	土木	1924	京贵铁路
686	王志稼	Wang Zhijia	苏州东吴大学	1920年后	美	Chicago	理	生物学	1925	东吴大学，南京中央大学，复旦大学，安徽大学
687	王助	Wang Zhu	烟台海军水师学校	1909	英	阿姆斯特朗海军大学，德兰姆大学	工	机械工程	1917	海军福建马尾海军飞机工程处，上海海军制造飞行处，中央杭州筧桥飞机制造公司，成都航空研究所
688	王倬	Wang Zhuo	清华学校	1920	美	Lowell Institute	工	纺织	1924	
689	王子宿	Wang Zisu	南通纺织专门学校	1924	英		工	纺织	1927	上海鸿章纺织染厂，光裕公司苏纶纱厂，大隆铁工厂，上海纺织厂，上海纺织科学研究院

序号	姓名	姓名全拼	国内学校	出国年份	留学国	国外学校或其他机构	学科	专业	归国年份	国内工作地点
690	王宗澄	Wang Zongcheng	清华学校	1922	美	MIT	工	电机	1926	
691	卫国垣	Wei Guoyuan		1906	英	格拉斯哥大学	工	造船	1912?	
692	魏喦寿	Wei Nieshou	私立南洋中学	1922	日	京都大学	工	化学工程	1927	国立卫生实验所，劳动大学，中央大学，国家资源委员会
693	魏学仁	Wei Xueren	金陵大学	1923	美	Chicago	理	物理学	1926	金陵大学
694	魏毓贤	Wei Yuxian	清华学校	1922	美	Purdue	工	电机	1927	
695	温毓庆	Wen Yuing	清华学校	1914	美	Harvard	工	无线电	1921	交通部电政司
696	温祖荫	Wen Zuyin	清华学校	1918	美	Ohio, Columbia	理	心理	1923	天津普育女中
697	翁文灏	Weng Wenhao	震旦大学	1908	比	鲁凡大学	理	地质学	1913	农商部，北京大学，清华大学，经济部，石油公司
698	吴承洛	Wu Chengluo	清华学校	1915	美	Lehigh	理	化学	1920	复旦大学，北京工业大学，北京师范大学，度量衡局，中央工业试验所
699	吴大昌	Wu Dachang	清华学校	1912	美	Michigan	工	化工	1919	
700	吴福桢	Wu Fuzhen	东南大学	1925	美	Illinois, Cornell	农	昆虫学	1927	江苏省昆虫局，东南大学，金陵大学，农科院，宁夏农科院
701	吴耕民	Wu Gengmin	北京农业专门学校	1917	日	兴津园艺试验场	农	园艺	1920	北京农业专门学校，山东省青岛农林事务所，浙江省园艺试验场，中央大学，农业科学院

续表 5-1

序号	姓名	姓名全拼	国内学校	出国年份	留学国	国外学校或其他机构	学科	专业	归国年份	国内工作地点
702	吴浩然	Wu Haoran	清华学校	1920	美	MIT	工	化工	1924	大夏大学
703	吴家高	Wu Jiagao		1910	美	Illinois, Columbia	工	铁路工程	1914	
704	伍镜湖	Wu Jinghu		1897	美	纽约州伦塞勒工科大学，德拉瓦汉河铁路公司	工	铁道	1913	川汉铁路，京绥铁路，唐山交通大学，唐山铁道学院
705	吴金声	Wu Jinsheng	清华学校	1916	美	Chicago, Washington	医	医	1922	行医
706	吴觉农	Wu Juenong	浙江省甲种农业专科学校	1919	日	农林水产省茶叶试验场	农	园艺	1922	芜湖省立第二农业学校，上海园林试验场，茶叶公司，茶叶研究所，之江机械制茶厂
707	吴俊升	Wu Junsheng	北京大学	1924	法	Paris	理	教育心理	1927	师范大学
708	吴 康	Wu Kang	北京大学	1911	美	Harvard	理	心理学	1915	
709	吴清度	Wu Qingdu		1909	美	Illinois	工	电机	1914	铁道部
710	吴钦烈	Wu Qinlie	浙江大学	1914	美	MIT, Chicago,安德拿炸药公司	理	化学	1920#	浙江公立工业专门学校，国防部
711	吴启佑	Wu Qiyou	清华学校	1920	美	Rensellaer Poly	工	土木	1924	铁道部轮渡工程处
712	吴去非	Wu Qufei	清华学校	1923	美	Michigan	工	机械	1928	上海电力公司
713	吴思远	Wu Siyuan		1909	英	格拉斯哥大学	工		1914?	
714	吴 宪	Wu Xian		1912	美	MIT, Harvard	理	生物化学	1920	协和医学院，重庆中央卫生实验院

续表 5－1

序号	姓 名	姓名全拼	国内学校	出国年份	留学国	国外学校或其他机构	学科	专业	归国年份	国内工作地点
715	吴新炳	Wu Xinbing		1917	美	Louisiana, Cornell	工	电机	1922	戚墅堰电厂
716	吴兴业	Wu Xingye	清华学校	1915	美	Pennsylvania	医	内科	1921	友邦人寿保险公司医务室
717	吴学孝	Wu Xuexiao		1917	美	Carnegie, Stanford	工	矿冶	1920	开滦矿务局
718	吴贻芳	Wu Yifang	金陵女子文理学院	1922	美	Michigan	理	生物学	1928	金陵女子大学，南京师范学院
719	吴有训	Wu Youxun	南京高师	1922	美	Chicago	理	物理学	1926	南京第四中山大学，清华大学，中央大学，上海交通大学，中科院
720	吴玉麟	Wu Yulin		1909	美	MIT	工	电机工程	1915	戚墅堰电厂
721	吴蕴瑞	Wu Yunrui	南京高师	1925	美	Chicago, Columbia	理	体育生理	1927	中央大学
722	吴韫珍	Wu Yunzhen	金陵大学	1923	美	Cornell	农	园艺学	1927#	清华大学
723	吴毓骧	Wu Yuxiang	清华学校	1920	美	MIT	工	电机	1924	
724	巫振英	Wu Zhenying	清华学校	1915	美	Columbia	工	建筑	1921	建筑师
725	伍哲英	Wu Zheying	江西九江但福德医院护士学校	1915?		Johns Hopkins	医	医学	1919?	上海红十字会高级护士学校，南洋护校，伯特利护校，上海市卫生局
726	吴宗杰	Wu Zongjie	清华学校	1922	美	Lowell, MIT	工	纺织	1927	天津海京纺毛厂
727	吴遵湉	Wu Zungui	清华学校	1915	美	Lowell Institute	工	纺织	1920	上海合中企业公司

续表 5-1

序号	姓名	姓名全拼	国内学校	出国年份	留学国	国外学校或其他机构	学科	专业	归国年份	国内工作地点
728	席德炳	Xi Debing		1914	美	MIT	工	工程管理	1916	汉口江汉监督公署
729	席德炯	Xi Dejiong	上海实业	1910	美	MIT, Columbia	工	冶金	1916	
730	夏道康	Xia Daokang		1911	美	Rensialia Poly	工	机械	1917	
731	夏衍	Xia Yan	浙江工业学校	1920	日	北九洲工业大学	工	电机	1927	转文艺戏剧界
732	夏彦儒	Xia Yanru	清华学校	1923	美	Purdue	工	机械	1926	杭州东亚工程公司
733	夏元瑮	Xia Yuanli	交通大学	1905	美,德	伯克利学校, Yale, Berlin	理	物理学	1912	北京大学, 同济大学, 上海第一交通大学, 湖南大学, 重庆大学
734	萧瑜	Xiao Yu	长沙师范	1919	法	巴黎大学	理	心理	1924	华北大学
735	谢伯昌	Xie Bochang	香港圣保罗书院	1922	美	俄亥俄辛辛那提大学	工	工商管理	1926	香港三达化学制造公司
736	谢奋程	Xie Fencheng		1923	美	Harvard	工	工商管理	1926	铁道部
737	谢刚杰	Xie Gangjie		1912	日	成城学校, 冈山医科大学	医	医学	1918	北京政府防疫处, 陆军医院, 甘肃省立中山医院, 青海省立医院
738	谢和平	Xie Heping		1914	美	Western Reserve	医	医	1916	协和医学院
739	谢惠	Xie Hui	清华学校	1919	美	Rutgers, Johns Hopkins	理	化学	1926	交通大学
740	谢家荣	Xie Jiarong	农商部地质研究所	1917	美	Stanford, Wisconsin	理	地质学	1920#	农商部, 清华大学, 湖南江华矿务局, 经济部, 地质部

序号	姓名	姓名全拼	国内学校	出国年份	留学国	国外学校或其他机构	学科	专业	归国年份	国内工作地点
741	谢文秋	Xie Wenqiu	上海中西女学	1922	美	Wellesley	理	体育生理	1924	金陵女子文理学院
742	谢循初	Xie Xunchu	金陵大学	1919	美	Chicago	医	心理学	1921	武昌师范大学，北京师范大学，上海暨南大学，安徽大学，华东师范大学
743	谢应瑞	Xie Yingrui		1907	英	伦敦大学	医	医学	1912?	
744	谢元甫	Xie Yuanfu	上海中国哈佛医学院	1918	美	纽约长岛学院医院，纽约贝尔维尤医院	医	泌尿外科	1920#	北京协和医院
745	谢玉铭	Xie Yuming	北通州协和大学	1923	美	Columbia, Chicago	理	物理学	1926	燕京大学，湖南大学，唐山交通大学，厦门大学
746	谢兆基	Xie Zhaoji		1909	美	Columbia	工	化工	1915	
747	谢志光	Xie Zhiguang	湘雅医学校，协和医学院	1925	美	Michigan	医	医学	1926	北京协和医学院，中和医院，北京大学，广州岭南大学，华南肿瘤医院
748	辛树帜	Xin Shuzhi	武昌高等师范学校	1924	英，德	伦敦大学，Berlin	农	农学	1928	广州中山大学，西北农学院，中央大学，兰州大学，科学院
749	辛文舒	Xin Wenshu	清华学校	1923	美	MIT	工	土木	1927	胶济铁路公务处
750	邢契莘	Xing Qishen		1910	美	MIT	工	船舶工程	1916	大沽造船所，马尾福州船政局，青岛市工务局，交通部塘沽新港工程局，水利部珠江水利工程局

续表 5－1

序号	姓名	姓名全拼	国内学校	出国年份	留学国	国外学校或其他机构	学科	专业	归国年份	国内工作地点
751	熊庆来	Xiong Qinglai	云南大学	1913	比、法	包里学院，格勒诺布洛大学巴黎大学，蒙柏里耶大学，马赛大学	理	数学	1921#	昆明云南工业学校，东南大学，清华大学，云南大学，中科院数学研究所
752	熊正瑾	Xiong Zhengjin	清华学校	1918			农	农林	1923	
753	熊祖同	Xiong Zutong	清华学校	1921	美	Rensselaer, Columbia	工	化工，电子	1926	南京电厂
754	徐墀	Xu Chi	唐山交通大学	1910	美	Illinois, Columbia	工	铁路管理	1915	
755	许复七	Xu Fuqi	清华学校	1922	美	California, Cornell	农	农林	1927	上海久大精盐公司
756	徐广墀	Xu Guangchi	交通大学	1922?	美	实习	工		1925?	
757	徐景堂	Xu Jingtang		1920	日		医	牙医	1924	行医
758	须恺	Xu Kai	南京河海工程专门学校	1920	美	加利福尼亚州吐洛克灌区工程局，UC Berkeley	农	农学	1924	西北大学，江苏东台裕华垦植公司，导淮区工程局，中央大学，水利电力部
759	许坤	Xu Kun		1916	美	Cornell	工	机械	1919	北平电车公司
760	徐梁	Xu Liang	清华学校	1919	美	Stevens, Harvard	工	机械	1925	交通部国际电信局
761	徐名材	Xu Mingcai	南洋大学	1909	美	MIT	工	化工	1917	汉阳钢铁厂，上海交通大学，重庆动力油料厂，资源委员会中央化工厂，华东工业部
762	许民辉	Xu Minhui		1922	美	Springfield College	理	体育生理	1924	广州青年会

序号	姓名	姓名全拼	国内学校	出国年份	留学国	国外学校或其他机构	学科	专业	归国年份	国内工作地点
763	徐佩璜	Xu Peihuang		1909	美	MIT	工	化工	1916	上海市公用局
764	徐 尚	Xu Shang		1910	美	Illinois, MIT	工	电机	1915	粤汉铁路
765	徐世大	Xu Shida		1918	美	Cornell, Columbia	工	土木	1921	华北水利委员会
766	徐 书	Xu Shu		1911	美	Purdue, MIT	工	电机工程	1915	
767	徐诵明	Xu Songming			日	九州大学	医	医学	1919	北平大学医学院
768	徐特立	Xu Teli		1919	法	木兰省公学, 巴黎大学	理	数学, 物理学	1924#	长沙女子师范学校, 中共中央教育人民委员会
769	徐新六	Xu Xinliu	南洋大学	1908	英	伯明翰, 维多利亚大学	工	冶金	1914	财政部, 浙江兴业银行
770	许 璇	Xu Xuan	交通大学	1907	日	东京帝国大学	农	农学	1912	北京大学农业专门学校, 浙江农业专门学校, 第三中山大学, 浙江大学
771	许学晶	Xu Xuejing	清华学校	1920	美	Lowell, MIT	工	纺织	1925	上海铸亚铁工厂
772	许应期	Xu Yingqi		1923	美	Harvard	工	电机	1926	中央大学
773	徐亦臻	Xu Yizhen	金陵女子文理学院	1917	美	Columbia	理	教育心理	1920	
774	徐允钟	Xu Yunzhong	清华学校	1913	美	MIT	理	化学	1919	
775	徐 箴	Xu Zhen		1919?	日	仙台高级工业学校	工	电机工程	1925?	沈阳电车厂, 北平市电话局
776	许震宙	Xu Zhenzhou	清华学校	1919	美	Wisconsin, Georgia	农	畜牧, 棉	1924	

序号	姓名	姓名全拼	国内学校	出国年份	留学国	国外学校或其他机构	学科	专业	归国年份	国内工作地点
777	许植方	Xu Zhifang	南京高师	1923	菲	菲律宾大学	理	植物化学	1927	杭州建设厅化验室，中央研究院，福建医学院，浙江大学，上海第一医学院
778	徐志芗	Xu Zhixiang	圣约翰大学	1910	美	Illinois, MIT, Harvard	工	电机工程	1916	
779	徐作和	Xu Zuohe	东吴大学	1923	美	Chicago	理	化学	1925	东吴大学
780	宣侠父	Xuan Xiafu	浙江水产学校	1920	日	北海道帝国大学	农	水产	1922	入黄埔军校第一期
781	薛次华	Xue Cihua		1916	美	MIT	工	土木	1919	上海市工务局
782	薛桂轮	Xue Guilun	清华学校	1914	美	Colorado, MIT, Harvard	工	采矿	1920	南京盐务署
783	薛绍青	Xue Shaoqing		1919	美	Cornell	工	电机	1923	南京建设委员会
784	薛绳祖	Xue Shengzu	清华学校	1913	美	Rensellaer Poly	工	土木	1922	上海开宜公司
785	薛卓斌	Xue Zhuobin		1917	美	MIT	工	土木	1920	上海浚浦局
786	薛祖康	Xue Zukang	清华学校	1921	美	MIT	工	机械	1926	永泰丝厂
787	浚鸿勋	Xun Hongxun	上海高等实业学堂，上海工业专门学校	1915	美	美国桥梁公司, Columbia	工	铁路工程	1918	京汉铁路，南洋大学，陇海铁路，天水—成都铁路
788	燕春台	Yan Chuntai	清华学校	1917	美	Lehigh, Columbia	工	采矿	1921	杭州建设厅
789	严恩棫	Yan Enyu		1906	日	东京帝国大学	工	矿冶	1912	汉阳铁厂，本溪湖煤铁公司炼铁厂，大冶铁厂，云南钢铁厂，资源委员会钢铁组

序号	姓名	姓名全拼	国内学校	出国年份	留学国	国外学校或其他机构	学科	专业	归国年份	国内工作地点
790	严昉	Yan Fang		1911	美	Michigan	工	电机工程，土木工程	1918	
791	严蕙卿	Yan Huiqing		1916	美	Oberlin, Johns Hopkins	医	医	1922	福州协和大学
792	严家驺	Yan Jiazou		1909	美	Illinois, Harvard	理	数理	1914	
793	严济慈	Yan Jici	南京高师	1923	法	巴黎大学	理	物理学	1927#	上海大同大学，暨南大学，南京第四中山大学，北平研究院，中国科学技术大学
794	严开元	Yan Kaiyuan	清华学校	1924	美	Illinois, MIT	工	化工	1928	太原绥靖公署
795	颜任光	Yan Renguang		1912	美	Cornell, Chicago	理	机械工程，物理学	1920	北京大学，上海大华科学仪器公司，海南大学，桂林无线电器材厂，上海电表厂
796	颜维精	Yan Weijing		1911	美	Illinois, Harvard	工	电机	1917	上海经济委员会
797	严之卫	Yan Zhiwei	清华学校	1923	美	Purdue	工	机械	1927	上海永利化学工业公司
798	严智钟	Yan Zhizhong		1910年后	日	东京帝国大学	医	细菌学，传染病学	1917	北京隔离病院，北京医专，北京传染病研究所，北京慈善医院，军医学校
799	严庄	Yan Zhuang		1914	美	Michigan	理	矿物	1919	山西太原矿务局
800	杨邦杰	Yang Bangjie	湖南省立甲种商业学校	1915	日	东京帝国大学附属实验学校，九州帝国大学	农	蚕桑	1928	中山大学，中国合众蚕桑改良委员会，湖南蚕丝发改良场，湖南农业专科学校，华南农学科院

序号	姓名	姓名全拼	国内学校	出国年份	留学国	国外学校或其他机构	学科	专业	归国年份	国内工作地点
801	杨保康	Yang Baokang		1918	美	Wellesley，Columbia	理	植物	1924	清华大学
802	杨葆康	Yang Baokang		1913	日		医	医	1916	
803	杨炳勋	Yang Bingxun	清华学校	1912	美	Kansas	农	农林	1920	
804	杨步伟	Yang Buwei	上海中西女学	1913	日	长崎女子医学校	医	医学	1919	森仁医院，北京女子师范大学
805	杨承训	Yang Chengxun	清华学校	1917	美	塔夫脱大学	工	机械	1922	济南大机器砖瓦厂，大夏大学
806	杨崇瑞	Yang Chongrui	协和医学院	1925	美	Johns Hopkins	医	医学	1927	北平国立第一助产学校，卫生部，南京中央助产学校，节育指导所
807	杨敷海	Yang Fuhai	北京国立医学专门学校	1922	德	Berlin	医	医学	1924	北京大学，解放军第一军医大学，吉林医科大学
808	杨光弼	Yang Guangbi		1911	美	Wisconsin	理	化学	1917	清华大学，北平研究院
809	杨简初	Yang Jianchu	交通大学	1924	美	Purdue	工	电机工程	1927	南京军事交通技术学校，中央大学，南京金陵大学，南京工学院
810	杨金虎	Yang Jinhu	台北医学专门学校	1923	日	日本医科大学	医	医学	1926	仁和医院，仁和助产讲习所，台湾公立医院
811	杨锦魁	Yang Jinkui	清华学校	1913	美	Case Institute	工	化工	1918	上海新恒丰公司
812	杨俊生	Yang Junsheng	淮安县板闸镇私塾	1911	日	东京第一高学校，东京帝国大学，长崎三菱造船所，三菱工业学校	工	造船	1924	上海中日合资东华造船厂，大中华造船机器厂，同济大学，公私合营中华造船厂，上海造船学院

序号	姓名	姓名全拼	国内学校	出国年份	留学国	国外学校或其他机构	学科	专业	归国年份	国内工作地点
813	杨克念	Yang Kenian	清华学校	1918	美	Chicago，Harvard	医		1925	
814	杨宽麟	Yang Kuanlin	圣约翰大学	1909年后	美	Michigan	工	土木工程	1919	圣约翰大学，北京建筑设计院，北京城市规划局
815	杨吕南	Yang Lvnan		1908	英	里兹大学	工	机械	1914?	
816	杨佩金	Yang Peijin		1918	美	Mount Holyoke	理	数学	1922	
817	杨　铨	Yang Quan		1918	美	Cornell	理	化学	1920	科学社
818	杨绍曾	Yang Shaozeng	清华学校	1918	美	Cornell	理	化学	1923	南开大学
819	杨石先	Yang Shixian	清华学校	1918	美	Cornell	理	化学	1923#	南开大学
820	杨廷宝	Yang Tingbao	清华学校	1921	美	宾夕法尼亚大学，克雷建筑事务所	工	土木工程	1927	基泰工程司，中国营造学社，中央大学，北京市兴业投资公司，南京工学院
821	杨卫玉	Yang Weiyu	上海尚贤堂书院理科	1910	日	东京高等师范	理	理化	1913	江苏女子师范
822	杨维桢	Yang Weizhen	复旦大学	1910	美	Colorado School of Mines	工	冶金	1914	
823	杨武之	Yang Wuzhi	南京高师	1923	美	Stanford，Chicago	理	数学	1928#	厦门大学，清华大学，西南联大，复旦大学
824	杨孝述	Yang Xiaoshu		1911	美	Cornell	工	机械工程	1915	中国科学图书仪器公司
825	杨杏佛	Yang Xingfo	唐山交通大学	1912	美	Cornell	工	机械	1918	汉阳铁厂

续表 5－1

序号	姓名	姓名全拼	国内学校	出国年份	留学国	国外学校或其他机构	学科	专业	归国年份	国内工作地点
826	杨锡仁	Yang Xiren	交通大学	1910	美	沃斯特理工学院，Columbia	工	电机，纺织	1916	仁立毛纺织厂
827	杨颐桂	Yang Yigui	清华学校	1919	美	MIT	工	机械	1924	河北工业学院
828	杨仙逸	Yang Xianyi			美	加利福尼亚州哈哩大学，纽约茄弥时大学	工	机械工程	1917	航空局
829	杨樾林	Yang Yuelin	成都高等学校	1920	日	东京高等工业学校	工	纺织	1925	无锡振新纱厂，上海申新纱厂，上海恒丰纱厂，中纺公司，青岛纺织管理局
830	杨肇燫	Yang Zhaoqian	上海工业专门学校	1918	美	MIT	理	电机工程	1922	南京高等师范学校，北京西门子电机厂，北京大学，山东大学，中科院
831	杨钟健	Yang Zhongjian	北京大学	1924	德	慕尼黑大学	理	地质	1928	中央地质研究所，北京大学，西北大学，中央研究院，北京自然博物馆
832	姚传法	Yao Chuanfa	沪江大学	1915	美	Ohio State，Yale	农	林学	1921	沪江大学，农业大学，东南大学，华中农学院，南京林学院
833	姚尔昌	Yao Erchang	清华学校	1915	美	Pennsylvania	医	医	1920	行医
834	姚履享	Yao Lvxiang		1906	英	伦敦工业学校	工	电机	1912？	
835	姚松龄	Yao Songlin	清华学校	1922	美	Chicago，Ohio State，宾夕法尼亚等大学	工	工商管理	1927	浙江省建设厅

序号	姓名	姓名全拼	国内学校	出国年份	留学国	国外学校或其他机构	学科	专业	归国年份	国内工作地点
836	姚文林	Yao Wenlin	北京大学	1922	美	Chicago, Illinois, 美国钢铁公司	理	化学	1928#	东北大学，河北省立工学院
837	姚醒黄	Yao Xinghuang	清华学校	1918	美	Utah, Rutgers	农	农林	1923	
838	叶贡山	Ye Gongshan	清华学校	1915	美	MIT, Columbia	工	工业管理	1920	上海道和银行
839	叶景莘	Ye Jingcui		1907	英	伯明翰大学	理	化学	1912?	
840	叶良辅	Ye Liangfu		1920	美	Columbia	理	地质学	1922	农商部，北京大学，中央研究所，浙江大学
841	叶企孙	Ye Qisun	清华学校	1918	美	Chicago, Harvard	理	物理	1924#	东南大学，清华大学
842	叶秀峰	Ye Xiufeng	北洋大学	1923?	美	匹兹堡大学	工	矿冶	1925	苏州工专，贵州农工学院
843	叶雅各	Ye Yage	岭南大学	1916	菲，美	菲律宾大学，宾外法尼亚州立大学，Yale	农	林学	1921	金陵大学，武汉大学，广西科学馆，湖北农学院
844	叶玉良	Ye Yunian	清华学校	1912	美	Cornell, MIT	理	化学	1920	香港协德公司
845	叶在馥	Ye Zaifu	广东水师学堂	1912 英, 1914 美		格拉斯哥大学，纽伦敦造船厂，MIT	工	造船	1917	江南造船所，民生实业公司重庆民生机器厂，大连造船厂，船舶工业局
846	易鼎新	Yi Dingxin	京师财政	1910	美	Lehigh	工	电机工程	1915	长沙电灯公司
847	易维基	Yi Weiji	清华学校	1922	美	Michigan	工	航空	1926	航空司令部飞机场
848	殷良弼	Yin Liangbi	北京农业专门学校	1917	日	东京帝国大学	农	林学	1920	农业大学，浙江省天台第四林场，西北农学院，浙江英士大学，北京林学院

序号	姓名	姓名全拼	国内学校	出国年份	留学国	国外学校或其他机构	学科	专业	归国年份	国内工作地点
849	殷源之	Yin Yuanzhi	江南高等	1910	美	MIT	工	机械工程	1915	中央研究院工程研究所
850	应尚才	Ying Shangcai	清华学校	1914	美	Case Institute	工	机械工程	1924	山海关桥梁信号工厂，津浦铁路，唐山工程学院，清华大学，北京铁道学院
851	应元岳	Ying Yuanyue	湘雅医学院	1924	美，英	Johns Hopkins，伦敦热带医学学院	医	内科，热带病	1926#	浙江省绍兴县富康医院，上海医学院，上海红十字会第一医院，上海中山医院
852	郁达夫	Yu Dafu	之江大学	1913	日	名古屋高等学校	医	医学	1922	后转入法科
853	俞大维	Yu Dawei	圣约翰大学	1917	美，德	Harvard	理	数理	1922	军政部兵工署
854	于光元	Yu Guangyuan	奉天（今辽宁）医科大学	1923	英	爱丁堡大学	医	医学	1925	奉天医科大学，中央大学，成都三大学联合医院，兰州大学医学院，同济大学医学院
855	余家菊	Yu Jiaju	华中大学	1921	英	伦敦大学	理	心理	1924	武昌师范大学
856	余籍传	Yu Jichuan		1921	美	Illinois	工	铁路	1923	湖南省建设厅
857	虞景泰	Yu Jingtai		1909	美	Columbia	工	铁路	1916	平绥铁路
858	余兰园	Yu Lanyuan	清华学校	1918	美	Johns Hopkins，Columbia	理	化学	1923	北平大学工学院
859	余庆鳌	Yu Qing-ao	金陵机器局	1914	德		工	军事工程	1917?	汉阳炮厂，炮架厂
860	余青松	Yu Qingsong		1918	美	Lehigh，匹兹堡大学，UC Berkeley，利克天文台	理	天文学	1927#	厦门大学，中央研究院

续表 5－1

序号	姓名	姓名全拼	国内学校	出国年份	留学国	国外学校或其他机构	学科	专业	归国年份	国内工作地点
861	于少卿	Yu Shaoqing	同济大学医学院	1918	德	哥廷根大学，劳斯道克病理研究所，乌尔村市里医院，利比瑟圣乔治医院	医	医学	1926	河北医学院，山东大学，军医学校，南京陆军医院，广东医院
862	余文光	Yu Wenguang	香港大学	1924	英	剑桥大学，爱丁堡皇家外科学院	医	卫生学	1926#	福建省莆田圣路加医院，杭州广济医院
863	余泽兰	Yu Zelan	清华学校	1918	美	Johns Hopkins，Columbia	理	农艺	1924	厦门大学，东北大学，河北省农学院，中央大学，农业大学
864	虞振镛	Yu Zhenyong	清华学校	1911	美	Illinois，Cornell，德省农工业学院	农	畜牧学，乳牛学	1915#	清华大学，北平大学，上海畜产公司，浙江大学，南京大学
865	袁伯寿	Yuan Boshou	清华学校	1924	美	Purdue	工	机械	1928	天津大昌实业公司
866	袁敦礼	Yuan Dunli	北京师范大学	1923	美	Chicago，Johns Hopkins，Columbia	理	体育生理	1927#	北京师范大学，浙江大学，西北联合大学，兰州体育学院，甘肃师范大学
867	袁复礼	Yuan Fuli	清华学校	1915	美	Brown，Columbia	理	地质学	1921	农商部，清华大学，西南联大，北京地质学院，武汉地质学院
868	袁镜铨	Yuan Jingquan		1909	美	MIT	工	电机	1915	
869	乐森璧	Yue Senbi	清华学校	1913	美	Yale，MIT	理	化学	1919	国家税则委员会

序号	姓名	姓名全拼	国内学校	出国年份	留学国	国外学校或其他机构	学科	专业	归国年份	国内工作地点
870	乐文照	Yue Wenzhao		1916	美	Harvard	医	医学	1921	北京协和医院，上海圣约翰大学，上海中美医院，上海市第一人民医院，上海医学院
871	恽震	Yun Zhen	交通大学	1921	美	Wisconsin，西屋公司	工	机械	1923#	浙江公立工业专门学校，郑州豫丰纱厂，南京东南大学，机械科学研究院，贵州工学院
872	曾宝荪	Zeng Baosun	杭州女子师范	1912	英	伦敦大学，牛津大学，剑桥大学	理	生物学	1917	艺芳女校，湖南第一女子师范，第二女子中学
873	曾广方	Zeng Guangfang		1920	日	东京高等工业学校	医	药学	1924#	上海自然科学研究所，杭州浙江医药专科学校，上海新亚药物化学研究所，上海中法大学，杭州浙江医学院
874	曾思涛	Zeng Sitao		1925	美	Michigan	医	医	1927	空军医院
875	曾宪武	Zeng Xianwu			美		医	医	1927	武昌同仁医院
876	曾心铭	Zeng Xinming	清华学校	1919	美	Rensellaer Poly	工	电机	1923	广东士敏土厂
877	曾养甫	Zeng Yangfu	北洋大学	1923	美	匹兹堡大学	工		1925	中央兵工厂试验厂
878	曾以鼎	Zeng Yiding	烟台海军学校第二期	1910?	英	格林尼茨海军学校	工	军器	1912?	海军鱼雷队
879	曾昭德	Zeng Zhaode	清华学校	1921	美	Washington Lee，Pennsylvania	医	医	1928	行医

序号	姓名	姓名全拼	国内学校	出国年份	留学国	国外学校或其他机构	学科	专业	归国年份	国内工作地点
880	曾昭伦	Zeng Zhaolun	清华学校	1920	美	MIT	理	化学	1927#	中央大学，北京大学，武汉大学
881	曾昭权	Zeng Zhaoquan		1909	美	MIT	工	电机工程	1915	湖南大学
882	查良钊	Zha Liangzhao	清华学校	1918	美	Chicago, Columbia	理	教育心理	1922	北京师范大学
883	查　谦	Zha Qian	金陵大学	1920	美	明尼苏达大学	理	物理学	1923	东南大学，金陵大学，南京中央大学，武汉大学，华中工学院
884	翟维澧	Zhai Weili	清华学校	1920	美	Rensselaer, Cornell	工	铁路	1925	铁道部新路建设委员会
885	湛　立	Zhan Li		1910	美	Columbia	工	矿业工程	1915	
886	张宝华	Zhang Baohua		1910	美	UC Berkeley, Michigan	工	化工	1913	湖北水泥厂
887	张东民	Zhang Dongmin		1922	美	Milton	理	生物	1924	上海惠中中学
888	张朵山	Zhang Duoshan	清华学校	1920	美	洛维尔工科大学，北卡洛来纳农工大学，萨克罗威纺织机械制造厂	工	纺织	1926	东北大学，南通学院，国立西北工学院，西康技艺专科学校，河北纺织工学院
889	张范村	Zhang Fancun		1912	美	Minnesota, Cornell	农	畜牧	1917	江西南昌农业学校
890	张方佐	Zhang Fangzuo		1919	日	东京高等工业学校，长崎纺织株式会社	工	纺织	1925	上海喜和纱厂，无锡振新纱厂，中纺公司，交通大学，华东纺织工学院，北京化纤学院

序号	姓名	姓名全拼	国内学校	出国年份	留学国	国外学校或其他机构	学科	专业	归国年份	国内工作地点
891	张福良	Zhang Fuliang		1909	美	Yale	农	林学	1915	全国经济委员会
892	张福麟	Zhang Fulin	清华学校	1923	美	Iowa State, Norwich	农	兽医	1928	四川盐务稽核所
893	张福铨	Zhang Fuquan	清华学校	1921	美，英	Colorado, London	工	采矿	1928	南京资源委员会
894	张光明	Zhang Guangming	清华学校	1920	美	Lehigh, MIT	工	矿冶	1926	
895	张光圻	Zhang Guangqi	清华学校	1916	美	Columbia	工	建筑	1921	建筑师
896	张海平	Zhang Haiping	北洋大学	1921	美	Cornell	工	土木工程	1923	奉海铁路，浙赣铁路，琼崖铁路工程局，铁路测量总队
897	张含英	Zhang Hanying	北洋大学	1921	美	Illinois, Cornell	工	土木工程	1925	北宁铁路局葫芦岛港务处湘桂水道工程处，扬子江水利委员会，北洋大学，水利电力部
898	张惠长	Zhang Huichang			美	纽约寇蒂斯航空学校	工	航空工程	1917	中央航空学校
899	张汇兰	Zhang Huilan	金陵女子文理学院	1922	美	Iowa, Wisconsin 等大学	理	体育生理	1925	金陵女子文理学院
900	张佶	Zhang Ji	清华学校	1920	美	Lowell, North Carolina State	工	纺织	1925	北平大学工学院
901	张江树	Zhang Jiangshu	南京高师	1923	美	Harvard	理	化学	1927	光华大学，中央大学，南京大学，华东化工学院
902	章金宝	Zhang Jinbao		1918	美	Michigan	医	医	1922	上海广仁医院
903	张景芬	Zhang Jingfen		1911	美	Colorado School of Mines, Lehigh	工	矿业工程	1915	广东富国煤矿

序号	姓名	姓名全拼	国内学校	出国年份	留学国	国外学校或其他机构	学科	专业	归国年份	国内工作地点
904	张景欧	Zhang Jing-ou	金陵大学	1920	美	UC Berkeley	农	昆虫学	1922	中央大学，中山大学，上海商品粮检验局，浙江省农业改进所，复旦大学
905	张景钺	Zhang Jingyue	清华学校	1920	美	Chicago	理	植物学	1925#	东南大学，北京大学
906	张巨伯	Zhang Jubo		1904	日，美	横渡大同学校，俄亥俄市立东市中学，Ohio State	农	农业化学，经济昆虫学	1918	广州岭南大学，江苏省昆虫局，金陵大学，浙江省昆虫局，广东省农林局
907	张开骏	Zhang Kaijun	清华学校	1922	美	MIT	工	采矿	1927	中央大学工学院
908	张可治	Zhang Kezhi	清华学校	1916	美	Carnegie，MIT	工	冶金	1921	中央大学
909	张克忠	Zhang Kezhong	南开大学	1923	美	MIT	工	化工	1928	天津南开大学，重庆黄海化学研究社，昆明化工厂，天津市工业试验所
910	张兰格	Zhang Lange	清华学校	1918	美	Cornell	工	机械管理	1923	天津通成公司
911	张谟实	Zhang Moshi	圣约翰大学	1910	美	Wisconsin	工	电机，土木工程	1916	
912	张念源	Zhang Nianyuan		1921	美	Wisconsin，Harvard	农	农业管理	1925	
913	张乔啬	Zhang Qiaose	清华学校	1924	美	Purdue	工	铁路	1928	汉口大昌实业公司
914	张庆舆	Zhang Qingyu	清华学校	1919	美	Missouri	工	采矿	1923	中央大学
915	张绍连	Zhang Shaolian	清华学校	1913	美	Lehigh	工	化工	1919	

序号	姓名	姓名全拼	国内学校	出国年份	留学国	国外学校或其他机构	学科	专业	归国年份	国内工作地点
916	张绍忠	Zhang Shaozhong	南京高师	1920	美	Chicago, Harvard	理	物理学	1927	南京高等师范学校，厦门大学，浙江大学，南开大学
917	张省	Zhang Sheng	清华大学	1922	英	Edinburgh	医	医	1927	山西省公安局卫生科
918	张时行	Zhang Shihang	清华学校	1917	美	Illinois	工	机械	1920	杭州中华兴业公司
919	章守玉	Zhang Shouyu	江苏省立第二农业学校	1918	日	千叶高等园艺学校	农	园艺	1922	江苏省立第二农业学校，厦门集美农业学校，西北农学院，河南大学，沈阳农学院
920	张廷金	Zhang Tingjin		1909	美	Wisconsin, Ohio State, Harvard	工	电机工程	1915	交通大学
921	张廷玉	Zhang Tingyu	清华学校	1917	美	Michigan, Chicago	工	采矿	1921	杭州建设厅
922	章桐	Zhang Tong			日	东京大学	工	工业	1916	创办南京宁大铁机厂，昆山纽扣厂等
923	张通武	Zhang Tongwu			美	North Carolina State	工	棉织	1925	中国棉业贸易公司
924	张文潜	Zhang Wenqian		1918	美	Lowell	工	纺织	1921	资源委员会
925	张孝骞	Zhang Xiaoqian	湘雅医学院	1926	美	Johns Hopkins	医	内科，消化病学	1927#	协和医学院
926	张孝若	Zhang Xiaoruo			美	亚诺尔特商科大学	工	工商管理	1920?	助父从事实业
927	张锡钧	Zhang Xijun	清华学校	1920	美	Chicago	医	生理	1926#	协和医学院，中国医学科学院，实验医学研究所，中国协和医科大学

序号	姓名	姓名全拼	国内学校	出国年份	留学国	国外学校或其他机构	学科	专业	归国年份	国内工作地点
928	张希陆	Zhang Xilu	清华学校	1922	美	Wisconsin, Chicago	理	数学	1927	南开大学
929	张星烺	Zhang Xinglang	北洋大学	1906	美、德	Harvard, Berlin	理	生理化学	1912	汉阳兵工厂，北京大学，长沙工业学院，燕京大学，清华大学
930	张心一	Zhang Xinyi	清华学校	1922	美	Iowa State, Wisconsin, 怀俄明大学, Cornell	农	农学	1927	南京金陵大学，农业部
931	张锡祺	Zhang Xiqi		1908	日	千叶医学专科学校	医	眼科	1926	光华眼科医院，东南医学院，安徽医学院，中国科学院
932	张席褆	Zhang Xizhi	北京大学		奥	维也纳大学	理	地质学	1925?	中山大学，两广地质调查所，清华大学，西南联合大学，北京地质勘探学院
933	张耀翔	Zhang Yaoxiang	清华学校	1915	美	麻省安度斯大学, Columbia	医	心理学	1920	北京高等师范学校，暨南大学，光华大学，复旦大学，中国科学院
934	章益	Zhang Yi	复旦大学	1924	美	华盛顿大学	医	心理学	1927	复旦大学，安徽大学，上海劳动大学，山东师范大学
935	张贻惠	Zhang Yihui	京师大学堂预备班	1903	日	东京高等师范学校，京都帝国大学	理	物理学	1914#	北京高等师范学校，南京中央大学
936	张贻志	Zhang Yizhi		1911	美	MIT	工	化工	1918	中国棉业贸易公司
937	章元善	Zhang Yuanshan	清华学校	1911	美	Cornell	理	化学	1915	直隶工业实验所，北洋防疫处，北京大学，北京政府，燕京大学

续表 5-1

序号	姓名	姓名全拼	国内学校	出国年份	留学国	国外学校或其他机构	学科	专业	归国年份	国内工作地点
938	张 云	Zhang Yun	武昌高等师范学校	1919	法	里昂大学	理	天文学	1927#	中山大学，中央研究院
939	张正平	Zhang Zhengping		1922	美	Minnesota, Wisconsin	工	矿冶	1924	唐山工学院
940	张子高	Zhang Zigao	武昌文普通中学	1909	美	MIT	理	化学	1916	南京高师，东南大学，金陵大学，浙江大学，清华大学
941	张资平	Zhang Ziping	两广高等警官学堂	1912	日	明治大学，东京帝国大学	理	地质学	1922	广东蕉岭铅矿，武昌师范大学，暨南大学，唐山交通大学，广西大学
942	赵承嘏	Zhao Chengjia		1905	英，瑞士，法	曼彻斯特大学，瑞士工业学院，罗克药厂研究部	医	化学	1923	南京高等师范学校，北平协和医学院，北平研究院，中央研究院，科学院数理化学部
943	赵恩廊	Zhao Enlang	清华学校	1919	美	MIT	工	冶金	1923	河北省建设厅
944	赵连芳	Zhao Lianfang	清华学校	1922	美	Iowa State College, Wisconsin, Cornell	农	作物育种	1928	金陵大学，江西农业院，中央农业实验所，四川省农业改进所，农林部
945	赵庆杰	Zhao Qingjie	北洋大学	1923	美	Carnegie	工	矿冶	1925	
946	赵 深	Zhao Shen	清华学校	1910	美	宾夕法尼亚大学，费城的台克劳特建筑师事务所，迈阿密市菲尼裴斯建筑师事务所	工	土木工程	1927	上海青年会建筑处，赵深陈植建筑师事务所，联合建筑工程师事务所，华东建筑设计公司，华东工业建筑设计院

序号	姓名	姓名全拼	国内学校	出国年份	留学国	国外学校或其他机构	学科	专业	归国年份	国内工作地点
947	赵士寿	Zhao Shishou	清华学校	1924	美	Wisconsin	医	制药	1928	
948	赵叔愚	Zhao Shuyu	金陵大学	1922	美		农	农业教育	1924	东南大学，中华职业教育社
949	赵修鸿	Zhao Xiuhong	圣约翰大学	1923	美	Chicago	理	物理学	1925#	上海圣约翰大学
950	赵学海	Zhao Xuehai	清华学校	1920	美	Wisconsin	理	化学	1924	北京大学，师范大学
951	赵元任	Zhao Yuanren	江南高等学堂	1910	美	Cornell, Harvard, Chicago, UC Berkeley	理	数学，物理学	1920#	清华大学，中央研究院
952	赵元贞	Zhao Yuanzhen	北京大学	1913	美	Colorado School of Mines, Columbia, 匹兹堡大学	工	冶金工程	1922	甘肃省教育厅，甘肃省矿务局，甘肃实业厅，甘肃学院，甘肃农业学校
953	赵增珏	Zhao Zengjue	南洋大学	1924	美	MIT	工	电机学	1927	上海公用局
954	郑步青	Zheng Buqing	清华学校	1918	美	Cornell, Georgia	农	土壤，棉	1923	
955	郑达宸	Zheng Dachen	复旦大学	1910	美	Colorado School of Mines	工	矿业工程	1914	
956	郑恩聪	Zheng En-cong	清华学校	1915	美	Princeton, Harvard	理	天文	1920	
957	郑辅华	Zheng Fuhua		1911	美	Michigan, Cornell	工	土木工程	1918	
958	郑辅维	Zheng Fuwei	清华学校	1912	美	Penn., Columbia	农	农业	1917	全国经济委员会江西农村服务区
959	郑华	Zheng Hua		1911	美	Michigan, Cornell	工	土木	1917	铁道部

序号	姓名	姓名全拼	国内学校	出国年份	留学国	国外学校或其他机构	学科	专业	归国年份	国内工作地点
960	郑家觉	Zheng Jiajue	清华学校	1919	美	MIT, Colorado	工	冶金	1924	开滦矿务局
961	郑兰华	Zheng Lanhua	圣约翰大学	1925	美	Chicago	医	医	1926	长沙雅礼大学，北京协和医学院，上海医学院，重庆医专
962	郑全	Zheng Quan			美		医	牙科	1920	行医
963	郑太朴	Zheng Taipu		1922	德	哥廷根大学	理	数学	1926	同济大学，浙江省立医专，中山大学，中华工商专科学校，商务印书馆
964	郑晓沧	Zheng Xiaocang	清华学校	1914	美	Wisconsin, Columbia	理	教育心理	1918	浙江大学
965	郑易里	Zheng Yili	北京农业大学	1926	日	东京工业大学	农	农业	1928	农业科学院
966	郑允衷	Zheng Yunzhong			美		工	电机	1926	中国煤油公司
967	郑章成	Zheng Zhangcheng			美		理		1925	上海沪江大学
968	郑贞文	Zheng Zhenwen		1915	日	东北帝国大学	理	化学	1918	商务印书馆，厦门大学，福建省教育厅，福建文史研究馆
969	郑祖穆	Zheng Zumu			美		医	医	1920?	行医
970	钟锷	Zhong E	交通大学		美	Wisconsin	工	电机工程	1912?	北京大学，北京工业大学
971	钟荣光	Zhong Rongguang		1913	美	Columbia	理	教育心理	1917	岭南大学
972	钟熙民	Zhong Ximin	清华学校	1922	美	MIT	工	土木	1927	福州建筑师

续表 5-1

序号	姓名	姓名全拼	国内学校	出国年份	留学国	国外学校或其他机构	学科	专业	归国年份	国内工作地点
973	钟兆琳	Zhong Zhaolin	南洋大学	1924	美	Cornell	工	机械	1927	上海沪江大学，上海交通大学，华生电机厂，上海中华工程建设公司，西安交通大学
974	周昌寿	Zhou Changshou		1906	日	东京帝国大学	理	物理学	1919	商务印书馆，大夏大学，复旦大学，同济大学，上海交通大学
975	周诚浒	Zhou Chenghu	湖南湘雅医学院	1926	奥，英	维也纳大学，伦敦大学	医	眼科	1927	北平协和医学院，上海医学院，上海红十字医院，上海第六人民医院，上海市医学专科学校
976	周承佑	Zhou Chengyou	清华学校	1921	美	MIT	工	机械	1925	浙江大学
977	周萃機	Zhou Cuiji	清华学校	1916	美	Maine, Columbia	工	化工	1920	中国工业服务社
978	周大瑶	Zhou Dayao	清华学校	1923	美	Purdue, Louisiana	工	制糖	1927	
979	周凤九	Zhou Fengjiu	湖南大学	1920	法	巴黎土木建筑学校	工	土木工程	1925	湖南大学，湖南省公路局，湖南机械厂，楚怡工专，西南公路局，湖南大学
980	周厚坤	Zhou Houkun	唐山交通大学	1910	美	Illinois, MIT	工	土木工程	1916	招商局船务科
981	周金台	Zhou Jintai	清华学校	1916	美	Pennsylvania	工	铁路管理	1920	
982	周开基	Zhou Kaiji	交通大学	1910	美	Columbia	工	矿业工程	1914	
983	周良相	Zhou Liangxiang	清华学校	1920	美	Michigan, Cornell	农	农业	1925	上海青年会，中国旅行社

续表 5－1

序号	姓名	姓名全拼	国内学校	出国年份	留学国	国外学校或其他机构	学科	专业	归国年份	国内工作地点
984	周抡元	Zhou Lunyuan		1911	美	Lehigh	工	矿业工程	1915	
985	周铭	Zhou Ming	上海高等实业	1910	美	MIT	理	化学	1916	南洋（？）大学
986	周明衡	Zhou Mingheng	清华学校	1916	美	Wisconsin	理	化学	1921	
987	周明玉	Zhou Mingyu		1911	美	Columbia，弗吉尼亚大学，纽约医学院	医	医学	1916	行医
988	周明政	Zhou Mingzhen	清华学校	1917	美	MIT，Cincinnati	工	机械	1922	
989	周仁	Zhou Ren	南京江南高等学堂	1910	美	Cornell	工	机械	1915	四川炼铁厂，上海交通大学，国立中央研究院工程研究所，中国科学院冶金陶瓷研究所，上海科技大学校
990	周士观	Zhou Shiguan	北京工业专门学校	1920	美	Wisconsin	理	化学	1925#	绥远实业开发筹备处
991	周炜	Zhou Wei		1903	比	布鲁塞尔大学	工	铁道	1913	平汉，平津等铁路局，北京市规划委，交通部中国建筑公司，建工部建研院
992	周伟璋	Zhou Weizhang	清华学校	1923	美	MIT，New York University	工	航空	1928	
993	周象贤	Zhou Xiangxian	上海高等实业	1910	美	MIT	医	卫生工程	1915	杭州市长
994	周贤颂	Zhou Xiansong	清华学校	1918	美	Pennsylvania	工	铁路管理	1924	江南铁路公司

续表 5 - 1

序号	姓名	姓名全拼	国内学校	出国年份	留学国	国外学校或其他机构	学科	专业	归国年份	国内工作地点
995	周行健	Zhou Xingjian	南京高师	1924	菲、美	菲律宾大学工学院，匹兹堡克利夫兰开士理工大学工学院	工	机械、冶金	1923#	上海大效机器厂，南京中央大学，南昌江西汽车配件厂，中国电力制钢厂，中科院矿冶研究所
996	周延鼎	Zhou Yanding	清华学校	1918	美	Lowell，MIT，Columbia	工	纺织	1923	上海江南铁路公司
997	周永德	Zhou Yongde			美	Southern California	工	土木	1923	清华大学
998	周赞衡	Zhou Zanheng	长沙雅礼大学	1926	美	Yale，Chicago	工	地理	1928	南京大学，北京师范大学西北联大，陕西师范大学
999	周兹诸	Zhou Zizhu	清华学校	1921	美	Rensselaer，Worcester，MIT	工	电机	1928	上海电力公司
1000	朱 彬	Zhu Bin	清华学校	1918	美	Pennsylvania	工	建筑	1923	建筑师
1001	朱成厚	Zhu Chenghou	清华学校	1917	美	Indiana，Columbia	理	化学	1922	
1002	朱 墀	Zhu Chi		1910	美	Illinois，Columbia	工	工商管理	1916	上海盐务稽核所
1003	诸楚卿	Zhu Chuqing	苏州工业专门学校	1917	日	东京高等工业学校，日本市居染工场，大阪染化合资会社	工	纺织	1922	上海中华职业学校，上海启明染织厂，苏州蚕丝专科，中国纺织染专科，华东纺织工学院
1004	朱凤美	Zhu Fengmei	清华学校	1918	日	鹿儿岛高等农业学校	农	植物病理	1921#	江苏第一农业学校，北平农学院，浙江大学，浙江省昆虫局，华东农业科学研究所

续表 5－1

序号	姓名	姓名全拼	国内学校	出国年份	留学国	国外学校或其他机构	学科	专业	归国年份	国内工作地点
1005	朱 复	Zhu Fu		1909	美	Lehigh	工	土木工程	1914	浙江省区救济院
1006	朱公谨	Zhu Gongjin			德	哥廷根大学	理	数学	1927	上海光华大学，中央大学
1007	朱恒壁	Zhu hengbi	中国哈萨克佛医学校	1918	美	Harvard	医	病理学	1919#	长沙湘雅医学院，北京协和医学院，上海医学院，浙江医学院，浙江省卫生实验字药物研究所
1008	朱惠方	Zhu Huifang	同济大学	1922	德、奥	明兴大学，普鲁士林学院，维也纳垦殖大学研究院	农	林学	1927#	浙江大学，北平大学，金陵大学，农林部中央林业实验所，长春大学
1009	朱家骅	Zhu Jiahua	同济大学	1914	德	柏林矿科大学	理	地质学	1917#	北京大学，广东大学，中山大学，两广地质调查所，中央大学，中央研究院
1010	竺可桢	Zhu Kezhen	唐山交通大学	1910	美	Illinois，Harvard	理	气象学	1918	武昌高等师范学校，南开大学，中央大学，浙江大学，中科院
1011	朱蘭贞	Zhu Lanzhen		1918	美	Michigan，Columbia	理	动物	1924	
1012	朱 霖	Zhu Lin	北京大学	1918？	美	Cornell，MIT，柯克斯与克莱敏飞机场，纽约大学	工	航空工程	1925	北京政府航空署，北京大学，航空署技术处理器材科，航空委员会第二飞机制造厂，航空研究所

续表 5－1

序号	姓名	姓名全拼	国内学校	出国年份	留学国	国外学校或其他机构	学科	专业	归国年份	国内工作地点
1013	朱籙	Zhu Lu		1910	美	Wisconsin, Columbia	理	数学	1916	汉口申新纺织厂
1014	朱世明	Zhu Shiming	清华学校	1922	美	MIT, Virginia, Military Institute	工	机械	1927	军政部参谋本部
1015	朱士武	Zhu Shiwu	清华学校	1919	英	Durham	工	采矿	1923	江西省立工业专科学校
1016	朱世昀	Zhu Shiyun	清华学校	1916	美	Columbia	工	采矿	1920	
1017	诸水本	Zhu Shuiben		1921	美	MIT	工	电机	1924	
1018	朱庭祜	Zhu Tinghu		1920	美	Wisconsin, 明尼苏达大学	理	地质学	1923	两广地质调查所，中央大学，贵州省地质调查所，浙江大学，浙江省地质调查所
1019	朱维杰	Zhu Weijie		1909	美	Illinois, Columbia	工	化工	1916	上海盐务稽核所
1020	朱物华	Zhu Wuhua	交通大学	1923	美	MIT, Harvard	工	电机工程	1927	中山大学，唐山交通大学，北京大学，上海交通大学，哈尔滨工业大学
1021	朱仙舫	Zhu Xianfang		1907	日	东京高等工业学校	工	纺织学	1917	申新纺织厂，九江久兴纱厂，汉口复兴第一纺织厂，重庆纺织厂，中纺公司
1022	朱新予	Zhu Xinyu	浙江甲种蚕桑学校	1922	日	日本国立蚕丝试验场研究科，东京高等蚕丝学校	工		1925	浙江蚕校，中山大学，中国蚕丝公司，浙江纺织专科学校，浙江丝绸工学院

续表 5－1

序号	姓　名	姓名全拼	国内学校	出国年份	留学国	国外学校或其他机构	学科	专业	归国年份	国内工作地点
1023	朱元鼎	Zhu Yunding	圣约翰大学	1925	美	Cornell	农	昆虫学	1926#	上海圣约翰大学，上海水产学院，中国科学院上海水产研究所，厦门水产学院
1024	庄秉权	Zhuang Bingquan	清华学校	1920	美	Rensselaer Poly	工	土木	1924	上海土木工程师
1025	庄长恭	Zhuang Changgong	北京农业学校	1919	美	Chicago	理	化学	1924#	东北大学，中央大学
1026	庄季昭	Zhuang Jizhao		1915	美	Pomona, Columbia	理	生物	1917#	苏州振华女校
1027	庄　俊	Zhuang Jun	唐山交通大学	1910	美	Illinois	工	土木工程	1914#	建筑师
1028	庄裕孙	Zhuang Yusun		1907	英	伦敦大学	工	铁路	1912?	
1029	卓　越	Zhuo Yue	清华学校	1912	美	Cornell	工	土木	1916	上海市政府
1030	邹秉文	Zou Bingwen	北京汇文书院	1910	美	Cornell	农	植物学	1916	南京金陵大学，东南大学，英商卜内门（化肥）公司，实业部，农牧渔业部
1031	邹淑慧	Zou Shuhui			美	Northwestern, Michigan, Chicago	医	医	1920	南京东南医院
1032	邹树文	Zou Shuwen	京师大学堂	1912年前	美	Cornell, Illinois	农	农学	1915?	金陵大学，北京农专，东南大学，中央大学
1033	邹思泳	Zou Siyong	南洋大学	1921	美	Cornell	工	土木	1924	上海市公用局
1034	邹维渭	Zou Weiwei	清华学校	1922	美	Alfred	工	化工	1928	

注：1) 归国年份加注#的为多次出国人员，请见附表。

　　2) 按姓名的汉语拼音顺序排列。

表 5－2　1911～1928 年回国科技人员附表

姓　名	姓名全拼	国内学校	出国年份	留学国	国外学校或其他机构	学科	专业	归国年份	国内工作地点
爱新觉罗·溥儒	Aixinjueluo Puru	北京政法学堂	1914	德	Berlin	理	天文学	1922#	北京师范大学，北京国立艺术专科学校，台湾师范大学
			1928	日	东京帝国大学	理	天文学	1930	北京师范大学
卞　彭	Bian Peng	清华学校	1922	美	布朗大学，MIT	理	物理	1924#	东北大学，华中大学，华中师范学院
			1932	美	访问	理	物理	1935	华中师范学院，中国科学院
蔡邦华	Cai Banghua	浙江大学	1920	日	鹿儿岛国立高等农林学校	农	动植物科	1924#	国立北京农业大学，浙江大学，南京中央农业实验所，浙江省昆虫局，科学院动物所
			1927	日	东京帝国大学	农	蝗虫	1928	
			1930	德	柏林昆虫研究所，农林生物科学研究院，慕尼黑大学	农	昆虫学	1936	
蔡　翘	Cai Qiao		1919	美	UC Berkeley, Indiana, Columbia, Chicago	医	心理学	1925#	复旦大学，中央大学
			1930	英，德	伦敦大学，剑桥大学，法兰克福大学			1932	中央大学
			1943	美				1944	南京大学，军医大学，军事医学科学院
陈翰笙	Chen Hansheng	长沙明德中学	1915	美，德	马萨诸塞州赫门工读学校，洛杉矶珀玛拿大学，Chicago, Harvard, Berlin	农	农学	1924#	北京大学，商务印书馆编译所，中央研究院社会科学研究所，纽约太平洋国际学会，中国科学院

姓　名	姓名全拼	国内学校	出国年份	留学国	国外学校或其他机构	学科	专业	归国年份	国内工作地点
陈翰笙	Chen Hansheng	长沙明德中学	1946	美	华盛顿州立大学	农	农学	1950	
陈建功	Chen Jiangong	杭州高级师范	1914	日	东京高等工业学校，东京物理学校	理	数学	1919#	武昌大学，浙江大学，复旦大学，中科院数理化学部，杭州大学
			1920	日	东北帝国大学	理	数学	1923	
			1926	日	东北帝国大学	理	数学	1929	
			1946	美	普林斯顿高等研究院	理	数学	1948	
陈隽人	Chen Junren		1919	美	Cornell, Maryland	农	作物育种	1921#	
			1926	美	访问	农	作物育种	1929	
陈　嵘	Chen Rong	平阳县高等学堂	1906	日	东京弘文书院，日本北海道帝国大学	农	林学	1913#	浙江省甲种农业学校，江苏省第一农业学校
			1923	美，德	Harvard，萨克逊林学院	农	林学	1925	金陵大学，中央林业科学研究所
陈　桢	Chen Zhen	中国公学，金陵大学	1919	美	Cornell, Columbia	理	动物学	1922#	东南大学，北京师范大学，清华大学，北京大学，中科院
			1934		访问	理		1935	清华大学
戴芳澜	Dai Fanglan	清华学校	1914	美	Wisconsin, Cornell, Columbia	农	植物病理，真菌	1920#	广东省农业专门学校，东南大学，金陵大学，清华大学，科学院真菌植病室
			1934	美	纽约植物园，Cornell	农	真菌遗传	1935	金陵大学
丁绪宝	Ding Xubao	北京大学	1918	美	Chicago，克拉克大学，Harvard	理	物理学	1925#	北京大学，东北大学，南京中央大学，广西大学，北京天文馆

续表 5-2

姓　名	姓名全拼	国内学校	出国年份	留学国	国外学校或其他机构	学科	专业	归国年份	国内工作地点
丁绪宝	Ding Xubao	北京大学	1932	美	罗切斯特大学	理	应用光学	1933	浙江大学，北京天文馆
丁　颖	Ding Ying	广东高等师范学校	1912	日	东京第一高等学校	农	农学	1914#	广东省高州县中学，高州农校
			1916	日	熊本第五高等学校	农	农林	1919	广东省教育厅
			1921	日	东京帝国大学	农	农艺	1924	中山大学，农林部西南作物品种繁育场，广东华南农学院，科学院生物学部
董承琅	Dong Chenglang	沪江大学	1920	美	Michigan	医	医学	1924#	北京协和医院，国立上海医学院，上海市第六人民医院
			1930	美	访问	医	心脏病科	1931	协和医院
房师亮	Fang Shiliang		1922	德，苏		医	医学	1926#	北伐军工兵团，昆明昆华医院，同济大学，川南医士学校
			1929	德	符兹堡大学	医	医学	1937	同济大学
费鸿年	Fei Hongnian		1916	日	东京帝国大学	理	动物	1923#	北京农业大学，广东大学，武昌大学
			1937	日		理	动物	1937	中山大学，农业部，水产部，南海水产研究所
傅焕光	Fu Huanguang	交通大学	1915	菲	菲律宾大学	农	森林	1918#	江苏省第一造林场分场，南京东南大学，重庆四川教育学院，农林部天水水土保持实验区

续表 5 - 2

姓 名	姓名全拼	国内学校	出国年份	留学国	国外学校或其他机构	学科	专业	归国年份	国内工作地点
傅焕光	Fu Huanguang	交通大学	1945	美	农业部水土保持总局，华盛顿大学	农	土壤	1946	中央林业实验所，华东农业科学研究所，安徽省大别山林区管理处
谷镜汧	Gu Jingjian	同济大学	1922	德	海德堡大学，Berlin	医	医学	1925#	北京协和医学院，中央大学医学院，中正医学院，广西医学院，上海医学院
			1931	美	Western Reserve	医	病理学	1932	上海医学院
顾翼东	Gu Jidong	东吴大学	1923	美	Chicago	理	化学	1925#	东吴大学，交通大学，震旦女子文理学院，复旦大学
		东吴大学	1932	美	Chicago	理	化学	1935	大同大学，复旦大学
桂质廷	Gui Zhiting	清华学校	1914	美	Yale，Chicago，Cornell	理	物理	1920#	雅礼大学，东北大学，沪江大学，华中大学，武汉大学
			1923	美	Princeton	理	物理	1925	
郭任远	Guo Renyuan	复旦大学	1918	美	UC Berkeley	理	心理学	1923#	复旦大学，浙江大学
			1936	美	罗彻斯特大学，卡内基研究院	理	心理学	1938	浙江大学
何　瑶	He Yao	云南大学	1912	德		工	机械工程	1914#	云南东陆大学，云南全省模范工厂，云南大学
		北京大学，同济医工专门学校	1917	美	Purdue	工	机械工程	1925	

姓　名	姓名全拼	国内学校	出国年份	留学国	国外学校或其他机构	学科	专业	归国年份	国内工作地点
侯祥川	Hou Xiangchuan		1927	美，加	访问	医	医学	1928#	北京协和医学院，上海雷士德医学研究所，南京中央卫生实验院
			1948	美	Wisconsin	医	医学	1949	人民解放军第二军医大学，人民解放军军事医学科学院军队卫生研究所
胡昌炽	Hu Changzhi	苏州农业学校	1916	日	东京大学	农	园艺	1920#	苏州农业学校
			1924	日	东京大学	农	园艺	1928	金陵大学
胡经甫	Hu Jingfu	东吴大学	1920	美	Cornell	理	生物	1922#	圣约翰大学，东南大学，燕京大学
			1941	菲	菲律宾大学	医	医学	1946	行医
黄鸣龙	Huang Minglong	浙江医药专科学校	1920	瑞士，德	苏黎世大学，Berlin	理	化学	1924#	浙江省卫生试验所，浙江省立医药专科学校，中央研究院化学研究所，西南联合大学
			1935	德，英	维次堡大学，先灵药厂研究院，密得塞斯医院医学院生物化学研究所	理	化学	1940	科学院
			1945	美	Harvard，默克药厂	理	化学	1952	
黄天启	Huang Tianqi	华西大学	1926	加	多伦多大学	医	牙医	1927?#	华西大学，成都仁济牙症医院，中央大学，齐鲁联合大学，四川省人民医院
			1937	加	多伦多大学	医	牙医	1938	华西大学

姓　名	姓名全拼	国内学校	出国年份	留学国	国外学校或其他机构	学科	专业	归国年份	国内工作地点
黄子卿	Huang Ziqing	清华学校	1922	美	Wisconsin, Cornell, MIT	理	化学	1928#	协和医学院，清华大学
			1934	美	MIT	理	化学	1935	清华大学、西南联大，中国化学会，北京大学，中科院
纪育沣	Ji Yufeng	沪江大学	1921	美	Chicago, Yale	理	化学	1923#	武昌师范大学
			1926	美	Yale	理	化学	1928	东北大学，广西大学，上海医学院，中央卫生研究所，北京化学试剂研究所
姜立夫	Jiang Lifu		1911	美	UC Berkeley, Harvard	理	数学	1919#	南开大学，中央研究院数学研究所，岭南大学，中山大学，中科院广州分院
			1934	德	汉堡大学，格廷根大学	理		1935	南开大学
			1946	美	普林斯顿高等研究院	理		1948	南开大学
姜　琦	Jiang Qi		1909	日	东京高等师范	理	教育心理	1917#	浙江第一师范，南京高等师范
			1922	美	Columbia	理	教育心理	1925	暨南大学，厦门大学
金宝善	Jin Baoshan	杭州医科专门学校	1911	日	千叶医科专科学校，东京帝国大学	医	内科	1919#	北京中央防疫所，卫生部，北京医学院
			1926	美	Johns Hopkins 公共卫生学院	医	公共卫生学	1927	卫生部

续表 5 - 2

姓　名	姓名全拼	国内学校	出国年份	留学国	国外学校或其他机构	学科	专业	归国年份	国内工作地点
金宝善	Jin Baoshan	杭州医科专门学校	1948	美	联合国儿童急救基金会			1950	卫生部
李赋都	Li Fudu		1925	德	汉诺威工业高等学校	工	水利工程	1928#	哈尔滨东北水道局，江苏淮阴导淮委员会，天津华北水利局委员会，都江堰治理设计室，西北农学院
			1933	德	慕尼黑阿柏纳黑水工试验所	工	水利工程	1934	
李继侗	Li Jidong	圣约翰大学	1921	美	Yale	理	林学	1925#	金陵大学，南开大学，清华大学，北京大学，内蒙古大学
			1935		访问	农	林学	1936	清华大学
李汝祺	Li Ruqi	清华学校	1918	美	Purdue, Columbia	农	农学，动物	1926#	复旦大学，燕京大学，中国大学，北京大学
			1935	美	CalTech	理		1936	燕京大学
			1948	英	伦敦大学	理	生物学	1949	燕京大学
梁思成	Liang Sicheng	清华学校	1924	美	宾夕法尼亚大学，Harvard	工	建筑学	1928#	东北大学，中央研究院，清华大学，北京市都市计划委员会，中国科学院
			1946	美	Yale, Princeton	工	土木工程	1947	清华大学
梁希	Liang Xi	浙杭武备学堂	1906	日	日本士官学校	农	林学	1912#	浙江湖属军政分局
			1913	日	东京帝国大学	农	林学	1916	奉天安东鸭绿江采本公司，北京农业专门学校
			1923	德	德累斯顿萨克逊森林学院	农	林产化学	1927	北京农业专门学校，浙江大学，中央大学

姓 名	姓名全拼	国内学校	出国年份	留学国	国外学校或其他机构	学科	专业	归国年份	国内工作地点
林可胜	Lin Kesheng			英，美	爱丁堡大学，Chicago	医	医学	1924#	北平协和医学院，中央研究院
			1949	美	Illinois，克雷顿大学，印第安纳州迈尔斯药厂			1950	协和医学院
林文秉	Lin Wenbing	上海中华哈佛医学校	1916	美	Harvard	医	眼科	1920#	北京协和医学院，南京中央医院，上海医学院，上海第二军医大学
			1925	奥	维也纳大学	医	眼科	1926	协和医学院
刘崇乐	Liu Chongle	清华学校	1920	美	Cornell	理	昆虫学	1926#	清华大学，东北大学，北平师范大学，中国农业大学，昆明动物研究所
			1946		访问	理	生物	1947	清华大学
刘绍禹	Liu Shaoyu	清华学校	1922	美	俄亥俄州格乃尔学院，Chicago	理	教育心理	1927#	成都大学
			1935	美	Columbia，Harvard，Yale			1936	四川大学，四川师范学院
刘永纯	Liu Yongchun	震旦大学医科	1922	法	巴斯德研究院，市堡医科大学，法国眼耳鼻喉神经协会	医	医学	1928#	上海法租界公董局设立的卫生试验所，震旦大学，军医学科学院
			1930	越	西贡巴斯德研究院			1936	震旦大学
陆志韦	Lu Zhiwei	清华学校	1915	美	范德比尔特大学，Chicago	理	心理学	1920#	南京高等师范，东南大学，燕京大学，中国科学院
			1933	美	Chicago	理	心理学	1934	燕京大学

续表 5-2

姓　名	姓名全拼	国内学校	出国年份	留学国	国外学校或其他机构	学科	专业	归国年份	国内工作地点
茅以新	Mao Yixin	交通大学	1923	美	Purdue，国家铁路机车工厂	工	铁道	1928#	南京新记机工厂，浙赣铁路机务课，粤汉铁路局，铁道部机务总局，铁道部车辆局
			1945	美	ALCO 机车公司	工	铁道	1947	铁道部车辆局
孟继懋	Meng Jimao	清华学校	1920	美	芝加哥拉什医学院	医	骨科	1925#	北京协和医学院，天津南开大学
			1930	美	波士顿马萨诸塞州总医院，艾奥瓦大学医学院	医	骨科	1931	北京协和医学院
			1935	欧美	访问	医	骨科	1936	北京协和医学院，北京中和医院，北京大学医学院，北京人民医院，积水潭医院
钱　潮	Qian Chao	浙江医药专门学校	1918	日	九州帝国大学	医	儿科，寄生虫病学	1924#	浙江医药专门学校
			1926	日	九州帝国大学	医	内科	1926	浙江省辖广济医院，杭州医院，杭州地方病研究所
			1937	日	九州帝国大学	医	内科	1937	上海康定联合诊所，苏北医学院，上海新城区马正医院，上海市立儿童医院
饶毓泰	Rao Yutai	交通大学	1913	美	Chicago，Princeton	理	物理学	1922#	南开大学，北平研究所，北京大学，中央研究院，中科院
			1929	德	莱比锡大学，波茨坦大学	理	光谱学	1932	北京大学
			1944	美	MIT，Princeton，Ohio State	理	分子红外光谱	1947	北京大学

续表 5-2

姓 名	姓名全拼	国内学校	出国年份	留学国	国外学校或其他机构	学科	专业	归国年份	国内工作地点
萨本栋	Sa Bendong	清华学校	1922	美	Stanford，麻省伍斯特工学院，西屋电机制造公司	理	物理	1928#	清华大学，国立厦门大学，中央研究院
			1935	美	俄亥俄大学电机工程系客座教授	理	物理	1937	清华大学
萨本铁	Sa Bentie	清华学校	1920	美	Wisconsin	理	化学	1927#	清华大学
		清华学校	1934	德，英	访问	理	化学	1935	清华大学
施嘉炀	Shi Jiayang	清华学校	1923	美	MIT，Cornell	工	土木工程	1928#	清华大学
			1934	德	柏林皇家水工研究所，卡尔斯鲁厄大学	工	土木工程	1935	清华大学
			1955	苏	莫斯科动力学院，列宁格勒水电设计院	工	土木工程	1957	清华大学
孙国华	Sun Guohua	清华学校	1923	美	Chicago，Ohio State	理	心理学	1928#	北京大学，清华大学，北京师大，中科院
			1936		访问	理	心理	1937	
孙 鎕	Sun Tang	南京高师	1922	美	Chicago	理	数学	1925#	中央大学
			1933	美	访问	理	数学	1934	清华大学
汤惠荪	Tang Huisun	南京农业学校	1917	日	鹿儿岛高等农业学校	农	畜牧	1921#	浙江第一农业学校
			1930	德	柏林农科大学	农	农业	1932	浙江大学农学院
唐 铎	Tang Duo		1920	法	勤工俭学	工	航空工程	1920?#	哈尔滨军事工程学院，辽宁大学
			1952	苏	朱可夫斯基航空工程学院	工	航空工程	1953	

续表 5－2

姓 名	姓名全拼	国内学校	出国年份	留学国	国外学校或其他机构	学科	专业	归国年份	国内工作地点
汪厥明	Wang Jueming	金华浙江省立第七中学	1914	日	熊本高等学校，东京帝国大学	农	农学	1924#	北京农大，中央大学，西北联大，中山大学，云南大学
			1936	英	剑桥大学	农	农学	1936	中央大学
王 璡	Wang Jin	京师译学馆	1909	美	宾夕法尼亚学院，Lehigh	工	化学工程	1915#	湖南工专，南京高师，浙江高工，化学研究所，四川大学
			1934	美	明尼苏达大学	理	化学	1936	浙江大学，杭州大学
王 良	Wang Liang		1913	越	河内医学院	医	医	1913#	成都任平安桥医院，重庆仁爱堂医院
			1931	法	巴斯德研究所	医	生化	1933	重庆自设的微生物实验室，西南卡介苗制造研究所，成都生物制品研究所
王秀玉	Wang Xiuyu		1916	美	Mt. Holyoke, Illinois	理	植物	1918#	苏州振华女校
			1925	美	Columbia			1927	苏州振华女校
吴钦烈	Wu Qinlie	浙江大学	1914	美	MIT, Chicago, 安德拿炸药公司	理	化学	1920#	浙江公立工业专门学校，国防部
			1926	德	德皇威廉化纤化学研究院	理	化学	1929	
吴韫珍	Wu Yunzhen	金陵大学	1923	美	Cornell	农	园艺学	1927#	清华大学
		清华大学	1933	美	访问	理	生物	1934	清华大学
谢家荣	Xie Jiarong	农商部地质研究所	1917	美	Stanford, Wisconsin	理	地质学	1920#	农商部，清华大学，湖南江华矿务局，经济部，地质部
			1929	德	柏林地质调查所，弗莱堡大学	理	金属矿床学	1930	清华大学

续表 5 - 2

姓　名	姓名全拼	国内学校	出国年份	留学国	国外学校或其他机构	学科	专业	归国年份	国内工作地点
谢元甫	Xie Yuanfu	武昌 Boone 大学	1918	美	纽约长岛学院医院，纽约贝尔维尤医院	医	泌尿外科	1920#	北京协和医院
			1924	美	Johns Hopkins	医		1926	北京协和医学院，北京中央医院
熊庆来	Xiong Qinglai	云南大学	1913	比，法	包里学院，格勒诺布洛大学巴黎大学，蒙柏里耶大学，马赛大学	理	数学	1921#	昆明云南工业学校，东南大学，清华大学，云南大学，中科院数学研究所
			1932	法	做研究工作	理	数学	1934	清华大学
			1949	法	做研究工作	理	数学	1957	中科院
徐特立	Xu Teli		1919	法	木兰省公学，巴黎大学	理	数学，物理学	1924#	长沙女子师范学校，中共中央教育人民委员会
			1928	苏	莫斯科中山大学			1930	
严济慈	Yan Jici	南京高师	1923	法	巴黎大学	理	物理学	1927#	上海大同大学，暨南大学，南京第四中山大学，北平研究院，中国科学技术大学
			1928	法	巴黎大学，法国科学院	理	光学，电磁学	1930	北平研究院
杨石先	Yang Shixian	清华学校	1918	美	Cornell	理	化学	1923#	南开大学
			1929	美	Yale	理	化学	1931	南开大学
杨武之	Yang Wuzhi	南京高师	1923	美	Stanford, Chicago	理	数学	1928#	厦门大学，清华大学，西南联大，复旦大学
			1934	德	Berlin	理	数学	1935	清华大学
姚文林	Yao Wenlin	北京大学	1922	美	Chicago, Illinois，美国钢铁公司	理	化学	1928#	东北大学，河北省立工学院

续表 5－2

姓　名	姓名全拼	国内学校	出国年份	留学国	国外学校或其他机构	学科	专业	归国年份	国内工作地点
姚文林	Yao Wenlin	北京大学	1944	美	访问			1945	河北工学院
叶企孙	Ye Qisun	清华学校	1918	美	Chicago, Harvard	理	物理	1924#	东南大学，清华大学
			1930	德	访问	理		1931	清华大学
应元岳	Ying Yuanyue	湘雅医学院	1924	美，英	Johns Hopkins, 伦敦热带医学学院	内科，热带病		1926#	浙江省绍兴县富康医院，上海医学院，上海红十字会第一医院，上海中山医院
			1933	印	加尔各答热带医学与卫生学院	医		1934	上海医学院，重庆中国红十字会总医院，云南省立昆华医院，华东人民医学院，第二军医大学
余青松	Yu Qingsong		1918	美	Lehigh, 匹兹堡大学，UC Berkeley, 利克天文台	理	天文学	1927#	厦门大学，中央研究院
			1947	加，美	多伦多大学，Harvard, 胡德学院	理	天文学	1949	中央研究院
余文光	Yu Wenguang	香港大学	1924	英	剑桥大学，爱丁堡皇家外科学院	医	卫生学	1926#	福建省莆田圣路加医院，杭州广济医院
			1932	英	肛门疫病医院，爱丁堡皇家外科学院	医	卫生学	1933	广济医院
			1946	英，美	访问	医	卫生学	1948	广济医院
虞振镛	Yu Zhenyong	清华学校	1911	美	Illinois, Cornell, 德省农工业学院	农	畜牧学，乳牛学	1915#	清华大学，北平大学，上海畜产公司，浙江大学，南京大学
			1920	美	德省农工业学院	农	乳牛学	1921	

续表 5-2

姓 名	姓名全拼	国内学校	出国年份	留学国	国外学校或其他机构	学科	专业	归国年份	国内工作地点
袁敦礼	Yuan Dunli	北京师范大学	1923	美	Chicago, Johns Hopkins, Columbia	理	体育生理	1927#	北京师范大学，浙江大学，西北联合大学，兰州体育学院，甘肃师范大学
			1945	美	访问	理	体育生理	1946	北京师范大学
恽 震	Yun Zhen	交通大学	1921	美	Wisconsin，西屋公司	工	机械	1923#	浙江公立工业专门学校，郑州豫丰纱厂，南京东南大学，机械科学研究院，贵州工学院
			1927	美	纽约鲁滨孙公司	工	机械	1928	
曾广方	Zeng Guangfang		1920	日	东京高等工业学校	医	药学	1924#	上海自然科学研究所，杭州浙江医药专科学校，上海新亚药物化学研究所，上海中法大学，杭州浙江医学院
			1928	日	东京帝国防大学	医	药学	1931	上海新亚药物研究所
			1937	英	牛津大学	医	药学	1939	上海新亚药物研究所
曾昭伦	Zeng Zhaolun	清华学校	1920	美	MIT	理	化学	1927#	中央大学，北京大学，武汉大学
		北京大学	1946	美	访问	理	化学	1948	北京大学
张景钺	Zhang Jingyue	清华学校	1920	美	Chicago	理	植物学	1925#	东南大学，北京大学
			1931	英，瑞士	利兹大学，巴塞尔大学	理	植物学	1932	北京大学
张锡钧	Zhang Xijun	清华学校	1920	美	Chicago	医	生理	1926#	协和医学院，中国医学科学院，实验医学研究所，中国协和医科大学

姓　名	姓名全拼	国内学校	出国年份	留学国	国外学校或其他机构	学科	专业	归国年份	国内工作地点
张锡钧	Zhang Xijun	清华学校	1933	瑞士，英	苏黎世大学，皇家医学研究所	医	医学	1934	协和医学院
张孝骞	Zhang Xiaoqian	湘雅医学院	1926	美	Johns Hopkins	医	内科，消化病学	1927#	协和医学院
			1933	美	访问	医	内科	1934	协和医学院，湘雅医学院，中国医科大学，中国医院科学院，中科院
张贻惠	Zhang Yihui	京师大学堂预备班	1903	日	东京高等师范学校，京都帝国大学	理	物理学	1914#	北京高等师范学校，南京中央大学
			1922	美	Chicago	理	物理	1924	中央大学，北平大学，西北大学，西北师范学院
张　云	Zhang Yun	武昌高等师范学校	1919	法	里昂大学	理	天文学	1927#	中山大学，中央研究院
			1946	美	Harvard	理	天文学	1948	中央研究院
赵修鸿	Zhao Xiuhong	圣约翰大学	1923	美	Chicago	理	物理学	1925#	上海圣约翰大学
			1933	美	Chicago	理	物理学	1935	圣约翰大学，交通大学
赵元任	Zhao Yuanren	江南高等学堂	1910	美	Cornell, Harvard,Chicago, UC Berkeley	理	数　学，物理学	1920#	清华大学，中央研究院
			1938	美	夏威夷大学，Yale, Harvard, UC Berkeley	理	数　学，物理学	1939	清华大学
周士观	Zhou Shiguan	北京工业专门学校	1920	美	Wisconsin	理	化学	1925#	绥远实业开发筹备处

续表 5－2

姓　名	姓名全拼	国内学校	出国年份	留学国	国外学校或其他机构	学科	专业	归国年份	国内工作地点
周士观	Zhou Shiguan	北京工业专门学校	1927	日，美，欧	访问	理	化学	1928	绥远实业开发筹备处
周行健	Zhou Xingjian	南京高师	1924	菲，美	菲律宾大学工学院，匹兹堡克利夫兰开士理工大学工学院	工	机械，冶金	1923#	上海大效机器厂，南京中央大学，南昌江西汽车配件厂，中国电力制钢厂，中科院矿冶研究所
			1946	美	访问	工	冶金	1948	中科院矿冶研究所
朱凤美	Zhu Fengmei	清华学校	1918	日	鹿儿岛高等农业学校	农	植物病理	1921#	江苏第一农业学校，北平农学院，浙江大学，浙江省昆虫局，华东农业科学研究所
			1927	日	东京帝国大学	农	植物病理	1930	华东农业科学研究所
朱恒壁	Zhu hengbi	中国哈萨克佛医学校	1918	美	Harvard	医	病理学	1919#	长沙湘雅医学院，北京协和医学院，上海医学院，浙江医学院，浙江省卫生实验字药物研究所
			1923	美	Western Reserve	医	病理学	1925	上海医学院
朱惠方	Zhu Huifang	同济大学	1922	德，奥	明兴大学，普鲁士林学院，维也纳垦殖大学研究院	农	林学	1927#	浙江大学，北平大学，金陵大学，农林部中央林业实验所，长春大学
			1954	美	纽约州立大学	农		1956	
朱家骅	Zhu Jiahua	同济大学	1914	德	柏林矿科大学	理	地质学	1917#	北京大学，广东大学，中山大学，两广地质调查所，中央大学，中央研究院

姓　名	姓名全拼	国内学校	出国年份	留学国	国外学校或其他机构	学科	专业	归国年份	国内工作地点
朱家骅	Zhu Jiahua	同济大学	1918	瑞士，德	Berlin	理	地质学	1924	
朱元鼎	Zhu Yunding	圣约翰大学	1925	美	Cornell	农	昆虫学	1926#	上海圣约翰大学，上海水产学院，中国科学院上海水产研究所，厦门水产学院
			1932	美	Michigan	农	鱼类学	1934	上海水产学院
庄长恭	Zhuang Changgong	北京农业学校	1919	美	Chicago	理	化学	1924#	东北大学，中央大学
			1931	德	哥廷根大学，明兴大学	理	化学	1932	化学研究所，台湾大学，有机化学研究所
庄季昭	Zhuang Jizhao		1915	美	Pomona，Columbia	理	生物	1917#	苏州振华女校
			1929	美	Columbia	理	生物	1932	苏州振华女校
庄　俊	Zhuang Jun	唐山交通大学	1910	美	Illinois	工	土木工程	1914#	建筑师
			1923	美	Columbia	工	土木工程	1924	庄俊建筑师事务所，华北建筑公司，中央建筑设计院，中央设计院，华东工业建筑设计院

表 5 - 3　1912～1928 年回国科技人员专业分类表

回国年份	理		工				农	医
1912	施伯安　冯祖荀	夏元瑮　张星烺	曹亚伯　邓邦逖	段　雄　金　涛	李青崖　钱宝琮	王士杰　严恩棫	韩　安　许　璇　梁　希	王　颖
1912?	侯延宾　秦明博	叶景莘	林汝耀　卫国垣	孙家声　曾以鼎	姚履享　庄裕孙	钟　锷		谢应瑞

续表 5-3

回国年份	理		工				农	医
1913	王　烈	翁文灏	王绍礽	伍镜湖	张宝华	周　炜	陈　嵘	王　良
	王仁辅	杨卫玉						
1913?							毛升三	
1914	严家驹	张贻惠	陈福习	何　瑶	沈祖伟	徐新六	邓植仪	刁庆湘
			程义法	李鸣和	王白雷	杨维桢	丁　颖	
			程义藻	李　平	王绍瀛	郑达宸	金邦正	
			邓鸿宜	陆元昌	王松海	周开基	陆宝淦	
			傅　骕	梅贻琦	吴家高	朱　复	穆藕初	
			何　杰	沈　艾	吴清度	庄　俊	裘昌运	
1914?			胡士熙	林　庄	吴思远		李方琮	
			李方城	潘善闻	杨吕南			
1915	陈庆尧	王长平	王　璇	柯成懋	谭颂瀛	殷源之	虞振镛	陈大齐
	程延庆	吴　康	蔡　翔	李　彬	唐荣祚	袁镜铨	过探先	范永增
	李耀邦	章元善	陈　焜	李国钦	王　谟	曾昭权	张福良	刘瑞恒
	沈溯明		陈茂康	李锡之	王正黼	湛　立		牛惠霖
			陈天骥	李仪祉	吴玉麟	张景芬		牛惠生
			陈兆贞	鲁邦瞻	谢兆基	张廷金		唐悦良
			戴　济	陆鸿棠	徐　墀	周抡元		周象贤
			傅　骥	卢景泰	徐　尚	周　仁		
			顾宗林	路敏行	徐　书			
			贺懋庆	罗惠桥	杨孝述			
			江山寿	谭　根	易鼎新			
1915?	王星拱		顾诒燕	王绳善			邹树文	
1916	蒋梦麟	王鸿卓	陈明寿	顾维精	王　预	虞景泰	葛敬中	蔡珍治
	马名海	王　健	陈延寿	贺耀祖	王裕震	张谟实	郭守纯	施赞元
	马仙峤	张子高	谌湛溪	计大维	席德炳	章　桐	胡宪生	谢和平

续表 5－3

回国年份	理		工				农	医
1916	钱崇澍	周铭	成功一	李进隆	席德炯	周厚坤	邱培涵	杨葆康
	苏体仁	朱籙	崔有濂	刘寰伟	邢契莘	朱墀	邹秉文	周明玉
			戴修鞠	龙夷	徐佩璜	朱维杰		
			符宗朝	毛文钟	徐志芗	卓越		
			高崇德	孙继丁	杨锡仁			
1917	丁绪贤	杨光弼	陈承栻	邝翌昆	宋建勋	叶在馥	梁杜衡	胡宣明
	胡明复	曾宝苏	费宗藩	连彝	王助	张惠长	张范村	严智钟
	胡先骕	钟荣光	韩云阶	林继诚	夏道康	郑华	郑辅维	
	姜琦	朱家骅	胡光鑣	区其伟	徐名材	朱仙舫		
	陶行知	庄季昭	黄季严	施鎏	颜维精			
			霍炎昌	石凤翔	杨仙逸			
1917?			余庆鳖					
1918	秉志	王秀玉	陈德芬	黄汉和	罗邦杰	严眆	傅焕光	刘崇勤
	韩美英	郑晓沧	陈蕃	浚鸿勋	潘文炳	杨锦魁	孙恩麐	陆锦文
	胡刚复	郑贞文	程孝刚	李汉俊	裘维莹	杨杏佛	汪汇章	谢刚杰
	邝翼堃	竺可桢	高大纲	李权亨	史宣	张贻志	张巨伯	
	刘廷芳		关颂声	李烛尘	汪孚礼	郑辅华		
			何运煌	凌鸿勋	王赓			
			胡嗣鸿	卢正持	王锡昌			
1919	蔡声白	乐森璧	蔡雄	郭承志	马育骐	谭真	蔡无忌	郭尚贤
	陈鹤琴	黎照寰	陈凤书	胡博渊	缪云台	吴大昌	陈荣鼎	金宝善
	陈焕镛	廖世承	陈体诚	黄寿恒	阮宝江	许坤	李迪华	刘崇动
	陈建功	沈彬贞	陈廷锡	江履成	税西恒	薛次华	李寅恭	徐诵明
	丁西林	寿颂万	程宗阳	李铿	孙多营	杨宽麟	钱天鹤	杨步伟
	何鲁	徐允钟	顾振	李永庆	孙洪芬	张绍连		朱恒壁
	黄骚	严庄	顾子毅	卢景贵	孙学悟			

回国年份	理		工				农	医
1919	姜立夫	周昌寿						
1919?			沈元鼎					伍哲英
1920	程锡庚	孙耀翔	曹珽	黄垣	茅以升	薛桂轮	戴芳澜	陈雨苍
	陈立廷	吴承洛	陈烈勋	江超西	缪恩钊	薛卓斌	方维夏	李冈
	程瀛章	吴钦烈	冯伟	李国均	裘燮钧	叶贡山	胡昌炽	李广勋
	傅尔攽	吴宪	龚学遂	李祖范	沈良骅	张时行	刘承霖	林文秉
	桂质廷	谢家荣	过养默	李祖贤	唐官赏	周萃機	刘樸	骆德武
	黄垌华	徐亦臻	何墨林	林澍民	王景贤	周金台	王善佺	沈儁淇
	劳启祥	颜任光	洪绍论	陆绍云	王锡藩	朱世昀	王沚川	屠坤华
	李达	杨铨	黄昌谷	罗景崇	吴学孝		吴耕民	谢元甫
	刘王立明	叶玉良	黄家齐	马善宝	吴遵湉		杨炳勋	姚尔昌
	陆志韦	赵元任					殷良弼	张耀翔
	邱宗岳	郑恩聪						郑全
								邹淑慧
1920?	雷通群		唐铎	张孝若			谌克终	郑祖穆
1921	黄芸苏	熊庆来	陈器	凌其峻	孙云霄	燕春台	陈隽人	朱凤美
	孟宪承	袁复礼	陈毅	刘承芳	汪泰基	张光圻	陈绍舜	丁懋英
	唐钺	周明衡	成仿吾	刘树杞	王成志	张可治	崔步瀛	杜聪明
			葛祖良	吕彦直	王节尧	张廷玉	顾青虹	乐文照
			侯德榜	潘承圻	温毓庆	张文潜	沈鹏飞	李清廉
			黄叔培	施青	巫振英		汤惠荪	马文昭
			李郭舟	苏乐真	徐世大		姚传法	吴兴业
							叶雅各	谢循初
1922	爱新觉罗·溥儒							
	饶毓泰	蔡秀珠	傅天彝	刘敦桢	沈光芯	杨承训	陈植	方连珍
	唐仰虞	查良钊	顾宜孙	刘基磐	童润夫	赵元贞	郭熙棠	黄桂葆

回国年份	理		工				农	医
1922	杨佩金	陈 桢	洪 深	刘敬宜	汪禧成	周明政	林汶民	林宗扬
	杨肇燫	胡经甫	侯家源	刘树墉	王耆亚	诸楚卿	汤承佑	吴金声
	叶良辅	李澄澜	李志仁	罗荣安	吴新炳	薛绳祖	王兆麒	严蕙卿
	俞大维	李书华	李 珠	裴冠西	薛绳祖		王枕心	郁达夫
	张资平	马约翰					吴觉农	章金宝
	朱成厚						宣侠父	
							张景欧	
							章守玉	
1922?			梁承厦					
1923	曹理卿	纪育沣	鲍国宝	郝更生	王崇植	张庆舆	冯肇传	陈克恢
	查 谦	李 济	陈永傑	邝兆祁	王贵循	赵恩廊	郭宗汾	樊清江
	陈崇桂	李熙谋	邓士章	李祥享	王荣吉	周行健	李 驹	郭沫若
	陈飞鹏	李 衷	杜光祖	李耀煌	薛绍青	周延鼎	林礼铨	洪式间
	陈师经	林平卿	杜重远	李宗侗	余籍传	周永德	凌道杨	李宗恩
	陈世桢	沈 履	费达生	刘 云	恽 震	朱 彬	罗清生	孙宗尧
	陈裕光	孙企孙	傅道伸	裘维裕	曾心铭	朱士武	熊正瑾	赵承嘏
	程其保	温祖荫	高 华	任理卿	张海平		姚醒黄	
	董任坚	杨绍曾	顾毂成	沈 诰	张兰格		郑步青	
	费鸿年	杨石先						
	冯景兰	余兰园						
	郭任远	朱庭祜						
1923?			丘念台					
1924	卞 彭	徐特立	蔡叔厚	邝寿堃	孙家璨	吴启佑	蔡邦华	褚民谊
	陈宗南	许民辉	陈崇法	李范一	孙廷中	吴毓骧	陈翰笙	董承琅
	丁素筠	杨保康	陈继善	李瑞圭	谭伯羽	杨俊生	陈宰均	关颂韬

续表 5 - 3

回国年份	理		工				农	医
1924	黄鸣龙	叶企孙	陈　礼	李学清	谭世藩	杨颐桂	傅葆琛	胡正祥
	孔令烜	余家菊	陈彭年	林继庸	汤武傑	应尚才	胡浩川	黄新彦
	林国镐	余泽兰	陈希庆	凌霞新	唐炳源	张正平	居励今	纪长庚
	潘履洁	张东民	崔学韩	刘安恭	涂绍宇	郑家觉	李顺卿	李国珍
	容启兆	赵学海	丁人鲲	刘宝琛	汪胡桢	周贤颂	陆燮钧	林可胜
	汪敬熙	朱蘭贞	方颐楳	潘钟文	汪　熙	诸水本	彭家元	刘汝强
	萧　瑜	庄长恭	冯　简	裴庆邦	王抚洲	庄秉权	汪厥明	梅卓生
	谢文秋		高惜冰	钱昌祚	王国树	邹思泳	须　恺	钱　潮
			顾谕群	任尚武	王之翰		许震宙	沈克非
			桂铭敬	施嘉干	王　倬		赵叔愚	汪攀桂
			黄慈祥	宋希尚	吴浩然			徐景堂
								杨敷海
								曾广方
1925	艾　伟	舒　鸿	柴志明	洪　绅	潘文焕	曾养甫	董时进	毕华德
	陈荩民	孙　鏏	常　叙	胡家义	齐守愚	翟维澧	冯　锐	蔡　翘
	丁绪宝	唐嘉装	陈立夫	华凤翔	沈　昌	张方佐	沈觐鼎	谷镜汧
	顾翼东	汪奠基	陈丕扬	蓝春池	沈熊庆	张含英	张念源	梁伯强
	郭兴燕	王志稼	陈三才	李承干	沈增筠	张　佶	周良相	林世熙
	黄华表	徐作和	崔学攸	李　懋	宋国祥	张通武		孟继懋
	李继侗	张汇兰	筐远纶	李寿恒	王长龄	赵庆杰		孟目的
	林同曜	张景钺	邓鸿仪	刘学荣	王通全	周承佑		倪葆春
	陆慎仪	赵修鸿	丁嗣贤	娄昌后	徐　梁	周凤九		齐长庆
	容启雄	郑章成	丁佐成	娄既庭	许学晶	朱　霖		全绍清
	沈慈辉	周士观	顾康乐	罗庆蕃	杨樾林	朱新予		王素贞
			关祖光	聂荣臻	叶秀峰			杨克念
								于光元

回国年份	理		工				农	医
1925?	江清	张席提	涂羽卿	徐箴			卢守耕	
	谭锡畴		徐广墀					
1926	白薇	刘崇乐	陈洋讚	林可玑	汪泰经	许应期	陈同白	陈翠贞
	陈可忠	潘光旦	陈章	刘润华	王德郅	薛祖康	冯焕文	房师亮
	陈文沛	王馨逸	高长庚	刘锡晋	王世圻	易维基	李春荣	富文寿
	陈遵妫	魏学仁	高镜莹	刘孝勰	王箴	张朵山	李汝祺	金问淇
	董守义	吴有训	葛文宗	聂鸿达	王宗澄	张光明	刘和	李春亭
	高崇熙	谢惠	黄博文	钱子超	夏彦儒	郑允衷	铁明	孙克基
	高鸿缙	谢玉铭	黄大恒	沈怡	谢伯昌		朱元鼎	王淑贞
	黄孝真	郑太朴	赖景湖	石志仁	谢奋程			谢志光
	黄钰生		李书田	舒传贤	熊祖同			杨金虎
								应元岳
								于少卿
								余文光
								张锡钧
								张锡祺
								郑兰华
1927	宾尔昌	邵家麟	陈崇武	金士宣	沈培民	杨简初	陈之长	何守瑷
	蔡堡	沈有乾	程耀椿	李充国	沈镇南	杨廷宝	戴弘	潘士华
	戴运轨	孙云铸	关颂坚	李吟秋	孙承谟	姚松龄	黄异生	杨崇瑞
	费培杰	孙增庆	郭棣活	李运华	汤子珍	张开骏	贾成章	曾思涛
	傅学文	汪浏	郭殿邦	李钟美	王子宿	赵深	孔繁祁	曾宪武
	何清儒	吴俊升	郭立茂	刘崇汉	魏嵒寿	赵增珏	刘行骥	张省
	蒋丙然	吴蕴瑞	胡锋同	刘锡嘏	魏毓贤	钟熙民	莫定森	张孝骞
	劳君展	许植方	胡光澄	马辅	吴宗杰	钟兆琳	邵均	章益
	梁治华	严济慈	霍宝树	彭开熙	夏衍	周大瑶	沈宗瀚	周诚浒

回国年份	理	工	农	医
1927	刘德珍　余青松 刘蒉章　袁敦礼 刘绍禹　曾昭伦 孟宪民　张江树 潘菽　张绍忠 钱宗堡　张希陆 秦文蔼　张云 萨本铁　朱公谨	江元仁　邱陵　辛文舒　朱世明 金瀚　裘名与　严之卫　朱物华	孙清波 万听 吴福桢 吴韫珍 许复七 张心一 朱惠方	
1927?				黄天启
1928	程强　萨本栋 郭一岑　寿振黄 何运喧　孙国华 胡焕庸　谈锡畴 黄国璋　吴贻芳 黄元照　杨武之 黄子卿　杨钟健 林惠祥　姚文林	陈仕庆　黄育贤　茅以新　袁伯寿 董大酉　金龙章　梅旸春　张福铨 方叔洪　李赋都　潘世甯　张克忠 冯树铭　李家琛　施嘉炀　张乔啬 葛炳林　李绍惠　时昭涵　周伟璋 葛益炽　梁思成　时昭泽　周赞衡 顾毓泉　林桂生　孙立人　周兹诸 何乃民　林徽因　王奉瑞　邹维涓 贺闓　卢统之　吴去非 黄家骅　罗孝章　严开元	邓叔群 黄通 蹇先达 孙本忠 辛树帜 杨邦杰 张福麟 赵连芳 郑易里	侯祥川 黄鼎臣 刘永纯 卢致德 梅贻琳 谭遂淮 汤爵芝 曾昭德 赵士寿

第六章 清华留学生与出国/回国教授

6.1 庚款留学的由来

庚款留学缘于 1908 年美国退还部分庚子赔款，前后持续 30 余年，为中国造就了近 2000 名素质出众、贡献出色的留美学生，并直接促成了一所著名大学——清华大学的建立。

庚子年间爆发的义和团运动，引起八国联军之灾，北京大遭破坏。第二年，也就是 1901 年，清廷与英、美等 14 国签订《辛丑条约》，强迫赔款白银 4.5 亿两，其中美国获得款项折合美金约 2444 万元，这就是所谓"庚子赔款"。经过中美双方交涉，1908 年 5 月 25 日，美国国会通过一项议案，决定仅收所谓应赔之款，其余部分（约 1078 万美元）逐年退还，用于在中国办学及资助中国学生赴美留学。双方协议，自 1909 年起，最初四年中国每年向美国派遣 100 名留学生，从第五年起，每年至少派出 50 名学生。但从一开始，留学名额就没有达到这个数字。

庚款留美计划之初，外务部和学部拟就了《派遣美国留学生章程草案》，它包括了对留美生资格及所修专业的规定、留美生的选拔、留美生赴美之前的管理以及在美就学期间的管理等事项。其中规定，"以十分之八习农、工、商、矿等科，以十分之二习政法、理财、师范诸学"；对留学生的资格特别强调了英文程度要能直入美国大学和专门学校听讲。

在上述草案的基础上，清政府于 1909 年 6 月成立了游美学务处，附设游美肄业馆，由外务部和学部共同管理，馆址位于北京西郊的清华园。7 月 10 日，清政府颁布《遣派游美学生办法大纲》，庚款赴美留学计划正式启动。8 月，举行了第一次留美招生考试。尽管当时时间很紧，但招考的标准非常严格，分初试和复试两次进行，600 余名考生，最后仅录取了 47 人，另有 3 名未经考试的贵族子弟。他们由唐国安率领，当年

10 月启程赴美留学。1910 年 7 月和 1911 年 7 月举行了第二次和第三次招生考试，分别录取 70 人和 63 人。1909 ~ 1911 年这一时期，俗称（清华学校/清华大学成立前的）"史前期"，共有三批计 183 名庚款留学生赴美（参看表 6 - 1）。

所谓庚款留学生，实际上分为几种，上面提到的三届直接考取庚款赴美留学的学生是其中之一种；第二种是经清华学校培养后被送出国的，这批人人数最多，出的优秀人才也最多；第三种是大约每隔一年派送留美的专科女生以及专科男生；第四种是受庚款资助的津贴生；第五种是国立清华大学时期择优派出的研究生以及 1933 年开始的面向全国的留美公费生考试选拔出来的学生，这批人人数不算太多，但成材率颇高。

6.2　1912 ~ 1929 年留美预备学校

1910 年 12 月，游美肄业馆更名为清华学堂。1911 年 4 月 29 日，清华学堂在清华园正式开学。虽然更名为学堂，培养的学生不仅限于游美一途，但学堂仍以实施留美预备为主要任务。辛亥革命后，民国政府改"清华学堂"为"清华学校"，仍然是作为一所留美预备学校继续存在和发展，成为后来的清华大学的前身。

根据《清华学堂章程》，清华学堂（学校）分为中等科和高等科（1922 年起停招中等科学生，1924 年起停招高等科学生，1925 年成立大学部），程度相当于美国的中学和初级大学。在教学上，"所有办法均照美国学堂"，目的是使毕业生能达到直接进入美国大学二三年级的水平。出国的学生，可以按自己的意愿读到最高学位，学习期限一般为 5 年，但因个人所学科目和程度不同，也有延长或缩短留学年限的。

按照清华原来的构想，应是招收幼年学生，出国前接受长达 8 年的长期教育。后来由于事实上的需要，不得不提高年龄，招高等科插班生。考取方式也由前三批全部公开招考的方式折中为一部分由各省咨送（再由清华复试），另一部分由学校公开招考。各省的名额是由该省所分担的庚款数额确定的。总的来说，江苏、浙江、广东等省名额较多，边远省份则比较少，有时几年才有一个名额。学校公开招考的对象主要是高等科插班生，考试地点由北京逐渐扩大到上海、武汉和广州。以 1911 年 8 月添招录取的 100 人为例，江苏、浙江、广东、福建分别占 24、18、17、10 名。其中 60% 以上为圣约翰大学、南洋公学、复旦大学、中国公学等校的在校或毕业生，这也与清华侧重英文程度的考核，而教会学校和官办学堂重视英文教育相符。录取的高等科插班生，如果被编入高等科的较高班次，再读一两年就可赴美留学。

从学生来源看，与早期容闳的留美幼童完全不同，由清华学校去美的留学生多出身于官吏和教师家庭，学生出国前的受教育水平在留学生群体中可以说是最高的，许多人已经是其他大学的肄业生甚至毕业生，他们甘愿"降级"投考清华。由于严格的筛选和预备学校的培训，清华出来的学生赴美后无需预备可直接升入美国大学，而在美留学期间又有充足的经费保证，使他们更有时间和精力专心学业，这也是留美学生功底扎实，成绩斐然的一个重要原因。

1912 年，清华学校派送高等科毕业生 16 人赴美，这是清华学校派遣的首批留学生。之后每年的高等科毕业生全都资送留美（参看表 6 - 2）。截至 1929 年"留美预备部"结束时，20 年间，清华（包括"史前期"）共向美国派遣留学生 1300 人左右。大部分选习理、工、农、医，多数获得最高学位。

6.3　留美女生、专科生、津贴生及特别生

甲午战争前，女留学生见于记载的仅有 4 人，最早的是浙江宁波的金雅妹，还有柯金英、康爱德和石美玉。她们是由传教士带往美国或是受到教会资助赴美求学的，都学医学。其中金雅妹是近代中国第一位女大学毕业生，归国行医后培养出了一批中国早期医护人才。柯金英曾是中国出席世界妇女国际会议的第一位女代表。

甲午战争后自费留学日本潮流中也出现了妇女的身影。1905 年，湖南省派出 20 名女留学生赴日本，读速成师范专科，这是近代女子官费留学之始。1907 年，江苏省经考试选拔留美学生，其中有 3 名女生，这是中国女子官费留学美国之始。

20 世纪初，美国女权渐升。按照美国方面的提议，清华学校首开国内学校（除教会学校及女校外）招收女生之先例，但并不在清华学校上课。自 1914 年起，每两年考选女生 10 名（专科），直接送赴美国大学本科留学。1920 年因经费不足，暂停一年，1921 年恢复，但 1923 年名额减半。

1914～1929 年止，共招收留美女生 7 批 53 人（参看表 6－3）。

关于专科留美学生，分为男女两种。专科男生的招考晚于女生，从 1916 年开始，每年定额 10 名，也是采取全国公开招考的方式，在北京、上海等地举行考试。1920 年同样因经费短缺停招，第二年改为每两年考选 10 名，实际仅选送 5 名，至 1929 年才招满 10 名。1916～1929 年，共有 9 批，67 名专科生（男生）赴美留学（参看表 6－3）。男生全是学科技的。

清华还从庚款中拨出一部分经费，补助经济条件差的非清华学校毕业的留美生，并制定津贴自费生章程。那些在美国大学本科就读的自费生均可请求，经审查合格，即给予年费津贴，以便完成学业。津贴标准是每人每月 40 美元（1917 年改为 70 美元，1921 年增为 80 美元），连续补助 3 年。这些学生被称为"津贴生"，共有 500 人左右（参看表 6－4）。

清华学校的留美预备生绝大多数是通过甄选考试入校和赴美的，不能推荐、保送，但也有例外。比如第一批公开招考的直接留美生中，就有未经考试的贵族子弟。清华建校后，有 73 位"特别生"，经由清华学校直接赴美。他们大都是由各学校和机关推荐而转入清华的，有的系已经拿了官费在美留学，有的系基于培养专门人才的需要。其中有前面提到过的稽勋局学生任鸿隽等 22 人，北洋学堂学生马寅初等 22 人，特别官费生曹云祥（后任清华校长）等 10 人（其中有女生 4 人），使馆学生王景春等 7 人，研究医学学生全少清 1 人，另外还有税务处学堂学生 4 人、军咨处学生 2 人，贵胄学堂学生 2 人，袁裔学生 3 人，其中一部分学习科技（参看表6－5）。

6.4　清华大学出国访问和进修的教授、教师

清华大学经费充足而且稳定，所以仿效英、美，于国内高校中率先建立了教师休假进修及研究制度。按清华的规定，凡教授在校服务 5 年以上，就可以休假 1 年。如欲出国考察研究，除支付半薪外，还补助川资及研究费。许多教授利用这一机会出国访问、研究、讲学，并考察欧美的最新发展成果。另外，为了培养高级师资，扩大科研队伍，学校也鼓励教员出国进修，取得学位。讲师以下教师只要服务 5 年以上，亦可申请休假出国研究，只是补助川资及研究费。

此制度自1929年起开始实施，至1936年共补助70人，由最初每年2人增加到每年10余人，其中以教授级人数为多，讲师、教员及助教较少（参看表6-6、6-7）。

6.5 1933～1944年清华公费科技留学生

1928年8月，国民政府将清华学校易名为国立清华大学，有文、法、理、工4个学院，16个系，隶属教育部，不再作为留美预备学校。1929年4月，国民政府决定将清华大学庚款基金移交中国教育文化基金董事会管理。此后曾连续几年停派留学生，直至1933年才恢复留美生的派遣。

1933年6月，教育部颁布《考取清华留美公费生办法大纲》，令清华大学暂办三届留美公费生考试，从当年起，每年定额40名，其中10名由校内教员中选派，5名从研究生中选派，其余25名由清华公开考选。8月在北平、南京两地分别考试，最后录取25人。此后，这种形式的留美选拔考试，作为一种制度被固定下来，1934年录取20名，1935年录取30名，1936年录取18名，1941年录取17名，1944年录取22名，共计132人（参看表6-8）。

清华大学在办好本科的基础上，进一步仿效欧美，成立研究院，旨在"训练大学毕业生继续研究高深学术之能力，并协助国内研究事业之进展"。先办文法两科，次办理、工、农三科，其中理科研究设物理学、化学、算学、地学、生物学及心理学6部。

全校研究生至1933年仅有6人毕业（其中物理系1人），1934年4人（化学系2人，算学系1人），1935年7人（算学系1人），1936年5人（心理系2人，生物系、算学系各1人），1937年5人（无理科），计5届共27人。虽然研究生人数极少，但系精挑细选，所以个个优秀。比如1934级算学系的陈省身，赴德国汉堡大学深造，后成为世界级数学大师，并是唯一一位获得世界数学界最高奖"沃尔夫奖"的华人。同级化学系的马祖圣进入美国芝加哥大学，在微量化学技术领域取得突出成就。张青莲进入德国柏林大学深造，是中国同位素化学研究的开拓者。

另外，1935年清华大学与德国远东协会签订交换大学教员、助教及学生的协定，清华每年可选派研究生5名赴德国进修，除乔冠华、季羡林学哲学外，都学科技。

6.6　清华公费留学生的美国母校

清华学生到美国后，都进入正规大学就读，多数进入名牌大学。那里学习条件优越，思想开放，管理严谨，实验设备、图书资料等齐全，特别是师资力量雄厚，一些学生甚至能直接从师于诺贝尔奖获得者。当然，这些名校收费也高，但以清华留美学生所享受的优厚待遇，自然不成问题。清华公费生出国前有制装费和出国川资，在美期间每月有零花钱，学费和医药费没有限制，另外还有学位论文打印费、学位文凭费、转学旅费及回国川资，待遇远高于一般公费留美学生。

据对留美预备部学生统计，清华学生到美国后，分别进入了美国32个州的128所学校，但大多数集中于东部和中部各州的著名大学。其中有清华学生20人以上者17校，依次为哥伦比亚大学、哈佛大学、麻省理工学院、威斯康星大学、芝加哥大学、康奈尔大学、密歇根大学、斯坦福大学、普度大学、俄亥俄大学、伊利诺伊大学、宾州大学、耶鲁大学、科罗拉多大学、霍普金斯大学、华盛顿大学、宾州州立大学。具体数字请参看表6-9。

6.7　中国科技人员的最大来源

除了前面介绍过的几种庚款留学生，还有大量非清华公费出国学习或访问的清华学生（参看表6-10）。

按早期章程，派遣庚款留美学生80%学理工农医，20%习人文社科。早期直接选派留美者，大多符合这一比例，但由预备学校毕业后出国者，多以自己的志趣选读科系，结果是理工农医与人文社科相比仍占多数，但差距没有那么大。1928年，国民政府教育部规定，"以后选派国外留学生，应注重自然科学及应用科学等，以应国内建设的需要"。加之当时任清华校长的梅贻琦（1909年首批庚款留美生，从1931年起任职长达17年）有偏重理工的倾向，学习理工科的学生人数进一步增加。抗战爆发前后，留美学生所学专业更侧重于工程、医药以及与军事相关的技术学科。比如，九一八事变后，主持公费留美生招考的清华理学院院长叶企孙，就在1933年第一届公费留美名额中特设飞机制造专业，钱学森就是由此赴美。

　　从本章大量统计数据可以看出，清华学校以及后来的清华大学是中国科技人员的最大来源，毕业生们多成为中国科技、工业、企业发展的主导力量。

　　1920～1930 年代，庚款留美学生大量回国，其中 1/3 多的人投身教育事业，或出任高校校长，或从事教学、科研。仅庚款直接留美生中，归国后担任大学校长的就有 19 人，如梅贻琦（清华）、竺可桢（浙大）、萨本栋（厦大）等。

　　以 1948 年中央研究院推选出的第一届院士为例，81 名院士中；清华预备学校出身者（包括直派留美）就有 29 人。其中数理组 8 人：周仁（1910）、竺可桢（1910）、姜立夫（1911）、侯德榜（1912）、茅以升（1916）、叶企孙（1918）、曾昭伦（1920）、萨本栋（1922）；生物组 9 人：秉志（1909）、钱崇澍（1910）、戴芳澜（1913）、陈克恢（1918）、陈桢（1919）、李先闻（1923）、邓叔群（1923）、汤佩松（1925）、冯德培（1929）；人文组 12 人（略）。后来第二、三届院士选举，又有生物组赵连芳（1923）和数理组梅贻琦（1909）、顾毓琇（1923）、任之恭（1926）4 人。这还不包括清华大学阶段留美回国的科学家，因为他们此时才刚刚崭露头角。

　　在工业和工程方面，担任厂长、工程师、总工程师的清华留美生也为数众多。请参看《中国科技工业企业发展史丛书》第四辑《中国工程教育发展史》。

表 6－1　1909～1911 直接去美的科技留学生

出国年度	理		工				农	医
1908			许先甲					
1909	王仁辅　王 健 胡刚复　张子高 秉 志　严家驹		方仁裕　陈 焜　王 珽　张廷金 朱维傑　程义法　何 杰　程义藻 李进嶐　曾昭权　李鸣龢　贺懋庆 吴玉麟　虞景泰　吴清度　戴修鞠 邢契莘　戴 济　金 涛　谢兆基 袁镜铨　罗惠桥　徐佩璜				金邦正 邱培涵 张福良 裘昌运 陆宝淦	范永增
1910	王鸿卓　朱 籙 沈溯明　周 铭		王松海　张宝华　成功一　庄 俊 王白雷　陈茂康　李锡之　符宗朝				胡宪生 郭守纯	胡宣明 施赞元

续表 6-1

出国年度	理	工				农	医
1910	竺可桢　胡达 马名海　程延庆 赵元任　钱崇树	李彬 沈艾 吴家高 周厚坤 周开基 施鎏 柯成懋 高崇德 殷源之	陆元昌 傅骥 杨锡仁 刘寰伟 郑达宸 霍炎昌 谭颂瀛 王预 王绍瀛	沈祖伟 周仁 易鼎新 计大维 徐尚 席德炯 张谟实 陈天骥 陈福习	区其伟 路敏行 谌湛溪 邓鸿宜 邝翌昆 梅贻琦 杨维桢	过探先	周象贤
1911	何庆曾　姜立夫 邱宗岳　章元善 杨光弼　钟心煊	王谟 江山寿 胡博渊 高大纲 张景芬 陈明寿 陈德芬 崔有濂	杨孝述 郑华 龙夷 严昉 李郭舟 夏道康 蔡雄 孙学悟	史宣 宋建勋 徐书 孙继丁 张贻志 陈承栻 陆鸿棠 费宗藩	裘维莹 蔡翔 罗邦杰 颜维精 胡光麃 黄季严 朱起蛰 周抡元	梁杜衡 虞振镛	刘崇动

表 6-2　由预备学校去美的科技留学生

出国年份	理	工				农	医
1912	叶玉良　吴宪	李永庆 陈蕃	吴大昌 胡嗣鸿	卓越	廖慰慈	杨炳勋 郑辅维	
1913	徐允钟　陈立廷 程瀛章　乐森璺	王景贤 何运煌 吕彦直 黄汉和 侯德榜	郭承志 杨锦魁 薛绳祖 顾振	王锡昌 阮宝江 张绍连 陈凤书	程宗阳 潘文炳 关颂声 顾子毅	钱天鹤	陆锦文
1914	吴钦烈　陈鹤琴 寿颂万　唐钺 桂贸廷	江履成 李国均 施青 涂羽卿	温毓庆 薛桂轮 应尚才 李祖贤	李权亨 马善宝 陈廷锡 卢正持	缪恩钊	孙恩麐 陈荣鼎 刘承霖 戴芳澜	李冈 李广勋

出国年份	理	工				农	医
1915	袁复礼 孙耀翔 黄垌华 郑恩聪 吴承洛	江超西 李祖范 洪绍论	孙多萱 叶贡山 潘承圻	何墨林 吴遵湉 巫振英	马育骐 黄叔培 刘承芳		吴兴业 姚尔昌 骆德武
1916	周明衡	朱世昀 周萃馥 凌其峻	张光圻 葛祖良 林澍民	洪深 张可治 陈器	谭世藩	王善佺 傅葆琛 刘樸	沈雋淇 吴金声 孙克基
1917	朱成厚	王耆亚 李珠 张廷玉 陈烈勋	李志仁 孙云霄 张时行 曹延	杨承训 燕春台 苏乐真 裴冠西	罗荣安	王兆麒 郭熙棠	刘汝强
1918	李济 沈履 余青松 余兰园 林国镐 唐仰虞 陈师经 曹理卿 温祖荫 杨绍曾 董任坚 孙企孙	王贵循 朱彬 李耀煌 杜光祖 高华	王荣吉 李祥享 沈诰 周延鼎 张兰格	陈崇法 刘树墉 邝兆祁 侯家源 杨肇燦	陈礼 鲍国宝 王节尧 徐世大 顾宜孙	姚醒黄 陈宰均 汤承佑 冯肇传 熊正瑾 郑步青 李汝祺	陈克恢 杨克念 关颂韬
1919	陈飞鹏 容启兆 谢惠	王国树 李瑞圭 徐梁 陈继善 崔学韩 程耀椿	方颐樸 汪煦 陈永傑 黄慈祥 笪远纶 汤武傑	曾心铭 赵恩廊 郑家觉 邝寿堃 顾毅成 潘钟文	杨颐桂 刘宝琛 钱昌祚 罗庆蕃 陈希庆 孙家璽	李春荣 陆燮钧 郭宗汾 许震宙 罗清生	沈克非 汪攀桂 林世煕 倪葆春
1920	沈熊庆 孔令烜 秦文藹 邵家麟 陈文沛 张景钺 曾昭伦 陈可忠 刘崇乐 赵学海 萨本铁	丁嗣贤 王倬 沈增筠 吴启佑 宋国祥 高惜冰 张光明	王之翰 王通全 吴浩然 吴毓骧 洪绅 唐炳源 张佶	陈三才 许学晶 庄秉权 赵深 刘孝懿 王世圻 黄大恒	常叙 华凤翔 翟维澧 刘学荣 王箴	陈同白 刘和	孟继懋 张锡钧 梅贻琳 富文寿
1921	容启雄	王德郅	王长龄	黄博文	张福铨	程绍迥	曾昭德

续表 6-2

出国年份	理		工				农	医
1921			李庆善 周承佑 高长庚	李运华 汪泰经 周兹诸	杨廷宝 薛祖康 聂鸿达	郭殿邦 熊祖同		
1922	何清儒 沈有乾 高崇熙 张希陆 费培傑 刘绍禹 萨本栋	何运喧 孟宪民 孙增庆 黄子卿 宾尔昌 钱宗堡	王宗澄 李吟秋 李家琛 吴宗杰 胡光澄 高镜莹	朱世明 李充国 沈镇南 易维基 胡锋同 孙承谟	时昭涵 张开骏 汤子珍 董大酉 刘崇汉 钟熙民	时昭泽 陈崇武 彭开熙 邹维渭 刘锡晋 魏毓贤	张心一 陈之长 许复七 赵连芳 刘行骥	闻亦传
1923	徐仁铣 梁治华 张钰哲	孙国华 程　强 刘冀章	江元仁 沈培民 吴　卓 周大瑶 辛文舒 施嘉炀 孙立人	李钟美 吴去非 吴锦铨 周伟璋 段茂瀚 夏彦儒 郭立茂	陈　植 梅旸春 葛炳林 裘名与 应尚能 顾毓琇 闵启傑	葛益炽 刘锡瑕 严之卫 徐宗涑	孔繁祁 李先闻 孙清波 张福麟 黄异生 彭　谦 熊大仕 蹇先达 杨　杰	周思信
1924	王守竞 黄元照 黄　翠 骆启荣	黄　自 区嘉炜 吴鲁强	李绍熹 金开英 胡竟铭 张　光 张乔啬 黄人傑	金龙章 袁伯寿 张洪沅 陈仕庆 黄育贤 曹　昌	黄家骅 贺　闿 萧庆云 严开元 梁思成 周培源	萧　津 罗孝章 高进基	徐　治 赵士寿	汤爵芝 谭遂淮
1925	林伯遵 姚　楷 高士其 翟念浦 周先庚	邱叔航 段绩川 高　志 汤佩松 刘遵宪	王士倬 何玉昆 杜　焕 徐振镛 陈国仓	王冠英 李辑祥 房耀文 张　任 黄文炜	曹寿昌 童　寯 赵国镛 蔡方荫 马　傑	许　鑑 杨　伟 刘萐祺 蘧彦于	吴年吉 周荣条 黄懋义 顾谦吉 汪固与	王俱侗 伍长庚 闻亦齐 刘丙彪
1926	史廷庆 郭庆棻	张通骏 冯燦周	任之恭 杜长明	李效民 邵德辉	崔龙光 过元熙	康振钰	黄海青	周承钥 陆毓璋

出国年份	理	工	农	医
1926	舒叔培　刘椽	唐凤图　黄中　蔡名芳 黄学诗　陶葆楷　刘正炯		
1927	周田　杜文若 高文源　曾远荣 罗文庆	王慎名　王萃彬　赫英举　黄弁群 涂家庆　哈雄文　顾毓珍　刘树钧	陆大京 许振英	
1928	米景贤　祁开智 倪中方　邹尧方 陶桐　刘淦芝 赵访熊　刘瑚	牟鼎同　李漠炽　陆贯一　雷從民 吴柳生　邢传禾　赵诏熊 梁衍　陈土衡　刘建熙	杨允奎 钟俊麟	程伯京 张鸿德
1929	仲崇信　孙承谔 杨葆昌　彭光钦 熊学谦	沈锡琳　邵德彝　丁绪淮　萨本远 冯桂莲	沈克敦	张昌颖 赵以炳

表6－3　直接去美的女生及专科生中的科技留学生

出国年份	理	工	农	医
1914（女）	韩美英			
1916（男）		王成志　王锡藩　黄寿恒　许坤 李铿　茅以升　裘维裕　薛次华	李迪华	
1916（女）	蔡秀珠			陈翠贞　方连珍 李清廉　严蕙卿 黄桂葆
1917（男）		沈良骅　吴学孝　裘燮钧　薛卓斌 黄家齐　过养默　谭真		
1918（女）	丁素筠　杨保康 杨佩金　朱蘭贞			章金宝
1918（男）		王节尧　侯家源　杨肇燫　顾宜孙 徐世大　张文潜		
1919（女）				王淑贞
1919（男）	陈桢	丁人鲲　任尚武　刘基磐　薛绍青 涂绍宇	李顺卿	
1920（男）	胡经甫			

续表 6 – 3

出国年份	理	工	农	医
1921（男）	李继侗　潘履洁	王崇植　邹思泳　裴庆邦　诸水本 桂铭敬	张念源 冯　锐 董时进	
1921（女）	林同曜　陆慎仪 黄孝真			桂质良　倪陆琮
1923（男）		朱物华　李书田　许应期	吴韫珍	
1923（女）				王志宜　胡汉纳
1925（男）	刘晋年	庄前鼎		
1925（女）	张纬文			凌淑浩
1926（女）	顾静徽			
1927（男）	江泽涵　张资琪			李克鸿
1927（女）	张　锦　曹简禹 龚兰珍			
1929（男）	周同庆　胡坤升 袁翰青			冯德培　张宗汉

表 6 – 4　在美国领清华津贴的自费科技留学生

理		工		农	医
王秀玉（女） （1916）	庄季昭（女） （1915）	李　懋	李慕楠 （1928）	沈宗瀚	王素贞（女）
卞　彭 （1922）	朱希亮 （1928）	沈　昌	余籍传 （1921）	汪汇章 （1916）	何守瑗（女） （1925）
江　清	李澄澜 （1920）	周志宏	林　笋	林汶民 （1920）	林荣贵
沈彬贞（女） （1917）	吴贻芳（女）	林桂生	林碧梓 （1928）	林礼铨 （1922）	纪长庚 （1922）
林平卿（女） （1931）	唐嘉装 （1923）	林徽因（女） （1925）	林继庸 （1922）	凌道杨 （1921）	黄新彦
孙　鏯	张东民 （1922）	林继诚 （1915）	席德炳 （1914）	张范村 （1912）	梅卓生
郭兴燕（女）	庄长恭	柴志明	张正平 （1922）	陈儁人 （1919）	屠坤华 （1918）

理		工		农	医
寿振黄 (1926)	刘廷芳 (1914)	张通武	陈丕扬 (1923)		曾思涛 (1925)
刘德珍 (1925)	郑章成	陈洋讃	陆秉亨	童玉民 (1928)	曾宪武
蔡 堡 (1925)	蓝如溪 (1929)	娄昌后 (1923)	娄既庭 (1923)	叶雅各	郑 全
戴立生 (1933)		连 彝 (1915)	冯树铭	万 听 (1925)	郑祖穆
		傅道伸 (1918)	赵庆杰 (1923)	铁 明 (1924)	蔡珍治（女） (1914)
		刘润华 (1924)	潘文焕		谢和平 (1914)
		郑允衷	邓鸿仪		郭尚贤 (1914)
		鲁邦瞻 (1913)	蓝春池 (1923)		
		关颂坚 (1920)			

表 6 – 5　清华学堂留美特别生

种 类	理	工	农	医
特别官费生				邹淑慧
使馆学生		王景春		
教育部稽动局学生	傅尔攽			
	任鸿隽			
	杨 铨			
北洋学堂学生		唐荣祚		刘瑞恒
		王正黼		
研究医学生				全绍清

表6-6　清华大学公费出国访问的科技教授

年份	理	工	农	医
1930	叶企荪			
1932	熊庆来			
1933	吴有训　孙鏕　吴韫珍			
1934	萨本铁　黄子卿　陈桢 杨武之	施家炀		
1935	郑之蕃　萨本栋		李继侗	
1936	周培源　孙国华			
1943	霍秉权　陈省身　周培源 孟昭英	周新民		
1944		冯桂连	李景汉	
1945		刘仙洲		
1946	吴大猷　曾昭伦　陆近仁 刘崇乐　余瑞璜　王德荣(?) 徐毓栅　张印堂　华罗庚	梁思成　朱兰成　叶楷 范绪筠　董树屏　陶葆楷		

表6-7　清华大学公费出国进修的科技教员

出国年份	理	工	农	医
1930	马绍援			薛愚
1934	戈定邦　黄厦千	沙玉彦		
1935	容启东	褚士荃　孙瑞珩	沙玉清	雷兴翰
1937	张龄佳			
1938	张为申			
1939	张民觉			
1940	陈汉标　段学复			
1941	吴尊爵　王漠昱　朱宝　刘汉			
1942	郑丕留　陈光旭　高振衡			
1943	徐贤修　郑沛缪　张昕聪　赫崇本	钟士模		
1945	许宝騄			
1949	张家骅			

表6-8　清华大学公费科技留学生

出国年份	种　类	理	工	农	医	科技人数	全期总数
1933	第一届留美公费生	孙增爵　熊鸾翥	朱颂伟　林同骅 黄文熙　张昌龄 覃修典　杨尚灼 顾光复　寿　乐 蒋葆增　苏国桢 夏勤铎	夏之骅 寿　标		20	25
1934	研究院国外研究生	马祖圣　张青莲 陈省身				3	4
1934	第二届留美公费生	王竹溪　孙令衔 殷宏章　温步颐 赵九章　萧之的 龚祖同　顾功叙	徐芝纶　张光斗	汤湘雨 杨　蔚 戴松恩 魏景超		12	20
1936	研究院国外研究生	施祥林　吴学蔺				1	7
1935	第三届留美公费生	张宗炳　方声恒 杨遵仪　李庆远 潘尚贞　张信诚 薛　芬	李庆海　贝季瑶 郭本坚　徐民寿 张　煦　张全元 钱学渠　刘光文 钱学森　钟朗璇 时　钧			19	29
1935	留德交换研究生	雷肇唐　马耸云 敦福堂	汤瑞钧　吕凤章			4	
1936	研究院国外研究生	庄圻泰　萧承宪 沈乃璋				3	5
1936	留德交换研究生		娄尔康　伍正诚			3	
1936	第四届留美公费生	沈　同　郑　重	王兆振　徐人寿 张明哲　孙观汉 钱惠华　程嘉垕 王遵明　王宗淦	章锡昌	曹松年 张纪正	13	18
1937		马大猷	武　迟	沈　隽			
1938		潘孝硕					

续表 6 - 8

出国年份	种类	理	工	农	医	科技人数	全期总数
1941	第五届留美公费生	蒋明谦	汪德熙　胡 宁 励澜生　黄培云 叶 玄　屠守锷 孟庆基　梁治明	陈耕陶 陈樵生 朱宝复	黄家驷	14	16
1943			吕保维				
1944	第六届留美公费生	钟开莱　杨振宁 凌 宁　郭晓岚	张炳熺　钱钟毅 张 燮　白家祉 张建侯　曹建猷 沈申甫　沈申甫	吴仲华	黄杲	18	22
1945		王积涛	洪朝生	方中达			
1946			黄茂光	吴中伦			
1940	留美半公费生	姜 尧 萧彩瑜　徐恩锡	卞钟麟　刘诒谨 卢鹤钟　王俊奎			8	10
1941	留美半公费生	姜 尧　余懿德 万文仙　薛兆旺 王克勤　马竹桢 张宣谟　毛应斗 徐敬仪	卞钟麟　张捷迁 孙守全　王俊奎 胡声求	张宪秋	林惠贞 施家桀	18	36
1947				李惠林			

表 6 - 9　1909 ~ 1945 年清华公费科技留学生的美国母校

	校 名	理	工	农	医
1	Akron University		4		
2	Alfred University		1		
3	Antioch University	1			
4	Arizona, University			1	
5	Boston Institute of Technology		1		
6	Brooklyn Polytechnic Institute		1		
7	Brown University	1			
8	California Institute of Technology	2	3		
9	California, University of	5	2	3	

	校　　名	理	工	农	医
10	Carnegie Institute	1	6		
11	Case School of Applied Science	1	4		
12	Chicago, University of	42			12
13	Cincinnati, University of		1		
14	Clark University	3			
15	Clemson University	1			
16	Columbia University	25	43		
17	Colorado School of Mines	1	25		
18	Dartmouth College	2	1		
19	Drexel Institute				
20	Greer College		1		
21	Harvard University	29	18		5
22	Illinois, University of	11	19	10	
23	Indiana, University of	1			
24	Iowa State College	1		14	
25	Iowa, State University of	1			
26	Jefferson Medical School				1
27	Johns Hopkins University	7			15
28	Kansas State College			3	
29	Lehigh University		15		
30	Louisiana State University		6	2	
31	Lowell Textile College		20		
32	Maine, University of		9		
33	Maryland, University of		1		
34	Massasschusett Institute of Technology	5	175 + 10?		
35	Michigan State University		4		
36	Michigan, University of	6	42		6
37	Minnesota, University of		9	6	1
38	Mississippi, University of			1	
39	Missouri, University of	1	3		
40	Mount Holyoke College	2			
41	New Bedford Texfile School		3		
42	New York University		1		
43	North Carolina State College	2	3		

续表 6 - 9

	校　　名	理	工	农	医
44	Northwestern University	1	1		
45	Norwich College	1			
46	Oberlin College	3			
47	Ohio College of Dentistry				1
48	Ohio State University	7	19	1	
49	Ohio Wesleyan University				1
50	Oklahoma, University of		1		
51	Oregon State College	1		3	
52	Pennsylvania, University of	3	10		5
53	Philadelphia College of Pharmacy				1
54	Pittsburgh, University of	1	4		
55	Pratt Institute		1		
56	Princeton University	5			
57	Purdue University		47		
58	Radcliff College	2			
59	Rensellaer Polytechnic Institute		17		
60	Rutgers University	2		1	
61	Stanford University	14	4		
62	Stevens Institute of Technology		3		
63	Syracuse University	1			
64	Temple University				1
65	Tufts University	3	1		
66	Union College		2		
67	Utah, University of			1	
68	Vassar College	1			
69	Virginia Polytechnic Institute		1		
70	Virginia, University of	2			
71	Washington and Lee University	1			
72	Washington, University of	1	1	1	3
73	Wellesley College	3			
74	Wisconsin, University of	24	7	13	3
75	Worcester Polytechnic Institute	1	8		
76	Yale University	9	1	2	1

表6-10　非清华公费出国学习或访问的清华留学生

在校时期	理			工			农	医
1920年代	王馨逸	陈世桢	钱思亮	朱士武	徐廼祚	陈永龄		方恩绶
	劳启祥	王淦昌	严仁荫	张庆舆	孙廷中	夏坚白		
	施士元	汪振儒	葛春林	关祖光	傅天彝			
	陈善铭	张大煜	冯秉铨					
1930年代	牟乃祚	马师伊	翁文波	马恒融	吴景祥	林家翘	常得仁	张　省
	施家钟	陈　焘	柯　召	孟广喆	赵文珉	林同锻		吴荣熙
	刘发喧	梁　普	陶克原	张昌华	翟鹤程	曹本熹		汪殿华
	黄琮璞	宾　果	戴振铎	赵熙雍	陈久徽	田长模		
	龙康侯	王　植	陶克原	叶明升	谭葆泰	郁振镛		
	胡乾善	胡　棻	郭鸿运	尹　政	甘毓津	何怀祖		
	徐　仁	程裕棋	许宝騄	衣复得	马增新	梁　达		
	张宗燧	陈耕陶	吴征镒	朱民声	李丕济	桑士聪		
	彭桓武	钱伟长	张龙翔	谢家泽	黄　眉	胡声松		
	罗建本	王大珩	朱汝荣	阎振兴	方俊鏊			
	朱树恭	何泽慧	冯新德	雷　开	钱三强			
	熊尚元	娄成后	严连生	陈新民	徐芝纶			
	罗庆隆	葛庭燧						
1940年代	钟秉智	颜保民	邓稼先	林　骅	罗　旭	田长模		
	焦瑞身	朱汝瑾	武永兴	胡永春	常　迵	何广慈		
	汪家耕	黄顺美	林同珠(?)	陈同章	唐统一	汪家鼎		
	陶愉生	邹承鲁	郑国熙(?)	卞学璜	何炳林	林同锻		
	苏勉曾	董履和	朱镕基	唐世一	邢傅芦	廖仲周		
	何辰东	杨耆荪	丁石荪	何东昌(?)	梅祖彦	熊知行		
	曹本熹	叶笃正	朱光亚					
	费自圻	魏娱之(?)	王瑞駪					
	申泮文(?)	赵桂龄	查瑞传					
	赵　绵	唐敖庆	宋心琦					
	张　涝	赵景德	周光召					
	汤佩勤	陈茹玉(?)	胡亚东					
	梅祖彤	王　浩						

第七章 十年建设时期的（1928～1937）科技留学生与出国人员

7.1 出国/回国的科技留学生人数大增

1928 年，国民革命军北伐胜利，结束了军阀割据一方的局面。国民政府最终能够对全国行使统一的管理。在留学生的派遣工作中，也统一了全国留学事务。这一时期国民政府颁布的有关出国留学的文件、章程、办法等，不下 20 种。其中有留学考试章程、回国安置办法、回国登记条例、选派出国留学考察的规章、国外留学规程、国外留学自费生派遣办法，以及各种登记表、申请表等。但是在这个时期，多数条例不能实行，其原因不能不归咎于欧、美、日对于中国人入境的办法，例如中国政府派去美国调查或购置机件的科技人员，入境时在护照上签证。留学生则不能在护照上签证，而只是由美国领事馆发给入境证件，登岸时被美国移民局收去，留学生抵美入校，并不通知中国大使馆，回国后也不向教育部登记。

1929 年底华尔街股票突然猛跌，造成美国破天荒的连续几年不景气。这段时间留学生人数反而增加，因为物价大落，生活费减低，美国大学地区的民房，每月食宿有 20 美元已够了，按照当时银元对美元的汇率，中国的中产家庭，可以负担自费留学。其中选习理工的也增加。

1928 年国民政府在南京成立，完成"国父"孙中山的第一志愿，第二步是"复兴中华"，根据他的"建国方略"，主要目的是发展工业企业，改善人民生活。国民政府的领导提出"十年建设"的口号，他们曾经留学或到外国考察，虽然不是学理工的，也知道科技的重要，主张多派留学生。1933 年 4 月颁布的《国外留学规程》46 条，是国民政府一项重要的教育法规。其中拟定"派赴国外研究专门学术"的高层次；设定留学期限至少 2 年，至多不得超过 6 年，以保证出国留学的确有所得和学成后及时回归；

更明确规定，自当年起，公费留学必须以理、农、工、医为重点，自费生转公费生也以此四科为限（参看表7-4）。表7-4内数字，大概是政府指定的数目，不是实际出国的人数。

表7-4的数字，多数公费生学理工，学成对中国建设应大有帮助，可惜当时最高领袖是军人蒋介石，坚持用武力打倒共产党，指示公费生选习国防化学，硫酸硝酸为化学方面的专题，物理则学弹导，测量工程转学大地测量，为观察江西共产党地区的地形。

表7-1记载这个时期所有能查出的1929～1937年回国的科技人员。这个时期也有曾经出国又再次出国留学的人（参看表7-2）。表7-1与7-2包括公费与自费的出国/回国科技人员。

7.2　此时期回国人员理、工、农、医的分配

1928～1937年是中国发展工业企业的过渡时期，社会不像以往那样守旧，知识分子对于自然发生探讨的兴趣，表7-4把1929～1939年逐年的人数与以往比较，增加了许多倍。

此时回国的理科人员对于中国发展科技有极大的影响，一千多年来中国的知识分子只讲社会伦理，在短短的十年中，改变为攻读日新月异的理工科（参看表7-1），他们多到大学服务，也有再次出国继续研究的（参看表7-2），各种理工科学会也在此期间成立（参看表7-7）。

工科的出国/回国人员，一心为参加祖国的建设，可惜不能如愿以偿，原因是日本军阀的目标在并吞中国，占领中国领土，尽量破坏。加以国共双方展开内战，建设大型工业企业的计划全不能开始。这个时期回国的工程人员，很难找到合适的工作，否则这时期的出国/回国工科人员可能会增加几倍。一般而论，工科留学生的时间比较短，留学生多数只读硕士，两学期的课程，加上暑期学校的论文，可以在一年之内完毕。

中国以农立国，而农民固守着代代相传的生产方式，对生产力的发展难以起到推动作用。只有当先进的生产技术和管理方法引入到传统农业中，才能使中国的农业有一个飞跃的发展。据统计，1929～1937年，我国留学各国的农科学生共556人，占同时期全国留学生总数的7%。

在医学方面，尽管有着几千年历史的中医是中国的国术，但其传统的草药、按摩、调养等治疗方式，在西医现代化的检查手段和治疗方法前，

显得简陋而欠缺科学性，所以越来越多的人接受了西医，越来越多的留学生选择学习医、药学。

7.3　庚款公费留学人员

虽然清华留美预备学校于 1929 年结束了其使命，但庚款资助出国留学的活动并没有停止。一方面，清华大学继续派出学生与在职人员出国留学（参看第六章）；另一方面，英、法、比、日等国也仿效美国，退回部分庚款，用于兴办中国高等教育，所以出现了庚款留英人员、留法人员等。

成立于 1924 年 9 月的中华教育文化基金会，是专门管理美国退还的庚款的机构，其成员由中、美两国人士组成，中国方面几乎均为归国留美学生。这个基金会还曾拨款资助北京大学、南开大学等校，这些学校也曾利用这笔款项派送留美学生。另外，基金会从 1928 年起，每年拨款补助及奖励中国学者进行科学研究，其中包括出国研究深造。比如 1928 年的甲种补助金给了 4 个人，严济慈第二次赴法留学，刘树杞、郭任远分别二次赴美留学，而丁文江则用这笔钱到贵州调查地质。截至 1945 年，中基会共核发国外研究补助金 408 人次，这些人主要去美国深造，其他还有去法国、德国、英国等，主要是科技方面的。

受庚款留美的启示，英国于 1930 年与南京政府换文，以英国退还庚款息金的 15% 用于考选赴英留学生。从 1933 年 8 月开始举办第一届考试，科技文法都有。到 1948 年 1 月以"财政支绌"为由停止派遣为止，先后举办九届。庚款留英考试是 20 世纪三、四十年代我国各项公费留学考试中竞争最激烈的，完全按分数录取，宁缺毋滥，保证了录取人员的高质量。其中前六届分别录取 9、26、24、20、25、20 人，录取率均不足 10%。1939 年第七届留英考试，选拔 24 人，但由于战争缘故无法赴欧，只能进入当时英国的自治领——加拿大留学。1943 年，中英庚款董事会改名中英文教基金董事会，并举办了第八届留学生考试，共录取 28 人，是历届录取人数最多的一届。再加上第九届录取的 17 人，这样前后共有 193 人赴英国和加拿大留学（参看表 7-5），大多数是科技方面的。

留英生的派遣完全贯彻了国民政府留学派遣政策，以理、工、农、医科为主，这几科的留学生就有 147 人，占总人数的 76%，其中又以工科所占比例最高，其次是理科。清华大学学生除在留美考试中占绝对优势外，在庚款留英生中也占有很大的比例。其次为中央大学和交通大学毕业生。

中法文化教育基金会成立于 1925 年 4 月，举办或委托举办了三届留法公费生考试，第一届录取甲科公费生 3 人，其中包括钱三强，录取乙种公费生两人。中比庚款委员会成立于 1927 年，到 1936 年共选送留比学生 64 名。庚款留法生、留比生人数很少，专攻科技的也少，因为当时中国法语大学只有震旦大学和中法大学（参看表 7-6）。

此时期庚款公费出国科技人员的选择用两种方式，都是全国性的。一部分由学校或科技机构推荐与个人申请，大部分是公开考试。值得注意的有几点：（1）虽然不是各省分配，全国各省籍都有，沿海省多些。（2）新近成立的大学，理工毕业生比较多，特别是清华大学。1929 年第一级四年制的毕业生考上庚款公费的每期都有。农科是金陵大学，医科是北京协和与上海医学院。（3）入选的科技人员质素比以前高，在三年内完成博士学位是较普遍的。

7.4　各省派出的公费科技人员

国民政府确定了公费留学以省费为重心的政策，并且扭转了北洋政府时期由于中央与地方争夺派遣权，加之各省拖欠费用严重而导致省费留学生派遣逐渐减少乃至停止的局面。将派遣公费生的权利下放至地方省市，这样既有利于调动地方积极性，又可避免因计划脱离实际而造成浪费。按规定，省费留学生毕业后直接回本省市报到。如本省市需要时，至少须依照其留学年限在本省市服务。报考条件也比较严格，限于本省籍，外地学生可以回其原籍参加省费考试。另外，各省出于自办建设的需要，也会派一些公务员、技术员出国考察、采购机件或是实习，这些都是短期性质的，不限省籍，但回国后要返回原职。这些条例虽然不能全数实行，但比较以往好了许多。

各省纷纷制定自己的派遣留学生计划，举办留学考试。如江苏省 1929 年举行的留学考试，录取 13 人留学欧美。1933 年又招考机械工程、化学工程、土木工程各 4 名，共计 12 名分赴美、法、英、德、比国留学。同时招考的还有 2 名赴国外研究的教育人员。1934 年的留学考试，录取留学生 4 人，研究人员 3 人。

山东省 1931 年进行的公费留学考试，第一批录取留美、英、德、日

14 人。1934 年和 1935 年又组织了两次考试，共录取 13 人出国留学。1936 年，根据该省留美、德、法尚有各 1 名缺额，再另增留日生 1 人，就此公开考选了 4 人。

江西省教育厅 1928 年拟定本年派遣欧美省费留学生办法，规定本年应派留学名额 8 人，其中去美国 3 人。1934 年该省成立由专家学者组成的欧美公费生考试委员会，录取 8 人，经教育部复试后派遣 4 人赴美，1 人赴德。该省前后派出留学人员达 78 人。

安徽省 1929 年第一届留学生考试录取 7 人，分赴欧美。1930 年第二届录取留英生 4 人。1934 年录取 6 人，1935 年录取 3 人，1937 年也进行了招考。

广东省 1934 年举行第一届留学公费生考试，录取 4 人前往欧美学习造纸、纺织、水电等。1935 年举行第二届考试，录取留英、留美、留日者各 10 名。

在东北地区，1930 年黑龙江省曾考选留欧学生 5 名。东北沦陷后，自 1934～1937 年，教育部东北青年教育救济处在北平连续招考了 4 届东北留学欧美公费生，每届 3 名。

连边远省份如甘肃省，至 1936 年止，也向美、法、德三国派遣了 3 名公费留学生。

省公费考试限定该省籍的科技人员才能参加，入选机会比全国性的增加几倍，所以投考的人很多。省籍的定义是祖籍，居住省外的科技人员，纷纷回本省考试。本省院校的毕业生没有优先，结果是省公费科技留学生中，新建的大学毕业生占较高的比例。1929 年江苏省首次招考 2 名物理、2 名化学留学生，入选的全是清华大学 1929 年毕业生。河南、山东两省各有两个水利留学名额，入选的也是清华大学的学生。

7.5　自费及学校补助的出国科技人员

这里所谓的"自费生"是指那些不是通过政府有组织地出国留学的人员，也就是说，不包括中央或地方公费以及庚款资助的留学生，而包括那些由教会大学或宗教团体资助的，享受外国奖学金的与到工厂实习的，还有完全由家庭供给资费的留学生。

为培养师资，增进国内外学术交流，一些大学尤其是教会大学也有计划地派遣本科生、教师和技术人员出国留学、实习等（参看表7-1）。那些毕业于协和医学院、金陵大学、东吴大学、沪江大学、燕京大学、华西协和大学等教会大学的学生，很多就属于这种情况。特别是在医学、农学这些教会大学占有绝对优势的领域，人员需求多，而且易于获得外国奖学金。

出自南洋大学（上海交通大学前身）、唐山交通大学的工科毕业生，则受外国工厂、企业资助，去欧美实习。

由本人或其家属出资的自费留学生，在此时期大量增加，关于科技人员方面的，有两个新现象，理工科毕业生，出身于城市的中上等家庭，或乡镇的大户人家，知道美国大学的费用不高，便去报名。德国有一个时期，施行"注册马克"，给外国学生特别便宜，虽然当时只有同济大学用德语，用英语课本的理工科毕业生到德国补习德语，并不困难，所以此时期出国/回国的德国留学生特别多。另一现象，是富商巨户的子女选习科技，并且能长期留在国外获取最高学位，在科技方面大有成就。天津名门的娄成俊，上海富商之女张锦，银行巨子之子贝聿铭（I. M. Pei），是很好的榜样。

以往对自费留学没有什么限制，只要有志出国深造且能自备资费都能出国留学。这一状况在国民政府成立后有所改变。1933年公布的《国外留学规程》规定，自费留学须为专科以上学校毕业者或高级职业学校毕业并曾在国内任技术职务两年以上者。经教育部审查核准，发给留学证书，即可出国留学。但是这个条例并未实行，一般自费出国者不拿教育部的证书，当时出国是从上海或香港乘外国船离境，不经政府管理。

7.6　1928～1937年回国科技人员的贡献

参看表7-1可知，这一时期回国的科技人员大多数在大学任职，加强师资力量。继前一时期数、理、化等理科院系建立之后，一些工科院系也纷纷在此时创办。比如，1928年梁思成（1928年回国）创办东北大学建筑系；1931年张克忠（1928年回国）创办南开大学化工系；1932年庄前鼎（1932年回国）、顾毓琇（1929年回国）分别创建清华大学机械工程系和电机工程系。

这一时期回国的科技人员，许多人日后都成为各自专业领域的杰出人才。可以参考科学出版社出版的《中国现代科学专家传记》，其中大部分介绍的就是这个时期回国的科技人员。

值得一提的是，回国留学生除了结合教学工作开展研究外，还通过创建科学学术团体，出版科学专业报刊，筹办全国性的科学研究机构等方法和途径，来推动科学研究和科技体制化发展。表7-7列出了一些主要的科技团体和学会。

7.7　此时期的工业企业情况

参考表7-1与7-2，这个时期大批回国的工程人员，都没有到大型工业企业服务的。政府号召"十年建国"，结果只是泡影。

在此时期，天津碱厂是唯一的大工业企业；秦皇岛的耀华玻璃厂能出玻璃板，只是中型；大中华火柴厂、天厨味精厂等不过是小规模。只有轻工业，如纺织厂使用回国的工程师。

原有国营钢铁企业、运输企业亏本，铁路公路没有增加，电力电信没有改变。

表7-1　1929~1937年回国科技人员总表

序号	姓名	姓名全拼	国内学校	出国年份	留学国	国外学校或其他机构	学科	专业	归国年份	国内工作地点
1	巴文俊	Ba Wenjun		1920年代	法	里昂大学理学院	理	化学	1929	内蒙古林学院
2	白希清	Bai Xiqing	奉天医科专门学校	1933	英	格拉斯哥大学皇家医院，里兹病理学研究院	医	医学	1935	北京协和医学院，东北大学，中央卫生研究院，医学科学院
3	包志立	Bao Zhili	金陵女子文理学院	1928	美	Michigan	理	心理	1931	苏州东吴大学，北平女师大，西北大学，金陵女子文理学院，南京师范大学

序号	姓名	姓名全拼	国内学校	出国年份	留学国	国外学校或其他机构	学科	专业	归国年份	国内工作地点
4	贝时璋	Bei Shizhang	同济医工专门学校	1921	德	福莱堡大学，慕尼黑大学，土滨根大学	理	生物	1929	浙江大学，中科院
5	蔡柏龄	Cai Bailing			比，法	沙勒罗瓦专门学校，格勒诺布尔电工学院，巴黎理学院	理	物理	1935？	
6	蔡方荫	Cai Fangyin	清华学校	1925	美	MIT	工	土木工程	1930	东北大学，清华大学，中央重工业部，建筑工程部建筑科学研究院
7	蔡金涛	Cai Jintao	交通大学	1934	美	商务部国立标准局，Harvard，联邦电话电报公司纽奥克工厂	工	电信工程	1937	中央电工二厂，上海物理研究院，中央无线电器材公司，华东工业部电信工业局，航空航天部
8	蔡镏生	Cai Liusheng	燕京大学	1929	美	Chicago	理	化学	1932#	燕京大学，厦门大学，中国大学
9	蔡名芳	Cai Mingfang	清华学校	1926	美	Purdue	工	机械	1931	陇海铁路
10	曹昌	Cao Chang	清华学校	1924	美	MIT，Harvard	工	电机	1930	上海无线电公司
11	曹鹤荪	Cao Hesun	交通大学	1934年后	意	都灵大学	工	航空	1937	上海交通大学，军事工程学院，国防科学技术大学，哈尔滨军事工程学院，国防科技大学

续表 7-1

序号	姓名	姓名全拼	国内学校	出国年份	留学国	国外学校或其他机构	学科	专业	归国年份	国内工作地点
12	曹简禹	Cao Jianyu		1927	美	Cornell, Illinois	理	化学	1933	南开大学
13	曹寿昌	Cao Shouchang	清华学校	1925	美	Greer	工	汽车	1930	广州市交通管理处
14	曹诒孙	Cao Yisun	江苏省第二农校	1925	日	国立鹿儿岛高等农林学校，东京商等蚕丝学校	农	蚕科	1930	江苏省蚕丝试验场，浙江大学，江苏省蚕丝专科学校，华东蚕业研究所，中国农业科学院蚕业研究所
15	常得仁	Chang Deren	清华大学，金陵大学	1932	美	Cornell	农	农林	1934	四川省设计委员会
16	陈端柄	Chen Duanbing		1921	美	华盛顿大学，鲁尔大学，纽约大学	工	土木工程	1932	上海之江大学，水电部
17	陈封怀	Chen Fenghuai	金陵大学，东南大学，清华大学	1934	英	爱丁堡皇家植物园	理	植物	1936	庐山森林植物园，昆明静生生物调查所，中正大学，江西省农业科学研究所，中科院
18	陈凤桐	Chen Fengtong	保定农业学校	1929	日	东京青山农业大学	农	农业经济	1933	北平大学农学院
19	陈国仓	Chen Guocang	清华学校	1925			工		1930	
20	陈鸿逵	Chen Hongkui	金陵大学	1931	美	Iowa State	农		1935	浙江大学，上海商品检验局，浙江农学院，浙江农业大学，浙江省农业科学院

序号	姓名	姓名全拼	国内学校	出国年份	留学国	国外学校或其他机构	学科	专业	归国年份	国内工作地点
21	陈兼善	Chen Jianshan	杭州省立第一师范,北京师范大学,广东大学	1931	法,英	巴黎植物园,伦敦大不列颠博物馆	理	鱼类学	1934	广东教育学院,台湾博物馆,台湾大学,东海大学,上海自然博物馆
22	陈康白	Chen Kangbai	厦门大学	1932	德		工		1937	延安大学,中原军区军工部,东北军区军工部,哈尔滨工业大学
23	陈 立	Chen Li	沪江大学	1930	英,德	伦敦大学,英国工业心理研究所,Berlin	理	心理	1934	中央研究院,杭州大学,中科院
24	陈 琦	Chen Qi	协和医学院		美	克利弗兰大学,Columbia	医	护士	1937?	护士学校
25	陈启东	Chen Qidong	圣约翰大学	1930	美	Virginia	农	果树	1933	圣约翰大学
26	陈士骅	Chen Shihua		1925	德	慕尼黑工业大学,德国铁路局	工	铁路,水利工程	1934	陕西省建设厅,同济大学,北洋大学,北京大学,清华大学
27	陈世骧	Chen Shixiang	复旦大学	1928	法	巴黎大学	理	生物	1934	中央研究院,中科院
28	陈树羲	Chen Shuxi	交通大学	1935?	美	实习	工	铁路管理	1937?	津浦铁路
29	陈 焘	Chen Tao	清华大学	1930	美	Illinois	理	化学	1933	军政部技术司

续表 7-1

序号	姓名	姓名全拼	国内学校	出国年份	留学国	国外学校或其他机构	学科	专业	归国年份	国内工作地点
30	陈駧声	Chen Taosheng	北京工业大学	1932	美	路易斯安那大学，Wisconsin	理	化学	1934	中国酒精厂，交通大学，江南大学，上海科技大学
31	陈同度	Chen Tongdu	南开大学	1935	美		医	生物化学	1937	协和医学院
32	陈士衡	Chen Tuheng	清华学校	1928	美	MIT	工	电机	1933	上海电力公司
33	陈维稷	Chen Weiji	复旦大学	1925	英，德	利兹大学，大德染料厂	工	染化	1929	北平大学，民治毛纺厂，中国纺织建设公司，上海交通大学，纺织工业部
34	陈省身	Chen Xingshen	南开大学，清华大学	1934	德，法	汉堡大学，巴黎大学	理	数学	1937#	西南联大，中央研究院
35	陈心陶	Chen Xintao	福建协和大学，广州岭南大学	1928	美	明尼苏达大学，Harvard	医	寄生虫学，病理学	1931#	广州岭南大学医学院，香港大学，江西省中正医学院，江西省卫生实验所，福建厦门大学
36	陈锡鑫	Chen Xixin	江西省萍乡县中学	1921	日	东京第一高等学校，日本第六高等学校，京都帝国大学农学院	农	园艺	1932	南京金陵大学，西北农学院，北京大学，北京农业大学
37	陈耀真	Chen Yaozhen		1921	美	Boston U.，密歇根州杰克逊市福特纪念医院，Johns Hopkins	医	眼科	1934	齐鲁大学，华西大学，岭南大学，中山医科大学

序号	姓名	姓名全拼	国内学校	出国年份	留学国	国外学校或其他机构	学科	专业	归国年份	国内工作地点
38	陈义	Chen Yi	厦门大学，中央大学	1932	美	Pennsylvania	理	动物学	1935	中央大学，南京大学
39	陈植	Chen Zhi	清华学校	1923	美	宾夕法尼亚大学建筑研究院，纽约伊莱·康建筑事务所	工	土木工程	1929	东北大学，梁林陈张营造事务所，之江大学，华东建筑设计公司，上海市建设委员会
40	陈志潜	Chen Zhiqian	协和医学院	1930	美，德	Harvard 公共卫生学院，MIT，德累斯顿市健康教育中心	医	公共卫生	1932#	中华平民教育促进会卫生教育部，协和医学院，北平市第一卫生事务所，四川省卫生实验处，华西协和大学医学院
41	程伯京	Cheng Bojing	清华学校	1928	美	Chicago	医	眼科	1934	协和医学院
42	程崇厚	Cheng Chonghou	潞河中学	1934	美	Yale	理	化学	1937	
43	程明陞	Cheng Mingsheng	北洋大学		日	早稻田大学	工	电机制造	1936	东北电业管理总局，燃料工业部电业总局，电力工业部，水利电力部，西安动力学院
44	程乃颐	Cheng Naiyi	北京师范大学	1924	美	Columbia	理	心理	1929	北京师范大学，青岛大学，武汉大学，四川江津白沙女子师范学院，北京大学

续表 7 - 1

序号	姓名	姓名全拼	国内学校	出国年份	留学国	国外学校或其他机构	学科	专业	归国年份	国内工作地点
45	程绍迥	Cheng Shaojiong	清华学校	1921	美	Iowa State，Johns Hopkins	农	兽医	1930	东北大学农学院，上海兽医专科学校，上海兽医防治所，农业部畜牧兽医局，国家科委畜牧专业组
46	程世抚	Cheng Shifu	金陵大学	1929	美	Harvard，Cornell	工	土木工程	1933	浙江大学，广西省建设厅上海市工务局，南京金陵大学，国家建设工程部城市设计院
47	程宜萍	Cheng Yiping	浙江省立高级蚕桑科中学	1934	日	九州帝国大学农学部	农	蚕学	1937	安徽省蚕桑改良场，江苏省江宁县蚕桑示范区，安徽省立高级蚕桑学校，农业部，农林部
48	褚凤仪	Chu Fengyi			德、法	Berlin，南锡大学	理	数学	1930?	暨南大学，上海法学院，复旦大学，上海财经学院，上海社会科学院
49	褚圣麟	Chu Shenglin	之江大学，燕京大学	1933	美	Chicago	理	物理	1935	岭南大学，燕京大学，昆明同济大学，北平辅仁大学，北京大学
50	崔步青	Cui Buqing	北洋政府军政部陆军兽医学校	1928	日	东京陆军兽医学校	农	兽医	1930	东北洮安军牧场，南京句容种马牧场，贵州安顺陆军兽医学校，北京农业大学，吉林农业大学

续表 7－1

序号	姓名	姓名全拼	国内学校	出国年份	留学国	国外学校或其他机构	学科	专业	归国年份	国内工作地点
51	崔龙光	Cui Longguang	清华学校	1926	美	Purdue, London	工	铁路	1931	中山大学
52	崔之兰	Cui Zhilan	东南大学	1929	德	Berlin	理	动物	1934	北京大学，昆明云南大学，清华大学
53	崔宗培	Cui Zongpei	唐山交通大学，清华大学	1931	美	Iowa State	工	水利工程	1937	重庆乡建学院，水利部华北水利工程总局，北洋大学，水利水电建设总局，水利电力部
54	戴安邦	Dai Anbang	金陵大学	1928	美	Columbia	理	化学	1931#	金陵大学，南京大学
55	戴桂蕊	Dai Guirui	湖南大学	1933	英	Imperial College	工	机械	1936	湖南省公路局，成都航空学校，中国煤气车运输公司，吉林工业大学，镇江农业机械学院
56	戴立生	Dai Lisheng		1933	美	Stanford	理	动物	1935	
57	戴松恩	Dai Song-en	金陵大学	1934	美	Cornell	农	作物育种	1937	中央农业实验所，四川金堂明贤农工学院，湖北省农业改进所，华北农业科学研究院，农业科学院
58	邓静华	Deng Jinghua	北京工业大学	1925	法	南锡大学	理	数学	1930	上海大同大学，广西大学，重庆大学，复旦大学，台湾大学
59	邓廷法	Deng Tingfa	清华大学	1935	德	Berlin	理		1937	

续表 7－1

序号	姓名	姓名全拼	国内学校	出国年份	留学国	国外学校或其他机构	学科	专业	归国年份	国内工作地点
60	邓兆祥	Deng Zhaoxiang	南京鱼雷学校	1930	英	航海枪炮学校	工	军器	1934	海军鱼雷营
61	丁观海	Ding Guanhai	交通大学	1933?	美	Michigan	工		1936	
62	丁士雄	Ding Shixiong	交通大学	1935?	美	实习	工	电机	1937?	
63	丁文渊	Ding Wenyuan	同济大学	1929	瑞士，德	楚里西大学，Berlin，法兰克福大学	医	医学	1936#	同济大学
64	丁绪淮	Ding Xuhuai	清华学校	1929	美	Michigan	工	化工	1933	天津北洋工学院，重庆大学，浙江大学，南开大学
65	董文琦	Dong Wenqi		1924	日	名古屋工业大学	工	土木工程	1929	吉敦铁路局，吉林大学，扬子江水利委员会
66	董聿茂	Dong Yumao	浙江省立第四中学	1919	日	日本国东京高等师范学校，京都帝国大学	理	动物学	1930	浙江大学，浙江省博物馆，浙江师范学院，舟山水产学院，杭州大学
67	杜长明	Du Changming	清华学校	1926	美	MIT	工	化工	1931	安徽大学，重庆印刷造纸学校，中央大学
68	杜文若	Du Wenruo	清华学校	1927	美	Citadel，MIT	理	化学	1932	山西省国民军
69	杜　焕	Du Ying	清华学校	1925	美		工	航空	1930	南京防空学校
70	段绩川	Duan Jichuan	清华学校	1925	美	Stanford，Pennsylvania	理	生物	1932	中央大学
71	段茂瀚	Duan Maohan	清华学校	1923	美	Ohio State，Columbia	工	化工	1929	北宁铁路工程处

序号	姓名	姓名全拼	国内学校	出国年份	留学国	国外学校或其他机构	学科	专业	归国年份	国内工作地点
72	段永嘉	Duan Yongjia		1931	日	北海道大学	农	植物病理	1937	广西大学，湖南农业专科学校，云南大学，昆明农林学院，云南农业大学
73	段佑云	Duan Youyun	江苏省淮阴高级农校蚕桑科，中央大学农学院	1936	日	东京帝国大学	农	农学	1937	四川农改所，国立中央大学，安徽大学，安徽农学院
74	段子俊	Duan Zijun		1932	苏	莫斯科交通学校	工		1936	东北通信联络分局，大连电信工程专门学校，沈阳邮电总局，重工业部，航空研究所
75	范会国	Fan Huiguo		1920	法	里昂大学	理	数学	1930	南京中央大学，北平师范大学，上海交通大学，海南师范学院
76	范谦衷	Fan Qianzhong	金陵大学	1931	美	UC Berkeley	理	动物	1934	南京农学院，徐州农业专科学校，徐州医学院，南京农业大学
77	范绪筲	Fan Xuyun	哈尔滨工业学校	1932	美	MIT	理	物理	1937	清华大学
78	方嗣稣	Fang Simian	北京师范大学	1934	美	Chicago	理	物理	1937	湖南大学
79	方万邦	Fang Wanbang		1926	美	Columbia	理	体育生理	1930	上海市立体育专科学校

续表 7－1

序号	姓 名	姓名全拼	国内学校	出国年份	留学国	国外学校或其他机构	学科	专业	归国年份	国内工作地点
80	方文培	Fang Wenpei	东南大学	1934	英	爱丁堡大学	理	植物	1937#	四川大学
81	房耀文	Fang Yaowen	清华学校	1925			工		1930	
82	方子勤	Fang Ziqin		1934	美	Wisconsin	工	化工	1937	碱厂
83	费福煦	Fei Fuxu	交通大学	1934	美	Michigan	工	机械	1936	铁路局
84	费 骅	Fei Hua	交通大学	1935年前	美	Cornell	工	土木工程	1937?	浙闽两省公路，交通部，台湾公共工程局
85	费启能	Fei Qineng	同济大学		德，丹	实习	工	机械	1935?	兵公署南京兵工厂，上海中国纺织机器制造公司，山西经纬纺织机械局，纺织工业局机械部，中国纺织机械工业总公司
86	冯燦周	Feng Canzhou	清华学校	1926	美	Cornell	理	化学	1933	上海青年会
87	冯德培	Feng Depei	协和医学院	1929	美，英	Chicago，伦敦大学	医	生理学	1934	协和医学院，上海医学院，中央研究院，中国科学院
88	冯桂莲	Feng Guilian	清华学校	1929	美	MIT	工	航空	1935	清华大学
89	冯汉骥	Feng Hanji	华中大学	1931	美	Harvard，Pennsylvania	理	人类学	1937	四川大学，四川省博物馆，华西大学，西南博物院
90	冯兰洲	Feng Lanzhou	山东齐鲁大学	1933	英，德，法，意，印度	利物浦热带病及热带卫生学院，伦敦自然博物馆，德国汉堡热带病研究所	医	医学	1934	协和医学院，北京大学医学院，科学院生物学地学部，医学科学院寄生虫病研究所

续表 7 - 1

序号	姓名	姓名全拼	国内学校	出国年份	留学国	国外学校或其他机构	学科	专业	归国年份	国内工作地点
91	鄷云鹤	Feng Yunhe	北京女师大	1927	美	Ohio State	理	化学	1930#	燕京大学
92	冯泽芳	Feng Zefang	南京高师，东南大学，江苏省立第三，第一农校	1930	美	Cornell	农	棉花科学	1933	全国经济委员会棉业统制委员会，中央棉产改进所，中央大学，中央农业实验所，农林部棉产改进处，南京大学，南京农学院，科学院生物学部，农业科学院棉花研究所
93	傅鹰	Fu Ying	燕京大学	1922	美	Michigan	理	化学	1929#	东北大学，协和医学院，青岛大学
94	干铎	Gan Duo	北京大学	1925	日	东京帝国大学，日本农林省目黑林业试验场	农	农学	1932	湖北北省建设厅，襄阳林场，湖北农业专科学校，中央大学，南京林学院。
95	高恒儒	Gao Hengru		1909	英	格拉斯哥大学	工	电信	1935?	
96	高镜朗	Gao Jinglang	湘雅医学院，上海医学院	1928	美，法，德，奥	哈佛公共卫生学校，哈佛儿科医院，纽约结核病研究所，巴斯德研究院，杜塞尔多夫传染病医院，柏林医科大学，维也纳儿童结核病院	医	医学	1937	上海医学院，上海第二医学院，上海市儿科研究所
97	高进基	Gao Jinji	清华学校	1924	美	Washington State	工	航海	1930	

续表 7-1

序号	姓名	姓名全拼	国内学校	出国年份	留学国	国外学校或其他机构	学科	专业	归国年份	国内工作地点
98	高济宇	Gao Jiyu	唐山交通大学	1923	美	华盛顿州立大学，Illinois	理	化学	1931	中央大学，南京大学，中科院
99	高庆春	Gao Qingchun	吉林省阿城县立第二师范学校，省立第一师范学校	1927	日	东京帝国大学	工	机械	1935	南京兵工专门学校，重庆 21 兵工厂，东北兵工局 52 厂，东北兵工专门学校，太原机械学院
100	高尚荫	Gao Shangyin	东吴大学	1930	美，英	劳林斯大学，Yale，伦敦大学	理	生物学	1935	武汉大学，美国洛氏医学研究所
101	高士其	Gao Shiqi	清华学校	1925	美	Wisconsin，Chicago	理	化学	1930	南京中央医院
102	高文源	Gao Wenyuan	清华学校	1927	美	Michigan	理	心理	1931	辅仁大学
103	高 志	Gao Zhi	清华学校	1925	美	Stanford，Johns Hopkins	理	化学	1931	广州勷勤大学
104	戈定邦	Ge Dingbang		1934	美		理	生物	1936	清华大学
105	葛鸣松	Ge Mingsong		1935	日	滨松远州织机株式会社	工		1937?	山西晋华纺厂，上海恒丰纱厂，重庆合川豫丰纱厂，上海纺织工学院，武汉纺织工学院
106	葛正权	Ge Zhengquan	南京高师	1929	美	洛杉矶南加州大学，UC Berkly	理	物理	1933	武汉大学，航空委员会第一气体制造所，空军氧气制造厂，国防科学研究发展厅，上海第二军医大学

续表 7-1

序号	姓名	姓名全拼	国内学校	出国年份	留学国	国外学校或其他机构	学科	专业	归国年份	国内工作地点
107	龚兰珍	Gong Lanzhen		1927	美		理	化学营养	1931	燕京大学
108	顾光复	Gu Guangfu	交通大学	1933	美	MIT	工	航空	1936	
109	顾静徽	Gu Jinghui		1926	美	Cornell, Yale, Michigan	理	物理	1931	南开大学，中央研究院，北京钢铁学院
110	顾敬心	Gu Jingxin	南开大学	1931	德	Berlin，拜耳氮肥厂	工	化工	1937	同济大学，云南昆明磷厂，沈阳兵工总厂，辽阳药厂，石油工业部
111	顾谦吉	Gu Qianji	清华学校	1925	美	Cornell	农	农林	1930	国防设计委员会
112	顾毓琇	Gu Yuxiu	清华学校	1923	美	MIT	工	电机工程	1929	浙江大学，中央大学，清华大学，国民政府教育部，交通大学
113	顾毓珍	Gu Yuzhen	清华学校	1927	美	MIT	工	化工	1932	中央工业试验所，同济大学，复旦大学，无锡江南大学，华东化工学院
114	管葆真	Guan Baozhen	北京协和医学院	1931	英	伦敦妇婴医院	医	护理	1932	南京中央助产学校，贵阳医学院，河南人民医院
115	关铎	Guan Duo	交通大学	1929	美	Pennsylvania	工	铁路管理	1931	
116	关祖舜	Guan Zushun	岭南大学	1934	美	Michigan	工	土木	1937	
117	桂质良	Gui Zhiliang		1921	美	Wellesley, Johns Hopkins	医	医	1930	行医

续表 7 – 1

序号	姓名	姓名全拼	国内学校	出国年份	留学国	国外学校或其他机构	学科	专业	归国年份	国内工作地点
118	郭秉宽	Guo Bingkuan	协和医学院	1927	奥	维也纳大学，维也纳市立总医院	医	眼科	1936#	贵阳医学院，同济医学院，重庆江北陆军医院，上海耳鼻喉专科医院，上海眼科研究所
119	郭迪	Guo Di	圣约翰大学	1935	美	宾夕法尼亚大学医学进修学院	医	医学	1937#	仁济医院，圣约翰大学，上海第二医学院，上海市儿科研究所
120	郭培鎏	Guo Peiyun		1930?	比，法	巴黎公共工程学院	工	水利工程	1935	河南省政府，广西省政府，甘肃省水利林木公司，水利部，河南省治淮总指挥部
121	郭庆棻	Guo Qingfen	清华学校	1926	美	Illinois, Akron	理	化学	1931	河南大学
122	郭世绾	Guo Shiwan		1905	英	维多利亚大学	工	化工	1935?	
123	过元熙	Guo Yuanxi	清华学校	1926	美	Pennsylvania, MIT	工	建筑	1931	广州勷勤大学
124	过祖源	Guo Zuyuan	江苏省立工业专门学校	1934	美	北卡罗来纳大学	工	土木工程	1935	汉口水利工程局，天津市卫生工程处，天津大学，北京市给排水研究所，北京市环境保护科学研究所
125	哈雄文	Ha Xiongwen	清华学校	1927	美	Pennsylvania	工	建筑	1932	建筑师
126	韩朝宗	Han Chaozong			美	Illinois, 埃欧史密斯公司，美国钢业公司	工	机械工程	1934	上海交通大学，上海大同大学，华东化工学院

序号	姓 名	姓名全拼	国内学校	出国年份	留学国	国外学校或其他机构	学科	专业	归国年份	国内工作地点
127	郝履端	Hao Lvduan	燕京大学	1933	美	Iowa State	农	畜牧	1936	
128	何宝章	He Baozhang		1907	英	伦敦大学	工	机械	1937?	
129	赫英举	He Yingju	清华学校	1927	美	Purdue, Harvard	工	无线电	1932	交通部宜昌电报局
130	何怡贞	He Yizhen	金陵女子文理学院	1931	美	蒙脱霍育克大学, Michigan	理	物理	1937#	燕京大学，东吴大学，北平研究院，中国科学院
131	何玉昆	He Yukun	清华学校	1925	美	Pratt, MIT, Akron	工	橡皮	1931	广西大学
132	何增禄	He Zenglu	东南大学	1930	美	CalTech, 罗彻斯特大学	理	物理	1933	南开大学，清华大学，浙江大学，山东大学
133	侯宝璋	Hou Baozhang	齐鲁大学		美，德，英	Chicago, Berlin, 伦敦大学热带病研究所	医	病理学	1935#	齐鲁大学，中央大学，北京中国医科大学
134	侯 俊	Hou Jun			德	Berlin	工	土木	1930	浙江省保安处工兵讲习所
135	侯宗濂	Hou Zonglian	南满医学堂		日，奥，德	京都帝国大学，因斯布鲁克大学，莱比锡大学	医	生理学	1931	北平大学，福建研究所，福建医学院，西北医学院，西安医学院
136	胡传揆	Hu Chuankui	协和医学院	1932	美	纽约洛克菲勒医学院	医	皮肤性病	1934#	北京协和医院
137	胡惇五	Hu Chunwu	协和医学院护士科	1931	美	Western Reserve	医	护理	1933	北京协和医学院
138	胡 菜	Hu Fen	清华大学	1934	美	Smith College	理	化学	1935	金陵女子大学

续表 7 - 1

序号	姓名	姓名全拼	国内学校	出国年份	留学国	国外学校或其他机构	学科	专业	归国年份	国内工作地点
139	胡汉纳	Hu Hanna		1923	美	Syracuse, Ohio College of Dentistry	医	牙科	1930	行医
140	胡寄南	Hu Ji-nan		1928	美	Ohio State, Chicago	理	心理	1934	浙江大学，中央大学，北京师大，中央教育科学研究所，华东师大
141	胡竟良	Hu Jingliang	东南大学	1934	美	得克萨斯州农工大学	农	棉花科学	1936	中央农业实验所，河南省棉产改进所，四川省农业改进所，中央大学，农林部，农业科学院棉花研究所
142	胡竟铭	Hu Jingming	清华学校	1924	美	Cornell, Michigan	工	土木	1930	重庆美丰银行
143	胡坤升	Hu Kunsheng	东南大学	1929	美	Chicago	理	数学	1932	中央大学，清华大学
144	胡懋廉	Hu Maolian	北平医学专门学校	1931	美	Harvard	医	耳鼻喉科	1933	南京中央医学院，上海公济医院，上海第一医学院
145	胡乾善	Hu Qianshan	清华大学	1934	英	伦敦大学	工	力学	1937	东北大学，四川大学，武汉大学，重庆中英大学，南京工学院
146	胡声松	Hu Shengsong	清华大学	1930年代			工		1937?	
147	胡英才	Hu Yingcai	交通大学	1934	美	Illinois	工	工程	1937	
148	胡元民	Hu Yuanmin	交通大学	1935	英	实习	工	电机	1937	

续表 7－1

序号	姓名	姓名全拼	国内学校	出国年份	留学国	国外学校或其他机构	学科	专业	归国年份	国内工作地点
149	黄宝玮	Huang Baowei	交通大学	1934	美	Michigan	工	电机	1936	
150	黄弁群	Huang Bianqun	清华学校	1927	美	Purdue	工	电机	1932	
151	黄翠	Huang Cui	清华学校	1924	美	Stanford, Yale	理	心理	1931	浙江大学
152	黄德馨	Huang Dexin	中央陆军军官学校	1931	日	陆军炮兵工程学院	工	军器	1933	南京工兵学校
153	黄海青	Huang Haiqing	清华学校	1926	美	Oregon	农	畜牧	1931	军政部学兵队
154	黄金声	Huang Jinsheng	浙江省立甲种工业学校	1933	日		工	纺织	1934	上海申新纺织厂，纺织技术学校，安徽省工业厅基建局，安徽省纺织厂
155	黄汲青	Huang Jiqing	北洋大学，北京大学	1932	瑞士	伯尔尼大学，浓霞台大学	理	地质	1936	中央地质调查所，中央大学，北京大学，石油部地质局，中国地质科学院
156	黄觉民	Huang Juemin	上海青年会学校	1931	美	Columbia	理	教育心理	1933	大夏大学
157	黄龙先	Huang Longxian	中央大学	1930	英，美	伦敦大学，Columbia	理	教育心理	1935	教育部，中山大学
158	黄懋义	Huang Maoyi	清华学校	1925	美	Purdue	农	农林	1930	
159	黄齐望	Huang Qiwang	浙江大学	1935	日	九州大学	农	农学	1937	上海南通学院，中正大学，南昌大学，江西农业大学

续表 7-1

序号	姓名	姓名全拼	国内学校	出国年份	留学国	国外学校或其他机构	学科	专业	归国年份	国内工作地点
160	黄人傑	Huang Renjie	清华学校	1924	美	California, MIT	工	化工	1929	北平大学工学院
161	黄瑞采	Huang Ruicai	金陵大学	1935	美	UC Berkeley, 明尼苏达州大学	农	土壤	1937#	金陵大学
162	黄瑞纶	Huang Ruilun	金陵大学	1930	美	Cornell	农	农业化学	1933	浙江大学, 广西农事试验场, 广西大学, 北京大学, 北京农业大学
163	黄汝琪	Huang Ruqi	岭南大学	1926	美	Chicago	理	数学	1930	
164	黄万里	Huang Wanli	唐山交通大学	1934	美	Cornell, Iowa State, Illinois	工	水利工程	1937	四川水利局, 甘肃水利局, 黄河水利委员会, 唐山交通大学, 清华大学
165	黄文炜	Huang Wenwei	清华学校	1925	美	Ohio State	工	化工	1930	岭南大学
166	黄文熙	Huang Wenxi	上海大同大学, 河海工科大学	1933	美	Iowa State, Michigan	工	力学	1937	中央大学, 中央水利实验处, 南京工学院, 清华大学, 水利水电科学研究院
167	黄厦千	Huang Xiaqian	东南大学	1934	美	CIT	理	气象	1936	清华大学
168	黄学诗	Huang Xueshi	清华学校	1926	美	Cornell	工	土木	1931	南昌德兴建筑公司
169	黄野萝	Huang Yeluo	南京东南大学	1929	日	明治工业专门学院, 林业试验场, 东京文理科大学	农	土壤	1932#	北平静生生物调查所

续表 7 - 1

序号	姓名	姓名全拼	国内学校	出国年份	留学国	国外学校或其他机构	学科	专业	归国年份	国内工作地点
170	黄翼	Huang Yi	清华学校	1925	美	Stanford, Yale	理	心理	1930	浙江大学
171	黄中	Huang Zhong	清华学校	1926	美	Illinois	工	建筑	1931	浙江大学
172	黄自	Huang Zi	清华学校	1924	美	Oberlin, Yale	理	心理	1929	上海国立音乐专科学校
173	霍秉权	Huo Bingquan	中央大学	1930	英	伦敦大学，剑桥大学	理	物理	1935	清华大学，西南联大，东北人民大学，郑州大学，河南省科学院
174	季文美	Ji Wenmei	交通大学	1934	意	都灵大学	工	航空工程	1937	南昌飞机制造厂，上海交通大学，华东航空学院，西安航空学院，西北工业大学
175	蒋葆增	Jiang Baozeng	交通大学	1933	美	MIT	工	无线电	1936	清华大学
176	江仁寿	Jiang Renshou	上海大同大学	1930	英	伦敦大学	理	物理学	1936	大同大学，浙江大学，武汉大学，广州中山大学，西北大学
177	江杓	Jiang Shao	上海浦东中学	1919?	德		工	工程技术	1931?	沈阳冯庸大学工厂，兵工署汉阳兵工厂，广东炮厂，兵工署
178	江泽涵	Jiang Zhehan	南开大学	1927	美	Harvard, Princeton	理	数学	1931#	北京大学，西南联合大学，中科院
179	金宝桢	Jin Baozhen	交通大学	1934	美	Iowa State, Illinois, Michigan	工	力学	1937	东北大学，西北工学院，中央大学，宝天铁路，南京工学院

序号	姓名	姓名全拼	国内学校	出国年份	留学国	国外学校或其他机构	学科	专业	归国年份	国内工作地点
180	金城	Jin Cheng	沈阳南满中学	1929	日	名古屋第八高等学校，东京帝国大学	农	农业工学	1937？	四川省水利局，浙江大学，贵州大学，台湾大学
181	金开英	Jin Kaiying	清华学校	1924	美	Wisconsin，Columbia	工	化工	1931	实业部燃料研究室
182	金善宝	Jin Shanbao	南京高师，东南大学	1930	美	Cornell，明尼苏达大学	农		1932	浙江大学，南京中央大学，无锡江南大学，南京农学院，农业科学院
183	金兆钧	Jin Zhaojun	南京高师	1934	美	Stanford	理	体育生理	1936	厦门大学，中央大学
184	居伯强	Ju Boqiang		1934	德	Berlin	工	工程	1937	兵工厂
185	康振钰	Kang Zhenyu	清华学校	1926	美	Purdue	工	机械	1932	重庆华西公司
186	邝安堃	Kuang Ankun	震旦大学	1919	法	里昂大学，里昂化工学院，巴黎大学	医	化学，工业化学，医学	1933	震旦大学，上海第二医学院，瑞金医院，上海市高血压研究所和内分泌研究所
187	赖其芳	Lai Qifang	国立北京工业专门学校	1924	美	Illinois，匹兹堡大学	工	陶瓷工程	1930	南京中央工业试验所，上海中央研究院，轻工业部硅酸盐工业科学研究所和玻璃搪瓷工业科学研究所
188	蒯彦于	Lai Yanyu	清华学校	1925	美、德	Carnegie，Norwich，Berlin	工	印刷	1931	重庆民生公司
189	蓝如溪	Lan Ruxi		1929	美	Columbia	理	化学	1931	大夏大学

序号	姓名	姓名全拼	国内学校	出国年份	留学国	国外学校或其他机构	学科	专业	归国年份	国内工作地点
190	蓝志勤	Lan Zhiqin	岭南大学	1935	美	Michigan	工	土木工程	1937	
191	雷従民	Lei Congmin	清华学校	1928	美	Cornell	工	土木	1933	粤汉铁路
192	李宝实	Li Baoshi	奉天医学专门学校	1929	英	爱丁堡皇家大学医学研究院	医	医学	1932	汉口协和医院，重庆市民医院，上海同济大学医学院，汉口中南同济医学院，上海第二军医大学
193	李承祜	Li Chenhu		1924	日	广岛高等师范理学部，广岛大学	医		1932	陆军军医学校，国防医学院，同济大学，华东人民医学院，上海第二军医大学
194	李春昱	Li Chunyu	北京大学	1934	德	Berlin	理	地质	1937	四川省地质调查所，中央大学，华北地质局，全国区域地质测量局，中国地质科学院
195	李方训	Li Fangxun	金陵大学	1928	美	西北大学	理	化学	1931	金陵大学，南京大学
196	李凤苏	Li Fengsun	金陵大学	1935	美	明尼苏达大学	农	昆虫学	1936	南京中央棉产改进所，长沙湖南农林改进所，福建农学院，湖北省农学院，湖南农学院
197	李赋京	Li Fujing		1918	德	哥廷根医科大学	医	医学	1929	中央卫生试验研究所，河南大学，武汉医学院，同济医科大学

续表 7－1

序号	姓名	姓名全拼	国内学校	出国年份	留学国	国外学校或其他机构	学科	专业	归国年份	国内工作地点
198	李公达	Li Gongda	南开大学	1931	美	Michigan	工	冶金	1935	北洋大学，四川新威矿冶公司，资源委员会资渝钢铁厂，华北钢铁公司天津钢厂，石景山钢铁厂
199	李国鼎	Li Guoding	中央大学	1930	英	剑桥大学	理	物理	1933	金陵女子大学，武汉大学，中央造船公司，台湾造船公司，台湾国立中央大学
200	李珩	Li Heng		1925	法	巴黎大学	理	天文	1933	山东大学，四川大学，华西大学，中央研究院天文研究所，科学院紫金山天文台
201	李景晟	Li Jingcheng	中央大学	1928	美	Chicago, Illinois	理	化学	1936	安徽大学，四川女子师范，中央大学，南京大学
202	李景清	Li Jingqing	清华大学	1932	日	东京帝大	农	农业经济	1936	四川大学
203	李辑祥	Li Jixiang	清华学校	1925	美	Michigan	工	机械	1929	清华大学
204	李克鸿	Li Kehong		1927	美	Chicago	医	医	1933	行医
205	李漠炽	Li Mochi	清华学校	1928	美	Purdue, Michigan, MIT	工	土木	1934	清华大学
206	李慕楠	Li Munan		1928	美	Purdue	工	机械	1930	陇海路工务处
207	李沛文	Li Peiwen	中山大学	1927	美	Purdue, Iowa State, Cornell, UC Berkeley	农	果树	1933	浙江大学，岭南大学，英德农场，华南农业大学，广东省农业科学研究所

序号	姓名	姓名全拼	国内学校	出国年份	留学国	国外学校或其他机构	学科	专业	归国年份	国内工作地点
208	李庆贤	Li Qingxian	东吴大学	1928	美	Illinois	理	物理	1931	东吴大学，江苏师范学院，南京师范学院
209	李文美	Li Wenmei	交通大学	1934	意	都灵大学	工	航空工程	1937	南昌飞机制造厂，上海交通大学，华东航空学院，西安航空学院，西北工业大学
210	李先闻	Li Xianwen	清华学校	1923	美	Purdue，Cornell	农	园艺学	1929#	中央大学，东北大学，武汉大学，四川省农业改进所，台湾糖业公司
211	李宪之	Li Xianzhi	北京大学	1930	德	Berlin	理	气象学	1936	清华大学，长沙临时大学，西南联大，北京大学
212	李仙舟	Li Xianzhou	直隶省立工业专科学校	1925?	日	东京工业大学	理	化学	1929	国立北平高级职业学校，西安临时大学，西北联大，西北工学院，西北工业大学
213	李效民	Li Xiaomin	清华学校	1926	美	Northwestern，Harvard	工	工业管理	1931	中国银行
214	厉矞华	Li Yuhua	北平大学医学院	1934	日	九州帝国大学	医	医学	1937	福建省立医学院，台湾省立师范大学，浙江医学院，浙江医科大学附属儿童保健院
215	李振翮	Li Zhenpian	湘雅医学院	1929	美	纽约洛克菲勒研究所	医	医学	1931	北京协和医学院，上海医学院，中国军医大学，中央大学

序号	姓名	姓名全拼	国内学校	出国年份	留学国	国外学校或其他机构	学科	专业	归国年份	国内工作地点
216	李祉川	Li Zhichuan	交通大学	1932	美	Purdue	工	化工	1934	塘沽永利化学工业公司，重庆水利铁工厂，重工业部化工局，大连化工设计研究院
217	李直民	Li Zhimin	清华学校	1925	美	Norwich, Ohio State	理	物理	1929	
218	梁 普	Liang Pu	清华大学	1933	美	Illinois	理	化学	1936	
219	梁尚农	Liang Shangnong		1929	德	Berlin	医	医学	1937	广州柔济医院，中山大学，广州市市立医院，广州市第一人民医院
220	梁思永	Liang Siyong	清华学校	1923	美	Harvard	理	人类学	1930	中央研究院，中国科学院
221	梁 衍	Liang Yan	清华学校	1928	美	Yale	工	建筑	1933	上海基泰建筑公司
222	梁之彦	Liang Zhiyan	同济大学	1926	德	启耳大学	医	生化	1929	同济医学院，武汉医学院
223	廖耀湘	Liao Yaoxiang	黄埔军校	1930	法	机械化骑兵专门学校	工	军器	1936	中国赴缅甸远征军
224	林葆骆	Lin Baoluo		1928年前	日	东京帝国大学	医	医学	1930	北京市卫生局
225	林碧梓	Lin Bizi		1928	美	Michigan	工	土木	1930	
226	林伯遵	Lin Bozun	清华学校	1925	美	Antioch, Chicago	理	数学	1932	中华教育文化基金会
227	林焕平	Lin Huanping	暨南大学	1933	日	东京铁道学院	工	铁路	1937	广西大学

续表 7－1

序号	姓名	姓名全拼	国内学校	出国年份	留学国	国外学校或其他机构	学科	专业	归国年份	国内工作地点
228	林巧稚	Lin Qiaozhi	协和医学院	1932	英	曼彻斯特大学，伦敦大学	医	妇产科	1933#	协和医院
229	林 镕	Lin Rong	上海格致中学	1920	法	南锡大学，克莱孟大学，巴黎大学	理	农学	1930	北平研究院，中法大学，西北农学院，福建省动植物研究所，中科院
230	林荣贵	Lin Ronggui			美		医	医	1930	
231	林 笋	Lin Sun			美		工	电机	1929?	电机工程师
232	林同骅	Lin Tonghua	唐山交通大学	1933	美	MIT	工	航空	1936	
233	林同炎	Lin Tongyan	唐山交通大学	1931	美	加州大学	工	土木工程	1933	成渝铁路，滇缅铁路
234	林兆耆	Lin Zhaoqi	沪江大学，中央大学医学院	1933	英	利物浦大学	医	内科	1936	上海医学院，上海第一医学院，上海中山医院
235	林朝权	Lin Zhaoquan		1921	日	日本体专	理	体育生理	1929	北京师范大学
236	凌淑浩	Ling Shuhao		1925	美	Western Reserve	医	化学	1930	协和医学院
237	凌显常	Ling Xianchang	清华学校	1929	美	Illinois, Northwestern, Michigan	工	铁路管理	1935	铁道部
238	凌远阳	Ling Yuanyang	金陵大学	1933	美		农	农业化学	1937	
239	刘丙彪	Liu Bingbiao	清华学校	1925	美	Minnesota	医	化学	1931	
240	刘伯浩	Liu Bohao	同济大学	1933	德	Berlin	工	化学	1937	樟脑厂

续表 7－1

序号	姓名	姓名全拼	国内学校	出国年份	留学国	国外学校或其他机构	学科	专业	归国年份	国内工作地点
241	刘莆祺	Liu Fuqi	清华学校	1925	美	Cornell	工	土木	1930	天津济安自来水公司
242	刘成钊	Liu Chengzhao	燕京大学	1932	美	Cornell	理	生物	1934	东北大学，燕京大学，东吴大学，中科院，四川医学院
243	刘椽	Liu Chuan	清华学校	1926	美	State U. Iowa	理	化学	1931	厦门大学
244	刘德润	Liu Derun		1934	美	Iowa	工	水利	1937	河南省建设厅
245	刘鼎	Liu ding	浙江大学	1924	德，苏	哥廷根大学，Berlin，苏联东方大学，空军机械学校	工	机械	1929	洋源兵工厂，延安摩托学校，中央重工业部，航空部
246	刘淦芝	Liu Ganzhi	清华学校	1928	美	Iowa, Harvard	理	生物	1933	全国经济委员会
247	刘冠洪	Liu Guanhong	南通学院	1935	日	东京工业大学	工	纺织	1937	上海信和纱厂，信义机器厂，汉口公私合营第一纱厂，中南纺织管理局，河南省纺织管理局，省纺织工业厅
248	刘瑚	Liu Hu	清华学校	1928	美	Minnesota	理	植物	1933	中国植物油料厂
249	刘晋年	Liu Jinnian		1925	美	Harvard	理	数学	1931	南开大学
250	刘良湛	Liu Liangzhan	交通大学	1933	美	Cornell	工	土木	1934年后	康青公路工程处，西北公路学院
251	刘慎谔	Liu Shenge	保定留法高等工艺学校	1920	法	郎西大学农学院，孟伯里埃农业专科学校，来孟大学，里昂大学，巴黎大学	农	农林	1929	北平研究院植物学研究所，北平大学农学院，西北农学院，哈尔滨东北农学院，科学院林业土壤研究所

序号	姓名	姓名全拼	国内学校	出国年份	留学国	国外学校或其他机构	学科	专业	归国年份	国内工作地点
252	刘士豪	Liu Shihao	协和医学院	1929	美，英	纽约洛氏医学研究所，伦敦柯氏生物化学研究所	医	医学	1931	协和医学院，北京同仁医院
253	刘绍光	Liu Shoguang	协和医学院	1924	英，德，美	剑桥大学，Berlin，Chicago	医	医学	1932	中央药物研究室，中医研究院
254	刘树钧	Liu Shujun	清华学校	1927	美	Citadel，Purdue	工	机械	1932	杭州航空学校
255	刘树勋	Liu Shuxun		1929	美	Cornell	工	土木工程	1932	中央大学，东北大学，南京大学，南京工学院
256	刘思职	Liu Sizhi	厦门大学	1924	美	堪萨斯大学	理	化学	1929	上海大夏大学，北京协和医学院，北京医学院，科学院生物学部
257	刘为涛	Liu Weitao	南开大学	1921	法	里昂大学	理	化学	1930?	北平中法大学，北平研究院化学研究所，四川大学
258	刘蔚同	Liu Weitong	同济大学	1934	德	慕尼黑大学	医	医学	1937	河南大学，陕西医专，河南大学医学院，陕西省卫生试验所，西北医学院
259	刘新民	Liu Xinmin	北平大学	1933	日	九州帝国大学	医	医学	1936	北京大学医学院，西北联合大学，西安医学院，陕西省眼科研究所
260	刘轩君	Liu Xuanjun	交通大学	1933?	美	实习	工	电机	1935?	

续表 7 - 1

序号	姓名	姓名全拼	国内学校	出国年份	留学国	国外学校或其他机构	学科	专业	归国年份	国内工作地点
261	刘熏宇	Liu Xunyu	北京师范大学	1928	法	巴黎大学	理	数学	1930	河南省立第一师范,湖南常德第二师范,暨南大学,同济大学,西南联大
262	刘正炯	Liu Zhengjiong	清华学校	1926	美	Purdue, Michigan	工	机械	1931	上海电力公司
263	柳支英	Liu Zhiying	金陵大学	1933	美	明尼苏达大学	理		1934	浙江大学,广西大学
264	刘钟奇	Liu Zhongqi	天津工业学堂	1935	日	东京工业大学	工	纺织	1937	重庆山峡工厂,重庆渝红纱场,华东纺织管理局,新疆七一棉纺织厂,新疆轻工业管理局
265	刘遵宪	Liu Zunxian	清华学校	1925	美	Ohio State, MIT, Stanford	理	化学	1931	岭南大学
266	龙庆忠	Long Qingzhong			日	东京工业大学建筑科	工	建筑学	1931	重庆大学,中央大学,同济大学,中山大学,华南理工大学
267	陆秉亨	Lu Bingheng			美		工	采矿	1931	采矿工程师
268	陆 达	Lu Da	东吴大学,圣约翰大学	1933	德	Berlin	工	冶金	1937	延安兵工局,工业学校,重工业部钢铁局,冶金工业部钢铁研究院,冶金工业部
269	陆大京	Lu Dajing	清华学校	1927	美	Cornell, 路易斯安娜州立大学,明尼苏达大学	农	植物病理	1933	岭南大学,浙江大学,广西农事试验厂,广东省糖业公司,华南热带作物研究院

续表 7-1

序号	姓名	姓名全拼	国内学校	出国年份	留学国	国外学校或其他机构	学科	专业	归国年份	国内工作地点
270	陆贯一	Lu Guanyi	清华学校	1928	美	MIT, Columbia, Oklahoma	工	炼油	1934	航空委员会
271	卢惠霖	Lu Huilin	湖南岳阳湖滨大学	1925	德、美	海德堡大学武慈和尔海洋生物研究所，Columbia	理	生物	1929	湖南湘雅医学院，湖南医学院
272	陆学善	Lu Xueshan	中央大学，清华大学	1934	英	曼彻斯特大学	理	物理	1936	国立北平研究院，暨南大学，中科院
273	卢于道	Lu Yudao	南京东南大学	1926	美	Chicago	医	解剖学	1929	上海医学院，中央研究院心理研究所，科学社生物研究所，复旦大学
274	卢毓骏	Lu Yujun		1930?	法	公共工程大学	工	公共工程	1935?	南京市政府工务局
275	陆毓璋	Lu Yuzhang	清华学校	1926	美	Johns Hopkins	医		1933	
276	卢宗澄	Lu Zongcheng	交通大学	1933	英	马克尼无线电制造厂，吉士福学院	工	电机工程	1933	上海国际电台，上海交通大学，邮电部无线电总局，北京邮电学院，邮电部邮电科学研究院
277	陆宗贤	Lu Zongxian	沪江大学	1933	德	Berlin	工	水泥	1936	上海水泥厂，西北化工学院，华北水泥公司，新疆建工勘察院，中国建材研究院
278	罗登义	Luo Dengyi	北京师范大学	1935	美	明尼苏达大学	农	农业	1937	北平大学，浙江大学，贵州大学
279	罗克典	Luo Kedian		1935	日	东京帝国大学	农	农学	1937	《新生报》，《旁观杂志》

续表 7 - 1

序号	姓名	姓名全拼	国内学校	出国年份	留学国	国外学校或其他机构	学科	专业	归国年份	国内工作地点
280	骆启荣	Luo Qirong	清华学校	1924	美	Stanford	理	动物	1930	河南大学
281	罗文庆	Luo Wenqing	清华学校	1927	美	Stanford, California, Columbia	理	心理	1933	军政部学兵队
282	罗宗洛	Luo Zongluo	上海南洋中学	1918	日	北海道帝国大学	理	农学	1930	中山大学，暨南大学，中央大学，浙江大学，中央研究院
283	吕富华	Lv Fuhua	同济大学医学院	1933	德	佛莱堡大学	医	医学	1936	同济大学医学院，中南同济医学院
284	吕炯	Lv Jiong	南京东南大学	1930	德	Berlin，汉堡大学	农	农学	1934	中央研究院，中央大学，浙江大学，中央气象局，农业科学院
285	马保之	Ma Baozhi	金陵大学	1931	美、英	Cornell，剑桥大学	农	农学	1934	中央农业实验所，广西农业实验厂，广西高级农业职业学校，台湾大学农学院
286	马大浦	Ma Dapu	中央大学	1936	美	明尼苏达大学	农	林学	1937	广西大学，江西中正大学，安徽省农林局，中央大学，南京林学院
287	马恒融	Ma Hengrong	清华学校	1932	美	Missouri	工	采矿	1931	河南焦作工学院
288	马傑	Ma Jie	清华学校	1925	美	Ohio State，Akron?	工	橡皮	1931	金陵大学
289	马绍援	Ma Shaoyuan	清华大学	1930	美	Illinois	理	化学	1932	清华大学

序号	姓名	姓名全拼	国内学校	出国年份	留学国	国外学校或其他机构	学科	专业	归国年份	国内工作地点
290	马仕俊	Ma Shijun	北京大学		英	剑桥大学	理	物理	1937?	昆明西南联合大学
291	马师亮	Ma Shiliang	交通大学	1932	美	Cornell, Michigan	工	电机工程	1936	武汉大学，天津无线电厂，中央无线电器材厂，同济大学电机系，南开大学
292	马师伊	Ma Shiyi	清华大学	1933	美	Michigan	理	化学	1935	
293	马廷英	Ma Tingying		1927	日	东京高等师范，东北帝国大学	理	地质	1935	中央研究院地质研究所，台湾大学
294	马文超	Ma Wenchao	协和医学院	1932	美	实习	医	解剖	1935	协和医学院
295	毛燮均	Mao Xiejun	华西大学	1935	美	Harvard 医学院	医	医学	1936#	北京医学院，中国科学院，卫生部
296	毛子水	Mao Zishui	北京大学	1920	德	Berlin	理	地理	1930	北京大学
297	毛宗良	Mao Zongliang	南通大学，东南大学	1928	法	巴黎大学研究院	农	植物	1933	中央大学农学院，四川大学农学院，内江甘蔗试验场，复旦大学农学院，沈阳农学院
298	孟广喆	Meng Guangzhe	清华大学	1932	美	Purdue, Cornell	工	机械	1935	南开大学
299	孟昭英	Meng Zhaoying	燕京大学	1933	美	CalTech	理	物理	1936#	清华大学
300	米景贤	Mi Jingxian	清华学校	1928	美	Chicago	医	内科	1935	南昌医院
301	闵启傑	Min Qijie	清华学校	1923	美	Purdue, MIT, Pennsylvania	工	电机	1929	北宁路电机工程处

续表 7-1

序号	姓名	姓名全拼	国内学校	出国年份	留学国	国外学校或其他机构	学科	专业	归国年份	国内工作地点
302	牟鼎同	Mou Dingtong	清华学校	1928	美	Purdue	工	机械	1933	兰州学院
303	牟乃祚	Mou Naizuo	清华大学	1932	德	Bonn	医	生理	1935	
304	穆瑞五	Mu Ruiwu	协和医学院	1929	瑞士	苏黎世大学	医	皮肤科	1931	协和医学院，青岛医学院
305	倪陆琼	Ni Lucong		1921	美	Smith, Cornell	医	医	1929	南京鼓楼医院
306	倪中方	Ni Zhongfang	清华学校	1928	美	Chicago	理	心理	1934	湖南大学
307	聂光坡	Nie Guangpo	交通大学	1933?	美	实习	工	机械	1935?	
308	聂毓禅	Nie Yuchan	协和医学院	1929	加，美	多伦多大学，Columbia	医	护理学	1931#	北京协和医学院
309	区嘉炜	Ou Jiawei	清华学校	1924	美	MIT	理	化学	1931	塘沽黄海化学工业社
310	裴鉴	Pei Jian	清华学校	1925	美	Stanford	理	植物	1931	中央研究院，中央大学，国立药学专科学校，金陵大学，科学院
311	裴文中	Pei Wenzhong	北京大学	1935	法	巴黎大学	理	考古学	1937	中国地质调查所，北京大学，燕京大学，中法大学，中国科学院
312	彭光钦	Peng Guangqin	清华学校	1929	美	Johns Hopkins	理	生物	1935	清华大学
313	彭龙伯	Peng Longbo	江苏南通医学院	1926	苏		医	医学	1931	中共闽粤赣军区红军总医院，红军卫生学校
314	彭谦	Peng Qian	清华学校	1923	美	依阿华州立农学院，Wisconsin	农	作物，土壤	1932	南京中央农业实验所，河南大学，浙江大学，苏州农业职业学校，华中农学院

序号	姓 名	姓名全拼	国内学校	出国年份	留学国	国外学校或其他机构	学科	专业	归国年份	国内工作地点
315	浦洁修	Pu Jiexiu	北京女师大	1932	德	德累斯顿工业大学	工	工业	1937	武昌中华大学，振北制革公司
316	祁开智	Qi Kaizhi	清华学校	1928	美	Chicago，Harvard	理	物理	1933	南开大学
317	齐学启	Qi Xueqi	清华学校	1923	美	德克萨斯州立理工学校	工		1929	湖南大学
318	钱凤章	Qian Fengzhang	交通大学	1929	美，德	芝加哥自动电话公司，柏林西门子公司	工		1932	南京首都电话局，北平大学，南京大学，南京工学院
319	钱临照	Qian Linzhao	上海大同大学	1934	英	伦敦大学	理	物理学	1937	东北大学，北平研究院，中科院，中国科学技术大学
320	钱思亮	Qian Siliang	清华大学	1931	美	Illinois	理	化学	1934	北京大学，上海药物研究所，台湾大学
321	钱钟韩	Qian Zhonghan	上海交通大学	1933	英，瑞典	伦敦大学，帝国理工学院，瑞典 ASEA 电气公司	工	电机	1937	浙江大学，中央大学，南京工学院，中科院
322	乔启明	Qiao Qiming	金陵大学	1932	美	Cornell	农	农学	1933	金陵大学，农民银行，山西农学院
323	秦含章	Qin Hanzhang	上海国立劳动大学	1931	比，德	圣步律农学研究院，布鲁塞尔大学，Berlin	工	食品科学	1937	江苏省立教育学院，四川省教育学院，南京大学，食品工业部，轻工业部
324	秦仁昌	Qin Renchang	金陵大学	1929	丹	哥本哈根大学	理	植物	1932	东南大学，静生生物调查所，云南大学，云南省农林厅，中科院

续表 7 - 1

序号	姓 名	姓名全拼	国内学校	出国年份	留学国	国外学校或其他机构	学科	专业	归国年份	国内工作地点
325	覃修典	Qin Xiudian	清华大学	1933	美	MIT	工	电机	1936	清华大学
326	秦作梁	Qin Zuoliang	协和医学院	1935	日	东京帝国大学	医	皮肤科	1935	河北医学院，贵阳医学院，云南大学，昆明医学院
327	庆承道	Qing Chengdao	唐山交通大学	1928	美	Cornell	工	土木	1931	华北水利委员会，天津大学，湘黔和桂黔铁路桥梁股，粤汉铁路，上海铁路局
328	邱叔航	Qiu Shuhang	清华学校	1925	美	Ohio	理	数学	1930	四川成都邮局
329	饶钦止	Rao Qinzhi	成都高等师范学校，北京师范大学	1932	美	Michigan，华盛顿大学，哈普肯海洋工作站，斯克利普斯海洋研究所，夏威夷大学	理	植物	1936	中央研究院，中科院
330	任明道	Ren Mingdao	温州省立师范学校，南京国立高等师范学校	1935	美	明尼苏达州立大学	农		1937	福建省农业改进所，浙江省农业改进所，东北病虫药械厂，江西省立农业专科学校，沈阳农学院
331	任之恭	Ren Zhigong	清华学校	1926	美	MIT，Pennsylvania，Harvard	理	物理	1933#	山东大学，清华大学，西南联合大学，中国科学技术大学

序号	姓名	姓名全拼	国内学校	出国年份	留学国	国外学校或其他机构	学科	专业	归国年份	国内工作地点
332	荣独山	Rong Dushan	圣约翰大学，复旦大学	1933	美	圣路易市华盛顿大学	医	放射学	1934#	北京协和医学院，南京中央医院
333	容启东	Rong Qidong	清华大学	1935	美	Chicago	理	生物	1937	岭南大学
334	容启容	Rong Qirong	协和医学院	1934	美	实习	医	公共卫生	1936	
335	阮镜清	Ruan Jingqing	中山大学	1932	日	东京帝国大学	理	心理	1937	广东省教育学院，省文理学院，中山大学，华南师范学院
336	阮谊谨	Ruan Yijin	协和医学院	1930	美	实习	医	公共卫生	1932	协和医学院
337	萨本炘	Sa Benxin	福州海军学校	1923	英	格拉斯哥大学	工	造船	1929	江南造船所，武汉大学，柳州西江造船厂，台湾机械造船公司，武昌造船厂
338	萨本远	Sa Benyuan	清华学校	1929	美	MIT	工	建筑	1934	京赣铁路
339	沙玉清	Sha Yuqing	中央大学	1935	德	汉诺威工科大学	农	农学	1937	西北农学院，西北水利科学研究所，南京中央大学，南京工学院，华东水利学院
340	沙玉彦	Sha Yuyan	清华大学	1934	美		工		1936	清华大学
341	单粹民	Shan Cuimin		1923	法	里昂大学，巴黎大学	理	数理	1930	北京中法大学，河南大学，安徽大学，武昌中华大学

续表 7-1

序号	姓名	姓名全拼	国内学校	出国年份	留学国	国外学校或其他机构	学科	专业	归国年份	国内工作地点
342	邵德辉	Shao Dehui	清华学校	1926	美	Illinois, MIT	工	陶瓷	1932	北平大学工学院
343	邵德彝	Shao Deyi	清华学校	1929	美	Purdue, MIT	工	铁路	1934	京赣铁路
344	邵象华	Shao Xianghua	浙江大学	1934	英	Imperial College	工	冶金	1937	资源委员会中央钢铁厂，昆明中央机器厂，武汉大学，资源委员会电化冶炼厂，冶金部钢铁研究院
345	邵象伊	Shao Xiangyi	浙江省立医药专门学校	1929	日	东京帝国大学	医	内科	1930#	江苏医学院，山西医学院
346	佘韫珠	She Yunzhu	北京协和医学院	1935	美	Columbia，纽约医院	医	妇产	1936	天津第一医院，广西医学院，天津第二医学院
347	申葆和	Shen Baohe	安顺陆军兽医学校，中央大学	1935	日	东京高等兽医学校	农	兽医	1937	兰州西北兽疫防治处，北京大学农学院，北京农业大学
348	沈嘉瑞	Shen Jiarui	东南大学	1932	英	伦敦大学，普列毛斯海洋生物研究室	理	动物	1935	北京大学，西南联大，北平研究院，中科院
349	沈家锡	Shen Jiaxi	交通大学	1934	美	Michigan	工	铁路管理	1936	
350	沈克敦	Shen Kedun	清华学校	1929	美	Iowa State	农	畜牧	1934	甘肃兰州农场
351	沈其震	Shen Qizheng	同济大学，中山大学	1927	日	东京帝国大学	医	生理学	1931	北京协和医院，大连大学，中央卫生研究院，中国医学科学院

序号	姓 名	姓名全拼	国内学校	出国年份	留学国	国外学校或其他机构	学科	专业	归国年份	国内工作地点
352	沈尚贤	Shen Shangxian	浙江大学	1931年后	德	Berlin	工	电机	1937?	浙江大学，上海交通大学，同济大学，西安交通大学，教育部
353	沈锡琳	Shen Xilin	清华学校	1929	美	Purdue, Cornell	工	土木	1935	粤汉铁路
354	沈学年	Shen Xuenian	东南大学	1934	美	Cornell	农	农林	1935	陕西西北农林专科学校，西北农学院，浙江大学，浙江农业大学
355	沈奏廷	Shen Zouting	交通大学	1929	美	宾夕法尼亚大学	工	铁路管理	1932	交通大学，京沪，沪杭甬铁路上海营业所，交通部公路总局，北方交通大学
356	盛 成	Sheng Cheng	长辛店车务见习所	1919	法	蒙伯列大学	理	理科	1930	北京大学，广西大学
357	史存直	Shi Cunzhi		1921	日	第一高等学校，第八高等学校，京都帝国大学	工	土木	1931	华东师范大学
358	施家炀	Shi Jiayang		1934		访问	工	土木	1935	清华大学
359	施家钟	Shi Jiazhong	清华大学	1934	美	Illinois	理	化学	1936	上海医学院
360	施汝为	Shi Ruwei	东南大学	1930	美	Illinois, Yale	理	物理	1934	清华大学，中央研究所，广西大学，中国科学技术大学

续表 7-1

序号	姓名	姓名全拼	国内学校	出国年份	留学国	国外学校或其他机构	学科	专业	归国年份	国内工作地点
361	石声汉	Shi Shenghan	武昌高师	1933	英	伦敦大学	农	农学	1936	广州中山大学，浙江大学，西北农林专科学校，武汉大学，科学院西北生物土壤研究所
362	施士元	Shi Shiyuan	清华大学	1929	法	巴黎大学	理	物理	1933	中央大学，江苏省物理学会，南京大学
363	史书翰	Shi Shuhan	太原川至医专	1935	日	东京帝国大学	医	医学	1937	西北人民医学院，西北军政委员会卫生部，中央人民政府卫生部保健局，军事医学科学院，卫生部
364	史廷庆	Shi Tingqing	清华学校	1926	美	Ohio State	理	化学	1930	山西大学
365	施锡恩	Shi Xien	协和医学院	1934	美	实习	医	内科	1936	协和医学院
366	寿 标	Shou Biao	金陵大学	1933	美	Iowa State	农	农业	1936	
367	寿 乐	Shou Yue	金陵大学	1933	美	MIT	工	化工	1936	
368	舒叔培	Shu Shupei	清华学校	1926	美	Michigan	理	生物	1931	上海干部局卫生处
369	束星北	Shu Xingbei	之江大学，齐鲁大学	1926	美，英	堪萨斯州拜克大学，旧金山加州大学，爱丁堡大学，剑桥大学，MIT	理	物理	1931	浙江大学，暨南大学，上海交通大学，山东大学，青岛国家海洋局
370	斯行健	Si Xingjian	北京大学	1928	德，瑞典	Berlin，斯德哥尔摩大学	理	古植物学	1933#	中山大学，清华大学，北京大学，中央研究院，中科院

序号	姓名	姓名全拼	国内学校	出国年份	留学国	国外学校或其他机构	学科	专业	归国年份	国内工作地点
371	苏步青	Su Buqing	浙江省立第二中学	1920	日	东京高等工业学校，东北帝国大学	理	数学	1931	浙江大学，中央研究院，复旦大学，科学院
372	苏国桢	Su Guozhen	清华大学	1933	美	MIT	工	化工	1936	清华大学
373	苏熊瑞	Su Xiongrui	广东高等师范学校	1924	美	华盛顿州立大学	理	数学	1929	中山大学，广州大学，国民大学，珠海书院，香港博爱医院
374	孙承谔	Sun Chenge	清华学校	1929	美	Wisconsin, Princeton	理	化学	1935#	北京大学，西南联大
375	孙令衔	Sun Lingxian	东吴大学	1934	美	Cornell	理	化学	1937	
376	孙醒东	Sun Xingdong	上海三育中学师范科		美	Purdue, Illinois, Wisconsin, 万国农具公司	农	农业机械	1934	河北省立农学院，中央大学，农林部金佛山垦区，福建省立农学院，科学院植物研究所
377	孙越崎	Sun Yueqi	北京大学	1929	美	Stanford, Columbia	工	矿冶	1932	陕北油矿勘探处，天府煤矿，嘉阳煤矿，咸远煤矿，玉门油矿
378	孙云蔚	Sun Yunwei	苏州农业学校	1932	日	园艺试验场，九州帝国大学	农	园艺	1936	实业总署园艺试验场，华北纤维统制总会，南昌中正大学，南昌大学农学院，西北农业大学
379	孙增爵	Sun Zengjue	清华大学	1933	美	MIT	工	化工	1936#	资源委员会油料厂

续表 7－1

序号	姓名	姓名全拼	国内学校	出国年份	留学国	国外学校或其他机构	学科	专业	归国年份	国内工作地点
380	谭保泰	Tan Baotai	清华大学	1933	德		工	水利	1936	
381	谭炳勋	Tan Bingxun	交通大学	1929	美	Pennsylvania	工	铁路管理	1931	交通大学
382	谈家桢	Tan Jiazhen	东吴大学，燕京大学	1934	美	CalTech	理	生物	1934	东吴大学，浙江大学，哥伦比亚大学，复旦大学
383	谭荫清	Tan Yinqing		1930	美	Wisconsin	工	无线电	1937	
384	汤飞凡	Tang Feifan	湘雅医学院，协和医学院	1925	美	Harvard	医	细菌学	1929	上海雷士德医学研究所，中央防疫处，卫生部生物制品研究所，中央生物制品检定所
385	唐凤图	Tang Fengtu	清华学校	1926	美	Purdue, Cornell	工	土木	1931	浙江大学
386	汤佩松	Tang Peisong	清华学校	1925	美	明尼苏达大学，Johns Hopkins, Harvard	理	植物	1933	武汉大学，西南联大，清华大学，北京农业大学，中科院
387	汤腾汉	Tang Tenghan	北洋大学	1922	德	Berlin	医	药学理科	1930	山东大学，华西协和大学，同济大学，上海科发制药厂，军事医学科学院
388	汤文通	Tang Wentong	国立北京农业大学	1935	美	得克萨斯州立农工大学	农		1936	长乐高级农业职业学校，福建省农业改进处，浙江省农业改进所，国立英士大学，福建协和大学
389	汤湘雨	Tang Xiangyu	金陵大学	1934	美	Kansas State	农	农艺	1937	

续表 7-1

序号	姓名	姓名全拼	国内学校	出国年份	留学国	国外学校或其他机构	学科	专业	归国年份	国内工作地点
390	陶葆楷	Tao Baokai	清华学校	1926	美，德	MIT，Harvard，Berlin	工	土木工程	1931#	清华大学，南京卫生署，台湾大学，广州岭南大学，北京大学
391	陶晶孙	Tao Jingsun			日	九州帝国大学，东北帝国大学	医	生理	1930?	厚生医院，上海东南医学院，上海自然科学研究所，台湾大学
392	陶桐	Tao Tong	清华学校	1928	美	Wisconsin，Chicago	理	化学	1933	暨南大学
393	陶源长	Tao Yuanchang		1934	日	东京高等工学校	工	机械	1937#	昆明中央机器厂，上海中央机器公司，上海工具厂，上海中和机器厂，上海经纬纺织机械厂，山西经纬纺织机械厂
394	陶云逵	Tao Yunkui	南开大学	1927	德	Berlin，汉堡大学	理	人类学	1934	南京中央研究院历史研究所
395	童大坝	Tong Daxun	交通大学	1934	英	Imperial College	工	铁道	1937	叙昆铁路工程局，滇缅铁路工程局，重庆交通大学，昆明滇缅铁路油管工程处，上海铁道学院
396	童第周	Tong Dizhou	复旦大学	1930	比	比京大学	理	生物	1934	中央大学，山东大学，同济大学，复旦大学，中科院
397	童寯	Tong Jun	清华学校	1925	美	宾夕法尼亚大学	工	土木	1930	沈阳东北大学，华盖建筑师事务所，南京中央大学，南京工学院
398	童玉民	Tong Yumin		1928	美	Cornell	农	农林	1930	浙江大学农学院

续表 7-1

序号	姓名	姓名全拼	国内学校	出国年份	留学国	国外学校或其他机构	学科	专业	归国年份	国内工作地点
399	涂长望	Tu Changwang	沪江大学	1930	英	伦敦大学，利物浦大学	理	气象学	1934	中央研究院，清华大学，浙江大学，中央大学，中央气象局
400	涂家庆	Tu Jiaqing	清华学校	1927	美	MIT	工	电机	1933	上海青年会
401	屠开元	Tu KaiYuan		1922	德	Berlin	医	医学	1931#	南京首都医院，中国红十字会
402	涂治	Tu Zhi	清华学校	1924	美	明尼苏达大学	农	作物育种	1929	岭南大学，河南大学，武汉大学，西北农林专科学校，新疆农林牧科研所
403	王葆仁	Wang Baoren	东南大学	1933	英，德	伦敦大学，慕尼工大	理	化学	1936	同济大学，浙江大学，有机化学研究所
404	王炳南	Wang Bingnan	清华学校	1927	美	Pennsylvania	工	铁道运输	1934	铁道部
405	王萃彬	Wang Cuibin	清华学校	1927	美	Pennsylvania	工	建筑	1932	上海市政府
406	王凤喈	Wang Fengjie	北京师范大学	1930	美	Chicago	理	教育心理	1934	中央大学
407	王福春	Wang Fuchun	武昌高等师范学校	1929	日	东北帝国大学	理	数学	1936	西北农林专科学校，浙江大学，中央研究院数学研究所，中正大学
408	王淦昌	Wang Ganchang	清华大学	1930	德	Berlin	理	物理	1933#	清华大学，山东大学，浙江大学，中科院

序号	姓名	姓名全拼	国内学校	出国年份	留学国	国外学校或其他机构	学科	专业	归国年份	国内工作地点
409	王干治	Wang Ganzhi	金陵大学	1928	日	东京高等蚕丝学院	农	养蚕	1932	江苏省蚕丝专科学校，四川大学，苏州实验蚕桑场，华东蚕业研究所
410	王洸	Wang Guang	北京交通大学	1935	美	宾夕法尼亚大学，纽约医学院，Harvard	工	交通运输	1937	汉口航政局，四川省船舶总队，江西造船处
411	王冠英	Wang Guanying	清华大学	1925	美	MIT	工	电机	1930	河南大学，北平大学，清华大学，河南焦作工学院
412	王桂芬	Wang Guifeng	上海竞雄女校	1928	美	纽约大学	工	航空	1930	航空学校
413	王国松	Wang Guosong	浙江公立工业专门学校	1930	美	Cornell	工	电机	1933	浙江大学
414	汪国诤	Wang Guozheng	协和医学院	1934	美	Chicago 实习	医	医	1936	协和医学院
415	汪固与	Wang Guyu	清华学校	1925	美	Purdue	农	兽医	1929	四川省家畜保育所
416	王恒升	Wang Hengsheng	北京大学	1933	瑞士	苏黎世高等工业学院，巴塞尔大学	理	地质	1937	中央地质调查所，贵金属矿务局，新疆工业厅，西北地质局，地质部，中科院
417	王恒守	Wang Hengshou	中央大学	1938	美	Harvard	理	物理	1932	南开大学，广西大学，中央大学，安徽大学，国家海洋局

序号	姓 名	姓名全拼	国内学校	出国年份	留学国	国外学校或其他机构	学科	专业	归国年份	国内工作地点
418	王宏基	Wang Hongji	交通大学	1935	意	都灵大学皇家工学院	工	航空	1937	成都空军机械学校，上海交通大学，南京化东航空学院，西安航空学院，西北工业大学
419	王家楫	Wang Jiaji	东南大学	1925	美	韦斯特生物研究所，宾夕法尼亚大学，Yale	理	动物	1929	中科院，南京中央大学，中央研究院
420	王俱侗	Wang Judong	清华学校	1925			医		1931	行医
421	汪菊潜	Wang Juqian	唐山交通大学	1927	美	Cornell，美国桥梁公司	工	土木工程	1930	粤汉铁路工程局，滇缅铁路工程局，叙昆铁路工程局，中国桥梁公司，上海铁路局
422	王鸣岐	Wang Mingqi	河南大学	1934	美	明尼苏达大学	农	植物病理	1937	河南大学，东吴大学，江南大学，复旦大学
423	王荣瑸	Wang Rongbin		1929	英	曼彻斯特大学	工	内燃机技术	1932#	海军江南造船所，重庆商船专科学校，交通大学，同济大学
424	王若僖	Wang Ruoxi	同济大学		德法	汉诺威工科大学	工		1930年前	东北兵工厂，东北兵工学校，陕西公路局，河南电政管理局，天津电报局
425	王绳祖	Wang Shengzu	清华学校	1923	美	Chicago，Harvard	理	地理	1929	大夏大学
426	王慎名	Wang Shenming	清华学校	1927	美	MIT，Harvard	工	电讯	1933	汉口市广播电台

续表 7-1

序号	姓名	姓名全拼	国内学校	出国年份	留学国	国外学校或其他机构	学科	专业	归国年份	国内工作地点
427	王士倬	Wang Shizhuo	清华学校	1925	美	MIT	工	航空	1930	南昌航空机械学校
428	王绶	Wang Shou	山西大学，金陵大学	1932	美	Cornell	农	作物育种	1933	南京金陵大学，西北农学院，中央农业实验所，西北农业推广繁殖站，农业科学院作物育种栽培研究所
429	王守竞	Wang Shoujing	清华学校	1924	美	Harvard, Columbia	理	物理	1929	浙江大学，北京大学，昆明中央机器厂
430	王叔铭	Wang Shuming	黄埔军校，广东军事航空学校	1925	苏	第二军事航空学校，高级战斗射击轰炸飞行侦察学校，空军将校飞行学校	工	航空	1931	杭州中央航空学院，空军军官学校
431	王倘	Wang Tang	东南大学	1928	美	Stanford	理	教育心理	1932	厦门大学
432	王涛	Wang Tao	北洋大学	1929	德	Berlin	工	化工	1932	唐山启新洋灰公司，黄石华新水泥厂，建筑工业部，水泥研究所，建筑材料科学研究院
433	王熙	Wang Xi	沪江大学	1926	美	Chicago	理	生物	1930	沪江大学
434	王琇瑛	Wang Xiuying	北京协和医学院	1935	美	Columbia 大学师范学院	医	护理	1936	北京协和医学院，首都医科大学，北京同仁医院
435	王雪屏	Wang Xueping	北京大学		美	Columbia	理	心理学	1935?	东北大学，北京师范大学，西南联大

续表 7 - 1

序号	姓名	姓名全拼	国内学校	出国年份	留学国	国外学校或其他机构	学科	专业	归国年份	国内工作地点
436	王一三	Wang Yisan	上海大夏大学	1935	美	Michigan	理	化学	1937	大夏大学，新中国大学，上海市立师范专科学校，南通学院
437	王毓瑚	Wang Yuhu		1925	德，法	波茨坦中学，慕尼黑工业大学，巴黎大学	农	农学	1933	西北农林专科学校，复旦大学，北平大学，北京农业大学
438	王之玺	Wang Zhixi	北洋大学	1934	英	雪菲尔德大学	工	冶金	1936	汉口六河沟铁厂，云南钢铁厂，鞍山钢铁公司，中央重工业部生产技术司、钢铁司
439	王志宜	Wang Zhiyi		1923	美	Cornell，Michigan	医	医	1932	协和医学院
440	王仲侨	Wang Zhongqiao	北京大学医学院	1931	德	Berlin，耶拿大学	医	解剖学	1934	江苏医学院，中山大学，浙江大学医学院
441	王竹泉	Wang Zhuquan		1929	美	Wisconsin，MIT	理	地质	1931	北平研究院，北京大学，燃料工业部，煤炭工业部，地质部
442	王竹亭	Wang Zhuting	哈尔滨工业大学	1932	美，德	Michigan，Berlin	工	铁道工程	1935	粤汉铁路，天成铁路，南疆公路工程处，中长铁路局，唐山铁道学院
443	韦超	Wei Chao	广西航空运动学校	1932	英，德，奥	德国滑翔学校，奥地利滑翔学校	工	航空	1935?	

续表 7－1

序号	姓名	姓名全拼	国内学校	出国年份	留学国	国外学校或其他机构	学科	专业	归国年份	国内工作地点
444	魏景超	Wei Jingchao	金陵大学	1934	美	Wisconsin	农	植物	1937#	金陵大学，上海植物生理研究所，南京农学院，华东农业科学研究所
445	魏培修	Wei Peixiu	燕京大学	1932	美	Chicago	理	物理	1936	
446	魏寿昆	Wei Shoukun	北洋大学	1931	德	Berlin，德累斯顿工科大学，亚琛工业大学	工	冶金	1936	辽宁海城大岭滑石矿，北洋工学院，西康技艺专科学校，重庆矿冶研究所，北京钢铁学院
447	温步颐	Wen Buyi	金陵大学，燕京大学	1934	德	Berlin	工	化工	1937	
448	温健公	Wen Jiangong	中山大学	1930	日	秋田矿山学院	工	采矿	1931	北平民国学院
449	温联栋	Wen Liandong	交通大学	1932?	美	实习	工	机械	1936	
450	温嗣芳	Wen Sifang	交通大学	1927	英	爱丁堡大学	工	工业	1930	重庆工业合作协会
451	闻亦传	Wen Yichuan	清华学校	1922	美	Chicago	医	医	1929	协和医学院
452	闻亦齐	Wen Yiqi	清华学校	1925	美	Chicago	医	医	1931	行医
453	伍长庚	Wu Changgeng	清华学校	1925	美	Johns Hopkins	医	医	1930	北平市卫生局
454	吴澄	Wu Cheng	东南大学	1933	德	Berlin	理	体育生理	1935	中央大学

续表 7 –1

序号	姓名	姓名全拼	国内学校	出国年份	留学国	国外学校或其他机构	学科	专业	归国年份	国内工作地点
455	吴大任	Wu Daren	南开大学	1933	英，德	伦敦大学，汉堡大学	理	数学	1937	南开大学，四川大学，云南大学，北京大学
456	吴大猷	Wu Dayou	南开大学	1931	美	Michigan	理	物理	1934	北京大学，四川大学，西南联大，中央研究院，南开大学
457	吴德明	Wu Deming	圣约翰大学	1931	英	曼彻斯特大学科学技术学院	工	纺织	1934	上海永安第一纺织厂，上海恒丰纱厂，国营上海第五棉纺织厂，北京棉纺织联合厂，北京纺织科学研究所
458	吴定良	Wu Dingliang	南京高师		美，英，瑞士	Columbia，伦敦大学，楚列须大学	理	人类学	1935	中央研究院，浙江大学，暨南大学，复旦大学
459	吴羹梅	Wu Gengmei	同济大学		日	横滨高等工业学校	工	应用化学	1934?	中国标制铅笔厂，上海市制笔工业公司
460	吴　光	Wu Guang	东吴大学	1930	美	Michigan	医	医学	1933	中山大学，南京中央卫生实验院，上海雷士德医研究所，上海医学院
461	吴金鼎	Wu Jinding	齐鲁大学，清华大学	1933	英	伦敦大学	理	考古学	1937年后	中央博物院，中央研究院历史语言研究所，齐鲁大学
462	吴景祥	Wu Jingxing	清华大学	1930	法	Paris	工	建筑	1934	上海海关建筑处
463	吴锦铨	Wu Jinquan	清华学校	1923	美	Stanford	工	化工	1929	浙江大学工学院

续表 7 - 1

序号	姓名	姓名全拼	国内学校	出国年份	留学国	国外学校或其他机构	学科	专业	归国年份	国内工作地点
464	吴柳生	Wu Liusheng	清华学校	1928	美	MIT, Illinois	工	土木	1933#	河南大学，青岛大学，清华大学，昆明西南联大，西南建筑公司
465	吴鲁强	Wu Luqiang	清华学校	1924	美	MIT	理	化学	1931	北京大学，中山大学
466	吴南轩	Wu Nanxuan	复旦大学	1919	美	加州大学	理	教育心理	1929	教育部
467	吴年吉	Wu Nianji	清华学校	1925	美	Wisconsin	农	农林	1929	四川省家畜保育所
468	伍荣林	Wu Ronglin		1930	美	MIT	工	航空工程	1935	中央大学，北京航空学院
469	吴荣熙	Wu Rongxi	清华大学	1923	德	Berlin	医	制药	1936	南京药学院
470	吴 润	Wu Run	清华学校	1927	美	Pennsylvania, Illinois	工	铁路管理	1931	铁道部运输科
471	吴尚时	Wu Shangshi	中山大学	1929	法	里昂大学，格勒诺布尔大学	理	地理	1935	广州中山大学，岭南大学
472	吴绍青	Wu Shaoqing	湘雅医学院	1929	美	Harvard 医学院	医	医学	1932#	南昌医院，上海医学院，重庆中央医院
473	伍献文	Wu Xianwen	南京高师	1929	法	巴黎博物馆，巴黎大学	理	动物	1932	厦门大学，中央大学，中央研究院，中科院
474	吴学周	Wu Xuezhou	东南大学	1928	美、德	CalTech，达姆斯塔特工大	理	化学	1933	化学研究所，交通大学，应用化学研究所，吉林科学技术学院

续表 7 – 1

序号	姓名	姓名全拼	国内学校	出国年份	留学国	国外学校或其他机构	学科	专业	归国年份	国内工作地点
475	吴泽湘	Wu Zexiang	清华大学	1934	英	London	工	电机	1937	
476	吴征鎰	Wu Zhengjian	金陵大学	1935	新加坡	国际疟疾研究班	医	寄生虫学	1935#	云南省疟疾研究所，中央卫生实验院寄生虫学室
477	伍智梅	Wu Zhimei			美	Chicago	医	医学	1930？	广州市育婴院，图强助产职业学校
478	吴执中	Wu Zhizhong	奉天医科专门学校	1933	英	格拉斯哥大学医学院，伦敦大学附属盖氏医院	医	内科	1935#	沈阳盛京施医院，北平协和医学院，长沙湘雅医学院
479	伍仲	Wu Zhong		1929	日	东京文理科大学	理	教育心理	1937	湖南大学
480	吴卓	Wu Zhu	清华学校	1923	美	Ohio State	工	制糖	1929	广西糖厂
481	夏勤铎	Xia Qinduo	清华大学	1933	美	MIT	工	化工	1936	资源委员会油料厂
482	夏之骅	Xia Zhihua	北平大学农学院	1933	美	Arizona	农	农业化学	1936	
483	萧津	Xiao Jin	清华学校	1924	美	MIT，Harvard	工	土木	1930	京赣铁路
484	肖瑾	Xiao Jin	唐山交通大学	1931	美	Illinois	工	铁路工程	1933	平汉铁路局，京赣铁路工程局，浙江大学，湘黔铁路局，铁道部第三勘测设计院
485	萧庆云	Xiao Qingyun	清华学校	1924	美	CIT，Harvard	工	水利	1931	江西公路局

续表 7－1

序号	姓名	姓名全拼	国内学校	出国年份	留学国	国外学校或其他机构	学科	专业	归国年份	国内工作地点
486	萧孝嵘	Xiao Xiaorong	圣约翰大学	1926	美，德	Columbia, UC Berkeley, Berlin	理	心理	1931	南京中央大学，复旦大学，华东师范大学
487	萧之的	Xiao Zhidi	沪江大学，燕京大学	1934	美	Harvard	理	生物	1937	
488	谢少文	Xie Shaowen	湘雅医学院	1932	美	Harvard	医	免疫	1934	北京协和医学院，解放军军事医学院，中国医学科学院
489	谢申	Xie Shen	中山大学	1935	美	Wisconsin	农	土壤	1937	中山大学，华南农学院
490	谢为杰	Xie Weijie	燕京大学	1932	美	Ohio State	工	化工	1935	南京永利公司，永利铔厂，重工业部化工局生产处，燃料化学工业部规划设计院，化工部规划局
491	谢循贤	Xie Xunxian	浙江温州中学		日	东京高等师范学校，仙台市东北帝国大学	理	植物	1932	广西大学，中山大学，福建协和大学，浙江英士大学
492	邢传禾	Xing Chuanhe	清华学校	1928	美	Purdue	工		1933	
493	邢开元	Xing Kaiyuan			美		工	化工	1930?	山西大学，山西化工学院，太原工学院
494	邢其毅	Xing Qiyi	辅仁大学	1933	美，德	Illinois, 慕尼黑大学	理	化学	1937	辅仁大学，化学研究所，华中军医大学，北京大学

序号	姓名	姓名全拼	国内学校	出国年份	留学国	国外学校或其他机构	学科	专业	归国年份	国内工作地点
495	熊大仁	Xiong Daren	复旦大学	1935	日	京都帝国大学	理	动物系	1937	复旦大学，中山大学，广东省海事卖方科学校，光华医学院，广东水产专科学校
496	熊大仕	Xiong Dashi	清华学校	1923	美	Iowa State	农	兽医	1930	四川省家畜保育所，四川省农业改进所，中央大学，甘肃畜牧医研究所，北京农业大学
497	熊季光	Xiong Jiguang	中央大学	1933	日	九州帝国大学农学部	农	蚕学	1936	中央大学农学院，江苏省蚕丝试验场，四川省蚕丝改良场，四川省南充高级蚕丝科职业学校，四川省农业科学院蚕桑研究所
498	熊鸾翥	Xiong Luanzhu	清华大学	1933	德	Berlin	理	物理	1936	清华大学
499	熊学谦	Xiong Xueqian	清华学校	1929	美	Johns Hopkins	理	化学	1934	实业部汉口商品检验局
500	徐宝义	Xu Baoyi		1930?	法		医	内科	1935?	
501	许德佑	Xu Deyou	复旦大学	1939	法	蒙柏烈大学	理	地质	1935	中央地质调查所，复旦大学
502	徐丰彦	Xu Fengyan	复旦大学	1933	英	伦敦大学，冈城大学	医	生理	1935	中山大学医学院，上海第一医学院
503	许鑑	Xu Jian	清华学校	1925	美	Cornell	工	土木	1930	京贵铁路
504	许杰	Xu Jie					理		1930?	

续表 7－1

序号	姓名	姓名全拼	国内学校	出国年份	留学国	国外学校或其他机构	学科	专业	归国年份	国内工作地点
505	徐廼祚	Xu Naizuo	清华大学	1934	德	Dresdem	工	航空	1936	
506	徐仁铣	Xu Renxi	清华学校	1923	美	Cornell	理	物理	1929	重庆大学
507	许世瑾	Xu Shijin	协和医学院	1929	美	Johns Hopkins 公共卫生学院	医	公共卫生	1930#	上海市卫生局，中央卫生实验处，中央大学医学院，西北医学院
508	徐天锡	Xu Tianxi	安徽省乡村师范学校，燕京大学	1934	美	明尼苏达大学	农	农艺	1935	广西省农事试验场，浙江大学，上海私立圣约翰大学农学院，上海市工务局园场管理处，沈阳农学院
509	许振英	Xu Zhenying	清华学校	1927	美	Cornell, Wisconsin	农	畜牧	1932#	河南大学，中央大学，农林部
510	徐振镛	Xu Zhenyong	清华学校	1925	美	Purdue	工	土木	1930	开滦矿务局
511	徐治	Xu Zhi	清华学校	1924	美	Minnesota	农	农林	1930	陕西西北农林专校
512	徐芝纶	Xu Zhilun	清华大学	1935	美	MIT, Harvard	工	力学	1937	浙江大学，资源委员会水利发电勘测总队，中央大学，上海交通大学，华东水利学院
513	徐宗涑	Xu Zongsu	清华学校	1923	美	MIT	工	化工	1929	东北大学，上海水泥公司，台湾水泥公司
514	薛愚	Xue Yu	齐鲁大学	1930	法	巴黎大学	医	药物	1933	河南大学，西北农林专科学校，国立药学专科学校，齐鲁大学，北京大学医学院

续表 7 - 1

序号	姓名	姓名全拼	国内学校	出国年份	留学国	国外学校或其他机构	学科	专业	归国年份	国内工作地点
515	严楚江	Yan Chujiang	东南大学	1929	美	Chicago	理	植物	1932	南京中央大学，北平师范大学，河南大学，云南大学，厦门大学
516	严庆龄	Yan Qingling	同济大学	1931	德	Berlin	工	机械	1932	大隆机器制造厂，泰利机器制造厂，元生纺织厂，裕隆汽车制造厂
517	严仁荫	Yan Renyin	清华大学	1934	美	Wisconsin	理	化学	1937	西南联大、清华大学
518	杨葆昌	Yang Baochang	清华学校	1929	美	Illinois	理	化学	1934	广州勷勤大学
519	杨成志	Yang Chengzhi	岭南大学	1932	法	巴黎人类学院	理	人类	1935	中山大学
520	杨德云	Yang Deyun	北京师范大学	1927	法	南锡大学	理	物理	1931	杭州之江大学，安徽大学，浙江大学，北京工业学院
521	杨家瑜	Yang Jiayu	北平工业专门学校	1926	美	Purdue	工		1929？	北平大学，北洋大学，津浦铁路机务处，南京中央大学
522	杨 杰	Yang Jie	清华学校	1923	美	Wisconsin	农	农林	1929	南通农学院
523	杨济时	Yang Jishi	协和医学院	1930	美	波士顿市医院	医	医学	1932	南京中央医院，长沙湘雅医学院，贵阳医学院，武汉医学院，天津第一纺织医院

续表 7-1

序号	姓名	姓名全拼	国内学校	出国年份	留学国	国外学校或其他机构	学科	专业	归国年份	国内工作地点
524	杨开渠	Yang Kaiqu	浙江省立甲种工业学校	1927	日	东京帝国大学	农	农学	1931	浙江省地方自治专修学校，四川乡村建设学院，四川农学院，川康农工学院
525	杨恪	Yang Ke	交通大学	1930	英	实习	工	电机	1932	
526	杨克成	Yang Kecheng	中央大学	1932	美	Harvard	工	工商管理	1935	云南大学
527	杨铭鼎	Yang Mingding		1932	欧美	考察、实习卫生工程学和环境卫生学	医	卫生工程	1934	卫生署，贵阳市水利林牧局，西宁市自来水工程处，上海医学院，华东劳动卫生调查研究所
528	杨敏祺	Yang Minqi	清华学校	1929	美	Stanford	理	心理	1934	中山大学
529	杨乃俊	Yang Naijun	上海中法工学院	1930	比，法	沙城工业技术大学，巴黎公共工程大学	工	水利	1932	华东农林水利部，国务院水利部，河北省水利厅
530	杨尚灼	Yang Shangzhuo	交通大学	1934	美	Lehigh	工	冶金	1937	
531	杨十三	Yang Shisan	天津高等工业学校	1920	美	塞瑞术斯大学	工	造纸学	1933	天津工业试验所，河北省工业学院
532	杨述祖	Yang Shuzu			日	名古屋医科大学，东京帝国大学	医	医学	1931	上海自然科学研究所，上海东南医学院，同德医学院，同济大学，武汉医学院
533	杨伟	Yang Wei	清华学校	1925	美	Ohio State	工	化工	1931	军政部兵工厂

续表 7-1

序号	姓名	姓名全拼	国内学校	出国年份	留学国	国外学校或其他机构	学科	专业	归国年份	国内工作地点
534	杨蔚	Yang Wei	金陵大学	1934	美	Cornell	农	农业经济	1937	
535	杨惟义	Yang Weiyi	南京高师	1931	法		农	农林	1935	北平静生生物调查所，上海生物科学研究所，无锡江南大学，江西南昌大学，江西农学院
536	杨文衡	Yang Wenheng	国立青岛大学	1935	日	东京帝国大学农学部	农		1937	云南第52兵工厂附属农林场，广西农事实验场，广西大学，吉林省立农业专科学校，河北农业大学
537	杨显东	Yang Xiandong	金陵大学	1934	美	Cornell	农	农林	1937	湖北省棉业试验场，谷城茨河手纺织训练所，四川农业改进所，武汉大学，农业部
538	杨允奎	Yang Yunkui	清华学校	1928	美	Ohio State	农	作物育种	1933	河北省立农学院，国立四川大学，四川省稻麦试验场，四川省农业科研所，四川农学院
539	姚楷	Yao Kai	清华学校	1925	美	Norwich, Vermont	理	军事理科	1930	南京陆军大学
540	姚克方	Yao Kefang	湘雅医学院	1933	美	窦克大学	医	医学	1935#	医疗防疫处，贵州高级医务学校，贵阳医学院，南京医院，中南卫生干部进修学校

续表 7－1

序号	姓名	姓名全拼	国内学校	出国年份	留学国	国外学校或其他机构	学科	专业	归国年份	国内工作地点
541	姚永政	Yao Yongzheng	浙江公立医药专科学校	1928	英美	伦敦大学，Johns Hopkins，国立卫生研究院	医	卫生学	1931?	中央卫生实验院，同济医科大学，武汉医学院
542	叶葵南	Ye Kuinan	南开中学	1920	美	Illinois，密苏里大学，Michigan，Iowa State	工	土木工程	1930	东北大学，北宁铁路管理局材料处，铁道部华北五矿煤铁运销惠通公司，上海利达工程公司
543	叶培忠	Ye Peizhong		1930	英	爱丁堡皇家植物园	农	农林	1931	南京总理陵园植物园，湖南长沙高级农校，四川省农业改进所，南京林学院，科学院林业土壤研究所
544	叶雪安	Ye Xuean	同济大学	1933	德	慕尼黑工科大学	工	测量	1937	同济大学，武汉测绘学院，科学院地理研究所
545	叶衍庆	Ye Yanqing	山东齐鲁大学医学院	1935	英	利物浦大学骨科学院	医	骨科	1937	上海仁济医院，上海女子医学院，上海圣约翰大学医学院，同德医学院，上海市骨伤科学研究所
546	叶渚沛	Ye Zhupei		1921	美	Colorado School of Mines，Chicago，宾夕法尼亚州立大学，美国联合碳化物研究所，美国中央合金钢公司，美国机器及铸造公司	工	矿冶	1933	重庆炼铜厂，电化冶炼厂，科学院化工冶金研究所

续表 7-1

序号	姓名	姓名全拼	国内学校	出国年份	留学国	国外学校或其他机构	学科	专业	归国年份	国内工作地点
547	衣复得	Yi Fude	清华大学	1934	美	Cornell	工	水利	1937	
548	尹良莹	Yin Liangying	中央大学	1933	日	东京帝国大学	农	农学	1936	上海蚕种检验处，江苏省立淮阴农校，四川省蚕丝改良场，四川省立南充高级蚕丝科职业学校，上海国营中国蚕丝公司
549	殷希彭	Yin Xipeng	河北大学	1927	日	东京庆应大学	医	病理	1931	河北医学院，白求恩卫生学校，华北军医学院，军事医学科学院
550	尹赞勋	Yin Zanxun	北京大学	1923	法	里昂大学	理	地质	1931	北京地质学院，中国科学院
551	应尚能	Ying Shangneng	清华学校	1923	美	Michigan	工	机械	1930	上海国立音乐专科学校
552	尤家骏	You Jiajun	山东齐鲁大学	1932	奥，美	维也纳大学，Columbia	医	皮肤病	1933#	齐鲁大学，山东医学院，山东皮肤病研究所
553	俞大绂	Yu Dafu	金陵大学	1928	美	Iowa State	农	植物病理	1932	金陵大学，清华大学，北京大学，北京农业大学
554	余㵑	Yu He	北京医学专门学校	1927	美	Harvard	医	细菌学	1929	北京大学，上海雷斯特研究院，上海第二医学院，上海免疫学研究所
555	虞宏正	Yu Hongzheng	北京大学	1936	德，英	莱比锡大学，伦敦大学	理	胶体化学，物理化学	1937#	西北临时大学，西北农学院

序号	姓名	姓名全拼	国内学校	出国年份	留学国	国外学校或其他机构	学科	专业	归国年份	国内工作地点
556	俞建章	Yu Jianzhang	北京大学	1933	英	布里斯托尔大学	理	地质	1936	中州大学，中央研究院，中央大学，重庆大学，长春地质专科学校
557	喻兆琦	Yu Zhaoqi	南京高师	1929	法，德	巴黎博物馆甲壳动物研究所，Berlin	理	动物	1933	山东大学，北平静生物调查所，北平师范大学
558	袁翰青	Yuan Hanqing	清华大学	1929	美	Illinois	理	化学	1934	中央大学，甘肃科学教育馆，北京大学
559	袁行义	Yuan Xingyi	清华大学	1930	法		医	药物	1935	
560	岳劼恒	Yue Jieheng	北京大学	1928	法	巴黎大学	理	物理	1936	北平研究院，中法大学，西安临时大学，西北联大，西北大学
561	乐森璕	Yue Senxun	北京大学	1934	德	格廷根大学，马堡大学	理	地质学	1936	两广地质调查所，中山大学，贵州省矿产测勘团，重庆大学，北京大学
562	臧玉洤	Zang Yuquan	北京大学	1929	美，欧洲	Chicago	医	神经解剖学	1936	清华大学，协和医学院，北京大学
563	曾宝涵	Zeng Baohan	金陵女子文理学院	1934	美	实习	医	内科	1936	
564	曾炯	Zeng Jiong	国立武昌大学	1928	德	Berlin，格丁根大学，汉堡大学	理	数学	1935	浙江大学，北洋大学，西北联合大学，西北工学院，西康技艺专科学校

序号	姓名	姓名全拼	国内学校	出国年份	留学国	国外学校或其他机构	学科	专业	归国年份	国内工作地点
565	曾炯之	Zeng Jiongzhi		1927	德	哥廷根大学，汉堡大学	理	数学	1935	浙江大学
566	曾勉	Zeng Mian	中央大学	1928	法	Montpellior 农业专科学校，Alis 法国农部农业研究所，Angers 苗圃和果园	农	园艺	1934	中央大学，云南大学，华东农业科学研究所，农业科学院柑桔研究所
567	曾省	Zeng Sheng	东南大学	1929	法瑞士	里昂大学，暖狭登大学	农	昆虫	1932	青岛大学，山东大学，四川大学，湖北省农学院，中南农业科学研究所
568	曾远荣	Zeng Yuanrong	清华学校	1927	美	Chicago	理	数学	1933	中央大学，清华大学，成都燕京大学，四川大学，南京大学
569	翟鹤程	Zhai Hecheng	清华大学	1930	美	Cornell,Minnesota,Iowa	工	铁路	1935	广西大学
570	翟克恭	Zhai Kegong	清华学校	1926	美	Antioch,Pennsylvania	工	工业管理	1932	交通大学
571	翟念浦	Zhai Nianpu	清华学校	1925	美	Oregon,Chicago,Stanford	理	化学	1931	青岛商品检验局
572	张伯声	Zhang Bosheng	清华学校	1926	美	Chicago,Stanford	理	地质	1930	焦作工学院，河南大学，北洋工学院，西北大学，西安地质学院
573	张昌华	Zhang Changhua	清华大学	1930	美	Cornell	工	土木	1934	全国保委会公路处
574	张昌龄	Zhang Changling	清华大学	1933	美	MIT	工	土木	1936	清华大学

序号	姓名	姓名全拼	国内学校	出国年份	留学国	国外学校或其他机构	学科	专业	归国年份	国内工作地点
575	张昌颖	Zhang Changying	清华大学	1929	美	Wisconsin	医	生物化学	1934	北京协和医学院，中正医学院，贵阳医学院，北京大学，北京医科大学
576	张春霖	Zhang Chunlin	东南大学	1928	法	巴黎大学	理	鱼类学	1930	北平静生生物调查所，北京师范大学，中科院
577	张 丹	Zhang Dan	交通大学	1934	意	都灵大学	工	电机	1937	空军电台，四川大学
578	张大煜	Zhang Dayu	清华大学	1929	德	累斯顿工业大学	理	化学	1933	清华大学，大连大学，工业化学研究所
579	张德庆	Zhang Deqing	南洋大学	1925	美，德	Purdue，西屋公司，西门子总厂	工	机械	1929#	上海兵工厂，中国白铁制造公司，浙江大学，国立交通大学，中央汽车配件制造厂
580	张辅忠	Zhang Fuzhong	浙江公立医药专门学校	1927	德	Berlin	理	化学	1933	甘油厂，上海五洲制药厂，上海交通大学，同济大学，华东药学院
581	张 更	Zhang Geng	中央大学	1934	美	Harvard	理	地质	1936	地质研究所，中央大学，重庆大学，燃料工业部，北京石油学院
582	张 光	Zhang Guang	清华学校	1924	美	Illinois，MIT	工	化工	1930	湖南大学
583	张光斗	Zhang Guangdou	交通大学	1935	美	UC Berkeley，Harvard	工	土木	1937#	清华大学

续表 7 - 1

序号	姓名	姓名全拼	国内学校	出国年份	留学国	国外学校或其他机构	学科	专业	归国年份	国内工作地点
584	张桂耕	Zhang Guigeng		1929	德	Berlin，亚琛工科大学	工	冶金	1935	资源委员会钨铁厂，大昌矿冶股份公司大昌铁厂，重庆綦江电化冶炼厂，冶金工业部北京钢铁设计研究总院
585	张国藩	Zhang Guofan	沪江大学	1931	美	Cornell，Iowa State	工	力学	1935	天津北洋工学院，上海沪江大学，广州岭南大学，陕南西北工学院，天津大学
586	张汉文	Zhang Hanwen		1923	法	鲁贝学院，鲁贝毛纺厂	工	纺织，染化	1929	上海章华毛纺织厂，天津东亚毛纺织厂，国立西北工学院，河北工学院，天津纺织工学院
587	张鸿德	Zhang Hongde	清华学校	1928	美	Chicago	医	生理	1933	
588	张洪沅	Zhang Hongyuan	清华学校	1924	美	CalTech，MIT，	工	化工	1931	中央大学，南开大学，四川大学，四川化学工业学院，成都科技大学
589	章恢志	Zhang Huizhi	浙江大学	1935	日	东京帝国大学农学部园艺研究室	农	园艺	1937	浙江大学，浙江省立农业改良场，山东省立第一农事试验厂，四川省农业改进所江津园艺试验厂，武汉大学，华中农业大学

序号	姓名	姓名全拼	国内学校	出国年份	留学国	国外学校或其他机构	学科	专业	归国年份	国内工作地点
590	张　锦	Zhang Jin	燕京大学	1927	美	Michigan，Illinois	理	化学	1934#	北平协和医学院，重庆大学，福建医学院，厦门大学
591	张际中	Zhang Jizhong		1930	日	北海道帝国大学	农	农业	1936	奉天农业大学，东北大学，沈阳农学院
592	章克标	Zhang Kebiao		1919	日	东京高等学校	理	数学	1929	开明书店，金屋书店，时代图书公司，上海新华书店，浙江省文史馆
593	张克威	Zhang Kewei	吉林省立第一师范学校	1920	美	密西西比州农业工程学院，明尼苏达大学，Chicago，阿木耳畜产品加工公司	农	农学	1931	中东路哈尔滨农事试验场，晋冀鲁豫边区府农林局，沈阳农学院，中国农业科学院
594	张孟闻	Zhang Mengwen	东南大学	1935	法，德，英	法国国家自然博物馆，德国法兰克福博物馆，英国伦敦不列颠自然博物馆	理	动物	1937	浙江大学，复旦大学，黑龙江大学，哈尔滨师范学院，华东师范大学
595	章名涛	Zhang Mingtao	圣约翰中学	1924	英	纽嫁索大学，曼彻斯特茂伟电机制造厂，曼彻斯特大学，林肯 Ruston hornsby 柴油机厂	工	机械	1929	浙江大学，上海亚洲电气公司，清华大学，西南联大，上海公共汽车公司

序号	姓名	姓名全拼	国内学校	出国年份	留学国	国外学校或其他机构	学科	专业	归国年份	国内工作地点
596	张乃凤	Zhang Naifeng	圣约翰大学	1927	美	Cornell, Wisconsin	农	土壤	1931	金陵大学农学院，中央农业试验研究所，华北农业科学研究所，农科院，土壤肥料研究所
597	张青莲	Zhang Qinglian	光华大学，清华大学	1934	德，瑞典	Berlin，瑞典物理化学研究所	理	化学	1937	清华大学，北京大学
598	张 任	Zhang Ren	清华学校	1925	美	Cornell	工	土木	1930	扬子江水利委员会
599	张少铭	Zhang Shaoming		1930	日	日本东京工业大学	工	化工	1937	青岛维新化学厂，化工部沈阳化工研究院
600	张松荫	Zhang Songyin	南京东南大学	1935	日	北海道帝国大学	农	畜牧	1937#	四川省农业改进所，西北农学院，四川大学，华西大学，金陵大学，华北农业科学院研究所
601	张天福	Zhang Tianfu	金陵大学	1934	日	考察茶业	农	茶叶技术	1935	福安农业职业学校，福安茶叶改良厂，福建农业科学院
602	张通骏	Zhang Tongjun	清华学校	1926	美	Chicago, Stanford, Wisconsin	理	化学	1931	
603	张纬文	Zhang Weiwen		1925	美	Cornell	理	化学	1929	浙江大学
604	章文晋	Zhang Wenjin	西南联大	1927	德		工	机械	1931	转外交工作
605	张 玺	Zhang Xi	直隶公立农专	1921	法	里昂中法大学，里昂大学	理	动物	1932	国立北平研究院，中科院

序号	姓名	姓名全拼	国内学校	出国年份	留学国	国外学校或其他机构	学科	专业	归国年份	国内工作地点
606	张宪武	Zhang Xianwu	燕京大学	1932	日	东京帝国大学	农	农艺化学	1936?	长春大陆科学院，沈阳东北生产管理局，东北科学研究所，中国科学院
607	张训恭	Zhang Xungong	交通大学	1932?	美	实习	工	机械	1935?	
608	张 岩	Zhang Yan	保定直隶公立医学专门学校	1934	德	Berlin 解剖学院	医	解剖学	1936	沈阳医学院，河北医学院
609	张仪尊	Zhang Yizun	中央大学	1935	美	Illinois	理	化学	1937	中央大学
610	章 用	Zhang Yong		1927	英，德	哥廷根大学	理	数学	1936	山东大学，浙江大学
611	章元玮	Zhang Yuanwei	金陵大学	1935	美	明尼苏达大学	农	农学	1936	金陵大学，贵州定番县农业职业学校，香港远东种苗公司，山东农学院，农科院养蜂研究所
612	章元羲	Zhang Yuanxi	河北工学院	1936	美	Cornell	工	水利	1937	金陵大学，中央大学
613	张钰哲	Zhang Yuzhe	清华学校	1923	美	Chicago	理	天文	1929#	中央大学，中央研究院，中国科学院紫金山天文台
614	张肇骞	Zhang Zhaoqian	中央大学	1933	英	皇家丘植物园	理	植物	1935	广西大学，浙江大学，中正大学，北平静生生物调查所，中科院
615	张资珙	Zhang Zigong		1927	美	Johns Hopkins	理	化学	1930	武昌华中大学

续表 7 - 1

序号	姓名	姓名全拼	国内学校	出国年份	留学国	国外学校或其他机构	学科	专业	归国年份	国内工作地点
616	张兹闿	Zhang Zikai	南开大学	1931	美	纽约大学	工	工商管理	1933	中华文化基金会，北平交通大学
617	张宗汉	Zhang Zonghan		1929	美	Chicago	医	生理	1932	
618	张作人	Zhang Zuren	北京师范大学	1927	法、比	巴黎自然博物馆，布鲁塞尔大学，法国奥科夫海洋生物所，斯特拉斯堡大学	理	动物	1932	中国公学，大夏大学，中山大学，同济大学，华东师范大学
619	赵曾珏	Zhao Zengyu	交通大学	1925	英、美	英国茂伟电机制造厂，Harvard	工	电信工程	1929	浙江大学，浙江省广播无线电台，浙江省电话局
620	赵访熊	Zhao Fangxiong	清华学校	1927	美	MIT, Harvard	理	数学	1933#	清华大学，西南联合大学
621	赵国镛	Zhao Guoyong	清华学校	1925	美	Cornell	工	电机	1930	
622	赵鸿基	Zhao Hongji	中央大学	1931	日	东京高等蚕丝学校研究生，东京帝国大学农学部	农	蚕丝	1934	浙江蚕丝改良场，中央大学，苏南蚕管局，农科院蚕业研究所，安徽农学院
623	赵景龙	Zhao Jinglong		1925	日	大阪高等工业学校	工	工业	1929	东北造纸厂
624	赵文珉	Zhao Wenmin	清华大学	1930	英	Sheffield, Lomain	工	化工	1935	永利硫酸厂
625	赵煦雍	Zhao Xuyong	清华大学	1929	美	Ohio State	工	化学工程	1934	中央大学，兵工专门学校，中央军校
626	赵以炳	Zhao Yibing	清华学校	1929	美	Chicago	医	生理学	1935	清华大学，中正医学院，北京协和医学院，燕京大学

序号	姓名	姓名全拼	国内学校	出国年份	留学国	国外学校或其他机构	学科	专业	归国年份	国内工作地点
627	赵诏熊	Zhao Zhaoxiong	清华学校	1928	美	MIT，Harvard	工	机械	1933	北京大学
628	赵忠尧	Zhao Zhongyao	东南大学	1927	美，德	CalTech，哈勒大学	理	物理学	1932#	清华大学，中央大学，中科院，高能物理研究所
629	赵祖康	Zhao Zukang	交通大学	1930	美	Cornell 研究院	工	土木工程	1932	铁道部，交通部公路总局，上海市公务局，上海市规划建筑管理局
630	郑大章	Zheng Dazhang		1922	法	巴黎大学，里昂中法大学	理	化学	1934	国立北平研究院镭学研究所，北平中法大学
631	郑华炽	Zheng Huachi	南开大学	1928	德，奥，法	Berlin，格丁根大学，慕尼黑大学，格拉芝工业大学，蒙皮利埃大学，巴黎大学	理	物理	1935	中央大学，北京大学，西南联大，北京师范大学
632	郑　集	Zheng Ji	中央大学	1931	美	Ohio State，Indiana	医	生化	1934	创办中国第一个生物化学实验室，中央大学医学院，军医大学，南京大学
633	郑建宣	Zheng Jianxuan	武昌大学	1933	英	曼彻斯特大学	理	物理	1936	广西省立师范学院，广西大学，大连工学院，东北人民大学
634	郑绍棠	Zheng Shaotang	交通大学	1934	美	Brooklyn Polytechnic	工	机械	1937	

续表 7-1

序号	姓名	姓名全拼	国内学校	出国年份	留学国	国外学校或其他机构	学科	专业	归国年份	国内工作地点
635	郑衍芬	Zheng Yanfen	南京高师	1929	美	Stanford	理	物理	1934	南京高等师范学校，清华大学，浙江大学，大同大学，四川大学
636	郑作新	Zheng Zuoxin	福建协和大学	1926	美	Michigan	理	生物	1930	福建协和大学，福建科学研究院，中科院
637	仲崇信	Zhong Chongxin	清华大学	1929	美	Stanford，南加利福尼亚大学，Ohio State	理	植物学	1935	北京师范大学，四川大学，同济大学，浙江大学，大米草及海滩开发研究所
638	钟惠澜	Zhong Huilan	沪江大学，协和医学院	1934	欧美	汉堡热带医学与卫生学院等处访问	医	内科	1935	协和医学院，北平中央医院，北京中央人民医院，中科院，北京热带医学研究所
639	钟俊麟	Zhong Junlin	清华大学	1928	美	UC Berkeley，Illinois	农	果树	1934	浙江大学，四川省园艺试验场，甘肃省农业改进所，沈阳农学院，华南热带作物学院
640	周昌芸	Zhou Changyun	南开大学		德	Berlin，但泽大学	农	土壤学	1931	中央地址调查所，西北农学院
641	周承钥	Zhou Chengyao	清华学校	1926	美	Cornell	理	植物	1931	中央大学农学院
642	周发歧	Zhou Faqi		1921	法	里昂大学	理	化学	1929	北平中法大学，北平研究院，中国科学院，北京工业学院
643	周鸿经	Zhou Hongjing	东南大学	1934	英	伦敦大学	理	数学	1937#	中央大学，中央干部学校，中央研究院

序号	姓名	姓名全拼	国内学校	出国年份	留学国	国外学校或其他机构	学科	专业	归国年份	国内工作地点
644	周杰铭	Zhou Jieming	交通大学	1935	日	实习	工	铁路管理	1936	
645	周金黄	Zhou Jinhuang	协和医学院	1936	德	佛莱堡大学	医		1937	贵州省制药厂，武汉大学医学院，北京协和医学院，安徽中医学院，南京铁道医学院
646	周明牂	Zhou Mingzang	金陵大学	1930	美	Cornell	农	昆虫	1933	浙江大学，福建省农学院，北京农业大学，农业科学院植物保护研究所
647	周培源	Zhou Peiyuan	清华大学	1924	美，德，瑞士	Chicago，CalTech，莱比锡大学，瑞士苏黎世高等工业学院	工	力学	1929#	清华大学，西南联合大学，北京大学，科学院
648	周荣条	Zhou Rongtiao	清华学校	1925	美	Minnesota	农	农具	1930	
649	周拾禄	Zhou Shilu	东南大学	1931	日	东京帝国大学	农		1933	中央大学，实业部全国稻麦改造所，中央农业实验所，华东农业科学研究院
650	周思信	Zhou Sixin	清华学校	1923	美	Chicago	医	医	1930	镇江医院
651	周太玄	Zhou Taixuan	上海公学	1919	法	蒙柏烈大学，巴黎大学	理	博物	1931	四川大学，重庆大学，中国科学院
652	周　田	Zhou Tian	清华学校	1927	美	Illinois，Harvard	理	化学	1933	协和医学院

序号	姓名	姓名全拼	国内学校	出国年份	留学国	国外学校或其他机构	学科	专业	归国年份	国内工作地点
653	周同庆	Zhou Tongqing	清华大学	1929	美	Princeton	理	物理	1933	北京大学，中央大学，交通大学，复旦大学，中科院
654	周先庚	Zhou Xian-geng	东南大学	1925	美	Stanford	理	心理	1931	清华大学，北京大学
655	周　桢	Zhou Zhen	北京农业大学	1920年后	德	德累斯顿工业大学	农		1929	浙江大学，北平大学，西北农学院，中正大学，福建省农学院
656	周贞英	Zhou Zhenying	华南女子学院	1929	美	Michigan	理	生物	1931#	华南女子学院，福州大学，福建师范学院，福建师范大学
657	周志宏	Zhou Zhihong	北洋大学	1924	美	南芝加哥炼钢厂，卡内基工学院，Harvard，国家钢管公司劳伦钢铁厂	工	冶金	1929	上海炼钢厂，大同大学，上海交通大学
658	周子桢	Zhou Zizhen		1932	苏		工	无线电	1933	
659	周宗璜	Zhou Zonghuang	圣约翰大学，东南大学	1929	法	巴黎大学	农	真菌	1934	北平静生生物调查所，成都四川省病虫害防治所，江西中正大学，公主岭东北农业科学研究所，吉林农业大学
660	朱　程	Zhu Cheng	黄埔军校	1933	日	东京铁道学院	工	铁路管理	1937	
661	诸福棠	Zhu Futang	协和医学院	1931	美	Harvard	医		1933	协和医院，北京大学医学院，北京儿童医院，中科院，中国医学科学院

续表 7-1

序号	姓名	姓名全拼	国内学校	出国年份	留学国	国外学校或其他机构	学科	专业	归国年份	国内工作地点
662	朱鹤年	Zhu Henian	复旦大学	1927	美	Chicago, Cornell	医	医学	1932?	中央研究院生理所，河南医学院，湘雅医学院，江苏医学院，军医大学
663	朱汝华	Zhu Ruhua	北京大学		美	Michigan	理	化学	1936	
664	朱　森	Zhu Sen	北京大学	1925?	美	Columbia, Yale	理	地质	1929	中央研究院地质研究所，四川重庆大学，南京中央大学
665	朱颂伟	Zhu Songwei	浙江大学	1933	美	MIT	工	机械	1936	
666	朱　洗	Zhu Xi	浙江省立第六中学	1920	法	蒙博利埃大学	理	生物学	1932	中山大学，北平研究院，上海生物研究所，浙江临海琳山农业学校，中科院
667	朱先煌	Zhu Xianhuang	北京农业大学	1934	日	北海道帝国大学	农		1937	北京农业大学，西北农业专科学校，四川畜牧改良场，西北羊毛改进处，山西农学院
668	朱宪彝	Zhu Xianyi	协和医学院	1936	美	Harvard	医	医学	1937	北京协和医学院，天津妇婴医院，河北医学院，天津医学院，天津市内分泌研究所
669	朱希亮	Zhu Xiliang		1926	美	Wisconsin, Yale	理	心理	1930	四川大学

续表 7 - 1

序号	姓名	姓名全拼	国内学校	出国年份	留学国	国外学校或其他机构	学科	专业	归国年份	国内工作地点
670	朱智贤	Zhu Zhixian	中央大学	1936	日	东京帝国大学	理	心理	1937	厦门集美师范学校，中山大学，香港达德学院，北京师范大学
671	朱子清	Zhu Ziqing	东南大学	1929	美，德，奥	Illinois，明兴大学，格拉兹大学	理	化学	1935	南京应用化学研究所，北平研究所，同济大学，复旦大学，兰州大学
672	朱祖佑	Zhu Zuyou	山东大学	1931?	法	巴黎海洋研究所	工		1935	青岛观象台海洋科，四川气象所，江西气象所
673	庄前鼎	Zhuang Qianding	交通大学	1925	美	Cornell，MIT，波士顿斯威工程公司，爱迪生公司芝加哥地区电厂	工	机械	1932	清华大学
674	宗之发	Zong Zhifa	交通大学	1929	美		工	电信	1930	邮电部，北京邮电学院
675	邹春座	Zou Chunzuo	无锡公益工商专科工校	1935	日	日本丰田纱厂，丰田纺机制造厂	工		1935	无锡豫康纱厂，天津恒源纱厂，中纺公司试验室，上海交通大学，纺织工业部纺织科学研究院
676	邹尧方	Zou Yaofang	清华学校	1928	美	Ohio State	理	化学	1933	南昌航空委员会
677	邹钟琳	Zou Zhonglin	南京高师	1929	美	明尼苏达大学	农	昆虫	1931	中央大学，江苏省昆虫局，西北农学院，南京大学

续表 7－1

序号	姓名	姓名全拼	国内学校	出国年份	留学国	国外学校或其他机构	学科	专业	归国年份	国内工作地点
678	祖德明	Zu Deming	保定高等农业专科学校	1930	日	东京帝国大学	农	育种	1936	河北省农学院，华北农业科学研究所，科学院遗传研究室，农业科学院作物育种栽培研究所
679	左任侠	Zuo Renxia	武昌高师	1925	法	蒙伯烈大学	理	心理学	1932	河南大学，暨南大学，复旦大学，华东师范大学

注：1）归国年份加注#的为多次出国人员，请见附表。

2）按姓名的汉语拼音顺序排列。

表 7－2 1929～1937 年回国科技人员附表

姓名	姓名全拼	国内学校	出国年份	留学国	国外学校或其他机构	学科	专业	归国年份	国内工作地点
蔡镏生	Cai Liusheng	燕京大学	1929	美	Chicago	理	化学	1932#	燕京大学，厦门大学，中国大学
			1948	美	华盛顿大学访问	理	化学	1949	吉林大学
陈省身	Chen Xingshen	南开大学，清华大学	1934	德，法	汉堡大学，巴黎大学	理	数学	1937#	西南联大，中央研究院
			1943	美	Princeton 访问	理	数学	1946	中央研究院
陈心陶	Chen Xintao	福建协和大学，广州岭南大学	1928	美	明尼苏达大学，Harvard	医	寄生虫学，病理学	1931#	广州岭南大学医学院，香港大学，江西省中正医学院，江西省卫生实验所，福建厦门大学
			1948	美	华盛顿柏罗维罗蠕虫研究室，Harvard，Chicago访问	医		1949	中山医科大学，广东省血吸虫病研究所，广东省热带病研究所

续表 7－2

姓 名	姓名全拼	国内学校	出国年份	留学国	国外学校或其他机构	学科	专业	归国年份	国内工作地点
陈志潜	Chen Zhiqian	协和医学院	1930	美，德	Harvard 公共卫生学院，MIT，德累斯顿市健康教育中心	医	公共卫生	1932#	中华平民教育促进会卫生教育部，协和医学院，北平市第一卫生事务所，四川省卫生实验处，华西协和大学医学院
			1946	美	考察公共卫生教育	医		1946	重庆大学医学院，重庆中央医院，四川医学院
			1979	加，美	考察医学教育及公共卫生教育	医		1980	四川医学院（今华西医科大学）
戴安邦	Dai Anbang	金陵大学	1928	美	Columbia	理	化学	1931#	金陵大学，南京大学
			1947	美	Illinois 访问	理	化学	1948	南京大学
丁文渊	Ding Wenyuan	同济大学	1929	瑞士，德	楚里西大学，Berlin，法兰克福大学	医	医学	1936#	同济大学
			1938	美	Chicago	医	医学	1941	同济大学
方文培	Fang Wenpei	东南大学	1934	英	爱丁堡大学	理	植物	1937#	四川大学
			1948	美	考察，讲学	理		1949	四川大学，中科院
鄷云鹤	Feng Yunhe	北京女师大	1927	美	Ohio State	理	化学	1930#	燕京大学
			1933	德	Berlin	工	化工	1936	重庆西南化工厂，纺织工业部制造司，中南应用化学研究所，广东省化学所，上海纺织局毛麻公司

续表 7－2

姓 名	姓名全拼	国内学校	出国年份	留学国	国外学校或其他机构	学科	专业	归国年份	国内工作地点
傅鹰	Fu Ying	燕京大学	1922	美	Michigan	理	化学	1929#	东北大学，协和医学院，青岛大学
			1945	美	Michigan 访问	理	化学	1946	重庆大学，厦门大学，北京大学，清华大学，北京石油学院
郭秉宽	Guo Bingkuan	协和医学院	1927	奥	维也纳大学，维也纳市立总医院	医	眼科	1936#	贵阳医学院，同济医学院，重庆江北陆军医院，上海耳鼻喉专科医院，上海眼科研究所
			1945	美	Columbia，曼哈顿眼库	医	眼科	1946	上海医学院
郭迪	Guo Di	圣约翰大学	1935	美	宾夕法尼亚大学医学进修学院	医	医学	1937#	仁济医院，圣约翰大学，上海第二医学院，上海市儿科研究所
			1957	苏	苏联医学科学院儿科研究所	医	医学	1959	
			1963	阿	地拉那大学及儿科医院			？	
何怡贞	He Yizhen	金陵女子文理学院	1931	美	蒙脱霍育克大学，Michigan	理	物理	1937#	燕京大学，东吴大学，北平研究院，中国科学院
			1945	美	Chicago 等大学	理	物理	1949	
			1979	西德	马普学会金属所，物理所	理	物理	1980	
侯宝璋	Hou Baozhang	齐鲁大学		美，德，英	Chicago，Berlin，伦敦大学热带病研究所	医	病理学	1935#	齐鲁大学，中央大学，北京中国医科大学
				美，英	英国教育馆	医		1962	

续表 7 – 2

姓　名	姓名全拼	国内学校	出国年份	留学国	国外学校或其他机构	学科	专业	归国年份	国内工作地点
胡传揆	Hu Chuankui	协和医学院	1932	美	纽约洛克菲勒医学院	医	皮肤性病	1934#	北京协和医院
			1939	美	Michigan	医		1940	北京协和医学院，北京大学医学院及附属医院，北京医学院，中央皮肤性病研究所，北京医科大学
黄瑞采	Huang Ruicai	金陵大学	1935	美	UC Berkeley，明尼苏达州大学	农	土壤	1937#	金陵大学
			1947	英	伦敦杰罗山土壤植保所	农	土壤	1948	金陵大学，南京农学院，农业部，江苏农学院，南京农学院
黄野萝	Huang Yeluo	南京东南大学	1929	日	明治工业专门学院，林业试验场，东京文理科大学	农	土壤	1932#	北平静生生物调查所
			1939	英，法，美	访问	农		1940	南昌大学，中科院，江西农学院，江西农业大学
江泽涵	Jiang Zhehan	南开大学	1927	美	Harvard，Princeton	理	数学	1931#	北京大学，西南联合大学，中科院
			1936	美	普林斯顿高等研究所			1937	
			1947	瑞士	苏黎世高等理工学院访问	理		1949	北京大学
李先闻	Li Xianwen	清华学校	1923	美	Purdue，Cornell	农	园艺学	1929#	中央大学，东北大学，武汉大学，四川省农业改进所，台湾糖业公司
			1929	日	九州帝国大学	农		1930	

续表 7-2

姓 名	姓名全拼	国内学校	出国年份	留学国	国外学校或其他机构	学科	专业	归国年份	国内工作地点
林巧稚 Lin Qiaozhi		协和医学院	1932	英	曼彻斯特大学，伦敦大学	医	妇产科	1933#	协和医院
			1939	美	Chicago 大学医院	医		1940	中央人民医院，北大医学院，北京协和医院，北京妇产医院，中国医学科学院
毛燮均 Mao Xiejun		华西大学	1935	美	Harvard 医学院	医	医学	1936#	北京医学院，中国科学院，卫生部
		协和医学院	1947	美	Harvard 医学院	医	医学	1949	北京医学院，卫生部
孟昭英 Meng Zhaoying		燕京大学	1933	美	CalTech	理	物理	1936#	清华大学
			1943	美	CalTech 客座教授，MIT 辐射实验室研究员	理	物理	1946	清华大学
聂毓禅 Nie Yuchan		协和医学院	1929	加，美	多伦多大学，Columbia	医	护理学	1931#	北京协和医学院
			1936	美	Michigan 大学医学院	医	护理学	1938	中国人民解放军总医院，安徽省立医院
任之恭 Ren Zhigong		清华学校	1926	美	MIT，宾夕法尼亚大学，Harvard	理	物理	1933#	山东大学，清华大学，西南联合大学，中国科学技术大学
			1949	美	MIT	工	电机	1978	国家邀请
荣独山 Rong Dushan		圣约翰大学，复旦大学	1933	美	圣路易市华盛顿大学	医	放射学	1934#	北京协和医学院，南京中央医院
		协和医学院	1946	美	密苏里州立肿瘤医院	医		1947	国防医学院，上海医学院

姓　名	姓名全拼	国内学校	出国年份	留学国	国外学校或其他机构	学科	专业	归国年份	国内工作地点
邵象伊	Shao Xiangyi	浙江省立医药专门学校	1929	日	东京帝国大学	医	内科	1930#	江苏医学院，山西医学院
			1937	德	Berlin	医	公共卫生	1939	山西医学院
斯行健	Si Xingjian	北京大学	1928	德，瑞典	Berlin，斯德哥尔摩大学	理	古植物学	1933#	中山大学，清华大学，北京大学，中央研究院，中科院
			1947	美	华盛顿地质调查所，UC Berkeley 访问	理	地质	1948	北京大学，中科院
孙承谔	Sun Chenge	清华学校	1929	美	Wisconsin，Princeton，	理	化学	1935#	北京大学，西南联大
			1947	美	明尼苏达大学访问	理	化学	1948	北京大学
孙增爵	Sun Zengjue	清华大学	1933	美	MIT	工	化工	1936#	资源委员会油料厂
			1945	美	MIT	工	化工	1979	学校邀请
陶葆楷	Tao Baokai	清华学校	1926	美，德	MIT，Harvard，Berlin	工	土木工程	1931#	清华大学，南京卫生署，台湾大学，广州岭南大学，北京大学
			1946	美	访问	工	土木	1947	清华大学
陶源长	Tao Yuanchang		1934	日	东京高等工学校	工	机械	1937#	昆明中央机器厂，上海中央机器公司，上海工具厂，上海中和机器厂，上海经纬纺织机械厂，山西经纬纺织机械厂

续表 7-2

姓　名	姓名全拼	国内学校	出国年份	留学国	国外学校或其他机构	学科	专业	归国年份	国内工作地点
陶源长	Tao Yuanchang		1945	美	马萨诸塞州维丁纺织机械厂等	工		1947	无锡纺织机械研究所
屠开元	Tu KaiYuan		1922	德	Berlin	医	医学	1931#	南京首都医院，中国红十字会
			1933	奥	维也纳大学	医	矫形外科	1937	
			1946	美	Columbia	医	骨科	1947	同济大学，上海第二军医大学
王淦昌	Wang Ganchang	清华大学	1930	德	Berlin	理	物理	1933#	清华大学，山东大学，浙江大学，中科院
			1947	美	伯克里加州大学访问	理	物理	1949	第二机械工业部，核工业部
王荣瑸	Wang Rongbin		1929	英	曼彻斯特大学	工	内燃机技术	1932#	海军江南造船所，重庆商船专科学校，交通大学，同济大学
			1945	美	Cornell，纽约海军造船厂	工	造船	1946	交通大学，六机部船舶工艺研究所
魏景超	Wei Jingchao	金陵大学	1934	美	Wisconsin	农	植物	1937#	金陵大学，上海植物生理研究所，南京农学院，华东农业科学研究所
			1949	美	Wisconsin 大学访问	农	植物病理	1950	
吴柳生	Wu Liusheng	清华学校	1928	美	MIT, Illinois	工	土木	1933#	河南大学，青岛大学，清华大学，昆明西南联大，西南建筑公司
			1946后	美		工	土木工程	1950	

续表 7－2

姓 名	姓名全拼	国内学校	出国年份	留学国	国外学校或其他机构	学科	专业	归国年份	国内工作地点
吴绍青	Wu Shaoqing	湘雅医学院	1929	美	Harvard 医学院	医	医学	1932#	南昌医院，上海医学院，重庆中央医院
			1944	美	Columbia，波士顿麻省纪念医院，帝屈德肺病医院	医		1946	上海医学院，上海肺病中心，上海澄衷肺病疗养院
吴征鑑	Wu Zhengjian	金陵大学	1935	新加坡	国际疟疾研究班	医	寄生虫学	1935#	云南省疟疾研究所，中央卫生实验院寄生虫学室
			1945	印	加尔各答热带病学院	医	寄生虫学	1945	医学科学院寄生虫病研究所，上海医学院，中国医学科学院
吴执中	Wu Zhizhong	奉天医科专门学校	1933	英	格拉斯哥大学医学院，伦敦大学附属盖氏医院	医	内科	1935#	沈阳盛京施医院，北平协和医学院，长沙湘雅医学院
			1947	美	费城、波士顿及纽约等地考察内科新进展	医		1950	沈阳中国医科大学
			1956	苏	列宁格勒及莫斯科考察内科医学，进修职业病学	医		1959	北京中国医学科学院劳动卫生研究所，中华医学会劳动卫生与职业病学会，《中华预防医学杂志》总编辑
许世瑾	Xu Shijin	协和医学院	1929	美	Johns Hopkins 公共卫生学院	医	公共卫生	1930#	上海市卫生局，中央卫生实验处，中央大学医学院，西北医学院
			1947	美	考察公共卫生工作	医	公共卫生	1947	上海医学院

续表 7-2

姓 名	姓名全拼	国内学校	出国年份	留学国	国外学校或其他机构	学科	专业	归国年份	国内工作地点
许振英	Xu Zhenying	清华学校	1927	美	Cornell, Wisconsin	农	畜牧	1932#	河南大学，中央大学，农林部
			1944	美	赴美考察畜牧业	农		1945	天津牲畜饲养站，北京大学，清华大学，北京农业大学，东北农学院
姚克方	Yao Kefang	湘雅医学院	1933	美	窦克大学	医	医学	1935#	医疗防疫处，贵州高级医务学校，贵阳医学院，南京医院，中南卫生干部进修学校
			1945	美	访问	医	医学	1945	南京医院
尤家骏	You Jiajun	山东齐鲁大学	1932	奥，美	维也纳大学，Columbia	医	皮肤病	1933#	齐鲁大学，山东医学院，山东皮肤病研究所
			1947	美，古巴	Columbia，第五次国际麻风会议	医	皮肤病	1948	
虞宏正	Yu Hong Zheng	北京大学	1936	德，英	莱比锡大学，伦敦大学	理	胶体化学，物理化学	1937#	西北临时大学，西北农学院
			1945	英，美	剑桥大学，加州理工	理	胶体化学	1947	北京农业大学，北京大学，西北临时大学，西北农学院，中科院，中国化学会
张德庆	Zhang Deqing	南洋大学	1925	美，德	Purdue，西屋公司，西门子总厂	工	机械	1929#	上海兵工厂，中国白铁制造公司，浙江大学，国立交通大学，中央汽车配件制造厂
			1945	美	特伯制造厂	工	生产管理	1946	

续表 7-2

姓 名	姓名全拼	国内学校	出国年份	留学国	国外学校或其他机构	学科	专业	归国年份	国内工作地点
张光斗	Zhang Guangdou	交通大学	1935	美	UC Berkeley, Harvard	工	土木	1937#	清华大学
			1943	美	田纳西河流域局和垦务局	工	土木	1945	清华大学，中国科学院，水利电利部
张 锦	Zhang Jin	燕京大学	1927	美	Michigan, Illinois	理	化学	1934#	北平协和医学院，重庆大学，福建医学院，厦门大学
			1945		Michigan	理	化学	1950	辅仁大学，北京大学，北京石油学院
张松荫	Zhang Songyin	南京东南大学	1935	日	北海道帝国大学	农	畜牧	1937#	四川省农业改进所，西北农学院，四川大学，华西大学，金陵大学，华北农业科学院研究所
			1946	英，美	考察畜牧业，怀俄明大学	农	畜牧	1949	西北部畜牧兽医学院，甘肃农业大学
张钰哲	Zhang Yuzhe	清华学校	1923	美	Chicago	理	天文	1929#	中央大学，中央研究院，中国科学院紫金山天文台
			1946	美		理	天文	1948	
赵访熊	Zhao Fangxiong	清华学校	1927	美	MIT, Harvard	理	数学	1933#	清华大学，西南联合大学
			1947	美	MIT 访问	理	数学	1948	清华大学
			1956	苏	莫斯科大学，列宁格勒大学	理	数学	1958	清华大学
赵忠尧	Zhao Zhongyao	东南大学	1927	美，德	CalTech，哈勒大学	理	物理学	1932#	清华大学，中央大学，中科院，高能物理研究所
			1946	美	MIT, CalTech	理	核物理	1950	清华大学

续表 7－2

姓　名	姓名全拼	国内学校	出国年份	留学国	国外学校或其他机构	学科	专业	归国年份	国内工作地点
周鸿经	Zhou Hongjing	东南大学	1934	英	伦敦大学	理	数学	1937#	中央大学，中央干部学校，中央研究院
			1956	美	Cornell			?	
周培源	Zhou Peiyuan	清华大学	1924	美，德，瑞士	Chicago，CalTech，莱比锡大学，瑞士苏黎世高等工业学院	工	力学	1929#	清华大学，西南联合大学，北京大学，科学院
			1936	美	普林斯顿高等学术研究院			1937	清华大学
			1943	美	CalTech 访问	工	力学	1946	清华大学
周贞英	Zhou Zhenying	华南女子学院	1929	美	Michigan	理	生物	1931#	华南女子学院，福州大学，福建师范学院，福建师范大学
			1939	美	Michigan，华盛顿国立博物馆	理	生物	1946	

表 7－3　1929～1937 年回国科技人员专业分类表

回国年份	理			工			农		医	
1929	巴文俊	王家楫	林朝权	陈维稷	吴锦铨	刘　鼎	李先闻	吴年吉	李赋京	汤飞凡
	贝时璋	王绳祖	刘思职	陈　植	吴　卓	闵启杰	刘慎谔	杨　杰	梁之彦	闻亦传
	程乃颐	王守竞	卢惠霖	董文琦	徐宗涑	齐学启	涂　治	周　桢	卢于道	余　渍
	傅　鹰	吴南轩	苏熊瑞	段茂瀚	张德庆	萨本炘	汪固与		倪陆琮	
	黄　自	徐仁铣	章克标	顾毓琇	张汉文	赵曾珏				
	李仙舟	张纬文	周发歧	黄人傑	章名涛	周培源				
	李直民	张钰哲	朱　森	李辑祥	赵景龙	周志宏				
1929?				林　笋	杨家瑜					
1930	单梓民	骆启荣	梁思永	蔡方荫	汪菊潜	赖其芳	曹诒孙	童玉民	桂质良	邵象伊
	邓静华	毛子水	林　镕	曹　昌	王冠英	李慕楠	程绍迥	熊大仕	胡汉纳	汤腾汉

续表 7-3

回国年份	理	工	农	医
1930	董聿茂　邱叔航　刘熏宇 范会国　盛成　罗宗洛 方万邦　史廷庆　张资珙 鄞云鹤　王熙　郑作新 高士其　姚楷　朱希亮 黄汝琪　张伯声 黄翼　张春霖	曹寿昌　王桂芬　林碧梓 陈国倉　王士倬　刘莆祺 杜焕　温嗣芳　童寯 房耀文　萧津　张光 高进基　徐振铺　张任 侯俊　许鑑　赵国铺 胡竟铭　叶葵南　宗之发 黄文炜　应尚能	崔步青　徐治 顾谦吉　周荣条 黄懋义	林葆骆　伍长庚 林荣贵　许世瑾 凌淑浩　周思信
1930?	褚凤仪　许杰　刘为涛	邢开元　王若僖　李效民		陶晶孙　伍智梅
1931	包志立　裴鉴　李方训 戴安邦　区嘉炜　李庆贤 高济宇　舒叔培　刘橡 高文源　束星北　刘晋年 高志　苏步青　刘遵宪 龚兰珍　王竹泉　张通骏 顾静徽　吴鲁强　周承钥 郭庆棻　萧孝嵘　周太玄 黄翠　杨德云　周先庚 江泽涵　尹赞勋　周贞英 蓝如溪　翟念浦	蔡名芳　马恒融　刘正炯 崔龙光　马傑　龙庆忠 杜长明　庆承道　陆秉亨 关铎　史存直　萧庆云 过元熙　谭炳勋　杨伟 何玉昆　唐凤图　张洪沅 黄学诗　陶葆楷　章文晋 黄中　王叔铭　吴润 金开英　温健公　赖彦于	黄海青　张乃凤 杨开渠　周昌芸 叶培忠　邹钟琳 张克威	陈心陶　彭龙伯 侯宗濂　沈其震 李振翮　屠开元 刘丙彪　王俱侗 刘士豪　闻亦齐 穆瑞五　杨述祖 聂毓禅　殷希彭
1931?		江杓		姚永政
1932	蔡镏生　伍献文　秦仁昌 杜文若　谢循贤　王恒守 段绩川　严楚江　王倜 胡坤升　张玺　朱洗 林伯遵　张作人　左任侠 马绍援　赵忠尧	顾毓珍　王萃彬　钱凤章 哈雄文　王荣瑸　邵德辉 赫英举　王涛　沈奏廷 黄弁群　严庆龄　赵祖康 康振钰　杨恪　庄前鼎 刘树钧　杨乃俊　陈端枋 刘树勋　翟克恭　孙越崎	陈锡鑫　王干治 干铎　许振英 黄野萝　俞大绂 金善宝　曾省 彭谦	陈志潜　阮谊谨 管葆真　王志宜 李宝实　吴绍青 李承祜　杨济时 刘绍光　张宗汉
1932?				朱鹤年

续表 7－3

回国年份	理			工			农		医	
1933	陈焘	汤佩松	罗文庆	陈士衡	王国松	卢宗澄	陈凤桐	乔启明	胡惇五	吴光
	冯燦周	陶桐	祁开智	程世抚	王慎名	牟鼎同	陈启东	王绶	胡懋廉	薛愚
	葛正权	王淦昌	任之恭	丁绪淮	吴柳生	涂家庆	冯泽芳	王毓瑚	邝安堃	尤家骏
	何增禄	吴学周	施士元	黄德馨	肖瑾	张兹闿	黄瑞纶	杨允奎	李克鸿	张鸿德
	黄觉民	喻兆琦	周田	雷従民	邢传禾	赵诏熊	李沛文	周明牂	林巧稚	诸福棠
	李国鼎	曾远荣	周同庆	梁衍	杨十三	周子桢	陆大京	周拾禄	陆毓璋	
	李珩	张大煜	邹尧方	林同炎	叶渚沛		毛宗良			
	刘淦芝	张辅忠	曹简禹							
	刘瑚	赵访熊	斯行健							
1934	陈兼善	陶云逵	倪中方	陈士骅	萨本远	吴德明	常得仁	曾勉	陈耀真	王仲侨
	陈立	童第周	钱思亮	邓兆祥	邵德彝	吴景祥	吕炯	赵鸿基	程伯京	谢少文
	陈世骧	涂长望	施汝为	韩朝宗	王炳南	张昌华	马保之	钟俊麟	冯德培	杨铭鼎
	陈駒声	王凤喈	谈家桢	黄金声	李漠炽	赵煦雍	沈克敦	周宗璜	冯兰洲	张昌颖
	崔之兰	吴大猷	张锦	陆贯一	李祉川		孙醒东		胡传揆	郑集
	范谦衷	熊学谦	郑大章						荣独山	
	胡寄南	杨葆昌	郑衍芬							
	刘成钊	杨敏祺								
	柳支英	袁翰青								
1934?				吴羹梅	刘良湛					
1935	陈义	吴澂	马廷英	冯桂莲	伍荣林	沈锡琳	陈鸿逵	杨惟义	白希清	吴执中
	褚圣麟	吴定良	彭光钦	高庆春	谢为杰	施家炀	沈学年	张天福	侯宝璋	徐丰彦
	戴立生	吴尚时	沈嘉瑞	郭培鋆	杨克成	王竹亭	徐天锡		马文超	姚克方
	高尚荫	许德佑	孙承谔	过祖源	翟鹤程	朱祖佑			米景贤	袁行义
	胡荄	杨成志	郑华炽	李公达	张桂耕	邹春座			牟乃祚	赵以炳
	黄龙先	曾炯	仲崇信	凌显常	张国藩				秦作梁	钟惠澜
	霍秉权	曾炯之	朱子清	孟广喆	赵文珉				吴征鑑	
	马师伊	张肇骞								
1935?	蔡柏龄	王雪屏		费启能	卢毓骏	刘轩君			徐宝义	
				高恒儒	聂光坡	张训恭				
				郭世绾	韦超					

续表 7 – 3

回国年份	理			工			农		医	
1936	陈封怀	饶钦止	李宪之	程明陞	寿乐	林同骅	郝履端	夏之骅	丁文渊	施锡恩
	戈定邦	施家钟	梁普	戴桂蕊	苏国桢	陆宗贤	胡竟良	熊季光	郭秉宽	汪国浄
	黄汲青	王葆仁	陆学善	丁观海	孙增爵	马师亮	李凤苏	尹良莹	林兆耆	王琇瑛
	黄厦千	王福春	孟昭英	段子俊	覃修典	沙玉彦	李景清	张际中	刘新民	吴荣熙
	江仁寿	魏培修	张更	费福煦	谭保泰	沈家锡	石声汉	章元玮	吕富华	臧玉洤
	金兆钧	熊鸢翥	章用	顾光复	王之玺	徐廼祚	寿标	祖德明	毛燮均	曾宝涵
	乐森璕	俞建章	郑建宣	黄宝玮	魏寿昆	张昌龄	孙云蔚	汤文通	容启容	张岩
	李景晟	岳劼恒	朱汝华	蒋葆增	温联栋	周杰铭			佘韫珠	
				廖耀湘	夏勤铎	朱颂伟				
1936?							张宪武			
1937	陈省身	王恒升	钱临照	蔡金涛	陆达	李文美	程宜萍	沙玉清	陈同度	刘蔚同
	程崇厚	王一三	容启东	曹鹤荪	浦洁修	林焕平	戴松恩	申葆和	高镜朗	史书翰
	邓廷法	吴大任	阮镜清	陈康白	钱钟韩	刘伯浩	段永嘉	汤湘雨	郭迪	叶衍庆
	范绪筠	伍仲	孙令衔	崔宗培	秦含章	刘德润	段佑云	王鸣岐	厉矞华	周金黄
	方嗣絭	萧之的	张青莲	方子勤	邵象华	刘冠洪	黄齐望	魏景超	梁尚农	朱宪彝
	方文培	邢其毅	张仪尊	顾敬心	谭荫清	刘钟奇	黄瑞采	谢申		
	冯汉骥	熊大仁	周鸿经	关祖舜	陶源长	张丹	凌远阳	杨蔚		
	何怡贞	严仁荫	朱智贤	胡乾善	童大埙	张光斗	罗登义	杨文衡		
	李春昱	虞宏正		胡英才	王洸	张少铭	罗克典	杨显东		
	裴文中	张孟闻		胡元民	王宏基	章元羲	马大浦	张松荫		
				黄万里	温步颐	郑绍棠	任明道	章恢志		
				黄文熙	吴泽湘	朱程	朱先煌			
				季文美	徐芝纶	衣复得				
				金宝桢	杨尚灼	蓝志勤				
				居伯强	叶雪安					
1937?	马仕俊	吴金鼎		陈树羲	何宝章	沈尚贤	金城		陈琦	
				丁士雄	胡声松	葛鸣松				
				费骅						

表 7-4 教育部 1929~1939 年登记公费留学生人数

年 份	理 科	工 程	农 林	医 药	合 计	实科、文科人数之比
1929	129	249	66	104	548/文971	0.56∶1
1930	77	165	49	109	400/572	0.70∶1
1931	64	79	17	60	220/221	1.00∶1
1932	49	76	35	53	213/342	0.62∶1
1933	62	131	44	82	319/300	1.06∶1
1934	116	164	72	79	431/428	1.01∶1
1935	135	174	113	104	526/506	1.04∶1
1936	97	183	119	127	526/463	1.14∶1
1937	46	107	41	34	228/138	1.65∶1
1938	18	34	7	20	79/13	6.08∶1
1939	20	13	4	8	45/20	2.25∶1

表 7-5 英庚款公费科技留学生

考选年份	理		工		农	医
1933	吴大任					
1934	陆学善		陈永龄　夏坚白			
			王之卓　王之玺			
			童大埧			
1935	余瑞璜　张文裕		王德荣		章文才	
	柯召　夏鼐		柳鹤图			
1936	翁文波　吴百先					黄克维
	张宗燧　陈华癸					朱任葆
	吴仲贤　吴征铠					
	何琦　许宝禄					
1937	卢嘉锡　沈其益		李薰			李佩林
	唐世风　戴文赛		顾兆勤　黄玉珊			
	鲍觉民					

续表 7 – 5

考选年份	理		工	农	医
1938	朱树屏　　郑　重 彭桓武　　徐敬之 王大珩		张　维		
1939	李春芬　　郭永怀 傅承义　　段学复 张龙翔		林家翘 钱伟长		易见龙
1943	邹承鲁		曹本熹		

表 7 – 6　比，法庚款，震旦，中法大学公费科技留学生

考选年份	理	工	农	医
1933	汪德昭（？）	杨彭基（？）		
1934		徐宝鼎	阎逊初	
1935	方心芳			
1937	钱三强			

表 7 – 7　主要的科技团体和学会

名　称	成立时间及地点	主要发起人	所办学术刊物
中国科学社	1914 年美国	任鸿隽、赵元任、胡明复、秉志、杨铨、章元善、周仁、过探先、金邦正	《科学》、《科学画报》
中国农学会	1917 年上海	过探先、邹秉文、梁希等	《作物学报》、《园艺学报》、《植物保护学报》
中国地质学会	1922 年	丁文江、李四光、王宠佑、谢家荣等	《地质学报》、《地质评论》
中国气象学会	1924 年	蒋丙然、竺可桢等	《气象学报》、《气象知识》
中国工程师学会	1931 年南京	韦以？、胡庶华	《工程》

续表 7-7

名　称	成立时间及地点	主要发起人	所办学术刊物
中国化学会	1932年南京	王琎、王箴、曾昭抡、李方训等	《化学学报》、《化学通报》
中国物理学会	1932年北京	梅贻琦、吴有训、李书华、叶企孙、萨本栋等	《物理学报》、《物理》
中国植物学会	1933年四川	钱崇澍、胡先骕、陈焕镛、李继侗等	《植物学报》、《植物杂志》
中国地理学会	1934年南京	竺可桢、翁文灏、胡焕庸等	《地理学报》
世界科学社	1934年北京	曾昭抡、萨本铁等	《科学时报》
中国动物学会	1934年北京	秉志、陈桢、郑章成、刘咸、辛树炽等	《动物学报》、《动物杂志》
中国数学会	1935年	胡敦复、何鲁、王仁、顾澄等	《数学学报》、《数学通报》
中国科学工作者协会	1945年重庆	竺可桢、李四光、梁希、曾昭抡等	《科学新闻》、《科学工作者》
中国科学促进会	1946年南京	任鸿隽、孙洪芬、卢于道、沈其益等	

第八章 抗日战争时期的（1937~1945）出国/回国科技人员

8.1 抗战期间的留学政策

　　1937 年 7 月，国民政府决定全面抵抗日本侵略。抗战时期，中国正常的教育状况遭到巨大破坏。在留学方面，国民政府为了节约外汇以应战时之需，对留学教育不得不严加限制。1938 年、1939 年相继颁布了《限制留学暂行办法》、《修正限制留学暂行办法》，不仅提高出国留学生资格为"公私立大学毕业后继续研究或服务两年以上，并卓有成绩"者，而且将专业限定为与军事国防迫切需要相关的军、工、理、医四科，文科除特殊需要外不准出国。但此种条例只能在公费生中实行。

　　由于种种原因造成抗战期间留学人数锐减，1938~1941 年 4 年间，仅有 300 人左右出国留学，同 1936 年的 1002 名相比，差别很大，其中赴美留学人数有 193 人。其间，清华大学只举办了一届留美公费考试。即使国民政府于 1942 年废除了《限制留学暂行办法》，留学生人数同战前相比差距仍然较大，1942~1945 年的 4 年中，出国留学生总共只有 900 人左右，大概不包括未注册的自费生。

8.2 太平洋战争期间出国的科技人员

　　1941 年 12 月太平洋战争爆发。1942 年 1 月，国民政府与英美缔结新约，正式成为同盟战友。为了加强同盟国之间的联系，英美等国向中国提供若干留学奖学金。

　　1942 年，英国文化协会向中国提供奖学金研究生名额，通过教育部举办的考试，录取了沈元等 8 人。1943 年，该协会连同英国工业协会提供 9

名研究生、31 名实习生赴英国研究及实习的名额。

1944 年，英国文化协会提供奖学金研究生 60 名，其中理工科过半；英国工业协会提供理工科奖学金实习生 69 名。同年，美国麻省理工学院等 5 所大学提供理工科奖学金研究生 41 名，美国国际农具公司提供奖学金 20 名，英国 Allan Han Buty Itd 等 5 家公司设置药剂奖学金 5 名，共计 195 名留学生名额。为此，教育部于 1944 年 12 月在重庆、成都、昆明、贵阳、西安、兰州、建阳七地举办英美奖学金留学生考试。同一时期，美国蚕丝学会及密歇根大学等捐赠中华农学会奖学金 14 名，由该会初选后送教育部复试，连同以上 195 名学生，共计 209 名，于次年 4 月陆续成行。

1943～1946 年，美国政府提供总统紧急金额，由国务院邀请中国专家 40 余人参加美国各机关、学校、实验所与工厂，对于最新的发明和技术加以研究与实地考察。1943 年，教育部选派的是蔡翘、容启东等 6 人；次年又选派萨本栋、汪敬熙等教授赴美讲学；1945 年又有严济慈、郑作新、袁敦礼等人。

同时，放宽留学政策，"以适应实业计划实施之需要，培植高级技术专精人才及业务管理人才为主要方针，同时顾及国家各项建设之需要，并造就教育师资"。根据教育部 1942 年拟定的《留学教育方案——五年留学计划》，1943～1947 年间，每年选派公、自费出国留学生各 1000 名，5 年共计 1 万名。经济部、交通部也分别制定了《经济部选派国外工矿实习人员办法》和《交通部派遣国外学习生办法草案》。但由于财政经济和时局的原因，最终未能实现。

但军政部从西南联大聘请的吴大猷、华罗庚、曾昭伦 3 人，派其遴选率领在数学、物理、化学方面可堪造就的青年学生出国研习，以 2 年为期，李政道、朱光亚、孙本旺、王瑞行、唐敖庆 5 人入选。1945 年 7 月，华罗庚、吴大猷经由英国前往。

蒋介石专心于抗日战争后的军事需要，暗中指示这一队科技人员去美研究原子弹。这是不可能的，原子弹是国家保密的军事设计，怎么能让外国的留学生参入？

8.3　资源委员会与科技人员

资源委员会的前身是国防设计委员会，当年日军占据东三省，平津的大学生发动罢课请愿，要求政府集中力量于建设。政府召集各方面科技专家会商，1932 年设立国防设计委员会，1933 年改名资源委员会。第一代出国/回国的科技人员翁文灏为主任委员，他在 1908 年考取浙江省公费留学生，去比利时选读地质，四年后获得博士学位，同时有机会考察西欧的工业化。翁文灏与同道的专家介入政治，认为是建国的机会。

资源委员会可以调用政府各部的科技人员，组织专家的目的是：(1) 开发矿产，包括煤、铁、石油、有色金属；(2) 建设重工业和轻工业，包括机械、电机、电力、化工、造船、制糖、造纸等。同时招引大学理工科毕业生进资源委员会服务，选派出国实习。1936 年资源委员会与德国商榷，筹建中央钢铁厂、中央机械厂和中央电工器材厂三大厂。但是蒋介石以军事工业为主，指定选派 12 名技术人员赴德国克虏伯炮厂实习。资源委员会的大计划完全搁浅。

1945 年欧洲战争结束，资源委员会衡量美国的经济与军事实力与日本对比，认为日本已不能久持，便开始准备建设所需要的科技人员，从政府各部、研究所、大学、工厂挑选已有经验的科技人员，去美国考察实习。一部分人员有特别任务，去美国迁移已经指定送给中国的工厂。第一批 500 多名（参看表 8-4），其中有少数人员在日本投降前乘美国军舰去美。

可惜的是，1946 年后内战爆发，谈不上建设。资源委员会不起作用，有名无实。已派出的科技人员，各自设法决定行动。

8.4　自费留学的方式

抗战爆发后，由于经费紧缺，外汇匮乏，对留学教育不得不严加限制，自费留学不仅提高为大学毕业服务 2 年以上或专科毕业服务 4 年以上，而且必须获得足够的国外奖学金或外汇补助费，这样出国留学就极不容易。抗战后期国内形势有了好转，国民政府决定改变以往的限制政策，其中对自费出国学历放宽至专科以上学校毕业，不过同时规定，凡志愿出国留学者，一律经过考试，及格后才能领取留学证书。

1943 年 12 月，教育部举行了第一届自费留学生统一考试。尽管这种考试介于水平考试与选拔性考试之间，淘汰率一般在 50% 左右，竞争不太激烈，但仍有助于提高留学生整体学术质量。这一届录取的 327 人，全部赴美学习。

完全自费的留学生，需要按规定申请外汇。这一时期，由于通货膨胀，中等以上家庭的收入，以国币算，每月的开销大大增加，但国民政府规定的国币对美元比率没有改变。出国人员用国币向政府兑换美元，完全可以满足留学费用。总体上看，理、工科大学毕业生占优势，一方面是国内需要这类人才，容易获得外汇；另一方面是科技人员学成回国后容易找到工作，所以自费生也选择理工科，而不像以往那样选择更容易获得文凭的文科。

8.5　抗日战争对于回国科技人员的影响

日本的大肆入侵，破坏了中国建设的进程，扰乱了本已步入正轨的留学教育。抗战爆发后，先是北平、天津等华北地区的主要大学南下，不久国民政府放弃南京，大学跟着西迁，再后来沿海省份大学也向内地移动。一向回国的科技人员绝大部分在北平、南京以及沿海的大都市服务，工作顺利，生活美满。抗战开始，他们放弃一切，转入四川、云南，工作停顿，生活艰苦。

在此期间，西欧的科技人员因欧洲的战事陆续回国，留美学生因款项有问题也提前回来，他们不能到沿海大都市而直入内地。

这两种科技人员目的是为国服务，尤其自太平洋战争开始之后，中国取消了忍受一百年的不平等条约，他们看到前景光明，盼望回到原籍，发展工作。

8.6　此时期的工业、企业情况

日本占领东三省，接着侵入华北，延伸到沿海各省，国民政府的工业企业全部损失，私营企业亦被日本人控制，内地此时不能建设大型工厂，全国的工业企业和经济发展遭受了毁灭性的破坏，生产停滞，民不聊生，有志报国的留学回国科技人员有技难施，有力难为。

表 8 - 1 1938～1945 年回国科技人员总表

序号	姓 名	姓名全拼	国内学校	出国年份	留学国	国外学校或其他机构	学科	专业	归国年份	国内工作地点
1	安朝俊	An Chaojun	北洋大学	1942	美	共和钢铁公司，美国钢铁公司实习	工	矿冶	1945	资渝钢铁厂炼铁厂，石景山钢铁厂炼铁厂，首钢公司
2	鲍觉民	Bao Juemin	中央大学	1937	英	伦敦大学	理	经济地理学	1940#	昆明西南联大，南开大学
3	包可永	Bao Keyong	交通大学	1940?	美	实习	工		1945?	
4	鲍熙年	Bao Xinian	清华大学	1938	英	学习电话机制造	工	电子	1941	上海电话机厂
5	贝季瑶	Bei Jiyao	交通大学	1935	美	MIT	工	机械	1938	
6	宾 果	Bin Guo	清华大学	1936	美	Pennsylvania State	理	化学	1939	炼油厂
7	蔡培火	Cai Peihuo		1915	日	东京高等师范学校	理	理科	1942	
8	蔡镇寰	Cai Zhenhuan	交通大学	1938?	美	实习	工	机械	1940?	
9	蔡镇宇	Cai Zhenyu	交通大学	1935?	美	实习	工		1940?	
10	曹清泰	Cao Qingtai		1924	法	里昂大学，博尔多大学	医	医学	1945	安徽医学院
11	曹松年	Cao Songnian	协和医学院	1936	美	Michigan	医	医	1939	
12	曹友德	Cao Youde	交通大学	1936?	美	Michigan	理	化学	1940?	
13	常乾坤	Chang Qian-kun	广州黄埔军校	1925	苏	苏联红军航空学校，茹科夫斯基空军学院	工	航空	1938	八路军航空工程学校，抗日军政大学，延安军事学院，东北民主联军航空学校
14	陈邦杰	Chen Bangjie	中央大学	1936	德	柏林腓特烈-威廉大学	理	植物学	1940	中央大学，同济大学，南京大学，南京师范学院，中科院
15	陈次乔	Chen Ciqiao	交通大学	1938?	美	实习	工	电机	1939?	

序号	姓名	姓名全拼	国内学校	出国年份	留学国	国外学校或其他机构	学科	专业	归国年份	国内工作地点
16	陈恩凤	Chen Enfeng	金陵大学	1935	德	克尼堡大学	农	土壤	1938	中央地质研究所，中国地理研究所，复旦大学，沈阳农学院，中科院
17	陈耕陶	Chen Gengtao	清华大学	1941	美	Minnesota	农	农业化学	1944	
18	陈国符	Chen Guofu	浙江大学	1937	德	达姆斯塔工业大学	理	化学	1942	西南联大，北京大学，天津大学，天津轻工业学院
19	陈国桢	Chen Guozhen	协和医学院	1940	美	实习	医	内科	1943	岭南大学医学院
20	陈华癸	Chen Huagui	北京大学	1936	英	伦敦大学	农	土壤	1940	中央农业实验所，北京大学，武汉大学，华中农学院，中科院
21	陈嘉震	Chen Jiazhen	福州马尾海军学校	1935	英	皇家海军航海专修学院	工	航海工程	1939	桐梓海军学校，上海吴淞商船专科学校，大连海运学院，上海船舶运输科学技术研究所，上海海运学院
22	陈久徵	Chen Jiuzheng	清华大学	1936	美	Cornell	工	土木	1938	建筑公司
23	陈克泰	Chen Ketai	清华大学	1938	德	Berlin，德累斯顿工业大学	工	电机	1940	交通部技术人员训练所，同济大学，大同大学，浙江大学，西安交通大学
24	陈兰英	Chen Lanying		1944	美	实习	农	农学	1945	中央大学农学院
25	陈良辅	Chen Liangfu	交通大学	1926？	美	实习	工	电机	1945？	
26	陈樑生	Chen Liangsheng	交通大学	1941	美		农	土壤	1944	

续表 8-1

序号	姓名	姓名全拼	国内学校	出国年份	留学国	国外学校或其他机构	学科	专业	归国年份	国内工作地点
27	陈陆圻	Chen Luqi	奉天农业大学	1940	日	东京帝国大学	农	森林	1942	中央工业试验所木材工程试验室，北京光华木材厂，北京市木材工业研究所，林业科学研究院
28	陈善铭	Chen Shanming	清华大学	1936	美	明尼苏达大学	农	植物病理	1945	中央农业实验所，北平农事试验场，华北农业科学研究所，农科院植物保护研究所
29	陈　垚	Chen Yao	交通大学	1935	德	德累斯顿工业大学	工	电机	1939？	台湾肥料公司，台湾机械公司，台湾造船公司
30	陈永龄	Chen Yongling	清华大学，交通大学	1934	英，德	伦敦大学，Imperial College，Berlin	工	大地测量	1939	清华大学，同济大学，岭南大学，中国地理研究所，国家测绘总局
31	陈正仁	Chen Zhengren	湘雅医学院	1943	印	哈佛金研究所	医	公共卫生	1944？#	湖南省卫生试验所，中央防疫处，卫生部
32	陈振铣	Chen Zhenxian	交通大学	1937	美	Pennsylvania	工	铁路管理	1939	
33	陈宗器	Chen Zongqi	东南大学，清华大学	1936	德，英	Berlin，伦敦帝国学院研究部	理	地球物理	1940	中央研究院，中科院
34	陈祖光	Chen Zuguang	交通大学		美	实习	工	电机	1945？	
35	陈祖裕	Chen Zuyu	交通大学		美	实习	工	铁路管理	1945？	
36	程淦藩	Cheng Ganfan	金陵大学	1940	美	明尼苏达大学	农	昆虫	1944	金陵大学，南京农学院，浙江农学院

序号	姓　名	姓名全拼	国内学校	出国年份	留学国	国外学校或其他机构	学科	专业	归国年份	国内工作地点
37	程嘉垕	Cheng Jiahou	交通大学	1936	美	MIT	工	机械	1941#	航空工业局，航空研究院
38	程　式	Cheng Shi	中央大学	1935	德，法	Berlin，法国工厂企业	工	电机	1940#	中央大学，北京大学，清华大学
39	程裕祺	Cheng Yuqi	清华大学	1935	英，瑞士	利物浦大学，巴塞尔大学	理	地质	1938#	中央地质调查所，中央研究院，中国科学院，矿产地质勘探局
40	褚士荃	Chu Shiquan	清华大学	1935	美		工		1938	清华大学
41	褚肇民	Chu Zhaomin	交通大学	1936?	美	实习	工		1940?	
42	戴秉衡	Dai Bingheng		1933	美	Chicago	理	心理	1938	
43	戴礼智	Dai Lizhi	中央大学	1934	英，德	伦敦大学，德国亚琛工科大学	工	冶金	1939	南京中央大学，重庆兵工署材料试验处，资源委员会下属电化冶炼厂，上海华东工业部矿冶局，冶金部钢铁研究院
44	戴文赛	Dai Wensai	协和大学，燕京大学	1937	英	剑桥大学	理	天文	1941	中央研究院，燕京大学，北京大学，南京大学
45	戴振铎	Dai Zhenduo	清华大学		美	Michigan	工	机械	1945?	
46	邓家栋	Deng Jiadong	协和医学院	1938	美	哈佛医学院	医	内科	1940	协和医院，天津天和医院，北京医院，中国医学科学院，首都医科大学
47	丁道衡	Ding Daoheng	北京大学	1935	德	马堡大学	理	地质学	1938?	武汉大学，贵州大学，重庆大学
48	丁普生	Ding Pusheng	交通大学	1941?	美	实习	理	化学	1945?	

续表 8 - 1

序号	姓名	姓名全拼	国内学校	出国年份	留学国	国外学校或其他机构	学科	专业	归国年份	国内工作地点
49	董太和	Dong Taihe	上海圣方济学院，上海雷士德学院	1936	英	伦敦大学	工		1940	广西大学，武汉大学，英士大学，浙江大学，中国人民解放军华东海军部
50	杜顺德	Du Shunde	华西大学	1937	美	宾西法尼亚大学，费城儿童医院	医	儿科	1940	华西协和大学，成都事业传染病院，四川医学院
51	杜增瑞	Du Zengrui	清华大学	1935	德	Berlin	工		1938	
52	段蓉贞	Duan Rongzhen	协和医学院		美	Chicago 实习	医	护士	1942	首都医院
53	敦福堂	Dun Futang	清华大学	1935	德	Berlin	理	心理	1938	清华大学
54	樊庆笙	Fan Qingsheng	金陵大学	1940	美	Wisconsin	农	农业微生物学	1944	金陵大学，上海生物化学实验处，南京农学院
55	范 权	Fan Quan	燕京大学	1937	美	Harvard	医	儿科	1938	北京协和医学院，马大夫纪念医院，天津市儿童医院
56	范绪箕	Fan Xuji	哈尔滨工业大学	1936	美	CalTech	工	航空	1940	浙江大学，航空委员会航空研究院，清华大学，华东航空学院，南京航空学院
57	方 俊	Fang Jun	唐山交通大学	1937	德	耶拿大学，耶拿地震研究院	理	物理	1938	中央大学，同济大学，中国科学院，
58	方俊奎	Fang Junkui	清华大学	1944	美		工	火炮	1945	上海物资供应站，二野军械部，沈阳724兵工厂，二机部技术司，第四研究所
59	方声恒	Fang Shengheng	上海大同大学	1935	美	MIT	理	物理	1938	

续表 8－1

序号	姓名	姓名全拼	国内学校	出国年份	留学国	国外学校或其他机构	学科	专业	归国年份	国内工作地点
60	方先之	Fang Xianzhi	沪江大学，协和医学院	1938	美	波士顿大学	医		1941?	协和医院，骨科医院，天津人民医院，天津医学院
61	方心芳	Fang Xinfang	上海劳动大学	1935	比，荷，法，丹	鲁文大学，荷兰菌种保藏中心，巴黎大学，卡斯堡研究所	理	生物	1938	黄海化学工业研究社，乐山中央技艺专科学校，中科院
62	冯大宗	Feng Dazong	交通大学	1940年代?	美	Virginia	工	矿冶	1945?	河南中英合办中福煤矿公司，中国煤炭公司，联合矿业研究所
63	冯桂连	Feng Guilian	清华大学	1944	美	访问	工	航空	1945	清华大学
64	冯修吉	Feng Xiuji	浙江大学	1938	德	慕尼黑大学	工	材料	1941	中山大学，湖北华新水泥厂，建工部建筑材料科学研究院，武汉工业大学
65	甘毓津	Gan Yujing	清华大学	1930年代	英	Edinburgh	工	纺织	1939?	
66	高玉树	Gao Yushu			日	早稻田大学	工	机械工程	1940?#	联勤兵工厂
67	龚祖同	Gong Zutong	清华大学	1934	德	Berlin	理	物理	1938	昆明兵工署，上海光学玻璃厂，秦皇岛耀华玻璃厂，长春光机所，中科院
68	顾功叙	Gu Gongxu	上海大同大学	1934	美	Colorado School of Mines, CalTech	理	地质	1938	北平研究院，中国科学院
69	顾兆勤	Gu Zhaoqin	唐山交大	1937	英	Manchester	工	水利	1940	四川水利局，中央大学，河海大学

续表 8－1

序号	姓名	姓名全拼	国内学校	出国年份	留学国	国外学校或其他机构	学科	专业	归国年份	国内工作地点
70	顾兆勋	Gu Zhaoxun	唐山交通大学	1937	英	曼彻斯特大学	工		1940	四川省水利局，中央大学，南京工学院，华东水利学院，河海大学
71	关君蔚	Guan Junwei	长春留日学生预备学校	1938	日	东京农林高等?	农	林学	1941	河北农学院，北京林学院，森林改良土壤研究室，沈阳林业土壤研究所
72	郭本坚	Guo Benjian	交通大学	1935	美	MIT	工	机械	1938	
73	郭可大	Guo Keda	北平大学医学院	1935	德	汉堡大学医学院，汉堡市立医院	医		1938#	同济大学医学院，齐鲁大学医学院，中央防疫处，上海医学院，沈阳医学院
74	郭文宗	Guo Wenzong	沈阳医科大学	1936	日	京都大学	医	医学	1938	北京同仁会华北防疫所，华北卫生行政学院，西北人民医院，西北大学，兰州大学
75	郭贻诚	Guo Yicheng	北京大学	1936	美	CalTech	理	物理	1939	北京中法大学，山东大学，燕京大学，北京师范大学
76	郝景盛	Hao Jingsheng	北京大学	1934	德	Berlin，爱北瓦林业专科大学，普鲁士林业局	农	林学	1939	中山大学，重庆中央大学，昆明北平研究院植物研究所，东北大学，科学院植物分类研究所
77	何家泌	He Jiami	中央大学	1936	比，德	圣布津皇家农学院，布鲁塞尔大学，柏林植物园	农	植物病理	1939	四川省农业改进所，复旦大学，贵州大学，福建省农学院，河南省农业科学院植保所

序号	姓名	姓名全拼	国内学校	出国年份	留学国	国外学校或其他机构	学科	专业	归国年份	国内工作地点
78	何奇	He Qi	岭南大学	1935	美	Louisiana State	工	制糖	1938	岭南大学
79	何琦	He Qi	燕京大学	1936	英	利物浦热带病院	理	生物	1938?	山东齐鲁大学，辽宁大连医学院，静生生物调查所，中央卫生实验院，中国医学科学院
80	何万云	He Wanyun		1940	日	北海道帝国大学	农	土壤	1945	国立东北大学，沈阳农学院，东北农学院，东北农业大学
81	贺新民	He Xinmin	甘肃省畜牧学校	1939	苏	莫斯科大学	农		1941	甘肃省运输处骆驼大队，广东省乐昌县中山大学医学院
82	何作霖	He Zuolin	北京大学	1938	奥、德	茵斯布鲁克大学，莱比锡大学	理	地质	1940	中央研究院，北京大学，北平研究院，北京师范大学，山东大学
83	侯毓汾	Hou Yufeng	上海大同大学		美	Michigan	理	化学	1942?	昆明电工器材厂，浙江大学，唐山交通大学，上海水产专科学校，大连工学院
84	胡世华	Hu Shihua	南开大学，北京大学	1936	奥、德	维也纳大学，西威廉敏思特大学	理	数理	1941	北京大学，科学院数学研究所，科学院计算技术研究所，科学院软件研究所
85	胡祥璧	Hu Xiangbi	中央大学农学院	1937	英	爱丁堡皇家兽医学院	农	兽医	1941	中央大学，陕西武功西北农学院，农林部西北兽疫防治处，岭南大学农学院，哈尔滨兽医研究所

续表 8-1

序号	姓名	姓名全拼	国内学校	出国年份	留学国	国外学校或其他机构	学科	专业	归国年份	国内工作地点
86	华罗庚	Hua Luogeng		1936	英	剑桥大学	理	数学	1938#	清华大学，科学院数学研究所，科学院技术大学，科学院应用数学研究所
87	黄昌贤	Huang Changxian	中山大学，岭南大学	1936	美	俄勒冈州立大学，Michigan	农	园艺	1940	岭南大学，中山大学，台湾省凤山热带园艺支所，广州柑桔试验场，华南农业大学
88	黄琮璞	Huang Congpu	清华大学	1935	日	东京	理	化学	1939	广西桂林中学
89	黄家驷	Huang Jiasi	协和医学院	1941	美	Michigan	医	外科	1945	上海医学院，中山医院，上海胸科医院，首都医科大学，中国科学院
90	黄岚	Huang Lan	北京土木工程专科学校	1941	日		工	水利	1944?	河北省石门市政府，石家庄市设计公司，石家庄市建筑设计院
91	黄亮	Huang Liang	金陵大学	1935	美	UC Berkeley，明尼苏达大学	农	植物病理	1939	广西农事试验场，广西大学，广西省推广繁殖站，广西桐油研究所，广西农学院
92	黄眉	Huang Mei		1930年代			工	电机	1945?	
93	黄铭新	Huang Mingxin	圣约翰大学	1936	美	宾夕法尼亚大学	医	医学	1939	圣约翰大学附属医院，宏仁医院，上海第二医学院，上海市第三人民医院，上海市免疫研究所

序号	姓名	姓名全拼	国内学校	出国年份	留学国	国外学校或其他机构	学科	专业	归国年份	国内工作地点
94	黄强	Huang Qiang	清华大学	1937	美	Cornell	工	土木工程	1941	上海信和纱厂，交通部中国建筑公司设计部，设计院勘察室，建筑科学研究所
95	黄顺美	Huang Shunmei		1940年代			理		1945？	
96	黄席椿	Huang Xichun	清华大学	1937	德	德累斯顿工业大学	工	电机	1943	同济大学
97	黄玉珊	Huang Yushan	中央大学	1937	英，美	Imperial College, Stanford	工	航空	1940	中央大学航空研究院，西安航空学院，西北工业大学，国防部第五研究院
98	黄祯祥	Huang Zhenxiang	协和医学院	1941	美	普林斯顿洛克菲勒医学研究所，纽约哥伦比亚医科大学	医	医学	1944	中央卫生实验院，中国医学科学院病毒学研究所，中国预防医学科学院病毒学研究所
99	黄中孚	Huang Zhongfu	清华大学	1936	美	Springfield College	理	体育生理	1938	西南联大
100	霍慕蔺	Huo Mulin	复旦大学	1935	美	Illinois	工	土木	1938	铁路局
101	季良	Ji Liang		1939	日	北海道帝国大学	农	植物病理	1945	晋察冀边区政府沙岭子农事试验场，河北省农业试验场，河北省农业科学院，农业部植物保护局，河北省植物保护研究所
102	姜达衢	Jiang Daqu	浙江省立医药专科学校	1931	德	Berlin	医	药学	1938	重庆陆军卫生材料厂，重庆中国特效药研究所，远东制药厂，创建上海中心制药厂，广西药物研究所

续表 8－1

序号	姓名	姓名全拼	国内学校	出国年份	留学国	国外学校或其他机构	学科	专业	归国年份	国内工作地点
103	蒋德麟	Jiang Delin	金陵大学	1937	美	明尼苏达大学	农	农林	1938#	中央农业实验所，农林部天水水土保持实验区
104	江良规	Jiang Lianggui	中央大学	1936	德	国立柏林体育研究院，莱比锡大学	理	体育科学	1939	上海东亚体育专科学校，蓝田师范学院，中央大学
105	江泽民	Jiang Zemin		1920	法，比，苏	比利时沙洛瓦劳动大学，莫斯科中山大学，斯大林汽车制造厂	工	机械	1941	延安八路军总后勤部军事工业局，东北军区军事工业部，一机部汽车工业局
106	蒋震同	Jiang Zhentong	金陵大学	1940	美	Minnesota	农	农科	1945	
107	靳树梁	Jin Shuliang	北洋大学	1936	德	克鲁伯公司	工	冶金	1938	威远钢铁厂，鞍山钢铁公司，本溪钢铁公司，东北工学院，中国科学院
108	晋显曾	Jin Xianzeng	北洋大学	1942	美	实习	工	工程	1944	
109	金显宅	Jin Xianzhai	协和医学院	1937	美	纽约曼哈顿区纪念医院，芝加哥肿瘤研究所	医	外科	1939#	北京协和医学院，恩光医院
110	琚定一	Ju Dingyi	交通大学	1937	英，美	伯明翰大学，俄克拉荷马大学	工	化工	1940?	南京国民政府，上海交通大学，上海大同大学，华东化工学院
111	柯应夔	Ke Yingkui	协和医学院	1940	美	纽约肿瘤纪念医院	医	妇产	1941	北京协和医院，天和医院，天津妇产科专业医院
112	柯召	Ke Zhao	厦门大学，清华大学	1935	英	曼彻斯特大学	理	数学	1938	四川大学，重庆大学

续表 8－1

序号	姓名	姓名全拼	国内学校	出国年份	留学国	国外学校或其他机构	学科	专业	归国年份	国内工作地点
113	邝公道	Kuang Gongdao		1933	德	Berlin	医	医学	1945	广州陆军总医院，中山大学，暨南大学
114	兰锡纯	Lan Xichun	山东齐鲁大学医学院	1938	英	利物浦大学医学院	医	外科	1939	上海仁济医院，宏仁医院，上海第二医学院，上海市胸科医院，上海生物医学工程研究所
115	雷开	Lei Kai	清华大学	1940	美	Iowa State University	工	土木	1943	广西大学
116	雷兴翰	Lei Xinghan	清华大学	1935	美	Wisconsin	医	药学	1939	国立药学专科学院，卫生署药物食品检验局，上海药品一厂，上海医药工业研究所
117	雷肇唐	Lei Zhaotang	中央大学，清华大学	1935	德	Berlin	理	心理	1938	
118	李秉成	Li Bingchen	复旦大学	1936	美	Cornell	工	铁道	1939#	湘黔铁路，陕南城固西北工学院，浙赣铁路，粤汉铁路，复旦大学，上海交通大学
119	李琮池	Li Congchi	东吴大学	1936	美	Cornell	理	生物	1938	厦门大学，东吴大学，湖南师范学院，华中大学，华中师范学院
120	李国平	Li Guoping	中山大学	1934	日，法	东京帝国大学，巴黎大学庞加莱研究所	理	数学	1939	四川大学，武汉大学，科学院武汉数学研究室，科学院数学计算技术研究所，科学院武汉数学物理研究所

续表 8－1

序号	姓名	姓名全拼	国内学校	出国年份	留学国	国外学校或其他机构	学科	专业	归国年份	国内工作地点
121	李海晨	Li Haichen	中央大学	1937	德	Berlin	理	地理	1940	复旦大学，中央大学，浙江大学，南京大学
122	李河民	Li Hemin		1940	日	东京医学专门学校	医		1944#	防疫处，医院，药厂，卫生部防疫总队
123	李恒钺	Li Hengyue	交通大学	1937?	美	实习	工	土木	1939?	
124	李华宗	Li Huazong	中山大学	1935	英	爱丁堡大学	理	数学	1938	四川大学
125	李景汉	Li Jinghan	清华大学	1944	美	访问	农	农林	1945	清华大学
126	励澜生	Li Lansheng	北洋大学	1941	美		工	采矿	1944	
127	李连捷	Li Lianjie	山东齐鲁大学，燕京大学	1940	美	田纳西大学农学院，Illinois，联邦地质调查所	农	土壤	1945	经济部中央地质调查所，北京大学，北京农业大学，中国林业科学研究院
128	李丕济	Li Peiji	清华大学	1930年代			工	水利	1945?	
129	李佩林	Li Peilin	湖南湘雅医学院	1937	英	伦敦大学医学院	医	医学	1940	成都中央大学，昆明中正医学院，兰州西北医学院，中央大学，中国医科大学
130	李庆海	Li Qinghai	唐山交通大学	1938	美	Cornell	工		1941	西南联大，武汉测绘大学
131	李庆远	Li Qingyuan	清华大学	1935	美	Columbia	理	地质	1938	地质调查所
132	李士豪	Li Shihao	唐山交通大学	1936	美	Cornell，Chicago	工	力学	1939	重庆中央大学，水利部，大连理工大学
133	李旭旦	Li Xudan	中央大学	1936	英	剑桥大学	理	地理	1939	中央大学，南京大学，南京师范学院

续表 8－1

序号	姓名	姓名全拼	国内学校	出国年份	留学国	国外学校或其他机构	学科	专业	归国年份	国内工作地点
134	李震声	Li Zhensheng	交通大学	1939?	美	实习	工	铁路管理	1941?	
135	李志方	Li Zhifang	上海交通大学，武汉大学	1934	美	Columbia，MIT，缅因州华伦造纸厂，弗吉尼亚州尼特罗城粘胶人造丝公司	工	化工	1945	上海宏文造纸厂，纺织工业部毛麻丝局，纺织工业部设计院，化学工业部化工设计院
136	梁百先	Liang Baixian	华中大学	1936	英	Imperial College，伦敦大学	理	物理	1939	武汉大学
137	梁 达	Liang Da	清华大学	1930年代			工		1945?	
138	梁守槃	Liang Shoupan	清华大学	1938	美	MIT	工	航空	1939	西南联合大学，贵州航空发动机制造厂，浙江大学，哈尔滨军事工程学院，航天工业总公司
139	梁树权	Liang Shuquan	燕京大学	1934	德，奥	明兴大学，维也纳大学	理	化学	1938	华西协和大学，重庆大学，化学研究所，物理化学研究所，长春化学研究所
140	梁希杰	Liang Xijie	清华大学	1935	日	东京帝国大学	理	地理	1938	
141	梁治明	Liang Zhiming	清华大学	1941	美		工	土木	1944	
142	林 超	Lin Chao	中山大学	1934	英	利物浦大学	理	地理	1938	中山大学，地理研究所，清华大学，北京大学
143	林传光	Lin Chuanguang	福建协和大学，南京金陵大学	1937	美	Cornell	农	植物病理	1940#	成都金陵大学，国民政府农林部，北京大学

续表 8 - 1

序号	姓名	姓名全拼	国内学校	出国年份	留学国	国外学校或其他机构	学科	专业	归国年份	国内工作地点
144	林观得	Lin Guande	燕京大学	1935	美	西北大学	理	地理	1938#	福建协和大学，上海暨南大学，福建师范大学，国家海洋局
145	林惠昌	Lin Huichang	上海大夏大学	1938	德	Berlin	理	地理	1940	中山大学
146	林孔湘	Lin Kongxiang	福建协和大学	1936	美	亚力根尼学院，Cornell	农	植物病理	1941	四川大学，金陵大学，福建省研究院动植物研究所，华南农学院
147	林启武	Lin Qiwu	燕京大学	1936	美	Columbia	理	体育生理	1938	燕京大学
148	林士谔	Lin Shie	交通大学	1935	美	MIT	工	航空	1939	成才空军机械学校成才空军仪表制造厂，厦门大学，清华大学，北京航空学院
149	刘安曾	Liu Anzeng	交通大学	1937?	美	Michigan	工	机械	1940?	
150	刘秉阳	Liu Bingyang	湖南湘雅医学院	1936	美	Harvard 医学院	医	流行病	1943	湖南湘雅医学院，北京流行病研究所，预防医学科学院流行病学微生物学研究所
151	刘恩兰	Liu Enlan	金陵女子文理学院	1929	美，英	克拉克大学，牛津大学	理	地理	1941年后	金陵女子大学，东北师大，哈尔滨军事工程学院，海洋研究所
152	刘发喧	Liu Faxuan	清华大学	1936	英	London	理	生物	1938	
153	刘馥英	Liu Fuying	浙江大学	1936	德	Berlin，敏斯特大学	工		1939	浙江大学，威远铁路，华东化工学院
154	刘光文	Liu Guangwen	清华大学	1935	美	State University of Iowa	工	水利工程	1938?	广西大学，重庆大学，交通大学，复旦大学，华东水利学院

续表 8－1

序号	姓名	姓名全拼	国内学校	出国年份	留学国	国外学校或其他机构	学科	专业	归国年份	国内工作地点
155	刘汉	Liu Han	清华大学	1941	美		理		1944	
156	柳鹤图	Liu Hetu	海军军官学校	1935	英	格拉斯哥大学	工	造船	1945	江南造船厂
157	刘欢曾	Liu Huanzeng	交通大学	1937	美	Pennsylvania	工	铁路管理	1939	
158	刘恢先	Liu Huixian	唐山交通大学	1934	美	Cornell, Illinois	工	土木	1938#	湘桂，叙昆，黔桂，平汉等铁路，浙江大学，西南联大
159	刘隽湘	Liu Junxiang	同济大学，云南省立昆华医院	1945	印	加尔各答热带病学院	医	医学	1945#	北平中央防疫实验处
160	刘宜伦	Liu Yilun	南京海军雷电学校	1933	美	Purdue, Harvard	工	电机	1938	重庆大学，重庆交通大学，西南邮电管理局，重庆电信学校，北京邮电学院
161	刘颖	Liu Ying	北洋大学	1935	美	Michigan	工	机械	1941	武汉大学，华中工学院
162	龙康侯	Long Kanghou	清华大学	1934	德	I. G. Iarben 颜料厂，明兴大学，Berlin	理	化学	1939	贵阳湘雅医学院，湖南大学，中山大学，中国特效药研究所
163	娄成后	Lou Chenghou	清华大学	1934	美	明尼苏达大学	理	植物学	1939#	清华大学
164	娄尔康	Lou Erkang	浙江大学		德，英		工		1939	昆明中央电工器材厂，上海电缆厂，沈阳电缆厂
165	娄康后	Lou Kanghou	燕京大学	1942	日	北海道帝国大学	农	植物	1943	燕京大学，清华大学，青岛山东大学，中国科学院

序号	姓名	姓名全拼	国内学校	出国年份	留学国	国外学校或其他机构	学科	专业	归国年份	国内工作地点
166	卢观泉	Lu Guanquan	协和医学院	1943	美	实习	医	医	1945	岭南大学医学院
167	卢鹤绂	Lu Hefu	燕京大学	1936	美	明尼苏达大学	理	物理	1941	中山大学，广西大学，北京大学，科学院上海原子核所，科学院数理学部
168	陆鹤寿	Lu Heshou	圣约翰大学	1936	美	Purdue，Harvard	工	电信	1939？	中国兴业公司，重庆大学，中央工业专科学校，华东邮电管理局
169	卢士谦	Lu Shiqian		1934？	日	京都大学	医	医学	1944	黑龙江佳木斯医科大学，吉林长春市第一医院，长春市立医院
170	罗云平	Luo Yunping	哈尔滨工业大学	1935年后	德	Berlin，汉诺威大学	工	土木工程	1940？	同济大学，中央大学，长春铁路，长春大学
171	罗宗贤	Luo Zongxian	北京协和医学院	1940	美	Harvard，Johns Hopkins	医	眼科	1941	北京协和医学院
172	吕德宽	Lv Dekuan	沪江大学	1937	英	波尔顿纺织学院，曼彻斯特大学	工	纺织	1940	上海诚孚信托公司，申新纺织厂，重庆申新苎麻纺织厂，中纺公司上海第十七纺织厂
173	吕凤章	Lv Fengzhang	清华大学	1935	德	阿亨工业大学	工		1938	昆明西南联大，西北工学院，台湾中国人造纤维公司
174	吕吟声	Lv Yinsheng	交通大学	1944	美	实习	工	电机	1945	航空公司无线电部
175	马大猷	Ma Dayou	北京大学	1937	美	加利佛尼亚大学洛杉矶分校，Harvard	理	物理	1940	北京大学，哈尔滨工业大学，中国科学院

序号	姓名	姓名全拼	国内学校	出国年份	留学国	国外学校或其他机构	学科	专业	归国年份	国内工作地点
176	马骏超	Ma Junchao	上海私立南洋高中	1937	印	加尔各答皇家理学院	农	昆虫	1938	崇安茶叶改良场，福建省农事试验场，福建省农业改进处，私立协和大学
177	马明德	Ma Mingde	交通大学	1938	美	Michigan	工	航空	1939	云南垒允中央杭州飞机制造厂，贵州大发发动机厂，重庆交通大学，哈尔滨军事工程学院，哈尔滨工程学院
178	马绍棠	Ma Shaotang	交通大学	1937	美	Pennsylvania	工	铁路管理	1945	广州汽车运输公司
179	马耸云	Ma Songyun	清华大学	1935	德	Berlin	理	生物	1938	
180	马闻天	Ma Wentian	中法大学	1935	法	里昂国立兽医学校，马黎阿尔夫尔兽医学校	农	兽医	1940	中央农业实验所，华北兽疫防治处，中央畜牧实验所，中央大学，农业部华北农业科学研究所
181	马诒绪	Ma yixu	交通大学	1943	美	实习	工	电机	1945	绵州电厂
182	马增新	Ma Zengxin	清华大学	1936	美	Cornell	工	土木	1938	营造厂
183	满　涛	Man Tao		1936	美	Indiana, Illinois	理	化学	1938	
184	毛鹤年	Mao Henian	北平大学	1933	美	Purdue	工	电机	1939	重庆大学，电力建设总局，水利电力部，电力工业部，中国科学院

续表 8－1

序号	姓名	姓名全拼	国内学校	出国年份	留学国	国外学校或其他机构	学科	专业	归国年份	国内工作地点
185	毛守白	Mao Shoubai	震旦大学	1938	法	巴黎大学医学院	医	医学	1940#	上海信谊血清疫苗厂，上海医学院，中央卫生实验院，南京中央大学医学院
186	孟庆基	Meng Qingji	清华大学	1941	美		工	机械	1944	
187	宁　榥	Ning Huang	清华大学	1938	英	牛津大学	工	工程物理	1941	昆明西南联大，清华大学，北京航空学院
188	潘承恭	Pan Chenggong	交通大学	1940?	美	实习	工	铁路管理	1945?	
189	潘国定	Pan Guoding	上海大夏大学	1935	美	华盛顿州立大学，寇蒂斯社特航空工程学院，圣特玛丽亚飞行学校	工	航空	1939	中国航空公司，中央军委发航局机械处，天津第二航校，航行处
190	潘家麟	Pan Jialin	燕京大学	1936	英		理	化学	1939	
191	潘尚贞	Pan Shangzhen	东吴大学	1935	美	Wisconsin	理	生物化学	1938	
192	潘文渊	Pan Wenyuan	交通大学	1938?	美	实习	工	电机	1940?	
193	潘钟祥	Pan Zhongxiang	北京大学		美	堪萨斯大学，明尼苏达大学	工	地质	1945?	中山大学，两广地质调查所，北京地质学院，武汉地质学院
194	齐　熨	Qi Yun			德	慕尼黑工业大学，Berlin	工	化学工程	1938	重庆兵工署第24兵工厂，国民政府经济部资源委员会北泉酒精厂，资源委员会东北区，辽宁水泥公司

序号	姓名	姓名全拼	国内学校	出国年份	留学国	国外学校或其他机构	学科	专业	归国年份	国内工作地点
195	钱宝钧	Qian Baojun	金陵大学	1935	英	曼彻斯特工学院	工	纺织	1938	成都金陵大学，四川金堂铭贤农工专科学校，上海公益纺织研究所，华东纺织工学院
196	钱悳	Qian De	上海医学院	1944	美	波士顿伊文斯纪念医院	医	传染病	1945	上海医学院，上海第一医学院，重庆医学院，重庆医科大学
197	钱惠华	Qian Huihua	交通大学	1936	美	MIT	工	机械	1939	
198	钱家麒	Qian Jiaqi	交通大学	1941?	美		理	物理	1945?	
199	钱令希	Qian Lingxi	中法大学	1936	比	布鲁塞尔自由大学	工		1938	云南大学，浙江大学，大连工学院，中国科学院
200	钱学渠	Qian Xueju	交通大学	1935	美	MIT	工	机械	1938	
201	秦光煜	Qin Guangyu	北京协和医学院	1940	美	Harvard, Yale, 纽约桑纳医学院	医	脑病理学	1941	北京大学医学院，岭南大学医学院，华南医学院
202	秦振庭	Qin Zhenting	奉天医科大学	1942	菲	菲律宾大学医学院	医	儿科	1945#	北京儿童医院，北京大学医学院
203	清格尔泰	Qing Geertai	呼和浩特蒙古学院	1941	日	东京工业大学	工	工业	1945	内蒙自治学院
204	丘玉池	Qiu Yuchi	金陵大学，燕京大学	1934	英，德	伦敦大学，德国亚琛工科大学，德国克虏伯钢铁厂	工	冶金	1938	兵工署材料试验处冶金组，资渝炼铁厂，本溪湖特殊钢厂，广州广东钢铁机械厂，钢铁研究院

序号	姓名	姓名全拼	国内学校	出国年份	留学国	国外学校或其他机构	学科	专业	归国年份	国内工作地点
205	裘祖源	Qiu Zuyuan		1937	美，欧	明尼苏达州立医学院，考察	医	结核防治	1939	北平协和医学院，北平结核病防治院，中央结核病研究所，流行病学研究室
206	曲泽洲	Qu Zezhou	北京大学	1935	日	东京帝国大学	农	园艺	1938	北京大学，东北大学，河北农学院，河北农业大学
207	任美锷	Ren Meie	中央大学	1936	英	格拉斯哥大学	理	地质	1939	浙江大学，科学院海洋研究所，科学院南京地理研究所，国家海洋局海洋研究所，科学院地学部
208	任中方	Ren Zhongfang	交通大学	1938？	美	实习	工	化工	1945？	
209	容启东	Rong Qidong	清华大学	1935	美	Chicago	理	生物	1938	岭南大学
210	邵济华	Shao Jihua	交通大学	1940？	美	实习	工	铁路管理	1945？	
211	沈家桢	Shen Jiazhen	交通大学	1940？	美	实习	工	电机	1945？	
212	沈济川	Shen Jichuan	东吴大学	1938	美	Michigan，林肯大学	工	化工	1940	中法药厂，华东化工学院，上海永星化学工业公司，上海国营中国肥皂公司，轻工业部食品工业科协研究所
213	沈　隽	Shen Jun	金陵大学	1937	美	Cornell	农	园艺	1941	金陵大学，中央农业实验所，清华大学，北京农业大学

续表 8－1

序号	姓名	姓名全拼	国内学校	出国年份	留学国	国外学校或其他机构	学科	专业	归国年份	国内工作地点
214	沈乃璋	Shen Naizhang	燕京大学，清华大学	1936	法	巴黎大学	理	心理学	1938	辅仁大学，燕京大学，北京大学
215	沈其益	Shen Qiyi	中央大学	1937	英美	伦敦大学，洛桑斯特农业研究试验场，明尼苏达大学	农	植物病理	1940	南京中央大学，北京农业大学，农业科学院植物保护所
216	沈　同	Shen Tong	清华大学	1936	美	Cornell	理	生物化学	1939	西南联大，清华大学，北京大学
217	盛彤笙	Sheng Tongsheng	中央大学	1934	德	Berlin，汉诺威兽医学院，Berlin 兽医学院	农	兽医	1938	江西省立兽医专科学校，国立兽医学院，西北畜牧兽医学院，中国农业科学院兰州兽医研究所，江苏省农业科学院
218	施成熙	Shi Chengxi	之江大学	1937	美	Cornell	工	土木	1938	浙江大学，复旦大学，之江大学，华东水利学院，河海大学
219	时　钧	Shi Jun	清华大学	1935	美	缅因大学，MIT	工	化工	1938	动力油料厂，中央大学工学院，南京金陵大学，南京化工学院
220	施祥林	Shi Xianglin	清华大学	1936	英	Cambridge	理	数学	1938	
221	石毓澍	Shi Yushu		1940	法	里昂大学医学院	医	医学	1944	云南大学医学院附属医院，天津医学院，第二附属医院
222	师　哲	Shi Zhe	陕西第一师范	1925	苏	莫斯科工程兵学校	工	军事工程	1938	
223	司徒亮	Si Tuliang	协和医学院	1941	美	实习	医	内科	1945	上海医学院，重庆医院

序号	姓名	姓名全拼	国内学校	出国年份	留学国	国外学校或其他机构	学科	专业	归国年份	国内工作地点
224	司徒展	Si Tuzhan	协和医学院	1939	美	实习	医	内科	1942	岭南大学医学院
225	宋槵	Song Huang	清华大学	1938	英	牛津大学	工	航空	1940	清华大学，北京航空学院，科学院工程热物理学科
226	苏德隆	Su Delong	上海医学院	1942	印	孟买霍普金斯细菌研究所	医	公共卫生	1943#	上海医学院
227	苏维霖	Su Weilin	北京大学		日，美	东京帝国大学，Columbia	理	心理	1945？	江苏省教育学院，广西省医学院，广西大学
228	苏元复	Su Yuanfu	东吴大学，浙江大学	1935	英	曼彻斯特大学工学院	工	化工	1938	天津南开大学，四川泸州兵工厂，上海江苏药水厂，上海交通大学，上海华东化工学院
229	苏子衡	Su Ziheng		1937	日	东北帝国大学	工	化工	1941？	台湾香料厂，北京大学，大连大学，中科院
230	粟宗华	Su Zonghua	上海医学院	1935	美	Johns Hopkins，Harvard	医	精神病学	1938	上海红十字会医院，上海医学院，上海市精神病医院
231	粟宗嵩	Su Zongsong	浙江大学	1936	越，埃及，苏丹	进修农田水利	农	农林	1939	湖南省立农业专科学校，湖南大学，长江水利工程总局，湖南省南岳水力发电工程处，北京农业械化学院
232	孙德和	Sun Dehe	清华大学	1935	德	Berlin，亚琛工业大学，德国克虏伯联合钢铁企业，柏林施攀道钢铁厂	工	冶金	1945	同济大学，无锡开源机器厂，上海钢铁公司，大冶特殊钢厂，北京钢铁设计研究总院

续表 8−1

序号	姓名	姓名全拼	国内学校	出国年份	留学国	国外学校或其他机构	学科	专业	归国年份	国内工作地点
233	孙观汉	Sun Guanhan	浙江大学	1936	美	MIT	工	化工	1939	清华大学
234	孙建初	Sun Jianchu	山西大学	1942	美	路易斯安娜，得克萨斯，俄克拉荷马，南加利福尼亚	理	地质	1944	甘肃油矿局，全国石油管理总局，中科院
235	孙君立	Sun Junli	苏州公立工业专门学校	1936	德	德累斯顿工科大学，明兴格城纺织研究院，亚琛工科大学，柏林威廉皇家学院，巴塞尔山道士化学厂	工	化纤	1940	上海美亚绸厂，南通学院，上海安乐人造丝厂，纺织工业部纺织科学研究院，华东纺织工学院
236	孙瑞珩	Sun Ruiheng	清华大学	1935	英		工		1938	清华大学
237	唐江清	Tang Jiangqing	交通大学	1940?	美	实习	工	机械	1945?	
238	唐君铂	Tang Junbo	唐山交通大学	1932	英	剑桥大学，皇家工兵学校	工	军器	1938	国民政府兵工学校
239	汤瑞钧	Tang Ruijun	清华大学	1935	德	Berlin	工		1938	
240	唐世凤	Tang Shifeng	中央大学	1937	英	利物浦大学	理	海洋学	1940	中央研究院，厦门大学，中国海洋研究所，山东大学，山东海洋学院
241	唐 燿	Tang Yao	东南大学	1935	美	Yale	农	植物	1939	中央工业试验所木材试验室，中央技术专科学校，林垦部西南木材试验馆，林业部林业科学研究所，科学院昆明植物研究所

续表 8－1

序号	姓名	姓名全拼	国内学校	出国年份	留学国	国外学校或其他机构	学科	专业	归国年份	国内工作地点
242	汤逸人	Tang Yiren	中央大学	1937	英，美	爱丁堡大学，绵羊研究所，华俄明大学	农	羊毛	1941	北京农业大学，中国农业科学院畜牧研究所
243	唐振绪	Tang Zhenqian	唐山交通大学	1936	美	Cornell，世界贸易公司	工	土木工程，运输工程	1945	唐山工学院，铁道部科学研究院
244	童　村	Tong Cun	协和医学院		美	Johns Hopkins	医	公共卫生	1945	原卫生署中央防疫实验处，华东人民制药公司青霉素实验所，上海第三制药厂，上海医药工业研究所抗生素研究室，上海医药工业研究院
245	童光煦	Tong Guangxu	武汉大学	1941	南非，美	南非联邦威塔瓦特斯兰德大学，王冠金矿，鲁宾生地金矿，Colorado School of Mines	工	采矿	1944#	资源委员会金属矿业管理处，武汉大学，北洋大学
246	屠守锷	Tu Shoue	清华大学	1941	美	MIT，布法罗寇帝劳动保护飞机工厂	工	航空	1945	清华大学，北京航空学院，机械工业部，航天工业部，中国航天总公司
247	王　弼	Wang Bi		1925	苏	莫斯科东方大学，列宁格勒航空机械学校，空军大学		航空工程	1938	东北航空学校，空军工程部，重工业部
248	王德荣	Wang Derong	交通大学	1935	英	Imperial College，英国 GLOSTER HAWKER 和 SHORT 等飞机制造工厂	工	航空工程	1938	西南联合大学，清华大学，北京航空学院，力学学会，北京力学学会，航空学会

续表 8-1

序号	姓名	姓名全拼	国内学校	出国年份	留学国	国外学校或其他机构	学科	专业	归国年份	国内工作地点
249	汪殿华	Wang Dianhua	清华大学	1930年代	德	Berlin	医	药物	1938?	
250	王栋	Wang Dong	南通甲种农校	1937	英	爱丁堡大学	农	畜牧	1941	贵州农工学院，西北农学院，中央大学，中央畜牧实验所，南京农学院
251	王恭琛	Wang Gongchen	交通大学	1936	美	Pennsylvania	工	铁路管理	1938	
252	王公衡	Wang Gongheng	唐山交通大学	1931	英美	格拉斯哥大学，格林威治皇家海军学院	工	造船	1939#	重庆民生机器厂，重庆川江造船处，重庆商船专科学校，交通大学
253	王鹤亭	Wang Heting	中央大学	1939	印	实习考察灌溉及水利电工程	农	农学	1940	新疆水利局，叶尔羌河管理处
254	王季午	Wang Jiwu	协和医学院	1940	美	图兰大学	医	内科	1941	贵阳医学院，浙江大学，浙江医学院，浙江医科大学
255	汪美先	Wang Meixian	河北大学	1936	日	庆应大学	医	细菌学	1940?	兰州西北防疫处，西北医学院，上海生物制品研究所，南通医学院，第四军医大学
256	王漠昱	Wang Moyu	清华大学	1941	美		理		1944	
257	王平洋	Wang Pingyang	交通大学	1942	美，加	实习	工		1945	江南电力局，冀北电力公司，华北电力设计院，电力建设研究所，电力科学研究院
258	王普	Wang Pu	北京大学	1935	德	Berlin	理	物理	1939	

续表 8-1

序号	姓名	姓名全拼	国内学校	出国年份	留学国	国外学校或其他机构	学科	专业	归国年份	国内工作地点
259	王庆延	Wang Qingyan	北平大学	1936年后	日		农	农学	1940?	湖北农学院，贵州大学农学院
260	王绍亭	Wang Shaoting		1941	日	名古屋工业大学	工	化工	1945	天津北洋大学，哈尔滨工业大学，大连工学院，天津大学
261	汪绍训	Wang Shaoxun	协和医学院	1939	美	纽约州立大学	医	放射学	1940	北平协和医学院，河北开滦矿务局医院，北京医学院，北京医科大学第一医院
262	王世锐	Wang Shirui	天津工商学院	1935	美	Cornell	工	土木	1939	汉渝公路，福建省公路局，上海市工务局，中国公路桥梁工程公司
263	王世中	Wang Shizhong	燕京大学	1937	德	李比希大学	农	农业化学	1940	云南大学，浙江大学，台湾糖业公司，中央研究院
264	王叔咸	Wang Shuxian	协和医学院	1936	美，奥		医	医学	1938	北平清源医院，北大医学院第一附属医院
265	王文修	Wang Wenxiu	燕京大学	1941	美	Cornell，田纳西流域管理局，垦务局	工	水利	1945	厦门大学，华东水利学院
266	王兴	Wang Xing	唐山交大	1936	美	Cornell	工	土木	1940	重庆大学，中央大学，上海大夏大学，同济大学
267	王序	Wang Xu	沪江大学	1936	奥	维也纳大学	医	化学	1940	浙江大学，北平研究院，北京医学院

序号	姓名	姓名全拼	国内学校	出国年份	留学国	国外学校或其他机构	学科	专业	归国年份	国内工作地点
268	王雪莹	Wang Xueying	浙江省女子师范大学	1935	德	维茨堡大学	医	药学	1940	上海民生制药厂，中国酸碱厂，浙江英士大学，华东工业部化工处，重工业部，化工部化工科学技术情报研究所
269	王懿	Wang Yi	燕京大学	1937	英，美	贝德福大学，纽约旧金山医院	医	儿科	1938	协和医院，天津天和医院，成都华西坝医院，苏州博习护校，北京儿童医院
270	王应睐	Wang Yinglai	金陵大学，燕京大学	1938	英	剑桥大学	理	生物化学	1945	中央大学，中央研究院，中科院
271	汪猷	Wang You	金陵大学	1935	德，英	慕尼大学，海德堡医学研究院，特瑟斯医学院	理	化学	1939	协和医学院，丙康药厂，医学研究所，生化研究所，有机化学研究所
272	王岳	Wang Yue	燕京大学	1940	美	洛格斯大学，默克药厂，Princeton	医	微生物学	1944	国立中央卫生实验所，重庆医专，上海市卫生局，福建省微生物研究所，福建华侨大学
273	王云章	Wang Yunzhang	北平大学	1936	比，加	卢万大学，温尼伯自治领锈菌研究室	农	植物	1939	浙江大学，西北植物调查研究所，科学院植物研究所，应用真菌研究所，微生物研究所
274	王兆振	Wang Zhaozhen		1936	美		工		1939	
275	汪振儒	Wang Zhengru	清华大学	1935	美	Cornell，杜克大学	农	森林	1939	广西大学，北京大学，农业大学，北京林学院

续表 8－1

序号	姓名	姓名全拼	国内学校	出国年份	留学国	国外学校或其他机构	学科	专业	归国年份	国内工作地点
276	王正衍	Wang Zhengyan		1944	美	实习	工	化工	1945	动力油料厂
277	王泽农	Wang Zhenong	北京农业大学	1933	比	颖布露国家农学院，颖布露国家农业试验场	农	农业化学	1938	复旦大学，江西省垦务处，财政部贸易委员会茶叶研究所，安徽大学，安徽农学院
278	王植	Wang Zhi	清华大学	1943	美	实习	理	地质	1945	资源委员会
279	王之卓	Wang Zhizhuo	交通大学	1934	英，德	伦敦大学，Berlin	工	测量	1939	中国地理研究所，上海交通大学，青岛工学院，武汉测绘研究所，国家科委测绘专业组
280	王竹溪	Wang Zhuxi	清华大学	1935	英	剑桥大学	理	物理	1938	清华大学，北京大学，中科院
281	王宗淦	Wang Zonggan	交通大学	1936	美	MIT	工	电机	1938	北京大学，清华大学
282	王遵明	Wang Zunming	清华大学	1936	美	MIT	工	机械	1941	清华大学，西南联合大学，滇北矿务局
283	王佐	Wang Zuo	交通大学	1935?	美	实习	工		1940?	
284	魏火曜	Wei Huoyao			日	东京帝国大学	医	医学	1945	台湾大学
285	魏曦	Wei Xi	上海医学院	1937	美	Harvard	医	医学	1939	卫生署中央防疫处，上海医学院，大连医学院微生物学教研室，大连生物制品研究所，医学科学院流行病学微生物学研究所

续表 8 – 1

序号	姓名	姓名全拼	国内学校	出国年份	留学国	国外学校或其他机构	学科	专业	归国年份	国内工作地点
286	文元模	Wen Yuanmo			日，德	东京帝国大学，Berlin	理	气象	1941	中央大学，北平师范大学，北京大学，中央气象台
287	翁琳榜	Weng Linbang		1943	日	国立山形大学工学部，日本东洋纺绩大阪工厂	工	纺织	1944	台湾工矿公司台北纱场，台湾中国纺织建设公司内坜工厂，台湾中南纺织公司，台北工专
288	翁文波	Weng Wenbo	清华大学	1936	英	伦敦帝国大学	理	物理	1939	重庆中央大学，玉门油矿，中国石油公司，石油工业部，石油科学研究院
289	吴百先	Wu Baixian		1936	英		理		1939?	
290	武达铨	Wu Daquan	交通大学	1935?	美	实习	工		1940?	
291	吴德楞	Wu Deleng	交通大学	1940?	美	实习	工	机械	1945?	
292	吴麟祥	Wu Linxiang	交通大学	1940?	美	实习	工	机械	1945?	
293	吴懋仪	Wu Maoyi	金陵女子文理学院	1941	美	Harvard	理	化学	1944	金陵女子文理学院
294	吴瑞萍	Wu Ruiping	协和医学院	1939	美	Yale	医	儿科	1940	北京协和医学院，北平私立儿童医院，北京大学医学院，北京市儿童保健院
295	吴绍骙	Wu Shaokui	金陵大学	1934	美	明尼苏达大学	农	植物育种	1938	贵州农业改进所，国立广西大学，广西省建设厅，金陵大学，河南省农业厅

序号	姓 名	姓名全拼	国内学校	出国年份	留学国	国外学校或其他机构	学科	专业	归国年份	国内工作地点
296	伍绳武	Wu Shengwu	燕京大学	1937	美	Columbia	理	体育生理	1940	燕京大学
297	吴素萱	Wu Suxuan	中央大学	1937	美	Michigan	理	生物	1941	中央大学，西南联大，牛津大学，北京大学，中科院
298	吴文彰	Wu Wenzhang		1943	英		工	动力机械	1945	江南造船厂，哈尔滨农垦局，上海船舶局
299	吴学蔺	Wu Xuelin	上海大同大学	1934	美	匹兹堡卡内基大学	工	冶金	1939	昆明中央机械厂，中央大学，上海钢铁公司，上海华东工业部，中国科学院
300	吴英恺	Wu Yingkai	协和医学院	1941	美	圣路易斯华盛顿大学	医	医学	1943	重庆中央医院，天津中央医院，北京协和医学院，中国人民解放军胸科医院，北京安贞医院
301	伍正诚	Wu Zhengcheng	清华大学	1936	德，瑞士	Berlin，卡诚工科大学	工	水利	1939	昆明湖电厂，江西水利局，浙江大学，上海交通大学，华东水力学院
302	吴征铠	Wu Zhengkai	金陵大学	1936	英	剑桥大学	理	化学	1939	湖南大学，浙江大学，化学研究所，复旦大学，原子能研究所
303	吴仲贤	Wu Zhongxian	清华大学	1935	英	爱丁堡大学，剑桥大学	农	动物营养学	1939	贵州省蚕桑研究所，西北农学院，中央大学，北京大学，北京农业大学
304	吴尊爵	Wu Zunjue	清华大学	1941	美		理		1944	

序号	姓　名	姓名全拼	国内学校	出国年份	留学国	国外学校或其他机构	学科	专业	归国年份	国内工作地点
305	夏坚白	Xia Jianbai	清华大学	1934	英，德	伦敦大学，Berlin	工	测量	1939	中央陆地测量学院，同济大学，中央大学，武汉测绘学院，中国科学院
306	夏　鼐	Xia Nai	清华大学	1935	英，埃及	伦敦大学，开罗博物馆	理	考古	1941	中央博物院，中央研究院，中国科学院，中国社会科学院
307	夏循元	Xia Xunyuan	交通大学	1937	英	利兹大学	工	纺织	1940	重庆中纺纱厂，上海第十七纺织厂，纺织工业部，沈阳毛纺织厂
308	萧承宪	Xiao Chengxian	清华大学	1936	美	Pennsylvania	理	生物	1938	
309	谢家泽	Xie Jiaze	清华大学	1934	德	Berlin	工	土木	1939	中央大学，南京水利实验处水文研究所，水利水电科学研究院
310	谢锡瑹	Xie Xitu	湖南湘雅医学院	1939	加，美	多伦多大学，加利福尼亚洛杉机儿童医院	医	放射学	1941	华西协和大学，重庆陪都医院，四川省立医院
311	谢毓晋	Xie Yujin	同济大学医学院	1939	德	富来堡大学医学院，德国大学医院细菌血清检验科	医	公共卫生	1941	西北防疫处，同济大学医学院，上海医学院，上海民生实验治疗研究所，卫生部武汉生物制品研究所免疫研究室
312	谢之光	Xie Zhiguang	协和医学院	1940	美	实习	医	眼科	1945	岭南大学医学院
313	辛一心	Xin Yixin	交通大学	1936	英	杜伦大学皇家学院，格林威治皇家海军学院	工	造船	1940	西北工学院，招商局，人民轮船公司，一机部造船科学研究所
314	熊尚元	Xiong Shangyuan	清华大学	1944	美	实习	理	化学	1945	兰州油厂

序号	姓名	姓名全拼	国内学校	出国年份	留学国	国外学校或其他机构	学科	专业	归国年份	国内工作地点
315	许宝騄	Xu Baolu	清华大学	1936	英	伦敦大学	理	数学	1940#	北京大学，西南联合大学，中科院
316	许殿乙	Xu Dianyi	辽宁医学院	1944	美	Chicago	医	外科	1945	南京中央医院，中央大学，华东军区总医院，第一军医大学，解放军总医院
317	徐敬之	Xu Jingzhi		1938	英		理		1941？	
318	徐克勤	Xu Keqin	中央大学	1939	美	明尼苏达大学	理	地质	1945	中央地质调查所，中央大学，南京大学，中国科学院
319	徐兰如	Xu Lanru	中央大学	1944	美	阿伯丁兵工学校	工	导弹	1945	南京兵工厂，沈阳兵工厂，机械工业部，航天工业部研究院
320	徐民寿	Xu Minshou	交通大学	1935	美	Lowell	工	电机	1938	
321	徐　仁	Xu Ren	清华大学	1939	印		理	生物	1944#	北京大学
322	徐人寿	Xu Renshou		1936	美		工		1939	
323	徐英超	Xu Yingchao	北京师范大学	1936	美	斯普林菲尔德学院	理	体育生理	1938	西北联大，北京体育学院
324	许英魁	Xu Yingkui	协和医学院	1938	德，美	慕尼黑精神病研究所，Chicago	医	神经学	1939	北京大学医学院，北京大学
325	徐荫祥	Xu Yinxiang	北京协和医学院	1939	美	费城坦伯尔医院，芝加哥肿瘤研究所	医	肿瘤	1940	北京协和医学院，同仁医院
326	薛　芬	Xue Fen	清华大学	1935	英	Liverpool	理	生物	1938	清华大学
327	薛仲三	Xue Zhongsan	协和医学院	1943	美	Johns Hopkins 公共卫生学院	医	卫生统计	1943	重庆中央卫生实验院，上海复旦大学，上海第二军医大学，军事医学科学院，卫生勤务研究所

序号	姓名	姓名全拼	国内学校	出国年份	留学国	国外学校或其他机构	学科	专业	归国年份	国内工作地点
328	严　恺	Yan Kai	唐山交通大学	1935	荷	德尔夫特科技大学	工	土木	1938	沪宁沪杭甬铁路局，中央大学，交通大学，华东水利学院，南京水利科学研究所
329	严沛章	Yan Peizhang	同济大学	1940	菲	实习	医	公共卫生	1944	广州海岸检疫处
330	阎振兴	Yan Zhenxing	清华大学	1935	美	Iowa State	工	土木	1941	滇缅公路工务局，清华大学，河南大学
331	杨　櫌	Yang You	广州培正中学	1935	英	格拉斯哥大学	工	造船	1940	重庆民生机器厂，江南造船所，海军青岛造船所，海军机械学校，同济大学，渤海造船厂，船舶及海洋工程研究所
332	杨洪祖	Yang Hongzu	金陵大学	1938	美	明尼苏达大学	农	育种	1940	中央农业实验所，四川大学，四川农业实验所，四川省农科所，四川省农业科学院
333	杨景泰	Yang Jingtai	长春医科大学	1940	日	东京帝国大学	医	药学	1943？	哈尔滨工业大学，哈尔滨市政府卫生局
334	杨津基	Yang Jinji		1935	德	亚琛工业大学，Berlin	工	电机工程	1941	
335	杨彭基	Yang Pengji	清华大学	1933	比	列目大学，勒纳尔飞机制造厂	工	航空	1939	云南垒允中央飞机制造厂，成才滑翔机制造厂，交通大学，华东航空学院，西安航空学院

序号	姓名	姓名全拼	国内学校	出国年份	留学国	国外学校或其他机构	学科	专业	归国年份	国内工作地点
336	杨钦	Yang Qin	浙江大学	1936	美	Michigan, Illinois	工	力学	1940?	澄江中山大学，重庆九龙坡交通大学，上海交通大学，同济大学
337	杨遵仪	Yang Zunyi	清华大学	1936	美	Yale	理	地质	1939	中山大学，两广地质调查所，清华大学，北京地质学院，中科院
338	叶桂馨	Ye Guixin		1944	美	实习	理	气象	1945	中央气象局
339	叶和才	Ye Hecai	金陵大学	1937	英	剑桥大学	农	土壤	1941	重庆中央农业实验所，北平农事实验场，清华大学，北京大学，中国农科院
340	叶汇	Ye Hui		1938	德	Berlin	理	地理	1940	中山大学
341	叶良弼	Ye Liangbi	交通大学	1938	美	实习	工	机械	1944	
342	叶树滋	Ye Shuzi	交通大学	1943	美	实习	工	工程	1945	资源委员会
343	叶天星	Ye Tianxing	上海东南医学院	1942	印	孟买哈夫金研究所，德里西姆拉印度医学部中央研究院免疫预防及制剂制备	医		1942#	贵阳战时卫生人员联合训练所，西北药学专科学校
344	叶玄	Ye Xuan	交通大学	1941	美		工	汽车	1944	
345	易见龙	Yi Jianlong	上海医学院	1940	加、美	多伦多大学，哥伦比亚医学院	医	医学	1944	长沙湘雅医学院，湖南医学院
346	殷宏章	Yin Hongzhang	南开大学，清华大学	1935	美	CalTech	理	植物学	1938	南开大学，清华大学，北京大学，中科院
347	尹玉琦	Yin Yuqi		1940	日	北海道帝国大学	农	植物病理	1945	农业部植保局，新疆建设兵团农学院，石河子大学

续表 8 - 1

序号	姓名	姓名全拼	国内学校	出国年份	留学国	国外学校或其他机构	学科	专业	归国年份	国内工作地点
348	于道文	Yu Daowen	北平中法大学	1936	法	里昂大学,巴黎中央工艺制造学院	工	机械	1945	华北大学工学院,北京工业学院,太原机械学院,华东工学院
349	余光生	Yu Guangsheng	交通大学	1928	美	Michigan	工	交通运输	1939	东北铁道部门,铁道部
350	余瑞璜	Yu Ruihuang	东南大学	1935	英	曼彻斯特大学	理	物理	1939	清华大学,北京大学,北京师范大学,吉林大学,中科院
351	郁为瑾	Yu Weijin	交通大学	1935?	美	实习	工	电机	1940?	
352	于滋潭	Yu Zitan	天津河北省立工学院	1936	美	Michigan, Illinois	工	机械	1941	西北工学院,西北大学,轻工业部造纸所
353	岳维春	Yue Weichun			日	名古屋高等工业学校	工	土木	1941?	辽宁省盘山农场,辽宁省水利局,辽宁省建设厅,城建局,水电厅
354	乐以成	Yue Yicheng	华西大学	1940	美	洛杉矶市立医院妇产科	医	医学	1941	华西协和大学,华西协和大学医院,四川医学院
355	曾朝明	Zeng Chaoming			美	Harvard	理	化学	1941	岭南大学
356	曾威	Zeng Wei	北洋大学	1936	美	Cornell	工	土木	1938	湖南大学,交通部公路总管理处,中央工业专科学校,复旦大学,北洋大学
357	曾昭燏	Zeng zhaoyu	中央大学	1935	英,德	伦敦大学,柏林国家博物馆,慕尼黑博物院	理	考古	1938	中央博物院,南京博物院
358	张昌绍	Zhang Changshao	上海医学院	1937	英,美	伦敦大学,Harvard	医		1941	上海医学院

序号	姓 名	姓名全拼	国内学校	出国年份	留学国	国外学校或其他机构	学科	专业	归国年份	国内工作地点
359	张德粹	Zhang Decui	中央大学	1935	丹，英	丹麦皇家农学院，曼彻斯特大学，威尔斯大学，牛津大学	农	农林	1938	西北农学院，浙江大学，中央大学，台湾大学
360	张德馨	Zhang Dexin	北京师范大学		德	Berlin	理	数学	1945?	西北联大，长春大学，东北师范大学
361	张鹤宇	Zhang Heyu	中国陆军兽医学校	1943	日	东京帝国大学	农	兽医	1945#	北京大学，北京农业大学，农业部
362	张纪正	Zhang Jizheng	协和医学院	1936	美		医	医	1939	
363	张继正	Zhang Jizheng			美	Cornell	工	土木	1942	中央设计局，四川大学，英士大学
364	张龄佳	Zhang Lingjia	清华大学	1937	美	Springfield College	理	体育生理	1939	清华大学
365	张龙翔	Zhang Longxiang	沪江大学，清华大学	1940	加，美	多伦多大学，Yale	理	生物化学	1944	重庆桐油研究所，北京大学
366	张明哲	Zhang Mingzhe	清华大学	1936	美	MIT	工	化工	1939	
367	张民觉	Zhang Minjue	清华大学	1939	英	Cambridge	理	心理	1942#	
368	张其楷	Zhang Qikai	中央大学	1935	德	明斯德大学	医	药物	1940	同济大学，浙江大学，齐鲁大学，浙江医学院，军事医学科学院
369	张庆松	Zhang Qingsong	协和医学院	1938	美	华盛顿大学，吞朴尔大学医学院，Harvard	医	耳鼻喉科	1939	北京协和医院
370	张全元	Zhang Quanyuan	浙江大学	1935	美	MIT	工	化工	1938	
371	张瑞鎏	Zhang Ruiliu	交通大学	1938?	美	Pennsylvania	工	铁路管理	1940?	

序号	姓名	姓名全拼	国内学校	出国年份	留学国	国外学校或其他机构	学科	专业	归国年份	国内工作地点
372	张万久	Zhang Wanjiu	中山大学	1938	英，美	伦敦帝国学院，Illinois	工	桥梁	1941	中山大学，复旦大学，京沪铁路局工务处，关东实业公司，唐山工学院
373	章文才	Zhang Wencai	金陵大学	1935	英，美	伦敦大学，Cornell，UC Berkeley	农	园艺	1938	金陵大学，江津柑橘推广示范场，岭南大学，武汉大学，华中农业大学
374	张文裕	Zhang Wenyu	燕京大学	1935	英	剑桥大学	理	物理	1938	燕京大学，四川大学，南开大学，中科院，中国科学技术大学
375	张文治	Zhang Wenzhi	北洋大学	1935	英，德	杜伦大学，丹泽大学	工	造船	1938	西北工学院，民生实业公司，上海同济大学，交通大学，船舶设计院
376	张宪秋	Zhang Xianqiu	金陵大学	1942	美	Iowa State	农	农业	1945	
377	章锡昌	Zhang Xichang	金陵大学	1936	美			农	1939	
378	张信诚	Zhang Xincheng	金陵大学	1935	美	Rutgers	理	化学	1938	
379	张　煦	Zhang Xu	交通大学	1936	美	MIT，Harvard	工	电信	1940	交通大学，同济大学，沪江大学，大同大学，成都电讯工程学院
380	张　毅	Zhang yi	湖南湘雅医学院	1935	英	伦敦大学，爱丁堡大学	医	医学	1938	上海医学院，大连医学院，遵义医学院
381	张直中	Zhang Zhizhong	浙江大学	1945	英	Leicester大学，通信兵学院	工	无线电	1945#	重庆电信修造厂，军委通信兵部第一电信技术研究所

续表 8 - 1

序号	姓名	姓名全拼	国内学校	出国年份	留学国	国外学校或其他机构	学科	专业	归国年份	国内工作地点
382	张钟俊	Zhang Zhongjun	交通大学	1934	美	MIT	工	电机	1938	武汉大学，国立中央大学，重庆交通大学电信研究所，上海交通大学，科学院自动化研究所
383	张宗炳	Zhang Zongbing	燕京大学	1936	美	Cornell, MIT	农	昆虫	1938	上海东吴大学，成都燕京大学，北平师范大学，北京大学
384	张宗燧	Zhang Zongsui	清华大学	1936	英	剑桥大学	理	物理	1940#	重庆中央大学，北京大学，北京师范大学，中国科学院
385	张宗泽	Zhang Zongze	交通大学	1944	美	实习	工		1945	中央工业试验所
386	赵广增	Zhao Guangzeng	北京大学	1936	美	Michigan	理	物理	1940	重庆中央大学，北京大学，中科院，中国科学技术大学
387	赵贵文	Zhao Guiwen		1938	日	奈良女子高等师范学院，广岛大学	理	化学	1945	中国科学院，中国科学技术大学
388	赵金科	Zhao Jinke	北京大学	1937	美	Columbia	理	地质	1939	中央研究院，中国科学院
389	赵九章	Zhao Jiuzhang	清华大学	1935	德	Berlin	理	气象	1938#	清华大学，西南联大，中央研究院，中央大学，中国科学院，中国科技大学
390	赵善欢	Zhao Shanhuan	中山大学	1935	美	俄勒冈农业大学，Cornell	农		1939	中山大学，台湾省农业试验所，北京大学，华南农学院，科学院广州分院

续表 8-1

序号	姓名	姓名全拼	国内学校	出国年份	留学国	国外学校或其他机构	学科	专业	归国年份	国内工作地点
391	赵天从	Zhao Tiancong	北洋大学	1937	英	伦敦帝国大学理工学院	工	矿冶	1939	湖南冷水滩纯锑精炼厂和锑品制造厂、湖南锑矿山工程处、中南矿冶学院、中国科学院长沙矿冶研究所
392	赵以成	Zhao Yicheng	协和医学院	1938	加	蒙特利尔神经病学研究所	医	医学	1940	协和医院、天津医学院、同仁医院、宣武医院，北京市神经外科研究所
393	赵宗燠	Zhao Zongyu	中央大学	1935	德	Berlin	工	化工	1939	重庆北碚令成汽油厂、同济大学，锦州石油六厂，石油工业部，中国科学院
394	郑麟蕃	Zheng Linfan			日	东京牙科大学	医	牙科	1941	北京大学，北京医学院，北京医科大学
395	郑万钧	Zheng Wanjun		1939	法	图卢兹大学	农	森林	1939	云南大学，云南农林植物研究所，中央大学，南京林学院，林业科学研究院
396	钟皎光	Zhong Jiaoguang	南洋大学	?	美	MIT	工	机械工程	1938?	中山大学，中央大学，重庆大学
397	钟朗璇	Zhong Langxuan	交通大学	1935	美	MIT	工	电机	1938	
398	周百炼	Zhou Bailian	台北高等学校		日	长崎医科大学	医	医学	1943?	
399	周惠久	Zhou Huijiu	唐山交通大学	1935	美	Illinois, Michigan	工	冶金	1938	清华大学航空研究所，陆军机械学校战车机械工程研究所、机械化工程学院，无锡开源机器厂

续表 8 – 1

序号	姓名	姓名全拼	国内学校	出国年份	留学国	国外学校或其他机构	学科	专业	归国年份	国内工作地点
400	周克家	Zhou Kejia	交通大学	1940?	美	实习	工	铁路管理	1945?	
401	周新民	Zhou Xinmin	清华大学	1943	美	访问	工		1944	清华大学
402	周 尧	Zhou Yao	江苏南通农学院	1936	意	皇家拿波里大学	理	动物学	1938	西北农学院
403	朱 宝	Zhu Bao	清华大学	1941	美	Minnesota	理	生物	1944	
404	朱 健	Zhu Jian		1942	美	Minnesota	理	化学	1945	
405	朱民声	Zhu Minsheng	清华大学	1936	美	Illinois	工	土木	1938	
406	朱壬葆	Zhu Renbao	浙江大学	1936	英	爱丁堡大学研究院，伦敦国立医学研究所	医	生理学	1939	金陵大学农学院，中央大学医学院，上海医学院，军事医学科学院，科学院生物学部
407	朱仁堪	Zhu Renkan	交通大学		美	MIT	工	电机工程	1945?	哈尔滨电机厂，哈尔滨大电机研究所，东方电机厂
408	朱师晦	Zhu Shihui	中山大学医学院	1938	德	科隆大学医学院	医	热带病学	1939	中山大学医学院，中山医学院，暨南大学医学院
409	朱世衷	Zhu Shizhong	交通大学	1938?	英	实习	工	电机	1939?	
410	祝谌予	Zhu Zhanyu		1939	日	金泽医科大学	医	医学	1944	四区公路局，第六工程局医院，北京中医学院，首都医院

续表 8-1

序号	姓名	姓名全拼	国内学校	出国年份	留学国	国外学校或其他机构	学科	专业	归国年份	国内工作地点
411	朱正元	Zhu Zhengyuan	东南大学	1935	美	CalTech	理	物理	1939	江苏省立第一女子师范学校，私立南京安徽中学，浙江大学，私立之江大学，苏州大学
412	庄圻泰	Zhuang Qitai	清华学校	1936	法	巴黎大学	理	数学	1939	云南大学，北京大学
413	左学礼	Zuo Xueli	中山大学	1935	美	Chicago	理	教育心理	1938	

注：1）归国年份加注#的为多次出国人员，请见附表。

2）按姓名的汉语拼音顺序排列。

表 8-2 1938~1945 年回国科技人员附表

姓名	姓名全拼	国内学校	出国年份	留学国	国外学校或其他机构	学科	专业	归国年份	国内工作地点
鲍觉民	Bao Juemin	中央大学	1937	英	伦敦大学	理	经济地理学	1940#	昆明西南联大，南开大学
			1946	英	英国各主要大学访问			1947	南开大学
陈正仁	Chen Zhengren	湘雅医学院	1943	印	哈佛金研究所	医	公共卫生	1944?#	湖南省卫生试验所，中央防疫处，卫生部
			1947	欧美	丹麦国立血清研究所等处访问	医	公共卫生	1948	卫生部生物制品研究所
程嘉垕	Cheng Jiahou	交通大学	1936	美	MIT	工	机械	1941#	航空工业局，航空研究院
			1947	英	访问			1948	航空研究院
程式	Cheng Shi	中央大学	1935	德，法	Berlin，法国工厂企业	工	电机	1940#	中央大学，北京大学，清华大学
			1947	美，加，日	访问			1993	清华大学

续表 8 - 2

姓　名	姓名全拼	国内学校	出国年份	留学国	国外学校或其他机构	学科	专业	归国年份	国内工作地点
程裕祺	Cheng Yuqi	清华大学	1935	英，瑞士	利物浦大学，巴塞尔大学	理	地质	1938#	中央地质调查所，中央研究院，中国科学院，矿产地质勘探局
			1944	美，加，墨				1946	矿产地质勘探局
高玉树	Gao Yushu			日	早稻田大学	工	机械工程	1940?#	联勤兵工厂
			1951	美	国家标准局，MIT	工	机械工程	1954?	台湾
郭可大	Guo Keda	北平大学医学院	1935	德	汉堡大学医学院，汉堡市立医院	医		1938#	同济大学医学院，齐鲁大学医学院，中央防疫处，上海医学院，沈阳医学院
			1947	美	孟菲斯城田纳西大学医学院，北卡罗来纳州迪克大学医学院，华盛顿国立卫生研究院	医	真菌学	1948	上海圣约翰大学医学院，中央卫生研究院，医学科学院流行病学微生物学研究所
华罗庚	Hua Luogeng		1936	英	剑桥大学	理	数学	1938#	清华大学，科学院数学研究所，科学院技术大学，科学院应用数学研究所
			1946	美	普林斯顿高等研究院，Illinois 访问	理	数学	1950	清华大学
蒋德麟	Jiang Delin	金陵大学	1937	美	明尼苏达大学	农	农林	1938#	中央农业实验所，农林部天水水土保持实验区
			1947	美	参观考察各地水土保持工作	农	农林	1949	中央农业实验所，黄河水利委员会水利科学研究所水土保持研究室，陕西省水土保持局，科学院西北水土保持研究所

姓 名	姓名全拼	国内学校	出国年份	留学国	国外学校或其他机构	学科	专业	归国年份	国内工作地点
金显宅	Jin Xianzhai	协和医学院	1937	美	纽约曼哈顿区纪念医院，芝加哥肿瘤研究所	医	外科	1939#	北京协和医学院，恩光医院
			1945	美	芝加哥比林氏附属医院	医	外科	1947	河北医学院，天津市总医院，中纺医院，天津市肿瘤研究室
李秉成	Li Bingchen	复旦大学	1936	美	Cornell	工	铁道	1939#	湘黔铁路，陕南城固西北工学院，浙赣铁路，粤汉铁路，复旦大学，上海交通大学
			1945		B&O 铁路			1948	同济大学，上海铁道学院
李河民	Li Hemin		1940	日	东京医学专门学校	医		1944#	防疫处，医院，药厂，卫生部防疫总队
			1951	苏	莫斯科中央生物制品科学检定所	医	医学	1955	卫生部生物制品检定所，卫生部药品生物制品检定所
林传光	Lin Chuanguang	福建协和大学，南京金陵大学	1937	美	Cornell	农	植物病理	1940#	成都金陵大学，国民政府农林部，北京大学
			1944	美	考察	农	植物	1946	北京农业大学，农业科学院植物保护所
林观得	Lin Guande	燕京大学	1935	美	西北大学	理	地理	1938#	福建协和大学，上海暨南大学，福建师范大学，国家海洋局
			1946	美	克拉大学，埃姆大学	理	地理	1948	
刘恢先	Liu Huixian	唐山交通大学	1934	美	Cornell, Illinois	工	土木	1938#	湘桂，叙昆，黔桂，平汉等铁路，浙江大学，西南联大
			1947	美	纽约 Ammann and Whitney 公司，Rensselear 理工学院	工	土木	1951	清华大学，中国科学院工程力学研究所

续表 8 - 2

姓 名	姓名全拼	国内学校	出国年份	留学国	国外学校或其他机构	学科	专业	归国年份	国内工作地点
刘隽湘	Liu Junxiang	同济大学，云南省立昆华医院	1945	印	加尔各答热带病学院	医	医学	1945#	北平中央防疫实验处
			1947	美	Harvard	医	物理化学	1949	卫生部北京生物制品研究所，南京市卫生局，人民解放军总后勤部卫生部
娄成后	Lou Chenghou	清华大学	1934	美	明尼苏达大学	理	植物学	1939#	清华大学
			1946	英	伦敦大学	理	植物学	1948	清华大学，北京农业大学
毛守白	Mao Shoubai	震旦大学	1938	法	巴黎大学医学院	医	医学	1940#	上海信谊血清疫苗厂，上海医学院，中央卫生实验院，南京中央大学医学院
			1947	美，英，埃及	进修和考察血吸虫病	医		1950	中央卫生研究院华东分院，医学科学院寄生虫病研究所，血吸虫病研究委员会，预防医学科学院寄生虫病研究所，预防医学科学院
秦振庭	Qin Zhenting	奉天医科大学	1942	菲	菲律宾大学医学院	医	儿科	1945#	北京儿童医院，北京大学医学院
			1946	美	哥伦比亚医学中心儿科	医	儿科	1948	
苏德隆	Su Delong	上海医学院	1942	印	孟买霍普金斯细菌研究所	医	公共卫生	1943#	上海医学院
			1944	美，英	Johns Hopkins 公共卫生学院，牛津大学病理研究所	医	公共卫生	1948	上海医学院，预防医学研究所

续表 8－2

姓　名	姓名全拼	国内学校	出国年份	留学国	国外学校或其他机构	学科	专业	归国年份	国内工作地点
童光煦	Tong Guangxu	武汉大学	1941	南非，美	南非联邦威塔瓦特斯兰德大学，王冠金矿，鲁宾生地金矿，Colorado School of Mines	工	采矿	1944#	资源委员会金属矿业管理处，武汉大学，北洋大学
			1945		克莱墨格格斯钼矿公司，北达科塔州地质调查所			1948	北京大学，北京科技大学
王公衡	Wang Gongheng	唐山交通大学	1931	英美	格拉斯哥大学，格林威治皇家海军学院	工	造船	1939#	重庆民生机器厂，重庆川江造船处，重庆商船专科学校，交通大学
			1945	美	考察	工	造船	1946	
徐　仁	Xu Ren	清华大学	1939	印		理	生物	1944#	北京大学
			1951	苏	勒克瑙大学，Birbalsahni 古植物研究所	农	植物学	1952	中国科学院，地质部
许宝騄	Xu Baolu	清华大学	1936	英	伦敦大学	理	数学	1940#	北京大学，西南联合大学，中科院
			1945	美	UC Berkeley，Columbia 访问	理	数学	1947	北京大学
叶天星	Ye Tianxing	上海东南医学院	1942	印	孟买哈夫金研究所，德里西姆拉印度医学部中央研究院免疫预防及制剂制备	医		1942#	贵阳战时卫生人员联合训练所，西北药学专科学校
			1946	美	军医学校，华盛顿军医进修研究学院，Cornell 进修学院	医	免疫学	1948	上海国防医学院卫生实验院，同济大学医学院附设高级医事检验学校，上海东南医学院，军医大学微生物学教研室，上海复旦大学

续表 8 - 2

姓　名	姓名全拼	国内学校	出国年份	留学国	国外学校或其他机构	学科	专业	归国年份	国内工作地点
张鹤宇	Zhang Heyu	中国陆军兽医学校	1943	日	东京帝国大学	农	兽医	1945#	北京大学，北京农业大学，农业部
			1951	苏	列宁格勒兽医学院	农	兽医	1956	农业部
张民觉	Zhang Minjue	清华大学	1939	英	Cambridge	理	心理	1942#	
				英	Cambridge	理	心理	1978	国家邀请
张直中	Zhang Zhizhong	浙江大学	1945	英	Leicester 大学通信兵学院	工	无线电	1945#	重庆电信修造厂，军委通信兵部第一电信技术研究所
			1946	英	EMI 无线电制造厂	工		1947	军委通信兵部南京电讯修配厂，第二机械工业部七二〇厂，电子工业部
张宗燧	Zhang Zongsui	清华大学	1936	英	剑桥大学	理	物理	1940#	重庆中央大学，北京大学，北京师范大学，中国科学院
			1945	英美	剑桥大学，普林斯顿高等学术研究院，加尼基工业大学	理	物理	1948	北京大学，中国科学院
赵九章	Zhao Jiuzhang	清华大学	1935	德	Berlin	理	气象	1938#	清华大学，西南联大，中央研究院，中央大学，中国科学院，中国科技大学
			1945	美	访问	理	气象	1946	清华大学，中国科技大学

表 8 - 3　1938~1945 年回国科技人员专业分类表

回国年份	理		工		农	医
1938	程裕祺	林启武	贝季瑶	施成熙	陈恩凤	范　权
	戴秉衡	刘发喧	常乾坤	时　钧	蒋德麟	郭可大
	敦福堂	马耸云	陈久徵	苏元复	马骏超	郭文宗

回国年份	理		工		农	医
1938	方　俊	满　涛	褚士荃	孙瑞珩	曲泽洲	姜达衢
	方声恒	潘尚贞	杜增瑞	汤瑞钧	盛彤笙	粟宗华
	方心芳	容启东	郭本坚	唐君铂	王泽农	王叔咸
	龚祖同	沈乃璋	何　奇	王　弼	吴绍骙	王　懿
	顾功叙	施祥林	霍慕兰	王德荣	张德粹	张　毅
	华罗庚	王竹溪	靳树梁	王恭琛	张宗炳	
	黄中孚	萧承宪	刘恢先	王宗淦	章文才	
	柯　召	徐英超	刘宜伦	徐民寿		
	雷肇唐	薛　芬	吕凤章	严　恺		
	李琼池	殷宏章	马增新	曾　威		
	李华宗	曾昭㸌	齐　熨	张全元		
	李庆远	张文裕	钱宝钧	张文治		
	梁树权	张信诚	钱令希	张钟俊		
	梁希杰	赵九章	钱学渠	钟朗璇		
	林　超	周　尧	丘玉池	周惠久		
	林观得	左学礼	师　哲	朱民声		
1938？	丁道衡	何　琦	刘光文	钟皎光		汪殿华
1939	宾　果	沈　同	陈嘉震	孙观汉	郝景盛	曹松年
	郭贻诚	汪　猷	陈永龄	王公衡	何家泌	黄铭新
	黄琼璞	王　普	陈振铣	王世锐	黄　亮	金显宅
	江良规	翁文波	戴礼智	王兆振	粟宗嵩	兰锡纯
	李国平	吴征铠	李秉成	王之卓	唐　燿	雷兴翰
	李旭旦	杨遵仪	李士豪	吴学蔺	汪振儒	裘祖源
	梁百先	余瑞璜	梁守槃	伍正诚	王云章	魏　曦
	龙康侯	张龄佳	林士谔	夏坚白	吴仲贤	许英魁
	娄成后	赵金科	刘馥英	谢家泽	章锡昌	张纪正
	潘家麟	朱正元	刘欢曾	徐人寿	赵善欢	张庆松
	任美锷	庄圻泰	娄尔康	杨彭基	郑万钧	朱壬葆
			马明德	余光生		朱师晦
			毛鹤年	张明哲		
			潘国定	赵天从		
			钱惠华	赵宗燠		
1939？	吴百先		陈次乔	李恒钺		
			陈　垚	陆鹤寿		
			甘毓津	朱世衷		
1940	鲍觉民	伍绳武	陈克泰	沈济川	陈华癸	邓家栋
	陈邦杰	夏　翔	程　式	宋　棍	黄昌贤	杜顺德

续表 8－3

回国年份	理		工		农	医
1940	陈宗器 何作霖 李海晨 林惠昌 马大猷 唐世凤	许宝騄 叶 汇 张宗燧 赵广增	董太和 范绪箕 顾兆勤 顾兆勋 黄玉珊 吕德宽	孙君立 王 兴 夏循元 辛一心 杨 樨 张 煦	林传光 马闻天 沈其益 王鹤亭 王世中 杨洪祖	李佩林 毛守白 汪绍训 王 序 王雪莹 吴瑞萍 徐荫祥 张其楷 赵以成
1940?	曹友德		蔡镇寰 蔡镇宇 褚肇民 高玉树 琚定一 刘安曾 罗云平	潘文渊 王 佐 武达铨 杨 钦 郁为瑾 张瑞鎏	王庆延	汪美先
1941	戴文赛 胡世华 卢鹤绂 文元模	吴素萱 夏 鼐 曾朝明	鲍熙年 程嘉垕 冯修吉 黄 强 江泽民 李庆海 刘 颖	宁 榥 王遵明 阎振兴 杨津基 于滋潭 张万久	关君蔚 贺新民 胡祥璧 林孔湘 沈 隽 汤逸人 王 栋 叶和才	柯应夔 乐以成 罗宗贤 秦光煜 王季午 谢锡瑹 谢毓晋 张昌绍 郑麟蕃
1941?	刘恩兰	徐敬之	李震声 苏子衡	岳维春		方先之
1942	蔡培火 陈国符	张民觉	张继正		陈陆圻	段蓉贞 司徒展 叶天星
1942?	侯毓汾					
1943			黄席椿	雷 开	娄康后	陈国桢 刘秉阳 苏德隆 吴英恺 薛仲三
1943?						杨景泰

续表 8-3

回国年份	理		工		农	医
1943?						周百炼
1944	刘汉	吴尊爵	晋显曾	翁琳榜	陈耕陶	黄祯祥
	孙建初	徐仁	励澜生	叶良弼	陈檫生	李河民
	王漠昱	张龙翔	梁治明	叶玄	程淦藩	卢士谦
	吴懋仪	朱宝	孟庆基	周新民	樊庆笙	石毓澍
			童光煦			王岳
						严沛章
						易见龙
						祝湛予
1944?			黄岚			陈正仁
1945	王应眯	叶桂馨	安朝俊	屠守锷	陈兰英	曹清泰
	王植	赵贵文	方俊奎	王平洋	陈善铭	黄家驷
	熊尚元	朱健	冯桂连	王绍亭	何万云	邝公道
	徐克勤		李志方	王文修	季良	刘隽湘
			柳鹤图	王正衍	蒋震同	卢观泉
			吕吟声	徐兰如	李景汉	钱惪
			马绍棠	叶树滋	李连捷	秦振庭
			马诒绪	于道文	尹玉琦	司徒亮
			清格尔泰	张直中	张鹤宇	童村
			孙德和	张宗泽	张宪秋	魏火曜
			唐振绪	吴文彰		谢之光
						许殿乙
1945?	丁普生	苏维霖	包可永	潘钟祥		
	黄顺美	张德馨	陈良辅	任中方		
		钱家麒	陈祖光	邵济华		
			陈祖裕	沈家桢		
			戴振铎	唐江清		
			冯大宗	吴德楞		
			黄眉	吴麟祥		
			李丕济	周克家		
			梁达	朱仁堪		
			潘承恭			

表 8-4 资源委员会派赴美国实习人员（第一批）

序号	中文姓名	英文姓名	出生年份	专业	出国年份	school	work place and job title in 1945
				经济部 224 人			
				电器组 25 人			
1	王 安	Wang An	1919	电器	1945	交通大学电机系	中央无线电器材厂助理工程师
2	陈俊雷	Chen Tsun-lay	1915	电器	1945	浙江大学电机系	中央电工厂副工程师
3	李 蕊	Lee Mi	1915	电器	1945	湖南大学电机系	资源委员会技术室研究员
4	张连华	Chang Lian-hwa	1917	电器	1945	交通大学化学系	中央无线电器材厂副工程师
5	郝复俭	Ho Fu-jin	1911	电器	1945	交通大学电机系	中央无线电器材厂副工程师
6	陈 容	Chen Jung	1917	电器	1945	武汉大学物理系	中央无线电器材厂副工程师
7	陈希亮	Chen His-liang	1915	电器	1945	清华大学电机系	中国兴业公司机器厂工程师
8	彭 弘	Peng Hung	1916	电器	1945	清华大学电机系	电工仪器修造实验厂副工程师
9	胡国澄	Hu Kuo-chen	1917	电器	1945	交通大学电机系	中央无线电器材厂助理工程师
10	俞显昌	Yu Hsien-chang	1913	电器	1945	清华大学电机系	中央电工厂副工程师
11	孟希潜	Meng His-chien	1916	电器	1945	交通大学电机系	华亭电瓷厂助理工程师
12	闵 华	Ming Hwa	1912	电器	1945	中央大学电机系	建新变压器制造厂总工程师

续表 8－4

序号	中文姓名	英文姓名	出生年份	专业	出国年份	school	work place and job title in 1945
13	郑光显	Cheng Kwang-hsin	1917	电器	1945	香港大学电机系	工矿调整处中南区办事处处员
14	蒋君寔	Chiang Chun-shih	1916	电器	1945	兵工学校	四川大学讲师
15	林汉藩	Lin Han-fan	1913	电器	1945	武汉大学机械系	中央工校机械科教员
16	莫根生	Mah Geng-shin	1915	电器	1945	交通大学电机系	中央无线电器材厂副工程师
17	郭一平	Kuo I-ping	1916	电器	1945	西北工学院电机系	中央电工厂助理工程师
18	彭俊甫	Peng Tsing-fu	1915	电器	1945	中央大学电机系	中央电工厂副工程师
19	杨　杰	Yang Ji	1912	电器	1945	浙江大学电机系	中央电工厂代理工程师
20	朱淇昌	Chu Chi-chang	1919	电器	1945	西北工学院电机系	中央电工厂助理工程师
21	路树华	Lu Shih-hwa	1918	电器	1945	交通大学电机系	中央电工厂助理工程师
22	叶自仪	Yeh Tzu-zee	1917	电器	1945	浙江大学电机系	中央电工厂助理工程师
23	王文铮	Sydney Wang	1918	电器	1945	清华大学电机系	中央电工厂助理工程师
24	王树嵫	Wang Shu-tsun	1917	电器	1945	西南联大电机系	中央电工厂副工程师
25	李子白	Lee Tze-pei	1915	电器	1945	浙江大学电机系	中央电工厂副工程师

续表 8－4

序号	中文姓名	英文姓名	出生年份	专业	出国年份	school	work place and job title in 1945
电力组52人							
1	马君寿	Ma Chun-shou	1915	电力	1945	浙江大学土木系	资源委员会龙溪河水电厂工程处副工程师
2	王伊复	Wang Yi-fu	1911	电力	1945	中央大学土木系	资源委员会龙溪河水电厂工程处工程师
3	杨访渔	Yang Fang-yu	1909	电力	1945	武汉大学土木系	资源委员会岷江电厂副工程师
4	曹承慰	Tsao Cheng-wei	1914	电力	1945	清华大学土木系	资源委员会龙溪河水电厂工程处副工程师
5	冯乐熊	Fung Lok-hung	1914	电力	1945	香港大学土木系	资源委员会龙溪河水电厂工程处助理工程师
6	李津身	Lee Tsin-shen	1915	电力	1945	清华大学土木系	资源委员会龙溪河水电厂工程处副工程师
7	杨德功	Yang The-kung	1917	电力	1945	武汉大学土木系	资源委员会水力勘察总队助理工程师
8	潘仲鱼	Pan Chung-yu	1919	电力	1945	香港大学土木系	资源委员会龙溪河水电厂工程处助理工程师
9	周太开	Chow Tai-kai	1912	电力	1945	清华大学土木系	资源委员会龙溪河水电厂工程处副工程师
10	林元惕	Lin Yuan-ti	1913	电力	1945	焦作工学院土木系	资源委员会天水水电厂工程处副工程师
11	陆钦恺	Loh Ching-kai	1913	电力	1945	浙江大学土木系	资源委员会岷江电厂副工程师
12	奚锦岳	His Ching-yao	1911	电力	1945	中央大学土木系	资源委员会水力勘察总队副工程师
13	邓才寿	Teng Tsai-shou	1912	电力	1945	同济大学土木系	资源委员会水力勘察总队副工程师

续表 8－4

序号	中文姓名	英文姓名	出生年份	专业	出国年份	school	work place and job title in 1945
14	李毓芬	Lee Yeu-fen	1914	电力	1945	武汉大学土木系	资源委员会水力勘察总队副工程师
15	李景沆	Lee Ching-hong	1915	电力	1945	清华大学土木系	资源委员会龙溪河水电厂工程处副工程师
16	吕崇朴	Lü Champe	1918	电力	1945	重庆大学机械系	中兴机器厂助理工程师
17	唐季友	Tang Chi-you	1909	电力	1945	中央大学土木系	资源委员会水力勘察总队副工程师
18	赵人龙	Chao Ren-lung	1918	电力	1945	浙江大学土木系	资源委员会岷江电厂助理工程师
19	卢伯章	Loo Pai-tsang	1916	电力	1945	清华大学土木系	资源委员会天水电厂副工程师
20	严自强	Yen Tze-chiang	1916	电力	1945	浙江大学土木系	资源委员会岷江电厂副工程师
21	林培深	Ling Pei-shen	1911	电力	1945	中央大学电机系	汉中电厂事务股股长
22	戴保粹	Tai Pao-tsui	1916	电力	1945	交通大学电机系	资源委员会电业处技佐
23	张立志	Chang Li-chih	1910	电力	1945	南开大学电工系	资源委员会泸县电厂副工程师
24	李乙	Lee Yee	1912	电力	1945	浙江大学电机系	资源委员会龙溪河水电厂工程师
25	戴昌楫	Dai Chang-chi	1914	电力	1945	浙江大学电机系	资源委员会自流井水电厂工程师
26	张炳	Chang Ping	1914	电力	1945	北洋大学电机系	资源委员会西京电厂副工程师
27	石开琳	Shih Kai-lin	1913	电力	1945	湖南大学电机系	资源委员会宜宾电厂副工程师

序号	中文姓名	英文姓名	出生年份	专业	出国年份	school	work place and job title in 1945
28	潘家吉	Pan Chia-chi	1915	电力	1945	浙江大学电机系	资源委员会泸县电厂副工程师
29	翁恺明	Own Kai-ming	1914	电力	1945	中山大学电机系	资源委员会西京电厂副工程师
30	余树基	Yu Shu-chi	1913	电力	1945	金陵大学电机系	资源委员会贵阳电厂副工程师
31	姚恒修	Yao Heng-shu	1916	电力	1945	中法工学院电机系	资源委员会甘肃油矿局助理工程师
32	陶亨豫	Tao Heng-yu	1910	电力	1945	浙江大学电机系	资源委员会资渝炼钢厂修造厂副工程师
33	盛泽閶	Sheng Che-kai	1912	电力	1945	南开大学电机系	重庆电力公司第三发电厂厂务主任
34	郭豫笃	Kwok Yu-tok	1917	电力	1945	香港大学电机系	广西纺织机械厂工程师
35	马芳礼	Ma Fang-lee	1917	电力	1945	清华大学电机系	贵州省立赤水中学教务主任
36	董家铭	Tung Chai-ming	1915	电力	1945	清华大学电机系	资源委员会昆湖电厂副工程师
37	蔡家鲤	Tsai Ja-lee	1912	电力	1945	交通大学电机系	成都启明电气公司工程师
38	邓锟辅	Teng Cunve	1915	电力	1945	西北工学院电机系	天府煤矿机电股技术员
39	何积标	Ho Chi-piao	1906	电力	1945	交通大学电机系	资源委员会岷江电厂工程师
40	赵本寅	Chao Ben-yin	1915	电力	1945	南开大学电工系	资源委员会西京电厂副工程师
41	丁正伊	Ting Cheng-yi	1912	电力	1945	清华大学电机系	资源委员会柳州电厂副工程师

序号	中文姓名	英文姓名	出生年份	专 业	出国年份	school	work place and job title in 1945
42	萧永成	Hsiao Young-chang	1910	电力	1945	浙江大学电机系	资源委员会宜宾电厂副工程师
43	徐博文	Hsu Po-wen	1914	电力	1945	西南联大电机系	资源委员会岷江电厂副工程师
44	刘芳级	Liu Fon-jee	1912	电力	1945	浙江大学电机系	资源委员会万县电厂副工程师
45	楼维秋	Lou Vei-tsiu	1912	电力	1945	浙江大学电机系	资源委员会建川煤矿副工程师
46	徐学镛	Hsu Sou-young	1916	电力	1945	浙江大学电机系	资源委员会岷江电厂副工程师
47	黄延豫	Huong Yen-yu	1912	电力	1945	浙江大学电机系	资源委员会宜宾电厂副工程师
48	马诒绪	Ma I-siu	1916	电力	1943	震旦大学电机系	资源委员会柳州电厂副工程师
49	张振仁	Chang Chen-jen	1913	电力	1945	南开大学电工系	资源委员会甘肃油矿局副工程师
50	董希贤	Tung Hsi-hsien	1912	电力	1945	浙江大学电机系	巴县工业区电力厂工务科科长
51	李光华	Lee Kwang-hwa	1917	电力	1945	武汉大学电机系	资源委员会工业处技士
52	叶孔韶	Yeh Kung-shao	1919	电力	1945	香港大学电机系	资源委员会昆湖电厂助理工程师

纺织组 10 人

序号	中文姓名	英文姓名	出生年份	专 业	出国年份	school	work place and job title in 1945
1	万毓琦	Wan Yu-chi	1916	纺织	1945	西北工学院纺织系	汉口裕华纺纱厂渝厂主任技师
2	苏先劼	Su Hsian-chi	1914	纺织	1945	西北工学院纺织系	大华纺织厂广元分厂副工程师

续表 8 - 4

序号	中文姓名	英文姓名	出生年份	专 业	出国年份	school	work place and job title in 1945
3	邹君乐	Tsou Chun-loh	1912	纺织	1945	中新纺织专校纺织系	豫丰纱厂合川分厂技师
4	李有山	Lee You-shan	1915	纺织	1945	北平大学纺织系	铭贤学院纺织系讲师
5	李玉莹	Lee Sinclair	1919	纺织	1945	中央技艺专校纺染科	川康毛织厂技士
6	黄模渊	Hwang Mu-yuan	1917	纺织	1945	南通学院纺织科染化系	中国毛织厂染炼工厂主管员
7	李宪章	Lee Hsien-chang	1915	纺织	1945	中央技艺专校纺染科	沙市纱厂后纺部管理员
8	顾希生	Koo His-sheng	1917	纺织	1945	西北工学院纺织系	中工所纺织实验工厂助理工程师
9	高啸林	Kao Siao-lin	1915	纺织	1945	武汉大学机械系	中央工业试验所工程师
10	苏延宾	Su Yen-pin	1909	纺织	1945	南通学院纺织科	中央研究院工程研究所技正

管理组 26 人

1	胡余暄	Hu Yu-hsuan	1916	工业管理	1945	中政校大学部财政系	资源委员会技士
2	钱 雍	Chien Yung	1913	工业管理	1945	燕京大学经济系	资委会嘉阳煤矿总公司会计主任
3	蔡 淳	Tsai Shun	1914	工业管理	1945	清华大学经济系	资委会甘肃油矿局人事科科长
4	刘心显	Liu Hsin-hsien	1910	工业管理	1945	清华大学政治系	资源委员会秘书处秘书
5	何增任	Ho Tseng-jen	1912	工业管理	1945	武汉大学经济系	资委会宜宾机器厂会计科科长

续表 8-4

序号	中文姓名	英文姓名	出生年份	专业	出国年份	school	work place and job title in 1945
6	黄 翼	Hwang Yi	1913	工业管理	1945	武汉大学经济系	资委会国外贸易事务所会计室主任
7	程复琪	Cheng Fu-chi	1915	工业管理	1945	武汉大学经济系	资委会龙溪河水电厂长寿分厂会计股长
8	余缵寅	Yu Tsuan-yin	1913	工业管理	1945	南开大学会计系	资委会岷江电厂会计科科长
9	张介源	Chang Chieh-yuan	1910	工业管理	1945	南开大学会计系专门考试及格	正信会计师事务所主任会计师
10	白肇基	Pai Chao-chi	1914	工业管理	1945	燕京大学经济系	雍兴实业公司稽核专员
11	潘应昌	Pan Yin-chiang	1913	工业管理	1945	中政校大学部经济系	粮食部统计主任
12	张树青	Chang Shu-tsing	1919	工业管理	1945	中央大学机械系	中央大学助教
13	张胜华	Chang Sheng-hwa	1913	工业管理	1945	沪江大学工商管理系	税务专门学校总务长
14	刘璧章	Liu Pi-chang	1915	工业管理	1945	中央大学机械系	资委会材料处技士
15	刘守道	Liu Shoou-daw	1915	工业管理	1945	武汉大学经济系	资委会兼任技士
16	陶正耀	Tao Tseng-yoa	1912	工业管理	1945	交通大学物理系	资委会运务处兰州材料厂厂长
17	王 量	Wang Liang	1913	工业管理	1945	光华大学会计系	资委会钨业管理处秘书

续表 8－4

序号	中文姓名	英文姓名	出生年份	专　业	出国年份	school	work place and job title in 1945
18	梁 燊	Ling Sien	1915	工业管理	1945	清华大学经济系	金川实业公司泸县酒精厂营业科长
19	赖兴治	Lai Hsing-chih	1911	工业管理	1945	北京大学经济系	军事委员会少将参事
20	高炳泰	Kao Ping-tai	1905	工业管理	1945	东南大学西洋文学及经济系	粮食部储运局仓储处处长
21	张仁家	Chang Jen-chia	1909	工业管理	1945	复旦大学政治系	中印学会研究员
22	余品真	Yu Pin-Tseng	1913	工业管理	1945	交通大学管理系	资委会无线电器材厂重庆分厂会计科长
23	章 鼎	Chang Ting	1917	工业管理	1945	西南联大机械系	资委会甘肃油矿局副工程师
24	杨鹏云	Yang Pen-yung	1915	工业管理	1945	上海商学院国际贸易系	资委会昆湖电厂会计科长
25	金彭龄	King Peng-ring	1914	工业管理	1945	交通大学管理学院	资委会云南钢铁厂会计科成本股
26	陆鸣嘉	Lu Ming-chia	1909	工业管理	1945	交通大学电机系	资委会中央电工厂昆明办事处主任

机器组 38 人

序号	中文姓名	英文姓名	出生年份	专　业	出国年份	school	work place and job title in 1945
1	赵硕颀	Tsao Shyu-chi	1919	Steam Turbines	1945	交通大学机械系	资委会荐任技士
2	熊 琳	Hsiung Lin	1917	Auto. Engines & Ind. Machineries	1945	交通大学机械系	资委会江西车船厂工程师

序号	中文姓名	英文姓名	出生年份	专业	出国年份	school	work place and job title in 1945
3	沈 珑	Shung Loong	1916	Small Tools	1945	交通大学机械系	资委会运务处修造厂副工程师
4	顾崇衎	Ku Chung-hsian	1915	Textile Machineries	1945	中央大学机械系	中国机器厂工程师
5	陈望隆	Chen Wang-Lung	1914	Auto. Engines & Ind. Machineries	1945	交通大学机械系	新中工程公司工程师
6	孙时中	Sung Shih-chung	1921	Flour Mill Machineries	1945	交通大学机械系	公益机器厂工程师
7	吴本涛	Woo Pung-tao	1914	Textile Machineries	1945	中央大学机械系	中新第四纺织公司设计股主任
8	章维中	Chang Wei-ehung	1917	Pumps & Compressors	1945	武汉大学机械系	永利化学工业公司副技师
9	韩丙告	Han Ping-kao	1912	Machine Tools	1945	北平大学机械系	中国兴业公司机器厂铸造组组长
10	冯洪志	Feng Hung-chi	1917	Machine Tools	1945	德国柏林工业大学	中国兴业公司工程师
11	顾允中	Ku Yun-chung	1920	Internal Combustion Engines	1945	武汉大学机械系	中央工业试验所助理工程师
12	路亚衡	Loo Ya-hang	1918	Internal Combustion Engines	1945	武汉大学机械系	武汉大学助教
13	刘忠同	Liu Chung-tung	1919	Agricultural Machineries	1945	武汉大学机械系	中央工业职业学校教员

续表 8 – 4

序号	中文姓名	英文姓名	出生年份	专 业	出国年份	school	work place and job title in 1945
14	孙聘三	Sun Pin-san	1915	Small Tools	1945	浙江大学机械系	资委会运务处修造厂副工程师
15	陈 煜	Chen Yu	1921	Machine Tools	1945?	交通大学机械系	航委会第二飞机制造厂技术员
16	刘敏诚	Liu Min-cheng	1917	Forging & Pressing	1945	中央大学机械系	资委会资渝钢铁厂助理工程师
17	陶亨咸	Tao Heng-hsien	1914	Machine Tools	1945	同济大学机械电工系	资委会甘肃机器厂副工程师
18	谢国栋	Say Co-tong	1911	Foundry	1945	中央大学机械系	资委会威远铁厂工程师
19	冯子佩	Feng Tze-pei	1914	Cranes, Hoists & Ind. Machinery	1945	香港大学机械系	中国植物油料厂铁工厂副厂长
20	蔡梓松	Tsai Tze-sung	1920	Engines, Pumps & Compressors	1945	香港大学机械系	广西纺纱机械厂工务员
21	张永书	Chang Yung-shu	1913	Steam Turbines	1945	北平大学机械系	重庆电力公司工程师
22	方汉培	Fang Han-pei	1919	Textile Machineries	1945	西北工学院机械系	豫丰机器厂主管技术员
23	石道济	Shih Tao-tsi	1909	Ship Building	1945	金陵大学物理系	民生机器厂秘书
24	颜鸣臬	Yen Ming-nie	1920	Precision Tools & Instruments	1945	中央大学机械系	中工所材料试验室助理工程师
25	杨金章	Yang Chin-chang	1911	Foundry	1945	兵工专门学校技术班	技工训练处第31技工训练班专任教员

续表 8－4

序号	中文姓名	英文姓名	出生年份	专 业	出国年份	school	work place and job title in 1945
26	任新民	Jen Shin-Min	1915	Machine Tools	1945	军政步兵工学校	兵工学校助教
27	翟为霖	Dih William	1918	Internal Combustion Engines	1945	中央大学机械系	甘肃油矿局汽车配件厂助理工程师
28	高文彬	Kao Wen-pin	1917	Machine Tools	1945	清华大学机械系	资委会中央机器厂副工程师
29	王 镛	Wang Yung	1917	Machine Tools	1945	清华大学机械系	资委会中央机器厂副工程师
30	周永升	Chow Yung-sheng	1914	Internal Combustion Engines	1945	北京大学物理系	资委会中央机器厂副工程师
31	杜朝藩	Tu Chao-fan	1917	Machine Tools	1945	雷士德工学院机械系	资委会中央机器厂助理工程师
32	刘念信	Liu Nyan-sing	1921	Textile Machineries	1945	美国麻省理工学院机械系	中国毛纺织厂技师
33	朱广颐	Chu Kuang-yi	1915	Precision Tools & Instruments	1945	交通大学机械系	资委会中央机器厂副工程师
34	齐世基	Chi Shih-chi	1916	Engines, Pumps & Compressors	1945	武汉大学机械系	资委会中央机器厂副工程师
35	罗锦铸	Luo Chin-chu	1913	Tool Engineering	1945	交通大学机械系	资委会中央电工厂工程师
36	郑林庆	Chen Lin-ching	1918	Machine Tools	1945	清华大学机械系	联大工学院实习厂工程师
37	聂运新	Nie Yuin-hsing	1917	Textile Machineries	1945	中央大学机械系	资委会中央机器厂助理工程师

序号	中文姓名	英文姓名	出生年份	专 业	出国年份	school	work place and job title in 1945
38	张觉亚	Chang Chieh-ya	1914	Machine Tools	1945	同济大学机械系	资委会中央机器厂副工程师

炼油组 19 人

序号	中文姓名	英文姓名	出生年份	专 业	出国年份	school	work place and job title in 1945
1	董世芬	Tung Shih-fen	1917	Lubricating Oil Refining	1945	中山大学化工系	甘肃油矿局副工程师
2	蔡　松	Tsai Sung	1908	Ind. Instruments & Machine Shop	1945	英国司克兰登机械系	甘肃油矿局工程师
3	严秉淳	Yen Ping-chun	1916	Petroleum Refining	1945	交通大学化学系	动力油料厂助理工程师
4	金道森	King Tao-shen	1918	Solvent Extraction of Lubricating Oil	1945	清华大学化学系	动力油料厂助理研究员
5	丁祥绍	Ting Chang-jaw	1914	Refining Operation & Refining Installation	1945	西北大学化工系	甘肃油矿局助理工程师
6	吴士璧	Wu Shih-pi	1916	Production Engineering	1945	西北大学矿冶系	甘肃油矿局副工程师
7	靳锡庚	Chin Si-kang	1905	Petroleum Production & Mud Engineering	1945	焦作工学院采冶系	甘肃油矿局工程师
8	王丕业	Wang Pei-yeh	1916	Deep Well Drilling	1945	交通大学矿冶系	四川油矿勘探处助理工程师
9	罗庆隆	Lo Ching-lung	1912	Petroleum Refining	1945	清华大学化学系	动力油料厂工程师

续表 8-4

序号	中文姓名	英文姓名	出生年份	专业	出国年份	school	work place and job title in 1945
10	向斯达	Shiang Si-ta	1916	High Octane Refining	1945	南开大学化学系	甘肃油矿局副工程师
11	吴德楣	Wu The-mei	1916	Drilling Engineering Research	1945	西北大学矿冶系	甘肃油矿局副工程师
12	童宪章	Tung Hsien-chang	1918	Drilling Engineering Research & Mud Engineering	1945	中央大学物理系	甘肃油矿局助理工程师
13	卢元镕	Lu Yuan-jung	1910	Drilling Engineering & Oil Field Management	1945	东北大学采冶系	甘肃油矿局工程师
14	龙显烈	Lung Hsian-lieh	1917	Refining Operation & Refining Installation	1945	重庆大学化工系	甘肃油矿局副工程师
15	何俊英	Ho Chun-ying	1915	Refining Operation & Refining Installation	1945	之江大学化学系	动力油料厂助理工程师
16	梁翕章	Liang Hsi-chang	1913	Pipe Line Machinery & Tankfarm	1945	辅仁大学物理系	甘肃油矿局业务处重庆油品配制厂厂长
17	孙自全	Sun Tze-chuan	1916	Petroleum Production	1945	重庆大学机械系	四川油矿勘探处助理工程师

续表 8－4

序号	中文姓名	英文姓名	出生年份	专　业	出国年份	school	work place and job title in 1945
18	陈庆宁	Chen Ching-ning	1911	Cracking & Hydrogenation	1945	清华大学矿冶系	金川公司助理工程师
19	费自坼	Fei Tze-chi	1917	Petroleum Refining	1945	清华大学化学系	云南利滇化工厂工程师

化工组 44 人

序号	中文姓名	英文姓名	出生年份	专　业	出国年份	school	work place and job title in 1945
1	何葆善	Ho Pao-shan	1919	Coal Tar Products	1945	浙江大学化学系	动力油料厂助理工程师
2	雷天壮	Lay Tian-chuang	1915	Glass	1945	北京大学化学系	动力油料厂副研究员
3	孙增在	Sun Tsun-tsai	1914	Fermenta-tion	1945	中央大学农化系	简阳酒精厂工务科长
4	刘嘉树	Liu Chia-shu	1910	Salt & Alkali Ind.	1944	河北省立工学院应用化学系	永利化学工业公司川厂化工原料部副部长
5	朱树恭	Chu Shu-kung	1913	Coal Tar Distillation	1944	清华大学化学系	战时生产局材料处工程师
6	苏　钝	Su Tun	1911	Plastics	1945	南开大学化工系	乐山木材干馏厂工程师
7	游恩溥	Yu En-pu	1933	Electrical Porcelain	1945	燕京大学化学系	中央电瓷厂工务科长
8	陆家振	Loh Chia-chen	1933	Chemiacl Plant Management	1945	交通大学化学系	动力油料厂秘书
9	王正衍	Wang Cheng-kang	1917	Cement	1945	交通大学化学系	动力油料厂助理工程师
10	林致德	Lin Chi-teh	1918	Rubber	1945	交通大学化学系	资委会遵义酒精厂副工程师

序号	中文姓名	英文姓名	出生年份	专业	出国年份	school	work place and job title in 1945
11	韩文葆	Han Wen-pao	1914	Plastics	1945	中山大学化工系	犍为焦油厂副研究员
12	汤兆裕	Tang Chao-yu	1906	Cement Manufacture	1945	浙江大学化工系	四川水泥厂化验师
13	刘公诚	Lieu Koon-tzung	1914	Chlorine Ind.; Cement Ind.	1945	日本东京工业大学窑业系	中国火柴原料厂贵阳厂副厂长
14	张燕刚	Chang Yen-kang	1912	Coal Tar Ind.	1945	南开大学化学系	永利化学工业公司技师
15	沈彬康	Shen Pin-kang	1917	Plastics; Coal Tar Ind.	1945	东吴大学化学系	南洋化工厂厂长
16	乌统昭	Wu Tung-chao	1917	Dyestuffs	1945	中央大学化工系	中化颜料染整厂工务主任
17	叶克恭	Yeh Keh-kung	1914	Plastics	1945	清华大学化学系	中国植物油料厂技师
18	谢光蓬	Hsieh Kuang-chu	1910	Fermentation	1945	日本大阪帝国大学酿造系	久大盐业公司海洋化工研究室副主任
19	伉铁儔	Kang Tieh-tsun	1913	Fermentation	1945	南开大学化学系	标准药业公司厂长兼总工程师
20	屠楷	Too Kai	1907	Paint & Varnish	1945	浙江大学化工系	中国标准铅笔厂化学工程师
21	王善政	Wang Shan-cheng	1913	Fuel	1945	南开大学 柏林高工	经济部中央工业试验所技正
22	张保全	Chang Pao-chuan	1914	Glass	1945	河北省立工学院化工系	中工所陶业试验室副主任

序号	中文姓名	英文姓名	出生年份	专 业	出国年份	school	work place and job title in 1945
23	程克仁	Cheng Ke-jen	1914	Pulp & Paper	1945	北京大学化学系	经济部荐任技士
24	万新先	Wan Sing-sien	1914	Oil & Paint	1945	金陵大学化工系	商品检验局试用技正
25	王翊亭	Wang Ik-ting	1919	Coal Tar Distillation; Glass.	1945	福建协和大学化工系	贵州大学讲师
26	沈崇昭	Shen Chung-chao	1918	Artifical Fiber	1945	西南联大化工系	动力油料厂工务员
27	陶克原	Tao Kak-yuen	1915	Plastics; Vegetable Oils	1945	清华大学化学系	中国植物油料厂柳州厂主任技师
28	张开柱	Chiang Kai-chu	1917	Org. Chem. & Dope Solv.	1945	武汉大学化学系	中国植物油料厂技师
29	谢铭怡	Hsieh Ming-yee	1905	Calcium Carbide	1945	交通大学机械系	中国工业炼气公司长寿电炼厂厂长
30	龙惠溪	Lung Wei-shi	1915	Pigment & Paint	1945	中央大学化工系	中国植物油料厂宝庆铁厂工务主任
31	郭炳瑜	Kuo Ping-yu	1909	Chlorine Ind.	1945	北平大学化工系	永利化学工业公司川厂盐井部副部长
32	陈仰三	Chen Yang-san	1910	Dyestuffs	1945	武昌华中大学化工系	重庆庆华颜料厂工程师
33	朱 坦	Chu Tan	1914	Org. Chem. & Solvents	1945	河北省立工学院化工系	工矿调整处视察
34	张西林	Chang Hsi-lin	1916	Artifical Fiber	1945	华西大学化学系	中央工业试验所副工程师

续表 8 – 4

序号	中文姓名	英文姓名	出生年份	专　业	出国年份	school	work place and job title in 1945
35	吴景微	Wu Ching-wei	1916	Artifical Fiber	1945	西南联大化工系	中工所纯粹化学药品工厂助理工程师
36	卢榮泽	Lu yung-cheh	1919	Fermentation	1945	沪江大学生物化学系	交通部材料供应处化工设计
37	陆福臻	Lu Fu-tseng	1917	Rubber Products	1945	浙江大学化工系	中国植物油料厂副技师
38	汤永谦	Tang Yung-chien	1918	Plastics	1945	浙江大学化工系	浙江大学化工研究生
39	江善襄	Kiang Shan-siang	1910	Phosphorus & Phosphate Fertilizers	1945	北平大学化工系	中国火柴原料厂昆明厂副厂长
40	沈祖馨	Shen Tsu-hsin	1916	Pulp & Paper; Phosphate Fertilizers	1945	厦门大学化学系	资委会昆明化工材料厂副工程师
41	张嘉生	Chang Chia-sun	1919	Dyestuffs	1945	中央大学化工系	资委会昆明化工材料厂助理工程师
42	章用中	Chang Yung-chung	1915	Organic Synthesis	1945	湖南大学化学系	资委会云南酒精厂工务科长
43	杨铁云	Yang Tieh-yun	1916	Nitrogen Fixation	1945	南开大学化工系	资委会昆明化工材料厂工程师
44	范柏林	Fan Pe-lin	1916	Nitrogen Fixation	1945	南开大学化工系	资委会昆明化工材料厂工程师

卫生工程组 4 人

| 1 | 戴　进 | Tai Chin | 1912 | Water Supply Engineering | 1945 | 清华大学土木系 | 西北卫生试验院工程师 |
| 2 | 范纯一 | Fan Chen-I | 1916 | Water Supply Engineering | 1945 | 清华大学土木系 | 中央卫生试验院卫生工程师 |

续表 8－4

序号	中文姓名	英文姓名	出生年份	专　业	出国年份	school	work place and job title in 1945
3	罗鹏展	Lo Pen-chang	1916	Water Supply Engineering	1945	清华大学土木系	云南省卫生处技正
4	高伟烈	Kao We-lih	1921	Water Supply Engineering	1945	西南联大土木系	西南联大土木系助教

民生日用品组6人

1	黄振勋	Huang Chen-hsun	1910	Sugar Refining	1945	燕大化工系 美国路州大学糖业工程	中国联合炼糖公司总工程师
2	萧家捷	Siao Chia-tsieh	1914	Dehydrated Foods	1945	金陵大学化学系	中央工业试验所副工程师
3	朱钟昌	Ju June-chant	1918	Nutrition	1945	上海医学院	中粮公司技师
4	樊爔培	Fan Hsi-pei	1916	Fatty Oil Industry	1945	东吴大学物理系	四川榨油厂工程师
5	陈其斌	Chen Che-pin	1919	Sugar Refining	1945	中央大学农业化学系	中粮公司技士兼研究员
6	安君赟	An Chun-tsan	1910	Food Dehydration	1945	西南联大化工系	云南恒通化学公司酒精厂副厂长

交通部 239 人

铁路组 110 人

1	何家瑚	Ho Jia-hu	1913	铁路土木	1945	中山大学土木系	军委会工程委员会十四工程处副工程师
2	王昌邦	Wang Chang-pong	1909	铁路土木	1945	湖南大学土木系	宝天铁路副工程师
3	马秋官	Ma Chiu-Kuan	1911	铁路土木	1945	交大唐院土木系	綦江铁路副工程师

序号	中文姓名	英文姓名	出生年份	专　业	出国年份	school	work place and job title in 1945
4	吕应钟	Lu Ying-choung	1911	铁路土木	1945	交通大学土木系	川康公路管理局副工程师
5	叶学哲	Yeh Hsueh-si	1917	铁路土木	1945	中央大学土木系	交通部技术厅技士
6	刘　健	Liu Chien	1908	铁路土木	1945	交大唐院土木系	川康公路甘玉段工程处总工程师兼副处长
7	岳翼民	Yueh I-min	1917	铁路土木	1945	交大唐院土木系	陇海铁路工务处帮工程师
8	王虚中	Wang Hse-chung	1910	铁路土木	1945	交通大学土木系	宝天铁路副工程师兼分段长
9	胡汝棣	Hwu Ruu-dih	1917	铁路土木	1945	交大唐院土木系	陇海铁路工务处帮工程师
10	孙振东	Sun Chen-tung	1908	铁路土木	1945	交大唐院土木系	宝天铁路副工程师兼工务主任
11	叶畲藩	Yeh Yu-fan		铁路土木	1945	交通大学土木系	
12	陈日升	Chen Ye-sheng	1913	铁路土木	1945	东北大学土木系	战时运输管理局副工程师
13	孙源裕	Sun Yuan-yu	1916	铁路土木	1945	交大唐院土木系	宝天铁路帮工程师
14	黄润韶	Huang Jun-shao	1906	铁路土木	1945	交大唐院土木系	黔桂铁路正工程师兼总段长
15	欧阳诚	Ou Yang-cheng	1905	铁路土木	1945	交大唐院土木系	黔桂铁路正工程师兼总段长
16	李增培	LI Tseng-pei	1911	铁路土木	1945	交大唐院土木系	黔桂铁路副工程师兼副总段长
17	王世瑱	Wang Shih-cheng	1902	铁路土木	1945	交大唐院土木系	黔桂铁路正工程师兼科长

序号	中文姓名	英文姓名	出生年份	专　　业	出国年份	school	work place and job title in 1945
18	瞿福亨	Chu Fu-heng	1917	铁路土木	1945	交大唐院土木系	黔桂铁路帮工程师
19	章守恭	Chang Show-kong	1911	铁路土木	1945	中央大学土木系	黔桂铁路副工程师兼分段长
20	李天恩	Lee Tien-un	1919	铁路土木	1945	交通大学土木系	黔桂铁路工务员
21	郑燮芳	Cheng Sei-fang	1919	铁路土木	1945	交通大学土木系	黔桂铁路工务员
22	段丰顺	Tuan Feng-shun	1916	铁路土木	1945	中央大学土木系	中央大学土木系助教
23	唐嘉衣	Tang Chia-I	1919	铁路土木	1945	中央大学土木系	黔桂铁路工务员
24	蔡报瑗	Tsai Pao-yuan	1918	铁路土木	1945	交大唐院土木系	西南公路帮工程师
25	华有光	Hwa Yu-kwang	1921	铁路土木	1945	交通大学土木系	黔桂铁路工务员
26	李立万	Lee Li-wan	1919	铁路土木	1945	西北工学院土木系	西北工学院土木系助教
27	林文莹	Lin Wen-ying	1906	铁路土木	1945	交大唐院土木系	陇海铁路工务副段长兼桥工所主任
28	赵凤恩	Chao Feng-en	1909	铁路土木	1945	清华大学土木系	湘桂铁路副工程师
29	孙云雁	Sun Yun-yan	1910	铁路土木	1945	中央大学土木系	军委会工委会十二工程处副工程师兼设计股主任
30	李传基	Lee Chuan-chi	1917	铁路土木	1945	清华大学土木系	滇缅公路油管工程处帮工程师
31	李为坤	Lee Wei-kun	1911	铁路土木	1945	交大唐院土木系	滇缅公路副工程师兼秘书

续表 8－4

序号	中文姓名	英文姓名	出生年份	专 业	出国年份	school	work place and job title in 1945
32	丁宣埁	Ting Hsuan-yu	1911	铁路土木	1945	清华大学土木系	滇缅铁路副工程师兼审核股主任
33	王柢	Wang Ti	1911	铁路土木	1945	清华大学土木系	战运局油管工程处工务科长
34	容永乐	Yung Wing-lok	1915	铁路土木	1945	岭南大学土木系	宝天铁路工程局副工程师兼分段长
35	吴叔奇	Wu Shwu-chyi	1908	铁路土木	1945	交通大学土木系	宝天铁路副工程师
36	周礼和	Chow Li-huo	1917	铁路土木	1945	交通大学土木系	川康公路局帮工程师
37	戴令奂	Tai Ling-huan	1919	铁路土木	1945	苏州工业学校土木科	綦江铁路帮工程师
38	吴治华	Wu Chih-hwa	1914	铁路土木	1945	武汉大学土木系	滇缅公路帮工程师兼十四分段长
39	胡慎修	Hu Shun-hsiou	1910	铁路土木	1945	交大唐院土木系	粤汉铁路副工程师兼分段长
40	陆文发	Lu Wen-fa	1916	铁路土木	1945	交通大学土木系	粤汉铁路工务员
41	沈功	Shen Kung	1916	铁路土木	1945	清华大学土木系	战运局油管工程处帮工程师
42	李潭生	Li Tan-sheng	1916	铁路土木	1945	交大唐院土木系	军委会工委会十二工程处工务员
43	王国周	Wang Kuo-chou	1919	铁路土木	1945	西南联大土木系	油管工程处工务员
44	徐功懋	Shu Kung-mao	1913	铁路土木	1945	之江大学土木系	黔桂铁路帮工程师
45	陈绍蕃	Chen Shao-fan	1919	铁路桥梁	1945	中央大学土木研究部	中国桥梁公司工务员

续表 8-4

序号	中文姓名	英文姓名	出生年份	专 业	出国年份	school	work place and job title in 1945
46	谭防夏	Tan Fang-hsia	1915	铁路桥梁	1945	中山大学土木系	宝天铁路帮工程师
47	池际威	Chih Tsi-hsien	1916	铁路桥梁	1945	交大唐院土木系	綦江铁路帮工程师
48	冯宝文	Feng Pao-wen	1911	铁路桥梁	1945	交大唐院土木系	交通技术委员会副工程师
49	韩柏林	Han Berlin	1915	铁路桥梁	1945	中央大学土木系	中国桥梁公司副工程师
50	陆国樑	Loh Kuo-liang	1918	铁路桥梁	1945	之江大学土木系	中国桥梁公司帮工程师
51	梁树藩	Liang Shu-fan	1918	铁路桥梁	1945	交大唐院土木系	宝天铁路工务员
52	胡世悌	Hu Shih-ti	1905	铁路桥梁	1945	交大唐院土木系	铁路技术标准设计委员会桥梁处正工程师兼科长
53	严铁生	Yen Tieh-sheng	1902	铁路桥梁	1945	交大唐院土木系	铁路技术标准设计委员会桥梁处副处长
54	苏尚本	Soo Shang-peng	1920	铁路桥梁	1945	交大沪校土木系	黔桂铁路工务员
55	莊振维	Chuang Chen-wei	1912	铁路桥梁	1945	交大唐院土木系	黔桂铁路帮工程师
56	曹 桢	Tsao Cheng	1914	铁路桥梁	1945	交大唐院土木系	黔桂铁路帮工程师
57	李学海	Lee Hsueh-hai	1894	铁路桥梁	1945	交大沪校土木系	中国桥梁公司正工程师
58	钱冬生	Chien Thom-sheng	1918	铁路桥梁	1945	交大唐院土木系	宝天铁路工务员
59	王伟民	Wang Wei-min	1913	铁路桥梁	1945	交大唐院结构专修科毕业	工程委员会副工程师兼工区主任

序号	中文姓名	英文姓名	出生年份	专　业	出国年份	school	work place and job title in 1945
60	徐祖耀	Zee Tsu-yao	1918	铁路桥梁	1945	富氏德工学院毕业	桥梁设计处帮工程师
61	区鲤腾	Au Li-teng	1912	铁路桥梁	1945	中山大学土木系	广东省公路处技正
62	稽储彬	Chi Chu-peng	1916	铁路港阜	1945	交大唐院土木系	工程委员会 51 工程处副工程师
63	范桂文	Fan Kwei-wen	1913	铁路港阜	1945	交大沪校土木系	工程委员会第五工程处副工程师
64	任超北	Jen Chao-pei	1919	铁路港阜	1945	中央大学水利系	川湘公路副工程师
65	叶福年	Yeh Fu-nian	1911	铁路号誌	1945	交大沪校土木系	工程委员会副工程师
66	杨文光	Yang Wen-Kuang	1906	铁路运输	1945	交通大学铁路管理系	陇海铁路
67	孙浙生	Sun Che-sen	1909	铁路运输	1945	光华大学经济系	浙赣铁路
68	张光铭	Chang Kuang-ming	1914	铁路运输	1945	交通大学铁路管理系	花纱布管理局宝鸡办事处
69	黄宗瑜	Hwang Tsung-yu	1907	铁路运输	1945	交通大学	湘桂铁路理事会办事处
70	林　颐	Ling Ye	1918	铁路运输	1945	交通大学铁路管理系	湘桂铁路
71	吴家钧	Wu Chia-chuin	1908	铁路运输	1945	交通大学铁路管理系	国营招商局材料室主任兼采购科长
72	王元华	Wang Yuan-hwa	1914	铁路运输	1945	交通大学	交通银行
73	顾家冀	Koo Chia-chi	1916	铁路运输	1945	交通大学铁路管理系	交通大学管理系讲师
74	李绍伟	Lee Shao-wei	1918	铁路运输	1945	交通大学	粤汉铁路

续表 8－4

序号	中文姓名	英文姓名	出生年份	专业	出国年份	school	work place and job title in 1945
75	黄家骐	Hwang Chia-chi	1916	铁路运输	1945	交通大学铁路管理系	花纱布管制局稽核
76	吴月楼	Wu Yueh-lou	1910	铁路运输	1945	交通大学管理学院	湘桂铁路浇所主任
77	杨毓春	Yang Yuh-ching	1909	铁路运输	1945	暨南大学铁道管理系	新华银行总管理处襄理
78	李廷弼	Lee Ting-pi	1906	铁路运输	1945	交通大学	战时运输管理局简任专员
79	齐尊周	Chi Tsun-chou	1912	铁路运输	1945	南洋师范中学	西南公路运输局独山区办事处主任
80	许延辉	Hsu Yen-hwee	1905	铁路机械	1945	交通大学	西南公路管理局正工程师
81	韩文藻	Han Wen-tso	1913	铁路机械	1945	浙江大学	交通部材料试验所副工程师
82	李笃珊	Lee Du-shan	1915	铁路机械	1945	湖南大学	黔桂铁路工程局工程师
83	谭树升	Tan Shuh-sheng	1918	铁路机械	1945	交通大学	湘桂铁路桂林电厂工务员
84	徐　恭	Hsui Kung	1911	铁路机械	1945	广东勷大工学院	西南公路局副工程师
85	王元均	Wang Yuan-chun	1909	铁路机械	1945	交通大学	交通部器材修配厂
86	邱易昌	Chiu I-chang	1911	铁路机械	1945	交通大学	工程委员会工程师
87	王平一	Wang Ping-I	1916	铁路机械	1945	清华大学	工程委员会工程师
88	顾懋林	Kuo Mou-lin	1915	铁路机械	1945	交通大学	交通部材料试验所工程师
89	董瑞麐	Tung Jui-lin	1918	铁路机械	1945	交通大学	中央汽车配件制造厂帮工程师
90	刘昌夏	Liu Chang-hsia	1917	铁路机械	1945	交通大学	中央机器厂
91	徐仲梅	Hsu Chung-mei	1919	铁路机械	1945	交通大学	湘桂铁路
92	邹思廉	Tsow Sze-lien	1907	铁路机械	1945	交通大学	工程委员会副工程师
93	胡任贤	Hwu Shen-hsien	1916	铁路机械	1945	香港大学	粤汉铁路
94	陈帮圻	Chen Pong-ge	1917	铁路机械	1945	交通大学	中央机器厂副工程师

序号	中文姓名	英文姓名	出生年份	专 业	出国年份	school	work place and job title in 1945
95	陈文魁	Chen Wen-kuei	1912	铁路机械	1945	山东大学	湘桂铁路苏桥机器工事组主任
96	程鸿炳	Cheng Hun-pin	1908	铁路机械	1945	交通大学	川康公路管理局
97	吴德纯	Wu Teh-chun	1910	铁路机械	1945	交通大学	第二十五兵工厂
98	康信然	Kang Sin-jan	1903	铁路机械	1945	河北工学院	浙赣铁路正工程师兼机务组长
99	史仲仪	Sze Chung-yi	1908	铁路机械	1945	交通大学	浙赣铁路机务段长
100	徐满琅	Hse Man-lang	1910	铁路机械	1945	交通大学	战时运输局机料处副工程师
101	钱 极	Chien Chi	1911	铁路机械	1945	交通大学	湘桂铁路桂林发电所主任
102	陈绍彭	Chen Shao-peng	1917	铁路机械	1945	中法工学院	中央机器厂
103	唐茂松	Tang Mou-sun	1917	铁路机械	1945	湖南大学	交通部铁路总机厂
104	周云观	Chow Yun-Kwan	1917	铁路机械	1945	中央大学	工程委员会机电组
105	崔竣德	Tsui Tsun-te	1916	铁路机械	1945	西北工学院	陇海铁路机务处
106	王湘清	Wang Shiang-ching	1918	铁路机械	1945	西北工学院	陇海铁路机务处
107	冯广占	Feng Kuang-chan	1917	铁路机械	1945	西北工学院	陇海铁路机务处
108	夏 鳌	Hsia Ngao	1915	铁路机械	1945	交通大学	重庆公共汽车管理处正工程师
109	钟兴俭	Jong Shing-jean	1913	铁路机械	1945	交通大学	中央工业专门学校副教授
110	文佑彦	Wen Yow-yen	1911	铁路机械	1945	浙江大学	交通部材料司帮工程师

公路组 76 人

序号	中文姓名	英文姓名	出生年份	专 业	出国年份	school	work place and job title in 1945
1	吴朋聪	Wu Pon-tsung	1909	公路土木	1945	上海交大 美国密西根大学	战时运输局技士
2	龚一波	Kung Yi-po	1913	公路土木	1945	武汉大学	战时运输局技士

续表 8 - 4

序号	中文姓名	英文姓名	出生年份	专业	出国年份	school	work place and job title in 1945
3	李昌源	Lee Chang-yuen	1909	公路土木	1945	上海交通大学	青藏公路工程处副总工程师
4	刘承先	Liu Cheng-hsien	1909	公路土木	1945	北洋大学	青藏公路工程处副总工程师
5	周揖	Chow Chi	1912	公路土木	1945	北洋大学	西北公路局正工程师
6	沈右铭	Shen Yu-ming	1901	公路土木	1945	北洋大学	湖北建设厅
7	成希颐	Chen Hsi-yun	1909	公路土木	1945	中央大学	战时运输局技正
8	王文华	Wang Wen-hua	1905	公路土木	1945	东北大学 普渡大学	公路总局监理处长
9	丘侃	Chiu Kan	1912	公路土木	1945	中央大学	川陕公路管理局副工程师
10	彭秉璋	Peng Ping-chang	1917	公路土木	1945	清华大学	西南公路管理局工务员
11	张修平	Chang Siu-bing	1915	公路土木	1945	交通大学唐山工学院	战时运输局云南分局帮工程师
12	金鸿畴	Chin Hung-chou	1916	公路土木	1945	浙江大学	战运局保密公路新工总处帮工程师
13	陈星焕	Chen Hsing-huan	1918	公路土木	1945	交通大学	西南公路管理局
14	郑在校	Cheng Tsai-hsiao	1909	公路土木	1945	北洋大学	西北公路管理局
15	成从修	Cheng Tsung-hsiu	1909	公路土木	1945	湖南大学	公路总局计划科长
16	郑元俊	Cheng Yuan-tsin	1916	公路土木	1945	武汉大学	战时运输局工程干部总处
17	刁开义	Diao kai-I	1919	公路土木	1945	武汉大学	四川公路管理局副工程师
18	傅祖良	Fu Tsu-liang	1909	公路土木	1945	交通大学	川康公路管理局正工程师兼总段长
19	张馥葵	Chang Fu-kuei	1919	公路土木	1945	交通大学	西南公路管理局帮工程师
20	陈炳麟	Chen Ping-lin	1913	公路土木	1945	中山大学	川陕公路局副工程师
21	周桢华	Chow Cheng-hwa	1919	公路土木	1945	中山大学	战时运输管理局
22	虞烈照	Yu Lih-tsao	1914	公路土木	1945	浙江大学	川滇西路副工程师
23	陈正权	Chen Cheng-chuan	1910	公路土木	1945	武汉大学	西南公路局工程师

序号	中文姓名	英文姓名	出生年份	专　业	出国年份	school	work place and job title in 1945
24	刘濬业	Liu Chun-yeh	1914	公路土木	1945	清华大学	战时运输局技士
25	吴景平	Wu Ching-ping	1912	公路机械	1945	金陵大学	中国汽车制造公司工程师
26	孙永澄	Sun Eugene	1914	公路机械	1945	交通大学	汽车器材总库正工程师
27	毛履康	Mao Leu-kang	1918	公路机械	1945	交通大学	汽车器材总库帮工程师
28	朱尧曾	Chu Yao-cheng	1916	公路机械	1945	马尾海军学校	西北公路工务局
29	李天民	Lee Tien-min	1916	公路机械	1945	清华大学	西北公路局
30	杨裕文	Yang Yu-wen	1911	公路机械	1945	北洋大学	西北公路局
31	龚善麒	Kung Shan-chi	1918	公路机械	1945	西南联大	资源委员会技士
32	彭宗灏	Peng Tsung-hao	1911	公路机械	1945	交通大学	中央汽车配件厂正工程师
33	单炳庆	Shan Pin-ching	1905	公路机械	1945	交通大学	正车委员会组长
34	方　瑜	Fang Yu	1915	公路机械	1945	武汉大学	西北公路局
35	廖庶蕃	Liao Shu-fan		公路机械	1945	交通研究所	战时运输局专员
36	耿耀西	Keng Yao-hsi	1917	公路机械	1945	交通大学	西北公路局帮工程师
37	富　侠	Fu Hsieh	1918	公路机械	1945	交通大学	资委会运务处助理工程师
38	李国量	Lee Kwok-Leung	1914	公路机械	1945	中山大学	中央汽车制造公司工程师
39	张德庆	Chang Te-ching	1900	公路机械	1945	南洋大学	中央汽车配件厂总工程师
40	陈应星	Chen Ying-sing	1908	公路机械	1945	交通大学	中央汽车配件厂正工程师
41	卞荫贵	Pian Yen-kwei	1918	公路机械	1945	交通大学	中央汽车配件厂帮工程师
42	马翼周	Ma Yih-chow	1908	公路机械	1945	美国密西根大学	中央汽车配件厂正工程师
43	袁景章	Yuan Ching-chang	1913	公路机械	1945	北洋大学	战时运输局副工程师
44	高国恕	Kao Kuo-shu	1904	公路机械	1945		湖北省公路修车总厂厂长
45	史麟图	Shih Lin-tu	1915	公路机械	1945	北洋工学院	西南公路管理局副工程师
46	包效彭	Pao Yao-Pang	1915	公路机械	1945	交通大学	交通部钢铁配件厂帮工程师
47	戴振声	Tai Chen-sheng	1916	公路机械	1945	交通大学	重庆公共汽车管理处帮工程师

序号	中文姓名	英文姓名	出生年份	专　业	出国年份	school	work place and job title in 1945
48	杨德增	Yang Te-tseng	1915	公路机械	1945	清华大学	战运局昆明正车厂副工程师
49	曹汉生	Tsao Han-sheng	1917	公路机械	1945	西南联大	资委会工业处技士
50	张承黼	Chang Cheng-fu	1918	公路机械	1945	湖南大学	资委会工业处技士
51	丘景云	Chiu Ching-yun	1917	公路机械	1945	航空机械学校	战运局机料处技术股长
52	谭振声	Tem Chen-shing	1915	公路机械	1945	交通大学	西南公路局工程师
53	郑拔元	Cheng Pa-yuan	1911	公路机械	1945	劳动大学	西南公路局正工程师
54	萧人麟	Hsiao Jen-lin	1917	公路机械	1945	清华大学	交通大学讲师
55	吴钟岭	Woo Chung-ling	1914	公路机械	1945	西北工学院	中央汽车配件制造厂帮工程师
56	史汝楫	Shih Ju-tsi	1915	公路机械	1945	浙江大学	中央汽车配件制造厂帮工程师
57	杨勤策	Yang Chin-tse	1918	公路机械	1945	雷士德工学院	中央汽车配件制造厂帮工程师
58	王雅文	Wang Ya-wen	1917	公路机械	1945	交通大学	重庆公共汽车管理处副工程师
59	林汝铎	Lin Shu-te	1917	公路机械	1945	交通大学	资源委员会
60	金炳章	Chin Ping-chang	1907	公路建筑	1945	中法国立工学院建筑工程系	交通部邮政总局建筑科科长
61	戴志昂	Tai Chi-ang	1908	公路建筑	1945	中央大学建筑工程系	交通部技术厅技正
62	成竞志	Cheng Ching-chih	1920	公路建筑	1945	中央大学建筑工程系	资渝钢铁厂助理工程师
63	周仪先	Chow Yi-hsien	1917	公路建筑	1945	中央大学建筑工程系	兴业建筑师事务所
64	林　芝	Lin Gee	1914	公路运输	1945	交大管理系	战运局股长
65	程威廉	Chen Willian	1916	公路运输	1945	交大管理系	战运局科长

续表 8－4

序号	中文姓名	英文姓名	出生年份	专 业	出国年份	school	work place and job title in 1945
66	钱景渊	Chien Ching-yuan	1916	公路运输	1945	交大管理系	川康公路专员
67	陈树玉	Chen Shu-yu	1909	公路运输	1945	交大管理系	战运局兼任专员
68	张孝通	Chang Show-tung	1906	公路运输	1945	交大管理系	战运局兼任专员
69	梁在平	Liang Tsai-ping	1910	公路运输	1945	交大管理系	西南公路专员
70	邓介山	Teng Kai-shan	1909	公路运输	1945	光华大学	西南公路主任科员
71	陈培栋	Chen Pai-tung	1916	公路运输	1945	交大管理系	战运局视察
72	梅超任	Mei Chao-yen	1900	公路运输	1945	交大管理系	战运局少将专员
73	汪振铎	Wang Chien-to	1900	公路运输	1945	交大管理系	战运局少将专员
74	刘哲民	Liu Chieh-meng	1908	公路运输	1945	中央政校行政系	战运局专门委员
75	戚殿萱	Chih Tien-hsuan	1911	公路运输	1945	交通大学	战运局科员
76	袁永昶	Yuan Yun-chang	1912	公路运输	1945	交通大学	战运局调配所长

航空组 31 人

序号	中文姓名	英文姓名	出生年份	专 业	出国年份	school	work place and job title in 1945
1	田万傑	Tien Wan-chieh	1918	飞机工程	1945	中央大学航空系	交通部技士
2	李重阳	Lee Zong-yang	1920	飞机工程	1945	交通大学机械系	中航公司事务员
3	曹传谔	Tsao Chuan-o	1917	发动机	1945	交通大学机械系	中航公司机械员
4	陈 立	Chen Li	1918	发动机	1945	交通大学机械系	中航公司机械员
5	翁心楒	Wung Shin-kang	1918	发动机	1945	西南联大航空系	中工试验所机械厂副工程师
6	胡之真	Hu Chih-chen	1919	发动机	1945	中央大学航空系	交通部技士
7	陈子钊	Chen Tsze-chu	1918	发动机	1945	中山大学机工系	中航公司技师
8	周焕文	Chow Huan-wen	1916	发动机	1945	西南联大航空系	中航公司事务员

续表 8－4

序号	中文姓名	英文姓名	出生年份	专业	出国年份	school	work place and job title in 1945
9	祁延煦	Chi Yen-shu	1920	仪器工程	1945	中央大学航空系	中航公司工程师
10	沈尔康	Shen Erh-kang	1918	仪器工程	1945	中央大学航空系	中航公司机械员
11	任葆良	Jen Pao-liang	1912	仪器工程	1945	北洋大学机械系	中央航空公司助理工程师
12	谢嗣浩	Shieh Szu-hou	1910	驾驶	1945	商船学校机械系	中航公司事务员
13	阎宝陞	Yen Pao-cheng	1916	驾驶	1945	法文专科毕业	中航公司副驾驶员
14	黄雄畏	Huang Hsiung-wei	1920	驾驶	1945	西南联大地质系	中航公司副驾驶员
15	张兴中	Chang Hsing-chung	1916	驾驶	1945	湖南机专	中航公司副驾驶
16	曾翼翰	Tseng Yet-han	1916	驾驶	1945	中航校	中航公司副驾驶
17	刘植炎	Liu Chi-yen	1905	领航	1945	中航校	中央航空公司哈密站主任
18	王鹤年	Wang Ngook-nien	1916	领航	1945	税专	中央航空公司事务员
19	沈肇熙	Shen Chao-hsi	1915	无线电	1945	清华大学	中航公司电机械员
20	刘承沛	Liu Cheng-pey	1919	无线电	1945	武汉大学	中央航空公司事务员
21	汤国权	Tang Kuo-chuan	1915	无线电	1945	武汉大学	中航公司无线电机械员
22	高廷枢	Kao Din-chu	1913	无线电	1945	中央大学	西南公路管理局副工程司
23	暨懋旂	Chi Mou-chy	1917	无线电	1945	西南联大	中央航空公司技师
24	杨达成	Yang Dah-cheng	1912	站场管理	1945	冯庸大学	中央航空公司机械组代表
25	邓思和	Teng Ssu-ho	1913	站场管理	1945	燕京大学	中航公司事务员
26	李汉华	Lee Han-hua	1915	民航行政	1945	交通大学	中航公司秘书
27	钱宪伦	Chien Hien-lun	1910	民航行政	1945	之江大学	中航公司秘书

续表 8－4

序号	中文姓名	英文姓名	出生年份	专业	出国年份	school	work place and job title in 1945
28	严当文	Yen Tang-wen	1911	民航行政	1945	中央大学	交通部荐任科员
29	潘迪民	Pan Ti-ming	1916	空运业务	1945	圣约翰大学	交通部专员
30	顾其行	Ku Chi-hsing	1916	空运业务	1945	中央大学	中航公司宜宾办事处处长
31	徐瑞珍	Hsu Jui-chen	1919	空运业务	1945?	交通大学	中航公司事务员

航政组 4 人

1	郁永常	Yorke Yung-chang	1909	航政	1945	交通大学	国营招商局客运科长
2	吴长芝	Wu Chang-ji	1917	航政	1945	税专	海关驾驶员
3	宋国瑞	Soon Kuo-suai	1915	航政	1945	商船学校	三北机器造船厂工程师
4	曹元钧	Tsao Yuan-chuen		航政	1945	交通大学	交通部綦江铁路工程司

邮政组 1 人

1	沈 鑫	Shen Hsin	1915	邮政管理	1945	沪江大学	交通部邮电司主任

电信组 4 人

1	赵 立	Chao Li	1909	电信	1945	交通大学	电信总局工程司
2	汪德成	Wang Teh-cheng	1905	电话	1945	交通大学	交通部标准委员会工程司
3	张心治	Chang Sin-tse	1914	无线电	1945	交通大学	中央银行电台机务主任
4	陈励研	Chen Li-yen	1918	长途电话	1945	中山大学	长途电话工务处

材料管理组 3 人

1	王文翔	Wang Wen-hsiang	1894		1945	万国函授学校高科	交通部材料供应处组长
2	王裕权	Wang Yu-chuan	1919		1945	圣约翰大学政经系	交通部科员
3	刘绍汤	Liu Shao-tang			1945	交通大学	宝大铁路材料处主任

会计组 3 人

1	张印和	Zhang Yin-ho			1945	交通大学	交通部查账员
2	李安素	Lee An-su	1905		1945	复旦大学商学院	交通部专员

续表 8－4

序号	中文姓名	英文姓名	出生年份	专　业	出国年份	school	work place and job title in 1945
3	罗邦伯	Lo Pang-po	1906		1945	交大平院	重庆公共汽车管理处会计科长
财务组 4 人							
1	俞启孝	Yu Chi-hsiao	1906		1945	南开大学经济系	交通部科长
2	宋孝璠	Soong Hsiao-fan	1909		1945	交大管理系	交通部科长
3	殷静强	Yin Tsing-chiang	1912		1945	上海商学院	工程委员会会计科长
4	王富农	Wang Fu-nung	1910		1945	上海商学院	工程委员会会计科长
人事组 3 人							
1	张学鼎	Chang Hsue-ting	1912		1945	交大管理系	交通部专员
2	赖蜀生	Lai Shu-sheng	1909		1945	成都大学	邮政总局高级邮务员
3	缪梧兰	Miao Wu-lan	1912		1945	华西大学	西川邮局高级邮务员
农林部 115 人							
1	傅焕光	Fu Huan-kuang	1894	水土保持	1945	菲律宾大学林学士	农林部林业试验所技正兼水土保持试验室主任
2	姜诚贯	Ching Cheng-kwan	1915	农艺	1945	金陵大学农学士	中央农业试验所技士
3	卜慕华	Pu Mu-hwa	1914	农艺	1945	浙江大学农学士	中央农业试验所技士
4	黄率诚	Hwang Soh-cheng	1916	农艺	1945	金陵大学农学士	铭贤学院讲师
5	黄志秋	Hwang Chih-chao	1912	农艺	1945	中央大学农学士	军政部荣誉军人总管理处专员
6	刘昌塿	Liu Chang-lou	1915	农艺	1945	金陵大学农学士	中国农民银行视察
7	杜春培	Tu Chun-pei	1902	农艺	1945	天津棉业专门学校毕业	中央农业试验所技士

续表 8－4

序号	中文姓名	英文姓名	出生年份	专 业	出国年份	school	work place and job title in 1945
8	王鑑明	Wang Chien-ming	1916	农艺	1945	中央大学农学士	铭贤学院讲师
9	蔡 旭	Tsai Hsu	1911	农艺	1945	中央大学农学士	四川农业改进所技正
10	姜秉权	Chiang Ping-chuan	1910	农艺	1945	金陵大学农学士	湖北农学院讲师
11	梁余德	Liang Yu-te	1913	农艺	1945	中央大学农学士	中央大学农学院助教
12	龚 弼	Kung Pih	1913	农艺	1945	浙江大学农学士	中央农业试验所技士
13	张景华	Chang Ching-hwa	1910	农艺	1945	金陵大学农学士	中央农业试验所技士
14	周泰初	Chow Tai-tsoo	1910	农艺	1945	中央大学农学士	中央农业试验所技士
15	周可湧	Chow Coo-yung	1911	农艺	1945	中央大学农学士	四川省推广繁殖站专员
16	吴光远	Wu Kwang-yuen	1914	农艺	1945	金陵大学科学硕士	中央农业试验所技士
17	梅籍芳	Mei Tsieh-fang	1908	农艺	1945	金陵大学科学硕士	湖北农学院教授
18	马世均	Ma Shih-chun	1918	农艺	1945	中央大学农学士	复旦大学农学院助教
19	赵季骏	Chao Chi-tsuin	1914	农艺	1945	金陵大学农学士	金陵大学农学院讲师
20	华兴鼐	Hua Hsing-nai	1908	农艺	1945	中央大学农学士	中央农业试验所技士
21	莊巧生	Chwang Chiao-sheng	1916	农艺	1945	金陵大学农学士	中央农业试验所技士

续表 8 - 4

序号	中文姓名	英文姓名	出生年份	专业	出国年份	school	work place and job title in 1945
22	金聿	Chin Yu	1917	农艺	1945	金陵大学农学士	金陵大学农科所肄业
23	盛诚桂	Sheng Cheng-kwei	1914	农艺	1945	金陵大学农学士	扶轮中学教员
24	黄至溥	Huang Chih-pu	1913	植物病虫害	1945	中央大学农学士	中央农业试验所技士
25	张学祖	Chang Hsieh-tsu	1916	植物病虫害	1945	华中大学理学士	病虫药械制造厂副技师
26	龙承德	Lung Cheng-te	1916	植物病虫害	1945	四川大学农学士	中央农业试验所技佐
27	王铨茂	Wang Tsuan-mao	1916	植物病虫害	1945	金陵大学科学硕士	金陵大学农学院讲师
28	林郁	Lin Yu	1910	植物病虫害	1945	浙江大学农学士	中央农业试验所技士
29	傅胜发	Fu Sheng-fa	1907	植物病虫害	1945	东北大学农学士	中央农业试验所技士
30	陈瑞泰	Chen Shui-tai	1912	植物病虫害	1945	金陵大学农学士	金陵大学农学院讲师
31	陈德能	Chen Teh-neng	1917	植物病虫害	1945	中央大学农学士	中山大学农学院讲师
32	王焕如	Wang Huan-ru	1912	植物病虫害	1945	金陵大学农学士	金陵大学农学院讲师
33	程暄生	Cheng Hsuen-seng	1914	植物病虫害	1945	金陵大学农学士	中央农业试验所技士
34	余茂勋	Yu Mao-hsuin	1911	植物病虫害	1945	金陵大学农学士	财政部专卖事业局技正
35	黄可训	Hwang Ko-hsuin	1917	植物病虫害	1945	金陵大学农学士	金陵大学农科研究所研究生

续表 8 - 4

序号	中文姓名	英文姓名	出生年份	专　业	出国年份	school	work place and job title in 1945
36	戴铭傑	Tai Ming-chieh	1917	植物病虫害	1945	中央大学 农学士	晋原中学教员
37	徐叔华	Hsu Shuh-hwa	1913	土壤肥料	1945	金陵大学 农学士	湖北农学院副教授
38	金继汉	Chin Chi-han	1916	土壤肥料	1945	中央大学 农学士	中央大学农学院助教
39	史瑞和	Shih Jui-ho	1917	土壤肥料	1945	中央大学 农学士	中央大学农学院助教
40	宋达泉	Sung Ta-chuan	1911	土壤肥料	1945	浙江大学 农学士	中央地质调查所研究员
41	吴志华	Wu Chih-hwa	1917	土壤肥料	1945	中央大学 农学士	中央大学农学院助教
42	孙　渠	Sun Chu	1912	土壤肥料	1945	金陵大学 农学士	中国乡村建设学院副教授
43	陈　祥	Chen Hsiang	1911	土壤肥料	1945	中山大学 农学士	四川农业改进所技士
44	胡济生	Hu Tsi-sheng	1918	土壤肥料	1945	金陵大学 农学士	中央农业试验所技佐
45	黄希素	Huang Hsi-shu	1908	土壤肥料	1945	劳动大学 农学士	中央地质调查所研究员
46	张守敬	Chang Shou-ching	1918	土壤肥料	1945	中山大学 农学士	湖北农学院副教授
47	赵峻田	Chao Tsun-tien	1918	土壤肥料	1945	中央大学 农学士	中央农业试验所技佐
48	余启葆	Yu Chi-pao	1910	农艺	1945	中央大学 农学士	中央农业试验所技士
49	丁振麟	Ting Chen-ling	1910	农艺	1945	浙江大学 农学士	云南大学农学院副教授

序号	中文姓名	英文姓名	出生年份	专　业	出国年份	school	work place and job title in 1945
50	马育华	Ma Ruh-hwa	1912	农艺	1945	金陵大学农学士	金陵大学农学院副教授
51	过鑫先	Kuo Sing-hsien	1915	农艺	1945	浙江大学农学士	浙江大学农学院讲师
52	李联标	Lee Lien-piao	1911	农艺	1945	金陵大学农学士	中央农业试验所技士
53	李家文	Lee Chia-wen	1913	农艺	1945	金陵大学农学士	金陵大学农学院讲师
54	金阳镐	Chin Yang-kao	1911	农艺	1945	金陵大学农学士	中央农业试验所技士
55	赵伦彝	Chao Lun-ye	1916	农艺	1945	中央大学农学士	中央大学农学院讲师
56	俞履圻	Yu Lee-gee	1911	农艺	1945	中央大学农学士	中央农业试验所技士
57	彭寿邦	Peng Sheo-pang	1906	农艺	1945	金陵大学农学士	中央农业试验所技士
58	高立民	Kao Lih-ming	1907	农艺	1945	金陵大学农学士	金陵大学农学院副教授
59	周映昌	Cheo Ying-chang	1909	森林	1945	金大农学院	金大副教授
60	陈桂陞	Chen Kwei-sheng	1916	森林	1945	西北农学院	中林所技士
61	江良游	Chiang Liang-yu	1912	森林	1945	中大农学院	农林部荐任技士
62	杨敬濬	Yang Ching-rea	1913	森林	1945	西北农学院	中林所技士
63	贾铭钰	Chia Ming-yu	1916	森林	1945	中大森林系	农林部荐任技士
64	陶玉田	Tao Yu-tien	1906	森林	1945	金大森林系	农林部林业司科长
65	张楚宝	Chang Tsu-pao	1911	森林	1945	中大森林系	中林所技士
66	杨衔晋	Yang Yen-chin	1913	森林	1945	中大森林系	中国科学社研究员
67	邓先诚	Teng Hsien-cheng	1915	森林	1945	西北农学院	农林部荐任技士

序号	中文姓名	英文姓名	出生年份	专 业	出国年份	school	work place and job title in 1945
68	周太炎	Cheo Tai-yien	1912	森林	1945	金大农学院	国立药专讲师
69	郑止善	Cheng Chi-shen	1913	森林	1945	金大农学院	桐油研究所副研究员
70	何敬真	Ho Ching-tsin	1905	森林	1945	金大农学院	铭贤学院副教授
71	李约翰	John Y. H. Li	1914	森林	1945	金大农学院	金大农学院讲师
72	申宗圻	Sheng Tsong-chi	1917	森林	1945	金大农学院	金大农学院讲师
73	王丕建	Wang Pai-chien	1917	畜牧	1945	广西大学农学院	中畜所技士
74	张鼎芬	Chang Tin-fen	1909	畜牧	1945	清华大学生物系	中央大学讲师
75	祝正行	Chu Cheng-hsing	1917	畜牧	1945	中大畜牧兽医系	农林部湄潭耕牛厂技术主任
76	彭文和	Peng Wen-ho	1911	畜牧	1945	南通农学院	中畜所技正
77	杨湘平	Yang Shiang-ping	1919	畜牧	1945	中大畜牧兽医系	南岸牛奶厂场务主任
78	邱祥聘	Chiu Shiang-ping	1917	畜牧	1945	川大农学院	四川大学助教
79	金国粹	Chin Kuo-tsui	1917	畜牧	1945	中大畜牧系	农林部科员
80	崔堉溪	Tsai Yu-hsi	1916	畜牧	1945	西北农学院	西北农学院助教
81	张龙志	Chang Lung-chih	1913	畜牧	1945	中大农学院	铭贤学院讲师
82	方国璽	Fang Kuo-si	1918	畜牧	1945	中大农学院	农林部科员
83	方时傑	Fang Shir-gier	1918	兽医	1945	广西大学农学院	中畜所技士
84	秦礼让	Tsing Li-rang	1918	兽医	1945	广西大学农学院	中畜所技士
85	章道彬	Chang Dao-being	1916	兽医	1945	西北农学院	中畜所技士
86	张永昌	Chang Yung-cheng	1916	兽医	1945	中大农学院	中畜所技士

序号	中文姓名	英文姓名	出生年份	专 业	出国年份	school	work place and job title in 1945
87	叶仰山	Yeh Niang-shan	1917	兽医	1945	上海兽医专科学校	中畜所技正
88	刘琮源	Liu Tsung-yuan	1912	兽医	1945	陆军兽医学校	中畜所
89	杨兴业	Yang Sin-ye	1914	兽医	1945	上海兽医专科学校	川农所技正
90	黄元波	Hwang Yuan-por	1913	兽医	1945	陆军兽医学校	农林部荐任科员
91	许世瑮	Hsu Shih-li	1912	兽医	1945	中大畜牧兽医系	西北羊毛改进处技师
92	杜世傑	Tu Shih-chieh	1911	兽医	1945	陆军兽医学校	西北兽疫防治处技正
93	朱允升	Chu Young-seng	1914	兽医	1945	江西兽医专科学校	中畜所
94	陈修白	Chen Hsiu-pai	1915	渔业	1945	圣约翰大学	农林部淡水渔场专员
95	斯颂声	Sze Sung-sheng	1916	渔业	1945	吴淞水产学校	农林部淡水渔场专员
96	沈汉祥	Shean Han-shyang	1908	渔业	1944	集美水产航海学校	农林部专员
97	邹 武	Tsou Wu	1908	渔业	1945	中大生物系	中大农学院讲师
98	周 氏	Chow Ti	1911	渔业	1945	华盛顿渔业研究所	农林部专员
99	叶永毅	Yeh Young-I	1920	农田水利	1945	中大水利工程系	中央大学 助教
100	华国祥	Hua Kuo-siang	1919	农田水利	1945	中大水利工程系	中央水利实验处
101	林国璋	Lin Kuo-cheng	1921	农田水利	1945	西北工学院水利系	水利委员会技士
102	张瑞瑾	Chang Jui-chin	1915	农田水利	1945	武汉大学土木系	水利委员会副工程师
103	关炳韶	Quan Ping-shao	1912	农田水利	1945	中山大学土木系	农林部水利工程处

续表 8 - 4

序号	中文姓名	英文姓名	出生年份	专业	出国年份	school	work place and job title in 1945
104	严镜海	Yen Ching-hai	1914	农田水利	1945	武汉大学土木系	中央水利实验处研究员
105	毛寿彭	Mao shao-peng	1916	农田水利	1945	西北工学院水利系	水利委员会技佐
106	胡 桓	Hu Hwan	1905	农具	1945	交通大学电机系	中国农业机械公司筑厂工务主任
107	柳克令	Liu K-ling	1917	农具	1945	浙江大学机械系	中国农业机械公司工程师
108	万鹤群	Wan Ho-chun	1919	农具	1945	中山大学航空系	农林部药械厂副工程师
109	袁矿苏	Yuan Kung-su	1914	农具	1945	湖南大学机械系	中国农业机械公司工程师
110	沈克勤	Shen Ka-chin	1913	农具	1945	西北工学院	中国农业机械公司副工程师
111	李宜璋	Lee I-chang	1912	农具	1945	商船专科学校	中国农业机械公司工程师
112	马逢周	Ma Feng-chow	1919	农具	1945	浙大农学院农艺系	农林部专员
113	任承统	Ren Chen-tung	1898	水土保持	1945	金大森林系	农林部专门委员
114	沈在陛	Shen Dze-chia	1918	水土保持	1945	中大农化系	农林部科员
115	杜洪作	Tu Hung-tso	1916	水土保持	1945	广西大学森林系	农林部科员

第九章 抗战善后时期的 (1946 ~ 1949)
出国/回国科技人员

9.1 第二次世界大战结束后回国与
出国的科技人员

1939 年西欧战事开始，原定去德国、奥地利学习理工的留学生停止前往。后来去英国的留学生也转到美国或加拿大。原在西欧学习的中国留学生，有些人赶紧离开，转到美国去学习或者回国，只有一部分人仍留在西欧。

太平洋战事突然爆发，在北美留学的人也回国无方，但是科技人员倒可以在美国找到工作，留下来工作不成问题。

二次世界大战结束后，大多数出国留学科技人员回到了祖国，理由有几种：（1）出国目的是为建设，抗战胜利后，大家兴奋，要为国家建设出一份力。（2）久别家庭，十分想念，早就盼望得以重聚。（3）美国的移民法也有改变，往来容易，出入方便。参看表 9 - 1、9 - 2，这个时期的回国人员数量很大，很难调查，可能仍有不少遗漏。

太平洋战争期间，只有美国战机军舰能来往东西方，只有少数公务公费科技人员去美。战事停止后，大批要去美的留学人员都设法出国去学习，人数急增。（参看 9 - 3、9 - 4、9 - 5 节）

这个时期的出国/回国科技人员，有两种是以前没有的：（1）在战时去美国的人，每人都有一定的任务，例如美国在战时建了许多工厂，战后一部分工厂停止生产，要拆除，愿意将多余的工厂转送中国，这对双方都是有利的。当时有一部分出国人员的责任是计划如何将美国的工厂转移到中国。（2）以往，理工科留学生学成即回国，但是战时的留学生，有不少人转为美国的科技人员，成为专家。战事结束后，这些人急切地要回国服务。

9.2　公费出国的科技人员

这个时期出国的科技人员，属于公费留学的，同前一个时期比较，有几点不同之处：（1）1943年英美的不平等条约取消后，就没有庚款考试。英国设 British Council，美国举办 Fulbright Scholarship，邀请大学毕业生去深造，但不偏重理工方面的专业；（2）各省的公费出国留学考试全部停止。（3）国民政府各部是派科技人员出国的机构，但没有一定的办法。例如1944年经济部举行部派人员考试，录取148人，到1947年底，只有136人去美国。

9.3　自费出国的科技人员

这个时期的自费出国留学生，学理工的比学文法的多。申请外汇，出去学理工的人员也比较容易获得批准。

美国的大学欢迎中国学生去学习，不用经过英语或其他考试。

教育部的自费出国考试，也不甚严谨，大多数投考的人都能通过。如1946年在北平、上海等9个城市举行的自费留学生考试，有过半数的考生通过。

有了航空交通的方便，中国社会对于子女远行的观点也有所改变，因而自费出国留学的人数增加。

9.4　1946～1949年中国的科技、
工业、企业情况

日军投降，退出中国领土，国民政府迁回南京，科技人员在日本侵略时期被隔离的境况结束，得以重聚，各种国际活动可以恢复，大家希望国家的全面建设早日开始，留学归国的科技人员热诚地准备参加建设。

以往，中国的大中型工厂为欧、美、日本把持。日本占据东北之后，在那里增设各种大型工厂。1945年8月日本无条件投降，因为事出突然，来不及破坏工厂，乘此时机，中国政府可以派工程师接收工厂，主持生产。哪知从内地来接受工厂的是政府官员，他们腐败自私，非但生产停顿，其至任意破坏工厂，拆散机器设备，变卖分赃。科技人员无从插手，只好放弃。

美国原已决定将战后多余的工厂送给中国，中国已派出科技人员开始办理这件事。但是抗日战争后，美国大使积极推动国共和议，由于双方都没有妥协诚意，共产党绝对不肯首先缴械，国民党决不答应组织联合政府，和议失败，内战爆发，这个接受美国工厂的机会也错过了。

同时，战争时期日军把中国刚建设好的理工大学破坏得很厉害，如清华大学理工系各种教学实验的仪器设备全部被损坏，学校迁回复课须从头做起，留学回国的科技人员耗费了许多时间与精力在这方面，重新组织，修复残局，仍难以完善（参看中国科技工业企业发展丛书《中国工程教育发展史》）。

9.5　1946～1949 年留学科技人员的集体及个人贡献

1946～1949 年时期，中国已经有大批曾经在外国学习、考察有所得的科技人员，应该可以把中国很快地建设起来。可是时事的变动，产生了许多障碍。

20 世纪 30 年代出国的理工留学生，满以为学成之后一定有机会回到祖国主持工厂，扩充交通、电信企业等，想不到在海外几年，华北已被日本占据，全国以抵抗外患为主，谈不上建设。

经过 8 年抗战，等到日军投降，中国收回失地，回国的科技人员都准备参加建设，尽快补救战时的损失。哪知停战后，国民政府的领导不注重建设，一心准备内战，加上通货膨胀到不可收拾的地步，人民精疲力尽，科技人员非但不能用其所长，连日常生活也感到困难。

因此，总体而论，长期以来训练待用的出国/回国科技人员，没有表现能力的机会。20 世纪上半叶过去了，还看不见他们集体的贡献。

若以个人而论，在科技学术上有成就的人很多，例如陈省身的数学，在欧美有名，但在战乱时期，并没有引起中国社会的注意（参看科学出版社《中国现代科学家传记》，中国科学技术出版社等各出版社出版的《中国科学技术专家传略》，本书各章的人名总表）。

表 9-1 1946~1949 年回国科技人员

序号	姓 名	姓名全拼	国内学校	出国年份	留学国	国外学校或其他机构	学科	专业	归国年份	国内工作地点
1	安君赟	An Junzan	西南联大	1945	美		工	食品工程	1947？	
2	白家祉	Bai Jiazhi		1944	美	MIT	工	机械	1947	
3	白施恩	Bai Shi-en	协和医学院	1945	美	Johns Hopkins	医	医学	1946	北京协和医学院，上海全国海港检疫管理处，湖南湘雅医学院，武汉大学医学院，广州中山医学院
4	白肇基	Bai Zhaoji	燕京大学	1945	美		工	工业管理	1947？	
5	鲍家善	Bao Jiashan	燕京大学	1940	美	圣路易华盛顿大学，MIT，纽约长岛斯佩里陀螺公司	工	电讯	1946	南开大学，南京大学，上海科学技术大学，复旦大学
6	包效彭	Bao Xiaopeng	交通大学	1945	美		工	公路机械	1947？	
7	包新弟	Bao Xindi	交通大学	1937？	美	实习	工	电机	1946？	
8	毕德显	Bi Dexian	燕京大学	1941	美	Stanford，CalTech，RCA 公司	工	电讯	1947	中央大学，大连大学，西安通信兵雷达工程学院，通信工程技术学校
9	毕重远	Bi Zhongyuan		1946	英	学习海军技术	工	潜艇	1948	海军
10	卞钟麟	Bian Zhonglin	中央大学	1941	美	Iowa State	工	工程	1946	
11	卜昂华	Bu Anghua	浙江大学	1944	英	伯明翰大学矿冶工程学院	工	矿冶	1946	全国钢铁事业管理委员会，台湾钢厂，台湾铝业公司

续表 9-1

序号	姓名	姓名全拼	国内学校	出国年份	留学国	国外学校或其他机构	学科	专业	归国年份	国内工作地点
12	卜慕华	Bu Muhua	浙江大学	1945	美	Cornell，明尼苏达大学	农	农艺	1946	中央农业实验所，华北农业科学研究所，农业科学研究院
13	蔡报瑗	Cai Baoyuan	唐山交大	1945	美		工	铁路土木	1947？	
14	蔡昌年	Cai Changnian	浙江公立工业专门学校	1945	美		工	电力学	1947	冀北电力北平分公司，东北电管局，哈尔滨工业大学，水电部
15	蔡长年	Cai Changnian	交通大学	1945	美，加	唐纳尔大学，加拿大多伦多贝尔电话公司	工	电机	1947	交通部第二区电信管理局，南开大学，天津大学，北京邮电学院
16	蔡淳	Cai Chun	清华大学	1945	美		工	工业管理	1947？	
17	蔡宏道	Cai Hongdao	南京陆军军医学校	1946	美	得克萨斯州布鲁克医学中心	医	内科	1949	上海同济大学医学院，武汉医学院
18	蔡家鲤	Cai Jiali	交通大学	1945	美		工	电力	1947？	
19	蔡如升	Cai Rusheng	协和医学院	1947	美，丹		医	内科	1948	解放军胸科医院，阜外医院
20	蔡松	Cai Song		1945	美	Scranton	工	机械	1947？	
21	蔡旭	Cai Xu	中央大学	1945	美	明尼苏达大学，Cornell，堪萨斯州立大学	农	育种	1946	北京大学，北京农业大学
22	蔡梓松	Cai Zisong	香港大学	1945	美		工	机械	1947？	
23	蔡祖宏	Cai Zuhong	交通大学	1947	美	密苏里大学，Michigan	工		1949	上海瑞典钢铁轴承公司

序号	姓名	姓名全拼	国内学校	出国年份	留学国	国外学校或其他机构	学科	专业	归国年份	国内工作地点
24	曹本熹	Cao Benxi	清华大学	1943	英	Imperial College	工	化工	1946	清华大学，北京石油学院，二机部，核工业部，中国科学院
25	曹承慰	Cao Chengwei	清华大学	1945	美		工	电力	1947?	
26	曹传谔	Cao Chuan-e	交通大学	1945	美		工	电机	1947?	
27	曹汉生	Cao Hansheng	西南联大	1945	美		工	机械	1947?	
28	曹骥	Cao Ji	清华大学	1947	美	明尼苏达大学	农	植物	1949	华北农业科学研究所，农业部植物检疫实验室，农业科学院植物保护研究所，农科院作物品种资源研究所
29	曹日昌	Cao Richang	清华大学	1945	英	剑桥大学	理	心理	1948	中华平民教育促进会，西南联大，香港大学，中科院
30	曹元钧	Cao Yuanjun	交通大学	1945	美		工	航政	1947?	
31	曹桢	Cao Zhen	唐山交通大学	1945	美		工	铁路桥梁	1947?	
32	曹祖忻	Cao Zuxin	中央大学	1943	英		工	造船	1946	台湾造船公司
33	常迥	Chang Jiong	清华大学	1944	美	MIT, Harvard	工	电机工程	1947	清华大学
34	陈帮圻	Chen Bangqi	交通大学	1945	美		工	铁路机械	1947?	
35	陈贲	Chen Ben	清华大学	1945	美		理	地学	1946	中国石油公司，燃料工业部，石油工业部

续表 9-1

序号	姓名	姓名全拼	国内学校	出国年份	留学国	国外学校或其他机构	学科	专业	归国年份	国内工作地点
36	陈秉聪	Chen Bingcong	成都空军机械学校	1945	美	空军机械学院，Illinois	工	航空	1948	山东工学院，吉林工业大学
37	陈炳麟	Chen Binglin	中山大学	1945	美		工	公路土木	1947？	
38	陈岱	Chen Dai	燕京大学	1945	美	哈伯森渥格公司耐火材料厂	工	陶瓷	1946	辽宁水泥公司，山东铝厂，北京有色冶金设计院，沈阳铝镁设计院，北京有色冶金设计研究总院
39	陈德能	Chen Deneng	中央大学	1945	美		农	植物	1947？	
40	陈芳允	Chen Fangyun	清华大学	1938	英	A. C. Cossor 无线电厂研究室	工	无线电	1948	科学院物理研究所电子研究室，国防科委测量通信总所
41	陈光旭	Chen Guangxu	清华大学	1942	美	Illinois	理	化学	1946	北平研究院化学研究所，北京大学，北京师范大学
42	陈冠荣	Chen Guanrong	清华大学	1947	美	卡乃基理工学院	工	化工	1948	柳州炼油厂，重庆炼油厂，重庆第23兵工厂，中国石油公司，北京化工设计院
43	陈桂升	Chen Guisheng	西北农学院	1945	美	Yale	农	林学	1946	中央林业实验所，武汉大学，华中农学院，南京林学院
44	陈汉标	Chen Hanbiao	清华大学	1940	美	Iowa State	理	心理	1946	岭南大学
45	陈华	Chen Hua	华西大学	1945	美	Columbia	医	牙科	1947	国立中央大学及附属牙症医院，南京医学院，军医大学

续表 9－1

序号	姓名	姓名全拼	国内学校	出国年份	留学国	国外学校或其他机构	学科	专业	归国年份	国内工作地点
46	陈家导	Chen Jiadao		1936	德，美	Berlin, Pittsburgh	理	化学	1946	
47	陈荩	Chen Jin	云南省公费留美预备班	1944	美	犹他大学	工	矿冶	1949	天津北洋大学，北京工业学院，中南大学
48	陈俊雷	Chen Junlei	浙江大学	1945	美		工	电器	1947?	
49	陈克	Chen Ke	马尾海军学校		英	格林尼治海军大学	工	航海	1947	人民海军，上海水产大学
50	陈立	Chen Li	交通大学	1945	美		工	电机	1947?	
51	陈力为	Chen Liwei	清华大学	1943	英	通用电器公司	工	电信	1946	浙江大学，南京有线电厂，国家计算机工业总局，计算机与微电子发展研究中心
52	陈励研	Chen Liyan	中山大学	1945	美		工	电讯	1947?	
53	陈培栋	Chen Peidong	交通大学	1945	美		工	公路运输	1947?	
54	陈其斌	Chen Qibin	中央大学	1945	美		工	制糖	1947?	
55	陈庆宁	Chen Qingning	清华大学	1945	美		工	水利	1947?	
56	陈棨元	Chen Qiyuan	交通大学		美	实习	工	船舶	1946?	
57	陈人哲	Chen Renzhe	交通大学		英	曼彻斯特大学	工	纺织	1949	长江麻纺厂，上海交大，华东纺织大学

序号	姓名	姓名全拼	国内学校	出国年份	留学国	国外学校或其他机构	学科	专业	归国年份	国内工作地点
58	陈日升	Chen Risheng	东北大学	1945	美		工	铁路	1947？	
59	陈日曜	Chen Riyao	武汉大学	1947	美	Michigan	工		1949？	广西大学，华中工学院，华中理工大学
60	陈容	Chen Rong	武汉大学	1945	美		工	电器	1947？	
61	陈瑞泰	Chen Ruitai	金陵大学	1945	美	康涅狄格州温沙烟草试验站，北卡罗来纳州牛津烟草研究室，肯塔基大学，Cornell，普林斯顿洛氏基金研究所，UC Berkeley	农	植物病理	1946	南京农林部烟产改进所，青岛烟叶复烤厂，山东农学院，农业科学院烟草研究所，山东农业大学
62	陈汝诠	Chen Ruquan	浙江大学，西南联大	1943	英	曼彻斯特大学理工学院	工	化工	1947	浙江大学，江苏常州大成二厂，江苏省纺织工业局
63	陈绍蕃	Chen Shaofan	中央大学	1945	美		工	铁路桥梁	1947？	
64	陈绍彭	Chen Shaopeng	中法工学院	1945	美		工	铁路	1947？	
65	陈树玉	Chen Shuyu	交通大学	1945	美		工	公路运输	1947？	
66	陈廷祚	Chen Tingzuo	上海医学院	1947	丹	国家血清研究所	理	微生物学	1949	辽宁大连生物制品研究所，成都生物制品研究所
67	陈同庆	Chen Tongqing	交通大学	1944	美	迈阿密海军训练中心	工	船舶	1946	上海造船工程协会
68	陈同章	Chen Tongzhang	清华大学		美	MIT	工	航空	1946？	

序号	姓 名	姓名全拼	国内学校	出国年份	留学国	国外学校或其他机构	学科	专业	归国年份	国内工作地点
69	陈望隆	Chen Wanglong	交通大学	1945	美		工	机械	1947?	
70	陈文魁	Chen Wenkui	山东大学	1945	美		工	机械	1947?	
71	陈文禧	Chen Wenxi	重庆中央大学	1945	美	西匪量具厂，法老斯插齿机厂，Illinois	工	机械	1947	南京中央工业试验所机械制造实验厂，上海中国纺织建设公司，上海第二纺织机械厂，上海纺织机械研究所
72	陈　祥	Chen Xiang	中山大学	1945	美		农	土壤	1947?	
73	陈希亮	Chen Xiliang	清华大学	1945	美		工	电机	1947?	
74	陈星焕	Chen Xinghuan	交通大学	1945	美		工	公路土木	1947?	
75	陈新民	Chen Xinmin	清华大学	1941	美	MIT，卡内基钢铁公司芝加哥南厂	工	冶金	1946	唐山启新洋灰公司，南京江南水泥公司，中央研究院昆明化学研究所，清华大学，中南矿冶学院
76	陈修白	Chen Xiubai	圣约翰大学	1945	美		农	渔业	1947?	
77	陈学仁	Chen Xueren		1943	英	Beillss& Morcom，Leyland Motors	工	机械	1946	台湾钢铁机械公司，台湾电力公司
78	陈学俊	Chen Xuejun	中央大学	1945	美	Purdue	工	机械工程	1947	中央工业试验所热工研究室，西安交通大学，中国科学院

序号	姓名	姓名全拼	国内学校	出国年份	留学国	国外学校或其他机构	学科	专业	归国年份	国内工作地点
79	程学敏	Chen Xuemin	中央大学	1943	英	伦敦亚历山大吉伯咨询公司	工	水利土木	1946	资源委员会全国水力发电工程总处，燃料工业部水电总局，郑州黄河水利委员会，水电部
80	陈仰三	Chen Yangsan	华中大学	1945	美		工	化工	1947?	
81	陈应星	Chen Yingxing	交通大学	1945	美		工	机械	1947?	
82	陈永定	Chen Yongding	中山大学	1945	美，苏	Illinois，华盛顿大学，黑色冶金科技中央研究院	工	化工	1949	鞍钢化工总厂，鞍钢中央试验室，鞍钢科研处，冶金部
83	陈 煜	Chen Yu	交通大学	1945?	美	实习	工	机械	1946?	
84	陈玉书	Chen Yushu	交通大学		美	实习	工	船舶	1946?	
85	陈占祥	Chen Zhanxiang	上海雷士德工学院	1938	英	利物浦大学，伦敦大学	工	土木	1946	北京市建筑设计院，国家城建总局城市规划设计研究所
86	陈正权	Chen zhengquan	武汉大学	1945	美		工	土木	1947?	
87	陈子钊	Chen Zizhao	中山大学	1945	美		工	电机	1947?	
88	程纯枢	Cheng Chunshu	清华大学	1945	美	Chicago，气象局	理	气象学	1946	中央气象局，上海气象台，华东军区气象处
89	成从修	Cheng Congxiu	湖南大学	1945	美		工	土木	1947?	
90	程复琪	Cheng Fuqi	武汉大学	1945	美		工	工业管理	1947?	

序号	姓名	姓名全拼	国内学校	出国年份	留学国	国外学校或其他机构	学科	专业	归国年份	国内工作地点
91	程鸿炳	Cheng Hongbing	交通大学	1945	美		工	机械	1947?	
92	程绩昌	Cheng Jichang	交通大学	1945?	美	实习	工	探矿	1947?	
93	成竞志	Cheng Jingzhi	中央大学	1945	美		工	土木	1947?	
94	程克仁	Cheng Keren	北京大学	1945	美		工	制纸	1947?	
95	程威廉	Cheng Weilian	交通大学	1945	美		工	公路运输	1947?	
96	程心一	Cheng Xinyi	交通大学	1945?	美	实习	工	机械	1947?	
97	成希颙	Cheng Xiyu	中央大学	1945	美		工	土木	1947?	
98	程暄生	Cheng Xuansheng	金陵大学	1945	美	农业部昆虫与植检局杀虫药剂研究室，Cornell，尼亚加拉药械公司	农	农药	1946	农林部病虫药械实验总厂，农林部华东农业科学研究所，扬州市农药化工研究所，江苏省石油化学工业厅农药研究所，江苏生农药研究所
99	池际咸	Chi Jixian	唐山交通大学	1945	美		工	铁路	1947?	
100	褚应璜	Chu Yinghuang	交通大学	1942	美	西屋电器公司工程师进修学校	工	电机	1948	上海重工业处，华东工业部，东北工业部，第一机械工业部，电器科学研究院
101	崔澂	Cui Cheng	中央大学	1941	美	Michigan	理	生物	1947#	中央大学，浙江大学，南开大学，中国科学院

续表 9 – 1

序号	姓名	姓名全拼	国内学校	出国年份	留学国	国外学校或其他机构	学科	专业	归国年份	国内工作地点
102	崔竣德	Cui Junde	西北工学院	1945	美		工	铁路机械	1947?	
103	崔叔瑗	Cui Shuyuan	交通大学	1945?	美	实习	工	铁路管理	1949?	
104	崔引安	Cui Yin-an	中央大学	1945	美	Iowa State	农	农业工程	1948	国立中央大学，山东工学院，吉林工业大学，北京农业工程大学
105	崔堉溪	Cui Yuxi	西北农学院	1945	美		农	畜牧	1947?	
106	戴保粹	Dai Baocui	交通大学	1945	美		工	电机	1947?	
107	戴昌晖	Dai Changhui	北洋大学	1944	美	Michigan，寇蒂斯-怀特飞机制造公司	工	力学	1947#	浙江大学，华东航空学院，西北工业大学，南京航空学院
108	戴昌楫	Dai Changji	浙江大学	1945	美		工	电机	1947?	
109	戴　进	Dai Jin	清华大学	1945	美		工	水利	1947?	
110	戴令奂	Dai Linghuan	苏州工业学校	1945	美		工	铁路	1947?	
111	戴铭傑	Dai Mingjie	中央大学	1945	美		农	植物病虫害	1947?	
112	戴振声	Dai Zhensheng	交通大学	1945	美		工	机械	1947?	
113	戴志昂	Dai Zhi-ang	中央大学	1945	美		工	土木	1947?	
114	邓才寿	Deng Caishou	同济大学	1945	美		工	电机	1947?	

续表 9－1

序号	姓名	姓名全拼	国内学校	出国年份	留学国	国外学校或其他机构	学科	专业	归国年份	国内工作地点
115	邓介山	Deng Jieshan	光华大学	1945	美		工	公路运输	1947?	
116	邓锟辅	Deng Kunfu	西北工学院	1945	美		工	电机	1947?	
117	邓思和	Deng Sihe	燕京大学	1945	美		工	工业管理	1947?	
118	邓颂九	Deng Songjiu	浙江大学，	1944	美	Michigan	工	化工	1948	浙江大学，湖南大学，华南理工大学
119	邓伟才	Deng Weicai	交通大学	1945?	美	实习	工	土木	1949?	
120	邓先诚	Deng Xiancheng	西北农学院	1945	美		农	森林	1947?	
121	刁开义	Diao Kaiyi	武汉大学	1945	美		工	土木	1947?	
122	丁忱	Ding Chen	交通大学	1945?	美	实习	工		1949?	
123	丁成章	Ding Chengzhang	浙江大学	1943	英	英国伯明翰GE公司	工	电机设计及制造	1946	浙大，台湾工矿公司，台湾大学
124	丁舜年	Ding Shunnian	交通大学	1947	美	西屋电器公司，匹兹堡大学	工	机械	1948	上海华生电器厂，资源委员会中央电工器材厂，上海电机厂，电器工业管理局，第一机械工业部
125	丁祥绍	Ding Xiangshao	西北大学	1945	美		工	炼油	1947?	
126	丁宣埴	Ding Xuanyu	清华大学	1945	美		工	铁路	1947?	
127	丁瓒	Ding Zan	南京大学，北平协和医学院	1947	美	Chicago	理	心理	1948	上海医学院，江苏医学院，中科院

续表 9－1

序号	姓名	姓名全拼	国内学校	出国年份	留学国	国外学校或其他机构	学科	专业	归国年份	国内工作地点
128	丁钊	Ding Zhao	中央大学	1946	美	华盛顿大学	工	航空	1948	上海柴油机厂，一机部第一设计院
129	丁正伊	Ding Zhengyi	清华大学	1945	美		工	电机	1947?	
130	丁振麟	Ding Zhenlin	浙江大学	1945	美	依阿华州立农学院，Cornell	农		1946	浙江大学，浙江农学院，浙江农业大学，浙江省农业科学院
131	董春光	Dong Chunguang	交通大学	1948?	美	实习	工	电机	1949?	
132	董家铭	Dong Jiaming	清华大学	1945	美		工	电机	1947?	
133	董民声	Dong Minsheng	国防医学院	1946	美	波士顿大学	医	耳鼻咽喉科	1947	河南医学院
134	董瑞鹰	Dong Ruilin	交通大学	1945	美		工	铁路	1947?	
135	董世芬	Dong Shifen	中山大学	1945	美		工	炼油	1947?	
136	董寿莘	Dong Shoushen	西南联大	1944	美	宾州威廉斯堡莱克敏发动机厂	工	电机	1947	清华大学，北京航空学院
137	董希贤	Dong Xixian	浙江大学	1945	美		工	电机	1947?	
138	杜朝藩	Du Chaofan		1945	美	雷士德工学院	工	机械	1947?	
139	杜春培	Du Chunpei	天津棉业专门学校毕业	1945	美		农	农艺	1947?	
140	杜洪作	Du Hongzuo	广西大学	1945	美		农	土壤	1947?	

序号	姓名	姓名全拼	国内学校	出国年份	留学国	国外学校或其他机构	学科	专业	归国年份	国内工作地点
141	杜世傑	Du Shijie	陆军兽医学校	1945	美		农	兽医	1947?	
142	杜锡钰	Du Xiyu	北洋大学	1944	美	Purdue	工	电信	1947	北洋大学，山东大学，北方交通大学
143	段丰顺	Duan Fengshun	中央大学	1945	美		工	铁路土木	1947?	
144	段学复	Duan Xuefu	清华大学	1940	加、美	多伦多大学，Princeton，普林斯顿高等研究院	理	数学	1946	清华大学，北京大学，中科院
145	范柏林	Fan Bolin	南开大学	1945	美		工	化工	1947?	
146	范纯一	Fan Chunyi	清华大学	1945	美		工	水利	1947?	
147	范桂文	Fan Guiwen	交通大学	1945	美		工	铁路	1947?	
148	范济洲	Fan Jizhou	北京大学	1945	美	华盛顿州立大学	农	林学	1947	西北农学院，浙江英士大学农学院，河北农学院，北京林业大学
149	范棠	Fan Tang	交通大学	1945	美	柯达化工厂，北卡州立大学	工	化工	1949	上海中央化工厂，重工业部航天工业局，航空材料研究所
150	樊爔培	Fan Xipei	东吴大学	1945	美		工	化工	1947?	
151	方柏容	Fang Borong	烟台芝罘工专	1936	意、美	米兰工程大学，Columbia	工	纺织	1947	经济部中央工业试验所，南通学院，中国纺织大学

序号	姓名	姓名全拼	国内学校	出国年份	留学国	国外学校或其他机构	学科	专业	归国年份	国内工作地点
152	方崇智	Fang Chongzhi	中央大学	1945	英	Newall 机床制造公司，曼彻斯特大学，伦敦大学	工	机械	1949	昆明中央机械厂，北京大学，清华大学
153	方恩绶	Fang Enshou	清华大学		菲	Philippines	医	内科	1949?	行医
154	方国瑈	Fang Guoxi	中央大学	1945	美		农	畜牧	1947?	
155	方汉培	Fang Hanpei	西北工学院	1945	美		工	纺织	1947?	
156	方俊鍪	Fang Junyun	清华大学	1930年代	美	实习	工	航空	1946?	
157	方时傑	Fang Shijie	广西大学	1945	美		农	兽医	1947?	
158	方 瑜	Fang Yu	武汉大学	1945	美		工	机械	1947?	
159	方中达	Fang Zhongda	金陵大学，清华大学	1945	美	Wisconsin	农	植物病理	1948	金陵大学，南京农学院，江苏农学院
160	费自圻	Fei Ziqi	清华大学	1945	美		工	炼油	1947?	
161	冯宝文	Feng Baowen	唐山交通大学	1945	美		工	铁路	1947?	
162	冯秉铨	Feng Bingquan	清华大学	1940	美	Harvard	工	物理	1946	广州岭南大学，华南工学院
163	冯广占	Feng Guangzhan	西北工学院	1945	美		工	机械	1947?	
164	冯洪志	Feng Hongzhi		1945	美?	德国 Berlin?	工	机械	1947?	
165	冯乐熊	Feng Lexiong	香港大学	1945	美		工	电机	1947?	

序号	姓名	姓名全拼	国内学校	出国年份	留学国	国外学校或其他机构	学科	专业	归国年份	国内工作地点
166	冯新德	Feng Xinde	清华大学	1945	美	诺特丹大学	理	化学	1948	清华大学，北京大学
167	冯寅	Feng Yin	唐山交通大学	1947	美	Iowa State	工	水利	1949	复旦大学，官厅水库工程局，水利电力部北京勘测设计院，水利电力部海河勘测设计院
168	冯应琨	Feng Yingkun	协和医学院	1948	美	田纳西州孟菲斯市盖勒医院	医	内科	1949	协和医学院，北京友谊医院神经精神科
169	冯子珮	Feng Zipei	香港大学	1945	美	物料搬运和起重机械制造工厂	工	机械	1946	香港黄埔船坞公司，中国海军快艇大队，中国植物油料公司，上海油脂工业公司，第一重型机器厂
170	傅承义	Fu Chengyi	清华大学	1940	加，美	麦吉尔大学，Colorado School of Mines，CalTech	理	物理	1947	气象研究所，北京地质学院，北京大学，中国科技大学，国家地震局
171	傅培彬	Fu Peibin		1923	法，比	鲁汶大学，阿洛斯特市立医院	医	内科	1946	中比镭锭医院抗战医疗机构，上海沪东医院，上海广慈医院，瑞金医院
172	傅胜发	Fu Shengfa	沈阳东北大学	1945	美	Cornell，路易斯安那州，得克萨斯州农业部昆虫植物检验局，棉花害虫研究室	农	昆虫	1946	中央农业实验所，沈阳东北药械厂，华东农业科学研究所，农业科学院江苏分院
173	富侠	Fu Xia	交通大学	1945	美		工	机械	1947？	

序号	姓名	姓名全拼	国内学校	出国年份	留学国	国外学校或其他机构	学科	专业	归国年份	国内工作地点
174	傅种孙	Fu Zhongsun	北京师范大学	1945	英	牛津大学，剑桥大学	理	数学	1947	北京师范大学
175	傅祖良	Fu Zuliang	交通大学	1945	美		工	土木	1947?	
176	高炳泰	Gao Bingtai	东南大学	1945	美		工	工业管理	1947?	
177	高国恕	Gao Guoshu		1945	美		工	机械	1947?	
178	高 鸿	Gao Hong	中央大学	1944	美	Illinois	理	化学	1948	中央大学，中国科学院
179	高立民	Gao Limin	金陵大学	1945	美		农	农艺	1947?	
180	高廷枢	Gao Tingshu	中央大学	1945	美		工	无线电	1947?	
181	高伟烈	Gao Weilie	西南联大	1945	美		工	水利	1947?	
182	高文彬	Gao Wenbin	清华大学	1945	美		工	机械	1947?	
183	高啸林	Gao Xiaolin	武汉大学	1945	美		工	纺织	1947?	
184	高振衡	Gao Zhenheng	清华大学	1942	美	Harvard	理	化学	1946	南开大学，科学院元素有机化学研究所
185	葛春霖	Ge Chunlin	清华大学	1947	美	明尼苏达大学	工	化学	1948	青岛化工厂，河南，山东等大学，轻工部研究院
186	葛庭燧	Ge Tingsui	清华大学	1941	美	UC Berkeley, MIT	理	物理	1949	清华大学，中国科学院
187	耿耀西	Geng Yaoxi	交通大学	1945	美	Michigan, UC Berkeley	工	机械	1948	燕京大学，清华大学
188	龚 弼	Gong Bi	浙江大学	1945	美		农	农艺	1947?	

续表 9 – 1

序号	姓名	姓名全拼	国内学校	出国年份	留学国	国外学校或其他机构	学科	专业	归国年份	国内工作地点
189	龚善麒	Gong Shanqi	西南联大	1945	美		工	机械	1947?	
190	龚一波	Gong Yibo	武汉大学	1945	美		工	土木	1947?	
191	顾崇衔	Gu Chongxian	中央大学	1945	美		工	纺织	1947?	
192	顾家冀	Gu Jiaji	交通大学	1945	美		工	铁路运输	1947?	
193	顾懋林	Gu Maolin	交通大学	1945	美		工	机械	1947?	
194	顾其行	Gu Qixing	中央大学	1945	美		工	工业管理	1947?	
195	顾希生	Gu Xisheng	西北工学院	1945	美		工	纺织	1947?	
196	顾学箕	Gu Xueji	上海医学院	1946	美	Harvard	医	公共卫生	1947	南京中央大学医学院，上海医学院
197	顾学裘	Gu Xueqiu	上海中法大学	1945	英	伦敦大学	医	药学	1947	浙江大学，浙江医学院，沈阳药学院
198	顾岳中	Gu Yuezhong	无锡教育学院	1944	美	Stanford, Columbia	理	教育心理	1947	河南大学
199	顾允中	Gu Yunzhong	武汉大学	1945	美		工	机械	1947?	
200	顾正汉	Gu Zhenghan	中央大学		美	北卡罗来纳大学	医	卫生学	1947?	上海市卫生局，国民政府卫生署
201	关炳韶	Guan Bingshao	中山大学	1945	美		农	农田水利	1947?	
202	关肇直	Guan Zhaozhi	清华大学	1947	法	巴黎大学彭加勒研究所	理	数学	1949	北京燕京大学，北京大学，科学院数学研究所，科学院系统科学研究所
203	郭炳瑜	Guo Bingyu	北平大学	1945	美		工	化工	1947?	

序号	姓名	姓名全拼	国内学校	出国年份	留学国	国外学校或其他机构	学科	专业	归国年份	国内工作地点
204	郭和夫	Guo Hefu			日	京都工学部	工	化工	1949	中科院大连化学物理研究所
205	郭鸿运	Guo Hongyun	清华大学	1941	美	Michigan	工	机械	1946	
206	郭慕孙	Guo Musun	沪江大学	1945	美	Princeton，碳氢化合物研究公司	工	化工	1948#	上海汉堡化工厂，上海生化药厂
207	郭文魁	Guo Wenkui	北京大学	1945	美	联邦地质调查所，明尼苏达大学，垦务局		冰坝工程	1947	资源委员会矿产测勘处，地质部，中国地质科学院
208	郭晓岚	Guo Xiaolan	清华大学	1944	美	Chicago	理	气象	1947？	
209	过鑫先	Guo Xinxian	浙江大学	1945	美		农	农艺	1947？	
210	郭一平	Guo Yiping	西北工学院	1945	美		工	电机	1947？	
211	郭豫笃	Guo Yudu	香港大学	1945	美		工	电机	1947？	
212	韩丙告	Han Binggao	北平大学	1945	美		工	机械	1947？	
213	韩柏林	Han Bolin	中央大学	1945	美		工	铁路桥梁	1947？	
214	韩文葆	Han Wenbao	中山大学	1945	美		工	化工	1947？	
215	韩文藻	Han Wenzao	浙江大学	1945	美		工	机械	1947？	
216	杭效祖	Hang Xiaozu	浙江大学	1940	德，瑞士	汉沙航空公司，德国航空学校，西门子总厂研究院真空管研究所	工	航天	1949	民航局电讯厂，天津实验工厂，第二机械工业部，国防部五院二分校

序号	姓名	姓名全拼	国内学校	出国年份	留学国	国外学校或其他机构	学科	专业	归国年份	国内工作地点
217	郝复俭	Hao Fujian	清华大学，交通大学	1945	美	Harvard，无线电公司，加拿大奇显公司	工	无线电工程	1947	资源部委员会无线电器材厂，邮电部电信科学技术研究所，通信部电子科学技术研究院，第七机械工业部第一研究院
218	郝履诚	Hao Lvcheng	辅仁大学	1940	美	Iowa State	理	化学	1946	
219	何葆善	He Baoshan	浙江大学	1945	美		工	化工	1947?	
220	赫崇本	He Chongben	清华大学	1943	美	MIT，UC Berkeley	理	海洋学	1949	山东大学，山东海洋学院
221	何光篪	He Guangchi	华西大学	1947	加	多伦多大学	医	解剖学	1949	华西大学，第三军医大学
222	何广慈	He Guangci	清华大学	1941年代			工		1946?	
223	何怀祖	He Huaizu	清华大学	1930年代			工		1946?	
224	何家瑚	He Jiahu	中山大学	1945	美		工	铁路	1947?	
225	何积标	He Jibiao	交通大学	1945	美		工	电机	1947?	
226	何敬真	He Jingzhen	金陵大学	1945	美		农	森林	1947?	
227	何俊英	He Junying	之江大学	1945	美		工	炼油	1947?	
228	何绍志	He Shaozhi	黄埔军校	1945	美	迈阿密海军训练中心	工	轮船	1946	江南造船厂

续表 9-1

序号	姓名	姓名全拼	国内学校	出国年份	留学国	国外学校或其他机构	学科	专业	归国年份	国内工作地点
229	何泽慧	He Zehui	清华大学	1936	德,法	Berlin, 柏林西门子弱电流实验室,海德堡皇家学院,法兰西学院	理	物理	1948	中科院
230	何增任	He Zengren	武汉大学	1945	美		工	工业管理	1947?	
231	贺正成	He Zhengcheng	交通大学	1945?	美	实习	工	机械	1947?	
232	侯仁之	Hou Renzhi	燕京大学	1946	英	利物浦大学	理	地理	1949	燕京大学,清华大学,北京大学,中国科学院
233	胡秉方	Hu Bingfang	南通大学	1945	英	里子大学	理	化学	1948	清华大学,北京农业大学
234	胡昌寿	Hu Changshou	重庆中央大学	1945	美,英	麦克唐纳飞机公司,格罗司特飞机公司	工	航空	1949	华东军区航空处航天工程研究室,哈尔滨国营122厂,哈尔滨航空工业学校,国防部第五研究院,第七机械工业部第一研究院
235	虎臣	Hu Chen		1939	美		理	地理	1946?	
236	胡国澄	Hu Guocheng	交通大学	1945	美		工	电机	1947?	
237	胡汉泉	Hu Hanquan	交通大学	1940	美	Michigan, Illinois	工	电机工程	1949	铁道科学研究院,真空电子器件研究所,电子工业部,清华大学
238	胡桓	Hu Huan	交通大学	1945	美		农	农具	1947?	

序号	姓名	姓名全拼	国内学校	出国年份	留学国	国外学校或其他机构	学科	专业	归国年份	国内工作地点
239	胡济民	Hu Jimin	浙江大学	1945	英	伯明翰大学，伦敦大学	工		1949	浙江大学，北京大学，中国科学院
240	胡济生	Hu Jisheng	金陵大学	1945	美	Cornell	农	农林	1946#	北平农试场，华北农业科研所，农科院土肥所，国家自然科学基金会生命科学部
241	胡克声	Hu Kesheng	交通大学	1943？	美	实习	工	机械	1946？	
242	胡沛泉	Hu Peiquan	圣约翰大学	1940	美	Michigan	工	机械	1948	上海圣约翰大学，华东航空学院，西安航空学院，西北工业大学
243	胡任贤	Hu Renxian	香港大学	1945	美		工	机械	1947？	
244	胡汝棣	Hu Rudi	唐山交大	1945	美		工	铁路	1947？	
245	胡声求	Hu Shengqiu	交通大学	1941	美		工	机械	1949？	
246	胡慎修	Hu Shenxiu	唐山交大	1945	美		工	铁路	1947？	
247	胡世悌	Hu Shiti	唐山交大	1945	美		工	铁路	1947？	
248	胡余暄	Hu Yuxuan	中政大学	1945	美		工	工业管理	1947？	
249	胡之真	Hu Zhizhen	中央大学	1945	美		工	机械	1947？	
250	华国祥	Hua Guoxiang	中央大学	1945	美		农	农田水利	1947？	

续表 9 - 1

序号	姓 名	姓名全拼	国内学校	出国年份	留学国	国外学校或其他机构	学科	专业	归国年份	国内工作地点
251	华兴蒯	Hua Xingnai	中央大学	1945	美	Cornell	农	棉花	1946	浙江余姚棉场，河北保定农学院，湖南第二农业试验场，中央农业实验所，华东农业科学研究院
252	华有光	Hua Youguang	交通大学	1945	美		工	铁路	1947?	
253	黄大能	Huang Daneng	复旦大学	1943	英	Rugby 英国电器公司，Sir William Halcrow Consulting Engineer，隧道水泥公司	工	水力发电，化工	1946	南京资源委员会，大连大学，华北窑业公司北京研究所，中国建材工业局水泥研究院
254	黄 昊	Huang Gao		1944	美		医	内科	1947	
255	黄国涛	Huang Guotao	交通大学	1945?	美	实习	工	土木	1949?	
256	黄宏嘉	Huang Hongjia	西南联大	1948	美	Michigan	工	电信工程	1949	北方交通大学，科学院电子研究所微波传输研究室，"毫米波波导传输"研究室，科学院上海光学与精密机械研究所，上海科技大学
257	黄家骐	Huang Jiaqi	交通大学	1945	美		工	铁路运输	1947?	
258	黄可训	Huang Kexun	金陵大学	1945	美	Cornell	农	昆虫学	1946	北京大学，北京农业大学
259	黄模渊	Huang Moyuan	南通学院纺织科	1945	美		工	纺织	1947?	

续表 9-1

序号	姓名	姓名全拼	国内学校	出国年份	留学国	国外学校或其他机构	学科	专业	归国年份	国内工作地点
260	黄培云	Huang Peiyun	清华大学	1941	美	MIT	工	冶金	1946	武汉大学，中南矿冶学院，科学院矿冶研究所，中南工业大学粉末冶金研究所
261	黄润韶	Huang Runshao	唐山交通大学	1945	美		工	铁路	1947?	
262	黄率诚	Huang Shuaicheng	金陵大学	1945	美		农	农艺	1947?	
263	黄纬禄	Huang Weilu	中央大学	1943	英	标准电话电缆公司，马可尼无线电公司，伦敦大学帝国学院	工	无线电	1947	资源部委员会无线电公司上海研究所，北京通信兵部电子科学研究院，航天工业部，航空航天工业部，航空航天总公司
264	黄武汉	Huang Wuhan	香港工程学院	1945	英	GEC研究所，无线电研究所	工	电机工程	1947#	香港大东无线电公司，科学院迈氏物理研究所微波实验室，电子学研究所微波技术研究室，上海光学精密机械研究所
265	黄新民	Huang Xinmin	清华大学	1945	英	伦敦药学院	理	化学	1949	北京大学，清华大学，华北大学，化学兵学校
266	黄雄畏	Huang Xiongwei	西南联大	1945	美		工	航空	1947?	
267	黄希素	Huang Xisu	劳动大学	1945	美		农	土壤肥料	1947?	
268	黄延豫	Huang Yanyu	浙江大学	1945	美		工	电机	1947?	

序号	姓名	姓名全拼	国内学校	出国年份	留学国	国外学校或其他机构	学科	专业	归国年份	国内工作地点
269	黄 翼	Huang Yi	武汉大学	1945	美		工	工业管理	1947?	
270	黄应春	Huang Yingchun	交通大学	1945?	美	实习	工	电机	1948?	
271	黄元波	Huang Yuanbo	陆军兽医学校	1945	美		农	兽医	1947?	
272	黄振勋	Huang Zhenxun	燕京大学	1945	美	实习	工	制糖	1947?	
273	黄至溥	Huang Zhipu	中央大学	1945	美	Cornell	农	昆虫	1946	中央农业实验所，农林部病虫药械厂，福建省植物病虫害防治所，福建省综合农业试验站，福建省农业科学院
274	黄志千	Huang Zhiqian	交通大学	1943	美	加利福尼亚州康梭立德飞机制造厂，康维尔飞机制造公司，Michigan，格洛斯特飞机制造公司	工	航空	1949	华东军区航空工程研究室，沈阳飞机制造厂，第二机械工业部航空工业局，航空研究院沈阳飞机设计研究所
275	黄志秋	Huang Zhiqiu	中央大学	1945	美		农	农艺	1947?	
276	黄宗瑜	Huang Zongyu	交通大学	1945	美		工	铁路运输	1947?	
277	稽储彬	Ji Chubin	唐山交通大学	1945	美		工	铁路	1947?	
278	暨懋旂	Ji Maoqi	西南联大	1945	美		工	无线电	1947?	
279	贾铭钰	Jia Mingyu	中央大学	1945	美		农	森林	1947?	

序号	姓名	姓名全拼	国内学校	出国年份	留学国	国外学校或其他机构	学科	专业	归国年份	国内工作地点
280	简根贤	Jian Genxian	交通大学唐山工程学院	1945	美	犹他州立大学	工	金属矿业	1947	江西钨锡公司，长沙有色金属矿山科学研究院，长沙矿山设计研究院
281	简浩然	Jian Haoran	中山大学	1949	美	Wisconsin	农	土壤微生物学	1949	中山大学
282	江安才	Jiang Ancai	北京大学	1941	美	Michigan	理	物理学	1947	北京大学，南开大学
283	姜秉权	Jiang Bingquan	金陵大学	1945	美		农	农艺	1947?	
284	姜诚贯	Jiang Chengguan	金陵大学	1945	美		农	农艺	1947?	
285	蒋次升	Jiang Cisheng	中央大学，私立齐鲁大学医科研究所	1945	美	Iowa State 兽医学院	农	兽医	1948	松潘职业学校，国立中央大学，南京大学，西北畜牧兽医学院，中科院西北分院，农科院中兽医研究所，浙江农业大学
286	蒋君寔	Jiang Junshi	兵工学校	1945	美		工	电器	1947?	
287	江良游	Jiang Liangyou	中央大学	1945	美		农	森林	1947?	
288	蒋明谦	Jiang Mingqian	北京大学	1941	美	马利兰大学，Illinois，礼来药厂	理	化学	1947	北平研究院，北京大学
289	江善襄	Jiang Shan xiang	北平大学工学院	1945	美		农	农业化学	1946	长寿中国火柴原料厂，四川长寿化工厂，化工部基本化学设计院，化工部第八设计院，南京化学工业公司设计院

序号	姓名	姓名全拼	国内学校	出国年份	留学国	国外学校或其他机构	学科	专业	归国年份	国内工作地点
290	蒋书楠	Jiang Shunan	浙江大学，广西大学，贵州大学	1948	美	Iowa State	农	动物昆虫学	1949	贵州大学，西南农学院，西南农业大学
291	姜泗长	Jiang Sichang	北京辅仁大学，北平大学医学院，中央大学	1947	美	Chicago	医	耳鼻喉科	1948	中央大学，江苏医学院，南京大学医学院附属大学医院，南京第五军医大学附属大学医院，西安第四军医大学附属医院，北京解放军总医院，中国人民解放军总医院
292	姜心曼	Jiang Xinman	江苏医学专科学校	1946	美	眼科研究所	医	眼科	1946	江苏医学院，浙江大学，浙江医科大学
293	蒋彦士	Jiang Yanshi	金陵大学	1936年后	美	明尼苏达大学	农	农学	1946	中央农业实验所，南京大学，国家农业研究局
294	姜尧	Jiang Yao		1941	美		理		1949	
295	蒋豫图	Jiang Yutu	燕京大学，协和医学院	1948	美	Johns Hopkins	医	公共卫生学	1949	协和医学院，军事医学科学院，中华医学会
296	江泽佳	Jiang Zejia	重庆大学	1947	加	麦吉尔大学	工	电机	1949	重庆大学，国务院学会委员会学科评议组，电子学会，电机工程学会

续表 9－1

序号	姓 名	姓名全拼	国内学校	出国年份	留学国	国外学校或其他机构	学科	专业	归国年份	国内工作地点
297	金炳章	Jin Bingzhang	中法国立工学院	1945	美		工	公路建筑	1947?	
298	金道森	Jin Daosen	西南联大	1945	美		理	化学	1946	中国科学院
299	金国粹	Jin Guocui	中央大学	1945	美		农	畜牧	1947?	
300	金鸿畴	Jin Hongchou	浙江大学	1945	美		工	土木	1947?	
301	金继汉	Jin Jihan	中央大学	1945	美		农	土壤肥料	1947?	
302	金经昌	Jin Jingchang	同济大学	1938	德	达姆斯塔特工业大学	工	土木工程	1946	上海市工务局都市计划委员会，同济大学
303	金培松	Jin Peisong	国立劳动大学	1944	美	Wisconsin	工	食品科学	1947	上海中央工业试验所，北京轻工业学院，天津轻工业学院，华东工业部
304	金彭龄	Jin Pengling	交通大学	1945	美		工	工业管理	1947?	
305	靳锡庚	Jin Xigeng	焦作工学院	1945	美		工	炼油	1947?	
306	金新宇	Jin Xinyu	上海交通大学	1943	英	英国通用电器公司，英国伦敦大学，英国BTH	工		1947	西路局，香港大学
307	金阳镐	Jin Yanggao	金陵大学	1945	美		农	农艺	1947?	
308	金　聿	Jin Yu	金陵大学	1945	美		农	农艺	1947?	

序号	姓名	姓名全拼	国内学校	出国年份	留学国	国外学校或其他机构	学科	专业	归国年份	国内工作地点
309	金允文	Jin Yunwen	中央大学	1945	美	纽约中央铁路局	工	铁路	1946	南京铁路总机厂，交通部材料试验研究所，唐山工学院，铁道部科学研究院金属及化学研究所
310	荆广生	Jing Guangsheng	西北工学院	1944	美，英	飞机厂	工	机械	1949	成都航空研究院，北洋大学，清华大学，北京航空学院，吉林长春拖拉机学院
311	康启隆	Kang Qilong	交通大学	1948?	美	实习	工	机械	1949?	
312	伉铁儁	Kang Tiejun	南开大学	1945	美		工	化工	1947?	
313	康信然	Kang Xinran	河北工学院	1945	美		工	机械	1947?	
314	康振黄	Kang Zhenhuang	中央大学	1947	美	纽约大学	工	机械	1949	重庆大学，四川大学，成都工学院
315	孔庆义	Kong Qingyi	天津工商学院	1946	美	Iowa State	工	水利	1949	水利部，河北省水利厅
316	赖蜀生	Lai Shusheng	成都大学	1945	美		工	工业管理	1947?	
317	赖兴治	Lai Xingzhi	北京大学	1945	美		工	工业管理	1947?	
318	蓝天鹤	Lan Tianhe	燕京大学	1940	美	罗彻斯特大学	医	生化	1947	华西协和大学，四川医学院
319	蓝毓锺	Lan Yuzhong	中央大学	1946	美	西屋电气公司，匹兹堡大学	工	电机	1948	湘潭电机厂，西安开关整流器厂，西安电力机械制造公司，科学技术协会

序号	姓名	姓名全拼	国内学校	出国年份	留学国	国外学校或其他机构	学科	专业	归国年份	国内工作地点
320	雷天觉	Lei Tianjue	北平大学工学院	1945	美	P&W 公司	工	机械	1947	昆明中央机械厂，华东工业部，上海机床厂，机械工业部，机械科学研究院，机械部自动化研究所
321	雷天壮	Lei Tianzhuang	北京大学	1945	美		工	化工	1947？	
322	冷福田	Leng Futian	浙江大学	1945	美	Cornell, 得克萨斯州和亚里桑纳州立大学，西部盐土研究室	农	农林	1946	华东农业科学研究所，江苏省农业科学院原子能农业利用研究所
323	李安素	Li Ansu	复旦大学	1945	美		工	工业管理	1947？	
324	李 蕊	Li Bi	湖南大学	1945	美		工	电机	1947？	
325	李昌源	Li Changyuan	交通大学	1944	美	宾州省会公路局	工	土木	1946	西南公路局，西南交通建筑公司，康藏公路第二施工局，交通部公路规划设计院
326	李传基	Li Chuanji	清华大学	1945	美		工	铁路	1947？	
327	李春芬	Li Chunfen	中央大学	1939	加，美	多伦多大学，Harvard	理	地理	1946	浙江大学，华东师范大学
328	李笃珊	Li Dushan	湖南大学	1945	美		工	机械	1947？	
329	李鹗鼎	Li E-ding	西南联大	1943	英		工	水电工程	1946	燃料工业部水电总局，四川狮子滩水电工程局，黄河三门峡工程局，刘家峡水电工程局，水利电力部，电力工业部

序号	姓　名	姓名全拼	国内学校	出国年份	留学国	国外学校或其他机构	学科	专业	归国年份	国内工作地点
330	李光华	Li Guanghua	武汉大学	1945	美		工	电机	1947?	
331	李国豪	Li Guohao	同济大学	1938	德	达姆斯塔特工业大学	工	土木	1946	同济大学
332	李国量	Li Guoling	中山大学	1945	美		工	机械	1947?	
333	李国贤	Li Guoxian	交通大学	1947?	美	实习	工	土木	1949?	
334	李汉华	Li Hanhua	交通大学	1945	美		工	工业管理	1947?	
335	李翰如	Li Hanru	西北农学院	1945	美	Berlin	农	农学	1948	西北农学院，华北农业机械总厂，北京农业机械化学院
336	李华桐	Li Huatong	交通大学	1945?	美	实习	工	电机	1949?	
337	李惠林	Li Huilin		1947	美		农	农林	1949	
338	李家文	Li Jiawen	金陵大学	1945	美	Cornell	农	蔬菜	1946	金陵大学，山东农学院，山东农业大学
339	李景沆	Li Jinghang	清华大学	1945	美		工	电力	1947?	
340	李景均	Li Jingjun	金陵大学	1938	美	Cornell	农	作物，育种	1946	北京大学农学院
341	李竞雄	Li Jingxiong	浙江大学	1944	美	密苏里大学，明尼苏达大学，Cornell	农	农学	1948	清华大学，北京农业大学，农林科学院，科学院
342	李近仁	Li Jinren	西安东北大学	1944	美	阿伯丁兵工学校	工	机械	1946	重庆华联炼钢厂，重庆21兵工厂，包头447厂，北京三机部，北京五机部

续表 9 - 1

序号	姓名	姓名全拼	国内学校	出国年份	留学国	国外学校或其他机构	学科	专业	归国年份	国内工作地点
343	李津身	Li Jinshen	清华大学	1945	美		工	电机	1947?	
344	李联标	Li Lianbiao	金陵大学	1945	美	Cornell, CalTech	农	茶业	1946	中央农业实验所，中央大学，浙江省茶叶改进所，农业科学院茶叶研究所，林业科学院亚热带林业研究站，浙江农业大学
345	李立万	Li Liwan	西北工学院	1945	美		工	铁路	1947?	
346	李铭新	Li Mingxin	福建协和大学		美	University of Southern California, Yale	医	内科	1947	北京大学，北京协和医学院，中国医学科学院
347	李乔苹	Li Qiaoping	北京工业专门学校		美	访问	理	化学	1949?	
348	李庆逵	Li Qingkui	复旦大学	1944	美	Illinois	农	土壤	1948	中央地质调查所，中科院，国际土壤学会，长沙农业现代化研究所
349	李锐夫	Li Ruifu	中央大学	1945	英	剑桥大学	理	数学	1948	广西大学，山东大学，重庆大学，复旦大学，上海交通大学
350	厉汝尚	Li Rushang	复旦大学，东北大学，西北工学院	1943	英	Vickers Armstrong, Barrow-in-Furness, 伦敦大学	工	船舶设计及船体检验	1948	台湾造船公司，台湾钢铁机械公司，台湾大学

序号	姓名	姓名全拼	国内学校	出国年份	留学国	国外学校或其他机构	学科	专业	归国年份	国内工作地点
351	李善邦	Li Shanbang	东南大学	1931	日，美，德，英	东京大学，CalTech，波茨坦地球物理研究所，剑桥大学	理	地质学	1946	中央地质调查所，中国科学院，国家地震局
352	李绍伟	Li Shaowei	交通大学	1945	美		工	铁路运输	1947?	
353	李曙轩	Li Shuxuan	中央大学	1945	美	Michigan	农	园艺	1948	四川大学，南京大学，浙江农学院，浙江农业大学
354	李潭生	Li Tansheng	唐山交通大学	1945	美		工	铁路	1947?	
355	李天恩	Li Tianen	交通大学	1945	美		工	铁路	1947?	
356	李天和	Li Tianhe	交通大学	1946?	美	纽约州斯克内克塔迪联合学院伦斯勒工学院	工	电工	1949?	
357	李天民	Li Tianmin	清华大学	1945	美		工	机械	1947?	
358	李廷弼	Li Tingbi	交通大学	1945	美		工	铁路运输	1947?	
359	李为坤	Li Weikun	唐山交通大学	1945	美		工	铁路	1947?	
360	李文采	Li Wencai	交通大学		德	德雷斯顿高等工业大学	工	工学	1946	重庆轻工业部，北京钢铁研究总院，冶金部，中国科学院
361	黎献勇	Li Xianyong	中山大学	1946	美	艾奥华大学，田纳西河管理局	工	土木	1948	广东农田水利局，广东建设厅，中山大学

序号	姓名	姓名全拼	国内学校	出国年份	留学国	国外学校或其他机构	学科	专业	归国年份	国内工作地点
362	李宪章	Li Xianzhang	中央技艺专校纺染科	1945	美		工	纺织	1947?	
363	李信德	Li Xinde	交通大学	1946?	美	实习	工	探矿	1949?	
364	李学海	Li Xuehai	交通大学	1945	美		工	铁路	1947?	
365	李扬汉	Li Yanghan	金陵大学	1945	美	Yale	农	林学	1946	南京金陵大学，中央林业实验所，南京农学院，江苏农学院
366	李耀华	Li Yaohua	交通大学	1945?	美	实习	工	造船	1949?	
367	李乙	Li Yi	浙江大学	1945	美		工	电机	1947?	
368	李宜璋	Li Yizhang		1945	美		农	农具	1947?	
369	李有山	Li Youshan	北平大学	1945	美		工	纺织	1947?	
370	李约翰	Li Yuehan	金陵大学	1945	美		农	森林	1947?	
371	李毓芬	Li Yufen	武汉大学	1945	美		工	电机	1947?	
372	李蕴滋	Li Yunzi	北平大学	1948	英	伦敦英国标准电报电话公司	工		1949	重庆西南邮电管理局电波研究所，邮电部电信科学研究所，通信兵部电子科学研究院，航天工业部，航空航天工业部，航天工业总公司
373	李玉莹	Li Yuying	中央技艺专校纺染科	1945	美		工	纺织	1947?	

续表 9－1

序号	姓名	姓名全拼	国内学校	出国年份	留学国	国外学校或其他机构	学科	专业	归国年份	国内工作地点
374	李瓒文	Li Zanwen	东吴大学，齐鲁大学	1941	美	西北大学	医	生理学	1946	齐鲁大学，山东医学院
375	李增培	Li Zengpei	唐山交通大学	1945	美		工	铁路	1947?	
376	李肇特	Li Zhaote	协和医学院	1947	美	华盛顿大学医学院，	医	内科	1949#	北京大学，卫生部
377	李重阳	Li Chongyang	交通大学	1945	美		工	航空	1947?	
378	李周雄	Li Zhouxiong	交通大学	1946?	美	实习	工	探矿	1949?	
379	李卓皓	Li Zhuohao	金陵大学	1935	美	UC Berkeley	理	化学	1949?	
380	李子白	Li Zibai	浙江大学	1945	美		工	电机	1947?	
381	梁燊	Liang Shen	清华大学	1945	美		工	工业管理	1947?	
382	梁树藩	Liang Shufan	唐山交通大学	1945	美		工	铁路	1947?	
383	梁思礼	Liang Sili	南开大学	1941	美	嘉尔顿学院，Purdue，辛辛那提大学应用科学研究所	工	电机	1949	邮电部电信技术研究所，总参通信兵部电子科学研究所，第七机械工业部，科学院院士
384	梁翕章	Liang Xizhang	辅仁大学	1945	美		工	机械	1947?	
385	梁徐	Liang Xu	广西医学院	1947	美	Harvard	医	内科	1949	广西医学院
386	梁余德	Liang Yude	中央大学	1945	美		农	农艺	1947?	

序号	姓名	姓名全拼	国内学校	出国年份	留学国	国外学校或其他机构	学科	专业	归国年份	国内工作地点
387	梁允奇	Liang Yunqi	浙江大学	1943	英		工		1946	浙江大学
388	梁在平	Liang Zaiping	交通大学	1945	美		工	公路运输	1947?	
389	廖庶蕃	Liao Shufan		1945	美		工	机械	1947?	
390	廖仲周	Liao Zhongzhou	清华大学	1940年代			工		1947?	
391	林传鼎	Lin Chuanding	清华大学	1947	比	鲁文大学	医	心理学	1949	辅仁大学，北京师范大学，北京师范学院，中国科学院
392	林达美	Lin Damei	北京交通大学	1941	美	华盛顿公路局，芝加哥汽车公司，Illinois	工	工业管理	1947	沈阳铁路局，粤汉铁路局，北京铁道管理学院，兰州铁道学院
393	林国璋	Lin Guozhang	西北工学院	1945	美		农	农田水利	1947?	
394	林汉藩	Lin Hanfan	武汉大学	1945	美		工	电机	1947?	
395	林惠贞	Lin Huizhen		1941			医	内科	1949	
396	林儿	Lin Ji	北京医学专门学校		德		医	法医学	1947?	法医研究所，北平大学，中央大学，南京大学
397	林家翘	Lin Jiaqiao	清华大学	1940	加，美	多伦多大学，CalTech	工	数学航空工程	1946?	北京大学
398	林景亮	Lin Jingliang	北平大学	1944	日	九州帝国大学	农	土壤	1947	福建省农事试验总场，福建省省立高级农校，福建省立农学院
399	林培深	Lin Peisheng	中央大学	1945	美		工	电机	1947?	

序号	姓名	姓名全拼	国内学校	出国年份	留学国	国外学校或其他机构	学科	专业	归国年份	国内工作地点
400	林汝铎	Lin Ruduo	交通大学	1945	美		工	机械	1947？	
401	林同段	Lin Tongduan	清华大学	1930年代	美		工		1946？	
402	林同珠	Lin Tongzhu	清华大学	1940年代			理		1949？	
403	林文莹	Lin Wenying	唐山交通大学	1945	美		工	铁路	1947？	
404	林颐	Lin Yi	交通大学	1945	美		工	铁路运输	1947？	
405	林郁	Lin Yu	浙江大学	1945	美	农业部昆虫局粮食，甘蔗害虫研究室，Cornell	农	昆虫	1946	南京中央农业实验所，农林部烟草改进处，上海南通农学院，南京华东农业科学研究所
406	林元惕	Lin Yuanti	焦作工学院	1945	美		工	电机	1947？	
407	林芝	Lin Zhi	交通大学	1945	美		工	公路运输	1947？	
408	林致德	Lin Zhide	交通大学	1945	美		工	化工	1947？	
409	凌君达	Ling Junda	交通大学	1945？	美	实习	理	化学	1949？	
410	凌宁	Ling Ning	清华大学	1944	美	Chicago	理	化学	1947	
411	刘璧章	Liu Bizhang	中央大学	1945	美		工	管理	1947？	
412	刘昌塿	Liu Changlou	金陵大学	1945	美		农	农艺	1947？	
413	刘昌夏	Liu Changxia	交通大学	1945	美		工	机械	1947？	

序号	姓名	姓名全拼	国内学校	出国年份	留学国	国外学校或其他机构	学科	专业	归国年份	国内工作地点
414	刘承沛	Liu Chengpei	武汉大学	1945	美		工	无线电	1947？	
415	刘承先	Liu Chengxian	北洋大学	1945	美	联邦公路总署	工	土木	1946	西北公路局，宝鸡渭河桥工程处，西北军政委员会交通部，西北行政委员会交通局，交通部
416	刘琼源	Liu Congyuan	陆军兽医学校	1945	美		农	兽医	1947？	
417	刘萃杰	Liu Cuijie	山东大学	1936	美	俄勒冈州立大学，科罗拉多大学	农	农学	1947	中山大学，华南农学院
418	柳大纲	Liu Dagang	东南大学	1946	美	罗切斯特大学	理	化学	1949	物理化学研究所，化学研究所，青海盐湖研究所
419	刘大中	Liu Dazhong	唐山交通大学	1936	美	Cornell	工	土木	1946	
420	刘芳级	Liu Fangji	浙江大学	1945	美		工	电机	1947？	
421	刘公诚	Liu Gongcheng		1945	美		工	化工	1947？	
422	刘后利	Liu Houli	中央大学	1944	美	Illinois	农		1948	武汉大学，华中农学院，华中农业大学
423	刘　健	Liu Jian	唐山交通大学	1945	美		工	铁路	1947？	
424	刘建康	Liu Jiankang	东吴大学	1946	加，美	麦基尔大学，伍兹霍尔实验细胞实验室，史密斯学院	理	鱼类学	1949	中科院

序号	姓名	姓名全拼	国内学校	出国年份	留学国	国外学校或其他机构	学科	专业	归国年份	国内工作地点
425	刘嘉树	Liu Jiashu	河北工学院	1944	美	实习	工	化工	1949	永利川碱厂，大连碱厂，化学工业部基本化学工业设计院，大连化学工业公司，第四届中国人民政治协商会议委员
426	刘基唐	Liu Jitang	成都光华大学	1945	美	佛罗里达州桐油研究所，匹兹堡大学	工	化工	1948	上海中国植物油料厂，中国交通大学唐山工学院，铁道部科技情报研究所
427	刘濬业	Liu Junye	清华大学	1945	美		工	土木	1947?	
428	柳克令	Liu Keling	浙江大学	1945	美		农	农具	1947?	
429	刘敏诚	Liu Mincheng	中央大学	1945	美		工	机械	1947?	
430	刘念信	Liu Nianxin		1945	美	MIT	工	纺织	1947?	
431	刘佩瑛	Liu Peiying	四川大学农学院	1947	美	密执安州农学院	农	园艺	1949	四川大学，西南农业大学
432	刘绍汤	Liu Shaotang	交通大学	1945	美		工	材料管理	1947?	
433	刘守道	Liu Shoudao	武汉大学	1945	美		工	管理	1947?	
434	刘先志	Liu Xianzhi	燕京大学	1934	德	Berlin，哥廷根大学	工	机械	1946	上海工务局，上海同济大学，无锡开源机械厂，山东工学院
435	刘仙洲	Liu Xianzhou	清华大学	1945	美	访问	工	土木	1946	清华大学

续表 9－1

序号	姓名	姓名全拼	国内学校	出国年份	留学国	国外学校或其他机构	学科	专业	归国年份	国内工作地点
436	刘心显	Liu Xinxian	清华大学	1945	美		工	工业管理	1947?	
437	刘诒谨	Liu Yijin		1940	美		工	土木	1949	
438	刘　永	Liu Yong	协和医学院	1947	美	Harvard	医	内科	1949	协和医学院，军事医学科学院
439	刘玉素	Liu Yusu		1945	美	Illinois	理	动物	1947	北平中法大学，北京辅仁大学，科学院动物所
440	刘哲民	Liu Zhemin	中央政校	1945	美		工	公路运输	1947?	
441	刘植炎	Liu Zhiyan	中航校	1945	美		工	领航	1947?	
442	刘钟华	Liu Zhonghua	交通大学	1944	美	华盛顿，底特律	工	机械工	1946	南京公共汽车公司机务部，唐山工学院，唐山铁道学院，西南交通大学
443	刘忠同	Liu Zhongtong	武汉大学	1945	美		农	农具	1947?	
444	龙承德	Long Chengde	四川大学	1945	美		农	植物病虫害	1947?	
445	龙惠溪	Long Huixi	中央大学	1945	美		工	化工	1947?	
446	龙显烈	Long Xianlie	重庆大学	1945	美		工	炼油	1947?	
447	楼维秋	Lou Weiqiu	浙江大学	1945	美		工	电机	1947?	
448	卢伯章	Lu Bozhang	清华大学	1945	美		工	电机	1947?	
449	陆福臻	Lu Fuzhen	浙江大学	1945	美		工	化工	1947?	

续表 9-1

序号	姓名	姓名全拼	国内学校	出国年份	留学国	国外学校或其他机构	学科	专业	归国年份	国内工作地点
450	陆国樑	Lu Guoliang	之江大学	1945	美		工	铁路	1947？	
451	卢浩然	Lu Haoran	中央大学	1943	印	孟买大学，新德里印度农业研究所	农	遗传育种	1946	中央大学，福建农学院遗传育种研究所
452	卢鹤钟	Lu Hezhong		1940	美		工		1949？	
453	卢焕章	Lu Huanzhang	交通大学	1938	英，美	英国伦敦大学帝国学院，密西根州炼油厂，纽约寰球贸易公司	工	化工	1946	中央化工厂，北京化工学院，化学工业部化学工业设计院，兰州化学工业公司，中国寰球化学工程公司
454	卢惠卿	Lu Huiqing	燕京大学	1944？	美	Columbia	理	体育生理	1946？	燕京大学
455	卢嘉锡	Lu Jiaxi	厦门大学	1937	英，美	伦敦大学，CalTech	理	化学	1946	厦门大学，浙江大学，中国科学院
456	陆近仁	Lu Jinren	清华大学	1946	美		理	物理	1947	清华大学
457	陆鸣嘉	Lu Mingjia	交通大学	1945	美		工	工业管理	1947？	
458	陆钦恺	Lu Qinai	浙江大学	1945	美		工	电机	1947？	
459	卢庆骏	Lu Qingjun	浙江大学	1946	美	Chicago	理	数学	1949	浙江大学，复旦大学，哈尔滨军事工程学院，黑龙江大学，航天工业总公司
460	陆钦侃	Lu Qinkan	浙江大学	1945	美	科罗拉多大学	工	土木	1947	华东工业部水电局，南京大学，燃料工业部水电总局，水利电力部规划局

序号	姓名	姓名全拼	国内学校	出国年份	留学国	国外学校或其他机构	学科	专业	归国年份	国内工作地点
461	卢榮泽	Lu Rongze	沪江大学	1945	美		工	化工	1947?	
462	陆士嘉	Lu Shijia	北京师范大学	1937	德	柏林高等工业学校，哥廷根大学	工	机械	1947	天津北洋大学，清华大学，北京航空学院
463	路树华	Lu Shuhua	交通大学	1945	美		工	电机	1947?	
464	陆颂善	Lu Songshan	交通大学	1945	英	柴油机厂，水泵厂，卡车厂，曼彻斯特大学	工	机械工程	1949	重工业部计划司，沈阳空军工程部，第二机械工业部，西安飞机工业公司
465	陆文发	Lu Wenfa	交通大学	1945	美		工	土木	1947?	
466	陆孝彭	Lu Xiaopeng	重庆中央大学	1944	美，英	麦克唐纳公司，格洛斯特飞机公司	工	航空	1949	华东军区航空工程研究室，北京南苑飞机修理厂，南昌飞机制造公司，南昌航空工业学院
467	陆星垣	Lu Xingyuan	中央大学	1946	美	依阿华州州立农工学院	农	遗传育种	1949	浙江大学，浙江省农林厅，浙江农业大学
468	路亚衡	Lu Yaheng	武汉大学	1945	美		工	机械	1947?	
469	卢衍豪	Lu Yanhao	北京大学	1945	美	Harvard，Chicago，地质调查所	理	地质	1946	科学院南京地质古生物研究所，科学院地学部
470	卢元镕	Lu Yuanrong	东北大学	1945	美		工	採矿	1947?	
471	陆钟祚	Lu Zhongzuo	中央大学	1945	美，加	Michigan，马可尼公司，RCA公司	工	电机	1947	中央无线电器材公司南京厂研究室，中央大学，南京工学院

序号	姓名	姓名全拼	国内学校	出国年份	留学国	国外学校或其他机构	学科	专业	归国年份	国内工作地点
472	陆家振	Lu Zongzhen	交通大学	1945	美		工	化工	1947?	
473	罗邦伯	Luo Bangbo	北京交通大学	1945	美		工	工业管理	1947?	
474	罗 河	Luo He	北洋大学	1945	英，荷兰	剑桥大学	工	测量	1947	唐山交通大学，北京大学工学院，华北交通学院，西南交通大学
475	罗建本	Luo Jianben	清华大学	1930年代		Minnesota	理	化学	1947?	
476	罗锦铸	Luo Jinzhu	交通大学	1945	美		工	机械	1947?	
477	罗鹏展	Luo Pengzhan	清华大学	1945	美		工	水利	1947?	
478	罗庆隆	Luo Qinglong	清华大学	1945	美		工	炼油	1947?	
479	罗士韦	Luo Shiwei		1943	美	CalTech, Columbia	理	植物	1947	北京大学，中国科学院，上海植物生理所，昆明植物研究所
480	罗士瑜	Luo Shiyu	清华大学	1945	美	工厂实习	工	机械	1947	昆明中央机器厂，天津机器厂，华北机器公司，重工业部中央机器工业局，一机部拖拉机制造厂
481	罗宛华	Luo Wanhua	中山大学	1942	法	实习	医	妇科	1948?	
482	吕保维	Lv Baowei	清华大学	1943	美	MIT, Harvard	工	电机工程	1949	邮电部电信科学研究所，科学院电子学研究所，电波传播研究所
483	吕崇朴	Lv Chongpu	重庆大学	1945	美		工	电机	1947?	

序号	姓名	姓名全拼	国内学校	出国年份	留学国	国外学校或其他机构	学科	专业	归国年份	国内工作地点
484	吕应钟	Lv Yingzhong	交通大学	1945	美		工	铁路	1947?	
485	马芳礼	Ma Fangli	清华大学	1945	美		工	电机	1947?	
486	马逢周	Ma Fengzhou	浙大农学院	1945	美		农	农具	1947?	
487	马骥	Ma Ji	武汉大学	1946	美	Michigan, Iowa State, 万国农机公司, 费城艾伦农机公司	工	机械	1949	北京华北农业机械总厂, 一机部农机研究所, 中国农业机械化科学研究院
488	马君寿	Ma Junshou	浙江大学	1945	美		工	电机	1947?	
489	马龙翔	Ma Longxiang	北洋大学	1945	美, 加	雷诺金属学校, 匹兹堡卡内理工学院, 加拿大铝业公司	工	冶金	1947	东北工学院
490	马秋官	Ma Qiuguan	唐山交通大学	1945	美		工	土木	1947?	
491	马世均	Ma Shijun	中央大学	1945	美	得克萨斯州农业试验站, Cornell	农	农艺	1946	复旦大学, 沈阳农学院, 辽宁省农业科学院
492	马世英	Ma Shiying	武汉大学	1945	美	塞罗等公司, Harvard	工	机械	1948	上海中央机器公司, 上海工具厂, 沈阳川厂, 沈阳410厂, 430厂
493	马杏垣	Ma Xingyuan	西南联大	1946	英	爱丁堡大学	理	地质	1948	北京大学, 北京地质学院, 国家地震局, 地质研究所, 中科院
494	马翼周	Ma Yizhou		1945	美		工	机械	1947?	
495	马育华	Ma Yuhua	金陵大学	1945	美, 加	Illinois, 萨斯卡切温大学	农	作物育种	1946#	北京大学

续表 9−1

序号	姓名	姓名全拼	国内学校	出国年份	留学国	国外学校或其他机构	学科	专业	归国年份	国内工作地点
496	马竹桢	Ma Zhuzhen	中山大学	1941	美		理	化学	1949	
497	马祖圣	Ma Zusheng	清华大学	1934	美	Chicago	理	化学	1946#	北京大学，清华大学，中山大学，岭南大学
498	毛履康	Mao Lvkang	交通大学	1945	美		工	机械	1947?	
499	毛寿彭	Mao Shoupeng	西北工学院	1945	美		农	农田水利	1947?	
500	毛文书	Mao Wenshu	华西大学	1947	加，美	多伦多大学，Chicago	医	医学	1949	广西岭南大学，中山医学院
501	毛应斗	Mao Yingdou		1941	美		理		1949	
502	梅超任	Mei Chaoren	交通大学	1945	美		工	公路运输	1947?	
503	梅籍芳	Mei Jifang	金陵大学	1945	美	华盛顿州立大学，Cornell	农	农艺	1946	南京中央农业实验所，华东农业科学研究院，农业科学研究院江苏分院
504	梅镇岳	Mei Zhenyue	西南联大		英	伯明翰大学	理	物理	1949?	中国科学院，中国科技大学
505	梅祖彤	Mei Zutong	清华大学	1940年代			理		1949?	
506	孟庆华	Meng Qinghua	齐鲁大学	1947	美	Iowa State College	理	动物	1948	贵阳国防医学院，贵阳医学院
507	孟庆元	Meng Qingyun	交通大学	1943	英	利物浦大学	工	电机	1947	资源委员会中央电工器材公司上海制造厂，上海电机厂，上海交通大学
508	孟少农	Meng Shaonong	西南联大	1941	美	MIT，福特汽车公司，锤士兰森机器公司	工	机械	1946	清华大学，中央重工业部汽车制造厂，陕西汽车制造厂
509	孟希潜	Meng Xiqian	交通大学	1945	美		工	电机	1947?	

序号	姓名	姓名全拼	国内学校	出国年份	留学国	国外学校或其他机构	学科	专业	归国年份	国内工作地点
510	糜若虚	Mi Ruoxu	交通大学		美	Michigan	工	机械	1948	上海杨树浦发电厂，华东电业管理局，上海电力修造总厂
511	缪梧兰	Miao Wulan	华西大学	1945	美		工	工业管理	1947?	
512	闵华	Min Hua	中央大学	1945	美		工	电机	1947?	
513	闵嗣鹤	Min Sihe	北京师范大学	1945	英，美	牛津大学，普林斯顿高等研究院	理	数学	1948	清华大学，北京大学
514	莫根生	Mo Gensheng	交通大学	1945	美		工	电机	1947?	
515	牟作云	Mou Zuoyun	北京师范大学	1946	美	Springfield	理	体育生理	1947	清华大学
516	倪达书	Ni Dashu	中央大学	1946	美	宾夕法尼亚大学	理	动物	1948	中科院
517	聂运新	Nie Yunxin	中央大学	1945	美		工	纺织	1947?	
518	区鲤腾	Ou Liteng	中山大学	1945	美		工	铁路	1947?	
519	欧天垣	Ou Tianyuan	上海雷士德工学院	1945	美	肯塔基州柏都卡工厂	工	机械	1946	戚墅堰机车厂，上海德士古煤油公司，上海圣约翰大学，同济大学，上海雷英技术咨询公司
520	区锡龄	Ou Xiling	广州岭南大学	1943	英	HEADWRIGHTSON&CO.THORNABY-ON-TEES 钢铁厂，伦敦WIMPEY&CO	工	结构设计	1947	香港工务局
521	欧阳诚	Ouyang Cheng	唐山交通大学	1945	美		工	土木	1947?	
522	潘迪民	Pan Dimin	圣约翰大学	1945	美		工	工业管理	1947?	

续表 9 - 1

序号	姓名	姓名全拼	国内学校	出国年份	留学国	国外学校或其他机构	学科	专业	归国年份	国内工作地点
523	潘福莹	Pan Fuying	中央大学	1942	美	国家蓄电池厂，惠拉特，回而特，爱迪生等蓄电池厂	工	电机	1946	汉口电池厂，一机部化学电源研究所，第四机械工业部1418研究所，电子工业部第十八研究所
524	潘家吉	Pan Jiaji	浙江大学	1945	美		工	电机	1947？	
525	潘世戌	Pan Shicheng	北平大学	1946	美	Yale	医	病理学	1949	湘雅医学院，湖南医学院
526	潘孝硕	Pan Xiaoshuo	中央大学	1938	美	MIT，Harvard	理	物理	1946	南开大学，中央研究所，南京大学，中科院
527	潘应昌	Pan Yingchang	中政大学	1945	美		工	工业管理	1947？	
528	潘仲鱼	Pan Zhongyu	香港大学	1945	美		工	电机	1947？	
529	裴保义	Pei Baoyi	金陵大学	1945	美	Cornell，Wisconsin	农	土壤	1946	金陵大学，南京农学院
530	裴明龙	Pei Minglong	交通大学	1946？	美	实习	工	土木	1949？	
531	彭秉璋	Peng Bingzhang	清华大学	1945	美		工	土木	1947？	
532	彭成一	Peng Chengyi	西南联大	1945	英	罗尔斯·罗依斯发动机制造厂	理	物理	1947	南京航空学院
533	彭弘	Peng Hong	清华大学	1945	美		工	电机	1947？	
534	彭桓武	Peng Huanwu	清华大学	1938	英，德	爱丁堡大学，都柏林高等研究院	理	物理	1947	云南大学，清华大学，中国科学院，北京大学，中国科技大学
535	彭俊甫	Peng Junpu	中央大学	1945	美		工	电机	1947？	

序号	姓名	姓名全拼	国内学校	出国年份	留学国	国外学校或其他机构	学科	专业	归国年份	国内工作地点
536	彭克明	Peng Keming	河北省立农学院	1936	美	Illinois	农	土壤	1947	湖北农学院，北京农业大学植物营养教研室
537	彭勤之	Peng Qinzhi	辅仁大学	1945	美		理	化学	1947?	
538	彭少逸	Peng Shaoyi	武汉大学	1947	美	工厂实习	理	化学	1949	大连大学，石油研究所，煤炭化学研究所
539	彭寿邦	Peng Shoubang	金陵大学	1945	美		农	农艺	1947?	
540	彭文和	Peng Wenhe	南通农学院	1945	美		农	畜牧	1947?	
541	彭泽民	Peng Zemin	西南联大	1944	美	莱克明航空发动机制造厂，布勒机床制造公司	工	机械	1947?	南开大学，天津大学
542	彭宗灏	Peng Zonghao	交通大学	1945	美		工	机械	1947?	
543	蒲蛰龙	Pu Zhelong	中山大学，燕京大学	1946	美	明尼苏达大学	理	生物	1949	中山大学，华南农学院
544	戚殿萱	Qi Dianxuan	交通大学	1945	美		工	公路运输	1947?	
545	齐世基	Qi Shiji	武汉大学	1945	美		工	机械	1947?	
546	祁延熙	Qi Yanxu	中央大学	1945	美		工	机械	1947?	
547	齐镇垣	Qi Zhenyuan	沈阳医科大学	1945	美	纽约花柳病研究所	医	内科	1946	北京协和医院，中央医院，湘雅医学院，湖南医学院
548	齐尊周	Qi Zunzhou	南洋模范中学	1945	美		工	铁路运输	1947?	

续表 9－1

序号	姓名	姓名全拼	国内学校	出国年份	留学国	国外学校或其他机构	学科	专业	归国年份	国内工作地点
549	钱保功	Qian Baogong	交通大学	1947	美	布鲁科林理工学院	理	化学	1949	上海化工厂，沈阳化工局，长春应用化学研究所，科学院武汉分院
550	钱冬生	Qian Dongsheng	交通大学	1945	美		工	桥梁	1946	唐山工学院，唐山铁道学院，西南交通大学
551	钱极	Qian Ji	交通大学	1945	美		工	铁路	1947?	
552	钱景渊	Qian Jingyuan	交通大学	1945	美		工	公路运输	1947?	
553	钱念曾	Qian Nianzeng	东吴大学，南开大学	1947	美	明尼苏达州立大学	农	昆虫学	1949	华北农林处，农业部植物检疫实验室，农业科学院植物保护研究所，农业部植物检疫实验所
554	钱人元	Qian Renyuan	燕京大学	1943	美	CalTech, Wisconsin, Iowa State	理	化学	1948	厦门大学，浙江大学，物理化学研究所，有机化学研究所，化学研究所
555	钱三强	Qian Sanqiang	清华大学	1937	法	巴黎大学，里昂大学，法兰西学院	理	物理	1948	中国科学院，浙江大学
556	钱伟长	Qian Weichang	清华大学	1940	加，美	加拿大多伦多大学，CalTech	工	力学	1946	清华大学，北京大学，燕京大学，上海工业大学
557	钱宪伦	Qian Xianlun	之江大学	1945	美		工	民航行政	1947?	
558	钱雍	Qian Yong	燕京大学	1945	美		工	工业管理	1947?	
559	钱钟毅	Qian Zhongyi		1944	美	Iowa State	工	土木	1947	
560	秦礼让	Qin Lirang	广西大学农学院	1945	美		农	兽医	1947?	

序号	姓名	姓名全拼	国内学校	出国年份	留学国	国外学校或其他机构	学科	专业	归国年份	国内工作地点
561	秦馨菱	Qin Xinling	清华大学	1945	美	联合地球物理公司（UGC），斯郎波吉公司（SC），莱恩.韦尔斯公司（LWC）	理	地质	1946	实业部地质调查所，经济部中央地质调查所，科学院地球物理研究所，北京地质学院，中国科技大学，地震局，国际地震中心理事
562	秦元勋	Qin Yuanxun	浙江大学	1944	美	Harvard	理	数学	1948	北京师范大学，中国科学院
563	裘法祖	Qiu Fazu	同济大学	1936	德	慕尼黑大学，土尔兹市立医院	医	外科	1946	上海同济大学，武汉医学院，同济医科大学
564	丘景云	Qiu Jingyun	航空机械学校	1945	美		工	机械	1947?	
565	丘侃	Qiu Kan	中央大学	1945	美		工	土木	1947?	
566	裘维蕃	Qiu Weifan	金陵大学	1945	美	Wisconsin	农	植物病理	1948	清华大学，北京农业大学，科学院真菌植病研究室，应用真菌学研究所
567	邱祥聘	Qiu Xiangpin	四川大学	1945	美		农	畜牧	1947?	
568	邱易昌	Qiu Yichang	交通大学	1945	美		工	机械	1947?	
569	瞿福亨	Qu Fuheng	唐山交通大学	1945	美		工	铁路	1947?	
570	屈天祥	Qu Tianxiang	金陵大学	1946	英	伦敦卜内门霍桑研究所	农	农药	1948	金陵大学，浙江农学院，浙江农业大学
571	曲仲湘	Qu Zhongxiang	中央大学	1945	加，美	多伦多大学，明尼苏达大学	理	植物	1948	复旦大学，云南大学
572	任葆良	Ren Baoliang	北洋大学	1945	美		工	机械	1947?	

续表 9 - 1

序号	姓 名	姓名全拼	国内学校	出国年份	留学国	国外学校或其他机构	学科	专业	归国年份	国内工作地点
573	任超北	Ren Chaobei	中央大学	1945	美		工	铁路	1947?	
574	任承统	Ren Chengtong	金陵大学	1945	美		农	土壤	1946	西北黄河工程局，科学院，农业科学院
575	任 朗	Ren Lang	交通大学	1944	美	Harvard, MIT	理	数学	1946	沪江大学，交通大学，唐山铁道学院，中国科学院电子研究所，北京广播学院
576	任新民	Ren Xinmin	中央大学	1945	美	辛辛那提磨床铣床厂，Michigan，布法罗大学	工	机械	1949	哈尔滨军事工程学院，第七机械工业部，航空航天工业部航天工业总公司
577	任振修	Ren Zhenxiu	潜艇兵	1946	英	普利茅斯德汶港海军训练舰	工	造船	1948	大连海军学校，海军舟山基地战舰大队
578	荣 科	Rong Ke	焦作工学院	1945	英	罗尔斯·罗伊斯公司，皇家工学院	工	冶金	1948	贵州大学，杭州经纬纺织机械厂，机械工业部，航空材料研究所
579	容永乐	Rong Yongle	岭南大学	1945	美		工	土木	1947?	
580	阮维周	Ruan Weizhou	北京大学	1940	美	Chicago	理	地质	1946	北洋大学
581	阮兴仁	Ruan Xingren		1946	英	皇家海校	工	航海	1948	青岛海洋大学
582	单炳庆	Shan Bingqing	交通大学	1945	美		工	机械	1947?	
583	单人骅	Shan Renhua	金陵大学	1946	美	UC Berkeley	理	植物学	1949	中国科学院，南京中山植物园，南京植物研究所，江苏省植物研究所

序号	姓名	姓名全拼	国内学校	出国年份	留学国	国外学校或其他机构	学科	专业	归国年份	国内工作地点
584	单宗肃	shan zongsu	交通大学	1941	美	RCA 电子管厂，国际电话电报公司	工	电信	1948	南京电照厂，南京电工厂，南京电子管厂
585	尚德延	Shang Deyan	震旦大学	1948	美	芝加哥城美洲医院	医	麻醉学	1949	兰州中央医院，第四军医大学，北京解放军胸科医院，中国医学科学院
586	邵瑞珍	Shao Ruizhen	浙江大学	1946	美	Purdue	理	教育心理	1948	华东师范大学
587	沈彬康	Shen Binkang	东吴大学	1945	美		工	化工	1947?	
588	沈崇昭	Shen Chongzhao	西南联大	1945	美		工	化工	1947?	
589	沈从龙	Shen Conglong	交通大学	1945	美	西屋电气公司，匹兹堡大学	工	电机	1948	上海华商电气公司，资源委员会中央电工器材厂，湘潭电机厂，武汉大学，哈尔滨电机厂
590	沈尔康	Shen Erkang	中央大学	1945	美		工	机械	1947?	
591	沈 功	Shen Gong	清华大学	1945	美		工	土木	1947?	
592	沈汉祥	Shen Hanxiang	厦门大学	1944	美	波士顿渔业研究所，加州渔业研究所	农	渔业	1947	山东大学，集美水产商船专科学校，厦门大学，青岛海洋大学
593	沈华生	Shen Huasheng	燕京大学	1945	美	考波公司所属的工厂，设计公司	工	化工	1947	长沙锑品厂，上海锦屏磷矿公司，工业部矿冶研究所，重工业部有色金属试验所，北京有色金属研究总院

序号	姓名	姓名全拼	国内学校	出国年份	留学国	国外学校或其他机构	学科	专业	归国年份	国内工作地点
594	沈家祥	Shen Jiaxiang	国立药学专科学校	1945	英	伦敦大学	医	药学	1949	大连工学院，东北制药厂，沈阳药学院，国家医药管理总局，药物科学院
595	沈克勤	Shen Keqin	西北工学院	1945	美		农	农具	1947?	
596	沈珑	Shen Long	交通大学	1945	美		工	机械	1947?	
597	沈庆核	Shen Qinghe	浙江大学	1943	英	马可尼无线电公司，马可尼学院，标准电话电缆公司	工	无线电	1947	浙江大学，南京中央无线电厂南京工学院，成都电讯工程学院
598	沈申甫	Shen Shenpu	清华大学	1944	美	MIT	工	航空	1947	
599	沈鑫	Shen Xin	沪江大学	1945	美		工	工业管理	1947?	
600	沈右铭	Shen Youming	北洋大学	1945	美		工	土木	1947?	
601	沈元	Shen Yuan	燕京大学，清华大学	1943	英	Imperial College，罗罗航空发动机公司	工	机械	1946	清华大学，福州英华中学，北京航空学院
602	沈岳瑞	Shen Yuerui	中央大学	1945	英	杜伦大学	工	造船	1948	招商局，上海船舶修造厂，一机部船舶工业局
603	沈在阶	Shen Zaijie	中央大学	1945	美		农	土壤	1947?	
604	沈昭文	Shen Zhaowen	上海光华大学	1926后	加，美	多伦多大学，Michigan	理	生物化学	1946	中央研究院，中国科学院，上海科技图书馆，华东工学院

序号	姓名	姓名全拼	国内学校	出国年份	留学国	国外学校或其他机构	学科	专业	归国年份	国内工作地点
605	沈肇熙	Shen Zhaoxi	清华大学	1945	美		工	无线电	1947?	
606	申宗圻	Shen Zongqi	金陵大学	1945	美	Yale	农	林学	1947	金陵大学，北京大学，北京农业大学，北京林学院
607	沈祖馨	Shen Zuxin	厦门大学	1945	美		工	造纸	1947?	
608	盛诚桂	Sheng Chenggui	金陵大学	1945	美	Cornell，玛利兰大学	农	园艺	1946	山东大学，金陵大学，南京农学院，江苏省植物研究所，南京中山植物园
609	盛树棋	Sheng Shuqi	圣约翰大学	1940	美	Wisconsin，雪尔文尼亚电器厂	工	电机	1946	上海综合仪器厂，一机部热工仪表所
610	盛泽閩	Sheng Zenkai	南开大学	1945	美		工	电机	1947?	
611	石道济	Shi Daoji	金陵大学	1945	美		工	造船	1947?	
612	石华玉	Shi Huayu	同济大学		瑞士、奥、英	瑞士苏黎世大学医学院，奥地利因斯博鲁克大学，英国爱丁堡皇家医学院	医	内科	1949	浙江省立医学院，杭州仁爱医院，高级护校，杭州疗养院，浙江医科大学
613	施家榘	Shi Jiaju		1941			医		1949	
614	石开琳	Shi Kailin	湖南大学	1945	美		工	电机	1947?	
615	史麟图	Shi Lintu	北洋大学	1945	美		工	机械	1947?	
616	史瑞和	Shi Ruihe	中央大学	1945	美	实习	农	土壤	1946#	南京中央大学
617	史汝楫	Shi Ruji	浙江大学	1945	美		工	机械	1947?	

序号	姓名	姓名全拼	国内学校	出国年份	留学国	国外学校或其他机构	学科	专业	归国年份	国内工作地点
618	史仲仪	Shi Zhongyi	交通大学	1945	美		工	机械	1947?	
619	舒光冀	Shu Guangji	中央大学	1946	美		工		1949	中央大学，南京工学院
620	斯颂声	Si Songsheng	吴淞水产学校	1945	美		农	渔业	1947?	
621	宋宝尊	Song Baozun	交通大学	1946?	美	实习	工	电机	1949?	
622	宋达泉	Song Daquan	浙江大学	1945	美	Cornell	农	土壤	1946	中央地质调查所，中央大学，华北农林部，中科院
623	宋国瑞	Song Guorui	商船学校	1945	美		工	船舶	1947?	
624	宋镜瀛	Song Jingying	清华大学	1945	英	Imperial College	工	机械	1948	清华大学
625	宋儒耀	Song Ruyao	华西大学	1942	美	罗彻斯特大学医院，宾夕法尼亚大学	医	牙科	1948#	华西协和大学，华西大学口腔医院，中国医学科学院
626	宋孝璠	Song Xiaofan	交通大学	1945	美		工	工业管理	1947?	
627	苏伯浏	Su Bolie	中山大学	1943	英	National Gas & Oil CO. LTD，Associated Equipment CO. LTD	工	机械	1946	永备电筒厂，香港舰壳有限公司
628	苏　钝	Su Dun	南开大学	1945	美		工	化工	1947?	
629	苏尚本	Su Shangben	交通大学	1945	美		工	铁路	1947?	
630	苏先劼	Su Xianjie	西北工学院	1945	美		工	纺织	1947?	

续表 9－1

序号	姓名	姓名全拼	国内学校	出国年份	留学国	国外学校或其他机构	学科	专业	归国年份	国内工作地点
631	苏延宾	Su Yanbin	南通学院	1945	美		工	纺织	1947？	
632	苏祖斐	Su Zufei	沪江大学，协和医学院	1947	美	纽约大学医学院	医	儿科	1949？	上海市儿童医院，上海第二医学院
633	隋经义	Sui Jingyi	西北工学院	1947	美	Harvard	工	电机	1948	上海中央广播器材修造所，北京广播器材厂，电子工业部通信广播电视工业管理局，通广电子公司
634	孙芳垂	Sun Fangchui	中央大学		美	Michigan	工	土木	1949	交通部中国建筑公司，建工部北京工业建筑设计院，广播电影电视部设计院
635	孙鸿泉	Sun Hongquan	齐鲁大学，华西大学	1948	美	华盛顿大学，费城坦姆波大学	医	医学	1949	山东医学院
636	孙聘三	Sun Pinsan	浙江大学	1945	美		工	机械	1947？	
637	孙渠	Sun Qu	金陵大学	1945	美	Ohio State，Cornell，UC Berkeley	农	土壤	1946#	重庆乡村建设学院
638	孙绍先	Sun Shaoxian	清华大学		美	MIT	工	电机	1946	清华大学
639	孙时中	Sun Shizhong	交通大学	1945	美		工	机械	1947？	
640	孙守全	Sun Shouquan		1941	美		工		1949	

序号	姓名	姓名全拼	国内学校	出国年份	留学国	国外学校或其他机构	学科	专业	归国年份	国内工作地点
641	孙训方	Sun Xunfang	西南联大	1948	美	Harvard	工	机械	1949	交通大学，唐山铁道学院，，南京化工学院，成都科技大学，大连铁道学院
642	孙永澄	Sun Yongcheng	交通大学	1945	美		工	机械	1947？	
643	孙源裕	Sun Yuanyu	唐山交通大学	1945	美		工	土木	1947？	
644	孙云雁	Sun Yunyan	中央大学	1945	美		工	土木	1947？	
645	孙增在	Sun Zengzai	中央大学	1945	美		工	化工	1947？	
646	孙珍宝	Sun Zhenbao	齐鲁大学，清华大学	1941	美	Lehigh，伯利恒钢公司总试验室	工	冶金	1947	北洋大学，上海材料供应事务所材料试验室，同济大学，冶金工业部钢铁研究院
647	孙振东	Sun Zhendong	唐山交通大学	1945	美		工	土木	1947？	
648	孙浙生	Sun Zhesheng	光华大学	1945	美		工	铁路运输	1947？	
649	孙忠亮	Sun Zhongliang	上海医学院	1947	英		医	医学	1948	上海第一医学院，中山医院
650	孙竹生	Sun Zhusheng	哈尔滨工业大学	1941	美，加	通用车辆公司，Purdue，加拿大蒙特里尔机车工厂	工	机械	1946	沈阳机车车辆制造公司，上海冷铸车轮厂，唐山铁道学院
651	孙自全	Sun Ziquan	重庆大学	1945	美		工	炼油	1947？	
652	谭防夏	Tan Fangxia	中山大学	1945	美		工	铁路	1947？	

序号	姓名	姓名全拼	国内学校	出国年份	留学国	国外学校或其他机构	学科	专业	归国年份	国内工作地点
653	谭庆麟	Tan Qinglin	云南联合大学	1945	美	Lehigh, Purdue	工	矿冶	1949	云南大学，昆明工学院，昆明冶金陶瓷研究所，昆明贵金属研究所，云南经济技术研究中心
654	谭树升	Tan Shusheng	交通大学	1945	美		工	机械	1947？	
655	谭振声	Tan Zhensheng	交通大学	1945	美		工	机械	1947？	
656	汤德全	Tang Dequan		1937	瑞士	苏黎世联邦工业大学，瑞士 BBC 工厂	工	机械	1948	上海同济大学，北京矿业学院，北京市机电工业局，煤炭工业部煤炭科学研究院
657	汤国权	Tang Guoquan	武汉大学	1945	美		工	无线电	1947？	
658	唐嘉衣	Tang Jiayi	中央大学	1945	美		工	土木	1947？	
659	唐季友	Tang Jiyou	中央大学	1945	美		工	电机	1947？	
660	唐茂松	Tang Maosong	湖南大学	1945	美		工	机械	1947？	
661	汤明奇	Tang Mingqi	交通大学	1942	美	通用电气公司，MIT	工	电机	1946	华成电器厂，西南联大，上海中央电工厂，沈阳变压器厂，第一机械工业部电器工业总局
662	汤佩勤	Tang Peiqin	清华大学	1940年代			理		1949？	
663	唐庆千	Tang Qingqian	交通大学	1945？	美	实习	工	电机	1949？	

序号	姓名	姓名全拼	国内学校	出国年份	留学国	国外学校或其他机构	学科	专业	归国年份	国内工作地点
664	唐统一	Tang Tongyi	清华大学	1943	英	曼彻斯特市茂伟电机制造厂，英国伦敦大学	工	电机	1946	清华大学，机械电子工程师进修大学
665	汤永谦	Tang Yongqian	浙江大学	1945	美		工	化工	1947？	
666	汤玉玮	Tang Yuwei	中央大学	1944	美	CalTech	理	植物	1948	浙江大学，科学院上海植物生理研究所
667	汤兆裕	Tang Zhaoyu	浙江大学	1945	美		工	土木	1947？	
668	唐仲璋	Tang Zhongzhang	福建医学院，	1948	美	Johns Hopkins	理	生物学	1949	福州大学，福建师范学院，厦门大学
669	陶鼎来	Tao Dinglai	西南联大	1945	美	明尼苏达大学	农	农学	1948	江苏省国营东辛机械化农场，农业科学院，农业机械化科学研究院，农业工程研究设计院
670	陶亨咸	Tao Hengxian	同济大学	1945	美	实习	工	机械	1947	兰州甘肃机器厂，中央机器公司，上海机器厂，昆明机器厂
671	陶亨豫	Tao Hengyu	浙江大学	1945	美		工	电力	1947？	
672	陶克原	Tao Keyuan	清华大学	1945	美		工	化工	1947？	
673	陶令桓	Tao Linghuan	西南联大	1945	英		工	冶金	1949	机械工业部，机械科研院
674	陶寿淇	Tao Shouqi	上海医学院	1947	美	波士顿马萨诸塞综合医院	医	内科	1948	上海中山医院
675	陶玉田	Tao Yutian	金陵大学	1945	美		农	森林	1947？	

序号	姓名	姓名全拼	国内学校	出国年份	留学国	国外学校或其他机构	学科	专业	归国年份	国内工作地点
676	陶正耀	Tao Zhengyao	交通大学	1945	美		工	工业管理	1947？	
677	田长模	Tian Changmo	清华大学	1930年代			工		1946	
678	田民朋	Tian Minpeng	华西大学	1936	美	Syracuse	理	化学	1947	
679	田万傑	Tian Wanjie	中央大学	1945	美		工	航空	1947？	
680	童宪章	Tong Xianzhang	中央大学	1945	美		工	机械	1947？	
681	屠大奉	Tu Dafeng	交通大学	1945？	美	实习	工	机械	1947？	
682	屠 楷	Tu Kai	浙江大学	1945	美		工	化工	1947？	
683	万鹤群	Wan Hequn	中央大学	1945	美	Iowa State	农	农机	1947	中国农业实验所，国家农业部机耕学校，北京农业机械化学院，北京农业工程大学
684	万文仙	Wan Wenxian		1941	美		理		1949	
685	万文煜	Wan Wenyu	厦门大学	1943	英	格拉斯哥钢结构厂，伦敦顾问工程公司，伦敦大学	工		1948	上海市工务局结构处，杨树浦发电厂设计室，华东电力设计院
686	万新先	Wan Xinxian	金陵大学	1945	美		工	化工	1947？	
687	万毓琦	Wan Yuqi	西北工学院	1945	美		工	纺织	1947？	
688	王 安	Wang An	交通大学	1945	美		工	电机	1947？	

序号	姓名	姓名全拼	国内学校	出国年份	留学国	国外学校或其他机构	学科	专业	归国年份	国内工作地点
689	王保华	Wang Baohua	江西南昌中正医学院	1948	美	Chicago	医	医学	1949	兰州中央医院
690	王宝基	Wang Baoji	复旦大学，西南联大	1943	英	Glenfield & Keneedy 厂，English Electric Co.，Sir Alexander Gibb & Partners 顾问公司	工	水电	1946	南京全国水力发电工程总处，燃料工业部水电总局，电力工业部，水利电力部等
691	王补宣	Wang Buxuan	西南联大		美	Purdue	工	机械	1949	清华大学，热能与热物理所
692	王昌邦	Wang Changbang	湖南大学	1945	美		工	土木	1947?	
693	王成椿	Wang Chengchun	北京大学		美	明尼苏达大学	理	物理	1947?	东北大学，重庆大学，同济大学，台湾仪器制造厂
694	王大珩	Wang Daheng	清华大学	1938	英	Imperial College，雪菲尔大学，昌司玻璃公司	理	物理	1948	大连大学，科学院长春光学精密机械研究所，科学院
695	汪德成	Wang Decheng	交通大学	1945	美		工	电机	1947?	
696	汪德熙	Wang Dexi	清华大学	1941	美	MIT，Parker 塑料厂	理	化工	1947	南开大学，天津大学，原子能研究所
697	王柢	Wang Di	清华大学	1945	美	Chicago NW Ry	工	铁道	1946	交通部材料试验所，唐山工学院，唐山铁道学院，西南交通大学
698	王富农	Wang Funong	上海商学院	1945	美		工	工业管理	1947?	
699	王伏雄	Wang Fuxiong	清华大学	1943	美	Illinois	理	植物	1946	中央研究院，台湾大学，中科院

序号	姓名	姓名全拼	国内学校	出国年份	留学国	国外学校或其他机构	学科	专业	归国年份	国内工作地点
700	王广森	Wang Guangsen			美	Cornell	农	农林	1949	四川北碚相辉学院，陕西西北农大
701	王国钧	Wang Guojun	唐山交通大学	1945	美		工	冶金	1946	资源委员会威远铁厂，四川机械公司，抚顺制钢厂，广州制钢厂，太原炼钢厂
702	王国周	Wang Guozhou	西南联大	1945	美		工	土木	1947？	
703	王浩	Wang Hao	清华大学	1940年代	英		理	数学	1949？	
704	王鹤年	Wang Henian	北京税专	1945	美		工	船舶	1947？	
705	王鸿祯	Wang Hongzhen	北京大学	1945	英	剑桥大学	理	地质	1947	北京大学，北京地质学院，武汉地质学院，中国科学院
706	王焕如	Wang Huanru	金陵大学，清华大学	1945	美	明尼苏达大学	农	植物病理	1946	北京大学，河北农业大学
707	汪家鼎	Wang Jiading	清华大学	1944	美	MIT	工	化工	1946	重庆大学，南开大学，天津大学，清华大学
708	汪家耕	Wang Jiageng	西南联大	1940年代	美		理	地质	1949？	
709	王鉴明	Wang Jianming	中山大学	1945	美	路易斯安那州大学	工	制糖	1946	中山大学，国营广州糖业公司，广东省甘蔗糖业科学研究所，海南甘蔗育种场，轻工业部甘蔗糖业科研所

序号	姓名	姓名全拼	国内学校	出国年份	留学国	国外学校或其他机构	学科	专业	归国年份	国内工作地点
710	王俊奎	Wang Junkui	北京大学	1936	美	CalTech，Stanford，康沙德梯-沃提飞机厂，诺斯拉普飞机工厂	工	机械	1947	西北工学院，北京大学，华北大学，北京航空学院
711	王恺	Wang Kai	西北农学院	1944	美	Michigan	农	林学	1946	沈阳东北大学，保定河北农学院，北京林学院
712	王克勤	Wang Keqin		1941	美		理		1949	
713	汪堃仁	Wang Kunren	协和医学院	1947	美	Illinois	医	内科	1949	中央卫生研究院，北京肿瘤研究所
714	王量	Wang Liang	光华大学	1945	美		工	工业管理	1947？	
715	王良楣	Wang Liangmei	清华大学	1945	美	福克斯波罗，霍尼韦尔，泰勒，里诺，贝克曼等著名仪表公司	工	机械	1947	经济部中央工业试验所，华东工业部工业试验所，轻工业部上海科学研究所，机械工业部上海仪器仪表科学研究所，机械工业部机械自动化研究所
716	王培生	Wang Peisheng	交通大学	1945	英	伦敦大学	工		1948年后	南京大学，华东航空学院，西安航空学院，西北工业大学
717	王丕建	Wang Pijian	广西大学农学院	1945	美		农	畜牧	1947？	
718	王平一	Wang Pingyi	清华大学	1945	美		工	机械	1947？	
719	王丕业	Wang Piye	交通大学	1945	美		工	采矿	1947？	

序号	姓名	姓名全拼	国内学校	出国年份	留学国	国外学校或其他机构	学科	专业	归国年份	国内工作地点
720	王巧璋	Wang Qiaozhang	华西大学	1946	美	波士顿佛尔赛斯小儿科研究所，纽约故根汉儿童牙医研究所	医	牙科	1948	华西大学，首都医院，中国医学科学院
721	王铨茂	Wang Quanmao	浙江大学，金陵大学	1945	美	Cornell	农	植物病理	1946	金陵大学，武汉大学，华中农学院，海南岛热带作物研究所，华中农业大学
722	王仁东	Wang Rendong	交通大学	1946	美	西北大学，阿立斯却默斯机械制造公司	工	机械	1949	上海大昌实业公司，汉口既济水电公司，浙江大学
723	王善政	Wang Shanzheng	南开大学	1945	美		工	炼油	1947？	
724	王世瑱	Wang Shitian	唐山交通大学	1945	美		工	土木	1947？	
725	王守融	Wang Shourong	清华大学	1945	美，加	加拿大麦哲尔大学，加拿大帝国机器厂	工	机械	1948	中央机器厂，资源委员会上海机器厂，南开大学，天津大学
726	王树声	Wang Shusheng	湖南大学，西南联大	1944	美	凯斯勒机场，空军机械学校，普拉特·惠特尼航空发动机工厂	工	航天	1947	南昌航空研究院，广西大学，机械工业部研究院，航天工业部研究院
727	王树嶟	Wang Shuzun	西南联大	1945	美		工	电机	1947？	

序号	姓名	姓名全拼	国内学校	出国年份	留学国	国外学校或其他机构	学科	专业	归国年份	国内工作地点
728	王万钧	Wang Wanjun	中央大学	1945	美	明尼苏达大学	农	农机	1948	上海中国棉产加工所，北京华东农业机械总厂，一机部农机研究所，农业机械化科学研究院
729	王伟民	Wang Weimin	唐山交大	1945	美		工	铁路	1947？	
730	王慰曾	Wang Weizeng	山东齐鲁大学	1948	美	UC Berkeley	医	医学	1949	南京神经病防治院，南京医学院，南京大学，中华医学会
731	王文华	Wang Wenhua	东北大学	1945	美	Purdue	工	土木	1947？	
732	王文翔	Wang Wenxiang		1945	美	西伯利亚铁路	工	铁道	1946	平津铁路局材料处丰台材料总厂，铁道部材料局，北京铁道学院
733	王文铮	Wang Wenzheng	清华大学	1945	美		工	电机	1947？	
734	王湘浩	Wang Xianghao	北京大学	1946	美	Princeton	理	数学	1949	北京大学，吉林大学
735	王湘清	Wang Xiangqing	西北工学院	1945	美		工	机械	1947？	
736	王希季	Wang Xiji	西南联大	1984	美	弗吉尼亚州里士曼大学研究生院，弗吉尼亚理工学院	工	航天	1949	大连工学院，上海交通大学，北京空间机电研究所，中国空间技术研究院，航天航空工程部
737	王序森	Wang Xusen	交通大学	1944	美	钵林登铁路公司	工	铁路	1946	中国桥梁公司，张华浜桥梁厂，铁道部大桥工程局
738	王虚中	Wang Xuzhong	交通大学	1945	美		工	土木	1947？	

序号	姓名	姓名全拼	国内学校	出国年份	留学国	国外学校或其他机构	学科	专业	归国年份	国内工作地点
739	王雅文	Wang Yawen	交通大学	1945	美		工	机械	1947?	
740	王业蘧	Wang Yequ	西北农学院	1947	美	华盛顿大学	农	森林	1949	武汉大学，华中农学院，东北林学院，东北林业大学
741	王伊复	Wang Yifu	中央大学	1945	美		工	电机	1947?	
742	汪寅人	Wang Yinren	震旦大学，唐山交通大学	1947	英	Imperial College	工	化工	1949	开滦煤矿，唐山交通大学，燃料工业部，煤化学研究所，北京煤炭科学研究所，煤炭科学院
743	王翊亭	Wang Yiting	福建协和大学	1945	美		工	化工	1947?	
744	王镛	Wang Yong	清华大学	1945	美		工	机械	1947?	
745	王用楫	Wang Yongji	西北医学院	1947	美	Michigan, Johns Hopkins	医	医学	1949	卫生部生物制品研究所
746	王钰	Wang Yu	北京大学	1944	美	国家自然科学博物馆	理	地学	1946	中科院
747	王元华	Wang Yuanhua	交通大学	1945	美		工	铁路运输	1947?	
748	王元均	Wang Yuanjun	交通大学	1945	美		工	机械	1947?	
749	王育斌	Wang Yubin		1936	美	依阿华州私立克义大学，依阿华轧石机器制造厂	理	生物	1948	化工部管理干部学院，

序号	姓名	姓名全拼	国内学校	出国年份	留学国	国外学校或其他机构	学科	专业	归国年份	国内工作地点
750	王裕权	Wang Yuquan	圣约翰大学	1945	美		工	工业管理	1947?	
751	王兆俊	Wang Zhaojun	上海医学院	1948	美,意,希腊等	Columbia，意大利、希腊、以色列、埃及、印度、黑热病、疟疾等防治研究所	医	公共卫生	1949	黑热病防治总所，医学科学院寄生虫病研究所，山东医学院，山东省寄生虫病防治研究所
752	汪振铎	Wang Zhengduo	交通大学	1945	美		工	公路运输	1947?	
753	王正衍	Wang Zhengkan	交通大学	1945	美		工	土木	1947?	
754	王子仁	Wang Ziren	交通大学，航空机械学校	1945	英	罗尔斯·罗伊斯发动机制造公司	工	航天	1947	贵州大定发动机制造厂，贵州大学，成都航空修理厂，北京航空机械学校
755	魏文德	Wei Wende	北京大学	1946	美	印第安那州Purdue	工	化工	1948	黄海化学工业研究社，北京黄海化学工业研究社，中央重工业部化工局，北京工业试验所有机室
756	魏娱之	Wei Yuzhi	清华大学	1940年代			理		1949?	
757	魏振武	Wei Zhenwu	北京师范大学	1942	美	Williams College，Columbia	理	体育生理	1946	师范大学
758	文圣常	Wen Shengchang	武汉大学	1946	美	航空机械学校	工	航空工程	1947	重庆西南工业大学，湖南大学，广西大学，哈尔滨军事工程学院，山东海洋学院

序号	姓名	姓名全拼	国内学校	出国年份	留学国	国外学校或其他机构	学科	专业	归国年份	国内工作地点
759	文佑彦	Wen Youyan	浙江大学	1945	美		工	机械	1947？	
760	翁恺明	Weng Kaiming	中山大学	1945	美		工	电机	1947？	
761	翁心橺	Weng Xingang	西南联大	1945	美		工	机械	1947？	
762	翁兴庆	Weng Xingqing	交通大学	1945？	美	实习	工	电机	1949？	
763	吴宝初	Wu Baochu	西南联大	1945	美	空军机械学校	工	航天	1947	华东区航空机务处23厂，通信兵部电讯技术研究所，七机部三院设计部
764	吴本涛	Wu Bentao	中央大学	1945	美		工	纺织	1947？	
765	吴长芝	Wu Changzhi	北京税专	1945	美		工	工业管理	1947？	
766	吴持恭	Wu Chigong	云南大学	1947	美	得克萨斯州立农工学院	工	水利	1949	云南大学，成都工学院，成都科技大学
767	吴传钧	Wu Chuanjun	中央大学	1945	英	利物浦大学	理	地理	1948	中央大学，科学院地理研究所
768	吴大观	Wu Daguan	西南联大	1944	美	莱司敏航空发动机厂，普惠航空发动机厂	工	航空	1947	贵州大学航空发动机厂，北京大学工学院，航空发动机研究院，航空航天工业部
769	吴大炘	Wu Daxin		1946	美	华盛顿州立大学	农	农业管理	1949	农业科学院
770	吴德纯	Wu Dechun	交通大学	1945	美		工	机械	1947？	
771	吴德楣	Wu Demei	西北大学	1945	美		工	采矿	1947？	

序号	姓名	姓名全拼	国内学校	出国年份	留学国	国外学校或其他机构	学科	专业	归国年份	国内工作地点
772	吴防平	Wu Fangping	协和医学院	1947	美	Chicago	医	医学	1948	北京医学院
773	吴光远	Wu Guangyuan	金陵大学科学	1945	美		农	农艺	1947？	
774	吴和光	Wu Heguang	华西大学	1947	加，美	多伦多大学，Harvard	医	医学	1948	华西医科大学，四川医学院，卫生部
775	吴桓兴	Wu Huanxing	震旦大学	1937	比，英	布鲁塞尔医学院，皇家医学院肿瘤医院，伦敦大学	医	肿瘤学	1946	上海中比镭锭医院，江苏医学院，上海同德医学院，军事医学科学院，华东医院，暨南大学
776	吴家钧	Wu Jiajun	交通大学	1945	美		工	铁路运输	1947？	
777	吴江霖	Wu Jianglin	中央大学	1945	美	纽约州塞拉丘斯大学	理	心理学	1948	厦门大学，中山大学，中国科学院，广东师范学院
778	吴阶平	Wu Jieping	协和医学院	1947	美	Chicago	医	内科	1948	北京医学院，中国医学科学院，协和医科大学，北京医科大学
779	吴京	Wu Jing	河南焦作工学院		美	宾夕法尼亚州立大学，匹兹堡煤矿公司	工	采矿工程	1947？	燃料部，煤炭部
780	吴景平	Wu Jingping	金陵大学	1945	美		工	机械	1947？	
781	吴景微	Wu Jingwei	西南联大	1945	美		工	化工	1947？	
782	吴逆平	Wu Niping	交通大学	1947	美	国际电话电报公司	工	电机	1948	上海国际电台，邮电部电信总局，总参通信兵部电子科学研究所，机械工业部

续表 9-1

序号	姓名	姓名全拼	国内学校	出国年份	留学国	国外学校或其他机构	学科	专业	归国年份	国内工作地点
783	吴朋聪	Wu Pengcong	交通大学	1945	美	Michigan	工	土木	1947?	
784	吴汝康	Wu Rukang	中央大学	1946	美	华盛顿大学	医	解剖学	1949	大连医学院，中国科学院
785	吴士璧	Wu Shibi	西北大学	1945	美		工	机械	1947?	
786	吴朔平	Wu Shuoping	交通大学	1947	美	国际电话与电报公司等单位	工	电机	1948	上海国际电台，通信兵部电子科学研究院，航空航天工业部，中国航天工业总公司
787	吴叔奇	Wu Shuqi	交通大学	1945	美		工	土木	1947?	
788	乌统昭	Wu Tongzhao	中央大学	1945	美		工	化工	1947?	
789	吴威孙	Wu Weisun	北洋大学	1945	美	Colorado School of Mines	工	矿冶	1947	湖南锡矿山矿务局，中南钨矿局，江西省冶金工业厅，华兴钨业公司，有色金属工业总公司
790	吴　厦	Wu Xia	交通大学	1941?	美	实习	工	工业管理	1946?	
791	吴　襄	Wu Xiang	中央大学医学院	1946	美	明尼苏达大学医学院，Columbia大学医学院	医	生理学	1947	中央大学，南京大学医学院，大连医学院
792	吴燮灿	Wu Xiecan	军医大学	1946	美	波士顿麦飞综合医院，麻省眼科研究所	医	眼科	1948	浙江医学院，浙江医科大学
793	吴　钰	Wu Yu	唐山交通大学	1947	美	纽约中央铁路，桥梁专家斯坦曼工程师处	工	铁路	1949	广九工务总段，衡阳铁路局，广州铁路局，铁道部工务局

序号	姓名	姓名全拼	国内学校	出国年份	留学国	国外学校或其他机构	学科	专业	归国年份	国内工作地点
794	吴月楼	Wu Yuelou	交通大学	1945	美		工	铁路运输	1947?	
795	伍正谊	Wu Zhengyi	齐鲁大学	1938	加、美	多伦多大学，UC Berkeley 医学院精神病研究所	医	医学	1948	成都中央大学医学院神经科，上海国防医学院神经科，浙江大学医学院，南京精神病防治院，北京医学院医学心理学教研室，汕头大学
796	吴志超	Wu Zhichao	沪江大学		美	Michigan	理	化学	1947?	昆明化工厂，重庆天厨味精厂
797	吴志华	Wu Zhihua	浙江大学，中央大学	1945	美	Cornell，肯塔基大学，佛罗里达州立大学	农	土壤	1947#	浙江大学，南京大学，南京农学院
798	吴治华	Wu Zhihua	武汉大学	1945	美		工	土木	1947?	
799	吴钟岭	Wu Zhongling	西北工学院	1945	美		工	机械	1947?	
800	吴祖垲	Wu Zukai	交通大学	1945	美	Michigan，无线电公司兰城工厂	工	电机	1948	南京电照厂，成都红光电子管厂，陕西咸阳陕西彩色显像管总厂
801	奚锦岳	Xi Jinyue	中央大学	1945	美		工	电机	1947?	
802	夏鳌	Xia Ao	交通大学	1945	美		工	机械	1947?	
803	夏翔	Xia Xiang	东南大学	1941	美	Iowa State，Columbia 等大学	理	体育心理	1946	清华大学
804	夏镇夷	Xia Zhenyi	上海医学院	1947	美	Cornell	医	精神医学	1948	国立上海医学院，上海第一医学院

续表 9 – 1

序号	姓名	姓名全拼	国内学校	出国年份	留学国	国外学校或其他机构	学科	专业	归国年份	国内工作地点
805	向近敏	Xiang Jinmin	武汉大学	1946	美	德州陆军卫生勤务学院	医	病毒学	1947	湖北医科大学病毒研究所
806	向斯达	Xiang Sida	南开大学	1945	美		工	炼油	1947？	
807	萧采瑜	Xiao Caiyu	北京师范大学	1936	美	俄勒冈州立大学，爱奥瓦州立大学，国家自然博物馆	理	动物学，昆虫学	1946	南开大学
808	萧家捷	Xiao Jiajie	金陵大学	1945	美		工	食品工程	1947？	
809	萧人麟	Xiao Renlin	清华大学	1945	美		工	机械	1947？	
810	萧永成	Xiao Yongcheng	浙江大学	1945	美		工	电机	1947？	
811	谢澄	Xie Cheng	广西大学	1943	英	BRUSH 工厂及 LEYLAND 内燃机汽车制造厂	工		1946	广西大学，英、荷亚细亚石油公司驻广州分公司，山西榆次，天津纺织工学院
812	谢成侠	Xie Chengxia	陆军兽医学校	1946	美	堪萨斯州立大学，Illinois	农	兽医	1949	陆军兽医学校，浙江省农业改进所，浙江大学农学院，南京农学院
813	谢国栋	Xie Guodong	中央大学	1945	美		工	机械	1947？	
814	谢光蕖	Xie Guangqu	日本大阪帝国大学	1945	美		工	化工	1947？	
815	谢铭怡	Xie Mingyi	交通大学	1945	美		工	机械	1947？	
816	谢嗣浩	Xie Sihao	商船学校	1945	美		工	船舶	1947？	

序号	姓名	姓名全拼	国内学校	出国年份	留学国	国外学校或其他机构	学科	专业	归国年份	国内工作地点
817	谢义炳	Xie Yibing	清华大学，西南联合大学，浙江大学	1945	美	Chicago	理	地质，气象	1949	清华大学，北京大学，中国科学院
818	谢祚孔	Xie Zuokong		1943	英		工	海工钻油平台设计	1946?	
819	邢傅芦	Xing Chuanlu	清华大学	1940年代			工		1949?	
820	熊秉信	Xiong Bingxin	清华大学，云南大学	1945	美	美国一些矿山	工	地质	1946	云南锡业公司，地质部西南地质局，昆明冶金地质勘探公司
821	熊琳	Xiong Lin	交通大学	1945	美		工	机械	1947?	
822	熊汝成	Xiong Rucheng	协和医学院	1946	美	Michigan	医	内科	1947	贵阳医学院，上海第一医学院
823	熊朝钰	Xiong Zhaoyu		1943	英	Vickers Armstrong 造船厂，伦敦大学	工	船体构造	1946?	
824	熊知行	Xiong Zhixing	清华大学	1940年代			工		1949?	
825	徐宝陞	Xu Baosheng	清华大学	1947	美	Michigan	工	机械	1949	资源委员会湘潭煤矿，四川嘉华水泥厂，天津化学公司，中国兴业公司钢铁厂，北京钢铁学院
826	徐博文	Xu Bowen	西南联大	1945	美		工	电机	1947?	

序号	姓名	姓名全拼	国内学校	出国年份	留学国	国外学校或其他机构	学科	专业	归国年份	国内工作地点
827	徐采栋	Xu Caidong	唐山交通大学	1946	法	格罗布电化电气高等工业学院	工	冶金	1949	贵州省工业厅工业综合研究所，贵州科学院，贵州工学院，中国科学院
828	徐恩锡	Xu Enxi		1940	美		理		1946?	
829	徐尔灏	Xu Erhao	中央大学	1945	英	皇家科学研究院	理	气象学	1948	中央大学，南京大学
830	徐　恭	Xu Gong	广东勷大工学院	1945	美		工	机械	1947?	
831	徐功懋	Xu Gongmao	之江大学	1945	美		工	土木	1947?	
832	徐介藩	Xu Jiefan			苏	列宁格勒红军航空学校，莫斯科东方大学	工	航空工程	1948	中长铁路，军事工程学院，装甲兵工程兵学院
833	徐绩锴	Xu Jikai	交通大学	1945?	美	实习	工	土木	1947?	
834	徐经方	Xu Jingfang	交通大学	1947?	美	实习	工	船舶	1949?	
835	徐敬仪	Xu Jingyi		1941	美		理		1946?	
836	徐近之	Xu Jinzhi	南京东南大学	1938	英	爱丁堡大学	理	气象	1946	南京中央大学，中国科学院
837	徐满琅	Xu Manlang	交通大学	1945	美		工	机械	1947?	
838	许鹏程	Xu Pengcheng	燕京大学	1940	美	Columbia	理	化学	1946?	
839	徐瑞珍	Xu Ruizhen	交通大学	1945?	美	实习	工	铁路管理	1948?	
840	徐士高	Xu Shigao	北平大学	1937	德	Berlin	工	电机	1946	东北电力局，上海电业局，水电部，电力科学研究院

续表 9-1

序号	姓名	姓名全拼	国内学校	出国年份	留学国	国外学校或其他机构	学科	专业	归国年份	国内工作地点
841	许世璟	Xu Shili	中央大学	1945	美		农	兽医	1947?	
842	徐世焘	Xu Shitao	交通大学	1945	美	几家塑料工厂	工	化工	1947	上海中央化工厂，沈阳化工研究部，北京化工研究院，锦西化工厂
843	徐叔华	Xu Shuhua	金陵大学	1945	美	Cornell	农	农业化学	1946	湖北省立农学院，北平农事试验场，华北农业科学研究所，农业科学院土壤肥料研究所
844	徐舜寿	Xu Shunshou	清华大学	1944	美	韦尔德飞机公司，麦克唐纳飞机公司，华盛顿大学	工	航空	1946	空军飞机制造厂，东北航空学校，航空研究院沈阳飞机研究所，西安重型飞机设计研究所
845	许天锡	Xu Tianxi	交通大学	1945?	美	实习	工	土木	1948?	
846	徐僖	Xu Xi	浙江大学	1947	美	Lehigh	工	化工	1949	唐山交通大学，上海光华大学
847	徐贤修	Xu Xianxiu	清华大学	1943	美	Purdue	理	数学	1946	清华大学
848	徐学镛	Xu Xueyong	浙江大学	1945	美		工	电机	1947?	
849	许延辉	Xu Yanhui	交通大学	1945	美		工	机械	1947?	
850	徐毓栅	Xu Yushan	清华大学	1946	美	访问	理		1947	清华大学
851	徐志文	Xu Zhiwen		1943	英		工		1946?	
852	徐仲梅	Xu Zhongmei	交通大学	1945	美		工	机械	1947?	

序号	姓　名	姓名全拼	国内学校	出国年份	留学国	国外学校或其他机构	学科	专业	归国年份	国内工作地点
853	徐祖耀	Xu Zuyao		1945	美		工	桥梁	1947?	
854	薛葆鼎	Xue Baoding	中央大学	1944	美	匹兹堡大学	工	化工	1948	华东工业部轻工业局，上海市工业局，国家建委重工业设计局，城乡建设经济研究所，石油化工总公司
855	薛光圻	Xue Guangqi	交通大学	1947?	美	实习	工	铁路管理	1949?	
856	薛兆旺	Xue Zhaowang		1941	美		理		1949	
857	颜保民	Yan Baomin	清华大学	1940年代			理		1949?	
858	阎宝陞	Yan Baosheng	法文专科	1945	美		工	航空	1947?	
859	严秉淳	Yan Bingchun	交通大学	1945	美		工	炼油	1947?	
860	严当文	Yan Dangwen	中央大学	1945	美		工	船舶	1947?	
861	颜焕申	Yan Huanshen	云南大学	1943	英	维·爱船厂和道克司福船厂	工	造船	1946	上海油轮公司，上海海运管理局，上海船舶研究设计院
862	严镜海	Yan Jinghai	武汉大学	1945	美		农	农田水利	1947?	
863	阎　磊	Yan Lei	黄埔军校	1944	美	航空学校	工	航空	1946	东北航空学校，空军学院
864	严连生	Yan Liansheng	清华大学	1930年代			理		1949?	
865	严钦尚	Yan Qinshang	中央大学，浙江大学	1945	澳	悉尼大学	理	地理学	1948	浙江大学，上海同济大学，华东师范大学

序号	姓　名	姓名全拼	国内学校	出国年份	留学国	国外学校或其他机构	学科	专业	归国年份	国内工作地点
866	严铁生	Yan Tiesheng	唐山交通大学	1945	美		工	铁路	1947?	
867	严筱钧	Yan Xiaojun	中央大学	1946	美	西屋电气公司	工	电机	1948	中央电工器材厂，上海华通开关厂，机械工业部北京机械工业自动化所
868	严自强	Yan Ziqiang	浙江大学	1945	美		工	电机	1947?	
869	杨本升	Yang Bensheng	陆军兽医学校	1946	美	Cornell	农	兽医	1947	陆军兽医学校，兽医大学，吉林农业大学
870	杨承祉	Yang Chengzhi	中央大学	1943	英	考文垂市候伯特机床公司，吉尔设计公司，设斐而德市奥斯彭公司等	工	机床	1946	资源委员会，上海中央机器公司，昆明中央机器厂，昆明重机厂筹备处，机械厅
871	杨达成	Yang Dacheng	冯庸大学	1945	美		工	工业管理	1947?	
872	杨德功	Yang Degong	武汉大学	1945	美		工	电机	1947?	
873	杨德增	Yang Dezeng	清华大学	1945	美		工	机械	1947?	
874	杨恩孚	Yang Enfu	协和医学院	1947	英	伦敦大学卫生和热带医学学院	医		1949	中央卫生研究院，中国医学科学院卫生研究所
875	杨访渔	Yang Fangyu	武汉大学	1945	美		工	电机	1947?	
876	杨国亮	Yang Guoliang	中央大学医学院	1945	美		医	皮肤科	1947	上海第一医学院，华山医院，上海医科大学

序号	姓名	姓名全拼	国内学校	出国年份	留学国	国外学校或其他机构	学科	专业	归国年份	国内工作地点
877	杨 简	Yang Jian	广州中山大学医学院	1946	美	宾夕法尼亚大学医学院	医	医学	1949	中山大学医学院，同济大学，大连医学院，广州私立光华医学院，中国医院科学院
878	杨 杰	Yang Jie	浙江大学	1945	美		工	电机	1947?	
879	杨敬之	Yang Jingzhi	北京大学	1947	美	俄亥俄州迈阿密大学	理	地学	1948	中科院
880	杨敬濬	Yang Jingjun	西北农学院	1945	美		农	森林	1947?	
881	杨锦山	Yang Jinshan	交通大学	1947	美	西屋电器公司	工	机械	1948	南京电厂，贵阳汽车修理厂，昆明电工器材厂，上海电工器材厂，机电部上海发电设计装备成套设计研究院
882	杨金章	Yang Jinzhang	兵工专门学校	1945	美		工	机械	1947?	
883	杨鹏云	Yang Pengyun	上海商学院	1945	美		工	工业管理	1947?	
884	杨平澜	Yang Pinglan	浙江大学	1947	美	明尼苏达大学	理	生物	1948	中科院，上海昆虫研究所
885	杨勤策	Yang Qince		1945	美		工	机械	1947?	
886	杨庆龄	Yang Qingling	南京金陵大学	1943	英	Brush Electrical Engineering Co.，曼彻斯特的 MV 电器公司，英国电器公司	工	变压器	1946	资源委员会电业处，中建电机厂，新安电机厂，上海变压器厂

续表 9－1

序号	姓名	姓名全拼	国内学校	出国年份	留学国	国外学校或其他机构	学科	专业	归国年份	国内工作地点
887	杨天一	Yang Tianyi	交通大学	1944	美	实习	工	机械	1946	资源委员会
888	杨铁云	Yang Tieyun	南开大学	1945	美		工	化工	1947?	
889	杨文光	Yang Wenguang	北京交通大学	1945	美	赴美进修铁路运输	工	运输	1947	陇海，浙赣铁路局，上海铁路局分局，上海铁道学院
890	杨湘平	Yang Xiangping	中央大学	1945	美		农	畜牧	1947?	
891	杨衔晋	Yang Xianjin	中央大学	1945	美	Yale	农	林学	1946	复旦大学，苏州河南大学，上海同济大学，东北农学院，东北林学院
892	杨兴业	Yang Xingye	上海兽医专科学校	1945	美		农	兽医	1947?	
893	杨毓春	Yang Yuchun	暨南大学	1945	美		工	铁路运输	1947?	
894	杨裕文	Yang Yuwen	北洋大学	1945	美		工	机械	1947?	
895	姚归耕	Yao Guigeng	金陵大学	1947	美	垦务局，联合国粮农组织，北卡罗纳州农学院	农	土壤	1948	中央农业部土地利用局，复旦大学，沈阳农学院，中科院，辽宁省农业科学院
896	姚恒修	Yao Hengxiu	中法工学院	1945	美		工	电机	1947?	
897	姚鑫	Yao Xin	浙江大学	1947	英	爱丁堡大学	理	生物	1949	浙江大学，中科院，上海肿瘤研究所
898	叶福年	Ye Funian	交通大学	1945	美		工	铁路	1947?	

续表 9 – 1

序号	姓名	姓名全拼	国内学校	出国年份	留学国	国外学校或其他机构	学科	专业	归国年份	国内工作地点
899	叶恭绍	Ye Gongshao	协和医学院	1947	美	考察访问	医	医学	1948	北京大学医学院，北京医学院，儿童青少年卫生研究所
900	叶杭	Ye Hang	交通大学	1945	美	密尔沃基铁路局，USS公司	工	铁路	1946	沪区铁路管理局，号志管理所，铁道部设计局，北方铁道学院
901	叶楷	Ye Kai	清华大学	1946	美	访问	工	电机	1947	清华大学
902	叶克恭	Ye Kegong	清华大学	1945	美		工	化工	1947?	
903	叶孔韶	Ye kongshao	香港大学	1945	美		工	电机	1947?	
904	叶连俊	Ye Lianjun	北京大学	1945	美	联邦地质调查所	理	地质	1947	中央地质调查所，科学院地质研究所，
905	叶明升	Ye Mingsheng	清华大学	1930年代			工		1946?	
906	叶培大	Ye Peida	西北联合大学	1945	美，加	Columbia，美国际广播公司，加拿大北方电气公司	工	电信	1946	南京广播电台，金陵大学，北洋大学，天津大学，北京邮电学院
907	叶学晰	Ye Xuexi	中央大学	1945	美		工	土木	1947?	
908	叶仰山	Ye Yangshan	上海兽医	1945	美		农	兽医	1947?	
909	叶永毅	Ye Yongyi	中央大学	1945	美		农	农田水利	1947?	
910	叶畲藩	Ye Yufan	交通大学	1945	美		工	土木	1947?	
911	叶允恭	Ye Yungong	交通大学	1948?	美	实习	工	铁路管理	1949?	

序号	姓名	姓名全拼	国内学校	出国年份	留学国	国外学校或其他机构	学科	专业	归国年份	国内工作地点
912	叶自仪	Ye Ziyi	浙江大学	1945	美		工	电机	1947?	
913	殷静强	Yin Jingqiang	上海商学院	1945	美		工	工业管理	1947?	
914	尹　政	Yin Zheng	清华大学	1946	美		工	土木	1948?	广西大学
915	游恩溥	You Enpu	燕京大学	1945	美		工	化工	1947?	
916	俞霭峰	Yu Aifeng	协和医学院	1946	美	Chicago	医	医学	1948	天津医学院
917	俞炳昌	Yu Bingchang	交通大学	1945?	美	实习	工	机械	1949?	
918	余承业	Yu Chengye	浙江大学	1945	英		工	机械	1947	上海柴油机厂，南京航空学院
919	喻德渊	Yu Deyuan	北京大学	1945	美，英	伦敦大学，剑桥大学，牛津大学，英国地质调查所，苏黎世大学	理	地学	1947	中央研究院，东北地质学院
920	俞德葆	Yu Debao	同济大学	1947	瑞士，美	伯尔尼大学，巴塞大学，Columbia	医	眼科	1949	杭州市第一医院
921	俞恩瀛	Yu Enying	交通大学	1944	美	实习	工	机械	1946?	资源委员会
922	虞光裕	Yu Guangyu	中央大学	1944	美，英	麦克唐纳飞机工厂，格罗斯特飞机工厂	工	航空	1949	沈阳航空发动机厂，航空发动机设计室，航空研究院发动机研究所
923	虞烈照	Yu Liezhao	浙江大学	1945	美		工	土木	1947?	

续表 9－1

序号	姓名	姓名全拼	国内学校	出国年份	留学国	国外学校或其他机构	学科	专业	归国年份	国内工作地点
924	俞履圻	Yu Lvqi	中央大学	1945	美		农	农艺	1947?	
925	余茂勋	Yu Maoxun	金陵大学	1945	美		农	植物病虫害	1947?	
926	余品真	Yu Pinzhen	交通大学	1945	美		工	铁路管理	1947?	
927	俞启葆	Yu Qibao	中央大学	1945	美	Cornell，纽约市克乃其研究所	农	作物育种	1946	中央农业实验所，华北农业部，西北农业科学研究所
928	俞启孝	Yu Qixiao	南开大学	1945	美		工	工业管理	1947?	
929	玉荣均	Yu Rongjun	广西大学	1947	美	Wisconsin	工	机械	1949	柳州机械厂，自治区机械局
930	余树基	Yu Shuji	金陵大学	1945	美		工	电力	1947?	
931	俞显昌	Yu Xianchang	清华大学	1945	美		工	电机	1947?	
932	余懿德	Yu Yide	中山大学	1941	美		理	物理	1949?	
933	郁永常	Yu Yongchang	交通大学	1945	美		工	船舶	1947?	
934	余友泰	Yu Youtai	重庆中央大学	1945	美	Iowa State	农	农林	1948	南通学院，华东农林水利部，东北农学院，黑龙江省农业机械化研究所，东北农业大学
935	郁振镛	Yu Zhenyong	清华大学	1940年代	美		工		1946?	

序号	姓名	姓名全拼	国内学校	出国年份	留学国	国外学校或其他机构	学科	专业	归国年份	国内工作地点
936	郁知非	Yu Zhifei	上海医学院	1947	美	实习	医	内科	1949	上海医学院
937	余缵寅	Yu Zuanyin	南开大学	1945	美		工	工业管理	1947?	
938	袁矿苏	Yuan Kuangsu	湖南大学	1945	美		农	农具	1947?	
939	袁景章	Yuan Jingzhang	北洋大学	1945	美		工	机械	1947?	
940	袁嗣令	Yuan Siling	浙江大学	1947	美	密苏里州立大学	农		1949	河南农学院，华中农学院，南京林学院
941	袁永昶	Yuan Yongchang	交通大学	1945	美		工	公路运输	1947?	
942	乐嘉裕	Yue Jiayu	交通大学	1945?	美	实习	工		1949?	
943	岳翼民	Yue Yimin	唐山交通大学	1945	美		工	土木	1947?	
944	昝　凌	Zan Ling	空军机械学院	1945	英	斯派雷·史密斯仪表厂，克河无线电雷达厂，航空中检验所	工	航空	1947	航空研究院，机械工业部航空仪表自动器研究设计所
945	曾呈奎	Zeng Chengkui	厦门大学，岭南大学	1940	美	Michigan，UC Berkeley	理	海洋学	1946	厦门大学，山东大学，岭南大学，中科院
946	曾德超	Zeng Dechao	中央大学	1945	美	明尼苏达大学，万国农具公司农机制造厂	农	农学	1948	兵工制炮厂，中央工业试验所机械实验工厂，湖南邵阳乡村工业示范处机械厂和实验小型水泥厂，北京农业机械化学院

续表 9 – 1

序号	姓名	姓名全拼	国内学校	出国年份	留学国	国外学校或其他机构	学科	专业	归国年份	国内工作地点
947	曾世英	Zeng Shiying	苏州工业专门学校	1936	美，欧洲各国	陆军制图局	工	测量制图	1946	新华地图社，国家测绘局
948	曾翼翰	Zeng Yihan	中央航空学校	1945	美		工	航空	1947？	
949	翟为霖	Zhai Weilin	中央大学	1945	美		工	机械	1947？	
950	张谤	Zhang Bang	武汉大学	1945	英	里子大学，剑桥大学	理	化学	1949	燕京大学，北京大学
951	张保全	Zhang Baoquan	河北工学院	1945	美		工	化工	1947？	
952	张汴增	Zhang Bianzeng	交通大学	1942？	美	实习	工	机械	1946？	
953	张炳	Zhang Bing	北洋大学	1945	美		工	电机	1947？	
954	张炳熺	Zhang Bingxi		1944	美		工	矿冶	1947	
955	张承黼	Zhang Chengfu	湖南大学	1945	美		工	公路机械	1947？	
956	张楚宝	Zhang Chubao	中央大学	1945	美		农	森林	1947？	
957	章道彬	Zhang Daobin	西北农学院	1945	美		农	兽医	1947？	
958	章达锐	Zhang Darui	交通大学	1945？	美	实习	工	电机	1947？	
959	张德骏	Zhang Dejun	西南联大	1945	美	明尼苏达大学	农	农机	1948	北京农业机械厂，吉林工业大学
960	章德孟	Zhang Demeng	交通大学		美	实习	工	土木	1946？	
961	章鼎	Zhang Ding	西南联大	1945	美		工	工业管理	1947？	

续表 9-1

序号	姓名	姓名全拼	国内学校	出国年份	留学国	国外学校或其他机构	学科	专业	归国年份	国内工作地点
962	张鼎芬	Zhang Dingfen	清华大学	1945	美		农	畜牧	1947？	
963	张涤生	Zhang Disheng	中央大学	1946	美	宾夕法尼亚大学	医	医学	1948	国防医学院，同济大学，上海第二医学院，瑞金医院，上海第九人民医院
964	张恩虬	Zhang Enqiu	清华大学	1945	英	马拉德电子管公司	工	电讯	1947	广州岭南大学，东北科学研究所，科学院机械电机研究所，科学院电子学研究所
965	张福范	Zhang Fufan	浙江大学	1946	美	Stanford	工	机械	1948	浙江大学，燕京大学，清华大学，国家教委材料力学课程教学指导组
966	张馥葵	Zhang Fukui	交通大学	1945	美		工	土木	1947？	
967	张光铭	Zhang Guangming	交通大学	1945	美		工	铁路运输	1947？	
968	张禾瑞	Zhang Herui	北京大学	1936	德	汉堡大学	理	数学	1946	北京大学，北京师范大学
969	张嘉生	Zhang Jiasheng	中央大学	1945	美		工	化工	1947？	
970	张捷迁	Zhang Jieqian		1941	美		工	航空	1949？	清华大学
971	张介源	Zhang Jieyuan	南开大学	1945	美		工	工业管理	1947？	
972	张季高	Zhang Jigao	金陵大学	1945	美	Iowa State	农	农学	1948	成都金陵大学，沈阳农学院，辽宁省农业机械化研究所，沈阳农业大学，北京农业工程大学

续表 9－1

序号	姓名	姓名全拼	国内学校	出国年份	留学国	国外学校或其他机构	学科	专业	归国年份	国内工作地点
973	张景华	Zhang Jinghua	金陵大学	1945	美		农	农艺	1947？	
974	张觉亚	Zhang Jueya	同济大学	1945	美		工	机械	1947？	
975	张开柱	Zhang Kaizhu	武汉大学	1945	美		工	化工	1947？	
976	张连华	Zhang Lianhua	交通大学	1945	美		工	电机	1947？	
977	张立志	Zhang Lizhi	南开大学	1945	美		工	电机	1947？	
978	张龙志	Zhang Longzhi	中央大学	1944	美	Iowa State	农	畜牧	1947	中央大学，铭贤农工专科学校，山西雁北农学院，山西农业大学
979	张卯均	Zhang Maojun		1945	美	实习	工	矿冶	1946#	经济部矿冶研究所，矿冶研究所
980	张 滂	Zhang Pang	西南联大	1945	英	里兹大学，剑桥大学	理	化学	1949	
981	张仁家	Zhang Renjia	复旦大学	1945	美		工	工业管理	1947？	
982	张瑞瑾	Zhang Ruijin	武汉大学	1945	美	UC Berkeley	工	水利	1947	中央水利实验处，武汉大学，武汉水利电力学院
983	张胜华	Zhang Shenghua	沪江大学	1945	美		工	工业管理	1947？	
984	章守恭	Zhang Shougong	中央大学	1945	美		工	土木	1947？	
985	章守华	Zhang Shouhua	唐山交通大学	1944	美	卡内基理工学院，西屋电器制造公司	工	冶金	1948	四川大渡口钢铁厂，四川綦江电化冶炼厂，唐山铁道学院，北京钢铁学院

续表 9 – 1

序号	姓名	姓名全拼	国内学校	出国年份	留学国	国外学校或其他机构	学科	专业	归国年份	国内工作地点
986	张守敬	Zhang Shoujing	中山大学	1945	美		农	土壤肥料	1947?	
987	张树青	Zhang Shuqing	中央大学	1945	美		工	工业管理	1947?	
988	张堂恒	Zhang Tangheng	中央大学	1947	美	Wisconsin	农	农业贸易	1949	华北大学，浙江农业大学
989	张听聪	Zhang Tingcong	清华大学	1943	美		理		1946	
990	张挺辉	Zhang Tinghui	交通大学	1941?	美	实习	工	机械	1946?	
991	张桐生	Zhang Tongsheng	西南联大	1937年后	美	纽约州立大学，Purdue	工	航空	1946?	空军研究院
992	张 维	Zhang Wei	唐山交通大学	1938	英，德，瑞士	Imperial College，柏林高等工业学校，瑞士埃舍尔－维斯机械厂	工	力学	1946	同济大学，北洋大学，清华大学，深圳大学
993	章维中	Zhang Weizhong	武汉大学	1945	美		工	机械	1947?	
994	张文奇	Zhang Wenqi	河南焦作工学院	1945	英	Imperial College，皇家矿冶学院	工	冶金	1948	天津北洋大学，唐山交通大学，唐山铁道研究所，北京钢铁学院
995	张文佑	Zhang Wenyou	北京大学	1945	英	伦敦大学，剑桥大学	理	地质	1946#	中央大学，全国地质工作计划指导委员会，科学院地质研究所，地质学会
996	张孝通	Zhang Xiaotong	交通大学	1945	美		工	公路运输	1947?	
997	张 燮	Zhang Xie		1944	美	MIT	工	造船	1947	

续表 9－1

序号	姓 名	姓名全拼	国内学校	出国年份	留学国	国外学校或其他机构	学科	专业	归国年份	国内工作地点
998	张西林	Zhang Xilin	华西大学	1945	美		工	化工	1947?	
999	张心治	Zhang Xinzhi	交通大学	1945	美		工	无线电	1947?	
1000	张兴中	Zhang Xinzhong	湖南机专	1945	美		工	航空	1947?	
1001	张锡圣	Zhang Xisheng	交通大学	1946	美	丹佛航空技校，航空工厂	工	航空	1947	华北大学，北京航空学院
1002	张修平	Zhang Xiuping	唐山交通大学	1945	美		工	土木	1947?	
1003	张锡泽	Zhang Xize	华西大学	1946	美	Columbia	医	牙科	1948	上海国防医学院，上海中山医院，上海市口腔医学研究所，上海第二医科大学
1004	张宣谟	Zhang Xuanmo		1941	美		理		1949	
1005	张学鼎	Zhang Xueding	交通大学	1945	美		工	工业管理	1947?	
1006	张学祖	Zhang Xuezu	华中大学	1945	美	Cornell	农	昆虫	1946	上海病虫药械厂，上海圣约翰大学，新疆农学院
1007	张训舜	Zhang Xunshun	金陵大学		美	Iowa State	农	农业技术	1946?	战地政务研究会，国防研究院
1008	张燕刚	Zhang Yangang	天津南开大学	1945	美	Columbia	工	化工	1948#	天津塘沽永利碱厂，山东铝厂，郑州铝业公司，郑州轻金属研究所
1009	张印堂	Zhang Yintang	清华大学	1946	美	访问	理		1947	清华大学

序号	姓名	姓名全拼	国内学校	出国年份	留学国	国外学校或其他机构	学科	专业	归国年份	国内工作地点
1010	张印和	Zhang Yinhe	交通大学	1945	美		工	工业管理	1947?	
1011	张永昌	Zhang Yongchang	中央大学	1945	美		农	兽医	1947?	
1012	张永书	Zhang Yongshu	北平大学	1945	美		工	机械	1947?	
1013	章用中	Zhang Yongzhong	湖南大学	1945	美		工	化工	1947?	
1014	章育中	Zhang Yuzhong	西南联大		美	明尼苏达大学	医	药物	1949	北医药学系，中国医学科学院药物所，中医研究院中药所
1015	张振仁	Zhang Zhenren	南开大学	1945	美		工	电机	1947?	
1016	张紫洞	Zhang Zidong	南京军医学校	1946	美	国防部卫生勤务学校	医	公共卫生	1947	上海国防医学院，上海第二军医大学药学院
1017	张作干	Zhang Zuogan	燕京大学	1947	美	Cornell	医	解剖学	1949	北京协和医学院，中国医学科学院
1018	赵本寅	Zhao Benyin	南开大学	1945	美		工	电机	1947?	
1019	赵凤恩	Zhao Feng-en	清华大学	1945	美		工	土木	1947?	
1020	赵桂龄	Zhao Guilin	清华大学	1940年代			理		1946?	
1021	赵季骏	Zhao Jijun	金陵大学	1945	美		农	农艺	1947?	
1022	赵今声	Zhao Jinsheng	河北工学院	1946	美	Michigan，陆军工程兵团总部海滩侵蚀研究所，水道试验研究所	工	土木	1947	河北工学院，天津大学

续表 9－1

序号	姓名	姓名全拼	国内学校	出国年份	留学国	国外学校或其他机构	学科	专业	归国年份	国内工作地点
1023	赵畯田	Zhao Juntian	中央大学	1945	美		农	土壤肥料	1947?	
1024	赵 立	Zhao Li	交通大学	1945	美		工	电信	1947?	
1025	赵伦彝	Zhao Lunyi	中央大学	1945	美		农	农艺	1947?	
1026	赵 绵	Zhao Mian	清华大学	1940年代	美	Duquane	理	化学	1949?	北京大学
1027	赵丕华	Zhao Pihua	交通大学	1945?	美	实习	工	机械	1946?	
1028	赵 琦	Zhao Qi	中央大学	1944	美	加州二埠南太平洋铁路公司，费城饱尔温机车厂	工	机械	1946	九龙转运所，株洲机厂，株洲铁路工厂，田心机车车辆工厂，株洲电机机车工厂
1029	赵人龙	Zhao Renlong	浙江大学	1945	美		工	电机	1947?	
1030	赵师梅	Zhao Shimei	清华大学		美	Lehigh	工	机械	1946?	武汉大学
1031	赵耆深	Zhao Shishen	中央大学	1943	英	哈克诺爵士顾问公司，英国电力公司，伦敦大学帝国学院	工		1946?	
1032	赵硕颀	Zhao Shuoqi	交通大学	1945	美		工	机械	1947?	
1033	赵松乔	Zhao Songqiao	浙江大学	1945?	美	克拉克大学	理	地理	1948	浙江大学，金陵女子大学，中国科学院，南京大学，兰州大学
1034	赵慰先	Zhao Weixian	江苏医学院	1946	英	伦敦热带病卫生学院	医	公共卫生	1949	江苏医学院

续表 9 - 1

序号	姓名	姓名全拼	国内学校	出国年份	留学国	国外学校或其他机构	学科	专业	归国年份	国内工作地点
1035	赵锡成	Zhao Xicheng	交通大学	1944?	美	实习	工	船舶	1946?	
1036	赵星艺	Zhao Xingyi	南通学院	1943	美	阿拉巴马锡拉卡噶，阿风得尔纺织染整厂	工	纺织	1946	上海申新五厂
1037	赵耀东	Zhao Yaodong	武汉大学		美	MIT	工	机械	1946?	中央机器厂
1038	郑拔元	Zheng Bayuan	劳动大学	1945	美		工	公路机械	1947?	
1039	郑光显	Zheng Guangxian	香港大学	1945	美		工	电机	1947?	
1040	郑国宾	Zheng Guobin	交通大学	1940	美	实习	工	工业管理	1946?	
1041	郑国熙	Zheng Guoxi	清华大学	1940年代			理		1949?	
1042	郑际宝	Zheng Jibao	震旦大学	1948	法	巴黎大学	医	药学	1949	上海医药局，信谊药厂，五洲药厂，局情报所
1043	郑 均	Zheng Jun	交通大学	1941?	美	实习	工	电机	1949?	
1044	郑林庆	Zheng Linqing	清华大学	1945	美		工	机械	1947?	
1045	郑沛缪	Zheng Peimiu	清华大学	1943	美		理		1946	
1046	郑丕留	Zheng Piliu	清华大学	1943	美	Cornell, Wisconsin	农	畜牧	1948	南京中央畜牧实验所，华北农业科学研究所，中国农业科学院
1047	郑庆瑞	Zheng Qingrui	燕京大学	1941	美	Michigan	医	兽医学	1946	中央畜牧实验所，华东农业科学研究所，江苏省农科院

序号	姓名	姓名全拼	国内学校	出国年份	留学国	国外学校或其他机构	学科	专业	归国年份	国内工作地点
1048	郑燮芳	Zheng Xiefang	交通大学	1945	美		工	土木	1947？	
1049	郑元俊	Zheng Yuanjun	武汉大学	1945	美		工	土木	1947？	
1050	郑在校	Zheng Zaixiao	北洋大学	1945	美		工	土木	1947？	
1051	郑止善	Zheng Zhishan	金陵大学	1945	美		农	森林	1947？	
1052	郑　重	Zheng Zhong	清华大学	1938	英	赫尔，阿伯丁，剑桥，牛津等大学	理	生物	1947	厦门大学
1053	支秉彝	Zhi Bingyi	上海大同大学，浙江大学	1934	德	莱比锡大学，奎庭无线电厂，兰且无线电厂，德城工业大学，马堡大学	工	物理	1946	浙江大学，同济大学，上海航务学院，黄河理工仪器厂，上海仪器仪表研究所
1054	钟秉智	Zhong Bingzhi	清华大学	1946	美	MIT	理	化学	1949？	
1055	钟晋崇	Zhong Jinchong	香港大学	1946	英	联合钢铁公司，里兹大学	工	冶金工程	1949	冶金部，昆明钢铁厂，洛阳耐火材料研究所，武汉钢铁学院，北京科技大学
1056	钟开莱	Zhong Kailai		1944	美	Princeton	理	数学	1947	
1057	钟盛标	Zhong Shengbiao	北京大学	1930	法	巴黎大学，居里研究所	理	光学	1947？	北平研究院，中山大学
1058	钟士模	Zhong Shimo	交通大学	1943	美	MIT	工	电机	1947	清华大学
1059	钟香崇	Zhong Xiangchong	香港大学	1946	美，英	联合钢铁公司研究所，英国里兹大学	工	燃料冶金	1949	重庆耐火材料厂，重工业部，冶金工业部，洛阳耐火材料研究所，昆明钢铁厂

序号	姓名	姓名全拼	国内学校	出国年份	留学国	国外学校或其他机构	学科	专业	归国年份	国内工作地点
1060	钟兴俭	Zhong Xingjian	交通大学	1945	美		工	机械	1947?	
1061	周　昌	Zhou Chang	交通大学	1940?	美	实习	工		1949?	
1062	周存国	Zhou Cunguo	浙江大学	1943	英		工		1947	四川大学工学院
1063	周　氐	Zhou Di		1945	美	华盛顿渔业研究所	农	渔业	1947?	
1064	周　鹤	Zhou He	交通大学	1947?	美	实习	工	机械	1949?	
1065	周焕文	Zhou Huanwen	西南联大	1945	美		工	航空	1947?	
1066	周家炽	Zhou Jiachi	金陵大学	1946	英，美	剑桥大学，植物病毒研究室	农	植物病毒学	1949	清华大学，北京农业大学，高教部农林卫生司，科学院应用真菌研究所，微生物研究所
1067	周继林	Zhou Jilin	中央大学	1946	美	维利弗治总医院	医	医学	1947	国防医学院，第二军医大学，解放军总医院，军医进修学院
1068	周炯槃	Zhou Jiongpan	交通大学	1948	美	Harvard	工	电信工程	1949	上海新安电机厂，天津新安电机厂，北洋大学，天津大学，北京邮电学院
1069	周可涌	Zhou Keyong	中央大学	1945	美	路易斯安那州大学	农	植物	1946	安徽省农林处，安徽大学，福建协和大学，福建农学院
1070	周礼和	Zhou Lihe	交通大学	1945	美		工	土木	1947?	
1071	周立三	Zhou Lisan	中山大学	1946	美	Wisconsin	理	地理	1947	中国科学院

序号	姓名	姓名全拼	国内学校	出国年份	留学国	国外学校或其他机构	学科	专业	归国年份	国内工作地点
1072	周履	Zhou Lv	交通大学	1945	美	Cornell	工	机械	1946#	上海工务局技术室技师
1073	周贸言	Zhou Maoyan	交通大学	1945	美	实习	工	工业管理	1947	招商局轮船公司
1074	周鸣灜	Zhou Mingxi	交通大学	1935	美	Michigan, Illinois, CalTech，道格拉斯飞机制造公司	工	机械	1947	武汉大学，军事工程学院，哈尔滨工程学院，长沙工学院，国防科学技术大学
1075	周泰初	Zhou Taichu	中央大学	1945	美		农	农艺	1947?	
1076	周太开	Zhou Taikai	清华大学	1945	美		工	电机	1947?	
1077	周天翔	Zhou Tianxiang	湖南大学	1943	英		工		1948	中央电工器材厂
1078	周太炎	Zhou Taiyan	金陵大学	1945	美		农	森林	1947?	
1079	周廷儒	Zhou Tingru	中山大学	1946	美	UC Berkeley	理	地理	1949	北京师范大学，清华大学，中国科学院
1080	周雪鸥	Zhou Xue-ou	南京高师	1945	美	Ohio State	理	数学	1947	重庆大学，四川大学
1081	周揖	Zhou Yi	北洋大学	1945	美		工	土木	1947?	
1082	周映昌	Zhou Yingchang	金陵大学	1945	美		农	森林	1947?	
1083	周仪先	Zhou Yixian	中央大学	1945	美		工	土木	1947?	
1084	周永升	Zhou Yongsheng	北京大学	1945	美		工	机械	1947?	

续表 9 – 1

序号	姓名	姓名全拼	国内学校	出国年份	留学国	国外学校或其他机构	学科	专业	归国年份	国内工作地点
1085	周誉侃	Zhou Yukan	武汉大学	1936	德	Berlin，莱比锡大学，哥廷根大学	理	物理	1946	中山大学
1086	周云观	Zhou Yunguan	中央大学	1945	美		工	机械	1947？	
1087	周桢华	Zhou Zhenhua	中山大学	1945	美		工	土木	1947？	
1088	朱福炘	Zhu Fuxin	南京高师，东南大学	1946	美	UC Berkeley，MIT	理	物理	1948	厦门大学，之江大学，浙江师范学院，杭州大学
1089	朱岗昆	Zhu Gangkun	中央大学	1947	英	牛津大学	理	物理	1949	气象研究所，科学院地球物理研究所，中国科学技术大学
1090	朱广颐	Zhu Guangyi	交通大学	1945	美		工	机械	1947？	
1091	朱弘复	Zhu Hongfu	清华大学	1941	美	Illinois，威斯灵大学	农	昆虫	1947	清华大学，北平研究所，中科院
1092	朱剑寒	Zhu Jianhan	上海大同大学	1937	美	Michigan	理	化学	1946	南开大学
1093	朱兰成	Zhu Lancheng	交通大学	1946	美	访问	工		1947？	清华大学
1094	朱淇昌	Zhu Qichang	西北工学院	1945	美		工	电机	1947？	
1095	朱汝瑾	Zhu Rujin	清华大学	1940年代		MIT	工	化工	1949？	
1096	朱汝荣	Zhu Rurong	清华大学	1930年代			理		1949？	
1097	朱树恭	Zhu Shugong	清华大学	1944	美	实习	工	化工	1946	植物油料厂

序号	姓名	姓名全拼	国内学校	出国年份	留学国	国外学校或其他机构	学科	专业	归国年份	国内工作地点
1098	朱树屏	Zhu Shuping	中央大学	1938	英，美	伦敦大学，剑桥大学，普利茅斯海洋研究所，英国淡生物研究所，伍兹霍尔海洋研究所	理	生物	1947	云南大学，山东大学，中国科学院水生生物研究所，黄海水产研究所
1099	朱思本	Zhu Siben	中央大学	1945	美	百灵通铁路，大美运输公司	工	铁道	1946	前交通部铁路总机厂，衡阳铁路局株洲铁路工厂
1100	朱　坦	Zhu Tan	河北工学院	1945	美		工	化工	1947?	
1101	朱　夏	Zhu Xia	中央大学	1947	瑞士	苏黎世大学地质研究所	理	地质	1949	中央地质调查所，新疆、青海石油勘察大队，地质科学院石油地质研究室，江苏油田指挥部，同济大学
1102	朱希涛	Zhu Xitao	华西大学	1945	英	曼彻斯特大学	医	牙科	1948	天津总医院，北京大学医学院，北京医科大学口腔医学院
1103	朱宣人	Zhu Xuanren	中央大学	1939	英	爱丁堡大学	农	兽医	1947	兰州大学兽医学院，西北兽医学院
1104	朱彦丞	Zhu Yancheng	北平中法大学	1936	法	里昂大学，南锡农学院，蒙伯烈国际地中海和高山地植物研究站	理	生物	1947	北平中法大学，北平研究院植物研究所，云南大学
1105	朱尧曾	Zhu Yaozeng	马尾海军学校	1945	美		工	机械	1947?	

续表 9－1

序号	姓名	姓名全拼	国内学校	出国年份	留学国	国外学校或其他机构	学科	专业	归国年份	国内工作地点
1106	朱允升	Zhu Yunsheng	江西兽医专科学校	1945	美		农	兽医	1947?	
1107	祝正行	Zhu Zhenghang	中央大学	1945	美		农	畜牧	1947?	
1108	朱钟昌	Zhu Zhongchang	上海医学院	1945	美		工	食品工程	1947?	
1109	朱祖祥	Zhu Zuxiang	浙江大学	1945	美	Michigan	农	土壤	1948	浙江大学，浙江农业大学，中科院
1110	庄巧生	Zhuang Qiaosheng	金陵大学	1945	美	堪萨斯州立农学院，Cornell	农	植物	1946	南京中央农业研究所，华北农业科学研究所，农业科学院，科学院生物学部
1111	庄孝惠	Zhuang Xiaohui	山东大学	1936	德	慕尼黑大学，弗赖堡大学	理	动物	1946	北京大学，科学院上海细胞生物学研究所
1112	莊振维	Zhuang Zhenwei	唐山交通大学	1945	美		工	铁路	1947?	
1113	宗俊章	Zong Junzhang	武汉大学	1943	英		工		1946	鞍钢，大冶华中钢铁公司，钢铁设计院
1114	邹君乐	Zou Junle	中新纺织专校	1945	美		工	纺织	1947?	
1115	邹思廉	Zou Silian	交通大学	1945	美		工	机械	1947?	
1116	邹 武	Zou Wu	中央大学	1945	美		农	渔业	1947?	
1117	邹孝标	Zou Xiaobiao	交通大学	1945	美，苏	SANTAFE 铁路，WORTHINGTON 公司，BAFFALO 工厂	工	铁路，机车车辆制造	1946#	浙赣铁路萧山机车厂，上海铁路局萧山机车厂，戚墅堰机车厂，铁道部机车车辆修理局

序号	姓名	姓名全拼	国内学校	出国年份	留学国	国外学校或其他机构	学科	专业	归国年份	国内工作地点
1118	邹元燨	Zou Yuanxi	浙江大学	1943	美	匹兹堡卡内基理工学院	工	冶金	1947	资源委员会长沙精铜炼厂，重庆炼铜厂，云南钢铁厂，浙江大学，科学院上海冶金研究所

注：1）归国年份加注#的为多次出国人员，请见附表。

2）按姓名的汉语拼音顺序排列。

表 9 – 2　1946～1949 年回国科技人员附表

姓名	姓名全拼	国内学校	出国年份	国家	国外学校或其他机构	学科	专业	归国年份	国内工作地点
崔澂	Cui Cheng	中央大学	1941	美	Michigan	理	生物	1947#	中央大学，浙江大学，南开大学，中国科学院
				美	Wisconsin 大学访问	理	植物	1950	
戴昌晖	Dai Changhui	北洋大学	1944	美	Michigan，寇蒂斯－怀特飞机制造公司	工	力学	1947#	浙江大学，华东航空学院，西北工业大学，南京航空学院
			1956	苏	莫斯科航空学院	工	机械	1958	
郭慕孙	Guo Musun	沪江大学	1945	美	Princeton，炭氢化合物研究公司	工	化工	1948#	上海汉堡化工厂，上海生化药厂
			1952	美	碳氢化合物公司	工	化工	1956	中国科学院化工冶金研究所
胡济生	Hu Jisheng	金陵大学	1945	美	Cornell	农	农林	1946#	北平农试场，华北农业科研所，农科院土肥所，国家自然科学基金会生命科学部
			1980	美	联邦农业研究中心	农	农林	1981	国家自然科学基金会生命科学部

姓　名	姓名全拼	国内学校	出国年份	国家	国外学校或其他机构	学科	专业	归国年份	国内工作地点
黄武汉	Huang Wuhan	香港工程学院	1945	英	GEC 研究所，无线电研究所	工	电机工程	1947#	香港大东无线电公司，科学院迈氏物理研究所微波实验室，电子学研究所微波技术研究室，上海光学精密机械研究所
			1948	美	RCA 工厂，ITT 实验室	工		1948	
李肇特	Li Zhaote	协和医学院	1947	美	华盛顿大学医学院，	医	内科	1949#	北京大学，卫生部
			1956	苏	莫斯科医学科学院	医	内科	1959	
马育华	Ma Yuhua	金陵大学	1945	美，加	Illinois，萨斯卡切温大学	农	作物育种	1946#	北京大学
		金陵大学	1948	美	Illinois	农	作物育种	1950	金陵大学，南京大学江苏农学院，南京农业大学
马祖圣	Ma Zusheng	清华大学	1934	美	Chicago	理	化学	1946#	北京大学，清华大学，中山大学，岭南大学
				美		理	化学	1979	国家邀请
史瑞和	Shi Ruihe	中央大学	1945	美	实习	农	土壤	1946	南京中央大学
			1948	美	佛罗里达大学，俄勒冈州立大学农业部北大平原试验站	农	农林	1954	南京农学院，南京农业大学
宋儒耀	Song Ruyao	华西大学	1942	美	罗彻斯特大学医院，宾夕法尼亚大学	医	牙科	1948#	华西协和大学，华西大学口腔医院，中国医学科学院
			1956	苏	访问	医	牙科	1957？	

姓　名	姓名全拼	国内学校	出国年份	国家	国外学校或其他机构	学科	专业	归国年份	国内工作地点
孙　渠	Sun Qu	金陵大学	1945	美	Ohio State, Cornell, UC Berkeley	农	土壤	1946#	重庆乡村建设学院
			1948	美	UC Berkeley	农		1950	北京农业大学，作物学会，农业科学院
吴志华	Wu Zhihua	浙江大学，中央大学	1945	美	Cornell，肯塔基大学，佛罗里达州立大学	农	土壤	1947#	浙江大学，南京大学，南京农学院
			1957	苏	莫斯科大学	农	土壤	1959	南京农学院
张卯均	Zhang Maojun		1945	美	实习	工	矿冶	1946#	经济部矿冶研究所，矿冶研究所
			1957	苏	考察	工	矿冶	1958	中央有色金属管理局，北京有色冶金设计院，选矿研究院，矿山研究院，北京矿冶研究总院，甘肃白银矿冶研究所
张文佑	Zhang Wenyou	北京大学	1945	英	伦敦大学，剑桥大学	理	地质	1946#	中央大学，全国地质工作计划指导委员会，科学院地质研究所，地质学会
			1946	美	Johns Hopkins 和地质调查所	理	地质	1947	
张燕刚	Zhang Yangang	天津南开大学	1945	美	哥伦比亚大学	工	化工	1948	天津塘沽永利碱厂，山东铝厂，郑州铝业公司，郑州轻金属研究所
			1948	印度	塔塔碱厂	工	化工	1949	
周　履	Zhou Lv	交通大学	1945	美	Cornell	工	机械	1946#	上海工务局技术室技师
			1947	美	Cornell，波士顿市杰克逊·摩兰德工程咨询公司	工	机械	1951	广州岭南大学，华南理工大学

续表 9 - 2

姓　名	姓名全拼	国内学校	出国年份	国家	国外学校或其他机构	学科	专业	归国年份	国内工作地点
邹孝标	Zou Xiaobiao	交通大学	1945	美，苏	SANTAFE 铁路，WORTHINGTON 公司，BAFFALO 工厂	工	铁路，机车车辆制造	1946#	浙赣铁路萧山机车厂，上海铁路局萧山机车厂，戚墅堰机车厂，铁道部机车车辆修理局
			1958			工	铁路	1958	铁道部机车车辆工业总局技术处，铁道部工业总局内电处，坦赞铁路

表 9 - 3　1946～1949 年回国科技人员专业分类表

回国年份	理	工				农		医	
1946	陈　贲　阮维周	鲍家善	金经昌	沈　元	阎　磊	卜慕华	卢浩然	白施恩	齐镇垣
	陈光旭　沈昭文	卞钟麟	金允文	盛树棋	杨承祉	蔡　旭	马世均	傅培彬	裘法祖
	陈汉标　王伏雄	卜昂华	李昌源	苏伯冽	杨庆龄	陈桂升	马育华	姜心曼	吴桓兴
	陈家导　王　钰	曹本熹	李鹗鼎	孙绍先	杨天一	陈瑞泰	梅籍芳	李瓒文	郑庆瑞
	程纯枢　魏振武	曹祖忻	李国豪	孙竹生	叶　杭	程暄生	裴保义		
	段学复　夏　翔	陈　岱	李近仁	汤明奇	叶培大	丁振麟	任承统		
	高振衡　萧采瑜	陈力为	李文采	唐统一	曾世英	傅胜发	盛诚桂		
	郝履诚　徐近之	陈同庆	梁允奇	田长模	张卯均	胡济生	史瑞和		
	金道森　徐贤修	陈新民	刘承先	汪家鼎	张　维	华兴鼐	宋达泉		
	李春芬　曾呈奎	陈学仁	刘大中	王宝基	赵　琦	黄可训	孙　渠		
	李善邦　张禾瑞	陈占祥	刘仙洲	王　柢	赵星艺	黄至溥	王焕如		
	卢嘉锡　张听聪	程学敏	刘先志	王国钧	支秉彝	江善襄	王　恺		
	卢衍豪　张文佑	丁成章	刘钟华	王鉴明	周　履	蒋彦士	王铨茂		
	马祖圣　郑沛缪	冯秉铨	卢焕章	王文翔	朱树恭	冷福田	徐叔华		
	潘孝硕　周誉侃	冯子佩	孟少农	王序森	朱思本	李家文	杨衎晋		
	秦馨菱　朱剑寒	郭鸿运	欧天垣	谢　澄	宗俊章	李景均	俞启葆		
	任　朗　庄孝惠	何绍志	潘福莹	熊秉信	邹孝标	李联标	张学祖		
		黄大能	钱冬生	徐士高		李扬汉	周可涌		
		黄培云	钱伟长	徐舜寿		林　郁	庄巧生		

回国年份	理	工	农	医
1946？	虎　臣　徐敬仪 卢惠卿　许鹏程 徐恩锡　赵桂龄	包新弟　何怀祖　徐志文　章德孟 陈荣元　胡克声　叶明升　赵丕华 陈同章　林家翘　俞恩瀛　赵耆深 陈玉书　林同段　郁振铺　赵师梅 陈　煜　吴　厦　张汴增　赵锡成 方俊鋆　谢祚孔　张挺辉　赵耀东 何广慈　熊朝钰　张桐生　郑国宾	张训舜	
1947	崔　澂　田民朋 傅承义　汪德熙 傅种孙　王鸿祯 顾岳中　徐毓栅 江安才　叶连俊 蒋明谦　喻德渊 凌　宁　张印堂 刘玉素　郑　重 陆近仁　钟开莱 罗士韦　周立三 牟作云　周雪鸥 彭成一　朱树屏 彭桓武　朱彦丞	白家祉　黄纬禄　区锡龄　杨文光 毕德显　黄武汉　沈华生　叶　楷 蔡昌年　简根贤　沈庆核　余承业 蔡长年　金培松　沈申甫　昝　凌 常　迥　金新宇　孙珍宝　张炳熺 陈　克　雷天觉　陶亨咸　张恩虹 陈汝诠　林达美　王俊奎　张瑞瑾 陈文禧　陆钦侃　王良楣　张锡圣 陈学俊　陆士嘉　王树声　张　燮 戴昌晖　陆钟祚　王子仁　赵今声 董寿莘　罗　河　文圣常　钟士模 杜锡钰　罗士瑜　吴宝初　周存国 方柏容　马龙翔　吴大观　周贸言 郭文魁　孟庆元　吴威孙　周鸣濂 郝复俭　钱钟毅　徐世焘　邹元燨	范济洲　万鹤群 林景亮　吴志华 刘萃杰　杨本升 彭克明　张龙志 申宗圻　朱弘复 沈汉祥　朱宣人	陈　华　吴　襄 董民声　向近敏 顾学箕　熊汝成 顾学裘　杨国亮 黄　杲　张紫洞 蓝天鹤　周继林 李铭新
1947？	郭晓岚　王成椿 罗建本　吴志超 彭勤之　钟盛标	安君赞　华有光　彭俊甫　萧家捷 白肇基　黄家骐　彭泽民　萧人麟 包效彭　黄模渊　彭宗灏　萧永成 蔡报瑗　黄润韶　戚殿瑄　谢光蓬 蔡　淳　黄雄畏　祁延煦　谢国栋	陈德能　毛寿彭 陈　祥　彭寿邦 陈修白　彭文和 崔堉溪　秦礼让 戴铭傑　邱祥聘	顾正汉　林　几

续表 9－3

回国年份	理	工				农		医
1947？		蔡家鲤	黄延豫	齐世基	谢铭怡	邓先诚	沈克勤	
		蔡 松	黄 翼	齐尊周	谢嗣浩·	杜春培	沈在阶	
		蔡梓松	黄振勋	钱 极	熊 琳	杜洪作	斯颂声	
		曹承慰	黄宗瑜	钱景渊	徐博文	杜世傑	陶玉田	
		曹传谞	稽储彬	钱宪伦	徐功懋	方国璗	王鑑明	
		曹汉生	暨懋旅	钱 雍	徐 恭	方时傑	王丕建	
		曹元钧	蒋君寔	丘景云	徐绩锴	高立民	吴光远	
		曹 桢	金炳章	丘 侃	徐满琅	龚 弼	许世琭	
		陈帮圻	金鸿畴	邱易昌	徐学铺	关炳韶	严镜海	
		陈炳麟	金彭龄	区鲤腾	徐仲梅	过鑫先	杨敬潗	
		陈俊雷	靳锡庚	任葆良	徐祖耀	何敬真	杨湘平	
		陈 立	瞿福亨	任超北	许延辉	胡 桓	杨兴业	
		陈励研	康信然	容永乐	严秉淳	华国祥	叶仰山	
		陈培栋	伉铁儒	沈彬康	严当文	黄率诚	叶永毅	
		陈其斌	赖蜀生	沈崇昭	严铁生	黄希素	余茂勋	
		陈庆宁	赖兴治	沈尔康	严自强	黄元波	余启葆	
		陈日升	雷天壮	沈 功	阎宝陞	黄志秋	俞履圻	
		陈 容	李安素	沈 珑	杨达成	贾铭钰	袁矿苏	
		陈绍蕃	李 芯	沈 鑫	杨德功	江良游	张楚宝	
		陈绍彭	李传基	沈右铭	杨德增	姜秉权	张鼎芬	
		陈树玉	李笃珊	沈肇熙	杨访渔	姜诚贯	张景华	
		陈望隆	李光华	沈祖馨	杨 杰	金国粹	张守敬	
		陈文魁	李国量	盛泽闓	杨金章	金继汉	张永昌	
		陈希亮	李汉华	石道济	杨鹏云	金阳镐	章道彬	
		陈星焕	李津身	石开琳	杨勤策	金 聿	赵季骏	
		陈仰三	李景沆	史麟图	杨铁云	李宜璋	赵畯田	
		陈应星	李立万	史汝楫	杨裕文	李约翰	赵伦彝	

回国年份	理	工			农		医
1947?		陈正权	李绍伟 史仲仪	杨毓春	梁余德	郑止善	
		陈子钊	李潭生 宋国瑞	姚恒修	林国璋	周　氏	
		成从修	李天恩 宋孝璠	叶福年	刘昌堡	周太炎	
		成竞志	李天民 苏　钝	叶克恭	刘琮源	周泰初	
		成希颢	李廷弼 苏尚本	叶孔韶	刘忠同	周映昌	
		程复琪	李为坤 苏先劼	叶学晢	柳克令	朱允升	
		程鸿炳	李宪章 苏延宾	叶畲藩	龙承德	祝正行	
		程绩昌	李学海 孙聘三	叶自仪	马逢周	邹武	
		程克仁	李　乙 孙时中	殷静强			
		程威廉	李有山 孙永澄	游恩溥			
		程心一	李玉莹 孙源裕	余品真			
		池际咸	李毓芬 孙云雁	余树基			
		崔竣德	李增培 孙增在	余缵寅			
		戴保粹	李重阳 孙浙生	俞启孝			
		戴昌楫	李子白 孙振东	俞显昌			
		戴　进	梁　燊 孙自全	虞烈照			
		戴令奂	梁树藩 谭防夏	郁永常			
		戴振声	梁翕章 谭树升	袁景章			
		戴志昂	梁在平 谭振声	袁永昶			
		单炳庆	廖庶蕃 汤国权	岳翼民			
		邓才寿	廖仲周 汤永谦	曾翼翰			
		邓介山	林汉藩 汤兆裕	翟为霖			
		邓锟辅	林培深 唐季友	张保全			
		邓思和	林汝铎 唐嘉衣	张　炳			
		刁开义	林文莹 唐茂松	张承黼			
		丁祥绍	林　颐 陶亨豫	张馥葵			
		丁宣埂	林元惕 陶克原	张光铭			

续表 9 – 3

回国年份	理	工	农	医
1947?		丁正伊　林　芝　陶正耀　张嘉生 董家铭　林致德　田万傑　张介源 董瑞麐　刘璧章　童宪章　张觉亚 董世芬　刘昌夏　屠大奉　张开柱 董希贤　刘承沛　屠　楷　张立志 杜朝藩　刘芳级　万新先　张连华 段丰顺　刘公诚　万毓琦　张仁家 樊爔培　刘　健　汪德成　张胜华 范柏林　刘潽业　汪振铎　张树青 范纯一　刘敏诚　王　安　张西林 范桂文　刘念信　王昌邦　张孝通 方汉培　刘绍汤　王富农　张心治 方　瑜　刘守道　王国周　张兴中 费自圻　刘心显　王鹤年　张修平 冯宝文　刘哲民　王　量　张学鼎 冯广占　刘植炎　王丕业　张印和 冯洪志　龙惠溪　王平一　张永书 冯乐熊　龙显烈　王善政　张振仁 傅祖良　楼维秋　王世瑱　章达锐 富　侠　卢伯章　王树嵘　章　鼎 高炳泰　卢荣泽　王伟民　章守恭 高国恕　卢元鎔　王文华　章维中 高廷枢　陆福臻　王文铮　章用中 高伟烈　陆国櫋　王湘清　赵本寅 高文彬　陆家振　王虚中　赵凤恩 高啸林　陆鸣嘉　王雅文　赵　立 龚善麒　陆钦恺　王伊复　赵人龙		

回国年份	理	工	农	医
1947？		龚一波　陆文发　王翊亭　赵硕顾		
		顾崇衔　路树华　王　镛　郑拔元		
		顾家冀　路亚衡　王裕权　郑光显		
		顾懋林　吕崇朴　王元华　郑林庆		
		顾其行　吕应钟　王元均　郑燮芳		
		顾希生　罗邦伯　王正衔　郑元俊		
		顾允中　罗锦铸　文佑彦　郑在校		
		郭炳瑜　罗鹏展　翁恺明　钟兴俭		
		郭一平　罗庆隆　翁心梱　周焕文		
		郭豫笃　马芳礼　乌统昭　周礼和		
		韩柏林　马君寿　吴本涛　周太开		
		韩丙告　马秋官　吴长芝　周　揖		
		韩文葆　马翼周　吴德纯　周仪先		
		韩文藻　毛履康　吴德楣　周永升		
		何葆善　梅超任　吴家钧　周云观		
		何积标　孟希潜　吴　京　周桢华		
		何家瑚　闵　华　吴景平　朱广颐		
		何俊英　缪梧兰　吴景微　朱兰成		
		何增任　莫根生　吴朋聪　朱淇昌		
		贺正成　聂运新　吴士璧　朱　坦		
		胡国澄　欧阳诚　吴叔奇　朱尧曾		
		胡任贤　潘迪民　吴月楼　朱钟昌		
		胡汝棣　潘家吉　吴治华　莊振维		
		胡慎修　潘应昌　吴钟岭　邹君乐		
		胡世悌　潘仲鱼　奚锦岳　邹思廉		
		胡余暄　彭秉璋　夏　鳌		
		胡之真　彭　弘　向斯达		

续表 9－3

回国年份	理	工	农	医
1948	曹日昌 曲仲湘 丁 瓒 邵瑞珍 冯新德 汤玉玮 高 鸿 王大珩 何泽慧 王育斌 胡秉方 吴传钧 李锐夫 吴江霖 马杏垣 徐尔灏 孟庆华 严钦尚 闵嗣鹤 杨敬之 倪达书 杨平澜 钱人元 赵松乔 钱三强 朱福炘 秦元勋	毕重远 郭慕孙 沈从龙 徐介藩 陈秉聪 胡沛泉 沈岳瑞 薛葆鼎 陈芳允 蓝毓锺 宋镜瀛 严筱钧 陈冠荣 黎献勇 隋经义 杨锦山 褚应璜 厉汝尚 汤德全 张福范 单宗肃 刘基唐 万文煜 张文奇 邓颂九 马世英 王守融 张燕刚 丁舜年 糜若虚 魏文德 章守华 丁 钊 任振修 吴逆平 周天翔 葛春霖 荣 科 吴朔平 耿耀西 阮兴仁 吴祖垲	崔引安 陶鼎来 方中达 王万钧 蒋次升 姚归耕 李翰如 余友泰 李竞雄 曾德超 李庆逵 张德骏 李曙轩 张季高 刘后利 郑丕留 裘维蕃 朱祖祥 屈天祥	蔡如升 吴燮灿 姜泗长 伍正谊 宋儒耀 夏镇夷 孙忠亮 叶恭绍 陶寿淇 俞霭峰 王巧璋 张涤生 吴防平 张锡泽 吴和光 朱希涛 吴阶平
1948？		黄应春 徐瑞珍 许天锡 尹 政 王培生		罗宛华
1949	陈廷祚 钱保功 单人骅 唐仲璋 葛庭燧 万文仙 关肇直 王克勤 赫崇本 王湘浩 侯仁之 谢义炳 黄新民 薛兆旺 姜 尧 姚 鑫 刘建康 张 谤 柳大纲 张 滂 卢庆骏 张宣谟	蔡祖宏 黄宏嘉 吕保维 王希季 陈 荩 黄志千 马 骥 吴持恭 陈人哲 江泽佳 任新民 吴 钰 陈永定 荆广生 舒光冀 徐宝陞 范 棠 康振黄 孙芳垂 徐采栋 方崇智 孔庆义 孙守全 徐 僡 冯 寅 李蕴滋 孙训方 虞光裕 郭和夫 梁思礼 谭庆麟 玉荣均 杭效祖 刘嘉树 陶令桓 钟晋崇 胡昌寿 刘诒谨 汪寅人 钟香崇 胡汉泉 陆颂善 王补宣 周炯槃	曹 骥 王广森 简浩然 王业蘧 蒋书楠 吴大炘 李惠林 谢成侠 刘佩瑛 袁嗣令 陆星垣 张堂恒 钱念曾 周家炽	蔡宏道 孙鸿泉 冯应琨 汪堃仁 何光篪 王保华 蒋豫图 王慰曾 李肇特 王用楫 梁徐 王兆俊 林传鼎 吴汝康 林惠贞 杨恩孚 刘 永 杨 简 毛文书 俞德葆 潘世成 郁知非

回国年份	理	工	农	医
1949	马竹桢　周廷儒 毛应斗　朱岗昆 彭少逸　朱　夏 蒲蛰龙	胡济民　陆孝彭　王仁东		尚德延　张作干 沈家祥　章育中 施家榘　赵慰先 石华玉　郑际宝
1949?	李乔苹　魏娱之 李卓皓　严连生 林同珠　颜保民 凌君达　余懿德 梅镇岳　赵　绵 梅祖彤　郑国熙 汤佩勤　钟秉智 汪家耕　朱汝荣 王　浩	陈日曜　乐嘉裕　裴明龙　叶允恭 崔叔瑗　李国贤　宋宝尊　俞炳昌 邓伟才　李华桐　唐庆千　张捷迁 丁　忱　李天和　翁兴庆　郑　均 董春光　李信德　邢傅芦　周　昌 胡声求　李耀华　熊知行　周　鹤 黄国涛　李周雄　徐经方　朱汝瑾 康启隆　卢鹤钟　薛光圻		方恩绶　苏祖斐

附录　人名索引表

（1）本书收集的 3500 多名 1845～1949 年归国的留学科技人员资料，分别在第四、五、七、八、九章的尾部，以表 4 - 1、5 - 1、7 - 1、8 - 1、9 - 1列出。

（2）为了方便查阅，在此提供两种检索方法：①按姓名的首字笔画和笔形顺序查找；②以姓名的汉语拼音顺序查找。

（3）索引指向所在的表号（分别为表 4 - 1、5 - 1、7 - 1、8 - 1、9 - 1）及在表中的顺序号。

（4）为便于熟悉繁体字的读者，提供了 99 个姓氏繁体与简体字的对照表，按姓氏笔画编排。

（5）为方便读者，还提供了 287 个姓氏索引表，按姓氏笔画编排。

附表 1　按姓名的首字笔画和笔形顺序编排

姓	姓　名	表	序号	姓	姓　名	表	序号	姓	姓　名	表	序号
	2 画				丁观海	7 - 1	61		丁绪宝	5 - 1	119
	[一]				丁佐成	5 - 1	122		丁绪贤	5 - 1	120
丁	丁人鲲	5 - 1	115		丁　忱	9 - 1	122		丁绪淮	7 - 1	64
	丁士雄	7 - 1	62		丁　钊	9 - 1	128		丁普生	8 - 1	48
	丁文江	4 - 1	33		丁宣埼	9 - 1	126		丁舜年	9 - 1	124
	丁文渊	7 - 1	63		丁振麟	9 - 1	130		丁道衡	8 - 1	47
	丁正伊	9 - 1	129		丁祥绍	9 - 1	125		丁嗣贤	5 - 1	116
	丁成章	9 - 1	123		丁素筠	5 - 1	117		丁　颖	5 - 1	121
	丁西林	5 - 1	118		丁崇吉	4 - 1	32		丁懋英	5 - 1	114

姓	姓　名	表	序号	姓	姓　名	表	序号	姓	姓　名	表	序号
	丁 瓒	9－1	127		马仕俊	7－1	290		马 傑	7－1	288
	［一］				马仙峤	5－1	466		马善宝	5－1	464
刁	刁开义	9－1	121		马龙翔	9－1	489		马增新	8－1	182
	刁庆湘	5－1	113		马名海	5－1	463		马翼周	9－1	494
	［丨］				马师伊	7－1	292		马 骥	9－1	487
卜	卜昂华	9－1	11		马师亮	7－1	291		**4画**		
	卜慕华	9－1	12		马廷英	7－1	293		［一］		
	3画				马竹桢	9－1	496	区	区其伟	5－1	490
	［一］				马约翰	5－1	467		区锡龄	9－1	520
万	万文仙	9－1	684		马君寿	9－1	488		区嘉炜	7－1	309
	万文煜	9－1	685		马君武	4－1	135		区鲤腾	9－1	518
	万 听	5－1	627		马杏垣	9－1	493	尤	尤家骏	7－1	552
	万新先	9－1	686		马芳礼	9－1	485	戈	戈定邦	7－1	104
	万毓琦	9－1	687		马诒绪	8－1	181	支	支秉彝	9－1	1053
	万鹤群	9－1	683		马明德	8－1	177	王	王一三	7－1	436
于	于少卿	5－1	861		马绍援	7－1	289		王万钧	9－1	728
	于光元	5－1	854		马绍棠	8－1	178		王士杰	5－1	662
	于滋潭	8－1	352		马育华	9－1	495		王士倬	5－1	427
	于道文	8－1	348		马育骐	5－1	468		王大珩	9－1	694
干	干 铎	7－1	94		马保之	7－1	285		王子仁	9－1	754
	［一］				马恒融	7－1	287		王子宿	5－1	689
卫	卫国垣	5－1	691		马祖圣	9－1	497		王干治	7－1	409
马	马大浦	7－1	286		马秋官	9－1	490		王广森	9－1	700
	马大猷	8－1	175		马闻天	8－1	180		王之卓	8－1	279
	马文昭	5－1	465		马耸云	8－1	179		王之玺	7－1	438
	马文超	7－1	294		马逢周	9－1	486		王之翰	5－1	685
	马世均	9－1	491		马骏超	8－1	176		王云章	8－1	273
	马世英	9－1	492		马 辅	5－1	462		王仁东	9－1	722

姓	姓　名	表	序号	姓	姓　名	表	序号	姓	姓　名	表	序号
	王仁辅	5-1	656		王仲侨	7-1	440		王志稼	5-1	686
	王元华	9-1	747		王伊复	9-1	741		王抚洲	5-1	637
	王元均	9-1	748		王伏雄	9-1	699		王沚川	5-1	684
	王公衡	8-1	252		王伟民	9-1	729		王秀玉	5-1	675
	王凤喈	7-1	406		王兆俊	9-1	751		王　良	5-1	650
	王文华	9-1	731		王兆振	8-1	274		王良登	4-1	180
	王文修	8-1	265		王兆麒	5-1	680		王良楣	9-1	715
	王文铮	9-1	733		王　兴	8-1	266		王补宣	9-1	691
	王文翔	9-1	732		王回澜	4-1	176		王叔咸	8-1	264
	王长平	5-1	630		王守融	9-1	725		王叔铭	7-1	430
	王长龄	5-1	629		王守兢	7-1	429		王国周	9-1	702
	王丕业	9-1	719		王　安	9-1	688		王国松	7-1	413
	王丕建	9-1	717		王庆延	8-1	259		王国树	5-1	640
	王世中	8-1	263		王庆瑞	4-1	183		王国钧	9-1	701
	王世圻	5-1	663		王成志	5-1	631		王国维	4-1	175
	王世锐	8-1	262		王成椿	9-1	693		王奉瑞	5-1	635
	王世瑱	9-1	724		王竹亭	7-1	442		王季午	8-1	254
	王业蓁	9-1	740		王竹泉	7-1	441		王季同	4-1	179
	王巧璋	9-1	720		王竹溪	8-1	280		王学廉	4-1	186
	王平一	9-1	718		王　佐	8-1	283		王宗淦	8-1	281
	王平洋	8-1	257		王克勤	9-1	712		王宗澄	5-1	690
	王正衍	8-1	276		王　助	5-1	687		王宝基	9-1	690
	王正衎	9-1	753		王宏基	7-1	418		王宠佑	4-1	172
	王正黼	5-1	682		王希季	9-1	736		王　岳	8-1	272
	王永泉	4-1	187		王　序	8-1	267		王昌邦	9-1	692
	王用楫	9-1	745		王序森	9-1	737		王松海	5-1	665
	王白雷	5-1	628		王应睐	8-1	270		王枕心	5-1	683
	王节尧	5-1	645		王志宣	7-1	439		王泽农	8-1	277

姓	姓　名	表	序号	姓	姓　名	表	序号	姓	姓　名	表	序号
	王绍礽	5-1	659		王恭琛	8-1	251		王鸿祯	9-1	705
	王绍亭	8-1	260		王桂芬	7-1	412		王善佺	5-1	658
	王绍瀛	5-1	660		王桂芳	4-1	174		王善政	9-1	723
	王育斌	9-1	749		王桐	4-1	184		王富农	9-1	698
	王若僖	7-1	424		王浩	9-1	703		王弼	8-1	247
	王金发	4-1	177		王涛	7-1	432		王普	8-1	258
	王鸣岐	7-1	422		王烈	5-1	651		王景贤	5-1	648
	王俊奎	9-1	710		王素贞	5-1	666		王景春	4-1	178
	王保华	9-1	689		王耆亚	5-1	655		王植	8-1	278
	王冠英	7-1	411		王通全	5-1	669		王湘	4-1	185
	王恒升	7-1	416		王钰	9-1	746		王湘浩	9-1	734
	王恒守	7-1	417		王预	5-1	678		王湘清	9-1	735
	王恺	9-1	711		王培生	9-1	716		王葆仁	7-1	403
	王星拱	5-1	673		王崇植	5-1	632		王裕权	9-1	750
	王柢	9-1	697		王淑贞	5-1	664		王裕震	5-1	679
	王栋	8-1	250		王淦昌	7-1	408		王谟	5-1	653
	王树声	9-1	726		王焕如	9-1	706		王赓	5-1	638
	王树嵘	9-1	727		王琇瑛	7-1	434		王量	9-1	714
	王洸	7-1	410		王绳祖	7-1	425		王雅文	9-1	739
	王炳南	7-1	404		王绳善	5-1	661		王慎名	7-1	426
	王荣吉	5-1	657		王绶	7-1	428		王漠昱	8-1	256
	王荣瑸	7-1	423		王翙亭	9-1	743		王福昌	4-1	173
	王贵循	5-1	639		王萃彬	7-1	405		王福春	7-1	407
	王俱侗	7-1	420		王虚中	9-1	738		王鉴明	9-1	709
	王倘	7-1	431		王铨茂	9-1	721		王锡昌	5-1	670
	王倬	5-1	688		王雪屏	7-1	435		王锡藩	5-1	672
	王健	5-1	644		王雪莹	8-1	268		王颖	5-1	677
	王家楫	7-1	419		王鸿卓	5-1	641		王毓瑚	7-1	437

姓	姓　名	表	序号	姓	姓　名	表	序号	姓	姓　名	表	序号
	王　熙	7－1	433		毛鹤年	8－1	184		方　俊	8－1	57
	王德郅	5－1	633		毛燮均	7－1	295		方俊奎	8－1	58
	王德荣	8－1	248	牛	牛尚周	4－1	136		方俊鏊	9－1	156
	王慰曾	9－1	730		牛惠生	5－1	489		方柏容	9－1	151
	王　璡	5－1	646		牛惠霖	5－1	488		方恩绶	9－1	153
	王　箴	5－1	681		[丶]				方崇智	9－1	152
	王遵明	8－1	282	卞	卞钟麟	9－1	10		方维夏	5－1	137
	王鹤年	9－1	704	卞	卞　彭	5－1	6		方嗣騄	7－1	78
	王鹤亭	8－1	253	文	文元模	8－1	286		方　瑜	9－1	158
	王　镛	9－1	744		文圣常	9－1	758		方颐樸	5－1	138
	王　麒	4－1	182		文佑彦	9－1	759		计大维	5－1	281
	王馨逸	5－1	674		文　斐	4－1	191		[一]		
	王　懿	8－1	269	方	方万邦	7－1	79	孔	孔令烜	5－1	304
韦	韦　超	7－1	443		方子勤	7－1	82		孔庆义	9－1	315
	[丨]				方中达	9－1	159		孔祥熙	4－1	75
贝	贝时璋	7－1	4		方心芳	8－1	61		孔繁祁	5－1	303
	贝季瑶	8－1	5		方文培	7－1	80	尹	尹玉琦	8－1	347
	[丿]				方汉培	9－1	155		尹良莹	7－1	548
乌	乌统昭	9－1	788		方先之	8－1	60		尹　政	9－1	914
毛	毛子水	7－1	296		方次石	4－1	37		尹赞勋	7－1	550
	毛升三	5－1	469		方伯梁	4－1	36	巴	巴文俊	7－1	1
	毛文书	9－1	500		方伯谦	4－1	35	邓	邓士章	5－1	110
	毛文钟	5－1	470		方声恒	8－1	59		邓士聪	4－1	31
	毛守白	8－1	185		方声洞	4－1	38		邓才寿	9－1	114
	毛寿彭	9－1	499		方时傑	9－1	157		邓介山	9－1	115
	毛应斗	9－1	501		方连珍	5－1	134		邓伟才	9－1	119
	毛宗良	7－1	297		方叔洪	5－1	136		邓兆祥	7－1	60
	毛履康	9－1	498		方国璧	9－1	154		邓先诚	9－1	120

姓	姓名	表	序号	姓	姓名	表	序号	姓	姓名	表	序号
	邓廷法	7-1	59		石美玉	4-1	157		卢焕章	9-1	453
	邓邦逖	5-1	107		石瑛	4-1	159		卢惠卿	9-1	454
	邓叔群	5-1	111		石道济	9-1	611		卢惠霖	7-1	271
	邓思和	9-1	117		石毓澍	8-1	221		卢景贵	5-1	440
	邓家彦	4-1	30	艾	艾伟	5-1	1		卢景泰	5-1	441
	邓家栋	8-1	46	龙	龙夷	5-1	434		卢嘉锡	9-1	455
	邓颂九	9-1	118		龙庆忠	7-1	266		卢榮泽	9-1	461
	邓鸿仪	5-1	108		龙承德	9-1	444		卢毓骏	7-1	274
	邓鸿宜	5-1	109		龙显烈	9-1	446		卢鹤绂	8-1	167
	邓植仪	5-1	112		龙荣轩	4-1	125		卢鹤钟	9-1	452
	邓锟辅	9-1	116		龙康侯	8-1	162	史	史书翰	7-1	363
	邓静华	7-1	58		龙惠溪	9-1	445		史仲仪	9-1	618
5画				[丨]					史存直	7-1	357
[一]				卢	卢于道	7-1	273		史廷庆	7-1	364
厉	厉汝尚	9-1	350		卢士谦	8-1	169		史汝楫	9-1	617
	厉汝燕	4-1	88		卢元镕	9-1	470		史 宣	5-1	563
	厉裔华	7-1	214		卢正持	5-1	450		史瑞和	9-1	616
左	左任侠	7-1	679		卢守孟	4-1	127		史麟图	9-1	615
	左学礼	8-1	413		卢守耕	5-1	446	叶	叶允恭	9-1	911
玉	玉荣均	9-1	929		卢庆骏	9-1	459		叶天星	8-1	343
甘	甘毓津	8-1	65		卢观泉	8-1	166		叶孔韶	9-1	903
石	石凤翔	5-1	559		卢伯章	9-1	448		叶永毅	9-1	909
	石开琳	9-1	614		卢宗澄	7-1	276		叶 汇	8-1	340
	石华玉	9-1	612		卢祖华	4-1	130		叶 玄	8-1	344
	石声汉	7-1	361		卢统之	5-1	447		叶玉良	5-1	844
	石志仁	5-1	568		卢衍豪	9-1	469		叶仰山	9-1	908
	石志泉	4-1	160		卢浩然	9-1	451		叶企孙	5-1	841
	石青阳	4-1	158		卢致德	5-1	451		叶在馥	5-1	845

姓	姓　名	表	序号	姓	姓　名	表	序号	姓	姓　名	表	序号
	邝安堃	7－1	186		邢契莘	5－1	750		任振修	9－1	577
	邝寿堃	5－1	305		邢傅芦	9－1	819		任　朗	9－1	575
	邝咏钟	4－1	81		［丨］				任理卿	5－1	527
	邝国光	4－1	77	吕	吕凤章	8－1	173		任鸿隽	4－1	146
	邝贤俦	4－1	80		吕吟声	8－1	174		任葆良	9－1	572
	邝炳光	4－1	76		吕应钟	9－1	484		任超北	9－1	573
	邝荣光	4－1	79		吕保维	9－1	482		任新民	9－1	576
	邝翌昆	5－1	306		吕彦直	5－1	461		任　照	4－1	147
	邝景扬	4－1	78		吕　炯	7－1	284	伉	伉铁儁	9－1	312
	邝翼堃	5－1	307		吕崇朴	9－1	483	伍	伍长庚	7－1	453
	［乛］				吕富华	7－1	283		伍正诚	8－1	301
司	司徒亮	8－1	223		吕德宽	8－1	172		伍正谊	9－1	795
	司徒展	8－1	224	师	师　哲	8－1	222		伍　仲	7－1	479
	6画			曲	曲仲湘	9－1	571		伍光鉴	4－1	195
	［一］				曲泽洲	8－1	206		伍连德	4－1	199
成	成从修	9－1	89	毕	毕华德	5－1	5		伍荣林	7－1	468
	成功一	5－1	85		毕重远	9－1	9		伍哲英	5－1	725
	成仿吾	5－1	84		毕德显	9－1	8		伍绳武	8－1	296
	成希颢	9－1	97		［丿］				伍智梅	7－1	477
	成竟志	9－1	93	乔	乔义生	4－1	141		伍献文	7－1	473
过	过元熙	7－1	123		乔启明	7－1	322		伍镜湖	5－1	704
	过养默	5－1	205	仲	仲崇信	7－1	637	全	全绍清	5－1	525
	过祖源	7－1	124	任	任中方	8－1	208	华	华凤翔	5－1	249
	过探先	5－1	202		任之恭	7－1	331		华兴鼒	9－1	251
	过鑫先	9－1	209		任尚武	5－1	528		华有光	9－1	252
邢	邢开元	7－1	493		任承统	9－1	574		华国祥	9－1	250
	邢传禾	7－1	492		任明道	7－1	330		华罗庚	8－1	86
	邢其毅	7－1	494		任美锷	8－1	207	向	向近敏	9－1	805

姓	姓 名	表	序号	姓	姓 名	表	序号	姓	姓 名	表	序号
	向斯达	9－1	806		朱希亮	7－1	669		朱惠方	5－1	1008
朱	朱士武	5－1	1015		朱希涛	9－1	1102		朱智贤	7－1	670
	朱子清	7－1	671		朱 坦	9－1	1100		朱 森	7－1	664
	朱广颐	9－1	1090		朱 宝	8－1	403		朱 程	7－1	660
	朱仁堪	8－1	407		朱宝奎	4－1	256		朱新予	5－1	1022
	朱允升	9－1	1106		朱建璋	4－1	257		朱福炘	9－1	1088
	朱元鼎	5－1	1023		朱物华	5－1	1020		朱锡绥	4－1	261
	朱公谨	5－1	1006		朱剑寒	9－1	1092		朱 墀	5－1	1002
	朱凤美	5－1	1004		朱 复	5－1	1005		朱鹤年	7－1	662
	朱壬葆	8－1	406		朱宣人	9－1	1103		朱 霖	5－1	1012
	朱文熊	4－1	260		朱宪彝	7－1	668		朱蘭贞	5－1	1011
	朱文鑫	4－1	259		朱庭祜	5－1	1018		朱 鑅	5－1	1013
	朱世昀	5－1	1016		朱彦丞	9－1	1104		[丶]			
	朱世明	5－1	1014		朱思本	9－1	1099	关	关君蔚	8－1	71
	朱世衷	8－1	409		朱恒壁	5－1	1007		关炳韶	9－1	201
	朱仙舫	5－1	1021		朱树屏	9－1	1098		关祖光	5－1	191
	朱兰成	9－1	1093		朱树恭	9－1	1097		关祖舜	7－1	116
	朱弘复	9－1	1091		朱 洗	7－1	666		关 铎	7－1	115
	朱正元	8－1	411		朱祖佑	7－1	672		关颂坚	5－1	188
	朱民声	8－1	405		朱祖祥	9－1	1109		关颂声	5－1	189
	朱先煌	7－1	667		朱钟昌	9－1	1108		关颂韬	5－1	190
	朱尧曾	9－1	1105		朱 健	8－1	404		关肇直	9－1	202
	朱师晦	8－1	408		朱 夏	9－1	1101	刘	刘士豪	7－1	252
	朱成厚	5－1	1001		朱家骅	5－1	1009		刘大中	9－1	419
	朱汝华	7－1	663		朱颂伟	7－1	665		刘为涛	7－1	257
	朱汝荣	9－1	1096		朱 彬	5－1	1000		刘 云	5－1	433
	朱汝瑾	9－1	1095		朱淇昌	9－1	1094		刘公诚	9－1	421
	朱岗昆	9－1	1089		朱维杰	5－1	1019		刘心显	9－1	436

姓	姓　名	表	序号	姓	姓　名	表	序号	姓	姓　名	表	序号
	刘王立明	5 - 1	426		刘佩瑛	9 - 1	431		刘树墉	5 - 1	424
	刘丙彪	7 - 1	239		刘　和	5 - 1	413		刘钟华	9 - 1	442
	刘仙洲	9 - 1	435		刘国珍	4 - 1	120		刘钟奇	7 - 1	264
	刘发喧	8 - 1	152		刘学荣	5 - 1	431		刘　健	9 - 1	423
	刘正炯	7 - 1	262		刘宜伦	8 - 1	160		刘哲民	9 - 1	440
	刘　永	9 - 1	438		刘宝琛	5 - 1	404		刘恩兰	8 - 1	151
	刘永纯	5 - 1	432		刘建康	9 - 1	424		刘晋年	7 - 1	249
	刘　汉	8 - 1	155		刘忠同	9 - 1	443		刘润华	5 - 1	420
	刘玉素	9 - 1	439		刘念信	9 - 1	430		刘隽湘	8 - 1	159
	刘玉麟	4 - 1	123		刘承先	9 - 1	415		刘基炎	4 - 1	121
	刘先志	9 - 1	434		刘承沛	9 - 1	414		刘基唐	9 - 1	426
	刘光文	8 - 1	154		刘承芳	5 - 1	405		刘基磐	5 - 1	416
	刘后利	9 - 1	422		刘承霖	5 - 1	406		刘崇乐	5 - 1	409
	刘守道	9 - 1	433		刘昌夏	9 - 1	413		刘崇汉	5 - 1	408
	刘安恭	5 - 1	403		刘昌塿	9 - 1	412		刘崇动	5 - 1	407
	刘安曾	8 - 1	149		刘秉阳	8 - 1	150		刘崇勤	5 - 1	410
	刘廷芳	5 - 1	425		刘绍光	7 - 1	253		刘敏诚	9 - 1	429
	刘成钊	7 - 1	242		刘绍汤	9 - 1	432		刘淦芝	7 - 1	246
	刘欢曾	8 - 1	157		刘绍禹	5 - 1	422		刘萃杰	9 - 1	417
	刘汝强	5 - 1	421		刘莆祺	7 - 1	241		刘敦桢	5 - 1	412
	刘行骥	5 - 1	430		刘茂勋	4 - 1	122		刘敬宜	5 - 1	415
	刘伯浩	7 - 1	240		刘冠洪	7 - 1	247		刘曾撰	4 - 1	124
	刘孝勰	5 - 1	427		刘冠雄	4 - 1	119		刘植炎	9 - 1	441
	刘步蟾	4 - 1	118		刘思职	7 - 1	256		刘琮源	9 - 1	416
	刘良湛	7 - 1	250		刘恢先	8 - 1	158		刘　鼎	7 - 1	245
	刘芳级	9 - 1	420		刘树杞	5 - 1	423		刘慎谔	7 - 1	251
	刘诒谨	9 - 1	437		刘树勋	7 - 1	255		刘新民	7 - 1	259
	刘轩君	7 - 1	260		刘树钧	7 - 1	254		刘　椽	7 - 1	243

姓	姓　名	表	序号	姓	姓　名	表	序号	姓	姓　名	表	序号
	刘　瑚	7-1	248	庆	庆承道	7-1	327		汤明奇	9-1	661
	刘瑞恒	5-1	419	江	江山寿	5-1	292		汤武傑	5-1	616
	刘蕙章	5-1	417		江仁寿	7-1	176		汤逸人	8-1	242
	刘锡晋	5-1	429		江元仁	5-1	293		汤惠荪	5-1	612
	刘锡嘏	5-1	428		江安才	9-1	282		汤湘雨	7-1	389
	刘　颖	8-1	161		江　杓	7-1	177		汤瑞钧	8-1	239
	刘嘉树	9-1	425		江良规	8-1	104		汤腾汉	7-1	387
	刘熏宇	7-1	261		江良游	9-1	287		汤德全	9-1	656
	刘蔚同	7-1	258		江泽民	8-1	105		汤爵芝	5-1	614
	刘德珍	5-1	411		江泽佳	9-1	296	祁	祁开智	7-1	316
	刘德润	7-1	244		江泽涵	7-1	178		祁延煦	9-1	546
	刘遵宪	7-1	265		江　清	5-1	291	米	米景贤	7-1	300
	刘寰伟	5-1	414		江善襄	9-1	289	衣	衣复得	7-1	547
	刘　樸	5-1	418		江超西	5-1	286	许	许天锡	9-1	845
	刘濬业	9-1	427		江履成	5-1	288		许世璂	9-1	841
	刘璧章	9-1	411	池	池贞铨	4-1	29		许世瑾	7-1	507
	刘馥英	8-1	153		池际咸	9-1	99		许民辉	5-1	762
安	安君赞	9-1	1	汤	汤子珍	5-1	620		许先甲	4-1	209
	安朝俊	8-1	1		汤飞凡	7-1	384		许延辉	9-1	849
庄	庄长恭	5-1	1025		汤文通	7-1	388		许应期	5-1	772
	庄巧生	9-1	1110		汤尔和	4-1	167		许　坤	5-1	759
	庄圻泰	8-1	412		汤永谦	9-1	665		许学晶	5-1	771
	庄孝惠	9-1	1111		汤玉玮	9-1	666		许宝騄	8-1	315
	庄季昭	5-1	1026		汤兆裕	9-1	667		许　杰	7-1	504
	庄秉权	5-1	1024		汤佩松	7-1	386		许英魁	8-1	324
	庄　俊	5-1	1027		汤佩勤	9-1	662		许复七	5-1	755
	庄前鼎	7-1	673		汤国权	9-1	657		许振英	7-1	509
	庄裕孙	5-1	1028		汤承佑	5-1	609		许植方	5-1	777

姓	姓　名	表	序号	姓	姓　名	表	序号	姓	姓　名	表	序号
	许殿乙	8-1	316		孙守全	9-1	640		孙越崎	7-1	377
	许鹏程	9-1	838		孙廷中	5-1	593		孙源裕	9-1	643
	许德佑	7-1	501		孙竹生	9-1	650		孙瑞珩	8-1	236
	许璇	5-1	770		孙自全	9-1	651		孙聘三	9-1	636
	许震宙	5-1	776		孙观汉	8-1	233		孙增在	9-1	645
	许鑑	7-1	503		孙克基	5-1	588		孙增庆	5-1	598
齐	齐长庆	5-1	505		孙君立	8-1	235		孙增爵	7-1	379
	齐世基	9-1	545		孙时中	9-1	639		孙德和	8-1	232
	齐守愚	5-1	506		孙芳垂	9-1	634		孙醒东	7-1	376
	齐学启	7-1	317		孙国华	5-1	583		孙鏕	5-1	592
	齐尊周	9-1	548		孙学悟	5-1	594		孙耀翔	5-1	595
	齐熨	8-1	194		孙宗尧	5-1	599	牟	牟乃祚	7-1	303
	齐镇垣	9-1	547		孙建初	8-1	234		牟作云	9-1	515
	[一]				孙忠亮	9-1	649		牟鼎同	7-1	302
孙	孙广明	4-1	165		孙承谔	7-1	374	纪	纪长庚	5-1	280
	孙中山	4-1	166		孙承谟	5-1	580		纪育沣	5-1	282
	孙云铸	5-1	597		孙绍先	9-1	638	阮	阮兴仁	9-1	581
	孙云雁	9-1	644		孙洪芬	5-1	584		阮宝江	5-1	531
	孙云蔚	7-1	378		孙珍宝	9-1	646		阮谊谨	7-1	336
	孙云霄	5-1	596		孙家声	5-1	585		阮维周	9-1	580
	孙令衔	7-1	375		孙家瓥	5-1	586		阮镜清	7-1	335
	孙本忠	5-1	579		孙恩麐	5-1	582		**7 画**		
	孙永澄	9-1	642		孙振东	9-1	647		[一]		
	孙立人	5-1	589		孙浙生	9-1	648	严	严之卫	5-1	797
	孙训方	9-1	641		孙继丁	5-1	587		严仁荫	7-1	517
	孙企孙	5-1	591		孙清波	5-1	590		严开元	5-1	794
	孙多钰	4-1	164		孙渠	9-1	637		严庄	5-1	799
	孙多营	5-1	581		孙鸿泉	9-1	635		严庆龄	7-1	516

姓	姓 名	表	序号	姓	姓 名	表	序号	姓	姓 名	表	序号
	严当文	9-1	860		李子白	9-1	380		李先闻	7-1	210
	严自强	9-1	868		李广勋	5-1	327		李光华	9-1	330
	严沛章	8-1	329		李为坤	9-1	359		李华宗	8-1	124
	严连生	9-1	864		李书田	5-1	351		李华桐	9-1	336
	严昉	5-1	790		李书华	5-1	349		李安素	9-1	323
	严秉淳	9-1	859		李公达	7-1	198		李庆远	8-1	131
	严复	4-1	214		李凤荪	7-1	196		李庆贤	7-1	208
	严恺	8-1	328		李天民	9-1	357		李庆海	8-1	130
	严济慈	5-1	793		李天和	9-1	356		李庆逵	9-1	348
	严钦尚	9-1	865		李天恩	9-1	355		李廷弼	9-1	358
	严家驺	5-1	792		李文采	9-1	360		李扬汉	9-1	365
	严恩棫	5-1	789		李文美	7-1	209		李旭旦	8-1	133
	严铁生	9-1	866		李方训	7-1	195		李有山	9-1	369
	严智钟	5-1	798		李方城	5-1	322		李权亨	5-1	344
	严楚江	7-1	515		李方琼	5-1	323		李汝金	4-1	87
	严筱钧	9-1	867		李丕济	8-1	128		李汝祺	5-1	346
	严蕙卿	5-1	791		李仙舟	7-1	212		李约翰	9-1	370
	严镜海	9-1	862		李仪祉	5-1	360		李达	5-1	320
励	励澜生	8-1	126		李四光	4-1	91		李克鸿	7-1	204
劳	劳君展	5-1	311		李平	5-1	341		李吟秋	5-1	359
	劳启祥	5-1	312		李永庆	5-1	361		李寿田	4-1	89
寿	寿乐	7-1	367		李汉华	9-1	334		李寿恒	5-1	348
	寿标	7-1	366		李汉俊	5-1	332		李志仁	5-1	364
	寿振黄	5-1	570		李玉莹	9-1	373		李志方	8-1	135
	寿颂万	5-1	569		李立万	9-1	345		李沛文	7-1	207
李	李乙	9-1	367		李乔苹	9-1	347		李芳荣	4-1	86
	李士豪	8-1	132		李传基	9-1	326		李运华	5-1	362
	李大受	4-1	84		李充国	5-1	317		李近仁	9-1	342

姓	姓 名	表	序号	姓	姓 名	表	序号	姓	姓 名	表	序号
	李进隆	5－1	336		李绍惠	5－1	347		李海晨	8－1	121
	李连捷	8－1	127		李 蕊	9－1	324		李烛尘	5－1	368
	李佩林	8－1	129		李范一	5－1	324		李 珠	5－1	367
	李卓皓	9－1	379		李迪华	5－1	321		李 珩	7－1	200
	李周雄	9－1	378		李青崖	5－1	343		李祥享	5－1	352
	李国平	8－1	120		李 驹	5－1	337		李竞雄	9－1	341
	李国均	5－1	328		李鸣和	5－1	340		李继侗	5－1	335
	李国贤	9－1	333		李信德	9－1	363		李 衷	5－1	365
	李国珍	5－1	330		李宪之	7－1	211		李郭舟	5－1	331
	李国钦	5－1	329		李宪章	9－1	362		李寅恭	5－1	358
	李国量	9－1	332		李恒钺	8－1	123		李 彬	5－1	314
	李国鼎	7－1	199		李春芬	9－1	327		李清廉	5－1	342
	李国豪	9－1	331		李春亭	5－1	319		李铭新	9－1	346
	李学海	9－1	364		李春昱	7－1	194		李善邦	9－1	351
	李学清	5－1	355		李春荣	5－1	318		李惠林	9－1	337
	李宗侗	5－1	369		李树芬	4－1	90		李景汉	8－1	125
	李宗恩	5－1	370		李津身	9－1	343		李景均	9－1	340
	李宜璋	9－1	368		李 济	5－1	333		李景沆	9－1	339
	李宝实	7－1	192		李祖范	5－1	371		李景晟	7－1	201
	李 岡	5－1	326		李祖贤	5－1	372		李景清	7－1	202
	李承干	5－1	315		李笃珊	9－1	328		李琼池	8－1	119
	李承祜	7－1	193		李重阳	9－1	377		李联标	9－1	344
	李昌源	9－1	325		李钟美	5－1	366		李赋京	7－1	197
	李河民	8－1	122		李顺卿	5－1	350		李赋都	5－1	325
	李直民	7－1	217		李家文	9－1	338		李锐夫	9－1	349
	李祉川	7－1	216		李家琛	5－1	334		李鼎新	4－1	85
	李秉成	8－1	118		李振翩	7－1	215		李漠炽	7－1	205
	李绍伟	9－1	352		李效民	7－1	213		李煜瀛	4－1	92

姓	姓 名	表	序号	姓	姓 名	表	序号	姓	姓 名	表	序号
	李瑞圭	5－1	345		杜顺德	8－1	50		杨成志	7－1	519
	李辑祥	7－1	203		杜朝藩	9－1	138		杨访渔	9－1	875
	李锡之	5－1	354		杜 焕	7－1	69		杨达成	9－1	871
	李慕楠	7－1	206		杜锡钰	9－1	142		杨邦杰	5－1	800
	李毓芬	9－1	371		杜增瑞	8－1	51		杨克成	7－1	526
	李熙谋	5－1	353		杜聪明	5－1	129		杨克念	5－1	813
	李肇特	9－1	376	束	束星北	7－1	369		杨孝述	5－1	824
	李鹗鼎	9－1	329	杨	杨乃俊	7－1	529		杨杏佛	5－1	825
	李增培	9－1	375		杨十三	7－1	531		杨步伟	5－1	804
	李潭生	9－1	354		杨卫玉	5－1	821		杨佩金	5－1	816
	李澄澜	5－1	316		杨飞霞	4－1	218		杨国亮	9－1	876
	李蕴滋	9－1	372		杨允奎	7－1	538		杨尚灼	7－1	530
	李震声	8－1	134		杨天一	9－1	887		杨承训	5－1	805
	李翰如	9－1	335		杨开渠	7－1	524		杨承祖	9－1	870
	李懋	5－1	339		杨文光	9－1	889		杨昌龄	4－1	217
	李曙轩	9－1	353		杨文衡	7－1	536		杨 杰	7－1	522
	李 鏗	5－1	338		杨仙逸	5－1	828		杨 杰	9－1	878
	李瓒文	9－1	374		杨平澜	9－1	884		杨武之	5－1	823
	李耀华	9－1	366		杨本升	9－1	869		杨绍曾	5－1	818
	李耀邦	5－1	356		杨石先	5－1	819		杨述祖	7－1	532
	李耀煌	5－1	357		杨 伟	7－1	533		杨金虎	5－1	810
杜	杜文若	7－1	68		杨兆南	4－1	223		杨金章	9－1	882
	杜长明	7－1	67		杨光弼	5－1	808		杨俊生	5－1	812
	杜世傑	9－1	141		杨兴业	9－1	892		杨保康	5－1	801
	杜光祖	5－1	130		杨华一	4－1	219		杨 恪	7－1	525
	杜春培	9－1	139		杨吕南	5－1	815		杨显东	7－1	537
	杜洪作	9－1	140		杨庆龄	9－1	886		杨津基	8－1	334
	杜重远	5－1	128		杨廷宝	5－1	820		杨洪祖	8－1	332

姓	姓　名	表	序号	姓	姓　名	表	序号	姓	姓　名	表	序号
	杨济成	4－1	220		杨廉臣	4－1	221		苏祖斐	9－1	632
	杨济时	7－1	523		杨　简	9－1	877		苏　钝	9－1	628
	杨炳勋	5－1	803		杨简初	5－1	809		苏维霖	8－1	227
	杨钟健	5－1	831		杨锡仁	5－1	826		苏锐钊	4－1	163
	杨　钦	8－1	336		杨锦山	9－1	881		苏熊瑞	7－1	373
	杨家瑜	7－1	521		杨锦魁	5－1	811		苏德隆	8－1	226
	杨宽麟	5－1	814		杨颐桂	5－1	827	连	连　彝	5－1	373
	杨恩孚	9－1	874		杨鹏云	9－1	883		[丨]		
	杨振鸿	4－1	224		杨毓春	9－1	893	吴	吴士璧	9－1	785
	杨莘耟	4－1	222		杨肇嫌	5－1	830		吴大任	7－1	455
	杨豹灵	4－1	216		杨　蔚	7－1	534		吴大观	9－1	768
	杨铁云	9－1	888		杨德云	7－1	520		吴大昌	5－1	699
	杨崇瑞	5－1	806		杨德功	9－1	872		吴大炘	9－1	769
	杨惟义	7－1	535		杨德增	9－1	873		吴大猷	7－1	456
	杨敏祺	7－1	528		杨敷海	5－1	807		吴文彰	8－1	298
	杨维桢	5－1	822		杨　橱	8－1	331		吴月楼	9－1	794
	杨衔晋	9－1	891		杨遵仪	8－1	337		吴长芝	9－1	765
	杨　铨	5－1	817		杨樾林	5－1	829		吴去非	5－1	712
	杨铭鼎	7－1	527	苏	苏子衡	8－1	229		吴本涛	9－1	764
	杨彭基	8－1	335		苏元复	8－1	228		吴玉麟	5－1	720
	杨敬之	9－1	879		苏乐真	5－1	577		吴仰曾	4－1	202
	杨敬潘	9－1	880		苏先劼	9－1	630		吴仲贤	8－1	303
	杨景泰	8－1	333		苏延宾	9－1	631		吴传钧	9－1	767
	杨湘平	9－1	890		苏伯浤	9－1	627		吴　光	7－1	460
	杨葆昌	7－1	518		苏体仁	5－1	578		吴光远	9－1	773
	杨葆康	5－1	802		苏步青	7－1	371		吴兴业	5－1	716
	杨裕文	9－1	894		苏国桢	7－1	372		吴年吉	7－1	467
	杨勤策	9－1	885		苏尚本	9－1	629		吴执中	7－1	478

姓	姓 名	表	序号	姓	姓 名	表	序号	姓	姓 名	表	序号
	吴有训	5－1	719		吴泽湘	7－1	475		吴耕民	5－1	701
	吴汝康	9－1	784		吴绍青	7－1	472		吴钰	9－1	793
	吴江霖	9－1	777		吴绍骙	8－1	295		吴康	5－1	708
	吴百先	8－1	289		吴英恺	8－1	300		吴清度	5－1	709
	吴防平	9－1	772		吴金声	5－1	705		吴焕荣	4－1	196
	吴阶平	9－1	778		吴金鼎	7－1	461		吴厦	9－1	790
	吴启佑	5－1	711		吴俊升	5－1	707		吴尊爵	8－1	304
	吴应科	4－1	203		吴南轩	7－1	466		吴敬荣	4－1	198
	吴志华	9－1	797		吴威孙	9－1	789		吴景平	9－1	780
	吴志超	9－1	796		吴宪	5－1	714		吴景祥	7－1	462
	吴京	9－1	779		吴思远	5－1	713		吴景微	9－1	781
	吴其藻	4－1	200		吴持恭	9－1	766		吴鲁强	7－1	465
	吴卓	7－1	480		吴柳生	7－1	464		吴新炳	5－1	715
	吴叔奇	9－1	787		吴祖垲	9－1	800		吴瑞萍	8－1	294
	吴和光	9－1	774		吴荣熙	7－1	469		吴福桢	5－1	700
	吴学孝	5－1	717		吴觉农	5－1	706		吴锦铨	7－1	463
	吴学周	7－1	474		吴贻芳	5－1	718		吴韫珍	5－1	722
	吴学铿	4－1	201		吴逆平	9－1	782		吴毓襄	5－1	723
	吴学蔺	8－1	299		吴钟岭	9－1	799		吴德纯	9－1	770
	吴宗杰	5－1	726		吴钦烈	5－1	710		吴德明	7－1	457
	吴定良	7－1	458		吴健	4－1	197		吴德章	4－1	194
	吴宝初	9－1	763		吴家钧	9－1	776		吴德楞	8－1	291
	吴尚时	7－1	471		吴家高	5－1	703		吴德楣	9－1	771
	吴征铠	8－1	302		吴朔平	9－1	786		吴澂	7－1	454
	吴征鑑	7－1	476		吴桓兴	9－1	775		吴蕴瑞	5－1	721
	吴承洛	5－1	698		吴浩然	5－1	702		吴遵洮	5－1	727
	吴朋聪	9－1	783		吴润	7－1	470		吴懋仪	8－1	293
	吴治华	9－1	798		吴素萱	8－1	297		吴燮灿	9－1	792

姓	姓　名	表	序号	姓	姓　名	表	序号	姓	姓　名	表	序号
	吴　襄	9-1	791		何俊英	9-1	227		余瑞璜	8-1	350
	吴羹梅	7-1	459		何家泌	8-1	77		余缵寅	9-1	937
	吴麟祥	8-1	292		何家瑚	9-1	224		余籍传	5-1	856
时	时昭泽	5-1	567		何积标	9-1	225		余懿德	9-1	932
	时昭涵	5-1	566		何清儒	5-1	218	谷	谷镜汧	5-1	177
	时　钧	8-1	219		何敬真	9-1	226	邱	邱志范	4-1	145
	〔丿〕				何　琦	8-1	79		邱叔航	7-1	328
何	何乃民	5-1	217		何葆善	9-1	219		邱宗岳	5-1	524
	何万云	8-1	80		何　鲁	5-1	214		邱易昌	9-1	568
	何广慈	9-1	222		何　瑶	5-1	220		邱绍尹	4-1	144
	何心川	4-1	52		何增任	9-1	230		邱祥聘	9-1	567
	何玉昆	7-1	131		何增禄	7-1	132		邱　陵	5-1	517
	何光篯	9-1	221		何墨林	5-1	216		邱培涵	5-1	520
	何守瑗	5-1	219		何燮侯	4-1	51	邹	邹元燨	9-1	1118
	何廷梁	4-1	50	佘	佘韫珠	7-1	346		邹尧方	7-1	676
	何作霖	8-1	82	余	余　濆	7-1	554		邹君乐	9-1	1114
	何　启	4-1	49		余友泰	9-1	934		邹孝标	9-1	1117
	何怀祖	9-1	223		余文光	5-1	862		邹　武	9-1	1116
	何运喧	5-1	223		余兰园	5-1	858		邹秉文	5-1	1030
	何运煌	5-1	222		余光生	8-1	349		邹思泳	5-1	1033
	何　奇	8-1	78		余庆鳌	5-1	859		邹思廉	9-1	1115
	何宝章	7-1	128		余承业	9-1	918		邹春座	7-1	675
	何怡贞	7-1	130		余泽兰	5-1	863		邹树文	5-1	1032
	何　杰	5-1	212		余茂勋	9-1	925		邹钟琳	7-1	677
	何泽慧	9-1	229		余青松	5-1	860		邹淑慧	5-1	1031
	何绍志	9-1	228		余品真	9-1	926		邹维渭	5-1	1034
	何育杰	4-1	53		余树基	9-1	930		〔丶〕			
	何金英	4-1	48		余家菊	5-1	855	冷	冷福田	9-1	322

姓	姓 名	表	序号	姓	姓 名	表	序号	姓	姓 名	表	序号
	沈隽	8-1	213	邵	邵均	5-1	535		陆钦恺	9-1	458
	沈培民	5-1	547		邵济华	8-1	210		陆家振	9-1	472
	沈崇昭	9-1	588		邵家麟	5-1	534		陆颂善	9-1	464
	沈彬贞	5-1	537		邵象伊	7-1	345		陆鸿棠	5-1	439
	沈彬康	9-1	587		邵象华	7-1	344		陆慎仪	5-1	445
	沈隽淇	5-1	543		邵瑞珍	9-1	586		陆福臻	9-1	449
	沈慈辉	5-1	539		邵德辉	7-1	342		陆锡贵	4-1	128
	沈溯明	5-1	549		邵德彝	7-1	343		陆锦文	5-1	442
	沈锡琳	7-1	353	陆	陆士嘉	9-1	462		陆毓璋	7-1	275
	沈鹏飞	5-1	548		陆大京	7-1	269		陆德章	4-1	126
	沈嘉瑞	7-1	348		陆元昌	5-1	449		陆鹤寿	8-1	168
	沈熊庆	5-1	550		陆文发	9-1	465		陆燮钧	5-1	448
	沈肇熙	9-1	605		陆永泉	4-1	129		陈人哲	9-1	57
	沈增筼	5-1	554		陆达	7-1	268		陈力为	9-1	51
	沈履	5-1	546		陆孝彭	9-1	466		陈三才	5-1	58
	沈甄鼎	5-1	542		陆志韦	5-1	452		陈久徽	8-1	22
	沈镇南	5-1	555		陆近仁	9-1	456		陈义	7-1	38
	沈鑫	9-1	599		陆国樑	9-1	450		陈土衡	7-1	32
沙	沙玉彦	7-1	340		陆学善	7-1	272		陈士骅	7-1	26
	沙玉清	7-1	339		陆宗贤	7-1	277		陈大齐	5-1	29
肖	肖瑾	7-1	484		陆宝淦	5-1	438		陈子钊	9-1	87
辛	辛一心	8-1	313		陆秉亨	7-1	267		陈才瑞	4-1	9
	辛文舒	5-1	749		陆绍云	5-1	444		陈飞鹏	5-1	32
	辛树帜	5-1	748		陆贯一	7-1	270		陈之长	5-1	81
闵	闵华	9-1	512		陆鸣嘉	9-1	457		陈凤书	5-1	33
	闵启杰	7-1	301		陆星垣	9-1	467		陈凤桐	7-1	18
	闵嗣鹤	9-1	513		陆钟祚	9-1	471		陈天骥	5-1	63
	[一]				陆钦侃	9-1	460		陈心陶	7-1	35

姓	姓　名	表	序号	姓	姓　名	表	序号	姓	姓　名	表	序号
	陈文沛	5－1	67		陈兆艺	4－1	24		陈启东	7－1	25
	陈文魁	9－1	70		陈兆贞	5－1	78		陈希庆	5－1	68
	陈文禧	9－1	71		陈兆基	4－1	23		陈希亮	9－1	73
	陈日升	9－1	58		陈兆翱	4－1	22		陈应星	9－1	81
	陈日曜	9－1	59		陈光旭	9－1	41		陈志潜	7－1	40
	陈长龄	4－1	10		陈华	9－1	45		陈良辅	8－1	25
	陈丕扬	5－1	53		陈华癸	8－1	20		陈芳允	9－1	40
	陈世桢	5－1	62		陈同白	5－1	66		陈陆圻	8－1	27
	陈世骧	7－1	27		陈同庆	9－1	67		陈其斌	9－1	54
	陈仕庆	5－1	61		陈同度	7－1	31		陈国倉	7－1	19
	陈兰英	8－1	24		陈同章	9－1	68		陈国桢	8－1	19
	陈占祥	9－1	85		陈师经	5－1	60		陈国符	8－1	18
	陈可会	4－1	15		陈庆宁	9－1	55		陈学仁	9－1	77
	陈可忠	5－1	44		陈庆平	4－1	18		陈学俊	9－1	78
	陈巨镛	4－1	14		陈庆尧	5－1	55		陈宗南	5－1	82
	陈正仁	8－1	31		陈延寿	5－1	70		陈宗器	8－1	33
	陈正权	9－1	86		陈廷纪	4－1	20		陈岱	9－1	38
	陈永定	9－1	82		陈廷祚	9－1	66		陈建功	5－1	39
	陈永傑	5－1	72		陈廷锡	5－1	65		陈承杙	5－1	24
	陈永龄	8－1	30		陈次乔	8－1	15		陈明寿	5－1	51
	陈汉标	9－1	44		陈汝诠	9－1	62		陈林璋	4－1	17
	陈玉书	9－1	84		陈邦杰	8－1	14		陈林衡	4－1	16
	陈礼	5－1	46		陈伯璋	4－1	8		陈秉聪	9－1	36
	陈立	7－1	23		陈体诚	5－1	64		陈绍彭	9－1	64
	陈立	9－1	50		陈克	9－1	49		陈绍舜	5－1	59
	陈立夫	5－1	48		陈克恢	5－1	43		陈绍蕃	9－1	63
	陈立廷	5－1	49		陈克泰	8－1	23		陈茂康	5－1	50
	陈仰三	9－1	80		陈励研	9－1	52		陈金揆	4－1	13

姓	姓 名	表	序号	姓	姓 名	表	序号	姓	姓 名	表	序号
	陈雨苍	5－1	73		陈 桢	5－1	79		陈福习	5－1	34
	陈俊雷	9－1	48		陈烈勋	5－1	47		陈锡鑫	7－1	36
	陈修白	9－1	76		陈 祥	9－1	72		陈嘉震	8－1	21
	陈冠荣	9－1	42		陈继善	5－1	41		陈 煨	5－1	37
	陈 垚	8－1	29		陈耕陶	8－1	17		陈端柄	7－1	16
	陈封怀	7－1	17		陈培栋	9－1	53		陈翠贞	5－1	28
	陈帮圻	9－1	34		陈崇武	5－1	27		陈德芬	5－1	30
	陈星焕	9－1	74		陈崇法	5－1	25		陈德能	9－1	39
	陈树玉	9－1	65		陈崇桂	5－1	26		陈樑生	8－1	26
	陈树羲	7－1	28		陈康白	7－1	22		陈 毅	5－1	71
	陈洋讚	5－1	69		陈望隆	9－1	69		陈 篆	4－1	25
	陈炳麟	9－1	37		陈焕镛	5－1	38		陈 蕃	5－1	31
	陈省身	7－1	34		陈 焘	7－1	29		陈遵妫	5－1	83
	陈祖光	8－1	34		陈 章	5－1	76		陈鹤琴	5－1	36
	陈祖裕	8－1	35		陈维稷	7－1	33		陈鹤潭	4－1	12
	陈荣贵	4－1	19		陈鸿逵	7－1	20		陈 器	5－1	54
	陈荣鼎	5－1	57		陈善铭	8－1	28		陈燕年	4－1	21
	陈 荗	9－1	47		陈 嵘	5－1	56		陈翰笙	5－1	35
	陈荗民	5－1	40		陈彭年	5－1	52		陈騆声	7－1	30
	陈 贡	9－1	35		陈棨元	9－1	56		陈耀真	7－1	37
	陈兼善	7－1	21		陈 植	5－1	80		［ㄱ］		
	陈宰均	5－1	75		陈 植	7－1	39	张	张乃凤	7－1	596
	陈家导	9－1	46		陈 琦	7－1	24		张万久	8－1	372
	陈 容	9－1	60		陈裕光	5－1	74		张大煜	7－1	578
	陈恩凤	8－1	16		陈隽人	5－1	42		张子高	5－1	940
	陈恩焘	4－1	11		陈新民	9－1	75		张 丹	7－1	577
	陈振铣	8－1	32		陈 煜	9－1	83		张 云	5－1	938
	陈桂升	9－1	43		陈瑞泰	9－1	61		张仁家	9－1	981

姓	姓 名	表	序号	姓	姓 名	表	序号	姓	姓 名	表	序号
	张介源	9 - 1	971		张训舜	9 - 1	1007		张克威	7 - 1	593
	张天福	7 - 1	601		张龙志	9 - 1	978		张含英	5 - 1	897
	张少铭	7 - 1	599		张龙翔	8 - 1	365		张听聪	9 - 1	989
	张开柱	9 - 1	975		张乔啬	5 - 1	913		张启正	4 - 1	240
	张开骏	5 - 1	907		张 任	7 - 1	598		张孝若	5 - 1	926
	张心一	5 - 1	930		张 光	7 - 1	582		张孝通	9 - 1	996
	张心治	9 - 1	999		张光斗	7 - 1	583		张孝骞	5 - 1	925
	张文佑	9 - 1	995		张光圻	5 - 1	895		张希陆	5 - 1	928
	张文奇	9 - 1	994		张光明	5 - 1	894		张时行	5 - 1	918
	张文治	8 - 1	375		张光铭	9 - 1	967		张 更	7 - 1	581
	张文裕	8 - 1	374		张全元	8 - 1	370		张汴增	9 - 1	952
	张文潜	5 - 1	924		张兴中	9 - 1	1000		张纬文	7 - 1	603
	张方佐	5 - 1	890		张印和	9 - 1	1010		张连华	9 - 1	976
	张东民	5 - 1	887		张印堂	9 - 1	1009		张际中	7 - 1	591
	张仪尊	7 - 1	609		张守敬	9 - 1	986		张 佶	5 - 1	900
	张兰格	5 - 1	910		张庆松	8 - 1	369		张其楷	8 - 1	368
	张卯均	9 - 1	979		张庆舆	5 - 1	914		张国藩	7 - 1	585
	张可治	5 - 1	908		张廷玉	5 - 1	921		张孟闻	7 - 1	594
	张巨伯	5 - 1	906		张廷金	5 - 1	920		张季高	9 - 1	972
	张正平	5 - 1	939		张朵山	5 - 1	888		张学祖	9 - 1	1006
	张民觉	8 - 1	367		张江树	5 - 1	901		张学鼎	9 - 1	1005
	张永书	9 - 1	1012		张纪正	8 - 1	362		张宗汉	7 - 1	617
	张永昌	9 - 1	1011		张西林	9 - 1	998		张宗泽	8 - 1	385
	张汇兰	5 - 1	899		张伯声	7 - 1	572		张宗炳	8 - 1	383
	张汉文	7 - 1	586		张伯苓	4 - 1	236		张宗燧	8 - 1	384
	张禾瑞	9 - 1	968		张作人	7 - 1	618		张宝华	5 - 1	886
	张立志	9 - 1	977		张作干	9 - 1	1017		张 岩	7 - 1	608
	张训恭	7 - 1	607		张克忠	5 - 1	909		张念源	5 - 1	912

姓	姓　名	表	序号	姓	姓　名	表	序号	姓	姓　名	表	序号
	张承黼	9 - 1	955		张胜华	9 - 1	983		张景钺	5 - 1	905
	张昌华	7 - 1	573		张觉亚	9 - 1	974		张紫洞	9 - 1	1016
	张昌绍	8 - 1	358		张贻志	5 - 1	936		张谟实	5 - 1	911
	张昌颖	7 - 1	575		张贻惠	5 - 1	935		张　谤	9 - 1	950
	张昌龄	7 - 1	574		张钟俊	8 - 1	382		张鼎芬	9 - 1	962
	张明哲	8 - 1	366		张席禔	5 - 1	932		张楚宝	9 - 1	956
	张松荫	7 - 1	600		张恩虬	9 - 1	964		张　滂	9 - 1	980
	张直中	8 - 1	381		张振仁	9 - 1	1015		张　煦	8 - 1	379
	张绍连	5 - 1	915		张桂耕	7 - 1	584		张瑞瑾	9 - 1	982
	张绍忠	5 - 1	916		张桐生	9 - 1	991		张瑞鎏	8 - 1	371
	张范村	5 - 1	889		张海平	5 - 1	896		张福良	5 - 1	891
	张金生	4 - 1	238		张涤生	9 - 1	963		张福范	9 - 1	965
	张青莲	7 - 1	597		张　玺	7 - 1	605		张福铨	5 - 1	893
	张保全	9 - 1	951		张继正	8 - 1	363		张福麟	5 - 1	892
	张信诚	8 - 1	378		张资平	5 - 1	941		张锡圣	9 - 1	1001
	张修平	9 - 1	1002		张资珙	7 - 1	615		张锡泽	9 - 1	1003
	张兹闿	7 - 1	616		张通武	5 - 1	923		张锡钧	5 - 1	927
	张宣谟	9 - 1	1004		张通骏	7 - 1	602		张锡祺	5 - 1	931
	张宪武	7 - 1	606		张钰哲	7 - 1	613		张　锦	7 - 1	590
	张宪秋	8 - 1	376		张堂恒	9 - 1	988		张龄佳	8 - 1	364
	张挺辉	9 - 1	990		张捷迁	9 - 1	970		张嘉生	9 - 1	969
	张星烺	5 - 1	929		张　维	9 - 1	992		张肇骞	7 - 1	614
	张春霖	7 - 1	576		张辅忠	7 - 1	580		张德庆	7 - 1	579
	张树青	9 - 1	987		张鸿德	7 - 1	587		张德骏	9 - 1	959
	张洪沅	7 - 1	588		张惠长	5 - 1	898		张德粹	8 - 1	359
	张　炳	9 - 1	953		张景华	9 - 1	973		张德馨	8 - 1	360
	张炳熺	9 - 1	954		张景芬	5 - 1	903		张　毅	8 - 1	380
	张　省	5 - 1	917		张景欧	5 - 1	904		张　鋆	4 - 1	239

续附表1

姓	姓 名	表	序号	姓	姓 名	表	序号	姓	姓 名	表	序号
	张鹤宇	8-1	361		林兆耆	7-1	234		林笋	7-1	231
	张燕刚	9-1	1008		林同炎	7-1	233		林继诚	5-1	385
	张燮	9-1	997		林同段	9-1	401		林继庸	5-1	386
	张馥葵	9-1	966		林同骅	7-1	232		林致德	9-1	408
	张耀翔	5-1	933		林同珠	9-1	402		林培深	9-1	399
	8画				林同曜	5-1	394		林焕平	7-1	227
	[一]				林庄	5-1	397		林惠贞	9-1	395
巫	巫振英	5-1	724		林庆升	4-1	108		林惠昌	8-1	145
杭	杭效祖	9-1	216		林汝铎	9-1	400		林惠祥	5-1	383
林	林几	9-1	396		林汝耀	5-1	391		林景亮	9-1	398
	林士谔	8-1	148		林芝	9-1	407		林朝权	7-1	235
	林元惕	9-1	406		林观得	8-1	144		林联盛	4-1	105
	林孔湘	8-1	146		林达美	9-1	392		林联辉	4-1	104
	林尹民	4-1	113		林伯遵	7-1	226		林葆怿	4-1	103
	林文庆	4-1	111		林启武	8-1	147		林葆骆	7-1	224
	林文秉	5-1	395		林志荣	4-1	117		林超	8-1	142
	林文莹	9-1	403		林汶民	5-1	396		林颐	9-1	404
	林日章	4-1	109		林沛泉	4-1	107		林颖启	4-1	112
	林世熙	5-1	392		林国璋	9-1	393		林碧梓	7-1	225
	林可玑	5-1	387		林国镐	5-1	382		林履中	4-1	106
	林可胜	5-1	388		林宗扬	5-1	398		林澍民	5-1	393
	林巧稚	7-1	228		林怡游	4-1	114		林镕	7-1	229
	林平卿	5-1	390		林郁	9-1	405		林徽因	5-1	384
	林永升	4-1	115		林荣贵	7-1	230	欧	欧天垣	9-1	519
	林汉藩	9-1	394		林家翘	9-1	397		欧阳诚	9-1	521
	林礼铨	5-1	389		林振峰	4-1	116		欧阳赓	4-1	137
	林传光	8-1	143		林桂生	5-1	381	武	武达铨	8-1	290
	林传鼎	9-1	391		林泰曾	4-1	110	范	范永增	5-1	133

姓	姓 名	表	序号	姓	姓 名	表	序号	姓	姓 名	表	序号
	范会国	7－1	75		罗云平	8－1	170		周子桢	7－1	658
	范旭东	4－1	34		罗文庆	7－1	281		周云观	9－1	1086
	范权	8－1	55		罗庆隆	9－1	478		周仁	5－1	989
	范纯一	9－1	146		罗庆蕃	5－1	457		周凤九	5－1	979
	范柏林	9－1	145		罗邦伯	9－1	473		周天翔	9－1	1077
	范济洲	9－1	148		罗邦杰	5－1	453		周太开	9－1	1076
	范桂文	9－1	147		罗克典	7－1	279		周太玄	7－1	651
	范绪筠	7－1	77		罗孝章	5－1	460		周太炎	9－1	1078
	范绪箕	8－1	56		罗国瑞	4－1	132		周开基	5－1	982
	范棠	9－1	149		罗宗贤	8－1	171		周长龄	4－1	251
	范谦衷	7－1	76		罗宗洛	7－1	282		周仪先	9－1	1083
茅	茅以升	5－1	471		罗宛华	9－1	481		周发歧	7－1	642
	茅以新	5－1	472		罗建本	9－1	475		周可涌	9－1	1069
郁	郁为瑾	8－1	351		罗忠忱	4－1	134		周氏	9－1	1063
	郁永常	9－1	933		罗河	9－1	474		周永升	9－1	1084
	郁达夫	5－1	852		罗荣安	5－1	459		周永德	5－1	997
	郁知非	9－1	936		罗清生	5－1	458		周田	7－1	652
	郁振镛	9－1	935		罗惠桥	5－1	455		周礼和	9－1	1070
	［丨］				罗景崇	5－1	456		周立三	9－1	1071
卓	卓仁志	4－1	262		罗登义	7－1	278		周伟璋	5－1	992
	卓越	5－1	1029		罗锦铸	9－1	476		周传谏	4－1	252
尚	尚德延	9－1	585		罗鹏展	9－1	477		周先庚	7－1	654
易	易见龙	8－1	345		罗臻禄	4－1	133		周同庆	7－1	653
	易维基	5－1	847	虎	虎臣	9－1	235		周存国	9－1	1062
	易鼎新	5－1	846		［丿］				周尧	8－1	402
罗	罗士韦	9－1	479	周	周万鹏	4－1	253		周延鼎	5－1	996
	罗士瑜	9－1	480		周士观	5－1	990		周廷儒	9－1	1079
	罗丰禄	4－1	131		周大瑶	5－1	978		周百炼	8－1	398

姓	姓　名	表	序号	姓	姓　名	表	序号	姓	姓　名	表	序号
	金道森	9－1	298		郑守箴	4－1	245		郑集	7－1	632
	金雅妹	4－1	72		郑庆瑞	9－1	1047		郑辟疆	4－1	242
	金新宇	9－1	306		郑廷襄	4－1	246		郑爕芳	9－1	1048
	金瀚	5－1	296		郑汝成	4－1	244		郑麟蕃	8－1	394
	[丶]				郑贞文	5－1	968		[一]		
单	单人骅	9－1	583		郑达宸	5－1	955		孟广喆	7－1	298
	单宗肃	9－1	584		郑作新	7－1	636		孟少农	9－1	508
	单炳庆	9－1	582		郑均	9－1	1043		孟目的	5－1	478
	单粹民	7－1	341		郑拔元	9－1	1038		孟庆元	9－1	507
宗	宗之发	7－1	674		郑步青	5－1	954		孟庆华	9－1	506
	宗俊章	9－1	1113		郑沛缪	9－1	1045		孟庆基	8－1	186
房	房师亮	5－1	135		郑际宝	9－1	1042		孟希潜	9－1	509
	房耀文	7－1	81		郑国宾	9－1	1040		孟宪民	5－1	480
郑	郑万钧	8－1	395		郑国熙	9－1	1041		孟宪承	5－1	479
	郑大章	7－1	630		郑建宣	7－1	633		孟昭英	7－1	299
	郑之蕃	4－1	248		郑易里	5－1	965		孟继懋	5－1	477
	郑允衷	5－1	966		郑林庆	9－1	1044	经	经亨颐	4－1	73
	郑元俊	9－1	1049		郑绍棠	7－1	634		[乛]		
	郑太朴	5－1	963		郑祖穆	5－1	969	居	居伯强	7－1	184
	郑文英	4－1	247		郑衍芬	7－1	635		居励今	5－1	301
	郑止善	9－1	1051		郑重	9－1	1052	屈	屈天祥	9－1	570
	郑丕留	9－1	1046		郑家觉	5－1	960		**9 画**		
	郑兰华	5－1	961		郑恩聪	5－1	956		[一]		
	郑光显	9－1	1039		郑晓沧	5－1	964	查	查良钊	5－1	882
	郑全	5－1	962		郑清濂	4－1	243		查谦	5－1	883
	郑华	5－1	959		郑章成	5－1	967	柯	柯召	8－1	112
	郑华炽	7－1	631		郑辅华	5－1	957		柯成懋	5－1	302
	郑在校	9－1	1050		郑辅维	5－1	958		柯应夔	8－1	111

姓	姓　名	表	序号	姓	姓　名	表	序号	姓	姓　名	表	序号
柳	柳大纲	9－1	418		胡昌炽	5－1	233	荣	荣独山	7－1	332
	柳支英	7－1	263		胡明复	5－1	242		荣　科	9－1	578
	柳克令	9－1	428		胡秉方	9－1	233	赵	赵九章	8－1	389
	柳鹤图	8－1	156		胡经甫	5－1	241		赵人龙	9－1	1029
胡	胡士熙	5－1	243		胡英才	7－1	147		赵士寿	5－1	947
	胡之真	9－1	249		胡宣明	5－1	247		赵广增	8－1	386
	胡仁源	4－1	56		胡宪生	5－1	245		赵今声	9－1	1022
	胡元民	7－1	148		胡济民	9－1	239		赵元任	5－1	951
	胡世华	8－1	84		胡济生	9－1	240		赵元贞	5－1	952
	胡世悌	9－1	247		胡家义	5－1	240		赵凤恩	9－1	1019
	胡正祥	5－1	248		胡　桓	9－1	238		赵天从	8－1	391
	胡汉纳	7－1	139		胡浩川	5－1	238		赵文珉	7－1	624
	胡汉泉	9－1	237		胡祥璧	8－1	85		赵丕华	9－1	1027
	胡任贤	9－1	243		胡继曾	4－1	55		赵以成	8－1	392
	胡传揆	7－1	136		胡乾善	7－1	145		赵以炳	7－1	626
	胡先骕	5－1	246		胡寄南	7－1	140		赵本寅	9－1	1018
	胡光澄	5－1	236		胡惇五	7－1	137		赵　立	9－1	1024
	胡光鑣	5－1	237		胡　棻	7－1	138		赵伦彝	9－1	1025
	胡刚复	5－1	235		胡焕庸	5－1	239		赵师梅	9－1	1030
	胡汝棣	9－1	244		胡竟良	7－1	141		赵庆杰	5－1	945
	胡余暄	9－1	248		胡竟铭	7－1	142		赵访熊	7－1	620
	胡克声	9－1	241		胡博渊	5－1	232		赵诏熊	7－1	627
	胡声求	9－1	245		胡敦复	4－1	54		赵连芳	5－1	944
	胡声松	7－1	146		胡锋同	5－1	234		赵叔愚	5－1	948
	胡沛泉	9－1	242		胡嗣鸿	5－1	244		赵国镛	7－1	621
	胡国澄	9－1	236		胡慎修	9－1	246		赵季骏	9－1	1021
	胡坤升	7－1	143		胡懋廉	7－1	144		赵学海	5－1	950
	胡昌寿	9－1	234	荆	荆广生	9－1	310		赵宗燠	8－1	393

姓	姓 名	表	序号	姓	姓 名	表	序号	姓	姓 名	表	序号
	赵忠尧	7-1	628		郝景盛	8-1	76	昝	昝 凌	9-1	944
	赵承嘏	5-1	942		郝履诚	9-1	218	段	段子俊	7-1	74
	赵松乔	9-1	1033		郝履端	7-1	127		段丰顺	9-1	143
	赵金科	8-1	388		［丨］				段永嘉	7-1	72
	赵修鸿	5-1	949	哈	哈雄文	7-1	125		段佑云	7-1	73
	赵星艺	9-1	1036	恽	恽 震	5-1	871		段学复	9-1	144
	赵祖康	7-1	629		［丿］				段茂瀚	7-1	71
	赵贵文	8-1	387	侯	侯仁之	9-1	232		段绩川	7-1	70
	赵恩廊	5-1	943		侯延宾	5-1	231		段 雄	5-1	131
	赵桂龄	9-1	1020		侯宗濂	7-1	135		段蓉贞	8-1	52
	赵耆深	9-1	1031		侯宝璋	7-1	133	禹	禹之谟	4-1	231
	赵 深	5-1	946		侯 俊	7-1	134	钟	钟士模	9-1	1058
	赵硕颀	9-1	1032		侯家源	5-1	229		钟开莱	9-1	1056
	赵 绵	9-1	1026		侯祥川	5-1	230		钟文耀	4-1	249
	赵鸿基	7-1	622		侯毓汾	8-1	83		钟兆琳	5-1	973
	赵善欢	8-1	390		侯德榜	5-1	228		钟兴俭	9-1	1060
	赵景龙	7-1	623	俞	俞大绂	7-1	553		钟秉智	9-1	1054
	赵曾珏	7-1	619		俞大维	5-1	853		钟俊麟	7-1	639
	赵 琦	9-1	1028		俞同奎	4-1	227		钟荣光	5-1	971
	赵畯田	9-1	1023		俞启孝	9-1	928		钟香崇	9-1	1059
	赵煦雍	7-1	625		俞启葆	9-1	927		钟晋崇	9-1	1055
	赵锡成	9-1	1035		俞建章	7-1	556		钟朗璇	8-1	397
	赵增珏	5-1	953		俞显昌	9-1	931		钟皎光	8-1	396
	赵慰先	9-1	1034		俞炳昌	9-1	917		钟盛标	9-1	1057
	赵橘黄	4-1	241		俞恩瀛	9-1	921		钟惠澜	7-1	638
	赵耀东	9-1	1037		俞履圻	9-1	924		钟熙民	5-1	972
郝	郝更生	5-1	211		俞德葆	9-1	920		钟 锷	5-1	970
	郝复俭	9-1	217		俞霭峰	9-1	916	须	须 恺	5-1	758

姓	姓　名	表	序号	姓	姓　名	表	序号	姓	姓　名	表	序号
饶	饶钦止	7－1	329		施嘉干	5－1	560		费宗藩	5－1	142
	饶毓泰	5－1	526		施嘉炀	5－1	561		费骅	7－1	84
	［丶］				施赞元	5－1	565		费培傑	5－1	141
姜	姜心曼	9－1	292	洪	洪式闾	5－1	227		费鸿年	5－1	140
	姜立夫	5－1	287		洪绅	5－1	225		费福煦	7－1	83
	姜尧	9－1	294		洪绍论	5－1	224	贺	贺正成	9－1	231
	姜达衢	8－1	102		洪深	5－1	226		贺新民	8－1	81
	姜泗长	9－1	291	祖	祖德明	7－1	678		贺懋庆	5－1	215
	姜秉权	9－1	283	祝	祝正行	9－1	1107		贺闓	5－1	213
	姜诚贯	9－1	284		祝湛予	8－1	410		贺耀祖	5－1	221
	姜琦	5－1	290	闻	闻亦传	7－1	451	骆	骆启荣	7－1	280
娄	娄尔康	8－1	164		闻亦齐	7－1	452		骆德武	5－1	454
	娄成后	8－1	163		［一］				**10 画**		
	娄昌后	5－1	435	姚	姚文林	5－1	836		［一］		
	娄既庭	5－1	436		姚尔昌	5－1	833	夏	夏之骅	7－1	482
	娄康后	8－1	165		姚归耕	9－1	895		夏元瑮	5－1	733
宣	宣侠父	5－1	780		姚永政	7－1	541		夏坚白	8－1	305
施	施士元	7－1	362		姚传法	5－1	832		夏彦儒	5－1	732
	施成熙	8－1	218		姚克方	7－1	540		夏衍	5－1	731
	施汝为	7－1	360		姚松龄	5－1	835		夏循元	8－1	307
	施伯安	5－1	558		姚恒修	9－1	896		夏翔	9－1	803
	施青	5－1	562		姚楷	7－1	539		夏道康	5－1	730
	施家炀	7－1	358		姚履享	5－1	834		夏勤铎	7－1	481
	施家钟	7－1	359		姚醒黄	5－1	837		夏鼐	8－1	306
	施家榘	9－1	613		姚鑫	9－1	897		夏镇夷	9－1	804
	施祥林	8－1	220	费	费自圻	9－1	160		夏鳌	9－1	802
	施鎏	5－1	564		费达生	5－1	139	晋	晋显曾	8－1	108
	施锡恩	7－1	365		费启能	7－1	85	桂	桂质廷	5－1	193

姓	姓　名	表	序号	姓	姓　名	表	序号	姓	姓　名	表	序号
	桂质良	7－1	117		袁敦礼	5－1	866		顾康乐	5－1	178
	桂铭敬	5－1	192		袁景章	9－1	939		顾维精	5－1	180
秦	秦仁昌	7－1	324		袁嗣令	9－1	940		顾敬心	7－1	110
	秦元勋	9－1	562		袁翰青	7－1	558		顾谦吉	7－1	111
	秦文蔚	5－1	515		袁镜铨	5－1	868		顾縠成	5－1	175
	秦礼让	9－1	560	贾	贾成章	5－1	283		顾毓泉	5－1	184
	秦光煜	8－1	201		贾铭钰	9－1	279		顾毓珍	7－1	113
	秦作梁	7－1	326		贾凝喜	4－1	69		顾毓琇	7－1	112
	秦含章	7－1	323	顾	顾子毅	5－1	186		顾静徽	7－1	109
	秦　汾	4－1	142		顾允中	9－1	199		顾懋林	9－1	193
	秦明博	5－1	514		顾功叙	8－1	68		顾翼东	5－1	176
	秦振庭	8－1	202		顾正汉	9－1	200		［丨］		
	秦馨菱	9－1	561		顾兆勋	8－1	70	柴	柴志明	5－1	22
耿	耿耀西	9－1	187		顾兆勤	8－1	69		［丿］		
聂	聂光坡	7－1	307		顾光复	7－1	108	倪	倪中方	7－1	306
	聂运新	9－1	517		顾希生	9－1	195		倪达书	9－1	516
	聂荣臻	5－1	487		顾诒燕	5－1	183		倪陆琮	7－1	305
	聂鸿达	5－1	486		顾其行	9－1	194		倪葆春	5－1	485
	聂毓禅	7－1	308		顾学裘	9－1	197	奚	奚锦岳	9－1	801
莊	莊振维	9－1	1112		顾学箕	9－1	196	徐	徐一冰	4－1	210
莫	莫定森	5－1	483		顾宗林	5－1	187		徐人寿	8－1	322
	莫根生	9－1	514		顾宜孙	5－1	182		徐士高	9－1	840
袁	袁长坤	4－1	232		顾岳中	9－1	198		徐广墀	5－1	756
	袁永昶	9－1	941		顾诩群	5－1	181		徐丰彦	7－1	502
	袁行义	7－1	559		顾青虹	5－1	179		徐之煊	4－1	212
	袁伯寿	5－1	865		顾家冀	9－1	192		徐　书	5－1	766
	袁矿苏	9－1	938		顾　振	5－1	185		徐　仁	8－1	321
	袁复礼	5－1	867		顾崇衔	9－1	191		徐仁铣	7－1	506

续附表1

姓	姓 名	表	序号	姓	姓 名	表	序号	姓	姓 名	表	序号
	徐介藩	9-1	832		徐经方	9-1	834		殷希彭	7-1	549
	徐允钟	5-1	774		徐英超	8-1	323		殷良弼	5-1	848
	徐天锡	7-1	508		徐贤修	9-1	847		殷源之	5-1	849
	徐世大	5-1	765		徐采栋	9-1	827		殷静强	9-1	913
	徐世焘	9-1	842		徐祖耀	9-1	853	爱	爱新觉罗·溥儒	5-1	2
	徐兰如	8-1	319		徐荫祥	8-1	325				
	徐功懋	9-1	831		徐诵明	5-1	767	翁	翁心樋	9-1	761
	徐尔灏	9-1	829		徐恩锡	9-1	828		翁文波	8-1	288
	徐民寿	8-1	320		徐 恭	9-1	830		翁文灏	5-1	697
	徐亦臻	5-1	773		徐振鹏	4-1	211		翁兴庆	9-1	762
	徐仲梅	9-1	852		徐振镛	7-1	510		翁恺明	9-1	760
	徐名材	5-1	761		徐特立	5-1	768		翁琳榜	8-1	287
	徐芝纶	7-1	512		徐 梁	5-1	760	钱	钱人元	9-1	554
	徐作和	5-1	779		徐绩锴	9-1	833		钱三强		555
	徐克勤	8-1	318		徐鸿遇	4-1	207		钱子超	5-1	512
	徐志文	9-1	851		徐博文	9-1	826		钱凤章	7-1	318
	徐志芗	5-1	778		徐敬之	8-1	317		钱天鹤	5-1	511
	徐近之	9-1	836		徐敬仪	9-1	835		钱令希	8-1	199
	徐佩璜	5-1	763		徐景堂	5-1	757		钱冬生	9-1	550
	徐叔华	9-1	843		徐舜寿	9-1	844		钱伟长	9-1	556
	徐学镛	9-1	848		徐新六	5-1	769		钱 极	9-1	551
	徐宗涑	7-1	513		徐满琅	9-1	837		钱学榘	8-1	200
	徐宝义	7-1	500		徐瑞珍	9-1	839		钱宗堡	5-1	513
	徐宝陞	9-1	825		徐 僖	9-1	846		钱宝钧	8-1	195
	徐 尚	5-1	764		徐毓栅	9-1	850		钱宝琮	5-1	507
	徐建寅	4-1	208		徐 墇	5-1	754		钱念曾	9-1	553
	徐迺祚	7-1	505		徐 箴	5-1	775		钱昌祚	5-1	508
	徐 治	7-1	511	殷	殷宏章	8-1	346		钱临照	7-1	319

姓	姓　名	表	序号	姓	姓　名	表	序号	姓	姓　名	表	序号
	钱保功	9-1	549		唐庆千	9-1	663	席	席德炯	5-1	729
	钱宪伦	9-1	557		唐江清	8-1	237		席德炳	5-1	728
	钱思亮	7-1	320		唐君铂	8-1	238	浚	浚鸿勋	5-1	787
	钱钟韩	7-1	321		唐国安	4-1	168	浦	浦洁修	7-1	315
	钱钟毅	9-1	559		唐季友	9-1	659	涂	涂长望	7-1	399
	钱家麒	8-1	198		唐官赏	5-1	611		涂羽卿	5-1	626
	钱崇澍	5-1	510		唐茂松	9-1	660		涂　治	7-1	402
	钱惠华	8-1	197		唐炳源	5-1	608		涂绍宇	5-1	625
	钱　惠	8-1	196		唐统一	9-1	664		涂家庆	7-1	400
	钱景渊	9-1	552		唐荣祚	5-1	615	诸	诸文绮	4-1	258
	钱　雍	9-1	558		唐悦良	5-1	619		诸水本	5-1	1017
	钱　潮	5-1	509		唐振绪	8-1	243		诸楚卿	5-1	1003
铁	铁　明	5-1	622		唐致尧	4-1	170		诸福棠	7-1	661
	[丶]				唐　钺	5-1	618	谈	谈家桢	7-1	382
凌	凌　宁	9-1	410		唐　铎	5-1	610		谈锡畴	5-1	605
	凌君达	9-1	409		唐嘉衣	9-1	658	郭	郭一平	9-1	210
	凌远阳	7-1	238		唐嘉装	5-1	613		郭一岑	5-1	206
	凌其峻	5-1	401		唐　耀	8-1	241		郭公接	4-1	45
	凌显常	7-1	237	容	容永乐	9-1	579		郭文宗	8-1	74
	凌淑浩	7-1	236		容启东	8-1	209		郭文魁	9-1	207
	凌鸿勋	5-1	400		容启兆	5-1	530		郭世绾	7-1	122
	凌道杨	5-1	399		容启容	7-1	334		郭可大	8-1	73
	凌霞新	5-1	402		容启雄	5-1	529		郭本坚	8-1	72
唐	唐元湛	4-1	169		容尚谦	4-1	148		郭立茂	5-1	197
	唐凤图	7-1	385		容啓东	7-1	333		郭任远	5-1	199
	唐世凤	8-1	240		容耀垣	4-1	149		郭兴燕	5-1	203
	唐仰虞	5-1	617	宾	宾尔昌	5-1	7		郭守纯	5-1	201
	唐仲璋	9-1	668		宾　果	8-1	6		郭庆棻	7-1	121

姓	姓　名	表	序号	姓	姓　名	表	序号	姓	姓　名	表	序号
	郭和夫	9-1	204		高廷枢	9-1	180		陶寿淇	9-1	674
	郭宗汾	5-1	207		高　志	7-1	103		陶　桐	7-1	392
	郭尚贤	5-1	200		高进基	7-1	97		陶晶孙	7-1	391
	郭承志	5-1	194		高国恕	9-1	177		陶葆楷	7-1	390
	郭沫若	5-1	198		高尚荫	7-1	100		陶鼎来	9-1	669
	郭秉宽	7-1	118		高恒儒	7-1	95		陶源长	7-1	393
	郭　迪	7-1	119		高济宇	7-1	98		**11 画**		
	郭炳瑜	9-1	203		高炳泰	9-1	176		[一]		
	郭贻诚	8-1	75		高恩洪	4-1	42	戚	戚殿萱	9-1	544
	郭晓岚	9-1	208		高振衡	9-1	184	曹	曹元钧	9-1	30
	郭培鋆	7-1	120		高啸林	9-1	183		曹友德	8-1	12
	郭鸿运	9-1	205		高崇熙	5-1	163		曹日昌	9-1	29
	郭棣活	5-1	196		高崇德	5-1	162		曹本熹	9-1	24
	郭殿邦	5-1	195		高惜冰	5-1	168		曹汉生	9-1	27
	郭瑞珪	4-1	46		高　鸿	9-1	178		曹亚伯	5-1	21
	郭慕孙	9-1	206		高鸿缙	5-1	165		曹传谞	9-1	26
	郭熙棠	5-1	204		高　鲁	4-1	43		曹寿昌	7-1	13
	郭豫笃	9-1	211		高镜朗	7-1	96		曹诒孙	7-1	14
高	高士其	7-1	101		高镜莹	5-1	167		曹承慰	9-1	25
	高大纲	5-1	164	陶	陶云逵	7-1	394		曹　昌	7-1	10
	高文彬	9-1	182		陶令桓	9-1	673		曹松年	8-1	11
	高文源	7-1	102		陶正耀	9-1	676		曹茂祥	4-1	7
	高长庚	5-1	161		陶玉田	9-1	675		曹祖忻	9-1	32
	高玉树	8-1	66		陶廷赓	4-1	171		曹家祥	4-1	5
	高立民	9-1	179		陶行知	5-1	621		曹　桢	9-1	31
	高伟烈	9-1	181		陶亨咸	9-1	670		曹　珽	5-1	20
	高　华	5-1	166		陶亨豫	9-1	671		曹清泰	8-1	10
	高庆春	7-1	99		陶克原	9-1	672		曹理卿	5-1	19

姓	姓 名	表	序号	姓	姓 名	表	序号	姓	姓 名	表	序号
	曹廉箴	4－1	6	萨	萨本远	7－1	338		黄汝琪	7－1	163
	曹简禹	7－1	12		萨本炘	7－1	337		黄汲青	7－1	155
	曹鹤荪	7－1	11		萨本栋	5－1	532		黄 自	7－1	172
	曹骥	9－1	28		萨本铁	5－1	533		黄至溥	9－1	273
梅	梅旸春	5－1	473		萨福均	4－1	150		黄齐望	7－1	159
	梅卓生	5－1	476		萨镇冰	4－1	151		黄孝真	5－1	269
	梅祖彤	9－1	505	黄	黄人傑	7－1	160		黄宏嘉	9－1	256
	梅贻琦	5－1	475		黄万里	7－1	164		黄寿恒	5－1	265
	梅贻琳	5－1	474		黄大恒	5－1	253		黄 岚	8－1	90
	梅超任	9－1	502		黄大能	9－1	253		黄希素	9－1	267
	梅镇岳	9－1	504		黄子卿	5－1	277		黄应春	9－1	270
	梅籍芳	9－1	503		黄 中	7－1	171		黄志千	9－1	274
盛	盛文扬	4－1	156		黄中孚	8－1	99		黄志秋	9－1	275
	盛 成	7－1	356		黄元波	9－1	271		黄纬禄	9－1	263
	盛彤笙	8－1	217		黄元照	5－1	273		黄芸苏	5－1	274
	盛泽闿	9－1	610		黄天启	5－1	267		黄叔培	5－1	266
	盛诚桂	9－1	608		黄开甲	4－1	61		黄国涛	9－1	255
	盛树棋	9－1	609		黄文炜	7－1	165		黄国璋	5－1	257
萧	萧人麟	9－1	809		黄文熙	7－1	166		黄季严	5－1	262
	萧之的	7－1	487		黄可训	9－1	258		黄季良	4－1	60
	萧永成	9－1	810		黄弁群	7－1	150		黄学诗	7－1	168
	萧庆云	7－1	485		黄汉和	5－1	258		黄宗瑜	9－1	276
	萧孝嵘	7－1	486		黄玉珊	8－1	97		黄宝玮	7－1	149
	萧承宪	8－1	308		黄龙先	7－1	157		黄建勋	4－1	59
	萧采瑜	9－1	807		黄仲良	4－1	67		黄昌谷	5－1	251
	萧 津	7－1	483		黄华表	5－1	259		黄昌贤	8－1	87
	萧家捷	9－1	808		黄延豫	9－1	268		黄 杲	9－1	254
	萧 瑜	5－1	734		黄异生	5－1	271		黄武汉	9－1	264

姓	姓 名	表	序号	姓	姓 名	表	序号	姓	姓 名	表	序号
	黄育贤	5-1	276		黄率诚	9-1	262		龚弼	9-1	188
	黄金声	7-1	154		黄野萝	7-1	169		[丨]		
	黄鸣龙	5-1	263		黄铭新	8-1	93	崔	崔之兰	7-1	52
	黄鸣球	4-1	63		黄博文	5-1	250		崔引安	9-1	104
	黄亮	8-1	91		黄厦千	7-1	167		崔龙光	7-1	51
	黄峒华	5-1	255		黄强	8-1	94		崔有濂	5-1	100
	黄垣	5-1	272		黄琮璞	8-1	88		崔步青	7-1	50
	黄复生	4-1	58		黄雄畏	9-1	266		崔步瀛	5-1	97
	黄庭	4-1	65		黄骚	5-1	264		崔叔瑗	9-1	103
	黄眉	8-1	92		黄鼎臣	5-1	254		崔学攸	5-1	99
	黄祖莲	4-1	68		黄慈祥	5-1	252		崔学韩	5-1	98
	黄觉民	7-1	156		黄新民	9-1	265		崔宗培	7-1	53
	黄郛	4-1	57		黄新彦	5-1	270		崔埼溪	9-1	105
	黄顺美	8-1	95		黄瑞纶	7-1	162		崔竣德	9-1	102
	黄家齐	5-1	261		黄瑞采	7-1	161		崔澂	9-1	101
	黄家驷	8-1	89		黄慕松	4-1	64	常	常迥	9-1	33
	黄家骅	5-1	260		黄模渊	9-1	259		常叙	5-1	23
	黄家骐	9-1	257		黄翠	7-1	151		常乾坤	8-1	13
	黄宽	4-1	62		黄德馨	7-1	152		常得仁	7-1	15
	黄席椿	8-1	96		黄懋义	7-1	158		[丿]		
	黄振勋	9-1	272		黄翼	7-1	170	符	符宗朝	5-1	151
	黄桂葆	5-1	256		黄翼	9-1	269	笪	笪远纶	5-1	101
	黄海青	7-1	153		黄耀昌	4-1	66		[丶]		
	黄润韶	9-1	261	龚	龚一波	9-1	190	商	商德全	4-1	152
	黄祯祥	8-1	98		龚兰珍	7-1	107	康	康启隆	9-1	311
	黄通	5-1	268		龚学遂	5-1	174		康信然	9-1	313
	黄钰生	5-1	275		龚祖同	8-1	67		康振钰	7-1	185
	黄培云	9-1	260		龚善麒	9-1	189		康振黄	9-1	314

姓	姓　名	表	序号	姓	姓　名	表	序号	姓	姓　名	表	序号
庚	康爱德	4－1	74		梁钟汉	4－1	102		章维中	9－1	993
庚	庚泽普	4－1	230		梁　徐	9－1	385		章鸿钊	4－1	237
梁	梁上栋	4－1	101		梁赉奎	4－1	96		章道彬	9－1	957
	梁之彦	7－1	222		梁敦彦	4－1	94		章　鼎	9－1	961
	梁允奇	9－1	387		梁　普	7－1	218		章锡昌	8－1	377
	梁丕旭	4－1	97		梁普时	4－1	98		章德孟	9－1	960
	梁在平	9－1	388		梁普照	4－1	99	谌	谌克终	5－1	45
	梁如浩	4－1	100		梁翕章	9－1	384		谌湛溪	5－1	77
	梁守槃	8－1	138		梁　燊	9－1	381	阎	阎宝陞	9－1	858
	梁百先	8－1	136	清	清格尔泰	8－1	203		阎振兴	8－1	330
	梁　达	8－1	137	章	章元玮	7－1	611		阎　磊	9－1	863
	梁伯强	5－1	374		章元善	5－1	937		［一］		
	梁余德	9－1	386		章元羲	7－1	612	屠	屠大奉	9－1	681
	梁　希	5－1	378		章文才	8－1	373		屠开元	7－1	401
	梁希杰	8－1	140		章文晋	7－1	604		屠守锷	8－1	246
	梁杜衡	5－1	376		章　用	7－1	610		屠坤华	5－1	624
	梁尚农	7－1	219		章用中	9－1	1013		屠　楷	9－1	682
	梁承厦	5－1	375		章名涛	7－1	595	隋	隋经义	9－1	633
	梁治华	5－1	379		章守玉	5－1	919		**12 画**		
	梁治明	8－1	141		章守华	9－1	985		［一］		
	梁金荣	4－1	95		章守恭	9－1	984	彭	彭少逸	9－1	538
	梁思永	7－1	220		章达锐	9－1	958		彭开熙	5－1	504
	梁思礼	9－1	383		章克标	7－1	592		彭文和	9－1	540
	梁思成	5－1	377		章育中	9－1	1014		彭　弘	9－1	533
	梁树权	8－1	139		章金宝	5－1	902		彭龙伯	7－1	313
	梁树藩	9－1	382		章恢志	7－1	589		彭光钦	7－1	312
	梁炳年	4－1	93		章　桐	5－1	922		彭成一	9－1	532
	梁　衍	7－1	221		章　益	5－1	934		彭克明	9－1	536

续附表 1

姓	姓　名	表	序号	姓	姓　名	表	序号	姓	姓　名	表	序号
	彭寿邦	9-1	539		董任坚	5-1	125		韩丙告	9-1	212
	彭宗灏	9-1	542		董守义	5-1	127		韩　安	5-1	208
	彭泽民	9-1	541		董聿茂	7-1	66		韩柏林	9-1	213
	彭秉璋	9-1	531		董寿莘	9-1	136		韩美英	5-1	209
	彭俊甫	9-1	535		董希贤	9-1	137		韩朝宗	7-1	126
	彭家元	5-1	503		董时进	5-1	126		[丨]		
	彭桓武	9-1	534		董承琅	5-1	123	喻	喻兆琦	7-1	557
	彭　谦	7-1	314		董春光	9-1	131		喻德渊	9-1	919
	彭勤之	9-1	537		董家铭	9-1	132		[丿]		
斯	斯行健	7-1	370		董瑞鹰	9-1	134	傅	傅天彝	5-1	158
	斯颂声	9-1	620	蒋	蒋书楠	9-1	290		傅尔攽	5-1	154
琚	琚定一	8-1	110		蒋丙然	5-1	285		傅式悦	4-1	41
粟	粟宗华	8-1	230		蒋次升	9-1	285		傅学文	5-1	160
	粟宗嵩	8-1	231		蒋君寔	9-1	286		傅承义	9-1	170
葛	葛文宗	5-1	171		蒋明谦	9-1	288		傅祖良	9-1	175
	葛正权	7-1	106		蒋彦士	9-1	293		傅种孙	9-1	174
	葛鸣松	7-1	105		蒋梦麟	5-1	289		傅胜发	9-1	172
	葛庭燧	9-1	186		蒋葆增	7-1	175		傅培彬	9-1	171
	葛春霖	9-1	185		蒋超英	4-1	70		傅焕光	5-1	155
	葛炳林	5-1	169		蒋德麟	8-1	103		傅　骕	5-1	157
	葛祖良	5-1	173		蒋豫图	9-1	295		傅葆琛	5-1	152
	葛益炽	5-1	172		蒋震同	8-1	106		傅道伸	5-1	153
	葛敬中	5-1	170	覃	覃修典	7-1	325		傅　鹰	7-1	93
董	董大西	5-1	124	辜	辜鸿铭	4-1	44		傅　骦	5-1	156
	董太和	8-1	49	韩	韩云阶	5-1	210	程	程乃颐	7-1	44
	董文琦	7-1	65		韩凤楼	4-1	47		程义法	5-1	92
	董世芬	9-1	135		韩文葆	9-1	214		程义藻	5-1	94
	董民声	9-1	133		韩文藻	9-1	215		程大业	4-1	27

姓	姓　名	表	序号	姓	姓　名	表	序号	姓	姓　名	表	序号
	程大器	4－1	26		程耀椿	5－1	91		曾　炯	7－1	564
	程心一	9－1	96	税	税西恒	5－1	573		曾炯之	7－1	565
	程世抚	7－1	46	舒	舒传贤	5－1	571		曾　省	7－1	567
	程延庆	5－1	90		舒光冀	9－1	619		曾笃恭	4－1	233
	程　式	8－1	38		舒叔培	7－1	368		曾朝明	8－1	355
	程伯京	7－1	41		舒　鸿	5－1	572		曾　溥	4－1	234
	程克仁	9－1	94	鲁	鲁邦瞻	5－1	437		曾德超	9－1	946
	程孝刚	5－1	88		［丶］				曾翼翰	9－1	948
	程纯枢	9－1	88	富	富文寿	5－1	159	温	温寿泉	4－1	192
	程其保	5－1	87		富　侠	9－1	173		温应星	4－1	193
	程学敏	9－1	79	敦	敦福堂	8－1	53		温步颐	7－1	447
	程宗阳	5－1	95	曾	曾广方	5－1	873		温秉忠	4－1	190
	程宜萍	7－1	47		曾心铭	5－1	876		温祖荫	5－1	696
	程明陞	7－1	43		曾世英	9－1	947		温健公	7－1	448
	程绍迥	7－1	45		曾以鼎	5－1	878		温联栋	7－1	449
	程复琪	9－1	90		曾呈奎	9－1	945		温嗣芳	7－1	450
	程威廉	9－1	95		曾远荣	7－1	568		温毓庆	5－1	695
	程家柽	4－1	28		曾宝荪	5－1	872	游	游恩溥	9－1	915
	程崇厚	7－1	42		曾宝涵	7－1	563	湛	湛　立	5－1	885
	程淦藩	8－1	36		曾养甫	5－1	877	童	童大埙	7－1	395
	程绩昌	9－1	92		曾　勉	7－1	566		童玉民	7－1	398
	程鸿炳	9－1	91		曾　威	8－1	356		童光煦	8－1	245
	程　强	5－1	86		曾宪武	5－1	875		童　村	8－1	244
	程裕祺	8－1	39		曾思涛	5－1	874		童宪章	9－1	680
	程暄生	9－1	98		曾昭伦	5－1	880		童润夫	5－1	623
	程锡庚	5－1	89		曾昭权	5－1	881		童第周	7－1	396
	程嘉垦	8－1	37		曾昭德	5－1	879		童　寯	7－1	397
	程瀛章	5－1	93		曾昭燏	8－1	357	谢	谢义炳	9－1	817

姓	姓 名	表	序号	姓	姓 名	表	序号	姓	姓 名	表	序号
	谢为杰	7-1	490		谢 澄	9-1	811		雷炳林	4-1	83
	谢之光	8-1	312		**13 画**				雷通群	5-1	313
	谢元甫	5-1	744		[一]				雷從民	7-1	191
	谢少文	7-1	488	楼	楼维秋	9-1	447		雷肇唐	8-1	117
	谢文秋	5-1	741	蒲	蒲蛰龙	9-1	543	靳	靳树梁	8-1	107
	谢玉铭	5-1	745	蓝	蓝天蔚	4-1	82		靳锡庚	9-1	305
	谢 申	7-1	489		蓝天鹤	9-1	318		[丨]		
	谢兆基	5-1	746		蓝如溪	7-1	189	虞	虞光裕	9-1	922
	谢光蘧	9-1	814		蓝志勤	7-1	190		虞宏正	7-1	555
	谢刚杰	5-1	737		蓝春池	5-1	310		虞振镛	5-1	864
	谢刚哲	4-1	204		蓝毓锺	9-1	319		虞烈照	9-1	923
	谢成侠	9-1	812	裘	裘名与	5-1	518		虞景泰	5-1	857
	谢伯昌	5-1	735		裘国安	4-1	143		虞 愚	4-1	229
	谢应瑞	5-1	743		裘昌运	5-1	516		虞锡麟	4-1	228
	谢志光	5-1	747		裘法祖	9-1	563	路	路亚衡	9-1	468
	谢和平	5-1	738		裘祖源	8-1	205		路树华	9-1	463
	谢国栋	9-1	813		裘维莹	5-1	521		路敏行	5-1	443
	谢奋程	5-1	736		裘维裕	5-1	522		[丿]		
	谢祚孔	9-1	818		裘维蕃	9-1	566	简	简根贤	9-1	280
	谢家泽	8-1	309		裘燮钧	5-1	523		简浩然	9-1	281
	谢家荣	5-1	740	赖	赖兴治	9-1	317	詹	詹天佑	4-1	235
	谢铭怡	9-1	815		赖其芳	7-1	187	鲍	鲍国宝	5-1	4
	谢循初	5-1	742		赖景湖	5-1	309		鲍觉民	8-1	2
	谢循贤	7-1	491		赖蜀生	9-1	316		鲍家善	9-1	5
	谢 惠	5-1	739	雷	雷天壮	9-1	321		鲍熙年	8-1	4
	谢嗣浩	9-1	816		雷天觉	9-1	320		[丶]		
	谢锡琛	8-1	310		雷 开	8-1	115	满	满 涛	8-1	183
	谢毓晋	8-1	311		雷兴翰	8-1	116	褚	褚士荃	8-1	40

姓	姓　名	表	序号	姓	姓　名	表	序号	姓	姓　名	表	序号
	褚凤仪	7-1	48		蔡祖宏	9-1	23		廖耀湘	7-1	223
	褚圣麟	7-1	49		蔡家鲤	9-1	18	谭	谭世藩	5-1	602
	褚民谊	5-1	96		蔡培火	8-1	7		谭庆麟	9-1	653
	褚应璜	9-1	100		蔡梓松	9-1	22		谭防夏	9-1	652
	褚肇民	8-1	41		蔡淳	9-1	16		谭伯羽	5-1	600
	14 画				蔡堡	5-1	10		谭保泰	7-1	380
	［一］				蔡翔	5-1	15		谭树升	9-1	654
臧	臧玉洤	7-1	562		蔡翘	5-1	11		谭炳勋	7-1	381
蔡	蔡元培	4-1	4		蔡雄	5-1	16		谭荫清	7-1	383
	蔡方荫	7-1	6		蔡锦章	4-1	1		谭振声	9-1	655
	蔡无忌	5-1	14		蔡镇宇	8-1	9		谭根	5-1	601
	蔡长年	9-1	15		蔡镇寰	8-1	8		谭真	5-1	607
	蔡名芳	7-1	9		蔡镏生	7-1	8		谭颂瀛	5-1	603
	蔡如升	9-1	19	赫	赫英举	7-1	129		谭遂淮	5-1	604
	蔡廷干	4-1	3		赫崇本	9-1	220		谭锡畴	5-1	606
	蔡旭	9-1	21		［丨］				［一］		
	蔡邦华	5-1	9	裴	裴文中	7-1	311	熊	熊大仁	7-1	495
	蔡声白	5-1	12		裴庆邦	5-1	502		熊大仕	7-1	496
	蔡宏道	9-1	17		裴明龙	9-1	530		熊正瑾	5-1	752
	蔡报瑗	9-1	13		裴保义	9-1	529		熊庆来	5-1	751
	蔡秀珠	5-1	17		裴冠西	5-1	501		熊汝成	9-1	822
	蔡叔厚	5-1	13		裴鉴	7-1	310		熊克武	4-1	206
	蔡昌年	9-1	14		［丿］				熊季光	7-1	497
	蔡松	9-1	20	管	管葆真	7-1	114		熊学谦	7-1	499
	蔡绍基	4-1	2		［丶］				熊尚元	8-1	314
	蔡金涛	7-1	7	廖	廖世承	5-1	380		熊知行	9-1	824
	蔡柏龄	7-1	5		廖仲周	9-1	390		熊秉信	9-1	820
	蔡珍治	5-1	18		廖庶蕃	9-1	389		熊祖同	5-1	753

续附表 1

姓	姓　名	表	序号	姓	姓　名	表	序号	姓	姓　名	表	序号
	熊继贞	4－1	205		潘仲鱼	9－1	528	薛	薛仲三	8－1	327
	熊鸾翥	7－1	498		潘光旦	5－1	492		薛兆旺	9－1	856
	熊朝钰	9－1	823		潘孝硕	9－1	526		薛光坼	9－1	855
	熊　琳	9－1	821		潘应昌	9－1	527		薛有福	4－1	213
缪	缪云台	5－1	482		潘国定	8－1	189		薛次华	5－1	781
	缪恩钊	5－1	481		潘尚贞	8－1	191		薛　芬	8－1	326
	缪梧兰	9－1	511		潘承圻	5－1	491		薛卓斌	5－1	785
翟	翟为霖	9－1	949		潘承孝	4－1	138		薛绍青	5－1	783
	翟克恭	7－1	570		潘承恭	8－1	188		薛祖康	5－1	786
	翟念浦	7－1	571		潘迪民	9－1	522		薛桂轮	5－1	782
	翟维澧	5－1	884		潘钟文	5－1	500		薛绳祖	5－1	784
	翟鹤程	7－1	569		潘钟祥	8－1	193		薛葆鼎	9－1	854
15 画					潘家吉	9－1	524		薛　愚	7－1	514
[一]					潘家麟	8－1	190	霍	霍宝树	5－1	278
樊	樊庆笙	8－1	54		潘菽	5－1	497		霍炎昌	5－1	279
	樊清江	5－1	132		潘铭钟	4－1	139		霍秉权	7－1	173
	樊燨培	9－1	150		潘善闻	5－1	494		霍慕蔺	8－1	100
[丿]					潘斯炽	4－1	140	**[丿]**			
稽	稽储彬	9－1	277		潘福莹	9－1	523	暨	暨懋旂	9－1	278
黎	黎照寰	5－1	363		潘履洁	5－1	493	穆	穆瑞五	7－1	304
	黎献勇	9－1	361	颜	颜任光	5－1	795		穆藕初	5－1	484
[、]					颜保民	9－1	857	**17 画**			
潘	潘士华	5－1	495		颜焕申	9－1	861	**[一]**			
	潘文炳	5－1	498		颜维精	5－1	796	戴	戴文赛	8－1	44
	潘文渊	8－1	192		颜福庆	4－1	215		戴令奂	9－1	110
	潘文焕	5－1	499	**16 画**					戴　弘	5－1	103
	潘世成	9－1	525	**[一]**					戴礼智	8－1	43
	潘世甯	5－1	496	燕	燕春台	5－1	788		戴立生	7－1	56

续附表1

姓	姓名	表	序号	姓	姓名	表	序号	姓	姓名	表	序号
	戴安邦	7-1	54		戴振铎	8-1	45		魏振武	9-1	757
	戴志昂	9-1	113		戴桂蕊	7-1	55		魏培修	7-1	445
	戴芳澜	5-1	102		戴铭傑	9-1	111		魏嵒寿	5-1	692
	戴运轨	5-1	106	蘴	蘴彦于	7-1	188		魏景超	7-1	444
	戴进	9-1	109		[丨]				魏毓贤	5-1	694
	戴昌晖	9-1	107	鄟	鄟云鹤	7-1	91		魏遏	4-1	189
	戴昌楫	9-1	108	瞿	瞿福亨	9-1	569		魏瀚	4-1	188
	戴松恩	7-1	57		[丿]				魏曦	8-1	285
	戴秉衡	8-1	42	魏	魏文德	9-1	755		[丶]		
	戴保粹	9-1	106		魏火曜	8-1	284	糜	糜若虚	9-1	510
	戴修鞠	5-1	105		魏寿昆	7-1	446	蹇	蹇先达	5-1	284
	戴济	5-1	104		魏学仁	5-1	693				
	戴振声	9-1	112		魏娱之	9-1	756				

附表2　按姓名的汉语拼音顺序编排

姓名	姓名全拼	表	序号	姓名	姓名全拼	表	序号
艾伟	Ai Wei	5-1	1	鲍国宝	Bao Guobao	5-1	4
爱新觉罗·溥儒	Aixinjueluo Puru	5-1	2	鲍家善	Bao Jiashan	9-1	5
				鲍觉民	Bao Juemin	8-1	2
安朝俊	An Chaojun	8-1	1	包可永	Bao Keyong	8-1	3
安君赞	An Junzan	9-1	1	包效彭	Bao Xiaopeng	5-1	6
巴文俊	Ba Wenjun	7-1	1	包新弟	Bao Xindi	9-1	7
白家祉	Bai Jiazhi	9-1	2	鲍熙年	Bao Xinian	8-1	4
白施恩	Bai Shi-en	9-1	3	包志立	Bao Zhili	7-1	3
白薇	Bai Wei	5-1	3	贝季瑶	Bei Jiyao	8-1	5
白希清	Bai Xiqing	7-1	2	贝时璋	Bei Shizhang	7-1	4
白肇基	Bai Zhaoji	9-1	4	毕德显	Bi Dexian	9-1	8

姓　名	姓名全拼	表	序号	姓　名	姓名全拼	表	序号
毕华德	Bi Huade	5 – 1	5	蔡绍基	Cai Shaoji	4 – 1	2
毕重远	Bi Zhongyuan	9 – 1	9	蔡声白	Cai Shengbai	5 – 1	12
卞　彭	Bian Peng	5 – 1	6	蔡叔厚	Cai Shuhou	5 – 1	13
卞钟麟	Bian Zhonglin	9 – 1	10	蔡　松	Cai Song	9 – 1	20
宾尔昌	Bin Erchang	5 – 1	7	蔡廷干	Cai Tinggan	4 – 1	3
宾　果	Bin Guo	8 – 1	6	蔡无忌	Cai Wuji	5 – 1	14
秉　志	Bing Zhi	5 – 1	8	蔡　翔	Cai Xiang	5 – 1	15
卜昂华	Bu Anghua	9 – 1	11	蔡　雄	Cai Xiong	5 – 1	16
卜慕华	Bu Muhua	9 – 1	12	蔡秀珠	Cai Xiuzhu	5 – 1	17
蔡柏龄	Cai Bailing	7 – 1	5	蔡　旭	Cai Xu	9 – 1	21
蔡邦华	Cai Banghua	5 – 1	9	蔡元培	Cai Yuanpei	4 – 1	4
蔡　堡	Cai Bao	5 – 1	10	蔡镇寰	Cai Zhenhuan	8 – 1	8
蔡报瑷	Cai Baoyuan	9 – 1	13	蔡镇宇	Cai Zhenyu	8 – 1	9
蔡昌年	Cai Changnian	9 – 1	14	蔡珍治	Cai Zhenzhi	5 – 1	18
蔡长年	Cai Changnian	9 – 1	15	蔡梓松	Cai Zisong	9 – 1	22
蔡　淳	Cai Chun	9 – 1	16	蔡祖宏	Cai Zuhong	9 – 1	23
蔡方荫	Cai Fangyin	7 – 1	6	曹本熹	Cao Benxi	9 – 1	24
蔡宏道	Cai Hongdao	9 – 1	17	曹　昌	Cao Chang	7 – 1	10
蔡家鲤	Cai Jiali	9 – 1	18	曹承慰	Cao Chengwei	9 – 1	25
蔡金涛	Cai Jintao	7 – 1	7	曹传渼	Cao Chuan – e	9 – 1	26
蔡锦章	Cai Jinzhang	4 – 1	1	曹汉生	Cao Hansheng	9 – 1	27
蔡镏生	Cai Liusheng	7 – 1	8	曹鹤荪	Cao Hesun	7 – 1	11
蔡名芳	Cai Mingfang	7 – 1	9	曹　骥	Cao Ji	9 – 1	28
蔡培火	Cai Peihuo	8 – 1	7	曹简禹	Cao Jianyu	7 – 1	12
蔡　翘	Cai Qiao	5 – 1	11	曹家祥	Cao Jiaxiang	4 – 1	5
蔡如升	Cai Rusheng	9 – 1	19	曹廉箴	Cao Lianzhen	4 – 1	6

姓　名	姓名全拼	表	序号	姓　名	姓名全拼	表	序号
曹理卿	Cao Liqing	5－1	19	陈承栻	Chen Chengshi	5－1	24
曹茂祥	Cao Maoxiang	4－1	7	陈崇法	Chen Chongfa	5－1	25
曹清泰	Cao Qingtai	8－1	10	陈崇桂	Chen Chonggui	5－1	26
曹日昌	Cao Richang	9－1	29	陈崇武	Chen Chongwu	5－1	27
曹寿昌	Cao Shouchang	7－1	13	陈次乔	Chen Ciqiao	8－1	15
曹松年	Cao Songnian	8－1	11	陈翠贞	Chen Cuizhen	5－1	28
曹珽	Cao Ting	5－1	20	陈岱	Chen Dai	9－1	38
曹亚伯	Cao Yabo	5－1	21	陈大齐	Chen Daqi	5－1	29
曹诒孙	Cao Yisun	7－1	14	陈德芬	Chen Defen	5－1	30
曹友德	Cao Youde	8－1	12	陈德能	Chen Deneng	9－1	39
曹元钧	Cao Yuanjun	9－1	30	陈端柄	Chen Duanbing	7－1	16
曹桢	Cao Zhen	9－1	31	陈恩凤	Chen Enfeng	8－1	16
曹祖忻	Cao Zuxin	9－1	32	陈恩焘	Chen Entao	4－1	11
柴志明	Chai Zhiming	5－1	22	陈蕃	Chen Fan	5－1	31
常得仁	Chang Deren	7－1	15	陈芳允	Chen Fangyun	9－1	40
常迥	Chang Jiong	9－1	33	陈飞鹏	Chen Feipeng	5－1	32
常乾坤	Chang Qiankun	8－1	13	陈封怀	Chen Fenghuai	7－1	17
常叙	Chang Xu	5－1	23	陈凤书	Chen Fengshu	5－1	33
陈邦杰	Chen Bangjie	8－1	14	陈凤桐	Chen Fengtong	7－1	18
陈帮圻	Chen Bangqi	9－1	34	陈福习	Chen Fuxi	5－1	34
陈贲	Chen Ben	9－1	35	陈耕陶	Chen Gengtao	8－1	17
陈秉聪	Chen Bingcong	9－1	36	陈光旭	Chen Guangxu	9－1	41
陈炳麟	Chen Binglin	9－1	37	陈冠荣	Chen Guanrong	9－1	42
陈伯璋	Chen Bozhang	4－1	8	陈桂升	Chen Guisheng	9－1	43
陈才瑞	Chen Cairui	4－1	9	陈国倉	Chen Guocang	7－1	19
陈长龄	Chen Changling	4－1	10	陈国符	Chen Guofu	8－1	18

续附表 2

姓　名	姓名全拼	表	序号	姓　名	姓名全拼	表	序号
陈国桢	Chen Guozhen	8－1	19	陈克泰	Chen Ketai	8－1	23
陈汉标	Chen Hanbiao	9－1	44	陈可忠	Chen Kezhong	5－1	44
陈翰笙	Chen Hansheng	5－1	35	谌克终	Chen Kezhong	5－1	45
陈鹤琴	Chen Heqin	5－1	36	陈兰英	Chen Lanying	8－1	24
陈鹤潭	Chen Hetan	4－1	12	陈礼	Chen Li	5－1	46
陈鸿逵	Chen Hongkui	7－1	20	陈立	Chen Li	7－1	23
陈华	Chen Hua	9－1	45	陈立	Chen Li	9－1	50
陈华癸	Chen Huagui	8－1	20	陈良辅	Chen Liangfu	8－1	25
陈垸	Chen Huang	5－1	37	陈樑生	Chen Liangsheng	8－1	26
陈焕镛	Chen Huanyong	5－1	38	陈烈勋	Chen Liexun	5－1	47
陈家导	Chen Jiadao	9－1	46	陈立夫	Chen Lifu	5－1	48
陈建功	Chen Jiangong	5－1	39	陈林衡	Chen Linheng	4－1	16
陈兼善	Chen Jianshan	7－1	21	陈林璋	Chen Linzhang	4－1	17
陈嘉震	Chen Jiazhen	8－1	21	陈立廷	Chen Liting	5－1	49
陈荩	Chen Jin	9－1	47	陈力为	Chen Liwei	9－1	51
陈金揆	Chen Jinkui	4－1	13	陈励研	Chen Liyan	9－1	52
陈荩民	Chen Jinmin	5－1	40	陈陆圻	Chen Luqi	8－1	27
陈继善	Chen Jishan	5－1	41	陈茂康	Chen Maokang	5－1	50
陈久徵	Chen Jiuzheng	8－1	22	陈明寿	Chen Mingshou	5－1	51
陈俊雷	Chen Junlei	9－1	48	陈培栋	Chen Peidong	9－1	53
陈隽人	Chen Junren	5－1	42	陈彭年	Chen Pengnian	5－1	52
陈巨镛	Chen Juyong	4－1	14	陈丕扬	Chen Piyang	5－1	53
陈康白	Chen Kangbai	7－1	22	陈琦	Chen Qi	7－1	24
陈克	Chen Ke	9－1	49	陈器	Chen Qi	5－1	54
陈可会	Chen Kehui	4－1	15	陈其斌	Chen Qibin	9－1	54
陈克恢	Chen Kehui	5－1	43	陈启东	Chen Qidong	7－1	25

姓　名	姓名全拼	表	序号	姓　名	姓名全拼	表	序号
陈庆宁	Chen Qingning	9 – 1	55	陈驹声	Chen Taosheng	7 – 1	30
陈庆平	Chen Qingping	4 – 1	18	陈天骥	Chen Tianji	5 – 1	63
陈庆尧	Chen Qingyao	5 – 1	55	陈体诚	Chen Ticheng	5 – 1	64
陈棨元	Chen Qiyuan	9 – 1	56	陈廷纪	Chen Tingji	4 – 1	20
陈人哲	Chen Renzhe	9 – 1	57	陈廷锡	Chen Tingxi	5 – 1	65
陈日升	Chen Risheng	9 – 1	58	陈廷祚	Chen Tingzuo	9 – 1	66
陈日曜	Chen Riyao	9 – 1	59	陈同白	Chen Tongbai	5 – 1	66
陈　容	Chen Rong	9 – 1	60	陈同度	Chen Tongdu	7 – 1	31
陈　嵘	Chen Rong	5 – 1	56	陈同庆	Chen Tongqing	9 – 1	67
陈荣鼎	Chen Rongding	5 – 1	57	陈同章	Chen Tongzhang	9 – 1	68
陈荣贵	Chen Ronggui	4 – 1	19	陈土衡	Chen Tuheng	7 – 1	32
陈瑞泰	Chen Ruitai	9 – 1	61	陈望隆	Chen Wanglong	9 – 1	69
陈汝诠	Chen Ruquan	9 – 1	62	陈维稷	Chen Weiji	7 – 1	33
陈三才	Chen Sancai	5 – 1	58	陈文魁	Chen Wenkui	9 – 1	70
陈善铭	Chen Shanming	8 – 1	28	陈文沛	Chen Wenpei	5 – 1	67
陈绍蕃	Chen Shaofan	9 – 1	63	陈文禧	Chen Wenxi	9 – 1	71
陈绍彭	Chen Shaopeng	9 – 1	64	陈　祥	Chen Xiang	9 – 1	72
陈绍舜	Chen Shaoshun	5 – 1	59	陈希亮	Chen Xiliang	9 – 1	73
陈士骅	Chen Shihua	7 – 1	26	陈星焕	Chen Xinghuan	9 – 1	74
陈师经	Chen Shijing	5 – 1	60	陈省身	Chen Xingshen	7 – 1	34
陈仕庆	Chen Shiqing	5 – 1	61	陈新民	Chen Xinmin	9 – 1	75
陈世骧	Chen Shixiang	7 – 1	27	陈心陶	Chen Xintao	7 – 1	35
陈世桢	Chen Shizhen	5 – 1	62	陈希庆	Chen Xiqing	5 – 1	68
陈树羲	Chen Shuxi	7 – 1	28	陈修白	Chen Xiubai	9 – 1	76
陈树玉	Chen Shuyu	9 – 1	65	陈锡鑫	Chen Xixin	7 – 1	36
陈　焘	Chen Tao	7 – 1	29	陈学仁	Chen Xueren	9 – 1	77

姓 名	姓名全拼	表	序号	姓 名	姓名全拼	表	序号
陈学俊	Chen Xuejun	9 – 1	78	陈 桢	Chen Zhen	5 – 1	79
程学敏	Chen Xuemin	9 – 1	79	陈正权	Chen zhengquan	9 – 1	86
陈仰三	Chen Yangsan	9 – 1	80	陈正仁	Chen Zhengren	8 – 1	31
陈洋瓒	Chen Yangzan	5 – 1	69	陈振铣	Chen Zhenxian	8 – 1	32
陈燕年	Chen Yannian	4 – 1	21	陈 植	Chen Zhi	5 – 1	80
陈延寿	Chen Yanshou	5 – 1	70	陈 植	Chen Zhi	7 – 1	39
陈 垚	Chen Yao	8 – 1	29	陈之长	Chen Zhichang	5 – 1	81
陈耀真	Chen Yaozhen	7 – 1	37	陈志潜	Chen Zhiqian	7 – 1	40
陈 义	Chen Yi	7 – 1	38	陈 篆	Chen Zhuan	4 – 1	25
陈 毅	Chen Yi	5 – 1	71	陈子钊	Chen Zizhao	9 – 1	87
陈应星	Chen Yingxing	9 – 1	81	陈宗南	Chen Zongnan	5 – 1	82
陈永定	Chen Yongding	9 – 1	82	陈宗器	Chen Zongqi	8 – 1	33
陈永傑	Chen Yongjie	5 – 1	72	陈祖光	Chen Zuguang	8 – 1	34
陈永龄	Chen Yongling	8 – 1	30	陈遵妫	Chen Zungui	5 – 1	83
陈 煜	Chen Yu	9 – 1	83	陈祖裕	Chen Zuyu	8 – 1	35
陈雨苍	Chen Yucang	5 – 1	73	程伯京	Cheng Bojing	7 – 1	41
陈裕光	Chen Yuguang	5 – 1	74	程崇厚	Cheng Chonghou	7 – 1	42
陈玉书	Chen Yushu	9 – 1	84	程纯枢	Cheng Chunshu	9 – 1	88
陈宰均	Chen Zaijun	5 – 1	75	成从修	Cheng Congxiu	9 – 1	89
陈 章	Chen Zhang	5 – 1	76	程大器	Cheng Daqi	4 – 1	26
谌湛溪	Chen Zhanxi	5 – 1	77	程大业	Cheng Daye	4 – 1	27
陈占祥	Chen Zhanxiang	9 – 1	85	成仿吾	Cheng Fangwu	5 – 1	84
陈兆翱	Chen Zhaoao	4 – 1	22	程复琪	Cheng Fuqi	9 – 1	90
陈兆基	Chen Zhaoji	4 – 1	23	程淦藩	Cheng Ganfan	8 – 1	36
陈兆艺	Chen Zhaoyi	4 – 1	24	成功一	Cheng Gongyi	5 – 1	85
陈兆贞	Chen Zhaozhen	5 – 1	78	程鸿炳	Cheng Hongbing	9 – 1	91

姓　名	姓名全拼	表	序号	姓　名	姓名全拼	表	序号
程家柽	Cheng Jiacheng	4 – 1	28	池际咸	Chi Jixian	9 – 1	99
程嘉垕	Cheng Jiahou	8 – 1	37	池贞铨	Chi Zhenquan	4 – 1	29
程绩昌	Cheng Jichang	9 – 1	92	褚凤仪	Chu Fengyi	7 – 1	48
成竞志	Cheng Jingzhi	9 – 1	93	褚民谊	Chu Minyi	5 – 1	96
程克仁	Cheng Keren	9 – 1	94	褚圣麟	Chu Shenglin	7 – 1	49
程明陞	Cheng Mingsheng	7 – 1	43	褚士荃	Chu Shiquan	8 – 1	40
程乃颐	Cheng Naiyi	7 – 1	44	褚应璜	Chu Yinghuang	9 – 1	100
程　强	Cheng Qiang	5 – 1	86	褚肇民	Chu Zhaomin	8 – 1	41
程其保	Cheng Qibao	5 – 1	87	崔步青	Cui Buqing	7 – 1	50
程绍迥	Cheng Shaojiong	7 – 1	45	崔步瀛	Cui Buying	5 – 1	97
程　式	Cheng Shi	8 – 1	38	崔　澂	Cui Cheng	9 – 1	101
程世抚	Cheng Shifu	7 – 1	46	崔竣德	Cui Junde	9 – 1	102
程威廉	Cheng Weilian	9 – 1	95	崔龙光	Cui Longguang	7 – 1	51
程孝刚	Cheng Xiaogang	5 – 1	88	崔叔瑗	Cui Shuyuan	9 – 1	103
程锡庚	Cheng Xigeng	5 – 1	89	崔学韩	Cui Xuehan	5 – 1	98
程心一	Cheng Xinyi	9 – 1	96	崔学攸	Cui Xueyou	5 – 1	99
成希颐	Cheng Xiyu	9 – 1	97	崔引安	Cui Yin – an	9 – 1	104
程暄生	Cheng Xuansheng	9 – 1	98	崔有濂	Cui Youlian	5 – 1	100
程延庆	Cheng Yanqing	5 – 1	90	崔埼溪	Cui Yuxi	9 – 1	105
程耀椿	Cheng Yaochun	5 – 1	91	崔之兰	Cui Zhilan	7 – 1	52
程义法	Cheng Yifa	5 – 1	92	崔宗培	Cui Zongpei	7 – 1	53
程瀛章	Cheng Yingzhang	5 – 1	93	笪远纶	Da Yuanlun	5 – 1	101
程宜萍	Cheng Yiping	7 – 1	47	戴安邦	Dai Anbang	7 – 1	54
程义藻	Cheng Yizao	5 – 1	94	戴保粹	Dai Baocui	9 – 1	106
程裕祺	Cheng Yuqi	8 – 1	39	戴秉衡	Dai Bingheng	8 – 1	42
程宗阳	Cheng Zongyang	5 – 1	95	戴昌晖	Dai Changhui	9 – 1	107

续附表 2

姓　名	姓名全拼	表	序号	姓　名	姓名全拼	表	序号
丁祥绍	Ding Xiangshao	9 – 1	125	董聿茂	Dong Yumao	7 – 1	66
丁西林	Ding Xilin	5 – 1	118	杜长明	Du Changming	7 – 1	67
丁宣堉	Ding Xuanyu	9 – 1	126	杜朝藩	Du Chaofan	9 – 1	138
丁绪宝	Ding Xubao	5 – 1	119	杜重远	Du Chongyuan	5 – 1	128
丁绪淮	Ding Xuhuai	7 – 1	64	杜春培	Du Chunpei	9 – 1	139
丁绪贤	Ding Xuxian	5 – 1	120	杜聪明	Du Congming	5 – 1	129
丁　颖	Ding Ying	5 – 1	121	杜光祖	Du Guangzu	5 – 1	130
丁　瓒	Ding Zan	9 – 1	127	杜洪作	Du Hongzuo	9 – 1	140
丁　钊	Ding Zhao	9 – 1	128	杜世傑	Du Shijie	9 – 1	141
丁正伊	Ding Zhengyi	9 – 1	129	杜顺德	Du Shunde	8 – 1	50
丁振麟	Ding Zhenlin	9 – 1	130	杜文若	Du Wenruo	7 – 1	68
丁佐成	Ding Zuocheng	5 – 1	122	杜锡钰	Du Xiyu	9 – 1	142
董承琅	Dong Chenglang	5 – 1	123	杜　煐	Du Ying	7 – 1	69
董春光	Dong Chunguang	9 – 1	131	杜增瑞	Du Zengrui	8 – 1	51
董大酉	Dong Daxi	5 – 1	124	段丰顺	Duan Fengshun	9 – 1	143
董家铭	Dong Jiaming	9 – 1	132	段绩川	Duan Jichuan	7 – 1	70
董民声	Dong Minsheng	9 – 1	133	段茂瀚	Duan Maohan	7 – 1	71
董任坚	Dong Renjian	5 – 1	125	段蓉贞	Duan Rongzhen	8 – 1	52
董瑞麐	Dong Ruilin	9 – 1	134	段　雄	Duan Xiong	5 – 1	131
董世芬	Dong Shifen	9 – 1	135	段学复	Duan Xuefu	9 – 1	144
董时进	Dong Shijin	5 – 1	126	段永嘉	Duan Yongjia	7 – 1	72
董寿莘	Dong Shoushen	9 – 1	136	段佑云	Duan Youyun	7 – 1	73
董守义	Dong Shouyi	5 – 1	127	段子俊	Duan Zijun	7 – 1	74
董太和	Dong Taihe	8 – 1	49	敦福堂	Dun Futang	8 – 1	53
董文琦	Dong Wenqi	7 – 1	65	范柏林	Fan Bolin	9 – 1	145
董希贤	Dong Xixian	9 – 1	137	范纯一	Fan Chunyi	9 – 1	146

续附表 2

姓　名	姓名全拼	表	序号	姓　名	姓名全拼	表	序号
范桂文	Fan Guiwen	9－1	147	方声恒	Fang Shengheng	8－1	59
范会国	Fan Huiguo	7－1	75	方时傑	Fang Shijie	9－1	157
范济洲	Fan Jizhou	9－1	148	房师亮	Fang Shiliang	5－1	135
范谦衷	Fan Qianzhong	7－1	76	方叔洪	Fang Shuhong	5－1	136
樊清江	Fan Qingjiang	5－1	132	方嗣緜	Fang Simian	7－1	78
樊庆笙	Fan Qingsheng	8－1	54	方万邦	Fang Wanbang	7－1	79
范　权	Fan Quan	8－1	55	方维夏	Fang Weixia	5－1	137
范　棠	Fan Tang	9－1	149	方文培	Fang Wenpei	7－1	80
樊爔培	Fan Xipei	9－1	150	方先之	Fang Xianzhi	8－1	60
范旭东	Fan Xudong	4－1	34	方心芳	Fang Xinfang	8－1	61
范绪箕	Fan Xuji	8－1	56	房耀文	Fang Yaowen	7－1	81
范绪筠	Fan Xuyun	7－1	77	方颐楃	Fang Yipu	5－1	138
范永增	Fan Yongzeng	5－1	133	方　瑜	Fang Yu	9－1	158
方伯谦	Fang Boqian	4－1	35	方中达	Fang Zhongda	9－1	159
方伯梁	Fang Boliang	4－1	36	方子勤	Fang Ziqin	7－1	82
方柏容	Fang Borong	9－1	151	费达生	Fei Dasheng	5－1	139
方崇智	Fang Chongzhi	9－1	152	费福煦	Fei Fuxu	7－1	83
方次石	Fang Cishi	4－1	37	费鸿年	Fei Hongnian	5－1	140
方恩绶	Fang Enshou	9－1	153	费　骅	Fei Hua	7－1	84
方国玺	Fang Guoxi	9－1	154	费培傑	Fei Peijie	5－1	141
方汉培	Fang Hanpei	9－1	155	费启能	Fei Qineng	7－1	85
方　俊	Fang Jun	8－1	57	费自圻	Fei Ziqi	9－1	160
方俊鋆	Fang Junyun	9－1	156	费宗藩	Fei Zongfan	5－1	142
方俊奎	Fang Junkui	8－1	58	冯宝文	Feng Baowen	9－1	161
方连珍	Fang Lianzhen	5－1	134	冯秉铨	Feng Bingquan	9－1	162
方声洞	Fang Shengdong	4－1	38	冯炳忠	Feng Bingzhong	4－1	39

姓　名	姓名全拼	表	序号	姓　名	姓名全拼	表	序号
冯燦周	Feng Canzhou	7－1	86	符宗朝	Feng Zongchao	5－1	151
冯大宗	Feng Dazong	8－1	62	傅葆琛	Fu Baochen	5－1	152
冯德培	Feng Depei	7－1	87	傅承义	Fu Chengyi	9－1	170
冯广占	Feng Guangzhan	9－1	163	傅道伸	Fu Daoshen	5－1	153
冯桂连	Feng Guilian	8－1	63	傅尔攽	Fu Erban	5－1	154
冯桂莲	Feng Guilian	7－1	88	傅焕光	Fu Huanguang	5－1	155
冯汉骥	Feng Hanji	7－1	89	傅　骥	Fu Ji	5－1	156
冯洪志	Feng Hongzhi	9－1	164	傅培彬	Fu Peibin	9－1	171
冯焕文	Feng Huanwen	5－1	143	傅胜发	Fu Shengfa	9－1	172
冯　简	Feng Jian	5－1	144	傅式悦	Fu Shiyue	4－1	41
冯景兰	Feng Jinglan	5－1	145	傅　骕	Fu Su	5－1	157
冯兰洲	Feng Lanzhou	7－1	90	傅天彝	Fu Tianyi	5－1	158
冯乐熊	Feng Lexiong	9－1	165	富文寿	Fu Wenshou	5－1	159
冯　如	Feng Ru	4－1	40	富　侠	Fu Xia	9－1	173
冯　锐	Feng Rui	5－1	146	傅学文	Fu Xuewen	5－1	160
冯树铭	Feng Shuming	5－1	147	傅　鹰	Fu Ying	7－1	93
冯　伟	Feng Wei	5－1	148	傅种孙	Fu Zhongsun	9－1	174
冯新德	Feng Xinde	9－1	166	傅祖良	Fu Zuliang	9－1	175
冯修吉	Feng Xiuji	8－1	64	干　铎	Gan Duo	7－1	94
冯　寅	Feng Yin	9－1	167	甘毓津	Gan Yujing	8－1	65
冯应琨	Feng Yingkun	9－1	168	高炳泰	Gao Bingtai	9－1	176
鄷云鹤	Feng Yunhe	7－1	91	高长庚	Gao Chang	5－1	161
冯泽芳	Feng Zefang	7－1	92	高崇德	Gao Congde	5－1	162
冯肇传	Feng Zhaochuan	5－1	149	高崇熙	Gao Congxi	5－1	163
冯子珮	Feng Zipei	9－1	169	高大纲	Gao Dagang	5－1	164
冯祖荀	Feng Zhuxun	5－1	150	高恩洪	Gao Enhong	4－1	42

姓 名	姓名全拼	表	序号	姓 名	姓名全拼	表	序号
高国恕	Gao Guoshu	9-1	177	葛敬中	Ge Jingzhong	5-1	170
高恒儒	Gao Hengru	7-1	95	葛鸣松	Ge Mingsong	7-1	105
高鸿	Gao Hong	9-1	178	葛庭燧	Ge Tingsui	9-1	186
高鸿缙	Gao Hongjin	5-1	165	葛文宗	Ge Wenzong	5-1	171
高华	Gao Hua	5-1	166	葛益炽	Ge Yizhi	5-1	172
高镜朗	Gao Jinglang	7-1	96	葛正权	Ge Zhengquan	7-1	106
高镜莹	Gao Jingying	5-1	167	葛祖良	Ge Zuliang	5-1	173
高进基	Gao Jinji	7-1	97	耿耀西	Geng Yaoxi	9-1	187
高济宇	Gao Jiyu	7-1	98	龚弼	Gong Bi	9-1	188
高立民	Gao Limin	9-1	179	龚兰珍	Gong Lanzhen	7-1	107
高鲁	Gao Lu	4-1	43	龚善麒	Gong Shanqi	9-1	189
高庆春	Gao Qingchun	7-1	99	龚学遂	Gong Xuesui	5-1	174
高尚荫	Gao Shangyin	7-1	100	龚一波	Gong Yibo	9-1	190
高士其	Gao Shiqi	7-1	101	龚祖同	Gong Zutong	8-1	67
高廷枢	Gao Tingshu	9-1	180	顾崇衔	Gu Chongxian	9-1	191
高伟烈	Gao Weilie	9-1	181	顾功叙	Gu Gongxu	8-1	68
高文彬	Gao Wenbin	9-1	182	顾光复	Gu Guangfu	7-1	108
高文源	Gao Wenyuan	7-1	102	顾毂成	Gu Gucheng	5-1	175
高啸林	Gao Xiaolin	9-1	183	辜鸿铭	Gu Hongming	4-1	44
高惜冰	Gao Xibing	5-1	168	顾家冀	Gu Jiaji	9-1	192
高玉树	Gao Yushu	8-1	66	顾翼东	Gu Jidong	5-1	176
高振衡	Gao Zhenheng	9-1	184	顾静徽	Gu Jinghui	7-1	109
高志	Gao Zhi	7-1	103	谷镜汧	Gu Jingqian	5-1	177
葛炳林	Ge Binglin	5-1	169	顾敬心	Gu Jingxin	7-1	110
葛春霖	Ge Chunlin	9-1	185	顾康乐	Gu Kangle	5-1	178
戈定邦	Ge Dingbang	7-1	104	顾懋林	Gu Maolin	9-1	193

姓　名	姓名全拼	表	序号	姓　名	姓名全拼	表	序号
顾谦吉	Gu Qianji	7 – 1	111	关颂声	Guan Songsheng	5 – 1	189
顾青虹	Gu Qinghog	5 – 1	179	关颂韬	Guan Songtao	5 – 1	190
顾其行	Gu Qixing	9 – 1	194	关肇直	Guan Zhaozhi	9 – 1	202
顾维精	Gu Weijing	5 – 1	180	关祖光	Guan Zuguang	5 – 1	191
顾希生	Gu Xisheng	9 – 1	195	关祖舜	Guan Zushun	7 – 1	116
顾学箕	Gu Xueji	9 – 1	196	桂铭敬	Gui Mingjing	5 – 1	192
顾学裘	Gu Xueqiu	9 – 1	197	桂质良	Gui Zhiliang	7 – 1	117
顾诩群	Gu Xuqun	5 – 1	181	桂质廷	Gui Zhiting	5 – 1	193
顾宜孙	Gu Yisun	5 – 1	182	郭本坚	Guo Benjian	8 – 1	72
顾诒燕	Gu Yiyan	5 – 1	183	郭秉宽	Guo Bingkuan	7 – 1	118
顾岳中	Gu Yuezhong	9 – 1	198	郭炳瑜	Guo Bingyu	9 – 1	203
顾允中	Gu Yunzhong	9 – 1	199	郭承志	Guo Chengzhi	5 – 1	194
顾毓泉	Gu Yuquan	5 – 1	184	郭　迪	Guo Di	7 – 1	119
顾毓琇	Gu Yuxiu	7 – 1	112	郭殿邦	Guo Dianbang	5 – 1	195
顾毓珍	Gu Yuzhen	7 – 1	113	郭棣活	Guo Dihuo	5 – 1	196
顾兆勤	Gu Zhaoqin	8 – 1	69	郭公接	Guo Gongjie	4 – 1	45
顾兆勋	Gu Zhaoxun	8 – 1	70	郭和夫	Guo Hefu	9 – 1	204
顾　振	Gu Zhen	5 – 1	185	郭鸿运	Guo Hongyun	9 – 1	205
顾正汉	Gu Zhenghan	9 – 1	200	郭可大	Guo Keda	8 – 1	73
顾子毅	Gu Ziyi	5 – 1	186	郭立茂	Guo Limao	5 – 1	197
顾宗林	Gu Zonglin	5 – 1	187	郭沫若	Guo Moruo	5 – 1	198
管葆真	Guan Baozhen	7 – 1	114	郭慕孙	Guo Musun	9 – 1	206
关炳韶	Guan Bingshao	9 – 1	201	郭培鋆	Guo Peiyun	7 – 1	120
关　铎	Guan Duo	7 – 1	115	郭庆棻	Guo Qingfen	7 – 1	121
关君蔚	Guan Junwei	8 – 1	71	郭任远	Guo Renyuan	5 – 1	199
关颂坚	Guan Songjian	5 – 1	188	郭瑞珪	Guo Ruigui	4 – 1	46

姓 名	姓名全拼	表	序号	姓 名	姓名全拼	表	序号
郭尚贤	Guo Shangxian	5－1	200	韩文藻	Han Wenzao	9－1	215
郭世绾	Guo Shiwan	7－1	122	韩云阶	Han Yunjie	5－1	210
郭守纯	Guo Shouchun	5－1	201	杭效祖	Hang Xiaozu	9－1	216
过探先	Guo Tanxian	5－1	202	郝复俭	Hao Fujian	9－1	217
郭文魁	Guo Wenkui	9－1	207	郝更生	Hao Gengsheng	5－1	211
郭文宗	Guo Wenzong	8－1	74	郝景盛	Hao Jingsheng	8－1	76
郭晓岚	Guo Xiaolan	9－1	208	郝履诚	Hao Lvcheng	9－1	218
郭兴燕	Guo Xingyan	5－1	203	郝履端	Hao Lvduan	7－1	127
过鑫先	Guo Xinxian	9－1	209	何葆善	He Baoshan	9－1	219
郭熙棠	Guo Xitang	5－1	204	何宝章	He Baozhang	7－1	128
过养默	Guo Yangmo	5－1	205	赫崇本	He Chongben	9－1	220
郭贻诚	Guo Yicheng	8－1	75	何光篪	He Guangchi	9－1	221
郭一岑	Guo Yichengen	5－1	206	何广慈	He Guangci	9－1	222
郭一平	Guo Yiping	9－1	210	何怀祖	He Huaizu	9－1	223
过元熙	Guo Yuanxi	7－1	123	何家瑚	He Jiahu	9－1	224
郭豫笃	Guo Yudu	9－1	211	何家泌	He Jiami	8－1	77
郭宗汾	Guo Zongfen	5－1	207	何积标	He Jibiao	9－1	225
过祖源	Guo Zuyuan	7－1	124	何 杰	He Jie	5－1	212
哈雄文	Ha Xiongwen	7－1	125	何敬真	He Jingzhen	9－1	226
韩 安	Han An	5－1	208	何金英	He Jinying	4－1	48
韩丙告	Han Binggao	9－1	212	何俊英	He Junying	9－1	227
韩柏林	Han Bolin	9－1	213	贺 閜	He Kai	5－1	213
韩朝宗	Han Chaozong	7－1	126	何 鲁	He Lu	5－1	214
韩凤楼	Han Fenglou	4－1	47	贺懋庆	He Maoqing	5－1	215
韩美英	Han Meiying	5－1	209	何墨林	He Molin	5－1	216
韩文葆	Han Wenbao	9－1	214	何乃民	He Naimin	5－1	217

姓　名	姓名全拼	表	序号	姓　名	姓名全拼	表	序号
何　奇	He Qi	8－1	78	洪　深	Hong Shen	5－1	226
何　琦	He Qi	8－1	79	洪式闾	Hong Shilv	5－1	227
何　启	He Qi	4－1	49	侯宝璋	Hou Baozhang	7－1	133
何清儒	He Qingru	5－1	218	侯德榜	Hou Debang	5－1	228
何绍志	He Shaozhi	9－1	228	侯家源	Hou Jiayuan	5－1	229
何守瑷	He Shouai	5－1	219	侯　俊	Hou Jun	7－1	134
何廷梁	He Tingliang	4－1	50	侯仁之	Hou Renzhi	9－1	232
何万云	He Wanyun	8－1	80	侯祥川	Hou Xiangchuan	5－1	230
何燮侯	He Xiehou	4－1	51	侯延宾	Hou Yanbin	5－1	231
何心川	He Xinchuan	4－1	52	侯毓汾	Hou Yufeng	8－1	83
贺新民	He Xinmin	8－1	81	侯宗濂	Hou Zonglian	7－1	135
何　瑶	He Yao	5－1	220	胡秉方	Hu Bingfang	9－1	233
贺耀祖	He Yaozu	5－1	221	胡博渊	Hu Boyuan	5－1	232
赫英举	He Yingju	7－1	129	胡昌寿	Hu Changshou	9－1	234
何怡贞	He Yizhen	7－1	130	胡昌炽	Hu Changzhi	5－1	233
何育杰	He Yujie	4－1	53	虎　臣	Hu Chen	9－1	235
何玉昆	He Yukun	7－1	131	胡传揆	Hu Chuankui	7－1	136
何运煌	He Yunhuang	5－1	222	胡惇五	Hu Chunwu	7－1	137
何运喧	He Yunxuan	5－1	223	胡敦复	Hu Dunfu	4－1	54
何泽慧	He Zehui	9－1	229	胡　棻	Hu Fen	7－1	138
何增禄	He Zenglu	7－1	132	胡锋同	Hu Fengtong	5－1	234
何增任	He Zengren	9－1	230	胡刚复	Hu Gangfu	5－1	235
贺正成	He Zhengcheng	9－1	231	胡光澄	Hu Guangcheng	5－1	236
何作霖	He Zuolin	8－1	82	胡光鏕	Hu Guanglu	5－1	237
洪绍论	Hong Shaolun	5－1	224	胡国澄	Hu Guocheng	9－1	236
洪　绅	Hong Shen	5－1	225	胡汉纳	Hu Hanna	7－1	139

姓　名	姓名全拼	表	序号	姓　名	姓名全拼	表	序号
胡汉泉	Hu Hanquan	9 – 1	237	胡士熙	Hu Shixi	5 – 1	243
胡浩川	Hu Haocuan	5 – 1	238	胡嗣鸿	Hu Sihong	5 – 1	244
胡　桓	Hu Huan	9 – 1	238	胡祥璧	Hu Xiangbi	8 – 1	85
胡焕庸	Hu Huanyong	5 – 1	239	胡宪生	Hu Xiansheng	5 – 1	245
胡家义	Hu Jiayi	5 – 1	240	胡先骕	Hu Xiansu	5 – 1	246
胡济民	Hu Jimin	9 – 1	239	胡宣明	Hu Xuanming	5 – 1	247
胡寄南	Hu Ji – nan	7 – 1	140	胡英才	Hu Yingcai	7 – 1	147
胡经甫	Hu Jingfu	5 – 1	241	胡元民	Hu Yuanmin	7 – 1	148
胡竟良	Hu Jingliang	7 – 1	141	胡余暄	Hu Yuxuan	9 – 1	248
胡竟铭	Hu Jingming	7 – 1	142	胡正祥	Hu Zhengxiang	5 – 1	248
胡济生	Hu Jisheng	9 – 1	240	胡之真	Hu Zhizhen	5 – 1	249
胡继曾	Hu Jizeng	4 – 1	55	华凤翔	Hua Fengxiang	5 – 1	249
胡克声	Hu Kesheng	9 – 1	241	华国祥	Hua Guoxiang	9 – 1	250
胡坤升	Hu Kunsheng	7 – 1	143	华罗庚	Hua Luogeng	8 – 1	86
胡懋廉	Hu Maolian	7 – 1	144	华兴鼐	Hua Xingnai	9 – 1	251
胡明复	Hu Mingfu	5 – 1	242	华有光	Hua Youguang	9 – 1	252
胡沛泉	Hu Peiquan	9 – 1	242	黄宝玮	Huang Baowei	7 – 1	149
胡乾善	Hu Qianshan	7 – 1	145	黄弁群	Huang Bianqun	7 – 1	150
胡任贤	Hu Renxian	9 – 1	243	黄博文	Huang Bowen	5 – 1	250
胡仁源	Hu Renyuan	4 – 1	56	黄昌谷	Huang Changgu	5 – 1	251
胡汝棣	Hu Rudi	9 – 1	244	黄昌贤	Huang Changxian	8 – 1	87
胡声求	Hu Shengqiu	9 – 1	245	黄慈祥	Huang Cixiang	5 – 1	252
胡声松	Hu Shengsong	7 – 1	146	黄琮璞	Huang Congpu	8 – 1	88
胡慎修	Hu Shenxiu	9 – 1	246	黄　翠	Huang Cui	7 – 1	151
胡世华	Hu Shihua	8 – 1	84	黄大恒	Huang Daheng	5 – 1	253
胡世悌	Hu Shiti	9 – 1	247	黄大能	Huang Da'neng	9 – 1	253

姓　名	姓名全拼	表	序号	姓　名	姓名全拼	表	序号
黄德馨	Huang Dexin	7－1	152	黄　岚	Huang Lan	8－1	90
黄鼎臣	Huang Dingchen	5－1	254	黄　亮	Huang Liang	8－1	91
黄垌华	Huang Donghua	5－1	255	黄龙先	Huang Longxian	7－1	157
黄　郛	Huang Fu	4－1	57	黄懋义	Huang Maoyi	7－1	158
黄复生	Huang Fusheng	4－1	58	黄　眉	Huang Mei	8－1	92
黄　杲	Huang Gao	9－1	254	黄鸣龙	Huang Minglong	5－1	263
黄桂葆	Huang Guibao	5－1	256	黄鸣球	Huang Mingqiu	4－1	63
黄国涛	Huang Guotao	9－1	255	黄铭新	Huang Mingxin	8－1	93
黄国璋	Huang Guozhang	5－1	257	黄模渊	Huang Moyuan	9－1	259
黄海青	Huang Haiqing	7－1	153	黄慕松	Huang Musong	4－1	64
黄汉和	Huang Hanhe	5－1	258	黄培云	Huang Peiyun	9－1	260
黄宏嘉	Huang Hongjia	9－1	256	黄　强	Huang Qiang	8－1	94
黄华表	Huang Huabiao	5－1	259	黄齐望	Huang Qiwang	7－1	159
黄家骅	Huang Jiahua	5－1	260	黄人傑	Huang Renjie	7－1	160
黄家齐	Huang Jiaqi	5－1	261	黄瑞采	Huang Ruicai	7－1	161
黄家骐	Huang Jiaqi	9－1	257	黄瑞纶	Huang Ruilun	7－1	162
黄家驷	Huang Jiasi	8－1	89	黄润韶	Huang Runshao	9－1	261
黄建勋	Huang Jianxun	4－1	59	黄汝琪	Huang Ruqi	7－1	163
黄季良	Huang Jiliang	4－1	60	黄　骚	Huang Sao	5－1	264
黄金声	Huang Jinsheng	7－1	154	黄寿恒	Huang Shouheng	5－1	265
黄汲青	Huang Jiqing	7－1	155	黄率诚	Huang Shuaicheng	9－1	262
黄季严	Huang Jiyan	5－1	262	黄顺美	Huang Shunmei	8－1	95
黄觉民	Huang Juemin	7－1	156	黄叔培	Huang Shupei	5－1	266
黄开甲	Huang Kaijia	4－1	61	黄天启	Huang Tianqi	5－1	267
黄可训	Huang Kexun	9－1	258	黄　庭	Huang Ting	4－1	65
黄　宽	Huang Kuan	4－1	62	黄　通	Huang Tong	5－1	268

续附表 2

姓 名	姓名全拼	表	序号	姓 名	姓名全拼	表	序号
黄万里	Huang Wanli	7 - 1	164	黄育贤	Huang Yuxian	5 - 1	276
黄纬禄	Huang Weilu	9 - 1	263	黄祯祥	Huang Zhenxiang	8 - 1	98
黄文炜	Huang Wenwei	7 - 1	165	黄振勋	Huang Zhenxun	9 - 1	272
黄文熙	Huang Wenxi	7 - 1	166	黄至溥	Huang Zhipu	9 - 1	273
黄武汉	Huang Wuhan	9 - 1	264	黄志千	Huang Zhiqian	9 - 1	274
黄孝真	Huang Xiaozhen	5 - 1	269	黄志秋	Huang Zhiqiu	9 - 1	275
黄厦千	Huang Xiaqian	7 - 1	167	黄 中	Huang Zhong	7 - 1	171
黄席椿	Huang Xichun	8 - 1	96	黄中孚	Huang Zhongfu	8 - 1	99
黄新民	Huang Xinmin	9 - 1	265	黄仲良	Huang Zhongliang	4 - 1	67
黄新彦	Huang Xinyan	5 - 1	270	黄 自	Huang Zi	7 - 1	172
黄雄畏	Huang Xiongwei	9 - 1	266	黄子卿	Huang Ziqing	5 - 1	277
黄希素	Huang Xisu	9 - 1	267	黄宗瑜	Huang Zongyu	9 - 1	276
黄学诗	Huang Xueshi	7 - 1	168	黄祖莲	Huang Zulian	4 - 1	68
黄延豫	Huang Yanyu	9 - 1	268	霍宝树	Huo Baoshu	5 - 1	278
黄耀昌	Huang Yaochang	4 - 1	66	霍秉权	Huo Bingquan	7 - 1	173
黄野萝	Huang Yeluo	7 - 1	169	霍慕蔺	Huo Mulin	8 - 1	100
黄 翼	Huang Yi	7 - 1	170	霍炎昌	Huo Yanchang	5 - 1	279
黄 翼	Huang Yi	9 - 1	269	纪长庚	Ji Changgeng	5 - 1	280
黄应春	Huang Yingchun	9 - 1	270	稽储彬	Ji Chubin	9 - 1	277
黄异生	Huang Yisheng	5 - 1	271	计大维	Ji Dawei	5 - 1	281
黄 垣	Huang Yuan	5 - 1	272	季 良	Ji Liang	8 - 1	101
黄元波	Huang Yuanbo	9 - 1	271	暨懋旂	Ji Maoqi	9 - 1	278
黄元照	Huang Yuanzhao	5 - 1	273	季文美	Ji Wenmei	7 - 1	174
黄芸苏	Huang Yunsu	5 - 1	274	纪育沣	Ji Yufeng	5 - 1	282
黄玉珊	Huang Yushan	8 - 1	97	贾成章	Jia Chengzhang	5 - 1	283
黄钰生	Huang Yusheng	5 - 1	275	贾铭钰	Jia Mingyu	9 - 1	279

姓 名	姓名全拼	表	序号	姓 名	姓名全拼	表	序号
贾凝喜	Jia Ningxi	4-1	69	江 杓	Jiang Shao	7-1	177
简根贤	Jian Genxian	9-1	280	蒋书楠	Jiang Shunan	9-1	290
简浩然	Jian Haoran	9-1	281	姜泗长	Jiang Sichang	9-1	291
蹇先达	Jian Xianda	5-1	284	姜心曼	Jiang Xinman	9-1	292
江安才	Jiang Ancai	9-1	282	蒋彦士	Jiang Yanshi	9-1	293
蒋葆增	Jiang Baozeng	7-1	175	姜 尧	Jiang Yao	9-1	294
姜秉权	Jiang Bingquan	9-1	283	江元仁	Jiang Yuanren	5-1	293
蒋丙然	Jiang Bingran	5-1	285	蒋豫图	Jiang Yutu	9-1	295
江超西	Jiang Chaoxi	5-1	286	江泽佳	Jiang Zejia	9-1	296
蒋超英	Jiang Chaoying	4-1	70	江泽民	Jiang Zemin	8-1	105
姜诚贯	Jiang Chengguan	9-1	284	江泽涵	Jiang Zhehan	7-1	178
蒋次升	Jiang Cisheng	9-1	285	蒋震同	Jiang Zhentong	8-1	106
姜达衢	Jiang Daqu	8-1	102	金邦正	Jin Bangzheng	5-1	294
蒋德麟	Jiang Delin	8-1	103	金宝善	Jin Baoshan	5-1	295
蒋君寔	Jiang Junshi	9-1	286	金宝桢	Jin Baozhen	7-1	179
江良规	Jiang Lianggui	8-1	104	金炳章	Jin Bingzhang	9-1	297
江良游	Jiang Liangyou	9-1	287	金 城	Jin Cheng	7-1	180
姜立夫	Jiang Lifu	5-1	287	金道森	Jin Daosen	9-1	298
江履成	Jiang Lvcheng	5-1	288	金大廷	Jin Dating	4-1	71
蒋梦麟	Jiang Menglin	5-1	289	金国粹	Jin Guocui	9-1	299
蒋明谦	Jiang Mingqian	9-1	288	金 瀚	Jin Han	5-1	296
姜 琦	Jiang Qi	5-1	290	金鸿畴	Jin Hongchou	9-1	300
江 清	Jiang Qing	5-1	291	金继汉	Jin Jihan	9-1	301
江仁寿	Jiang Renshou	7-1	176	金经昌	Jin Jingchang	9-1	302
江山寿	Jiang Shanshou	5-1	292	金开英	Jin Kaiying	7-1	181
江善襄	Jiang Shanxiang	9-1	289	金龙章	Jin Longzhang	5-1	297

姓 名	姓名全拼	表	序号	姓 名	姓名全拼	表	序号
金培松	Jin Peisong	9-1	303	康振钰	Kang Zhenyu	7-1	185
金彭龄	Jin Pengling	9-1	304	柯成懋	Ke Chengmao	5-1	302
金善宝	Jin Shanbao	7-1	182	柯应夔	Ke Yingkui	8-1	111
金士宣	Jin Shixuan	5-1	298	柯召	Ke Zhao	8-1	112
靳树梁	Jin Shuliang	8-1	107	孔繁祁	Kong Fanqi	5-1	303
金涛	Jin Tao	5-1	299	孔令烜	Kong Lingxuan	5-1	304
金问淇	Jin Wenqi	5-1	300	孔庆义	Kong Qingyi	9-1	315
晋显曾	Jin Xianzeng	8-1	108	孔祥熙	Kong Xiangxi	4-1	75
金显宅	Jin Xianzhai	8-1	109	邝安堃	Kuang Ankun	7-1	186
靳锡庚	Jin Xigeng	9-1	305	邝炳光	Kuang Bingguang	4-1	76
金新宇	Jin Xinyu	9-1	306	邝公道	Kuang Gongdao	8-1	113
金雅妹	Jin Yamei	4-1	72	邝国光	Kuang Guoguang	4-1	77
金阳镐	Jin Yanggao	9-1	307	邝景扬	Kuang Jingyang	4-1	78
金聿	Jin Yu	9-1	308	邝荣光	Kuang Rongguang	4-1	79
金允文	Jin Yunwen	9-1	309	邝寿堃	Kuang Shoukun	5-1	305
金兆钧	Jin Zhaojun	7-1	183	邝贤俦	Kuang Xianchou	4-1	80
荆广生	Jing Guangsheng	9-1	310	邝翌昆	Kuang Yikun	5-1	306
经亨颐	Jing Hengyi	4-1	73	邝翼堃	Kuang Yikun	5-1	307
居伯强	Ju Boqiang	7-1	184	邝咏钟	Kuang Yongzhong	4-1	81
琚定一	Ju Dingyi	8-1	110	邝兆祁	Kuang Zhaoqi	5-1	308
居励今	Ju Lijin	5-1	301	赖景湖	Lai Jinghu	5-1	309
康爱德	Kang Aide	4-1	74	赖其芳	Lai Qifang	7-1	187
康启隆	Kang Qilong	9-1	311	赖蜀生	Lai Shusheng	9-1	316
伉铁儁	Kang Tiejun	9-1	312	赖兴治	Lai Xingzhi	9-1	317
康信然	Kang Xinran	9-1	313	藾彦于	Lai Yanyu	7-1	188
康振黄	Kang Zhenhuang	9-1	314	蓝春池	Lan Chunchi	5-1	310

姓　名	姓名全拼	表	序号	姓　名	姓名全拼	表	序号
蓝如溪	Lan Ruxi	7 – 1	189	李充国	Li Chongguo	5 – 1	317
蓝天鹤	Lan Tianhe	9 – 1	318	李重阳	Li Chongyang	9 – 1	377
蓝天蔚	Lan Tianwei	4 – 1	82	李传基	Li Chuanji	9 – 1	326
兰锡纯	Lan Xichun	8 – 1	114	李春芬	Li Chunfen	9 – 1	327
蓝毓锺	Lan Yuzhong	9 – 1	319	李春荣	Li Chunrong	5 – 1	318
蓝志勤	Lan Zhiqin	7 – 1	190	李春亭	Li Chunting	5 – 1	319
劳君展	Lao Junzhan	5 – 1	311	李春昱	Li Chunyu	7 – 1	194
劳启祥	Lao Qixiang	5 – 1	312	李琮池	Li Congchi	8 – 1	119
雷炳林	Lei Binglin	4 – 1	83	李　达	Li Da	5 – 1	320
雷從民	Lei Congmin	7 – 1	191	李大受	Li Dashou	4 – 1	84
雷　开	Lei Kai	8 – 1	115	李迪华	Li Dihua	5 – 1	321
雷天觉	Lei Tianjue	9 – 1	320	李鼎新	Li Dingxin	4 – 1	85
雷天壮	Lei Tianzhuang	9 – 1	321	李笃珊	Li Dushan	9 – 1	328
雷通群	Lei Tongqun	5 – 1	313	李鹗鼎	Li E – ding	9 – 1	329
雷兴翰	Lei Xinghan	8 – 1	116	李方城	Li Fangcheng	5 – 1	322
雷肇唐	Lei Zhaotang	8 – 1	117	李方琮	Li Fangcong	5 – 1	323
冷福田	Leng Futian	9 – 1	322	李芳荣	Li Fangrong	4 – 1	86
李安素	Li Ansu	9 – 1	323	李方训	Li Fangxun	7 – 1	195
李宝实	Li Baoshi	7 – 1	192	李范一	Li Fanyi	5 – 1	324
李　芯	Li Bi	9 – 1	324	李凤荪	Li Fengsun	7 – 1	196
李　彬	Li Bin	5 – 1	314	李赋都	Li Fudu	5 – 1	325
李秉成	Li Bingchen	8 – 1	118	李赋京	Li Fujing	7 – 1	197
李昌源	Li Changyuan	9 – 1	325	李　岡	Li Gang	5 – 1	326
李承干	Li Chenggan	5 – 1	315	李公达	Li Gongda	7 – 1	198
李澄澜	Li Chenglan	5 – 1	316	李光华	Li Guanghua	9 – 1	330
李承祜	Li Chenhu	7 – 1	193	李广勋	Li Guangxun	5 – 1	327

姓　名	姓名全拼	表	序号	姓　名	姓名全拼	表	序号
李国鼎	Li Guoding	7－1	199	李景均	Li Jingjun	9－1	340
李国豪	Li Guohao	9－1	331	李进隆	Li Jinglong	5－1	336
李国均	Li Guojun	5－1	328	李景清	Li Jingqing	7－1	202
李国量	Li Guoling	9－1	332	李竞雄	Li Jingxiong	9－1	341
李国平	Li Guoping	8－1	120	李近仁	Li Jinren	9－1	342
李国钦	Li Guoqin	5－1	329	李津身	Li Jinshen	9－1	343
李国贤	Li Guoxian	9－1	333	李辑祥	Li Jixiang	7－1	203
李国珍	Li Guozhen	5－1	330	李　驹	Li Ju	5－1	337
李郭舟	Li Guozhou	5－1	331	李克鸿	Li Kehong	7－1	204
李海晨	Li Haichen	8－1	121	李　铿	Li Keng	5－1	338
李汉华	Li Hanhua	9－1	334	励澜生	Li Lansheng	8－1	126
李汉俊	Li Hanjun	5－1	332	李联标	Li Lianbiao	9－1	344
李翰如	Li Hanru	9－1	335	李连捷	Li Lianjie	8－1	127
李河民	Li Hemin	8－1	122	李立万	Li Liwan	9－1	345
李　珩	Li Heng	7－1	200	李　懋	Li Mao	5－1	339
李恒钺	Li Hengyue	8－1	123	李铭新	Li Mingxin	9－1	346
李华桐	Li Huatong	9－1	336	李鸣和	Li Minhe	5－1	340
李华宗	Li Huazong	8－1	124	李漠炽	Li Mochi	7－1	205
李惠林	Li Huilin	9－1	337	李慕楠	Li Munan	7－1	206
李　济	Li Ji	5－1	333	李丕济	Li Peiji	8－1	128
李家琛	Li Jiachen	5－1	334	李佩林	Li Peilin	8－1	129
李家文	Li Jiawen	9－1	338	李沛文	Li Peiwen	7－1	207
李继侗	Li Jidong	5－1	335	李　平	Li Ping	5－1	341
李景晟	Li Jingcheng	7－1	201	李乔苹	Li Qiaoping	9－1	347
李景汉	Li Jinghan	8－1	125	李庆海	Li Qinghai	8－1	130
李景沆	Li Jinghang	9－1	339	李庆逵	Li Qingkui	9－1	348

姓　名	姓名全拼	表	序号	姓　名	姓名全拼	表	序号
李清廉	Li Qinglian	5－1	342	李天民	Li Tianmin	9－1	357
李庆贤	Li Qingxian	7－1	208	李廷弼	Li Tingbi	9－1	358
李青崖	Li Qingya	5－1	343	李为坤	Li Weikun	9－1	359
李庆远	Li Qingyuan	8－1	131	李文采	Li Wencai	9－1	360
李权亨	Li Quanheng	5－1	344	李文美	Li Wenmei	7－1	209
李锐夫	Li Ruifu	9－1	349	李祥享	Li Xiangxiang	5－1	352
李瑞圭	Li Ruigui	5－1	345	李先闻	Li Xianwen	7－1	210
李汝金	Li Rujin	4－1	87	黎献勇	Li Xianyong	9－1	361
李汝祺	Li Ruqi	5－1	346	李宪章	Li Xianzhang	9－1	362
厉汝尚	Li Rushang	9－1	350	李宪之	Li Xianzhi	7－1	211
厉汝燕	Li Ruyan	4－1	88	李仙舟	Li Xianzhou	7－1	212
李善邦	Li Shanbang	9－1	351	李效民	Li Xiaomin	7－1	213
李绍惠	Li Shaohui	5－1	347	李熙谋	Li Ximou	5－1	353
李绍伟	Li Shaowei	9－1	352	李信德	Li Xinde	9－1	363
李士豪	Li Shihao	8－1	132	李锡之	Li Xizhi	5－1	354
李寿恒	Li Shouheng	5－1	348	李旭旦	Li Xudan	8－1	133
李寿田	Li Shoutian	4－1	89	李学海	Li Xuehai	9－1	364
李树芬	Li Shufen	4－1	90	李学清	Li Xueqing	5－1	355
李书华	Li Shuhua	5－1	349	李扬汉	Li Yanghan	9－1	365
李顺卿	Li Shunqing	5－1	350	李耀邦	Li Yaobang	5－1	356
李书田	Li Shutian	5－1	351	李耀华	Li Yaohua	9－1	366
李曙轩	Li Shuxuan	9－1	353	李耀煌	Li Yaohuang	5－1	357
李四光	Li Siguang	4－1	91	李　乙	Li Yi	9－1	367
李潭生	Li Tansheng	9－1	354	李寅恭	Li Yingong	5－1	358
李天恩	Li Tianen	9－1	355	李吟秋	Li Yinqiu	5－1	359
李天和	Li Tianhe	9－1	356	李宜璋	Li Yizhang	9－1	368

姓 名	姓名全拼	表	序号	姓 名	姓名全拼	表	序号
李仪祉	Li Yizhi	5－1	360	李子白	Li Zibai	9－1	380
李永庆	Li Yongqing	5－1	361	李宗侗	Li Zongdong	5－1	369
李有山	Li Youshan	9－1	369	李宗恩	Li Zongen	5－1	370
李约翰	Li Yuehan	9－1	370	李祖范	Li Zufan	5－1	371
李毓芬	Li Yufen	9－1	371	李祖贤	Li Zuxian	5－1	372
厉裔华	Li Yuhua	7－1	214	连彝	Lian Yi	5－1	373
李运华	Li Yunhua	5－1	362	梁百先	Liang Baixian	8－1	136
李蕴滋	Li Yunzi	9－1	372	梁炳年	Liang Bingnian	4－1	93
李玉莹	Li Yuying	9－1	373	梁伯强	Liang Boqiang	5－1	374
李煜瀛	Li Yuying	4－1	92	梁承厦	Liang Chengxia	5－1	375
李瓒文	Li Zanwen	9－1	374	梁达	Liang Da	8－1	137
李增培	Li Zengpei	9－1	375	梁杜衡	Liang Duheng	5－1	376
黎照寰	Li Zhaohan	5－1	363	梁敦彦	Liang Dunyan	4－1	94
李肇特	Li Zhaote	9－1	376	梁金荣	Liang Jinrong	4－1	95
李振翩	Li Zhenpian	7－1	215	梁赉奎	Liang Laikui	4－1	96
李震声	Li Zhensheng	8－1	134	梁丕旭	Liang Pixu	4－1	97
李祉川	Li Zhichuan	7－1	216	梁普	Liang Pu	7－1	218
李志方	Li Zhifang	8－1	135	梁普时	Liang Pushi	4－1	98
李直民	Li Zhimin	7－1	217	梁普照	Liang Puzhao	4－1	99
李志仁	Li Zhiren	5－1	364	梁如浩	Liang Ruhao	4－1	100
李衷	Li Zhong	5－1	365	梁上栋	Liang Shangdong	4－1	101
李钟美	Li Zhongmei	5－1	366	梁尚农	Liang Shangnong	7－1	219
李周雄	Li Zhouxiong	9－1	378	梁燊	Liang Shen	9－1	381
李珠	Li Zhu	5－1	367	梁守槃	Liang Shoupan	8－1	138
李烛尘	Li Zhuchen	5－1	368	梁树藩	Liang Shufan	9－1	382
李卓皓	Li Zhuohao	9－1	379	梁树权	Liang Shuquan	8－1	139

姓　名	姓名全拼	表	序号	姓　名	姓名全拼	表	序号
梁思成	Liang Sicheng	5 – 1	377	林达美	Lin Damei	9 – 1	392
梁思礼	Liang Sili	9 – 1	383	林观得	Lin Guande	8 – 1	144
梁思永	Liang Siyong	7 – 1	220	林桂生	Lin Guisheng	5 – 1	381
梁　希	Liang Xi	5 – 1	378	林国镐	Lin Guogao	5 – 1	382
梁希杰	Liang Xijie	8 – 1	140	林国璋	Lin Guozhang	9 – 1	393
梁翕章	Liang Xizhang	9 – 1	384	林汉藩	Lin Hanfan	9 – 1	394
梁　徐	Liang Xu	9 – 1	385	林焕平	Lin Huanping	7 – 1	227
梁　衍	Liang Yan	7 – 1	221	林惠昌	Lin Huichang	8 – 1	145
梁余德	Liang Yude	9 – 1	386	林惠祥	Lin Huixiang	5 – 1	383
梁允奇	Liang Yunqi	9 – 1	387	林徽因	Lin Huiyin	5 – 1	384
梁在平	Liang Zaiping	9 – 1	388	林惠贞	Lin Huizhen	9 – 1	395
梁治华	Liang Zhihua	5 – 1	379	林　几	Lin Ji	9 – 1	396
梁治明	Liang Zhiming	8 – 1	141	林家翘	Lin Jiaqiao	9 – 1	397
梁之彦	Liang Zhiyan	7 – 1	222	林继诚	Lin Jicheng	5 – 1	385
梁钟汉	Liang Zhonghan	4 – 1	102	林景亮	Lin Jingliang	9 – 1	398
廖世承	Liao Shicheng	5 – 1	380	林继庸	Lin Jiyong	5 – 1	386
廖庶蕃	Liao Shufan	9 – 1	389	林可玑	Lin Keji	5 – 1	387
廖耀湘	Liao Yaoxiang	7 – 1	223	林可胜	Lin Kesheng	5 – 1	388
廖仲周	Liao Zhongzhou	9 – 1	390	林孔湘	Lin Kongxiang	8 – 1	146
林葆骆	Lin Baoluo	7 – 1	224	林联辉	Lin Lianhui	4 – 1	104
林葆怿	Lin Baoyi	4 – 1	103	林联盛	Lin Liansheng	4 – 1	105
林碧梓	Lin Bizi	7 – 1	225	林礼铨	Lin Liquan	5 – 1	389
林伯遵	Lin Bozun	7 – 1	226	林履中	Lin lvzhong	4 – 1	106
林　超	Lin Chao	8 – 1	142	林沛泉	Lin Peiquan	4 – 1	107
林传鼎	Lin Chuanding	9 – 1	391	林培深	Lin Peisheng	9 – 1	399
林传光	Lin Chuanguang	8 – 1	143	林平卿	Lin Pingqing	5 – 1	390

姓 名	姓名全拼	表	序号	姓 名	姓名全拼	表	序号
林巧稚	Lin Qiaozhi	7 - 1	228	林永升	Lin Yongsheng	4 - 1	115
林庆升	Lin Qingsheng	4 - 1	108	林郁	Lin Yu	9 - 1	405
林启武	Lin Qiwu	8 - 1	147	林元惕	Lin Yuanti	9 - 1	406
林日章	Lin Rizhang	4 - 1	109	林兆耆	Lin Zhaoqi	7 - 1	234
林镕	Lin Rong	7 - 1	229	林朝权	Lin Zhaoquan	7 - 1	235
林荣贵	Lin Ronggui	7 - 1	230	林振峰	Lin Zhenfeng	4 - 1	116
林汝铎	Lin Ruduo	9 - 1	400	林芝	Lin Zhi	9 - 1	407
林汝耀	Lin Ruyao	5 - 1	391	林致德	Lin Zhide	9 - 1	408
林士谔	Lin Shie	8 - 1	148	林志荣	Lin Zhirong	4 - 1	117
林世熙	Lin Shixi	5 - 1	392	林庄	Lin Zhuang	5 - 1	397
林澍民	Lin Shumin	5 - 1	393	林宗扬	Lin Zongyang	5 - 1	398
林笋	Lin Sun	7 - 1	231	凌道杨	Ling Daoyang	5 - 1	399
林泰曾	Lin Taizeng	4 - 1	110	凌鸿勋	Ling Hongxun	5 - 1	400
林同段	Lin Tongduan	9 - 1	401	凌君达	Ling Junda	9 - 1	409
林同骅	Lin Tonghua	7 - 1	232	凌宁	Ling Ning	9 - 1	410
林同炎	Lin Tongyan	7 - 1	233	凌其峻	Ling Qijun	5 - 1	401
林同曜	Lin Tongyao	5 - 1	394	凌淑浩	Ling Shuhao	7 - 1	236
林同珠	Lin Tongzhu	9 - 1	402	凌显常	Ling Xianchang	7 - 1	237
林文秉	Lin Wenbing	5 - 1	395	凌霞新	Ling Xiaxin	5 - 1	402
林汶民	Lin Wenmin	5 - 1	396	凌远阳	Ling Yuanyang	7 - 1	238
林文庆	Lin Wenqing	4 - 1	111	刘安恭	Liu Angong	5 - 1	403
林文莹	Lin Wenying	9 - 1	403	刘安曾	Liu Anzeng	8 - 1	149
林颐	Lin Yi	9 - 1	404	刘宝琛	Liu Baochen	5 - 1	404
林颖启	Lin Yingqi	4 - 1	112	刘丙彪	Liu Bingbiao	7 - 1	239
林尹民	Lin Yinmin	4 - 1	113	刘秉阳	Liu Bingyang	8 - 1	150
林怡游	Lin Yiyou	4 - 1	114	刘璧章	Liu Bizhang	9 - 1	411

续附表 2

姓　名	姓名全拼	表	序号	姓　名	姓名全拼	表	序号
刘伯浩	Liu Bohao	7－1	240	刘馥英	Liu Fuying	8－1	153
刘莆祺	Liu Fuqi	7－1	241	刘淦芝	Liu Ganzhi	7－1	246
刘步蟾	Liu Buchan	4－1	118	刘公诚	Liu Gongcheng	9－1	421
刘昌塿	Liu Changlou	9－1	412	刘光文	Liu Guangwen	8－1	154
刘昌夏	Liu Changxia	9－1	413	刘冠洪	Liu Guanhong	7－1	247
刘承芳	Liu Chengfang	5－1	405	刘冠雄	Liu Guanxiong	4－1	119
刘承霖	Liu Chenglin	5－1	406	刘国珍	Liu Guozhen	4－1	120
刘承沛	Liu Chengpei	9－1	414	刘　汉	Liu Han	8－1	155
刘承先	Liu Chengxian	9－1	415	刘　和	Liu He	5－1	413
刘成钊	Liu Chengzhao	7－1	242	柳鹤图	Liu Hetu	8－1	156
刘崇动	Liu Chongdong	5－1	407	刘后利	Liu Houli	9－1	422
刘崇汉	Liu Chonghan	5－1	408	刘　瑚	Liu Hu	7－1	248
刘崇乐	Liu Chongle	5－1	409	刘寰伟	Liu Huanwei	5－1	414
刘崇勤	Liu Chongqin	5－1	410	刘欢曾	Liu Huanzeng	8－1	157
刘　椽	Liu Chuan	7－1	243	刘恢先	Liu Huixian	8－1	158
刘琼源	Liu Congyuan	9－1	416	刘　健	Liu Jian	9－1	423
刘萃杰	Liu Cuijie	9－1	417	刘建康	Liu Jiankang	9－1	424
柳大纲	Liu Dagang	9－1	418	刘嘉树	Liu Jiashu	9－1	425
刘大中	Liu Dazhong	9－1	419	刘敬宜	Liu Jingyi	5－1	415
刘德润	Liu Derun	7－1	244	刘晋年	Liu Jinnian	7－1	249
刘德珍	Liu Dezhen	5－1	411	刘基磐	Liu Jipan	5－1	416
刘　鼎	Liu ding	7－1	245	刘基唐	Liu Jitang	9－1	426
刘敦桢	Liu Dunzhen	5－1	412	刘基炎	Liu Jiyan	4－1	121
刘恩兰	Liu Enlan	8－1	151	刘隽湘	Liu Junxiang	8－1	159
刘芳级	Liu Fangji	9－1	420	刘濬业	Liu Junye	9－1	427
刘发喧	Liu Faxuan	8－1	152	柳克令	Liu Keling	9－1	428

姓　名	姓名全拼	表	序号	姓　名	姓名全拼	表	序号
刘良湛	Liu Liangzhan	7 – 1	250	刘仙洲	Liu Xianzhou	9 – 1	435
刘茂勋	Liu Maoxun	4 – 1	122	刘孝懃	Liu Xiaoqin	5 – 1	427
刘敏诚	Liu Mincheng	9 – 1	429	刘锡嘏	Liu Xigu	5 – 1	428
刘蓂章	Liu Mizhang	5 – 1	417	刘锡晋	Liu Xijin	5 – 1	429
刘念信	Liu Nianxin	9 – 1	430	刘行骥	Liu Xingji	5 – 1	430
刘佩瑛	Liu Peiying	9 – 1	431	刘新民	Liu Xinmin	7 – 1	259
刘　樸	Liu Pu	5 – 1	418	刘心显	Liu Xinxian	9 – 1	436
刘瑞恒	Liu Ruiheng	5 – 1	419	刘轩君	Liu Xuanjun	7 – 1	260
刘润华	Liu Runhua	5 – 1	420	刘学荣	Liu Xuerong	5 – 1	431
刘汝强	Liu Ruqiang	5 – 1	421	刘熏宇	Liu Xunyu	7 – 1	261
刘绍汤	Liu Shaotang	9 – 1	432	刘诒谨	Liu Yijin	9 – 1	437
刘绍禹	Liu Shaoyu	5 – 1	422	刘宜伦	Liu Yilun	8 – 1	160
刘慎谔	Liu Shenge	7 – 1	251	刘　颖	Liu Ying	8 – 1	161
刘士豪	Liu Shihao	7 – 1	252	刘　永	Liu Yong	9 – 1	438
刘绍光	Liu Shoguang	7 – 1	253	刘永纯	Liu Yongchun	5 – 1	432
刘守道	Liu Shoudao	9 – 1	433	刘玉麟	Liu Yulin	4 – 1	123
刘树钧	Liu Shujun	7 – 1	254	刘　云	Liu Yun	5 – 1	433
刘树杞	Liu Shuqi	5 – 1	423	刘玉素	Liu Yusu	9 – 1	439
刘树勋	Liu Shuxun	7 – 1	255	刘曾撰	Liu Zengzhuan	4 – 1	124
刘树墉	Liu Shuyong	5 – 1	424	刘哲民	Liu Zhemin	9 – 1	440
刘思职	Liu Sizhi	7 – 1	256	刘正炯	Liu Zhengjiong	7 – 1	262
刘廷芳	Liu Tingfang	5 – 1	425	刘植炎	Liu Zhiyan	9 – 1	441
刘王立明	Liu Wangliming	5 – 1	426	柳支英	Liu Zhiying	7 – 1	263
刘为涛	Liu Weitao	7 – 1	257	刘钟华	Liu Zhonghua	9 – 1	442
刘蔚同	Liu Weitong	7 – 1	258	刘钟奇	Liu Zhongqi	7 – 1	264
刘先志	Liu Xianzhi	9 – 1	434	刘忠同	Liu Zhongtong	9 – 1	443

姓　名	姓名全拼	表	序号	姓　名	姓名全拼	表	序号
刘遵宪	Liu Zunxian	7－1	265	卢鹤绂	Lu Hefu	8－1	167
龙承德	Long Chengde	9－1	444	陆鹤寿	Lu Heshou	8－1	168
龙惠溪	Long Huixi	9－1	445	卢鹤钟	Lu Hezhong	9－1	452
龙康侯	Long Kanghou	8－1	162	陆鸿棠	Lu Hongtang	5－1	439
龙庆忠	Long Qingzhong	7－1	266	卢焕章	Lu Huanzhang	9－1	453
龙荣轩	Long Rongxuan	4－1	125	卢惠霖	Lu Huilin	7－1	271
龙显烈	Long Xianlie	9－1	446	卢惠卿	Lu Huiqing	9－1	454
龙　夷	Long Yi	5－1	434	卢嘉锡	Lu Jiaxi	9－1	455
娄昌后	Lou Changhou	5－1	435	卢景贵	Lu Jinggui	5－1	440
娄成后	Lou Chenghou	8－1	163	卢景泰	Lu Jingtai	5－1	441
娄尔康	Lou Erkang	8－1	164	陆近仁	Lu Jinren	9－1	456
娄既庭	Lou Jiting	5－1	436	陆锦文	Lu Jinwen	5－1	442
娄康后	Lou Kanghou	8－1	165	陆鸣嘉	Lu Mingjia	9－1	457
楼维秋	Lou Weiqiu	9－1	447	路敏行	Lu Minxing	5－1	443
鲁邦瞻	Lu Bangzhan	5－1	437	陆钦恺	Lu Qinai	9－1	458
陆宝淦	Lu Baogan	5－1	438	卢庆骏	Lu Qingjun	9－1	459
陆秉亨	Lu Bingheng	7－1	267	陆钦侃	Lu Qinkan	9－1	460
卢伯章	Lu Bozhang	9－1	448	卢榮泽	Lu Rongze	9－1	461
陆　达	Lu Da	7－1	268	陆绍云	Lu Shaoyun	5－1	444
陆大京	Lu Dajing	7－1	269	陆慎仪	Lu Shenyi	5－1	445
陆德章	Lu Dezhang	4－1	126	陆士嘉	Lu Shijia	9－1	462
陆福臻	Lu Fuzhen	9－1	449	卢士谦	Lu Shiqian	8－1	169
卢观泉	Lu Guanquan	8－1	166	卢守耕	Lu Shougeng	5－1	446
陆贯一	Lu Guanyi	7－1	270	卢守孟	Lu Shoumeng	4－1	127
陆国樑	Lu Guoliang	9－1	450	路树华	Lu Shuhua	9－1	463
卢浩然	Lu Haoran	9－1	451	陆颂善	Lu Songshan	9－1	464

姓　名	姓名全拼	表	序号	姓　名	姓名全拼	表	序号
卢统之	Lu Tongzhi	5－1	447	骆德武	Luo Dewu	5－1	454
陆文发	Lu Wenfa	9－1	465	罗丰禄	Luo Fenglu	4－1	131
陆孝彭	Lu Xiaopeng	9－1	466	罗国瑞	Luo Guorui	4－1	132
陆燮钧	Lu Xiejun	5－1	448	罗　河	Luo He	9－1	474
陆锡贵	Lu Xigui	4－1	128	罗惠桥	Luo Huiqiao	5－1	455
陆星垣	Lu Xingyuan	9－1	467	罗建本	Luo Jianben	9－1	475
陆学善	Lu Xueshan	7－1	272	罗景崇	Luo Jingchong	5－1	456
路亚衡	Lu Yaheng	9－1	468	罗锦铸	Luo Jinzhu	9－1	476
卢衍豪	Lu Yanhao	9－1	469	罗克典	Luo Kedian	7－1	279
陆永泉	Lu Yongquan	4－1	129	罗鹏展	Luo Pengzhan	9－1	477
陆元昌	Lu Yuanchang	5－1	449	罗庆蕃	Luo Qingfan	5－1	457
卢元镕	Lu Yuanrong	9－1	470	罗庆隆	Luo Qinglong	9－1	478
卢于道	Lu Yudao	7－1	273	罗清生	Luo Qingsheng	5－1	458
卢毓骏	Lu Yujun	7－1	274	骆启荣	Luo Qirong	7－1	280
陆毓璋	Lu Yuzhang	7－1	275	罗荣安	Luo Rongan	5－1	459
卢正持	Lu Zhengchi	5－1	450	罗士韦	Luo Shiwei	9－1	479
卢致德	Lu Zhide	5－1	451	罗士瑜	Luo Shiyu	9－1	480
陆志韦	Lu Zhiwei	5－1	452	罗宛华	Luo Wanhua	9－1	481
陆钟祚	Lu Zhongzuo	9－1	471	罗文庆	Luo Wenqing	7－1	281
卢宗澄	Lu Zongcheng	7－1	276	罗孝章	Luo Xiaozhang	5－1	460
陆宗贤	Lu Zongxian	7－1	277	罗云平	Luo Yunping	8－1	170
陆家振	Lu Zongzhen	9－1	472	罗臻禄	Luo Zhenlu	4－1	133
卢祖华	Lu Zuhua	4－1	130	罗忠忱	Luo Zhongchen	4－1	134
罗邦伯	Luo Bangbo	9－1	473	罗宗洛	Luo Zongluo	7－1	282
罗邦杰	Luo Bangjie	5－1	453	罗宗贤	Luo Zongxian	8－1	171
罗登义	Luo Dengyi	7－1	278	吕保维	Lv Baowei	9－1	482

姓　名	姓名全拼	表	序号	姓　名	姓名全拼	表	序号
吕崇朴	Lv Chongpu	9－1	483	马绍援	Ma Shaoyuan	7－1	289
吕德宽	Lv Dekuan	8－1	172	马世均	Ma Shijun	9－1	491
吕凤章	Lv Fengzhang	8－1	173	马仕俊	Ma Shijun	7－1	290
吕富华	Lv Fuhua	7－1	283	马师亮	Ma Shiliang	7－1	291
吕炯	Lv Jiong	7－1	284	马师伊	Ma Shiyi	7－1	292
吕彦直	Lv Yanzhi	5－1	461	马世英	Ma Shiying	9－1	492
吕吟声	Lv Yinsheng	8－1	174	马耸云	Ma Songyun	8－1	179
吕应钟	Lv Yingzhong	9－1	484	马廷英	Ma Tingying	7－1	293
马保之	Ma Baozhi	7－1	285	马文超	Ma Wenchao	7－1	294
马大浦	Ma Dapu	7－1	286	马闻天	Ma Wentian	8－1	180
马大猷	Ma Dayou	8－1	175	马文昭	Ma Wenzhao	5－1	465
马芳礼	Ma Fangli	9－1	485	马仙峤	Ma Xianqiao	5－1	466
马逢周	Ma Fengzhou	9－1	486	马杏垣	Ma Xingyuan	9－1	493
马辅	Ma Fu	5－1	462	马诒绪	Ma yixu	8－1	181
马恒融	Ma Hengrong	7－1	287	马翼周	Ma Yizhou	9－1	494
马骥	Ma Ji	9－1	487	马约翰	Ma Yuehan	5－1	467
马傑	Ma Jie	7－1	288	马育华	Ma Yuhua	9－1	495
马骏超	Ma Junchao	8－1	176	马育骐	Ma Yuqi	5－1	468
马君寿	Ma Junshou	9－1	488	马增新	Ma Zengxin	8－1	182
马君武	Ma Junwu	4－1	135	马竹桢	Ma Zhuzhen	9－1	496
马龙翔	Ma Longxiang	9－1	489	马祖圣	Ma Zusheng	9－1	497
马明德	Ma Mingde	8－1	177	满涛	Man Tao	8－1	183
马名海	Ma Minghai	5－1	463	毛鹤年	Mao Henian	8－1	184
马秋官	Ma Qiuguan	9－1	490	毛履康	Mao Lvkang	9－1	498
马善宝	Ma Shanbao	5－1	464	毛升三	Mao Shengsan	5－1	469
马绍棠	Ma Shaotang	8－1	178	毛守白	Mao Shoubai	8－1	185

姓　名	姓名全拼	表	序号	姓　名	姓名全拼	表	序号
宁榥	Ning Huang	8 – 1	187	潘世甯	Pan Shining	5 – 1	496
牛惠霖	Niu Huilin	5 – 1	488	潘菽	Pan Shu	5 – 1	497
牛惠生	Niu Huisheng	5 – 1	489	潘斯炽	Pan Sichi	4 – 1	140
牛尚周	Niu Shangzhou	4 – 1	136	潘文炳	Pan Wenbing	5 – 1	498
区嘉炜	Ou Jiawei	7 – 1	309	潘文焕	Pan Wenhuan	5 – 1	499
区鲤腾	Ou Liteng	9 – 1	518	潘文渊	Pan Wenyuan	8 – 1	192
区其伟	Ou Qiwei	5 – 1	490	潘孝硕	Pan Xiaoshuo	9 – 1	526
欧天垣	Ou Tianyuan	9 – 1	519	潘应昌	Pan Yingchang	9 – 1	527
区锡龄	Ou Xiling	9 – 1	520	潘钟文	Pan Zhongwen	5 – 1	500
欧阳诚	Ouyang Cheng	9 – 1	521	潘钟祥	Pan Zhongxiang	8 – 1	193
欧阳赓	Ouyang Geng	4 – 1	137	潘仲鱼	Pan Zhongyu	9 – 1	528
潘承恭	Pan Chenggong	8 – 1	188	裴保义	Pei Baoyi	9 – 1	529
潘承圻	Pan Chenqi	5 – 1	491	裴冠西	Pei Guanxi	5 – 1	501
潘承孝	Pan Chengxiao	4 – 1	138	裴鉴	Pei Jian	7 – 1	310
潘迪民	Pan Dimin	9 – 1	522	裴明龙	Pei Minglong	9 – 1	530
潘福莹	Pan Fuying	9 – 1	523	裴庆邦	Pei Qingbang	5 – 1	502
潘光旦	Pan Guangdan	5 – 1	492	裴文中	Pei Wenzhong	7 – 1	311
潘国定	Pan Guoding	8 – 1	189	彭秉璋	Peng Bingzhang	9 – 1	531
潘家吉	Pan Jiaji	9 – 1	524	彭成一	Peng Chengyi	9 – 1	532
潘家麟	Pan Jialin	8 – 1	190	彭光钦	Peng Guangqin	7 – 1	312
潘履洁	Pan Lvjie	5 – 1	493	彭弘	Peng Hong	9 – 1	533
潘铭钟	Pan Mingzhong	4 – 1	139	彭桓武	Peng Huanwu	9 – 1	534
潘尚贞	Pan Shangzhen	8 – 1	191	彭家元	Peng Jiayuan	5 – 1	503
潘善闻	Pan Shanwen	5 – 1	494	彭俊甫	Peng Junpu	9 – 1	535
潘世宬	Pan Shicheng	9 – 1	525	彭开熙	Peng Kaixi	5 – 1	504
潘士华	Pan Shihua	5 – 1	495	彭克明	Peng Keming	9 – 1	536

姓 名	姓名全拼	表	序号	姓 名	姓名全拼	表	序号
彭龙伯	Peng Longbo	7－1	313	钱 悳	Qian De	8－1	196
彭 谦	Peng Qian	7－1	314	钱冬生	Qian Dongsheng	9－1	550
彭勤之	Peng Qinzhi	9－1	537	钱凤章	Qian Fengzhang	7－1	318
彭少逸	Peng Shaoyi	9－1	538	钱惠华	Qian Huihua	8－1	197
彭寿邦	Peng Shoubang	9－1	539	钱 极	Qian Ji	9－1	551
彭文和	Peng Wenhe	9－1	540	钱家麒	Qian Jiaqi	8－1	198
彭泽民	Peng Zemin	9－1	541	钱景渊	Qian Jingyuan	9－1	552
彭宗灏	Peng Zonghao	9－1	542	钱令希	Qian Lingxi	8－1	199
浦洁修	Pu Jiexiu	7－1	315	钱临照	Qian Linzhao	7－1	319
蒲蛰龙	Pu Zhelong	9－1	543	钱念曾	Qian Nianzeng	9－1	553
齐长庆	Qi Changqing	5－1	505	钱人元	Qian Renyuan	9－1	554
戚殿萱	Qi Dianxuan	9－1	544	钱三强	Qian Sanqiang	9－1	555
祁开智	Qi Kaizhi	7－1	316	钱思亮	Qian Siliang	7－1	320
齐世基	Qi Shiji	9－1	545	钱天鹤	Qian Tianhe	5－1	511
齐守愚	Qi Shouyu	5－1	506	钱伟长	Qian Weichang	9－1	556
齐学启	Qi Xueqi	7－1	317	钱宪伦	Qian Xianlun	9－1	557
祁延煦	Qi Yanxu	9－1	546	钱学渠	Qian Xueju	8－1	200
齐 熨	Qi Yun	8－1	194	钱 雍	Qian Yong	9－1	558
齐镇垣	Qi Zhenyuan	9－1	547	钱钟韩	Qian Zhonghan	7－1	321
齐尊周	Qi Zunzhou	9－1	548	钱钟毅	Qian Zhongyi	9－1	559
钱宝琮	Qian Baocong	5－1	507	钱子超	Qian Zichao	5－1	512
钱保功	Qian Baogong	9－1	549	钱宗堡	Qian Zongbao	5－1	513
钱宝钧	Qian Baojun	8－1	195	乔启明	Qiao Qiming	7－1	322
钱昌祚	Qian Changzuo	5－1	508	乔义生	Qiao Yisheng	4－1	141
钱 潮	Qian Chao	5－1	509	秦 汾	Qin Fen	4－1	142
钱崇澍	Qian Congshou	5－1	510	秦光煜	Qin Guangyu	8－1	201

姓　名	姓名全拼	表	序号	姓　名	姓名全拼	表	序号
秦含章	Qin Hanzhang	7－1	323	邱祥聘	Qiu Xiangpin	9－1	567
秦礼让	Qin Lirang	9－1	560	裘燮钧	Qiu Xiejun	5－1	523
秦明博	Qin Mingbo	5－1	514	邱易昌	Qiu Yichang	9－1	568
秦仁昌	Qin Renchang	7－1	324	丘玉池	Qiu Yuchi	8－1	204
秦文蔼	Qin Wenai	5－1	515	邱志范	Qiu Zhifan	4－1	145
秦馨菱	Qin Xinling	9－1	561	邱宗岳	Qiu Zongyue	5－1	524
覃修典	Qin Xiudian	7－1	325	裘祖源	Qiu Zuyuan	8－1	205
秦元勋	Qin Yuanxun	9－1	562	瞿福亨	Qu Fuheng	9－1	569
秦振庭	Qin Zhenting	8－1	202	屈天祥	Qu Tianxiang	9－1	570
秦作梁	Qin Zuoliang	7－1	326	曲泽洲	Qu Zezhou	8－1	206
庆承道	Qing Chengdao	7－1	327	曲仲湘	Qu Zhongxiang	9－1	571
清格尔泰	Qing Geertai	8－1	203	全绍清	Quan Shaoqing	5－1	525
裘昌运	Qiu Changyun	5－1	516	饶钦止	Rao Qinzhi	7－1	329
裘法祖	Qiu Fazu	9－1	563	饶毓泰	Rao Yutai	5－1	526
裘国安	Qiu Guoan	4－1	143	任葆良	Ren Baoliang	9－1	572
丘景云	Qiu Jingyun	9－1	564	任超北	Ren Chaobei	9－1	573
丘侃	Qiu Kan	9－1	565	任承统	Ren Chengtong	9－1	574
邱陵	Qiu Ling	5－1	517	任鸿隽	Ren Hongjun	4－1	146
裘名与	Qiu Mingyu	5－1	518	任朗	Ren Lang	9－1	575
丘念台	Qiu Niantai	5－1	519	任理卿	Ren Liqing	5－1	527
邱培涵	Qiu Peihan	5－1	520	任美锷	Ren Meie	8－1	207
邱绍尹	Qiu Shaoyin	4－1	144	任明道	Ren Mingdao	7－1	330
邱叔航	Qiu Shuhang	7－1	328	任尚武	Ren Shangwu	5－1	528
裘维蕃	Qiu Weifan	9－1	566	任新民	Ren Xinmin	9－1	576
裘维莹	Qiu Weiying	5－1	521	任照	Ren Zhao	4－1	147
裘维裕	Qiu Weiyu	5－1	522	任振修	Ren Zhenxiu	9－1	577

姓 名	姓名全拼	表	序号	姓 名	姓名全拼	表	序号
任之恭	Ren Zhigong	7－1	331	单粹民	Shan Cuimin	7－1	341
任中方	Ren Zhongfang	8－1	208	单人骅	Shan Renhua	9－1	583
荣独山	Rong Dushan	7－1	332	单宗肃	shan zongsu	9－1	584
荣 科	Rong Ke	9－1	578	商德全	Shang Dequan	4－1	152
容启东	Rong Qidong	8－1	209	尚德延	Shang Deyan	9－1	585
容启东	Rong Qidong	7－1	333	邵德辉	Shao Dehui	7－1	342
容启容	Rong Qirong	7－1	334	邵德彝	Shao Deyi	7－1	343
容启雄	Rong Qixiong	5－1	529	邵家麟	Shao Jialin	5－1	534
容启兆	Rong Qizhao	5－1	530	邵济华	Shao Jihua	8－1	210
容尚谦	Rong Shangqian	4－1	148	邵 均	Shao Jun	5－1	535
容耀垣	Rong Yaoyuan	4－1	149	邵瑞珍	Shao Ruizhen	9－1	586
容永乐	Rong Yongle	9－1	579	邵象华	Shao Xianghua	7－1	344
阮宝江	Ruan Baojiang	5－1	531	邵象伊	Shao Xiangyi	7－1	345
阮镜清	Ruan Jingqing	7－1	335	佘韫珠	She Yunzhu	7－1	346
阮维周	Ruan Weizhou	9－1	580	沈 艾	Shen Ai	5－1	536
阮兴仁	Ruan Xingren	9－1	581	申葆和	Shen Baohe	7－1	347
阮谊谨	Ruan Yijin	7－1	336	沈彬贞	Shen Binzhen	5－1	537
萨本栋	Sa Bendong	5－1	532	沈彬康	Shen Binkang	9－1	587
萨本铁	Sa Bentie	5－1	533	沈 昌	Shen Chang	5－1	538
萨本炘	Sa Benxin	7－1	337	沈崇昭	Shen Chongzhao	9－1	588
萨本远	Sa Benyuan	7－1	338	沈慈辉	Shen Cihui	5－1	539
萨福均	Sa Fujun	4－1	150	沈从龙	Shen Conglong	9－1	589
萨镇冰	Sa Zhenbing	4－1	151	沈尔康	Shen Erkang	9－1	590
沙玉清	Sha Yuqing	7－1	339	沈 浩	Shen Gao	5－1	540
沙玉彦	Sha Yuyan	7－1	340	沈 功	Shen Gong	9－1	591
单炳庆	Shan Bingqing	9－1	582	沈光芯	Shen Guangbi	5－1	541

姓　名	姓名全拼	表	序号	姓　名	姓名全拼	表	序号
沈汉祥	Shen Hanxiang	9－1	592	沈寿堃	Shen Shoukun	4－1	155
沈华生	Shen Huasheng	9－1	593	沈溯明	Shen Shuoming	5－1	549
沈嘉瑞	Shen Jiarui	7－1	348	沈　同	Shen Tong	8－1	216
沈家树	Shen Jiashu	4－1	153	沈锡琳	Shen Xilin	7－1	353
沈家锡	Shen Jiaxi	7－1	349	沈　鑫	Shen Xin	9－1	599
沈家祥	Shen Jiaxiang	9－1	594	沈熊庆	Shen Xiongqing	5－1	550
沈家桢	Shen Jiazhen	8－1	211	沈学年	Shen Xuenian	7－1	354
沈济川	Shen Jichuan	8－1	212	沈　怡	Shen Yi	5－1	551
沈觐鼎	Shen Jinding	5－1	542	沈右铭	Shen Youming	9－1	600
沈　隽	Shen Jun	8－1	213	沈有乾	Shen Youqian	5－1	552
沈隽淇	Shen Junqi	5－1	543	沈　元	Shen Yuan	9－1	601
沈克敦	Shen Kedun	7－1	350	沈元鼎	Shen Yuanding	5－1	553
沈克非	Shen Kefei	5－1	544	沈岳瑞	Shen Yuerui	9－1	602
沈克勤	Shen Keqin	9－1	595	沈在阶	Shen Zaijie	9－1	603
沈良骅	Shen Lianghua	5－1	545	沈增筠	Shen Zengjun	5－1	554
沈　珑	Shen Long	9－1	596	沈昭文	Shen Zhaowen	9－1	604
沈　履	Shen Lv	5－1	546	沈肇熙	Shen Zhaoxi	9－1	605
沈乃璋	Shen Naizhang	8－1	214	沈镇南	Shen Zhennan	5－1	555
沈培民	Shen Peimin	5－1	547	沈宗瀚	Shen Zonghan	5－1	556
沈鹏飞	Shen Pengfei	5－1	548	申宗圻	Shen Zongqi	9－1	606
沈庆核	Shen Qinghe	9－1	597	沈奏廷	Shen Zouting	7－1	355
沈其益	Shen Qiyi	8－1	215	沈祖伟	Shen Zuwei	5－1	557
沈其震	Shen Qizheng	7－1	351	沈祖馨	Shen Zuxin	9－1	607
沈尚贤	Shen Shangxian	7－1	352	盛　成	Sheng Cheng	7－1	356
沈申甫	Shen Shenpu	9－1	598	盛诚桂	Sheng Chenggui	9－1	608
沈寿昌	Shen Shouchang	4－1	154	盛树棋	Sheng Shuqi	9－1	609

续附表 2

姓 名	姓名全拼	表	序号	姓 名	姓名全拼	表	序号
盛彤笙	Sheng Tongsheng	8 – 1	217	史廷庆	Shi Tingqing	7 – 1	364
盛文扬	Sheng Wenyang	4 – 1	156	施祥林	Shi Xianglin	8 – 1	220
盛泽閵	Sheng Zenkai	9 – 1	610	施锡恩	Shi Xien	7 – 1	365
施伯安	Shi Boan	5 – 1	558	史 宣	Shi Xuan	5 – 1	563
施成熙	Shi Chengxi	8 – 1	218	施 鎏	Shi Ying	5 – 1	564
史存直	Shi Cunzhi	7 – 1	357	石 瑛	Shi Ying	4 – 1	159
石道济	Shi Daoji	9 – 1	611	石毓澍	Shi Yushu	8 – 1	221
石凤翔	Shi Fengxiang	5 – 1	559	施赞元	Shi Zanyuan	5 – 1	565
石华玉	Shi Huayu	9 – 1	612	时昭涵	Shi Zhaohan	5 – 1	566
施嘉干	Shi Jiagan	5 – 1	560	时昭泽	Shi Zhaoze	5 – 1	567
施家架	Shi Jiaju	9 – 1	613	师 哲	Shi Zhe	8 – 1	222
施家炀	Shi Jiayang	7 – 1	358	石志泉	Shi Zhiquan	4 – 1	160
施嘉炀	Shi Jiayang	5 – 1	561	石志仁	Shi Zhiren	5 – 1	568
施家钟	Shi Jiazhong	7 – 1	358	史仲仪	Shi Zhongyi	9 – 1	618
时 钧	Shi Jun	8 – 1	219	寿 标	Shou Biao	7 – 1	366
石开琳	Shi Kailin	9 – 1	614	寿颂万	Shou Songwan	5 – 1	569
史麟图	Shi Lintu	9 – 1	615	寿 乐	Shou Yue	7 – 1	367
石美玉	Shi Meiyu	4 – 1	157	寿振黄	Shou Zhenhuang	5 – 1	570
施 青	Shi Qing	5 – 1	562	舒传贤	Shu Chuanxian	5 – 1	571
石青阳	Shi Qingyang	4 – 1	158	舒光冀	Shu Guangji	9 – 1	619
史瑞和	Shi Ruihe	9 – 1	616	舒 鸿	Shu Hong	5 – 1	572
史汝楫	Shi Ruji	9 – 1	617	舒叔培	Shu Shupei	7 – 1	368
施汝为	Shi Ruwei	7 – 1	360	束星北	Shu Xingbei	7 – 1	369
石声汉	Shi Shenghan	7 – 1	361	税西恒	Shui Xiheng	5 – 1	573
施士元	Shi Shiyuan	7 – 1	362	斯颂声	Si Songsheng	9 – 1	620
史书翰	Shi Shuhan	7 – 1	363	司徒亮	Si Tuliang	8 – 1	223

续附表2

姓 名	姓名全拼	表	序号	姓 名	姓名全拼	表	序号
司徒展	Si Tuzhan	8－1	224	苏延宾	Su Yanbin	9－1	631
斯行健	Si Xingjian	7－1	370	苏元复	Su Yuanfu	8－1	228
宋霭龄	Song Ailing	4－1	161	苏子衡	Su Ziheng	8－1	229
宋宝尊	Song Baozun	9－1	621	粟宗华	Su Zonghua	8－1	230
宋达泉	Song Daquan	9－1	622	粟宗嵩	Su Zongsong	8－1	231
宋国瑞	Song Guorui	9－1	623	苏祖斐	Su Zufei	9－1	632
宋国祥	Song Guoxiang	5－1	574	隋经义	Sui Jingyi	9－1	633
宋棍	Song Huang	8－1	225	孙本忠	Sun Benzhong	5－1	579
宋建勋	Song Jianxun	5－1	575	孙承谔	Sun Chenge	7－1	374
宋镜瀛	Song Jingying	9－1	624	孙承谟	Sun Chengmo	5－1	580
宋儒耀	Song Ruyao	9－1	625	孙德和	Sun Dehe	8－1	232
宋文翙	Song Wenxiang	4－1	162	孙多营	Sun Duoying	5－1	581
宋孝磻	Song Xiaofan	9－1	626	孙多钰	Sun Duoyu	4－1	164
宋希尚	Song Xishang	5－1	576	孙恩麐	Sun Enlin	5－1	582
苏伯冽	Su Bolie	9－1	627	孙芳垂	Sun Fangchui	9－1	634
苏步青	Su Buqing	7－1	371	孙广明	Sun Guangming	4－1	165
苏德隆	Su Delong	8－1	226	孙观汉	Sun Guanhan	8－1	233
苏钝	Su Dun	9－1	628	孙国华	Sun Guohua	5－1	583
苏国桢	Su Guozhen	7－1	372	孙洪芬	Sun Hongfen	5－1	584
苏乐真	Su Lezhen	5－1	577	孙鸿泉	Sun Hongquan	9－1	635
苏锐钊	Su Ruizhao	4－1	163	孙建初	Sun Jianchu	8－1	234
苏尚本	Su Shangben	9－1	629	孙家声	Sun Jiasheng	5－1	585
苏体仁	Su Tiren	5－1	578	孙家玺	Sun Jiaxi	5－1	586
苏维霖	Su Weilin	8－1	227	孙继丁	Sun Jiding	5－1	587
苏先劼	Su Xianjie	9－1	630	孙君立	Sun Junli	8－1	235
苏熊瑞	Su Xiongrui	7－1	373	孙克基	Sun Keji	5－1	588

姓　名	姓名全拼	表	序号	姓　名	姓名全拼	表	序号
孙令衔	Sun Lingxian	7 – 1	375	孙珍宝	Sun Zhenbao	9 – 1	646
孙立人	Sun Liren	5 – 1	589	孙振东	Sun Zhendong	9 – 1	647
孙聘三	Sun Pinsan	9 – 1	636	孙浙生	Sun Zhesheng	9 – 1	648
孙清波	Sun Qingbo	5 – 1	590	孙忠亮	Sun Zhongliang	9 – 1	649
孙企孙	Sun Qisun	5 – 1	591	孙中山	Sun Zhongshan	4 – 1	166
孙　渠	Sun Qu	9 – 1	637	孙竹生	Sun Zhusheng	9 – 1	650
孙瑞珩	Sun Ruiheng	8 – 1	236	孙自全	Sun Ziquan	9 – 1	651
孙绍先	Sun Shaoxian	9 – 1	638	孙宗尧	Sun Zongyao	5 – 1	599
孙时中	Sun Shizhong	9 – 1	639	谭保泰	Tan Baotai	7 – 1	380
孙守全	Sun Shouquan	9 – 1	640	谭炳勋	Tan Bingxun	7 – 1	381
孙　鐟	Sun Tang	5 – 1	592	谭伯羽	Tan Boyu	5 – 1	600
孙廷中	Sun Tingzhong	5 – 1	593	谭防夏	Tan Fangxia	9 – 1	652
孙醒东	Sun Xingdong	7 – 1	376	谭　根	Tan Gen	5 – 1	601
孙学悟	Sun Xuewu	5 – 1	594	谈家桢	Tan Jiazhen	7 – 1	382
孙训方	Sun Xunfang	9 – 1	641	谭庆麟	Tan Qinglin	9 – 1	653
孙耀翔	Sun Yaoxiang	5 – 1	595	谭世藩	Tan Shifan	5 – 1	602
孙永澄	Sun Yongcheng	9 – 1	642	谭树升	Tan Shusheng	9 – 1	654
孙源裕	Sun Yuanyu	9 – 1	643	谭颂瀛	Tan Songying	5 – 1	603
孙越崎	Sun Yueqi	7 – 1	377	谭遂淮	Tan Suihuai	5 – 1	604
孙云蔚	Sun Yunwei	7 – 1	378	谈锡畴	Tan Xichou	5 – 1	605
孙云霄	Sun Yunxiao	5 – 1	596	谭锡畴	Tan Xichou	5 – 1	606
孙云雁	Sun Yunyan	9 – 1	644	谭荫清	Tan Yinqing	7 – 1	383
孙云铸	Sun Yunzhu	5 – 1	597	谭　真	Tan Zhen	5 – 1	607
孙增爵	Sun Zengjue	7 – 1	379	谭振声	Tan Zhensheng	9 – 1	655
孙增庆	Sun Zengqing	5 – 1	598	唐炳源	Tang Bingyuan	5 – 1	608
孙增在	Sun Zengzai	9 – 1	645	汤承佑	Tang Chengyou	5 – 1	609

续附表 2

姓 名	姓名全拼	表	序号	姓 名	姓名全拼	表	序号
汤德全	Tang Dequan	9－1	656	汤武傑	Tang Wujie	5－1	616
唐铎	Tang Duo	5－1	610	汤湘雨	Tang Xiangyu	7－1	389
汤尔和	Tang Erhe	4－1	167	唐仰虞	Tang Yangyu	5－1	617
汤飞凡	Tang Feifan	7－1	384	唐燿	Tang Yao	8－1	241
唐凤图	Tang Fengtu	7－1	385	汤逸人	Tang Yiren	8－1	242
唐官赏	Tang Guanshang	5－1	611	汤永谦	Tang Yongqian	9－1	665
唐国安	Tang Guoan	4－1	168	唐元湛	Tang Yuanzhan	4－1	169
汤国权	Tang Guoquan	9－1	657	唐钺	Tang Yue	5－1	618
汤惠荪	Tang Huisun	5－1	612	唐悦良	Tang Yueliang	5－1	619
唐江清	Tang Jiangqing	8－1	237	汤玉玮	Tang Yuwei	9－1	666
唐嘉衣	Tang Jiayi	9－1	658	汤兆裕	Tang Zhaoyu	9－1	667
唐嘉装	Tang Jiazhuang	5－1	613	唐振绪	Tang Zhenqian	8－1	243
唐季友	Tang Jiyou	9－1	659	唐致尧	Tang Zhiyao	4－1	170
汤爵芝	Tang Juezhi	5－1	614	唐仲璋	Tang Zhongzhang	9－1	668
唐君铂	Tang Junbo	8－1	238	汤子珍	Tang Zizhen	5－1	620
唐茂松	Tang Maosong	9－1	660	陶葆楷	Tao Baokai	7－1	390
汤明奇	Tang Mingqi	9－1	661	陶鼎来	Tao Dinglai	9－1	669
汤佩勤	Tang Peiqin	9－1	662	陶亨咸	Tao Hengxian	9－1	670
汤佩松	Tang Peisong	7－1	386	陶亨豫	Tao Hengyu	9－1	671
唐庆千	Tang Qingqian	9－1	663	陶晶孙	Tao Jingsun	7－1	391
唐荣祚	Tang Rongzuo	5－1	615	陶克原	Tao Keyuan	9－1	672
汤瑞钧	Tang Ruijun	8－1	239	陶令桓	Tao Linghuan	9－1	673
唐世凤	Tang Shifeng	8－1	240	陶寿淇	Tao Shouqi	9－1	674
汤腾汉	Tang Tenghan	7－1	387	陶廷赓	Tao Tinggeng	4－1	171
唐统一	Tang Tongyi	9－1	664	陶桐	Tao Tong	7－1	392
汤文通	Tang Wentong	7－1	388	陶行知	Tao Xingzhi	5－1	621

姓　名	姓名全拼	表	序号	姓　名	姓名全拼	表	序号
陶源长	Tao Yuanchang	7－1	393	万鹤群	Wan Hequn	9－1	683
陶云逵	Tao Yunkui	7－1	394	万　听	Wan Ting	5－1	627
陶玉田	Tao Yutian	9－1	675	万文仙	Wan Wenxian	9－1	684
陶正耀	Tao Zhengyao	9－1	676	万文煜	Wan Wenyu	9－1	685
田长模	Tian Changmo	9－1	677	万新先	Wan Xinxian	9－1	686
田民朋	Tian Minpeng	9－1	678	万毓琦	Wan Yuqi	9－1	687
田万傑	Tian Wanjie	9－1	679	王　安	Wang An	9－1	688
铁　明	Tie Ming	5－1	622	王白雷	Wang Bailei	5－1	628
童　村	Tong Cun	8－1	244	王保华	Wang Baohua	9－1	689
童大埙	Tong Daxun	7－1	395	王宝基	Wang Baoji	9－1	690
童第周	Tong Dizhou	7－1	396	王葆仁	Wang Baoren	7－1	403
童光熙	Tong Guangxu	8－1	245	王　弼	Wang Bi	8－1	247
童　寯	Tong Jun	7－1	397	王炳南	Wang Bingnan	7－1	404
童润夫	Tong Runfu	5－1	623	王补宣	Wang Buxuan	9－1	691
童宪章	Tong Xianzhang	9－1	680	王昌邦	Wang Changbang	9－1	692
童玉民	Tong Yumin	7－1	398	王长龄	Wang Changling	5－1	629
涂长望	Tu Changwang	7－1	399	王长平	Wang Changping	5－1	630
屠大奉	Tu Dafeng	9－1	681	王成椿	Wang Chengchun	9－1	693
涂家庆	Tu Jiaqing	7－1	400	王成志	Wang Chengzhi	5－1	631
屠　楷	Tu Kai	9－1	682	王宠佑	Wang Chongyou	4－1	172
屠开元	Tu KaiYuan	7－1	401	王崇植	Wang Chongzhi	5－1	632
屠坤华	Tu Kunhua	5－1	624	王萃彬	Wang Cuibin	7－1	405
涂绍宇	Tu Shaoyu	5－1	625	王大珩	Wang Daheng	9－1	694
屠守锷	Tu Shoue	8－1	246	汪德成	Wang Decheng	9－1	695
涂羽卿	Tu Yuqing	5－1	626	王德荣	Wang Derong	8－1	248
涂　治	Tu Zhi	7－1	402	汪德熙	Wang Dexi	9－1	696

姓　名	姓名全拼	表	序号	姓　名	姓名全拼	表	序号
王德郅	Wang Dezhi	5 - 1	633	王国松	Wang Guosong	7 - 1	413
王　柢	Wang Di	9 - 1	697	王国维	Wang Guowei	4 - 1	175
汪殿华	Wang Dianhua	8 - 1	249	汪国净	Wang Guozheng	7 - 1	414
汪奠基	Wang Dianji	5 - 1	634	王国周	Wang Guozhou	9 - 1	702
王　栋	Wang Dong	8 - 1	250	汪固与	Wang Guyu	7 - 1	415
王凤嚄	Wang Fengjie	7 - 1	406	王　浩	Wang Hao	9 - 1	703
王奉瑞	Wang Fengrui	5 - 1	635	王恒升	Wang Hengsheng	7 - 1	416
王福昌	Wang Fuchang	4 - 1	173	王恒守	Wang Hengshou	7 - 1	417
王福春	Wang Fuchun	7 - 1	407	王鹤年	Wang Henian	9 - 1	704
汪孚礼	Wang Fuli	5 - 1	636	王鹤亭	Wang Heting	8 - 1	253
王富农	Wang Funong	9 - 1	698	王宏基	Wang Hongji	7 - 1	418
王伏雄	Wang Fuxiong	9 - 1	699	王鸿祯	Wang Hongzhen	9 - 1	705
王抚洲	Wang Fuzhou	5 - 1	637	王鸿卓	Wang Hongzhuo	5 - 1	641
王淦昌	Wang Ganchang	7 - 1	408	王焕如	Wang Huanru	9 - 1	706
王干治	Wang Ganzhi	7 - 1	409	王回澜	Wang Huilan	4 - 1	176
王　赓	Wang Geng	5 - 1	638	汪汇章	Wang Huizhang	5 - 1	642
王恭琛	Wang Gongchen	8 - 1	251	汪胡桢	Wang Huzheng	5 - 1	643
王公衡	Wang Gongheng	8 - 1	252	汪家鼎	Wang Jiading	9 - 1	707
王　洸	Wang Guang	7 - 1	410	汪家耕	Wang Jiageng	9 - 1	708
王广森	Wang Guangsen	9 - 1	700	王家楫	Wang Jiaji	7 - 1	419
王冠英	Wang Guanying	7 - 1	411	王　健	Wang Jian	5 - 1	644
王桂芳	Wang Guifang	4 - 1	174	王鉴明	Wang Jianming	9 - 1	709
王桂芬	Wang Guifeng	7 - 1	412	王节尧	Wang Jieyao	5 - 1	645
王贵循	Wang Guixun	5 - 1	639	王　雏	Wang Jin	5 - 1	646
王国钧	Wang Guojun	9 - 1	701	王金发	Wang Jinfa	4 - 1	177
王国树	Wang Guoshu	5 - 1	640	王景春	Wang Jingchun	4 - 1	178

姓 名	姓名全拼	表	序号	姓 名	姓名全拼	表	序号
汪敬熙	Wang Jingxi	5 – 1	647	王平一	Wang Pingyi	9 – 1	718
王景贤	Wang Jingxian	5 – 1	648	王丕业	Wang Piye	9 – 1	719
王季同	Wang Jitong	4 – 1	179	王 普	Wang Pu	8 – 1	258
王季午	Wang Jiwu	8 – 1	254	王 麒	Wang Qi	4 – 1	182
王俱侗	Wang Judong	7 – 1	420	王巧璋	Wang Qiaozhang	9 – 1	720
汪厥明	Wang Jueming	5 – 1	649	王庆瑞	Wang Qingrui	4 – 1	183
王俊奎	Wang Junkui	9 – 1	710	王庆延	Wang Qingyan	8 – 1	259
汪菊潜	Wang Juqian	7 – 1	421	王耆亚	Wang Qiya	5 – 1	655
王 恺	Wang Kai	9 – 1	711	王铨茂	Wang Quanmao	9 – 1	721
王克勤	Wang Keqin	9 – 1	712	王仁东	Wang Rendong	9 – 1	722
汪堃仁	Wang Kunren	9 – 1	713	王仁辅	Wang Renfu	5 – 1	656
王 良	Wang Liang	5 – 1	650	王荣瑸	Wang Rongbin	7 – 1	423
王 量	Wang Liang	9 – 1	714	王荣吉	Wang Rongji	5 – 1	657
王良登	Wang Liangdeng	4 – 1	180	王若僖	Wang Ruoxi	7 – 1	424
王良楣	Wang Liangmei	9 – 1	715	王善佺	Wang Shanquan	5 – 1	658
王 烈	Wang Lie	5 – 1	651	王善政	Wang Shanzheng	9 – 1	723
汪 浏	Wang Liu	5 – 1	652	王绍礽	Wang Shaoreng	5 – 1	659
汪懋祉	Wang Maozhi	4 – 1	181	王绍亭	Wang Shaoting	8 – 1	260
汪美先	Wang Meixian	8 – 1	255	汪绍训	Wang Shaoxun	8 – 1	261
王鸣岐	Wang Mingqi	7 – 1	422	王绍瀛	Wang Shaoying	5 – 1	660
王 谟	Wang Mo	5 – 1	653	王绳善	Wang Shengshan	5 – 1	661
王漠昱	Wang Moyu	8 – 1	256	王绳祖	Wang Shengzu	7 – 1	425
汪攀桂	Wang Pangui	5 – 1	654	王慎名	Wang Shenming	7 – 1	426
王培生	Wang Peisheng	9 – 1	716	王士杰	Wang Shijie	5 – 1	662
王丕建	Wang Pijian	9 – 1	717	王世圻	Wang Shiqi	5 – 1	663
王平洋	Wang Pingyang	8 – 1	257	王世锐	Wang Shirui	8 – 1	262

姓　名	姓名全拼	表	序号	姓　名	姓名全拼	表	序号
王世瑱	Wang Shitian	9－1	724	王　熙	Wang Xi	7－1	433
王世中	Wang Shizhong	8－1	263	王　湘	Wang Xiang	4－1	185
王士倬	Wang Shizhuo	7－1	427	王湘浩	Wang Xianghao	9－1	734
王　绶	Wang Shou	7－1	428	王湘清	Wang Xiangqing	9－1	735
王守竞	Wang Shoujing	7－1	429	王锡昌	Wang Xichang	5－1	670
王守融	Wang Shourong	9－1	725	汪禧成	Wang Xicheng	5－1	671
王叔铭	Wang Shuming	7－1	430	王锡藩	Wang Xifan	5－1	672
王树声	Wang Shusheng	9－1	726	王希季	Wang Xiji	9－1	736
王叔咸	Wang Shuxian	8－1	264	王　兴	Wang Xing	8－1	266
王淑贞	Wang Shuzhen	5－1	664	王星拱	Wang Xinggong	5－1	673
王树崿	Wang Shuzun	9－1	727	王馨逸	Wang Xinyi	5－1	674
王松海	Wang Songhai	5－1	665	王琇瑛	Wang Xiuying	7－1	434
王素贞	Wang Suzhen	5－1	666	王秀玉	Wang Xiuyu	5－1	675
汪泰基	Wang Taiji	5－1	667	汪　煦	Wang Xu	5－1	676
汪泰经	Wang Taijing	5－1	668	王　序	Wang Xu	8－1	267
王　倘	Wang Tang	7－1	431	王学廉	Wang Xuelian	4－1	186
王　涛	Wang Tao	7－1	432	王雪屏	Wang Xueping	7－1	435
王　桐	Wang Tong	4－1	184	王雪莹	Wang Xueying	8－1	268
王通全	Wang Tongquan	5－1	669	王序森	Wang Xusen	9－1	737
王万钧	Wang Wanjun	9－1	728	王虚中	Wang Xuzhong	9－1	738
王伟民	Wang Weimin	9－1	729	王雅文	Wang Yawen	9－1	739
王慰曾	Wang Weizeng	9－1	730	王业蕖	Wang Yequ	9－1	740
王文华	Wang Wenhua	9－1	731	王　懿	Wang Yi	8－1	269
王文翔	Wang Wenxiang	9－1	732	王伊复	Wang Yifu	9－1	741
王文修	Wang Wenxiu	8－1	265	王　颖	Wang Ying	5－1	677
王文铮	Wang Wenzheng	9－1	733	王应睐	Wang Yinglai	8－1	270

姓 名	姓名全拼	表	序号	姓 名	姓名全拼	表	序号
汪寅人	Wang Yinren	9－1	742	王泽农	Wang Zhenong	8－1	277
王一三	Wang Yisan	7－1	436	王枕心	Wang Zhenxin	5－1	683
王翊亭	Wang Yiting	9－1	743	王 植	Wang Zhi	8－1	278
王 镛	Wang Yong	9－1	744	王沚川	Wang Zhichuan	5－1	684
王用楫	Wang Yongji	9－1	745	王之翰	Wang Zhihan	5－1	685
王永泉	Wang Yongquan	4－1	187	王志稼	Wang Zhijia	5－1	686
汪 猷	Wang You	8－1	271	王之玺	Wang Zhixi	7－1	438
王 钰	Wang Yu	9－1	746	王志宜	Wang Zhiyi	7－1	439
王 预	Wang Yu	5－1	678	王之卓	Wang Zhizhuo	8－1	279
王元华	Wang Yuanhua	9－1	747	王仲侨	Wang Zhongqiao	7－1	440
王元均	Wang Yuanjun	9－1	748	王 助	Wang Zhu	5－1	687
王育斌	Wang Yubin	9－1	749	王 倬	Wang Zhuo	5－1	688
王 岳	Wang Yue	8－1	272	王竹泉	Wang Zhuquan	7－1	441
王毓瑚	Wang Yuhu	7－1	437	王竹亭	Wang Zhuting	7－1	442
王云章	Wang Yunzhang	8－1	273	王竹溪	Wang Zhuxi	8－1	280
王裕权	Wang Yuquan	9－1	750	王子仁	Wang Ziren	9－1	754
王裕震	Wang Yuzhen	5－1	679	王子宿	Wang Zisu	5－1	689
王兆俊	Wang Zhaojun	9－1	751	王宗澄	Wang Zongcheng	5－1	690
王兆麒	Wang Zhaoqi	5－1	680	王宗淦	Wang Zonggan	8－1	281
王兆振	Wang Zhaozhen	8－1	274	王遵明	Wang Zunming	8－1	282
王 箴	Wang Zhen	5－1	681	王 佐	Wang Zuo	8－1	283
汪振铎	Wang Zhengduo	9－1	752	韦 超	Wei Chao	7－1	443
王正黼	Wang Zhengfu	5－1	682	卫国垣	Wei Guoyuan	5－1	691
王正衎	Wang Zhengkan	9－1	753	魏 瀚	Wei Han	4－1	188
汪振儒	Wang Zhengru	8－1	275	魏火曜	Wei Huoyao	8－1	284
王正衍	Wang Zhengyan	8－1	276	魏景超	Wei Jingchao	7－1	444

姓　名	姓名全拼	表	序号	姓　名	姓名全拼	表	序号
魏喦寿	Wei Nieshou	5－1	692	翁琳榜	Weng Linbang	8－1	287
魏培修	Wei Peixiu	7－1	445	翁文波	Weng Wenbo	8－1	288
魏寿昆	Wei Shoukun	7－1	446	翁文灏	Weng Wenhao	5－1	697
魏文德	Wei Wende	9－1	755	翁心棡	Weng Xingang	9－1	761
魏　曦	Wei Xi	8－1	285	翁兴庆	Weng Xingqing	9－1	762
魏　遏	Wei Xian	4－1	189	吴百先	Wu Baixian	8－1	289
魏学仁	Wei Xueren	5－1	693	吴宝初	Wu Baochu	9－1	763
魏毓贤	Wei Yuxian	5－1	694	吴本涛	Wu Bentao	9－1	764
魏娱之	Wei Yuzhi	9－1	756	伍长庚	Wu Changgeng	7－1	453
魏振武	Wei Zhenwu	9－1	757	吴长芝	Wu Changzhi	9－1	765
温秉忠	Wen Bingzhong	4－1	190	吴　澂	Wu Cheng	7－1	454
温步颐	Wen Buyi	7－1	447	吴承洛	Wu Chengluo	5－1	698
文　斐	Wen Fei	4－1	191	吴持恭	Wu Chigong	9－1	766
温健公	Wen Jiangong	7－1	448	吴传钧	Wu Chuanjun	9－1	767
温联栋	Wen Liandong	7－1	449	吴大昌	Wu Dachang	5－1	699
文圣常	Wen Shengchang	9－1	758	吴大观	Wu Daguan	9－1	768
温寿泉	Wen Shouquan	4－1	192	武达铨	Wu Daquan	8－1	290
温嗣芳	Wen Sifang	7－1	450	吴大任	Wu Daren	7－1	455
闻亦传	Wen Yichuan	7－1	451	吴大炘	Wu Daxin	9－1	769
温应星	Wen Yingxing	4－1	193	吴大猷	Wu Dayou	7－1	456
闻亦齐	Wen Yiqi	7－1	452	吴德纯	Wu Dechun	9－1	770
文佑彦	Wen Youyan	9－1	759	吴德楞	Wu Deleng	8－1	291
文元模	Wen Yuanmo	8－1	286	吴德楣	Wu Demei	9－1	771
温毓庆	Wen Yuing	5－1	695	吴德明	Wu Deming	7－1	457
温祖荫	Wen Zuyin	5－1	696	吴德章	Wu Dezhang	4－1	194
翁恺明	Weng Kaiming	9－1	760	吴定良	Wu Dingliang	7－1	458

续附表 2

姓　名	姓名全拼	表	序号	姓　名	姓名全拼	表	序号
吴朔平	Wu Shuoping	9－1	786	吴蕴瑞	Wu Yunrui	5－1	721
吴叔奇	Wu Shuqi	9－1	787	吴韫珍	Wu Yunzhen	5－1	722
吴思远	Wu Siyuan	5－1	713	吴毓骧	Wu Yuxiang	5－1	723
吴素萱	Wu Suxuan	8－1	297	吴泽湘	Wu Zexiang	7－1	475
乌统昭	Wu Tongzhao	9－1	788	伍正诚	Wu Zhengcheng	8－1	301
吴威孙	Wu Weisun	9－1	789	吴征鑑	Wu Zhengjian	7－1	476
吴文彰	Wu Wenzhang	8－1	298	吴征铠	Wu Zhengkai	8－1	302
吴　厦	Wu Xia	9－1	790	伍正谊	Wu Zhengyi	9－1	795
吴　宪	Wu Xian	5－1	714	巫振英	Wu Zhenying	5－1	724
吴　襄	Wu Xiang	9－1	791	伍哲英	Wu Zheying	5－1	725
伍献文	Wu Xianwen	7－1	473	吴志超	Wu Zhichao	9－1	796
吴燮灿	Wu Xiecan	9－1	792	吴志华	Wu Zhihua	9－1	797
吴新炳	Wu Xinbing	5－1	715	吴治华	Wu Zhihua	9－1	798
吴兴业	Wu Xingye	5－1	716	伍智梅	Wu Zhimei	7－1	477
吴学铿	Wu Xuekeng	4－1	201	吴执中	Wu Zhizhong	7－1	478
吴学蔺	Wu Xuelin	8－1	299	伍　仲	Wu Zhong	7－1	479
吴学孝	Wu Xuexiao	5－1	717	吴钟岭	Wu Zhongling	9－1	799
吴学周	Wu Xuezhou	7－1	474	吴仲贤	Wu Zhongxian	8－1	303
吴仰曾	Wu Yangzeng	4－1	202	吴　卓	Wu Zhu	7－1	480
吴贻芳	Wu Yifang	5－1	718	吴宗杰	Wu Zongjie	5－1	726
吴英恺	Wu Yingkai	8－1	300	吴祖垲	Wu Zukai	9－1	800
吴应科	Wu Yingke	4－1	203	吴遵淮	Wu Zungui	5－1	727
吴有训	Wu Youxun	5－1	719	吴尊爵	Wu Zunjue	8－1	304
吴　钰	Wu Yu	9－1	793	席德炳	Xi Debing	5－1	728
吴月楼	Wu Yuelou	9－1	794	席德炯	Xi Dejiong	5－1	729
吴玉麟	Wu Yulin	5－1	720	奚锦岳	Xi Jinyue	9－1	801

姓　名	姓名全拼	表	序号	姓　名	姓名全拼	表	序号
谢之光	Xie Zhiguang	8 – 1	312	熊祖同	Xiong Zutong	5 – 1	753
谢志光	Xie Zhiguang	5 – 1	747	许宝騄	Xu Baolu	8 – 1	315
谢祚孔	Xie Zuokong	9 – 1	818	徐宝陞	Xu Baosheng	9 – 1	825
辛树帜	Xin Shuzhi	5 – 1	748	徐宝义	Xu Baoyi	7 – 1	500
辛文舒	Xin Wenshu	5 – 1	749	徐博文	Xu Bowen	9 – 1	826
辛一心	Xin Yixin	8 – 1	313	徐采栋	Xu Caidong	9 – 1	827
邢传禾	Xing Chuanhe	7 – 1	492	徐　墀	Xu Chi	5 – 1	754
邢傅芦	Xing Chuanlu	9 – 1	819	许德佑	Xu Deyou	7 – 1	501
邢开元	Xing Kaiyuan	7 – 1	493	许殿乙	Xu Dianyi	8 – 1	316
邢契莘	Xing Qishen	5 – 1	750	徐恩锡	Xu Enxi	9 – 1	828
邢其毅	Xing Qiyi	7 – 1	494	徐尔灏	Xu Erhao	9 – 1	829
熊秉信	Xiong Bingxin	9 – 1	820	徐丰彦	Xu Fengyan	7 – 1	502
熊大仁	Xiong Daren	7 – 1	495	许复七	Xu Fuqi	5 – 1	755
熊大仕	Xiong Dashi	7 – 1	496	徐　恭	Xu Gong	9 – 1	830
熊季光	Xiong Jiguang	7 – 1	497	徐功懋	Xu Gongmao	9 – 1	831
熊继贞	Xiong Jizhen	4 – 1	205	徐广墀	Xu Guangchi	5 – 1	756
熊克武	Xiong Kewu	4 – 1	206	徐鸿遇	Xu Hongyu	4 – 1	207
熊　琳	Xiong Lin	9 – 1	821	许　鑑	Xu Jian	7 – 1	503
熊鸾翥	Xiong Luanzhu	7 – 1	498	徐建寅	Xu Jianyin	4 – 1	208
熊庆来	Xiong Qinglai	5 – 1	751	许　杰	Xu Jie	7 – 1	504
熊汝成	Xiong Rucheng	9 – 1	822	徐介藩	Xu Jiefan	9 – 1	832
熊尚元	Xiong Shangyuan	8 – 1	314	徐绩锴	Xu Jikai	9 – 1	833
熊学谦	Xiong Xueqian	7 – 1	499	徐经方	Xu Jingfang	9 – 1	834
熊朝钰	Xiong Zhaoyu	9 – 1	823	徐景堂	Xu Jingtang	5 – 1	757
熊正瑾	Xiong Zhengjin	5 – 1	752	徐敬仪	Xu Jingyi	9 – 1	835
熊知行	Xiong Zhixing	9 – 1	824	徐敬之	Xu Jingzhi	8 – 1	317

续附表 2

姓 名	姓名全拼	表	序号	姓 名	姓名全拼	表	序号
许植方	Xu Zhifang	5－1	777	严秉淳	Yan Bingchun	9－1	859
徐芝纶	Xu Zhilun	7－1	512	严楚江	Yan Chujiang	7－1	515
徐志文	Xu Zhiwen	9－1	851	燕春台	Yan Chuntai	5－1	788
徐志艿	Xu Zhixiang	5－1	778	严当文	Yan Dangwen	9－1	860
徐之煊	Xu Zhixuan	4－1	212	严恩械	Yan Enyu	5－1	789
徐仲梅	Xu Zhongmei	9－1	852	严昉	Yan Fang	5－1	790
徐宗涑	Xu Zongsu	7－1	513	严复	Yan Fu	4－1	214
徐作和	Xu Zuohe	5－1	779	颜福庆	Yan Fuqing	4－1	215
徐祖耀	Xu Zuyao	9－1	853	颜焕申	Yan Huanshen	9－1	861
宣侠父	Xuan Xiafu	5－1	780	严蕙卿	Yan Huiqing	5－1	791
薛葆鼎	Xue Baoding	9－1	854	严家驷	Yan Jiazou	5－1	792
薛次华	Xue Cihua	5－1	781	严济慈	Yan Jici	5－1	793
薛芬	Xue Fen	8－1	326	严镜海	Yan Jinghai	9－1	862
薛光坼	Xue Guangqi	9－1	855	严恺	Yan Kai	8－1	328
薛桂轮	Xue Guilun	5－1	782	严开元	Yan Kaiyuan	5－1	794
薛绍青	Xue Shaoqing	5－1	783	阎磊	Yan Lei	9－1	863
薛绳祖	Xue Shengzu	5－1	784	严连生	Yan Liansheng	9－1	864
薛有福	Xue Youfu	4－1	213	严沛章	Yan Peizhang	8－1	329
薛愚	Xue Yu	7－1	514	严庆龄	Yan Qingling	7－1	516
薛兆旺	Xue Zhaowang	9－1	856	严钦尚	Yan Qinshang	9－1	865
薛仲三	Xue Zhongsan	8－1	327	颜任光	Yan Renguang	5－1	795
薛卓斌	Xue Zhuobin	5－1	785	严仁荫	Yan Renyin	7－1	517
薛祖康	Xue Zukang	5－1	786	严铁生	Yan Tiesheng	9－1	866
浚鸿勋	Xun Hongxun	5－1	787	颜维精	Yan Weijing	5－1	796
颜保民	Yan Baomin	9－1	857	严筱钧	Yan Xiaojun	9－1	867
阎宝陞	Yan Baosheng	9－1	858	阎振兴	Yan Zhenxing	8－1	330

姓　名	姓名全拼	表	序号	姓　名	姓名全拼	表	序号
严之卫	Yan Zhiwei	5－1	797	杨国亮	Yang Guoliang	9－1	876
严智钟	Yan Zhizhong	5－1	798	杨洪祖	Yang Hongzu	8－1	332
严　庄	Yan Zhuang	5－1	799	杨华一	Yang Huayi	4－1	219
严自强	Yan Ziqiang	9－1	868	杨　简	Yang Jian	9－1	877
杨邦杰	Yang Bangjie	5－1	800	杨简初	Yang Jianchu	5－1	809
杨葆昌	Yang Baochang	7－1	518	杨家瑜	Yang Jiayu	7－1	521
杨保康	Yang Baokang	5－1	801	杨济成	Yang Jicheng	4－1	220
杨葆康	Yang Baokang	5－1	802	杨　杰	Yang Jie	7－1	522
杨豹灵	Yang Baoling	4－1	216	杨　杰	Yang Jie	9－1	878
杨本升	Yang Bensheng	9－1	869	杨敬之	Yang Jingzhi	9－1	879
杨炳勋	Yang Bingxun	5－1	803	杨敬濬	Yang Jingjun	9－1	880
杨步伟	Yang Buwei	5－1	804	杨景泰	Yang Jingtai	8－1	333
杨昌龄	Yang Changling	4－1	217	杨金虎	Yang Jinhu	5－1	810
杨承训	Yang Chengxun	5－1	805	杨津基	Yang Jinji	8－1	334
杨成志	Yang Chengzhi	7－1	519	杨锦魁	Yang Jinkui	5－1	811
杨承祉	Yang Chengzhi	9－1	870	杨锦山	Yang Jinshan	9－1	881
杨崇瑞	Yang Chongrui	5－1	806	杨金章	Yang Jinzhang	9－1	882
杨达成	Yang Dacheng	9－1	871	杨济时	Yang Jishi	7－1	523
杨德功	Yang Degong	9－1	872	杨俊生	Yang Junsheng	5－1	812
杨德云	Yang Deyun	7－1	520	杨开渠	Yang Kaiqu	7－1	524
杨德增	Yang Dezeng	9－1	873	杨　恪	Yang Ke	7－1	525
杨恩孚	Yang Enfu	9－1	874	杨克成	Yang Kecheng	7－1	526
杨访渔	Yang Fangyu	9－1	875	杨克念	Yang Kenian	5－1	813
杨飞霞	Yang Feixia	4－1	218	杨宽麟	Yang Kuanlin	5－1	814
杨敷海	Yang Fuhai	5－1	807	杨廉臣	Yang Lianchen	4－1	221
杨光弼	Yang Guangbi	5－1	808	杨吕南	Yang Lvnan	5－1	815

姓　名	姓名全拼	表	序号	姓　名	姓名全拼	表	序号
杨铭鼎	Yang Mingding	7－1	527	杨文衡	Yang Wenheng	7－1	536
杨敏祺	Yang Minqi	7－1	528	杨武之	Yang Wuzhi	5－1	823
杨乃俊	Yang Naijun	7－1	529	杨显东	Yang Xiandong	7－1	537
杨佩金	Yang Peijin	5－1	816	杨湘平	Yang Xiangping	9－1	890
杨彭基	Yang Pengji	8－1	335	杨衔晋	Yang Xianjin	9－1	891
杨鹏云	Yang Pengyun	9－1	883	杨孝述	Yang Xiaoshu	5－1	824
杨平澜	Yang Pinglan	9－1	884	杨杏佛	Yang Xingfo	5－1	825
杨　钦	Yang Qin	8－1	336	杨兴业	Yang Xingye	9－1	892
杨勤策	Yang Qince	9－1	885	杨锡仁	Yang Xiren	5－1	826
杨庆龄	Yang Qingling	9－1	886	杨颐桂	Yang Yigui	5－1	827
杨　铨	Yang Quan	5－1	817	杨仙逸	Yang Xianyi	5－1	828
杨尚灼	Yang Shangzhuo	7－1	530	杨　栖	Yang You	8－1	331
杨绍曾	Yang Shaozeng	5－1	818	杨毓春	Yang Yuchun	9－1	893
杨莘耜	Yang Shensi	4－1	222	杨樾林	Yang Yuelin	5－1	829
杨十三	Yang Shisan	7－1	531	杨允奎	Yang Yunkui	7－1	538
杨石先	Yang Shixian	5－1	819	杨裕文	Yang Yuwen	9－1	894
杨述祖	Yang Shuzu	7－1	532	杨兆南	Yang Zhaonan	4－1	223
杨天一	Yang Tianyi	9－1	887	杨肇嫌	Yang Zhaoqian	5－1	830
杨铁云	Yang Tieyun	9－1	888	杨振鸿	Yang Zhenhong	4－1	224
杨廷宝	Yang Tingbao	5－1	820	杨钟健	Yang Zhongjian	5－1	831
杨　伟	Yang Wei	7－1	533	杨遵仪	Yang Zunyi	8－1	337
杨　蔚	Yang Wei	7－1	534	姚传法	Yao Chuanfa	5－1	832
杨惟义	Yang Weiyi	7－1	535	姚尔昌	Yao Erchang	5－1	833
杨卫玉	Yang Weiyu	5－1	821	姚归耕	Yao Guigeng	9－1	895
杨维桢	Yang Weizhen	5－1	822	姚恒修	Yao Hengxiu	9－1	896
杨文光	Yang Wenguang	9－1	889	姚　楷	Yao Kai	7－1	539

姓　名	姓名全拼	表	序号	姓　名	姓名全拼	表	序号
姚克方	Yao Kefang	7 - 1	540	叶企孙	Ye Qisun	5 - 1	841
姚履享	Yao Lvxiang	5 - 1	834	叶树滋	Ye Shuzi	8 - 1	342
姚松龄	Yao Songlin	5 - 1	835	叶天星	Ye Tianxing	8 - 1	343
姚文林	Yao Wenlin	5 - 1	836	叶秀峰	Ye Xiufeng	5 - 1	842
姚鑫	Yao Xin	9 - 1	897	叶玄	Ye Xuan	8 - 1	344
姚醒黄	Yao Xinghuang	5 - 1	837	叶雪安	Ye Xuean	7 - 1	544
姚永政	Yao Yongzheng	7 - 1	541	叶学晳	Ye Xuexi	9 - 1	907
叶殿铄	Ye Dianshuo	4 - 1	225	叶雅各	Ye Yage	5 - 1	843
叶福年	Ye Funian	9 - 1	898	叶仰山	Ye Yangshan	9 - 1	908
叶贡山	Ye Gongshan	5 - 1	838	叶衍庆	Ye Yanqing	7 - 1	545
叶恭绍	Ye Gongshao	9 - 1	899	叶永毅	Ye Yongyi	9 - 1	909
叶桂馨	Ye Guixin	8 - 1	338	叶畲藩	Ye Yufan	9 - 1	910
叶杭	Ye Hang	9 - 1	900	叶允恭	Ye Yungong	9 - 1	911
叶和才	Ye Hecai	8 - 1	339	叶玉良	Ye Yunian	5 - 1	844
叶汇	Ye Hui	8 - 1	340	叶在馥	Ye Zaifu	5 - 1	845
叶景萃	Ye Jingcui	5 - 1	839	叶渚沛	Ye Zhupei	7 - 1	546
叶楷	Ye Kai	9 - 1	901	叶自仪	Ye Ziyi	9 - 1	912
叶克恭	Ye Kegong	9 - 1	902	叶祖珪	Ye Zugui	4 - 1	226
叶孔韶	Ye kongshao	9 - 1	903	易鼎新	Yi Dingxin	5 - 1	846
叶葵南	Ye Kuinan	7 - 1	542	衣复得	Yi Fude	7 - 1	547
叶良弼	Ye Liangbi	8 - 1	341	易见龙	Yi Jianlong	8 - 1	345
叶良辅	Ye Liangfu	5 - 1	840	易维基	Yi Weiji	5 - 1	847
叶连俊	Ye Lianjun	9 - 1	904	殷宏章	Yin Hongzhang	8 - 1	346
叶明升	Ye Mingsheng	9 - 1	905	殷静强	Yin Jingqiang	9 - 1	913
叶培大	Ye Peida	9 - 1	906	殷良弼	Yin Liangbi	5 - 1	848
叶培忠	Ye Peizhong	7 - 1	543	尹良莹	Yin Liangying	7 - 1	548

续附表 2

姓　名	姓名全拼	表	序号	姓　名	姓名全拼	表	序号
殷希彭	Yin Xipeng	7 – 1	549	俞建章	Yu Jianzhang	7 – 1	556
殷源之	Yin Yuanzhi	5 – 1	849	余籍传	Yu Jichuan	5 – 1	856
尹玉琦	Yin Yuqi	8 – 1	347	虞景泰	Yu Jingtai	5 – 1	857
尹赞勋	Yin Zanxun	7 – 1	550	余兰园	Yu Lanyuan	5 – 1	858
尹　政	Yin Zheng	9 – 1	914	虞烈照	Yu Liezhao	9 – 1	923
应尚才	Ying Shangcai	5 – 1	850	俞履圻	Yu Lvqi	9 – 1	924
应尚能	Ying Shangneng	7 – 1	551	余茂勋	Yu Maoxun	9 – 1	925
应元岳	Ying Yuanyue	5 – 1	851	余品真	Yu Pinzhen	9 – 1	926
游恩溥	You Enpu	9 – 1	915	俞启葆	Yu Qibao	9 – 1	927
尤家骏	You Jiajun	7 – 1	552	余庆鳌	Yu Qingao	5 – 1	859
俞霭峰	Yu Aifeng	9 – 1	916	余青松	Yu Qingsong	5 – 1	860
俞炳昌	Yu Bingchang	9 – 1	917	俞启孝	Yu Qixiao	9 – 1	928
余承业	Yu Chengye	9 – 1	918	玉荣均	Yu Rongjun	9 – 1	929
俞大绂	Yu Dafu	7 – 1	553	余瑞璜	Yu Ruihuang	8 – 1	350
郁达夫	Yu Dafu	5 – 1	852	于少卿	Yu Shaoqing	5 – 1	861
于道文	Yu Daowen	8 – 1	348	余树基	Yu Shuji	9 – 1	930
俞大维	Yu Dawei	5 – 1	853	俞同奎	Yu Tongkui	4 – 1	227
俞德葆	Yu Debao	9 – 1	920	郁为瑾	Yu Weijin	8 – 1	351
喻德渊	Yu Deyuan	9 – 1	919	余文光	Yu Wenguang	5 – 1	862
俞恩瀛	Yu Enying	9 – 1	921	俞显昌	Yu Xianchang	9 – 1	931
余光生	Yu Guangsheng	8 – 1	349	虞锡麟	Yu Xilin	4 – 1	228
虞光裕	Yu Guangyu	9 – 1	922	余懿德	Yu Yide	9 – 1	932
于光元	Yu Guangyuan	5 – 1	854	郁永常	Yu Yongchang	9 – 1	933
余　渍	Yu He	7 – 1	554	余友泰	Yu Youtai	9 – 1	934
虞宏正	Yu Hongzheng	7 – 1	555	虞　愚	Yu Yu	4 – 1	229
余家菊	Yu Jiaju	5 – 1	855	余泽兰	Yu Zelan	5 – 1	863

姓　名	姓名全拼	表	序号	姓　名	姓名全拼	表	序号
庾泽普	Yu Zepu	4－1	230	岳翼民	Yue Yimin	9－1	943
喻兆琦	Yu Zhaoqi	7－1	557	恽　震	Yun Zhen	5－1	871
虞振镛	Yu Zhenyong	5－1	864	昝　凌	Zan Ling	9－1	944
郁振镛	Yu Zhenyong	9－1	935	臧玉洤	Zang Yuquan	7－1	562
郁知非	Yu Zhifei	9－1	936	曾宝涵	Zeng Baohan	7－1	563
禹之谟	Yu Zhimo	4－1	231	曾宝荪	Zeng Baosun	5－1	872
于滋潭	Yu Zitan	8－1	352	曾朝明	Zeng Chaoming	8－1	355
余缵寅	Yu Zuanyin	9－1	937	曾呈奎	Zeng Chengkui	9－1	945
袁伯寿	Yuan Boshou	5－1	865	曾德超	Zeng Dechao	9－1	946
袁长坤	Yuan Changkun	4－1	232	曾笃恭	Zeng Dugong	4－1	233
袁敦礼	Yuan Dunli	5－1	866	曾广方	Zeng Guangfang	5－1	873
袁复礼	Yuan Fuli	5－1	867	曾　炯	Zeng Jiong	7－1	564
袁翰青	Yuan Hanqing	7－1	558	曾炯之	Zeng Jiongzhi	7－1	565
袁镜铨	Yuan Jingquan	5－1	868	曾　勉	Zeng Mian	7－1	566
袁矿苏	Yuan Kuangsu	9－1	938	曾　溥	Zeng Pu	4－1	234
袁景章	Yuan Jingzhang	9－1	939	曾　省	Zeng Sheng	7－1	567
袁嗣令	Yuan Siling	9－1	940	曾世英	Zeng Shiying	9－1	947
袁行义	Yuan Xingyi	7－1	559	曾思涛	Zeng Sitao	5－1	874
袁永昶	Yuan Yongchang	9－1	941	曾　威	Zeng Wei	8－1	356
乐嘉裕	Yue Jiayu	9－1	942	曾宪武	Zeng Xianwu	5－1	875
岳劼恒	Yue Jieheng	7－1	560	曾心铭	Zeng Xinming	5－1	876
乐森璧	Yue Senbi	5－1	869	曾养甫	Zeng Yangfu	5－1	877
乐森璕	Yue Senxun	7－1	561	曾以鼎	Zeng Yiding	5－1	878
岳维春	Yue Weichun	8－1	353	曾翼翰	Zeng Yihan	9－1	948
乐文照	Yue Wenzhao	5－1	870	曾远荣	Zeng Yuanrong	7－1	568
乐以成	Yue Yicheng	8－1	354	曾昭德	Zeng Zhaode	5－1	879

姓 名	姓名全拼	表	序号	姓 名	姓名全拼	表	序号
曾昭伦	Zeng Zhaolun	5 - 1	880	张春霖	Zhang Chunlin	7 - 1	576
曾昭权	Zeng Zhaoquan	5 - 1	881	张 丹	Zhang Dan	7 - 1	577
曾昭燏	Zeng zhaoyu	8 - 1	357	章道彬	Zhang Daobin	9 - 1	957
查良钊	Zha Liangzhao	5 - 1	882	章达锐	Zhang Darui	9 - 1	958
查 谦	Zha Qian	5 - 1	883	张大煜	Zhang Dayu	7 - 1	578
翟鹤程	Zhai Hecheng	7 - 1	569	张德粹	Zhang Decui	8 - 1	359
翟克恭	Zhai Kegong	7 - 1	570	张德骏	Zhang Dejun	9 - 1	959
翟念浦	Zhai Nianpu	7 - 1	571	章德孟	Zhang Demeng	9 - 1	960
翟维澧	Zhai Weili	5 - 1	884	张德庆	Zhang Deqing	7 - 1	579
翟为霖	Zhai Weilin	9 - 1	949	张德馨	Zhang Dexin	8 - 1	360
湛 立	Zhan Li	5 - 1	885	章 鼎	Zhang Ding	9 - 1	961
詹天佑	Zhan Tianyou	4 - 1	235	张鼎芬	Zhang Dingfen	9 - 1	962
张 谤	Zhang Bang	9 - 1	950	张涤生	Zhang Disheng	9 - 1	963
张宝华	Zhang Baohua	5 - 1	886	张东民	Zhang Dongmin	5 - 1	887
张保全	Zhang Baoquan	9 - 1	951	张朵山	Zhang Duoshan	5 - 1	888
张汴增	Zhang Bianzeng	9 - 1	952	张恩虬	Zhang Enqiu	9 - 1	964
张 炳	Zhang Bing	9 - 1	953	张范村	Zhang Fancun	5 - 1	889
张炳熺	Zhang Bingxi	9 - 1	954	张方佐	Zhang Fangzuo	5 - 1	890
张伯苓	Zhang Boling	4 - 1	236	张福范	Zhang Fufan	9 - 1	965
张伯声	Zhang Bosheng	7 - 1	572	张馥葵	Zhang Fukui	9 - 1	966
张昌华	Zhang Changhua	7 - 1	573	张福良	Zhang Fuliang	5 - 1	891
张昌龄	Zhang Changling	7 - 1	574	张福麟	Zhang Fulin	5 - 1	892
张昌绍	Zhang Changshao	8 - 1	358	张福铨	Zhang Fuquan	5 - 1	893
张昌颖	Zhang Changying	7 - 1	575	张辅忠	Zhang Fuzhong	7 - 1	580
张承黼	Zhang Chengfu	9 - 1	955	张 更	Zhang Geng	7 - 1	581
张楚宝	Zhang Chubao	9 - 1	956	张 光	Zhang Guang	7 - 1	582

续附表 2

姓 名	姓名全拼	表	序号	姓 名	姓名全拼	表	序号
张民觉	Zhang Minjue	8-1	367	张树青	Zhang Shuqing	9-1	987
张谟实	Zhang Moshi	5-1	911	张松荫	Zhang Songyin	7-1	600
张乃凤	Zhang Naifeng	7-1	596	张堂恒	Zhang tangheng	9-1	988
张念源	Zhang Nianyuan	5-1	912	张天福	Zhang Tianfu	7-1	601
张 滂	Zhang Pang	9-1	980	张听聪	Zhang Tingcong	9-1	989
张乔啬	Zhang Qiaose	5-1	913	张挺辉	Zhang Tinghui	9-1	990
张其楷	Zhang Qikai	8-1	368	张廷金	Zhang Tingjin	5-1	920
张青莲	Zhang Qinglian	7-1	597	张廷玉	Zhang Tingyu	5-1	921
张庆松	Zhang Qingsong	8-1	369	章 桐	Zhang Tong	5-1	922
张庆舆	Zhang Qingyu	5-1	914	张通骏	Zhang Tongjun	7-1	602
张启正	Zhang Qizheng	4-1	240	张桐生	Zhang Tongsheng	9-1	991
张全元	Zhang Quanyuan	8-1	370	张通武	Zhang Tongwu	5-1	923
张 任	Zhang Ren	7-1	598	张万久	Zhang Wanjiu	8-1	372
张仁家	Zhang Renjia	9-1	981	张 维	Zhang Wei	9-1	992
张瑞瑾	Zhang Ruijin	9-1	982	张纬文	Zhang Weiwen	7-1	603
张瑞鎏	Zhang Ruiliu	8-1	371	章维中	Zhang Weizhong	9-1	993
张绍连	Zhang Shaolian	5-1	915	章文才	Zhang Wencai	8-1	373
张少铭	Zhang Shaoming	7-1	599	章文晋	Zhang Wenjin	7-1	604
张绍忠	Zhang Shaozhong	5-1	916	张文奇	Zhang Wenqi	9-1	994
张 省	Zhang Sheng	5-1	917	张文潜	Zhang Wenqian	5-1	924
张胜华	Zhang Shenghua	9-1	983	张文佑	Zhang Wenyou	9-1	995
张时行	Zhang Shihang	5-1	918	张文裕	Zhang Wenyu	8-1	374
章守恭	Zhang Shougong	9-1	984	张文治	Zhang Wenzhi	8-1	375
章守华	Zhang Shouhua	9-1	985	张 玺	Zhang Xi	7-1	605
张守敬	Zhang Shoujing	9-1	986	张宪秋	Zhang Xianqiu	8-1	376
章守玉	Zhang Shouyu	5-1	919	张宪武	Zhang Xianwu	7-1	606

姓 名	姓名全拼	表	序号	姓 名	姓名全拼	表	序号
张孝骞	Zhang Xiaoqian	5 - 1	925	张耀翔	Zhang Yaoxiang	5 - 1	933
张孝若	Zhang Xiaoruo	5 - 1	926	张 毅	Zhang yi	8 - 1	380
张孝通	Zhang Xiaotong	9 - 1	996	章 益	Zhang Yi	5 - 1	934
章锡昌	Zhang Xichang	8 - 1	377	张贻惠	Zhang Yihui	5 - 1	935
张 燮	Zhang Xie	9 - 1	997	张印堂	Zhang Yintang	9 - 1	1009
张锡钧	Zhang Xijun	5 - 1	927	张印和	Zhang Yinhe	9 - 1	1010
张西林	Zhang Xilin	9 - 1	998	张贻志	Zhang Yizhi	5 - 1	936
张希陆	Zhang Xilu	5 - 1	928	张仪尊	Zhang Yizun	7 - 1	609
张信诚	Zhang Xincheng	8 - 1	378	章 用	Zhang Yong	7 - 1	610
张星烺	Zhang Xinglang	5 - 1	929	张永昌	Zhang Yongchang	9 - 1	1011
张心一	Zhang Xinyi	5 - 1	930	张永书	Zhang Yongshu	9 - 1	1012
张心治	Zhang Xinzhi	9 - 1	999	章用中	Zhang Yongzhong	9 - 1	1013
张兴中	Zhang Xinzhong	9 - 1	1000	章元善	Zhang Yuanshan	5 - 1	937
张锡祺	Zhang Xiqi	5 - 1	931	章元玮	Zhang Yuanwei	7 - 1	611
张锡圣	Zhang Xisheng	9 - 1	1001	章元羲	Zhang Yuanxi	7 - 1	612
张修平	Zhang Xiuping	9 - 1	1002	张 云	Zhang Yun	5 - 1	938
张锡泽	Zhang Xize	9 - 1	1003	张钰哲	Zhang Yuzhe	7 - 1	613
张席褆	Zhang Xizhi	5 - 1	932	章育中	Zhang Yuzhong	9 - 1	1014
张 煦	Zhang Xu	8 - 1	379	张肇骞	Zhang Zhaoqian	7 - 1	614
张宣谟	Zhang Xuanmo	9 - 1	1004	张正平	Zhang Zhengping	5 - 1	939
张学鼎	Zhang Xueding	9 - 1	1005	张振仁	Zhang Zhenren	9 - 1	1015
张学祖	Zhang Xuezu	9 - 1	1006	张直中	Zhang Zhizhong	8 - 1	381
张训恭	Zhang Xungong	7 - 1	607	张钟俊	Zhang Zhongjun	8 - 1	382
张训舜	Zhang Xunshun	9 - 1	1007	张紫洞	Zhang Zidong	9 - 1	1016
张 岩	Zhang Yan	7 - 1	608	张子高	Zhang Zigao	5 - 1	940
张燕刚	Zhang Yangang	9 - 1	1008	张资珙	Zhang Zigong	7 - 1	615

姓　名	姓名全拼	表	序号	姓　名	姓名全拼	表	序号
张兹闿	Zhang Zikai	7 – 1	616	赵连芳	Zhao Lianfang	5 – 1	944
张资平	Zhang Ziping	5 – 1	941	赵伦彝	Zhao Lunyi	9 – 1	1025
张宗炳	Zhang Zongbing	8 – 1	383	赵绵	Zhao Mian	9 – 1	1026
张宗汉	Zhang Zonghan	7 – 1	617	赵丕华	Zhao Pihua	9 – 1	1027
张宗燧	Zhang Zongsui	8 – 1	384	赵琦	Zhao Qi	9 – 1	1028
张宗泽	Zhang Zongze	8 – 1	385	赵庆杰	Zhao Qingjie	5 – 1	945
张作干	Zhang Zuogan	9 – 1	1017	赵人龙	Zhao Renlong	9 – 1	1029
张作人	Zhang Zuren	7 – 1	618	赵善欢	Zhao Shanhuan	8 – 1	390
赵本寅	Zhao Benyin	9 – 1	1018	赵深	Zhao Shen	5 – 1	946
赵曾珏	Zhao Cengyu	7 – 1	619	赵师梅	Zhao Shimei	9 – 1	1030
赵承嘏	Zhao Chengjia	5 – 1	942	赵耆深	Zhao Shishen	9 – 1	1031
赵恩廊	Zhao Enlang	5 – 1	943	赵士寿	Zhao Shishou	5 – 1	947
赵访熊	Zhao Fangxiong	7 – 1	620	赵硕颀	Zhao Shuoqi	9 – 1	1032
赵凤恩	Zhao Feng – en	9 – 1	1019	赵叔愚	Zhao Shuyu	5 – 1	948
赵广增	Zhao Guangzeng	8 – 1	386	赵松乔	Zhao Songqiao	9 – 1	1033
赵桂龄	Zhao Guilin	9 – 1	1020	赵天从	Zhao Tiancong	8 – 1	391
赵贵文	Zhao Guiwen	8 – 1	387	赵慰先	Zhao Weixian	9 – 1	1034
赵国镛	Zhao Guoyong	7 – 1	621	赵文珉	Zhao Wenmin	7 – 1	624
赵鸿基	Zhao Hongji	7 – 1	622	赵锡成	Zhao Xicheng	9 – 1	1035
赵季骏	Zhao Jijun	9 – 1	1021	赵星艺	Zhao Xingyi	9 – 1	1036
赵景龙	Zhao Jinglong	7 – 1	623	赵修鸿	Zhao Xiuhong	5 – 1	949
赵金科	Zhao Jinke	8 – 1	388	赵学海	Zhao Xuehai	5 – 1	950
赵今声	Zhao Jinsheng	9 – 1	1022	赵煦雍	Zhao Xuyong	7 – 1	625
赵九章	Zhao Jiuzhang	8 – 1	389	赵耀东	Zhao Yaodong	9 – 1	1037
赵畯田	Zhao Juntian	9 – 1	1023	赵以炳	Zhao Yibing	7 – 1	626
赵立	Zhao Li	9 – 1	1024	赵以成	Zhao Yicheng	8 – 1	392

姓 名	姓名全拼	表	序号	姓 名	姓名全拼	表	序号
赵元任	Zhao Yuanren	5 – 1	951	郑麟蕃	Zheng Linfan	8 – 1	394
赵元贞	Zhao Yuanzhen	5 – 1	952	郑林庆	Zheng Linqing	9 – 1	1044
赵燏黄	Zhao Yuhuang	4 – 1	241	郑沛缪	Zheng Peimiu	9 – 1	1045
赵增珏	Zhao Zengjue	5 – 1	953	郑辟疆	Zheng Pijiang	4 – 1	242
赵诏熊	Zhao Zhaoxiong	7 – 1	627	郑丕留	Zheng Piliu	9 – 1	1046
赵忠尧	Zhao Zhongyao	7 – 1	628	郑清濂	Zheng Qinglian	4 – 1	243
赵宗燠	Zhao Zongyu	8 – 1	393	郑庆瑞	Zheng Qingrui	9 – 1	1047
赵祖康	Zhao Zukang	7 – 1	629	郑 全	Zheng Quan	5 – 1	962
郑拔元	Zheng Bayuan	9 – 1	1038	郑汝成	Zheng Rucheng	4 – 1	244
郑步青	Zheng Buqing	5 – 1	954	郑绍棠	Zheng Shaotang	7 – 1	634
郑达宸	Zheng Dachen	5 – 1	955	郑守箴	Zheng Shouzhen	4 – 1	245
郑大章	Zheng Dazhang	7 – 1	630	郑太朴	Zheng Taipu	5 – 1	963
郑恩聪	Zheng En – cong	5 – 1	956	郑廷襄	Zheng Tingxiang	4 – 1	246
郑辅华	Zheng Fuhua	5 – 1	957	郑万钧	Zheng Wanjun	8 – 1	395
郑辅维	Zheng Fuwei	5 – 1	958	郑文英	Zheng Wenying	4 – 1	247
郑光显	Zheng Guangxian	9 – 1	1039	郑晓沧	Zheng Xiaocang	5 – 1	964
郑国宾	Zheng Guobin	9 – 1	1040	郑燮芳	Zheng Xiefang	9 – 1	1048
郑国熙	Zheng Guoxi	9 – 1	1041	郑衍芬	Zheng Yanfen	7 – 1	635
郑 华	Zheng Hua	5 – 1	959	郑易里	Zheng Yili	5 – 1	965
郑华炽	Zheng Huachi	7 – 1	631	郑元俊	Zheng Yuanjun	9 – 1	1049
郑 集	Zheng Ji	7 – 1	632	郑允衷	Zheng Yunzhong	5 – 1	966
郑家觉	Zheng Jiajue	5 – 1	960	郑在校	Zheng Zaixiao	9 – 1	1050
郑建宣	Zheng Jianxuan	7 – 1	633	郑章成	Zheng Zhangcheng	5 – 1	967
郑际宝	Zheng Jibao	9 – 1	1042	郑贞文	Zheng Zhenwen	5 – 1	968
郑 均	Zheng Jun	9 – 1	1043	郑之蕃	Zheng Zhifan	4 – 1	248
郑兰华	Zheng Lanhua	5 – 1	961	郑止善	Zheng Zhishan	9 – 1	1051

续附表 2

姓　名	姓名全拼	表	序号	姓　名	姓名全拼	表	序号
郑　重	Zheng Zhong	9－1	1052	周昌芸	Zhou Changyun	7－1	640
郑祖穆	Zheng Zumu	5－1	969	周诚浒	Zhou Chenghu	5－1	975
郑作新	Zheng Zuoxin	7－1	636	周承钥	Zhou Chengyao	7－1	641
支秉彝	Zhi Bingyi	9－1	1053	周承佑	Zhou Chengyou	5－1	976
钟秉智	Zhong Bingzhi	9－1	1054	周传谏	Zhou Chuanjian	4－1	252
仲崇信	Zhong Chongxin	7－1	637	周萃襟	Zhou Cuiji	5－1	977
钟　锷	Zhong E	5－1	970	周存国	Zhou Cunguo	9－1	1062
钟惠澜	Zhong Huilan	7－1	638	周大瑶	Zhou Dayao	5－1	978
钟皎光	Zhong Jiaoguang	8－1	396	周　氏	Zhou Di	9－1	1063
钟晋崇	Zhong Jinchong	9－1	1055	周发歧	Zhou Faqi	7－1	642
钟俊麟	Zhong Junlin	7－1	639	周凤九	Zhou Fengjiu	5－1	979
钟开莱	Zhong Kailai	9－1	1056	周　鹤	Zhou He	9－1	1064
钟朗璇	Zhong Langxuan	8－1	397	周鸿经	Zhou Hongjing	7－1	643
钟荣光	Zhong Rongguang	5－1	971	周厚坤	Zhou Houkun	5－1	980
钟盛标	Zhong Shengbiao	9－1	1057	周焕文	Zhou Huanwen	9－1	1065
钟士模	Zhong Shimo	9－1	1058	周惠久	Zhou Huijiu	8－1	399
钟文耀	Zhong Wenyao	4－1	249	周家炽	Zhou Jiachi	9－1	1066
钟香崇	Zhong Xiangchong	9－1	1059	周杰铭	Zhou Jieming	7－1	644
钟熙民	Zhong Ximin	5－1	972	周继林	Zhou Jilin	9－1	1067
钟兴俭	Zhong Xingjian	9－1	1060	周金黄	Zhou Jinhuang	7－1	645
钟兆琳	Zhong Zhaolin	5－1	973	周金台	Zhou Jintai	5－1	981
周树人	Zhou Shuren	4－1	250	周炯槃	Zhou Jiongpan	9－1	1068
周百炼	Zhou Bailian	8－1	398	周开基	Zhou Kaiji	5－1	982
周　昌	Zhou Chang	9－1	1061	周克家	Zhou Kejia	8－1	400
周长龄	Zhou Changling	4－1	251	周可涌	Zhou Keyong	9－1	1069
周昌寿	Zhou Changshou	5－1	974	周良相	Zhou Liangxiang	5－1	983

续附表 2

姓　名	姓名全拼	表	序号	姓　名	姓名全拼	表	序号
周礼和	Zhou Lihe	9－1	1070	周　炜	Zhou Wei	5－1	991
周立三	Zhou Lisan	9－1	1071	周伟璋	Zhou Weizhang	5－1	992
周抡元	Zhou Lunyuan	5－1	984	周献琛	Zhou Xianchen	4－1	254
周　履	Zhou Lv	9－1	1072	周先庚	Zhou Xian－geng	7－1	654
周贸言	Zhou Maoyan	9－1	1073	周象贤	Zhou Xiangxian	5－1	993
周　铭	Zhou Ming	5－1	985	周贤颂	Zhou Xiansong	5－1	994
周明衡	Zhou Mingheng	5－1	986	周行健	Zhou Xingjian	5－1	995
周鸣灏	Zhou Mingxi	9－1	1074	周新民	Zhou Xinmin	8－1	401
周明玉	Zhou Mingyu	5－1	987	周雪鸥	Zhou Xue－ou	9－1	1080
周明牂	Zhou Mingzang	7－1	646	周延鼎	Zhou Yanding	5－1	996
周明政	Zhou Mingzhen	5－1	988	周　尧	Zhou Yao	8－1	402
周培源	Zhou Peiyuan	7－1	647	周　揖	Zhou Yi	9－1	1081
周　仁	Zhou Ren	5－1	989	周诒春	Zhou Yichun	4－1	255
周荣条	Zhou Rongtiao	7－1	648	周映昌	Zhou Yingchang	9－1	1082
周士观	Zhou Shiguan	5－1	990	周仪先	Zhou Yixian	9－1	1083
周拾禄	Zhou Shilu	7－1	649	周永德	Zhou Yongde	5－1	997
周思信	Zhou Sixin	7－1	650	周永升	Zhou Yongsheng	9－1	1084
周泰初	Zhou Taichu	9－1	1075	周誉侃	Zhou Yukan	9－1	1085
周太开	Zhou Taikai	9－1	1076	周云观	Zhou Yunguan	9－1	1086
周太玄	Zhou Taixuan	7－1	651	周赞衡	Zhou Zanheng	5－1	998
周　田	Zhou Tian	7－1	652	周　桢	Zhou Zhen	7－1	655
周天翔	Zhou Tianxiang	9－1	1077	周桢华	Zhou Zhenhua	9－1	1087
周太炎	Zhou Taiyan	9－1	1078	周贞英	Zhou Zhenying	7－1	656
周廷儒	Zhou Tingru	9－1	1079	周志宏	Zhou Zhihong	7－1	657
周同庆	Zhou Tongqing	7－1	653	周子桢	Zhou Zizhen	7－1	658
周万鹏	Zhou Wanpeng	4－1	253	周兹诸	Zhou Zizhu	5－1	999

姓　名	姓名全拼	表	序号	姓　名	姓名全拼	表	序号
周宗璜	Zhou Zonghuang	7－1	659	朱　霖	Zhu Lin	5－1	1012
朱　宝	Zhu Bao	8－1	403	朱　镥	Zhu Lu	5－1	1013
朱宝奎	Zhu Baokui	4－1	256	朱民声	Zhu Minsheng	8－1	405
朱　彬	Zhu Bin	5－1	1000	朱淇昌	Zhu Qichang	9－1	1094
朱　程	Zhu Cheng	7－1	660	朱壬葆	Zhu Renbao	8－1	406
朱成厚	Zhu Chenghou	5－1	1001	朱仁堪	Zhu Renkan	8－1	407
朱　墀	Zhu Chi	5－1	1002	朱汝华	Zhu Ruhua	7－1	663
诸楚卿	Zhu Chuqing	5－1	1003	朱汝瑾	Zhu Rujin	9－1	1095
朱凤美	Zhu Fengmei	5－1	1004	朱汝荣	Zhu Rurong	9－1	1096
朱　复	Zhu Fu	5－1	1005	朱　森	Zhu Sen	7－1	664
诸福棠	Zhu Futang	7－1	661	朱师晦	Zhu Shihui	8－1	408
朱福炘	Zhu Fuxin	9－1	1088	朱世明	Zhu Shiming	5－1	1014
朱岗昆	Zhu Gangkun	9－1	1089	朱士武	Zhu Shiwu	5－1	1015
朱公谨	Zhu Gongjin	5－1	1006	朱世昀	Zhu Shiyun	5－1	1016
朱广颐	Zhu Guangyi	9－1	1090	朱世衷	Zhu Shizhong	8－1	409
朱恒壁	Zhu hengbi	5－1	1007	朱树恭	Zhu Shugong	9－1	1097
朱鹤年	Zhu Henian	7－1	662	诸水本	Zhu Shuiben	5－1	1017
朱弘复	Zhu Hongfu	9－1	1091	朱树屏	Zhu Shuping	9－1	1098
朱惠方	Zhu Huifang	5－1	1008	朱思本	Zhu Siben	9－1	1099
朱家骅	Zhu Jiahua	5－1	1009	朱颂伟	Zhu Songwei	7－1	665
朱　健	Zhu Jian	8－1	404	朱　坦	Zhu Tan	9－1	1100
朱剑寒	Zhu Jianhan	9－1	1092	朱庭祜	Zhu Tinghu	5－1	1018
朱建璋	Zhu Jianzhang	4－1	257	朱维杰	Zhu Weijie	5－1	1019
竺可桢	Zhu Kezhen	5－1	1010	诸文绮	Zhu Wenqi	4－1	258
朱兰成	Zhu Lancheng	9－1	1093	朱文鑫	Zhu Wenxin	4－1	259
朱蘭贞	Zhu Lanzhen	5－1	1011	朱文熊	Zhu Wenxiong	4－1	260

姓　名	姓名全拼	表	序号	姓　名	姓名全拼	表	序号
朱物华	Zhu Wuhua	5－1	1020	庄巧生	Zhuang Qiaosheng	9－1	1110
朱洗	Zhu Xi	7－1	666	庄圻泰	Zhuang Qitai	8－1	412
朱夏	Zhu Xia	9－1	1101	庄孝惠	Zhuang Xiaohui	9－1	1111
朱仙舫	Zhu Xianfang	5－1	1021	庄裕孙	Zhuang Yusun	5－1	1028
朱先煌	Zhu Xianhuang	7－1	667	莊振维	Zhuang Zhenwei	9－1	1112
朱宪彝	Zhu Xianyi	7－1	668	卓仁志	Zhuo Renzhi	4－1	262
朱希亮	Zhu Xiliang	7－1	669	卓越	Zhuo Yue	5－1	1029
朱新予	Zhu Xinyu	5－1	1022	宗俊章	Zong Junzhang	9－1	1113
朱锡绶	Zhu Xishou	4－1	261	宗之发	Zong Zhifa	7－1	674
朱希涛	Zhu Xitao	9－1	1102	邹秉文	Zou Bingwen	5－1	1030
朱宣人	Zhu Xuanren	9－1	1103	邹春座	Zou Chunzuo	7－1	675
朱彦丞	Zhu Yancheng	9－1	1104	邹君乐	Zou Junle	9－1	1114
朱尧曾	Zhu Yaozeng	9－1	1105	邹淑慧	Zou Shuhui	5－1	1031
朱元鼎	Zhu Yunding	5－1	1023	邹树文	Zou Shuwen	5－1	1032
朱允升	Zhu Yunsheng	9－1	1106	邹思廉	Zou Silian	9－1	1115
祝湛予	Zhu Zhanyu	8－1	410	邹思泳	Zou Siyong	5－1	1033
祝正行	Zhu Zhenghang	9－1	1107	邹维渭	Zou Weiwei	5－1	1034
朱正元	Zhu Zhengyuan	8－1	411	邹武	Zou Wu	9－1	1116
朱智贤	Zhu Zhixian	7－1	670	邹孝标	Zou Xiaobiao	9－1	1117
朱钟昌	Zhu Zhongchang	9－1	1108	邹尧方	Zou Yaofang	7－1	676
朱子清	Zhu Ziqing	7－1	671	邹元爔	Zou Yuanxi	9－1	1118
朱祖祥	Zhu Zuxiang	9－1	1109	邹钟琳	Zou Zhonglin	7－1	677
朱祖佑	Zhu Zuyou	7－1	672	祖德明	Zu Deming	7－1	678
庄秉权	Zhuang Bingquan	5－1	1024	左任侠	Zuo Renxia	7－1	679
庄长恭	Zhuang Changgong	5－1	1025	左学礼	Zuo Xueli	8－1	413
庄季昭	Zhuang Jizhao	5－1	1026				
庄俊	Zhuang Jun	5－1	1027				
庄前鼎	Zhuang Qianding	7－1	673				

附表3　姓氏繁体—简体对照表（按笔画顺序）

序号	繁体	简体	序号	繁体	简体	序号	繁体	简体	序号	繁体	简体	序号	繁体	简体	序号	繁体	简体	序号	繁体	简体
1	呂	吕	16	陳	陈	31	甯	宁	46	經	经	61	慶	庆	76	錢	钱	91	羅	罗
2	貝	贝	17	陸	陆	32	萬	万	47	虞	虞	62	樂	乐	77	閻	阎	92	蘇	苏
3	紀	纪	18	馬	马	33	葉	叶	48	賈	贾	63	樓	楼	78	駱	骆	93	譚	谭
4	計	计	19	區	区	34	費	费	49	厲	厉	64	歐	欧	79	鮑	鲍	94	關	关
5	韋	韦	20	婁	娄	35	賀	贺	50	壽	寿	65	衛	卫	80	龍	龙	95	蘭	兰
6	孫	孙	21	張	张	36	遊	游	51	榮	荣	66	談	谈	81	應	应	96	饒	饶
7	師	师	22	淩	凌	37	鄒	邹	52	滿	满	67	諸	诸	82	繆	缪	97	鐵	铁
8	時	时	23	許	许	38	閔	闵	53	聞	闻	68	魯	鲁	83	藍	蓝	98	顧	顾
9	晉	晋	24	過	过	39	須	须	54	蔣	蒋	69	勵	励	84	謝	谢	99	龔	龚
10	烏	乌	25	黃	黄	40	馮	冯	55	賓	宾	70	盧	卢	85	鍾	钟			
11	畢	毕	26	勞	劳	41	塗	涂	56	趙	赵	71	蕭	萧	86	韓	韩			
12	翁	翁	27	喬	乔	42	幹	干	57	鄧	邓	72	薩	萨	87	簡	简			
13	莊	庄	28	單	单	43	愛	爱	58	鄭	郑	73	諶	谌	88	聶	聂			
14	華	华	29	惲	恽	44	楊	杨	59	齊	齐	74	賴	赖	89	顏	颜			
15	連	连	30	湯	汤	45	溫	温	60	劉	刘	75	廓	邝	90	嚴	严			

附表4　姓氏简体—繁体对照表（按笔画顺序）

序号	简体	繁体	序号	简体	繁体	序号	简体	繁体	序号	简体	繁体	序号	简体	繁体	序号	简体	繁体	序号	简体	繁体
1	万	萬	16	叶	葉	31	纪	紀	46	闵	閔	61	闻	聞	76	铁	鐵	91	满	滿
2	卫	衛	17	宁	甯	32	许	許	47	陆	陸	62	须	須	77	顾	顧	92	简	簡
3	干	幹	18	邝	廓	33	过	過	48	陈	陳	63	饶	饒	78	萧	蕭	93	蓝	藍
4	马	馬	19	龙	龍	34	齐	齊	49	单	單	64	骆	駱	79	萨	薩	94	虞	虞
5	乌	烏	20	乔	喬	35	严	嚴	50	欧	歐	65	凌	淩	80	谌	諶	95	赖	賴
6	区	區	21	关	關	36	励	勵	51	经	經	66	宾	賓	81	阎	閻	96	鲍	鮑
7	计	計	22	刘	劉	37	劳	勞	52	罗	羅	67	晋	晉	82	黄	黃	97	缪	繆
8	贝	貝	23	华	華	38	寿	壽	53	郑	鄭	68	涂	塗	83	龚	龔	98	谭	譚
9	邓	鄧	24	吕	呂	39	应	應	54	娄	婁	69	爱	愛	84	温	溫	99	颜	顏
10	韦	韋	25	孙	孫	40	张	張	55	恽	惲	70	翁	翁	85	游	遊			
11	乐	樂	26	师	師	41	时	時	56	荣	榮	71	聂	聶	86	蒋	蔣			
12	兰	蘭	27	庄	莊	42	杨	楊	57	费	費	72	诸	諸	87	谢	謝			
13	冯	馮	28	庆	慶	43	苏	蘇	58	贺	賀	73	谈	談	88	韩	韓			
14	卢	盧	29	毕	畢	44	连	連	59	赵	趙	74	贾	賈	89	鲁	魯			
15	厉	厲	30	汤	湯	45	邹	鄒	60	钟	鍾	75	钱	錢	90	楼	樓			

附表5 姓氏笔画索引

笔画	姓氏
2画	丁 刁 卜
3画	万 于 卫 干 马
4画	乌 区 卞 孔 尤 尹 巴 戈 支 文 方 毛 牛 王 计 贝 邓 韦
5画	丘 乐 兰 冯 包 卢 厉 史 叶 司 宁 左 玉 甘 田 申 白 石 艾 邝 龙
6画	乔 仲 任 优 全 关 刘 华 向 吕 孙 安 师 庄 庆 成 曲 朱 毕 江 池 汤 牟 祁 米 纪 衣 许 过 邢 阮 齐
7画	严 何 佘 余 冷 励 劳 吴 宋 寿 应 张 时 李 杜 束 杨 汪 沈 沙 肖 苏 谷 辛 连 邱 邵 邹 闵 陆 陈
8画	卓 单 周 孟 季 宗 尚 居 屈 岳 巫 房 易 杭 林 欧 武 秉 竺 经 罗 范 茅 虎 郁 郑
9画	侯 俞 哈 姚 姜 娄 宣 珲 施 昝 查 柯 柳 段 洪 祖 祝 禹 胡 荆 荣 费 贺 赵 郝 钟 闻 须 饶 骆
10画	倪 凌 唐 夏 奚 容 宾 席 徐 晋 柴 桂 殷 浚 浦 涂 爱 秦 翁 耿 聂 庄 莫 袁 诸 谈 贾 郭 钱 铁 陶 顾 高
11画	商 屠 崔 常 康 庾 戚 曹 梁 梅 清 盛 章 符 笪 萧 萨 谌 阎 隋 黄 龚
12画	傅 喻 富 彭 敦 斯 曾 温 游 湛 琚 程 税 童 粟 舒 葛 董 蒋 覃 谢 辜 韩 鲁
13画	楼 满 简 蒲 蓝 虞 裘 褚 詹 赖 路 雷 靳 鲍
14画	廖 熊 管 缪 翟 臧 蔡 裴 谭 赫
15画	樊 潘 稽 鄢 颜 黎
16画以上	瞽 燕 穆 薛 霍 戴 糜 蹇 魏 瞿 藕

后　记

　　《中国科技工业企业发展史丛书》是已故清华校友，国际知名化学家马祖圣先生捐资动议的。本集《历年出国/回国科技人员总览1840～1949》由马先生亲手所辑。

　　马祖圣先生是国际著名的化学家，在微量化学技术领域取得的成就十分突出。1927年，他进入清华普通科学习，后来入清华大学化学系学习；1931年留校读研究生，1934年毕业时成绩优秀，被选送到美国芝加哥大学继续深造。马祖圣学长为人谦逊，为学严谨，是一位德高望重的清华学长。

　　马祖圣先生虽长期旅居美国，但仍心系祖国的科技发展。自1998年始，马先生就开始收集历年中国出国留学的留学生名录，思考中国科技、工业、企业发展和留学生的关系。经过长期的资料收集、整理，《历年出国/回国科技人员总览1840～1949》于2007年4月5日完稿。不幸的是，就在书稿完成一个多月后，马先生溘然辞世。这部作品带给我们心灵以震撼——马先生一直在与病魔做斗争，坚持本书的编写工作，是信念支持着他工作到生命的最后。

　　2006年1月开始，基于马先生的资助，经清华校友会的协调，由马祖圣先生命名的这套《中国科技工业企业发展史丛书》将陆续出版。丛书包括四辑：

　　第一辑：《历年出国/回国科技人员总览1840～1949》；

　　第二辑：《150年来中国科技工业企业发展探微》；

　　第三辑：《21世纪中国科技工业企业发展报告》；

　　第四辑：《中国工程教育史》；

　　分别由马祖圣、李钢、郭樑、王孙禺等负责。

　　马祖圣学长不仅终生勤奋，笔耕不辍，他还对母校的发展建设十分关心。他曾设立"1931级纪念助学金"，资助许多清华的贫困学生完成学业；自 2007 年秋季学期开始设立"马祖圣学长纪念助学金"。在朱觉方师母的支持下，"马祖圣学长纪念助学金"还将设立专门基金，这将使更多的清华贫寒学子获得有力的资助。

值此《中国科技工业企业发展史丛书》之第一辑即将付梓之时，丛书编委会谨以此缅怀马祖圣学长，也希望这套丛书的出版为海内外研究中国科技、工业、企业的学术界提供一些可资参考的文本。让我们共同祝愿中国科技发展为 21 世纪人类的文明和社会进步作出更新、更大的贡献！

《中国科技工业企业发展史丛书》编委会

2007 年 11 月 28 日

·中国科技工业企业发展史丛书·第一辑·

历年出国/回国科技人员总览（1840～1949）

编 著 者／〔美〕马祖圣

出 版 人／谢寿光
出 版 者／社会科学文献出版社
地　　址／北京市东城区先晓胡同 10 号
邮政编码／100005
网　　址／http：//www.ssap.com.cn
网站支持／(010) 65269967
责任部门／编辑中心
　　　　　(010) 65232637
电子信箱／bianjibu@ssap.cn
项目经理／宋月华
责任编辑／张晓莉
责任校对／段　青
责任印制／盖永东

总 经 销／社会科学文献出版社发行部
　　　　　(010) 65139961　65139963
经　　销／各地书店
读者服务／市场部
　　　　　(010) 65285539
排　　版／北京亿方合创科技发展有限公司
印　　刷／北京季蜂印刷有限公司

开　　本／787×1092 毫米　1/16
印　　张／38.5
字　　数／772 千字
版　　次／2007 年 12 月第 1 版
印　　次／2007 年 12 月第 1 次印刷

书　　号／ISBN 978-7-80230-907-4/F·220
定　　价／98.00 元（含光盘）

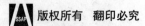